Das Allgemeine

Deutsche Handelsgesetzbuch

und die Allgemeine

Deutsche Wechselordnung

nebst

den ergänzenden Gesetzen des Deutschen Reiches.

Mit ausführlichem Sachregister.

Herausgegeben

von

Dr. Richard Schröder,

Professor in Heidelberg.

Achte Auflage.

I. Theil:

Das Handelsgesetzbuch und die Wechselordnung.

II. Theil:

Die ergänzenden Gesetze des Deutschen Reiches.

Preis 2 Mark 50 Pfg.

Bonn,

Eduard Weber's Verlag

(Julius Flittner).

1896.

Inhalt.

I. Theil.

II. Theil.

Sachregister.

Die arabischen Ziffern beziehen sich auf die Artikel des Handelsgesetzbuches, die mit W. bezeichneten auf die Artikel der Wechselordnung, die mit römischen Ziffern auf die Artikel oder Paragraphen der ergänzenden Gesetze. Seitencitate mit „Seite" sind im ersten, solche mit blossem S. im zweiten Theile zu suchen. Der Zusatz n. verweist auf eine Anmerkung.

I.

Gesetz,

betreffend die Einführung der Allgemeinen Deutschen Wechsel-Ordnung, der Nürnberger Wechsel-Novellen und des Allgemeinen Deutschen Handelsgesetzbuches als Bundesgesetze.

Vom 5. Juni 1869[1]).

Wir Wilhelm, von Gottes Gnaden König von Preussen etc. verordnen im Namen des Norddeutschen Bundes, nach erfolgter Zustimmung des Bundesrathes und des Reichstages, was folgt:

§. 1. Die Allgemeine Deutsche Wechsel-Ordnung (Anlage A.) nebst den die Ergänzung und Erläuterung derselben betreffenden sogenannten Nürnberger Novellen (Anlage B.), sowie das Allgemeine Deutsche Handelsgesetzbuch (Anlage C.) werden zu Bundesgesetzen erklärt und als solche in das gesammte Bundesgebiet eingeführt, jedoch unbeschadet der Vorschriften des Bundesgesetzes über die Nationalität der Kauffahrteischiffe und ihre Befugniss zur Führung der Bundesflagge vom 25. Oktober 1867 (Bundesgesetzblatt S. 35) und des Bundesgesetzes über die Aufhebung der Schuldhaft vom 29. Mai 1868 (Bundesgesetzblatt S. 237).

§. 2. Die bei oder nach der Einführung der Wechsel-Ordnung, der Nürnberger Novellen und des Handelsgesetzbuches in die einzelnen Bundesstaaten oder deren Landestheile im Wege der Landesgesetzgebung erlassenen Vorschriften bleiben als landesgesetzliche Vorschriften insoweit in Kraft, als sie nur eine Ergänzung und nicht eine Abänderung einer Bestimmung der Wechsel-Ordnung, der Nürnberger Novellen oder des Handelsgesetzbuches enthalten.

§. 3. Insbesondere bleiben folgende auf die Einführung der Wechsel-Ordnung und des Handelsgesetzbuches sich beziehende landesgesetzliche Vorschriften in Kraft:

A. in Ansehung der Wechsel-Ordnung:

die Vorschriften der §§. 5 bis 7 der für die freie und Hansestadt Hamburg am 5. März 1849 in Bezug auf die Einführung der Allgemeinen Deutschen Wechsel-Ordnung publizirten Verordnung und der

---

[1]) BGB 1869, S. 379. Durch die „Verfassung des Deutschen Bundes" v. 31. Dez. 1870, Art. 80 Nr. 15 (BGB 1870, S. 648) auch in Württemberg, Baden und Hessen, und durch die Reichsgesetze v. 22. April 1871 (BGB 1871, S. 88) und v. 19. Juni 1872 (GB f. Els.-Lothr. 1872, S. 213 ff.) in Bayern und Elsass-Lothringen eingeführt. In Oesterreich, mit Ausschluss der Länder der ungarischen Krone, gelten 1. die „Allgemeine Wechselordnung" auf Grund Patentes v. 25. Jan. 1850, 2. die Novellen zur Allg. WO auf Grund der Justizministerial-VO v. 2. Nov. 1858 (RGB Nr. 197), 3. die vier ersten Bücher des HGB als „Allg. HGB für das Kaiserthum Oesterreich" auf Grund Gesetzes v. 17. Dez. 1862.

entsprechenden §§. 8 bis 10 der Königlich Preussischen Verordnung, betreffend die Einführung der Allgemeinen Deutschen Wechsel-Ordnung in die Herzogthümer Holstein und Schleswig, vom 13. Mai 1867[1];

B. in Ansehung des Handelsgesetzbuches:

1) die Vorschriften, nach welchen unter Landesgesetzen im Sinne des Handelsgesetzbuches nicht blos die förmlichen Gesetze, sondern das gesammte Landesrecht zu verstehen[2] und in Ansehung der betreffenden Vorbehalte des Handelsgesetzbuches die Erlassung maassgebender Vorschriften auf anderem Wege, als auf dem Wege der förmlichen Gesetzgebung, soweit dies nach dem Landesrecht zulässig, nicht ausgeschlossen ist[3];

2) die Vorschriften, welche in Ansehung der Eintragungen in das Handelsregister noch andere als die in dem Handelsgesetzbuch bestimmten Eintragungen zulassen oder gebieten[4];

3) die Vorschriften, welche den Prokuristen zur Ertheilung von Konsensen vor den mit der Führung der Eigenthums- und Hypothekenbücher oder der Schuld- und Pfandprotokolle beauftragten Behörden und Beamten nur für den Fall befugt erklären, dass demselben diese Befugniss besonders beigelegt ist;

4) die Vorschriften, welche bestimmen, dass die Vorschriften des Landesrechts über die rechtlichen Voraussetzungen für den Erwerb des Eigenthums an unbeweglichen Sachen durch die Bestimmungen des Handelsgesetzbuches nicht berührt werden;

5) die Vorschriften, welche die Anwendung des Artikels 295 des Handelsgesetzbuches insoweit beschränken, als sie die abweichenden Vorschriften, welche das bürgerliche Recht für die zur Eintragung in das Hypothekenbuch bestimmten Schuldurkunden enthält, in Kraft erhalten;

6) die Vorschriften, welche die Artikel 306 und 307 des Handelsgesetzbuches auf Inhaberpapiere, so lange dieselben ausser Kurs gesetzt sind, für nicht anwendbar erklären;

7) die Vorschriften, welche bestimmen, dass unter Konkurs im Sinne des Handelsgesetzbuches auch das Falliment des Rheinischen Rechts und das Debitverfahren des Bremischen Rechts zu verstehen sei[5];

8) die Vorschriften, welche bestimmen, dass durch die Artikel 313 bis 316 des Handelsgesetzbuches die im bürgerlichen Rechte in einem weiteren Umfange begründete Zulassung des Zurückbehaltungsrechtes (Retentionsrechtes) nicht berührt werde.

§. 4. Als Landesgesetze bleiben, auch insoweit sie Abänderungen des Handelsgesetzbuches enthalten, in Geltung:

für das Grossherzogthum Mecklenburg-Schwerin:

die §§. 51 bis 55 der die Publikation des Handelsgesetzbuches betreffenden Verordnung vom 28. Dezember 1863[6];

für die freie Hansestadt Bremen:

die am 12. Februar 1866 publizirte, die Löschung der Seeschiffe betreffende obrigkeitliche Verordnung[7];

für die freie und Hansestadt Hamburg:

---

[1] Vgl. Anm. zu DWO 24, 39, 56.
[2] Vgl. Preuss. EG f. Schleswig-Holstein v. 5. Juli 1867 §. 4.
[3] Vgl. Sächs. EG v. 30. Okt. 1861, §. 2.
[4] Vgl. S. 6 Anm. 1, Anm. 3.
[5] Gegenstandslos seit Einführung der R-Konk.-O. v. 10. Febr. 1877.
[6] Vgl. Anm. zu HGB 468.
[7] Abgeändert durch die bremischen Gesetze v. 23. April 1876, 6. Mai 1877, 20. Nov. 1879 und 12. Mai 1883. Ueber die Frage, ob diese landesgesetzlichen Abänderungen jener VO Geltung beanspruchen können, vgl. Wagner, Seerecht 122.

der §. 50 des am 22. Dezember 1865 publizirten Einführungsgesetzes zum Allgemeinen Deutschen Handelsgesetzbuch[1]).

§. 5. Die in Gemässheit der §§. 16 und 52 der unter dem 6. Juni 1864 von dem Senate der freien Hansestadt Bremen publizirten obrigkeitlichen Verordnung, betreffend die Einführung des Allgemeinen Deutschen Handelsgesetzbuches, den Privatgläubigern eines Handelsgesellschafters in Ansehung des Vermögens einer Handelsgesellschaft zu der Zeit, zu welcher dieses Gesetz in Geltung tritt, zustehenden Pfand- und Vorzugsrechte bleiben unberührt.

§. 6. Dieses Gesetz tritt am 1. Januar 1870 in Kraft.

Urkundlich unter Unserer Höchsteigenhändigen Unterschrift und beigedrucktem Bundes-Insiegel.

Gegeben Schloss Babelsberg, den 5. Juni 1869.

(L. S.) **Wilhelm.**

Gr. v. Bismarck-Schönhausen.

II.

Allgemeines Deutsches Handelsgesetzbuch[2]).

Allgemeine Bestimmungen.

Art. 1. In Handelssachen kommen, insoweit dieses Gesetzbuch keine Bestimmungen enthält, die Handelsgebräuche[3]) und in deren Ermangelung das allgemeine bürgerliche Recht zur Anwendung[4]).

---

1) Derselbe bestimmt zu HBG 609 und 610: „Der § 9 der Verordnung für Schiffer und Schiffsvolk v. 27. März 1786 ist aufgehoben. Dagegen kommen die §§. 8, 11, 12 und 13 dieser Verordnung für die rechtliche Beurtheilung des Verhältnisses zwischen dem Schiffer, dem Leichterschiffer, dem Everführer und dem Empfänger auch ferner zur Anwendung, falls die Güter in Schuten oder sonst zu Wasser gelöscht werden."

2) Die Abänderungen des HGB durch die beiden Reichsgesetze, betreffend die Kommanditgesellschaften auf Aktien und die Aktiengesellschaften, v. 11. Juni 1870 und 18. Juli 1884 (BGB 1870, S. 375. RGB 1884, S. 123), sind in den Text aufgenommen. In Oesterreich sind die ursprünglichen Bestimmungen des HGB in Geltung geblieben.

3) Gerichtsverfassungsgesetz v. 27. Jan. 1877 (RGB 1877, S. 41 ff.) §. 118: „Ueber Gegenstände, zu deren Beurtheilung eine kaufmännische Begutachtung genügt, sowie über das Bestehen von Handelsgebräuchen kann die Kammer für Handelssachen auf Grund eigener Sachkunde und Wissenschaft entscheiden."

4) Vgl. Gesetz über die Konsulargerichtsbarkeit, v. 10. Juli 1879 (RGB 1879, S. 197) §. 3: „In Betreff des bürgerlichen Rechts ist anzunehmen, dass in den Konsulargerichtsbezirken die Reichsgesetze, das preussische Allgemeine Landrecht und die das bürgerliche Recht betreffenden allgemeinen Gesetze derjenigen preussischen Landestheile, in welchen das Allgemeine Landrecht Gesetzeskraft hat, gelten. In Handelssachen kommt zunächst das in dem Konsulargerichtsbezirke geltende Handelsgewohnheitsrecht zur Anwendung." — Die Konsulargerichtsbarkeit des Deutschen Reiches beschränkt sich auf Streitigkeiten unter Reichsangehörigen oder Schutzgenossen in den durch Staatsverträge oder Herkommen begründeten Konsulargerichtsbezirken. Dahin gehören: die Türkei mit ihren sämtlichen Vassallenstaaten, insbesondere Aegypten, Bulgarien und Ostrumelien (vgl. RGBl. 1871, S. 374. 1872, S. 288. 1875, S. 382 §. 1. 1878, S. 317 Art. 8, S. 324 Art. 20), während die Konsulargerichtsbarkeit in Bosnien und der Herzogowina, Serbien und Tunis aufgehoben (ebd. 1880, S. 146, S. 191. 1883, S. 70. 1884, S. 9), in Rumänien die Aufhebung in Aussicht genommen ist (ebd. 1878, S. 338 Art. 44). Ferner gehören zu den Konsulargerichtsbezirken: China (Preuss. Ges.-Samml. 1863, S. 285

Art. 2. An den Bestimmungen der deutschen Wechsel-Ordnung wird durch dieses Gesetzbuch nichts geändert.

Art. 3. Wo dieses Gesetzbuch von dem Handelsgerichte spricht, tritt in Ermangelung eines besonderen Handelsgerichts das gewöhnliche Gericht an dessen Stelle[1]).

Erstes Buch.

Vom Handelsstande.

Erster Titel.

Von Kaufleuten.

Art. 4. Als Kaufmann im Sinne dieses Gesetzbuchs ist anzusehen, wer gewerbemässig Handelsgeschäfte betreibt[2]).

RGBl. 1872, S. 327), Japan (RGBl. 1870, S. 4 Art. 5), Korea (ebd. 1884, S. 223 u. 252), Persien (ebd. 1873, S. 358 Art. 13), Samoa (ebd. 1881, S. 32 Art 7. 1890, S. 189 f.), Sansibar (ebd. 1886, S. 275 Art. 16) und Siam (Preuss. Ges.-Samml. 1864, S. 727 ff. RGBl. 1872, S. 54). Ausserdem gilt aber das Gesetz über die Konsulargerichtsbarkeit, v. 10. Juli 1879, in den Schutzgebieten des Deutschen Reiches (Neu-Guinea', Marschall-, Brown- und Providence-Inseln, Salomonsinseln, Deutsch-Ostafrika, Südwestafrika, Kamerun und Togo), und zwar, ohne Rücksicht auf die Nationalität, für alle Einwohner mit Ausnahme der Eingeborenen, soweit diese nicht der deutschen Gerichtsbarkeit ausdrücklich unterstellt sind. Vgl. Gesetz betr. die Rechtsverhältnisse der deutschen Schutzgebiete, v. 17. April 1886. §§. 2 u. 3 (RGBl. 1886, S. 75, neueste Fassung ebd. 1888, S. 75 f.) und die Verordnungen RGBl. 1886. S. 187, S. 291. 1887, S. 4, S. 527, S. 535. 1888, S. 211. 1890, S. 171. 1891, S. 1.

[1]) Durch die §§. 100—118 des Gerichtsverfassungsgesetzes sind die Handelsgerichte aufgehoben dagegen nach Massgabe des Bedürfnisses besondere „Kammern für Handelssachen" eingerichtet, die als Abtheilungen der Landgerichte gelten, auch wenn sie sich an einem Orte, der nicht Sitz eines Landgerichts ist, befinden. Ueber die Zuständigkeit vgl. §. 101: „Vor die Kammern für Handelssachen gehören nach Massgabe der folgenden Vorschriften diejenigen den Landgerichten in erster Instanz zugewiesenen bürgerlichen Rechtsstreitigkeiten, in welchen durch die Klage ein Anspruch:

1) gegen einen Kaufmann (Art. 4 des HGB) aus Geschäften, welche auf Seiten beider Kontrahenten Handelsgeschäfte (Art. 271—276 des HGB) sind;
2) aus einem Wechsel im Sinne der WO;
3) aus einem der nachstehend bezeichneten Rechtsverhältnisse geltend gemacht wird:
   a) aus dem Rechtsverhältnisse zwischen den Mitgliedern einer Handelsgesellschaft, zwischen dem stillen Gesellschafter und dem Inhaber des Handelsgewerbes, zwischen den Theilnehmern einer Vereinigung zu einzelnen Handelsgeschäften oder einer Vereinigung zum Handelsbetriebe (Art. 10 des HGB), sowohl während des Bestehens als nach Auflösung des geschäftlichen Verhältnisses, sowie aus dem Rechtsverhältnisse zwischen den Liquidatoren oder den Vorstehern einer Handelsgesellschaft und der Gesellschaft oder den Mitgliedern der Gesellschaft;
   b) aus dem Rechtsverhältnisse, welches das Recht zum Gebrauche der Handelsfirma betrifft;
   c) aus den Rechtsverhältnissen, welche sich auf den Schutz der Marken, Muster und Modelle beziehen;
   d) aus dem Rechtsverhältnisse, welches durch die Veräusserung eines bestehenden Handelsgeschäfts zwischen den Kontrahenten entsteht;
   e) aus dem Rechtsverhältnisse zwischen dem Prokuristen, dem Handlungsbevollmächtigten oder Handlungsgehülfen und dem Eigenthümer der Handelsniederlassung, sowie aus dem Rechtsverhältnisse zwischen einer dritten Person und demjenigen, welcher ihr als Prokurist oder Handlungsbevollmächtigter aus einem Handelsgeschäfte haftet (Art 55 des HGB);
   f) aus dem Rechtsverhältnisse, welches aus den Berufsgeschäften des Handelsmäklers im Sinne des HGB zwischen diesem und den Parteien entsteht;
   g) aus den Rechtsverhältnissen des Seerechts, insbesondere aus denjenigen, welche auf die Rhederei, die Rechte und Pflichten des Rheders, des Korrespondentrheders und der Schiffsbesatzung, auf die Bodmerei und die Haverei, auf den Schadensersatz im Falle des Zusammenstossens von Schiffen, auf die Bergung und Hülfeleistung in Seenoth und auf die Ansprüche der Schiffsgläubiger sich beziehen."

[2]) Vgl. Württemberg EG § 4: „Die Bestimmungen des HGB und des EG über die Kaufleute und die Handelsgesellschaften finden auch Anwendung auf diejenigen Personen und Erwerbsgesellschaften, welche Gegenstände eigener Produktion, sei es in Natur oder nach vorgängiger Bearbeitung, gewerbsmässig und in einem die Formen des kaufmännischen Geschäftsbetriebs erfordernden Umfange veräussern. Die Geschäfte

Art. 5.* Die in Betreff der Kaufleute gegebenen Bestimmungen gelten in gleicher Weise in Betreff der Handelsgesellschaften, insbesondere auch *der Kommanditgesellschaften auf Aktien und* der Aktiengesellschaften[1].

Dieselben gelten auch in Betreff der öffentlichen Banken in den Grenzen ihres Handelsbetriebs, unbeschadet der für sie bestehenden Verordnungen.

Art. 6. Eine Frau, welche gewerbemässig Handelsgeschäfte betreibt (Handelsfrau), hat in dem Handelsbetriebe alle Rechte und Pflichten eines Kaufmanns.

Dieselbe kann sich in Betreff ihrer Handelsgeschäfte auf die in den einzelnen Staaten geltenden Rechtswohlthaten der Frauen nicht berufen.

Es macht hierbei keinen Unterschied, ob sie das Handelsgewerbe allein oder in Gemeinschaft mit Anderen, ob sie dasselbe in eigener Person oder durch einen Prokuristen betreibt.

Art. 7. Eine Ehefrau kann ohne Einwilligung ihres Ehemannes nicht Handelsfrau sein.

Es gilt als Einwilligung des Mannes, wenn die Frau mit Wissen und ohne Einspruch desselben Handel treibt.

Die Ehefrau eines Kaufmanns, welche ihrem Ehemanne nur Beihülfe in dem Handelsgewerbe leistet, ist keine Handelsfrau.

Art. 8. Eine Ehefrau, welche Handelsfrau ist, kann sich durch Handelsgeschäfte gültig verpflichten, ohne dass es zu den einzelnen Geschäften einer besonderen Einwilligung ihres Ehemannes bedarf.

Sie haftet für die Handelsschulden mit ihrem ganzen Vermögen, ohne Rücksicht auf die Verwaltungsrechte und den Niessbrauch oder die sonstigen, an diesem Vermögen durch die Ehe begründeten Rechte des Ehemannes. Es haftet auch das gemeinschaftliche Vermögen, soweit Gütergemeinschaft besteht; ob zugleich der Ehemann mit seinem persönlichen Vermögen haftet, ist nach den Landesgesetzen zu beurtheilen.

Art. 9. Eine Handelsfrau kann in Handelssachen selbstständig vor Gericht auftreten; es macht keinen Unterschied, ob sie unverheirathet oder verheirathet ist[2].

Art. 10. Die Bestimmungen, welche dieses Gesetzbuch über die Firmen, die Handelsbücher und die Prokura enthält, finden auf Höker, Trödler, Hausirer und dergleichen Handelsleute von geringem Gewerbebetriebe, ferner auf Wirthe, gewöhnliche Fuhrleute, gewöhnliche Schiffer, und Personen, deren Gewerbe nicht über den Umfang des Handwerksbetriebes hinausgeht, keine Anwendung. Den Landesgesetzen bleibt vorbehalten, im Falle es erforderlich erscheint, diese Klassen genauer festzustellen.

Vereinigungen zum Betriebe eines Handelsgewerbes, auf welches die bezeichneten Bestimmungen keine Anwendung finden, gelten nicht als Handelsgesellschaften.

Den Landesgesetzen bleibt vorbehalten, zu verordnen, dass die bezeichneten Bestimmungen auch noch für andere Klassen von Kaufleuten ihres Staatsgebiets keine Anwendung finden sollen[3]. Ebenso können

---

dieser Personen und Gesellschaften, welche zum Betriebe ihres Gewerbes gehören (Art. 273 des HGB), insbesondere die gewerbliche Veräusserung ihrer Produkte, sind nach den Grundsätzen des HGB über Handelsgeschäfte zu beurtheilen. Der Verkauf eigener landwirthschaftlicher und Walderzeugnisse, wofern sie nicht in grösserem Betriebe durch Verarbeitung umgestaltet und umgesetzt werden, ist von vorstehenden Bestimmungen ausgenommen."

[1] Die kursiv gedruckten Worte sind Zusatz des Ges v. 11. Juni 1870. Vgl. Genossenschaftsgesetz (IV. Nr. 4) §. 17.

[2] Vgl. jetzt Civilprozessordnung §. 51.

[3] Nach den EGG der beiden Mecklenburg §. 10 werden auch die gewöhnlichen

sie aber auch verordnen, dass diese Bestimmungen auf einzelne der genannten Klassen, oder dass sie auf alle Kaufleute ihres Staatsgebiets Anwendung finden sollen[1]).

Art. 11. Durch die Landesgesetze, welche in gewerbepolizeilicher oder gewerbesteuerlicher Beziehung Erfordernisse zur Begründung der Eigenschaft eines Kaufmanns oder besonderer Klassen von Kaufleuten aufstellen, wird die Anwendung der Bestimmungen dieses Gesetzbuchs nicht ausgeschlossen; ebenso werden jene Gesetze durch dieses Gesetzbuch nicht berührt.

Zweiter Titel.

Von dem Handelsregister.

Art. 12. Bei jedem Handelsgerichte[2]) ist ein Handelsregister zu führen, in welches die in diesem Gesetzbuche angeordneten Eintragungen aufzunehmen sind[3]).

Das Handelsregister ist öffentlich. Die Einsicht desselben ist während der gewöhnlichen Dienststunden einem Jeden gestattet. Auch kann von den Eintragungen gegen Erlegung der Kosten eine Abschrift gefordert werden, die auf Verlangen zu beglaubigen ist.

Art. 13. Die Eintragungen in das Handelsregister sind von dem Handelsgerichte, sofern nicht in diesem Gesetzbuche in einzelnen Fällen ausdrücklich ein Anderes bestimmt ist, nach ihrem ganzen Inhalte durch eine oder mehrere Anzeigen in öffentlichen Blättern ohne Verzug bekannt zu machen.

Art. 14. Jedes Handelsgericht hat für seinen Bezirk alljährlich im Monat Dezember die öffentlichen Blätter zu bestimmen, in welchen im Laufe des nächstfolgenden Jahres die im Art. 13 vorgeschriebenen Bekanntmachungen erfolgen sollen. Der Beschluss ist in einem oder mehreren öffentlichen Blättern bekannt zu machen.

Wenn eines der bestimmten Blätter im Laufe des Jahres zu erscheinen aufhört, so hat das Gericht ein anderes Blatt an dessen Stelle zu bestimmen und öffentlich bekannt zu machen.

Inwiefern die Gerichte bei der Wahl der zu bestimmenden Blätter

---

Pferde- und Viehhändler und die Aufkäufer zu den Kaufleuten minderen Rechts gezählt. Apotheker sind nach Württemberg. EG §. 5 nur dann Vollkaufleute, wenn sie sich nicht auf den Einzelverkauf beschränken, sondern auch grössere Quantitäten verkaufen.

[1]) Oesterreich. EG §. 7 rechnet nur die Hausierer unbedingt zu den Minderkaufleuten. Alle anderen Kaufleute sind Vollkaufleute, wenn sie eine Steuer von einer bestimmten Höhe entrichten. Zahlreiche EGG (Bremen, Hamburg, Hannover, Oldenburg, Kurhessen, Anhalt und sämtliche thüringische Staaten) gewähren auch Minderkaufleuten unter gewissen Voraussetzungen auf ihr Verlangen die Eintragung in das Handelsregister.

[2]) Die Landesausführungsgesetze z. d. R.-Ger.-Verf.-Ges. überweisen die Führung des Handelsregisters den Amtsgerichten, nur Bayern §. 28 und Elsass-Lothringen §. 17 den Landgerichten.

[3]) Nicht eingetragen werden Angelegenheiten der Reichsbank (Bankgesetz §. 66, unten IV. Nr. 5), der Post, Telegraphie und der Staatseisenbahnen. Oesterr. EG §. 8 unterwirft die Eintragung aller staatlichen Betriebe der Regelung im Verordnungswege. Die entsprechenden Bestimmungen Braunschweig §. 3 und Württemberg §. 18 sind ausser Kraft getreten, weil sie eine Abänderung des HGB enthalten. Ueber die Eintragung von Schutzmarken und Waarenzeichen vgl. Markenschutzgesetz §. 1 (unten IV. Nr. 2). Nach R-Konk.-O. §. 104 und Oesterr. EG §. 14 ist die Eröffnung des Konkurses über einen (Voll-)Kaufmann einzutragen. Landesgesetzlich vorgeschrieben ist noch die Eintragung von Eheverträgen der Kaufleute (Preussen 20, 40—43, Hannover 4, Schlesw.-Holst. 8, Oldenburg 4, beide Mecklenburg 9, Lippe 2, Koburg 5, Meiningen 6, Lübeck 3, Bayern 4, Hessen 27, Baden 10—17, Els.-Lothr. 6—9, Oesterreich 16 f.), ferner gewisser Angelegenheiten verheirateter Handelsfrauen (Baden 6—8, Bremen 4, Lübeck 2) sowie Bevormundeter (Bayern 4, Baden 2, 4, Hessen 24, Württemberg 21 f.) und juristischer Personen (Württemberg 19 f.).

an Weisungen höherer Behörden gebunden sind, ist nach den Landesgesetzen zu beurtheilen.

Dritter Titel.

Von Handelsfirmen.

Art. 15. Die Firma eines Kaufmanns ist der Name, unter welchem er im Handel seine Geschäfte betreibt und die Unterschrift abgiebt.

Art. 16. Ein Kaufmann, welcher sein Geschäft ohne Gesellschafter oder nur mit einem stillen Gesellschafter betreibt, darf nur seinen Familiennamen (bürgerlichen Namen) mit oder ohne Vornamen als Firma führen.

Er darf der Firma keinen Zusatz beifügen, welcher ein Gesellschaftsverhältniss andeutet. Dagegen sind andere Zusätze gestattet, welche zur näheren Bezeichnung der Person oder des Geschäftes dienen.

Art. 17. Die Firma einer offenen Handelsgesellschaft muss, wenn in dieselbe nicht die Namen sämmtlicher Gesellschafter aufgenommen sind, den Namen wenigstens eines der Gesellschafter mit einem das Vorhandensein einer Gesellschaft andeutenden Zusatze enthalten.

Die Firma einer Kommanditgesellschaft muss den Namen wenigstens eines persönlich haftenden Gesellschafters mit einem das Vorhandensein einer Gesellschaft andeutenden Zusatze enthalten.

Die Namen anderer Personen, als der persönlich haftenden Gesellschafter, dürfen in die Firma einer Handelsgesellschaft nicht aufgenommen werden; auch darf sich keine offene Handelsgesellschaft oder Kommanditgesellschaft als Aktiengesellschaft bezeichnen, selbst wenn das Kapital der Kommanditisten in Aktien zerlegt ist.

Art. 18. Die Firma einer Aktiengesellschaft muss in der Regel von dem Gegenstande ihrer Unternehmung entlehnt sein.

Der Name von Gesellschaftern oder anderen Personen darf in die Firma nicht aufgenommen werden.

Art. 19. Jeder Kaufmann ist verpflichtet, seine Firma bei dem Handelsgerichte, in dessen Bezirk seine Handelsniederlassung sich befindet, Behufs der Eintragung in das Handelsregister anzumelden; er hat dieselbe nebst seiner persönlichen Unterschrift vor dem Handelsgerichte zu zeichnen oder die Zeichnung derselben in beglaubigter Form einzureichen.

Art. 20. Jede neue Firma muss sich von allen an demselben Orte oder in derselben Gemeinde bereits bestehenden und in das Handelsregister bereits eingetragenen Firmen deutlich unterscheiden.

Hat ein Kaufmann mit einem in das Handelsregister bereits eingetragenen Kaufmann gleiche Vor- und Familiennamen, und will auch er sich derselben als seiner Firma bedienen, so muss er dieser einen Zusatz beifügen, durch welchen sich dieselbe von der bereits eingetragenen Firma deutlich unterscheidet.

Art. 21. Die Firma muss auch für die an einem anderen Orte oder in einer anderen Gemeinde errichtete Zweigniederlassung bei dem für die letztere zuständigen Handelsgerichte angemeldet werden.

Besteht an dem Orte oder in der Gemeinde, wo die Zweigniederlassung errichtet wird, bereits eine gleiche Firma, so muss der Firma ein Zusatz beigefügt werden, durch welchen sie sich von jener bereits vorhandenen Firma deutlich unterscheidet.

Die Eintragung bei dem Handelsgerichte der Zweigniederlassung findet nicht statt, bevor nachgewiesen ist, dass die Eintragung bei dem Handelsgerichte der Hauptniederlassung geschehen ist.

Art. 22. Wer ein bestehendes Handelsgeschäft durch Vertrag oder Erbgang erwirbt, kann dasselbe unter der bisherigen Firma mit oder ohne einen das Nachfolgeverhältniss andeutenden Zusatz fortführen, wenn der bisherige Geschäftsinhaber oder dessen Erben oder die etwaigen Miterben in die Fortführung der Firma ausdrücklich willigen.

Art. 23. Die Veräusserung einer Firma als solcher, abgesondert von dem Handelsgeschäft, für welches sie bisher geführt wurde, ist nicht zulässig.

Art. 24. Wenn in ein bestehendes Handelsgeschäft Jemand als Gesellschafter eintritt, oder wenn ein Gesellschafter zu einer Handelsgesellschaft neu hinzutritt oder aus einer solchen austritt, so kann, ungeachtet dieser Veränderung, die ursprüngliche Firma fortgeführt werden.

Jedoch ist beim Austreten eines Gesellschafters dessen ausdrückliche Einwilligung in die Fortführung der Firma erforderlich, wenn sein Name in der Firma enthalten ist.

Art. 25. Wenn die Firma geändert wird oder erlischt, oder wenn die Inhaber der Firma sich ändern, so ist dies nach den Bestimmungen des Art. 19 bei dem Handelsgerichte anzumelden.

Ist die Aenderung oder das Erlöschen nicht in das Handelsregister eingetragen und öffentlich bekannt gemacht, so kann derjenige, bei welchem jene Thatsachen eingetreten sind, dieselben einem Dritten nur insofern entgegensetzen, als er beweist, dass sie dem letzteren bekannt waren.

Ist die Eintragung und Bekanntmachung geschehen, so muss ein Dritter die Aenderung oder das Erlöschen gegen sich gelten lassen, sofern nicht die Umstände die Annahme begründen, dass er diese Thatsachen weder gekannt habe, noch habe kennen müssen.

Art. 26. Das Handelsgericht hat die Betheiligten zur Befolgung der Vorschriften der Art. 19, 21 und 25 von Amtswegen durch Ordnungsstrafen anzuhalten.

In gleicher Weise hat es gegen diejenigen einzuschreiten, welche sich einer nach den Vorschriften dieses Titels ihnen nicht zustehenden Firma bedienen.

Art. 27. Wer durch den unbefugten Gebrauch einer Firma in seinen Rechten verletzt ist, kann den Unberechtigten auf Unterlassung der weiteren Führung der Firma und auf Schadensersatz belangen.

Ueber das Vorhandensein und die Höhe des Schadens entscheidet das Handelsgericht nach seinem freien Ermessen.

Das Handelsgericht kann die Veröffentlichung des Erkenntnisses auf Kosten des Verurtheilten verordnen.

Vierter Titel.

Von den Handelsbüchern[1]).

Art. 28. Jeder Kaufmann ist verpflichtet, Bücher zu führen, aus welchen seine Handelsgeschäfte und die Lage seines Vermögens vollständig zu ersehen sind.

Er ist verpflichtet, die empfangenen Handelsbriefe aufzubewahren und eine Abschrift (Kopie oder Abdruck) der abgesandten Handelsbriefe zurückzubehalten und nach der Zeitfolge in ein Kopirbuch einzutragen.

Art. 29. Jeder Kaufmann hat bei dem Beginne seines Gewerbes seine Grundstücke, seine Forderungen und Schulden, den Betrag seines baaren Geldes und seine anderen Vermögensstücke genau zu verzeichnen, dabei den Werth der Vermögensstücke anzugeben und einen das Verhältniss des Vermögens und der Schulden darstellenden Abschluss zu

---

[1]) Vgl. Konk.-O. §§ 112, 209, 210. Die Bestimmungen einiger EGG (z. B. Hamburg 6, 2), welche auch die in das Handelsregister eingetragenen Kaufleute unter Umständen von der Buchführungspflicht entbinden, sind aufgehoben, weil sie eine Abänderung des HGB enthalten.

machen; er hat demnächst in jedem Jahre ein solches Inventar und eine solche Bilanz seines Vermögens anzufertigen.

Hat der Kaufmann ein Waarenlager, dessen Inventur nach der Beschaffenheit des Geschäfts nicht füglich in jedem Jahre geschehen kann, so genügt es, wenn das Inventar des Waarenlagers alle zwei Jahre aufgenommen wird.

Für Handelsgesellschaften kommen dieselben Bestimmungen in Bezug auf das Gesellschaftsvermögen zur Anwendung.

Art. 30. Das Inventar und die Bilanz sind von dem Kaufmann zu unterzeichnen. Sind mehrere persönlich haftende Gesellschafter vorhanden, so haben sie alle zu unterzeichnen.

Das Inventar und die Bilanz können in ein dazu bestimmtes Buch eingeschrieben oder jedesmal besonders aufgestellt werden. Im letzteren Falle sind dieselben zu sammeln und in zusammenhängender Reihenfolge geordnet aufzubewahren.

Art. 31. Bei der Aufnahme des Inventars und der Bilanz sind sämmtliche Vermögensstücke und Forderungen nach dem Werthe anzusetzen, welcher ihnen zur Zeit der Aufnahme beizulegen ist.

Zweifelhafte Forderungen sind nach ihrem wahrscheinlichen Werthe anzusetzen, uneinbringliche Forderungen aber abzuschreiben.

Art. 32. Bei der Führung der Handelsbücher und bei den übrigen erforderlichen Aufzeichnungen muss sich der Kaufmann einer lebenden Sprache und der Schriftzeichen einer solchen bedienen.

Die Bücher müssen gebunden und jedes von ihnen muss Blatt für Blatt mit fortlaufenden Zahlen versehen sein.

An Stellen, welche der Regel nach zu beschreiben sind, dürfen keine leeren Zwischenräume gelassen werden. Der ursprüngliche Inhalt einer Eintragung darf nicht durch Durchstreichen oder auf andere Weise unleserlich gemacht, es darf nichts radirt, noch dürfen solche Veränderungen vorgenommen werden, bei deren Beschaffenheit es ungewiss ist, ob sie bei der ursprünglichen Eintragung oder erst später gemacht worden sind.

Art. 33. Die Kaufleute sind verpflichtet, ihre Handelsbücher während zehn Jahre, von dem Tage der in dieselben geschehenen letzten Eintragung an gerechnet, aufzubewahren.

Dasselbe gilt in Ansehung der empfangenen Handelsbriefe, sowie in Ansehung der Inventare und Bilanzen.

Art. 34—36[1]).

Art. 37. Im Laufe eines Rechtsstreits kann der Richter auf den Antrag einer Partei die Vorlegung der Handelsbücher der Gegenpartei verordnen[2]).

Art. 38. Wenn in einem Rechtsstreite Handelsbücher vorgelegt werden, so ist von dem Inhalte derselben, soweit er den Streitpunkt betrifft, unter Zuziehung der Parteien Einsicht zu nehmen und im geeigneten Falle ein Auszug zu fertigen. Der übrige Inhalt der Bücher ist dem Richter insoweit offen zu legen, als dies zur Prüfung ihrer ordnungsmässigen Führung nothwendig ist.

Art. 39[2]).

Art. 40. Die Mittheilung der Handelsbücher zur vollständigen Kenntnissnahme von ihrem ganzen Inhalte kann in Erbschafts- oder Gütergemeinschafts-Angelegenheiten, sowie in Gesellschaftstheilungssachen und

---

[1]) Art. 34—36, 37 Satz 2, 39, 77, 78. 79 Abs. 2, 488, 494 und 889, welche sich namentlich auf die Beweiskraft gewisser Urkunden beziehen, sind im Deutschen Reiche aufgehoben durch Einführungsgesetz zur Civ.-Pr.-O. v. 30. Jan. 1877 § 13.

[2]) Vgl. Anm. zu Art. 34.

im Konkurse, soweit es die Bücher des Gemeinschuldners betrifft, gerichtlich verordnet werden.

Fünfter Titel.

Von den Prokuristen und Handlungsbevollmächtigten.

Art. 41. Wer von dem Eigenthümer einer Handelsniederlassung (Prinzipal) beauftragt ist, in dessen Namen und für dessen Rechnung das Handelsgeschäft zu betreiben und per procura die Firma zu zeichnen, ist Prokurist.

Die Bestellung des Prokuristen kann durch Ertheilung einer ausdrücklich als Prokura bezeichneten Vollmacht, oder durch ausdrückliche Bezeichnung des Bevollmächtigten als Prokuristen, oder durch die Ermächtigung, per procura die Firma des Prinzipals zu zeichnen, geschehen.

Die Prokura kann mehreren Personen gemeinschaftlich ertheilt werden (Kollektivprokura).

Art. 42. Die Prokura ermächtigt zu allen Arten von gerichtlichen und aussergerichtlichen Geschäften und Rechtshandlungen, welche der Betrieb eines Handelsgewerbes mit sich bringt; sie ersetzt jede nach den Landesgesetzen erforderliche Spezialvollmacht; sie berechtigt zur Anstellung und Entlassung von Handlungsgehülfen und Bevollmächtigten.

Zur Veräusserung und Belastung von Grundstücken ist der Prokurist nur ermächtigt, wenn ihm diese Befugniss besonders ertheilt ist.

Art. 43. Eine Beschränkung des Umfanges der Prokura (Art. 42) hat dritten Personen gegenüber keine rechtliche Wirkung.

Dies gilt insbesondere von der Beschränkung, dass die Prokura nur für gewisse Geschäfte oder gewisse Arten von Geschäften gelte, oder dass sie nur unter gewissen Umständen oder für eine gewisse Zeit oder an einzelnen Orten ausgeübt werden solle.

Art. 44. Der Prokurist hat in der Weise zu zeichnen, dass er der Firma einen die Prokura andeutenden Zusatz und seinen Namen beifügt.

Bei einer Kollektivprokura hat jeder Prokurist der mit diesem Zusatze versehenen Firmazeichnung seinen Namen beizufügen.

Art. 45. Die Ertheilung der Prokura ist vom Prinzipal persönlich oder in beglaubigter Form beim Handelsgerichte zur Eintragung in das Handelsregister anzumelden.

Der Prokurist hat die Firma nebst seiner Namensunterschrift persönlich vor dem Handelsgerichte zu zeichnen (Art. 44) oder die Zeichnung in beglaubigter Form einzureichen.

Das Erlöschen der Prokura ist von dem Prinzipal in gleicher Weise zur Eintragung in das Handelsregister anzumelden.

Die Betheiligten sind zur Befolgung dieser Vorschriften von Amtswegen durch Ordnungsstrafen anzuhalten.

Art. 46. Wenn das Erlöschen der Prokura nicht in das Handelsregister eingetragen und öffentlich bekannt gemacht ist, so kann der Prinzipal dasselbe einem Dritten nur dann entgegensetzen, wenn er beweist, dass es letzterem beim Abschlusse des Geschäfts bekannt war.

Ist die Eintragung und Bekanntmachung geschehen, so muss ein Dritter das Erlöschen der Prokura gegen sich gelten lassen, sofern nicht durch die Umstände die Annahme begründet wird, dass er das Erlöschen beim Abschlusse des Geschäfts weder gekannt habe, noch habe kennen müssen.

Art. 47. Wenn ein Prinzipal Jemanden ohne Ertheilung der Prokura, sei es zum Betriebe seines ganzen Handelsgewerbes oder zu einer bestimmten Art von Geschäften oder zu einzelnen Geschäften, in seinem Handelsgewerbe bestellt (Handlungsbevollmächtigter), so erstreckt sich die Vollmacht auf alle Geschäfte und Rechtshandlungen, welche der Betrieb eines derartigen Handelsgewerbes oder die Ausführung derartiger Geschäfte gewöhnlich mit sich bringt[1]).

Jedoch ist der Handlungsbevollmächtigte zum Eingehen von Wechselverbindlichkeiten, zur Aufnahme von Darlehen und zur Prozessführung nur ermächtigt, wenn ihm ein solche Befugniss besonders ertheilt ist.

Im Uebrigen bedarf er zu den Geschäften, auf welche sich seine Vollmacht erstreckt, der in den Landesgesetzen vorgeschriebenen Spezialvollmacht nicht.

Art. 48. Der Handlungsbevollmächtigte hat sich bei der Zeichnung jedes eine Prokura andeutenden Zusatzes zu enthalten; er hat mit einem das Vollmachtsverhältniss ausdrückenden Zusatze zu zeichnen.

Art. 49. Die Bestimmungen der beiden vorhergehenden Artikel finden auch Anwendung auf Handlungsbevollmächtigte, welche ihr Prinzipal als Handlungsreisende zu Geschäften an auswärtigen Orten verwendet. Dieselben gelten insbesondere für ermächtigt, den Kaufpreis aus den von ihnen abgeschlossenen Verkäufen einzuziehen oder dafür Zahlungsfristen zu bewilligen.

Art. 50. Wer in einem Laden oder in einem offenen Magazin oder Waarenlager angestellt ist, gilt für ermächtigt, daselbst Verkäufe und Empfangnahmen vorzunehmen, welche in einem derartigen Laden, Magazin oder Waarenlager gewöhnlich geschehen.

Art. 51. Wer die Waare und eine unquittirte Rechnung überbringt, gilt deshalb noch nicht für ermächtigt, die Zahlung zu empfangen.

Art. 52. Durch das Rechtsgeschäft, welches ein Prokurist oder ein Handlungsbevollmächtigter gemäss der Prokura oder der Vollmacht im Namen des Prinzipals schliesst, wird der letztere dem Dritten gegenüber berechtigt und verpflichtet.

Es ist gleichgültig, ob das Geschäft ausdrücklich im Namen des Prinzipals geschlossen worden ist, oder ob die Umstände ergeben, dass es nach dem Willen der Kontrahenten für den Prinzipal geschlossen werden sollte.

Zwischen dem Prokuristen oder Bevollmächtigen und dem Dritten erzeugt das Geschäft weder Rechte noch Verbindlichkeiten.

Art. 53. Der Prokurist oder der Handlungsbevollmächtigte kann ohne Einwilligung des Prinzipals seine Prokura oder Handlungsvollmacht auf einen Anderen nicht übertragen.

Art. 54. Die Prokura oder Handlungsvollmacht ist zu jeder Zeit widerruflich, unbeschadet der Rechte aus dem bestehenden Dienstverhältnisse.

Der Tod des Prinzipals hat das Erlöschen der Prokura oder Handlungsvollmacht nicht zur Folge.

Art. 55. Wer ein Handelsgeschäft als Prokurist oder als Handlungsbevollmächtigter schliesst, ohne Prokura oder Handlungsvollmacht erhalten zu haben, ingleichen ein Handlungsbevollmächtigter, welcher bei Abschluss eines Geschäfts seine Vollmacht überschreitet, ist dem Dritten persönlich nach Handelsrecht verhaftet; der Dritte kann nach seiner Wahl ihn auf Schadensersatz oder Erfüllung belangen.

Diese Haftungspflicht tritt nicht ein, wenn der Dritte, ungeachtet er den Mangel der Prokura oder der Vollmacht oder die Ueberschreitung der letzteren kannte, sich mit ihm eingelassen hat.

Art. 56. Ein Prokurist oder ein zum Betriebe eines ganzen Handels-

[1]) Die landesgesetzliche Uebertragung gewisser von dem Prokuristen geltenden Bestimmungen auf den Handlungsbevollmächtigten (vgl. Bremen 11, Hannover 19, Meklenburg 17 Oldenburg 18) ist, weil eine Abänderung des HGB enthaltend, ausser Kraft getreten.

gewerbes bestellter Handlungsbevollmächtigter darf ohne Einwilligung des Prinzipals weder für eigene Rechnung, noch für Rechnung eines Dritten Handelsgeschäfte machen.

Eine Einwilligung des Prinzipals ist schon dann anzunehmen, wenn ihm bei Ertheilung der Prokura oder der Vollmacht bekannt war, dass der Prokurist oder Handlungsbevollmächtigte für eigene oder fremde Rechnung Handelsgeschäfte betreibe, und er die Aufgebung dieses Betriebes nicht bedungen hat.

Uebertritt der Prokurist oder Handlungsbevollmächtigte diese Vorschrift, so kann der Prinzipal Ersatz des verursachten Schadens fordern. Auch muss sich der Prokurist oder Handlungsbevollmächtigte auf Verlangen des Prinzipals gefallen lassen, dass die für seine Rechnung gemachten Geschäfte als für Rechnung des Prinzipals geschlossen angesehen werden[1]).

Sechster Titel.

Von den Handlungsgehülfen.

Art. 57. Die Natur der Dienste und die Ansprüche der Handlungsgehülfen (Handlungsdiener, Handlungslehrlinge) auf Gehalt und Unterhalt werden, in Ermangelung einer Uebereinkunft, durch den Ortsgebrauch oder durch das Ermessen des Gerichts, nöthigenfalls nach Einholung eines Gutachtens von Sachverständigen, bestimmt.

Art. 58. Ein Handlungsgehülfe ist nicht ermächtigt, Rechtsgeschäfte im Namen und für Rechnung des Prinzipals vorzunehmen.

Wird er jedoch von dem Prinzipal zu Rechtsgeschäften in dessen Handelsgewerbe beauftragt, so finden die Bestimmungen über Handlungsbevollmächtigte Anwendung.

Art. 59. Ein Handlungsgehülfe darf ohne Einwilligung des Prinzipals weder für eigene Rechnung noch für Rechnung eines Dritten Handelsgeschäfte machen.

In dieser Beziehung kommen die für den Prokuristen und Handlungsbevollmächtigten geltenden Bestimmungen (Art. 56) zur Anwendung.

Art. 60. Ein Handlungsgehülfe, welcher durch unverschuldetes Unglück an Leistung seines Dienstes zeitweise verhindert wird, geht dadurch seiner Ansprüche auf Gehalt und Unterhalt nicht verlustig. Jedoch hat er auf diese Vergünstigung nur für die Dauer von sechs Wochen Anspruch.

Art. 61. Das Dienstverhältniss zwischen dem Prinzipal und dem Handlungsdiener kann von jedem Theile mit Ablauf eines jeden Kalendervierteljahres nach vorgängiger sechswöchentlicher Kündigung aufgehoben werden. Ist durch Vertrag eine kürzere oder längere Zeitdauer oder eine kürzere oder längere Kündigungsfrist bedungen, so hat es hierbei sein Bewenden.

In Betreff der Handlungslehrlinge ist die Dauer der Lehrzeit nach dem Lehrvertrage und in Ermangelung vertragsmässiger Bestimmungen nach den örtlichen Verordnungen oder dem Ortsgebrauche zu beurtheilen.

Art. 62. Die Aufhebung des Dienstverhältnisses vor der bestimmten Zeit (Art. 61) kann aus wichtigen Gründen von jedem Theile verlangt werden.

Die Beurtheilung der Wichtigkeit der Gründe bleibt dem Ermessen des Richters überlassen.

Art. 63. Gegen den Prinzipal kann insbesondere die Aufhebung des Dienstverhältnisses ausgesprochen werden, wenn derselbe den Gehalt

---

[1]) Beide Rechte des Prinzipals müssen nach Oesterr. EG 24 binnen 3 Monaten nach erhaltener Kenntniss geltend gemacht werden.

oder den gebührenden Unterhalt nicht gewährt, oder wenn er sich thätlicher Misshandlungen oder schwerer Ehrverletzungen gegen den Handlungsgehülfen schuldig macht.

Art. 64. Gegen den Handlungsgehülfen kann insbesondere die Aufhebung des Dienstverhältnisses ausgesprochen werden:

1) wenn derselbe im Dienste untreu ist oder das Vertrauen missbraucht;
2) wenn derselbe ohne Einwilligung des Prinzipals für eigene Rechnung oder für Rechnung eines Dritten Handelsgeschäfte macht;
3) wenn derselbe seine Dienste zu leisten verweigert oder ohne einen rechtmässigen Hinderungsgrund während einer den Umständen nach erheblichen Zeit unterlässt;
4) wenn derselbe durch anhaltende Krankheit oder Kränklichkeit oder durch eine längere Freiheitsstrafe oder Abwesenheit an Verrichtung seiner Dienste verhindert wird;
5) wenn derselbe sich thätlicher Misshandlungen oder erheblicher Ehrverletzungen gegen den Prinzipal schuldig macht;
6) wenn derselbe sich einem unsittlichen Lebenswandel ergiebt.

Art. 65. Hinsichtlich der Personen, welche bei dem Betriebe des Handelsgewerbes Gesindedienste verrichten, hat es bei den für das Gesindedienstverhältniss geltenden Bestimmungen sein Bewenden.

Siebenter Titel.

Von den Handelsmäklern oder Sensalen[1]).

Art. 66. Die Handelsmäkler (Sensale) sind amtlich bestellte Vermittler für Handelsgeschäfte.

Sie leisten vor Antritt ihres Amtes den Eid, dass sie die ihnen obliegenden Pflichten getreu erfüllen wollen.

Art. 67. Die Handelsmäkler vermitteln für Auftraggeber Käufe und Verkäufe über Waaren, Schiffe, Wechsel, inländische und ausländische Staatspapiere, Aktien und andere Handelspapiere, ingleichen Verträge über Versicherungen, Bodmerei, Befrachtung und Miethe von Schiffen, sowie über Land- und Wassertransporte und andere den Handel betreffende Gegenstände.

Durch die übertragene Geschäfsvermittelung ist ein Handelsmäkler noch nicht als bevollmächtigt anzusehen, eine Zahlung oder eine andere im Vertrage bedungene Leistung in Empfang zu nehmen,

Art. 68. Die Anstellung der Handelsmäkler geschieht entweder im Allgemeinen für alle Arten von Mäklergeschäften oder nur für einzelne Arten derselben.

Art. 69. Die Handelsmäkler haben insbesondere folgende Pflichten:

1) sie dürfen für eigene Rechnung keine Handelsgeschäfte machen, weder unmittelbar noch mittelbar, auch nicht als Kommissionaire, sie dürfen für die Erfüllung der Geschäfte, welche sie vermitteln, sich nicht verbindlich machen oder Bürgschaft leisten, alles dies unbeschadet der Gültigkeit der Geschäfte;
2) sie dürfen zu keinem Kaufmann in dem Verhältnisse eines Prokuristen, Handlungsbevollmächtigten oder Handlungsgehülfen stehen;
3) sie dürfen sich nicht mit anderen Handelsmäklern zu einem gemeinschaftlichen Betriebe der Mäklergeschäfte oder eines Theiles derselben vereinigen; zur gemeinschaftlichen Vermittelung einzelner Geschäfte sind sie unter Zustimmung der Auftraggeber befugt;

---

[1]) Statt der Bestimmungen dieses Titels gilt in Oesterreich das Gesetz betr. die Handelsmäkler oder Sensale, v. 4 April 1875.

4) sie müssen die Mäklerverrichtungen persönlich betreiben und dürfen sich zur Abschliessung der Geschäfte eines Gehülfen nicht bedienen;
5) sie sind zur Verschwiegenheit über die Aufträge, Verhandlungen und Abschlüsse verpflichtet, soweit nicht das Gegentheil durch die Parteien bewilligt oder durch die Natur des Geschäfts geboten ist;
6) sie dürfen zu keinem Geschäfte die Einwilligung der Parteien oder deren Bevollmächtigten anders annehmen, als durch ausdrückliche und persönliche Erklärung; es ist den Mäklern weder erlaubt, von Abwesenden Aufträge zu übernehmen, noch sich zur Vermittelung eines Unterhändlers zu bedienen.

Art. 70. Handelsmäklern, welche Schiffsmäkelei betreiben, kann gestattet werden, den Schiffern im Einziehen und Vorschiessen der Frachten und Unkosten als Abrechner oder in anderer ortsüblicher Weise Hülfsdienste zu leisten.

Art. 71. Der Handelsmäkler muss ausser seinem Handbuche ein Tagebuch führen, in welches letztere alle abgeschlossenen Geschäfte täglich einzutragen sind. Das Eingetragene hat er täglich zu unterzeichnen.

Das Tagebuch muss vor dem Gebrauche Blatt für Blatt mit fortlaufenden Zahlen bezeichnet und der vorgesetzten Behörde zur Beglaubigung der Zahl der Blätter vorgelegt werden.

Art. 72. Die Eintragungen in das Tagebuch müssen die Namen der Kontrahenten, die Zeit des Abschlusses, die Bezeichnung des Gegenstandes und die Bedingungen des Geschäfts, insbesondere bei Verkäufen von Waaren die Gattung und Menge derselben, sowie den Preis und die Zeit der Lieferung enthalten.

Die Eintragungen müssen in Deutscher Sprache, oder, sofern die Geschäftssprache des Ortes eine andere ist, in dieser geschehen; sie müssen nach Ordnung des Datums und ohne leere Zwischenräume erfolgen.

Die Bestimmungen über die Einrichtung der Handelsbücher (Art. 32) finden auch auf das Tagebuch des Mäklers Anwendung.

Art. 73. Der Handelsmäkler muss ohne Verzug nach Abschluss des Geschäfts jeder Partei eine von ihm unterzeichnete Schlussnote, welche die in dem vorhergehenden Artikel als Gegenstand der Eintragung bezeichneten Thatsachen enthält, zustellen.

Bei Geschäften, welche nicht sofort erfüllt werden sollen, ist die Schlussnote den Parteien zu ihrer Unterschrift zuzustellen und jeder Partei das von der anderen unterschriebene Exemplar zu übersenden.

Verweigert eine Partei die Annahme oder Unterschrift der Schlussnote, so muss der Handelsmäkler davon der anderen Partei ohne Verzug Anzeige machen.

Art. 74. Der Handelsmäkler ist verpflichtet, den Parteien zu jeder Zeit auf Verlangen beglaubigte Auszüge aus dem Tagebuche zu geben, die Alles enthalten müssen, was von dem Mäkler in Ansehung des die Parteien angehenden Geschäfts eingetragen ist.

Art. 75. Wenn ein Handelsmäkler stirbt oder aus dem Amte scheidet, so ist sein Tagebuch bei der Behörde niederzulegen.

Art. 76. Der Abschluss eines durch Handelsmäkler vermittelten Vertrages ist von der Eintragung desselben in das Tagebuch oder von der Aushändigung der Schlussnoten unabhängig.

Diese Thatsachen dienen nur zum Beweise des abgeschlossenen Vertrages.

Art. 77—78 [1]).

Art. 79. Im Laufe eines Rechtsstreits kann der Richter, selbst ohne

---

[1]) Vgl. Anm. zu Art. 84.

Antrag einer Partei, die Vorlegung des Tagebuchs verordnen, um dasselbe einzusehen und mit der Schlussnote, den Auszügen und anderen Beweismitteln zu vergleichen [1]).

Art. 80. Der Handelsmäkler muss, sofern nicht die Parteien ihm dieses erlassen haben oder der Ortsgebrauch mit Rücksicht auf die Gattung der Waare davon entbindet, von jeder durch seine Vermittelung nach Probe verkauften Waare die Probe, nachdem er dieselbe Behufs der Wiedererkennung gezeichnet hat, so lange aufbewahren, bis die Waare ohne Einwendung gegen ihre Beschaffenheit angenommen, oder das Geschäft in anderer Weise erledigt ist.

Art. 81. Jedes Verschulden des Handelsmäklers berechtigt die dadurch beschädigte Partei, Schadloshaltung von ihm zu fordern.

Art. 82. Der Handelsmäkler hat die Mäklergebühr (Sensarie) zu fordern, sobald das Geschäft geschlossen und, wenn es ein bedingtes war, unbedingt geworden und von ihm seiner Verpflichtung wegen Zustellung der Schlussnoten Genüge geschehen ist, unbeschadet anderweiter Bestimmung durch örtliche Verordnungen oder durch Ortsgebrauch.

Ist das Geschäft nicht zum Abschlusse gekommen, oder nicht zu einem unbedingten geworden, so kann für die Unterhandlungen keine Mäklergebühr gefordert werden.

Der Betrag der Mäklergebühr wird durch örtliche Verordnungen geregelt; in Ermangelung derselben entscheidet der Ortsgebrauch.

Art. 83. Ist unter den Parteien nichts darüber vereinbart, wer die Mäklergebühr bezahlen soll, so ist dieselbe in Ermangelung örtlicher Verordnungen oder eines Ortsgebrauchs von jeder Partei zur Hälfte zu entrichten.

Art. 84. Ueber die Anstellung der Handelsmäkler und über die Bestrafung der von ihnen im Berufe begangenen Pflichtverletzungen das Erforderliche zu bestimmen, bleibt den Landesgesetzen überlassen.

Den Landesgesetzen bleibt vorbehalten, die Vorschriften dieses Titels nach Maassgabe der örtlichen Bedürfnisse zu ergänzen; es kann insbesondere den Handelsmäklern das ausschliessliche Recht zur Vermittelung von Handelsgeschäften beigelegt werden [2]).

Auch kann in den Landesgesetzen oder in örtlichen Verordnungen der in diesem Titel den Handelsmäklern zugewiesene Kreis von Amtsverrichtungen und Befugnissen (Art. 67, 70) oder der Umfang ihrer Pflichten (Art. 69) erweitert oder eingeschränkt werden.

Zweites Buch.

Von den Handelsgesellschaften.

Erster Titel.

Von der offenen Handelsgesellschaft.

Erster Abschnitt.

Von der Errichtung der Gesellschaft.

Art. 85. Eine offene Handelsgesellschaft ist vorhanden, wenn zwei oder mehrere Personen ein Handelsgewerbe unter gemeinschaftlicher Firma betreiben und bei keinem der Gesellschafter die Betheiligung auf Vermögenseinlagen beschränkt ist.

---

[1]) Vgl. Anm. zu Art. 34.

[2]) Aufgehoben durch R.-Gew.-O. §. 1.

Zur Gültigkeit des Gesellschaftsvertrages bedarf es der schriftlichen Abfassung oder anderer Förmlichkeiten nicht.

Art. 86. Die Errichtung einer offenen Handelsgesellschaft ist von den Gesellschaftern bei dem Handelsgerichte, in dessen Bezirk die Gesellschaft ihren Sitz hat, und bei jedem Handelsgerichte, in dessen Bezirk sie eine Zweigniederlassung hat, Behufs der Eintragung in das Handelsregister anzumelden.

Die Ameldung muss enthalten:

1) den Namen, Vornamen, Stand und Wohnort jedes Gesellschafters;
2) die Firma der Gesellschaft und den Ort, wo sie ihren Sitz hat;
3) den Zeitpunkt, mit welchem die Gesellschaft begonnen hat;
4) im Falle vereinbart ist, dass nur einer oder einige der Gesellschafter die Gesellschaft vertreten sollen, die Angabe, welcher oder welche dazu bestimmt sind, ingleichen, ob das Recht nur in Gemeinschaft ausgeübt werden soll.

Art. 87. Wenn die Firma einer bestehenden Gesellschaft geändert oder der Sitz der Gesellschaft an einen anderen Ort verlegt wird, oder wenn neue Gesellschafter in dieselbe eintreten, oder wenn einem Gesellschafter die Befugniss, die Gesellschaft zu vertreten (Art. 86, Ziff. 4), nachträglich ertheilt, oder wenn eine solche Befugniss aufgehoben wird, so sind diese Thatsachen bei dem Handelsgerichte Behufs der Eintragung in das Handelsregister anzumelden.

Bei der Aenderung der Firma, bei der Verlegung des Sitzes der Gesellschaft und bei der Aufhebung der Vertretungsbefugniss richtet sich die Wirkung gegen Dritte in den Fällen der geschehenen oder der nicht geschehenen Eintragung und Bekanntmachung nach den Bestimmungen des Art. 25.

Art. 88. Die Anmeldungen (Art. 86, 87) müssen von allen Gesellschaftern persönlich vor dem Handelsgerichte unterzeichnet oder in beglaubigter Form eingereicht werden. Sie sind ihrem ganzen Inhalte nach in das Handelsregister einzutragen.

Die Gesellschafter, welche die Gesellschaft vertreten sollen, haben die Firma nebst ihrer Namensunterschrift persönlich vor dem Handelsgerichte zu zeichnen oder die Zeichnung derselben in beglaubigter Form einzureichen.

Art. 89. Das Handelsgericht hat die Betheiligten zur Befolgung der vorstehenden Anordnungen (Art. 86—88) von Amtswegen durch Ordnungsstrafen anzuhalten.

Zweiter Abschnitt.

Von dem Rechtsverhältniss der Gesellschafter unter einander.

Art. 90. Das Rechtsverhältniss der Gesellschafter unter einander richtet sich zunächst nach dem Gesellschaftsvertrage.

Soweit über die in den nachfolgenden Artikeln dieses Abschnitts berührten Punkte keine Vereinbarung getroffen ist, kommen die Bestimmungen dieser Artikel zur Anwendung.

Art. 91. Wenn Geld oder andere verbrauchbare oder vertretbare Sachen, oder wenn unverbrauchbare oder unvertretbare Sachen nach einer Schätzung, die nicht blos zum Zweck der Gewinnvertheilung geschieht, in die Gesellschaft eingebracht werden, so werden diese Gegenstände Eigenthum der Gesellschaft.

Im Zweifel wird angenommen, dass die in das Inventar der Gesellschaft mit der Unterschrift sämmtlicher Gesellschafter eingetragenen, bis dahin einem Gesellschafter gehörigen, beweglichen oder unbeweglichen Sachen Eigenthum der Gesellschaft geworden sind.

Art. 92. Ein Gesellschafter ist nicht verpflichtet, die Einlage über den vertragsmässigen Betrag zu erhöhen, oder die durch Verlust verminderte Einlage zu ergänzen.

Art. 93. Für die Auslagen, welche ein Gesellschafter in Gesellschaftsangelegenheiten macht, für die Verbindlichkeiten, welche er wegen derselben übernimmt, und für die Verluste, welche er unmittelbar durch seine Geschäftsführung oder aus Gefahren, welche von derselben unzertrennlich sind, erleidet, ist ihm die Gesellschaft verhaftet.

Von den vorgeschossenen Geldern kann er Zinsen fordern, vom Tage des geleisteten Vorschusses an gerechnet.

Für die Bemühungen bei dem Betriebe der Gesellschaftsgeschäfte steht dem Gesellschafter ein Anspruch auf Vergütung nicht zu.

Art. 94. Jeder Gesellschafter ist verpflichtet, in den Angelegenheiten der Gesellschaft den Fleiss und die Sorgfalt anzuwenden, welche er in seinen eigenen Angelegenheiten anzuwenden pflegt.

Er haftet der Gesellschaft für den Schaden, welcher ihr durch sein Verschulden entstanden ist. Er kann gegen diesen Schaden nicht die Vortheile aufrechnen, welche er der Gesellschaft in anderen Fällen durch seinen Fleiss verschafft hat.

Art. 95. Ein Gesellschafter, welcher seine Geldeinlage nicht zur rechten Zeit einzahlt, oder eingenommene Gesellschaftsgelder nicht zur rechten Zeit an die Gesellschaftskasse abliefert, oder unbefugt Gelder aus der Gesellschaftskasse für sich entnimmt, ist von Rechtswegen zur Entrichtung von Zinsen seit dem Tage verpflichtet, an welchem die Zahlung oder die Ablieferung hätte geschehen sollen oder die Herausnahme des Geldes erfolgt ist.

Die Verpflichtung zum Ersatze des etwa entstandenen grösseren Schadens und die übrigen rechtlichen Folgen der Handlung werden hierdurch nicht ausgeschlossen.

Art. 96. Ein Gesellschafter darf ohne Genehmigung der anderen Gesellschafter weder in dem Handelszweige der Gesellschaft für eigene Rechnung oder für Rechnung eines Dritten Geschäfte machen, noch an einer anderen gleichartigen Handelsgesellschaft als offener Gesellschafter Theil nehmen.

Eine Genehmigung der Theilnahme an einer anderen gleichartigen Handelsgesellschaft ist schon dann anzunehmen, wenn den übrigen Gesellschaftern bei Eingehung der Gesellschaft bekannt war, dass der Gesellschafter an jener Handelsgesellschaft als offener Gesellschafter Theil nehme, und gleichwohl das Aufgeben der Theilnahme nicht ausdrücklich bedungen worden ist.

Art. 97. Ein Gesellschafter, welcher den vorstehenden Bestimmungen zuwiderhandelt, muss sich auf Verlangen der Gesellschaft gefallen lassen, dass die für seine Rechnung gemachten Geschäfte als für Rechnung der Gesellschaft geschlossen angesehen werden; auch kann die Gesellschaft statt dessen den Ersatz des entstandenen Schadens fordern; alles dieses unbeschadet des Rechts, die Auflösung des Gesellschaftsvertrags in den geeigneten Fällen herbeizuführen.

Das Recht der Gesellschaft, in ein von dem Gesellschafter für eigene Rechnung gemachtes Geschäft einzutreten oder Schadensersatz zu fordern, erlischt nach drei Monaten, von dem Zeitpunkte an gerechnet, in welchem die Gesellschaft von dem Abschlusse des Geschäfts Kenntniss erhalten hat.

Art. 98. Ein Gesellschafter kann ohne die Einwilligung der übrigen Gesellschafter keinen Dritten in die Gesellschaft aufnehmen.

Wenn ein Gesellschafter einseitig einen Dritten an seinem Antheile betheiligt oder seinen Antheil an denselben abtritt, so erlangt dieser gegen die Gesellschaft unmittelbar keine Rechte; er ist insbesondere zur Einsicht der Handelsbücher und Papiere der Gesellschaft nicht berechtigt.

Art. 99. Wenn die Geschäftsführung in dem Gesellschaftsvertrage einem oder mehreren der Gesellschafter übertragen ist, so schliessen diese die übrigen Gesellschafter von der Geschäftsführung aus; sie sind berechtigt, ungeachtet des Widerspruchs der übrigen Gesellschafter, alle Handlungen vorzunehmen, welche der gewöhnliche Betrieb des Handelsgewerbes der Gesellschaft mit sich bringt.

Art. 100. Wenn die Geschäftsführung mehreren Gesellschaftern mit der ausdrücklichen Beschränkung übertragen ist, dass einer nicht ohne den andern handeln könne, so darf keiner allein Geschäfte vornehmen, es sei denn, das Gefahr im Verzuge ist.

Ist hingegen mehreren Gesellschaftern die Geschäftsführung ohne diese ausdrückliche Beschränkung übertragen, so darf jeder derselben allein alle zur Geschäftsführung gehörenden Handlungen vornehmen. Jedoch muss, wenn einer unter ihnen gegen die Vornahme einer Handlung Widerspruch erhebt, dieselbe unterbleiben.

Art. 101. Die im Gesellschaftsvertrage einem oder mehreren Gesellschaftern geschehene Uebertragung der Geschäftsführung kann, so lange die Gesellschaft dauert, nicht ohne rechtmässige Ursache widerrufen werden.

Die Beurtheilung, ob eine rechtmässige Ursache vorliege, bleibt dem Ermessen des Richters überlassen.

Der Widerruf kann insbesondere in den im Art. 125, Ziffer 2 bis 5 bezeichneten Fällen für begründet erklärt werden.

Art. 102. Wenn im Gesellschaftsvertrage die Geschäftsführung nicht einem oder mehreren Gesellschaftern übertragen ist, so sind alle Gesellschafter zum Betriebe der Geschäfte der Gesellschaft gleichmässig berechtigt und verpflichtet.

Erhebt ein Gesellschafter gegen die Vornahme einer Handlung Widerspruch, so muss dieselbe unterbleiben.

Art. 103. Ein Beschluss der sämmtlichen Gesellschafter muss vor der Vornahme von Geschäften eingeholt werden, welche über den gewöhnlichen Betrieb des Handelsgewerbes der Gesellschaft hinausgehen, oder welche dem Zweck derselben fremd sind.

Dies ist auch dann erforderlich, wenn die Geschäftsführung einem oder mehreren Gesellschaftern übertragen ist.

Zur Fassung des Beschlusses ist Stimmeneinhelligkeit erforderlich. Ist diese nicht zu erlangen, so muss die Handlung, in Ansehung deren Beschluss gefasst werden soll, unterbleiben.

Art. 104. Zur Bestellung eines Prokuristen ist, sofern nicht Gefahr im Verzuge ist, die Einwilligung aller geschäftsführenden Gesellschafter, und wenn keine solche ernannt sind, die Einwilligung aller Gesellschafter erforderlich.

Der Widerruf der Prokura kann von jedem der zur Ertheilung derselben befugten Gesellschafter geschehen.

Art. 105. Jeder Gesellschafter, auch wenn er nicht in dem Geschäftsbetriebe der Gesellschaft thätig ist, kann sich persönlich von dem Gange der Gesellschaftsangelegenheiten unterrichten; er kann jederzeit in das Geschäftslokal kommen, die Handelsbücher und Papiere der Gesellschaft einsehen und auf ihrer Grundlage eine Bilanz zu seiner Uebersicht anfertigen.

Ist im Gesellschaftsvertrage ein Anderes bestimmt, so verliert diese Bestimmung ihre Wirkung, wenn eine Unredlichkeit in der Geschäftsführung nachgewiesen wird.

Art. 106. Jedem Gesellschafter werden am Schlusse eines jeden Geschäftsjahres von seiner Einlage, oder, wenn sich dieselbe beim Schlusse des vorigen Jahres durch Hinzurechnung seines Antheils am Gewinne vermehrt oder durch Abrechnung seines Antheils am Verluste vermindert hat, von seinem Antheile am Gesellschaftsvermögen Zinsen zu vier vom Hundert gutgeschrieben und von den während des Geschäftsjahres auf den Antheil entnommenen Geldern Zinsen in demselben Maassstabe zur Last geschrieben.

Die dem Gesellschafter hiernach zukommenden Zinsen vermehren seinen Antheil am Gesellschaftsvermögen.

Vor Deckung dieser Zinsen ist kein Gewinn vorhanden, und der Verlust der Gesellschaft wird durch dieselben vermehrt oder gebildet.

Art. 107. Am Schlusse eines jeden Geschäftsjahres wird, auf Grund des Inventars und der Bilanz, der Gewinn oder der Verlust dieses Jahres ermittelt und für jeden Gesellschafter sein Antheil daran berechnet.

Der Gewinn jedes Gesellschafters wird seinem Antheile am Gesellschaftsvermögen zugeschrieben, der Verlust von demselben abgeschrieben.

Art. 108. Ein Gesellschafter darf ohne Einwilligung der übrigen Gesellschafter seine Einlage und seinen Antheil am Gesellschaftsvermögen nicht vermindern.

Er darf jedoch, auch ohne diese Einwilligung, auf seinen Antheil am Gesellschaftsvermögen die Zinsen desselben für das letztverflossene Jahr, und soweit es nicht zum offenbaren Nachtheil der Gesellschaft gereicht, Gelder bis zu einem Betrage entnehmen, welcher seinen Antheil am Gewinne des letztverflossenen Jahres nicht übersteigt.

Art. 109. Der Gewinn oder Verlust wird, in Ermangelung einer anderen Vereinbarung, unter die Gesellschafter nach Köpfen vertheilt.

Dritter Abschnitt.

Von dem Rechtsverhältniss der Gesellschaft zu dritten Personen.

Art. 110. Die rechtliche Wirksamkeit einer offenen Handelsgesellschaft tritt im Verhältniss zu dritten Personen mit dem Zeitpunkte ein, in welchem die Errichtung der Gesellschaft in das Handelsregister eingetragen ist, oder die Gesellschaft auch nur ihre Geschäfte begonnen hat.

Die Beschränkung, dass die Gesellschaft erst mit einem späteren Zeitpunkte, als dem der Eintragung, ihren Anfang nehmen soll, hat gegen dritte Personen keine rechtliche Wirkung.

Art. 111. Die Handelsgesellschaft kann unter ihrer Firma Rechte erwerben und Verbindlichkeiten eingehen, Eigenthum und andere dingliche Rechte an Grundstücken erwerben, vor Gericht klagen und verklagt werden.

Ihr ordentlicher Gerichtsstand ist bei dem Gericht, in dessen Bezirk sie ihren Sitz hat.

Art. 112. Die Gesellschafter haften für alle Verbindlichkeiten der Gesellschaft solidarisch und mit ihrem ganzen Vermögen.

Eine entgegenstehende Verabredung hat gegen Dritte keine rechtliche Wirkung.

Art. 113. Wer in eine bestehende Handelsgesellschaft eintritt, haftet gleich den anderen Gesellschaftern für alle von der Gesellschaft vor seinem Eintritte eingegangenen Verbindlichkeiten, es mag die Firma eine Aenderung erleiden oder nicht.

Ein entgegenstehender Vertrag ist gegen Dritte ohne rechtliche Wirkung.

Art. 114. Jeder zur Vertretung der Gesellschaft befugte Gesellschafter ist ermächtigt, alle Arten von Geschäften und Rechtshandlungen im Namen der Gesellschaft vorzunehmen, insbesondere auch die der Gesellschaft gehörenden Grundstücke zu veräussern und zu belasten.

Die Gesellschaft wird durch die Rechtsgeschäfte, welche ein zur Vertretung der Gesellschaft befugter Gesellschafter in ihrem Namen schliesst, berechtigt und verpflichtet; es ist gleichgültig, ob das Geschäft ausdrücklich im Namen der Gesellschaft geschlossen worden ist, oder ob die Umstände ergeben, dass es nach dem Willen der Kontrahenten für die Gesellschaft geschlossen werden sollte.

Art. 115. Die Gesellschaft wird durch Rechtsgeschäfte eines Gesellschafters nicht verpflichtet, wenn derselbe von der Befugniss, die Gesellschaft zu vertreten, ausgeschlossen (Art. 86, Ziff. 4), oder seine Befugniss, die Gesellschaft zu vertreten, aufgehoben ist (Art. 87), sofern hinsichtlich dieser Ausschliessung oder Aufhebung die Voraussetzungen vorhanden sind, unter welchen nach Art. 46 hinsichtlich des Erlöschens der Prokura die Wirkung gegen Dritte eintritt.

Art. 116. Eine Beschränkung des Umfanges der Befugniss eines Gesellschafters, die Gesellschaft zu vertreten, hat dritten Personen gegenüber keine rechtliche Wirkung; insbesondere ist die Beschränkung nicht zulässig, dass die Vertretung sich nur auf gewisse Geschäfte oder Arten von Geschäften erstrecken, oder dass sie nur unter gewissen Umständen oder für eine gewisse Zeit oder an einzelnen Orten stattfinden solle.

Art. 117. Die Gesellschaft wird vor Gericht von jedem Gesellschafter gültig vertreten, welcher von der Befugniss, die Gesellschaft zu vertreten, nicht ausgeschlossen ist.

Zur Behändigung von Vorladungen und anderen Zustellungen an die Gesellschaft genügt es, wenn dieselbe an einen der zur Vertretung befugten Gesellschafter geschieht.

Art. 118. Die Ertheilung, sowie die Aufhebung einer Prokura geschieht mit rechtlicher Wirkung gegen Dritte durch einen der zur Vertretung der Gesellschaft befugten Gesellschafter.

Art. 119. Die Privatgläubiger eines Gesellschafters sind nicht befugt, die zum Gesellschaftsvermögen gehörigen Sachen, Forderungen oder Rechte oder einen Antheil an denselben zum Behuf ihrer Befriedigung oder Sicherstellung in Anspruch zu nehmen. Gegenstand der Exekution, des Arrestes oder der Beschlagnahme kann für sie nur dasjenige sein, was der Gesellschafter selbst an Zinsen und an Gewinnantheilen zu fordern berechtigt ist, und was ihm bei der Auseinandersetzung zukommt.

Art. 120. Die Bestimmung des vorigen Artikels gilt auch in Betreff der Privatgläubiger, zu deren Gunsten eine Hypothek oder ein Pfandrecht an dem Vermögen eines Gesellschafters kraft des Gesetzes oder aus einem andern Rechtsgrunde besteht. Ihre Hypothek oder ihr Pfandrecht erstreckt sich nicht auf die zum Gesellschaftsvermögen gehörigen Sachen, Forderungen und Rechte, oder auf einen Antheil an denselben, sondern nur auf dasjenige, was in dem letzten Satze des vorigen Artikels bezeichnet ist.

Jedoch werden die Rechte, welche an den von einem Gesellschafter in das Vermögen der Gesellschaft eingebrachten Gegenständen bereits zur Zeit des Einbringens bestanden, durch die vorstehenden Bestimmungen nicht berührt.

Art. 121. Eine Kompensation zwischen Forderungen der Gesellschaft und Privatforderungen des Gesellschaftsschuldners gegen einen einzelnen Gesellschafter findet während der Dauer der Gesellschaft weder ganz noch theilweise statt; nach Auflösung der Gesellschaft ist sie zulässig, wenn und insoweit die Gesellschaftsforderung dem Gesellschafter bei der Auseinandersetzung überwiesen ist.

Art. 122[1]. Im Falle des Konkurses der Gesellschaft werden die Gläubiger derselben aus dem Gesellschaftsvermögen abgesondert befriedigt, und können aus dem Privatvermögen der Gesellschafter nur wegen des Ausfalls ihre Befriedigung suchen; den Landesgesetzen bleibt vorbehalten, zu bestimmen, ob und wie weit den Privatgläubigern der Gesellschafter ein Absonderungsrecht in Bezug auf das Privatvermögen derselben zusteht.

Vierter Abschnitt.

Von der Auflösung der Gesellschaft und dem Austreten einzelner Gesellschafter aus derselben.

Art. 123. Die Gesellschaft wird aufgelöst:

1) durch die Eröffnung des Konkurses über die Gesellschaft;
2) durch den Tod eines der Gesellschafter, wenn nicht der Vertrag bestimmt, dass die Gesellschaft mit den Erben des Verstorbenen fortbestehen soll;
3) durch die Eröffnung des Konkurses über das Vermögen eines der Gesellschafter oder durch die eingetretene rechtliche Unfähigkeit eines der Gesellschafter zur selbstständigen Vermögensverwaltung;
4) durch gegenseitige Uebereinkunft;
5) durch Ablauf der Zeit, auf deren Dauer die Gesellschaft eingegangen ist, sofern nicht die Gesellschafter dieselbe stillschweigend fortsetzen; in diesem Falle gilt sie von da an als auf unbestimmte Dauer eingegangen;
6) durch die von Seiten eines Gesellschafters geschehene Aufkündigung, wenn die Gesellschaft auf unbestimmte Dauer eingegangen ist.

Eine auf Lebenszeit eingegangene Gesellschaft ist als eine Gesellschaft von unbestimmter Dauer zu betrachten.

Art. 124. Die Aufkündigung einer Gesellschaft von unbestimmter Dauer Seitens eines Gesellschafters muss, wenn nicht ein Anderes vereinbart ist, mindestens sechs Monate vor Ablauf des Geschäftsjahres der Gesellschaft erfolgen.

Art. 125. Ein Gesellschafter kann die Auflösung der Gesellschaft vor Ablauf der für ihre Dauer bestimmten Zeit oder bei Gesellschaften von unbestimmter Dauer ohne vorgängige Aufkündigung verlangen, sofern hierzu wichtige Gründe vorhanden sind.

Die Beurtheilung, ob solche Gründe anzunehmen sind, bleibt im Falle des Widerspruchs dem Ermessen des Richters überlassen.

---

[1] Vgl. R.-Konk.-O. §. 198. „Im Falle der Zahlungsunfähigkeit einer offenen Handelsgesellschaft, einer Kommanditgesellschaft oder einer Kommanditgesellschaft auf Aktien findet über das Gesellschaftsvermögen ein selbständiges Konkursverfahren statt. Die Vorschrift des §. 193 Abs. 2 findet entsprechende Anwendung. §. 199. Zu dem Antrage auf Eröffnung des Verfahrens ist ausser den Konkursgläubigern jeder persönlich haftende Gesellschafter und jeder Liquidator berechtigt. Wird der Antrag nicht von allen persönlich haftenden Gesellschaftern oder allen Liquidatoren gestellt, so ist derselbe zuzulassen, wenn die Zahlungsunfähigkeit der Gesellschaft glaubhaft gemacht wird. Das Gericht hat die übrigen persönlich haftenden Gesellschafter oder Liquidatoren nach Massgabe des §. 97 Abs. 2, 3 zu hören. §. 200. Ein Zwangsvergleich kann nur auf den Vorschlag aller persönlich haftenden Gesellschafter geschlossen werden. Der Zwangsvergleich begrenzt, soweit er nicht ein Anderes festsetzt, zugleich den Umfang der solidarischen Haftung der persönlich haftenden Gesellschafter mit ihrem sonstigen Vermögen. §. 201. Wenn Gesellschaftsgläubiger in einem über das Privatvermögen eines persönlich haftenden Gesellschafters eröffneten Konkursverfahren ihre Befriedigung wegen des Ausfalls suchen, welchen sie in dem Konkursverfahren über das Gesellschaftsvermögen erleiden, so sind bei den Vertheilungen die Antheile auf den vollen Betrag der Gesellschaftsforderungen zurückzubehalten, bis der Ausfall bei dem Gesellschaftsvermögen feststeht. Im übrigen finden auf die vorstehend bezeichneten Forderungen die Vorschriften der §§. 57, 88 entsprechende Anwendung." Den angeführten §. 193 siehe S. 58, Nr. 1.

Die Auflösung kann insbesondere ausgesprochen werden:

1) wenn durch äussere Umstände die Erreichung des gesellschaftlichen Zwecks unmöglich wird;

2) wenn ein Gesellschafter bei der Geschäftsführung oder bei der Rechnungslegung unredlich verfährt;

3) wenn ein Gesellschafter die Erfüllung der ihm obliegenden wesentlichen Verpflichtungen unterlässt;

4) wenn ein Gesellschafter die Firma oder das Vermögen der Gesellschaft für seine Privatzwecke missbraucht;

5) wenn ein Gesellschafter durch anhaltende Krankheit oder aus anderen Ursachen zu den ihm obliegenden Geschäften der Gesellschaft unfähig wird.

Art. 126. Hat ein Privatgläubiger eines Gesellschafters nach fruchtlos vollstreckter Exekution in dessen Privatvermögen die Exekution in das dem Gesellschafter bei dereinstiger Auflösung der Gesellschaft zukommende Guthaben erwirkt[1]), so ist er berechtigt, es mag die Gesellschaft auf bestimmte oder auf unbestimmte Dauer eingegangen sein, Behufs seiner Befriedigung nach vorher von ihm geschehener Aufkündigung die Auflösung der Gesellschaft zu verlangen.

Die Aufkündigung muss mindestens sechs Monate vor Ablauf des Geschäftsjahres der Gesellschaft geschehen.

Art. 127. Wenn die Gesellschafter vor der Auflösung der Gesellschaft übereingekommen sind, dass, ungeachtet des Ausscheidens eines oder mehrerer Gesellschafter, die Gesellschaft unter den übrigen fortgesetzt werden soll, so endigt die Gesellschaft nur in Beziehung auf den Ausscheidenden; im Uebrigen besteht sie mit allen ihren bisherigen Rechten und Verbindlichkeiten fort.

Art. 128. Wenn die Auflösung der Gesellschaft aus Gründen gefordert werden darf, welche in der Person eines Gesellschafters liegen (Art. 125), so kann anstatt derselben auf Ausschliessung dieses Gesellschafters erkannt werden, sofern die sämmtlichen übrigen Gesellschafter hierauf antragen.

Art. 129. Die Auflösung der Gesellschaft muss, wenn sie nicht in Folge der Eröffnung des Konkurses über die Gesellschaft geschieht, in das Handelsregister eingetragen werden.

Diese Eintragung muss selbst dann geschehen, wenn die Gesellschaft durch Ablauf der Zeit, für welche sie eingegangen war, beendigt wird.

Gleich der Auflösung der Gesellschaft muss auch das Ausscheiden oder die Ausschliessung eines Gesellschafters aus der Gesellschaft in das Handelsregister eingetragen werden.

Das Handelsgericht hat die Betheiligten zur Anmeldung dieser Thatsachen von Amtswegen durch Ordnungsstrafen anzuhalten.

Dritten Personen kann die Auflösung der Gesellschaft oder das Ausscheiden oder die Ausschliessung eines Gesellschafters aus derselben nur insofern entgegengesetzt werden, als hinsichtlich einer solchen Thatsache die Voraussetzungen vorhanden sind, unter welchen nach Art. 25 hinsichtlich des Erlöschens der Firma oder der Aenderung ihrer Inhaber die Wirkung gegen Dritte eintritt.

Art. 130. Wenn ein Gesellschafter ausscheidet oder ausgeschlossen wird, so erfolgt die Auseinandersetzung der Gesellschaft mit demselben auf Grund der Vermögenslage, in welcher sich die Gesellschaft zur Zeit des Ausscheidens oder zur Zeit der Behändigung der Klage auf Ausschliessung befindet.

An den späteren Geschäften, Rechten und Verbindlichkeiten nimmt

---

[1]) Vgl. R.-Civ.-Pr.-O. §. 729 f.

der Ausgeschiedene oder Ausgeschlossene nur insofern Antheil, als dieselben eine unmittelbare Folge dessen sind, was vor jenem Zeitpunkte bereits geschehen war.

Der Ausgeschiedene oder Ausgeschlossene muss sich die Beendigung der laufenden Geschäfte in der Weise gefallen lassen, wie sie nach dem Ermessen der verbleibenden Gesellschafter am vortheilhaftesten ist.

Jedoch ist er, wenn eine frühere vollständige Auseinandersetzung nicht möglich ist, berechtigt, am Schlusse eines jeden Geschäftsjahres Rechnungsablage über die inzwischen erledigten Geschäfte, sowie die Auszahlung der ihm hiernach gebührenden Beträge zu fordern; auch kann er am Schlusse eines jeden Geschäftsjahres den Nachweis über den Stand der noch laufenden Geschäfte fordern.

Art. 131. Ein ausgeschiedener oder ausgeschlossener Gesellschafter muss sich die Auslieferung seines Antheils am Gesellschaftsvermögen in einer den Werth desselben darstellenden Geldsumme gefallen lassen; er hat kein Recht auf einen verhältnissmässigen Antheil an den einzelnen Forderungen, Waaren oder anderen Vermögensstücken der Gesellschaft.

Art. 132. Macht ein Privatgläubiger eines Gesellschafters von dem nach Art. 126 ihm zustehenden Rechte Gebrauch, so können die übrigen Gesellschafter auf Grund eines einstimmigen Beschlusses statt der Auflösung der Gesellschaft die Auseinandersetzung und die Auslieferung des Antheils des Schuldners nach den Bestimmungen der vorhergehenden Artikel vornehmen; der letztere ist dann als aus der Gesellschaft ausgeschieden zu betrachten.

Fünfter Abschnitt.

Von der Liquidation der Gesellschaft.

Art. 133. Nach Auflösung der Gesellschaft ausser dem Fall des Konkurses erfolgt die Liquidation, sofern diese nicht durch einstimmigen Beschluss der Gesellschafter oder durch den Gesellschaftsvertrag einzelnen Gesellschaftern oder anderen Personen übertragen ist, durch die sämmtlichen bisherigen Gesellschafter oder deren Vertreter als Liquidatoren. Ist einer der Gesellschafter gestorben, so haben dessen Rechtsnachfolger einen gemeinschaftlichen Vertreter zu bestellen.

Auf den Antrag eines Gesellschafters kann aus wichtigen Gründen die Ernennung von Liquidatoren durch den Richter erfolgen. Der Richter kann in einem solchen Falle Personen zu Liquidatoren ernennen oder als solche beiordnen, welche nicht zu den Gesellschaftern gehören.

Art. 134. Die Abberufung von Liquidatoren geschieht durch einstimmigen Beschluss aller Gesellschafter; sie kann auch auf den Antrag eines Gesellschafters aus wichtigen Gründen durch den Richter erfolgen.

Art. 135. Die Liquidatoren sind von den Gesellschaftern beim Handelsgerichte zur Eintragung in das Handelsregister anzumelden; sie haben ihre Unterschrift persönlich vor dem Handelsgerichte zu zeichnen oder die Zeichnung in beglaubigter Form einzureichen.

Das Austreten eines Liquidators oder das Erlöschen der Vollmacht eines solchen ist gleichfalls zur Eintragung in das Handelsregister anzumelden.

Die Gesellschafter sind zur Befolgung dieser Vorschriften von Amtswegen durch Ordnungsstrafen anzuhalten.

Dritten Personen kann die Ernennung von Liquidatoren, sowie das Austreten eines Liquidators oder das Erlöschen der Vollmacht eines solchen nur insofern entgegengesetzt werden, als hinsichtlich dieser Thatsachen die Voraussetzungen vorhanden sind, unter welchen nach Art. 25

und 46 hinsichtlich einer Aenderung der Inhaber einer Firma oder des Erlöschens einer Prokura die Wirkung gegen Dritte eintritt.

Art. 136. Sind mehrere Liquidatoren vorhanden, so können sie die zur Liquidation gehörenden Handlungen mit rechtlicher Wirkung nur in Gemeinschaft vornehmen, sofern nicht ausdrücklich bestimmt ist, dass sie einzeln handeln können.

Art. 137. Die Liquidatoren haben die laufenden Geschäfte zu beendigen, die Verpflichtungen der aufgelösten Gesellschaft zu erfüllen, die Forderungen derselben einzuziehen und das Vermögen der Gesellschaft zu versilbern; sie haben die Gesellschaft gerichtlich und aussergerichtlich zu vertreten; sie können für dieselbe Vergleiche schliessen und Kompromisse eingehen. Zur Beendigung schwebender Geschäfte können die Liquidatoren auch neue Geschäfte eingehen.

Die Veräusserung von unbeweglichen Sachen kann durch die Liquidatoren ohne Zustimmung der sämmtlichen Gesellschafter nicht anders, als durch öffentliche Versteigerung bewirkt werden.

Art. 138. Eine Beschränkung des Umfanges der Geschäftsbefugnisse der Liquidatoren (Art. 137) hat gegen dritte Personen keine rechtliche Wirkung.

Art. 139. Die Liquidatoren haben ihre Unterschrift in der Weise abzugeben, dass sie der bisherigen, nun als Liquidationsfirma zu bezeichnenden Firma ihren Namen beifügen.

Art. 140. Die Liquidatoren haben, selbst wenn sie vom Richter bestellt sind, den Gesellschaftern gegenüber bei der Geschäftsführung den von diesen einstimmig getroffenen Anordnungen Folge zu geben.

Art. 141. Die während der Liquidation entbehrlichen Gelder werden vorläufig unter die Gesellschafter vertheilt.

Zur Deckung von Schulden der Gesellschaft, welche erst später fällig werden, sowie zur Deckung der Ansprüche, welche den einzelnen Gesellschaftern bei der Auseinandersetzung zustehen, sind die erforderlichen Gelder zurückzubehalten.

Art. 142. Die Liquidatoren haben die schliessliche Auseinandersetzung unter den Gesellschaftern herbeizuführen.

Streitigkeiten, welche über die Auseinandersetzung entstehen, fallen der richterlichen Entscheidung anheim.

Art. 143. Wenn ein Gesellschafter Sachen in die Gesellschaft eingebracht hat, welche Eigenthum derselben geworden sind, so fallen dieselben bei der Auseinandersetzung nicht an ihn zurück, sondern er erhält den Werth aus dem Gesellschaftsvermögen erstattet, für welchen sie gemäss Uebereinkunft übernommen wurden.

Fehlt es an dieser Werthbestimmung, so geschieht die Erstattung nach dem Werthe, welchen die Sachen zur Zeit der Einbringung hatten.

Art. 144. Ungeachtet der Auflösung der Gesellschaft kommen bis zur Beendigung der Liquidation in Bezug auf das Rechtsverhältniss der bisherigen Gesellschafter unter einander, sowie der Gesellschaft zu dritten Personen die Vorschriften des zweiten und dritten Abschnitts zur Anwendung, soweit sich aus den Bestimmungen des gegenwärtigen Abschnitts und aus dem Wesen der Liquidation nicht ein Anderes ergiebt.

Der Gerichtsstand, welchen die Gesellschaft zur Zeit ihrer Auflösung hatte, bleibt bis zur Beendigung der Liquidation für die aufgelöste Gesellschaft bestehen.

Zustellungen an die Gesellschaft geschehen mit rechtlicher Wirkung an einen der Liquidatoren.

Art. 145. Nach Beendigung der Liquidation werden die Bücher und Schriften der aufgelösten Gesellschaft einem der gewesenen Gesellschafter oder einem Dritten in Verwahrung gegeben. Der Gesellschafter oder der Dritte wird in Ermangelung einer gütlichen Uebereinkunft durch das Handelsgericht bestimmt.

Die Gesellschafter und deren Rechtsnachfolger behalten das Recht auf Einsicht und Benutzung der Bücher und Papiere.

Sechster Abschnitt.

Von der Verjährung der Klagen gegen die Gesellschafter.

Art. 146. Die Klagen gegen einen Gesellschafter aus Ansprüchen gegen die Gesellschaft verjähren in fünf Jahren nach Auflösung der Gesellschaft oder nach seinem Ausscheiden oder seiner Ausschliessung aus derselben, sofern nicht nach Beschaffenheit der Forderung eine kürzere Verjährungsfrist gesetzlich eintritt.

Die Verjährung beginnt mit dem Tage, an welchem die Auflösung der Gesellschaft oder das Ausscheiden oder die Ausschliessung des Gesellschafters aus derselben in das Handelsregister eingetragen ist.

Wird die Forderung erst nach der Eintragung fällig, so beginnt die Verjährung mit dem Zeitpunkte der Fälligkeit.

Art. 147. Ist noch ungetheiltes Gesellschaftsvermögen vorhanden, so kann dem Gläubiger die fünfjährige Verjährung nicht entgegengesetzt werden, sofern er seine Befriedigung nur aus dem Gesellschaftsvermögen sucht.

Art. 148. Die Verjährung zu Gunsten eines ausgeschiedenen oder ausgeschlossenen Gesellschafters wird durch Rechtshandlungen nicht unterbrochen, welche gegen die fortbestehende Gesellschaft oder einen anderen Gesellschafter vorgenommen werden.

Die Verjährung zu Gunsten eines bei der Auflösung einer Gesellschaft zu derselben gehörigen Gesellschafters wird nicht durch Rechtshandlungen gegen einen anderen Gesellschafter, wohl aber durch Rechtshandlungen gegen die Liquidatoren unterbrochen.

Art. 149. Die Verjährung läuft auch gegen Minderjährige und bevormundete Personen, sowie gegen juristische Personen, denen gesetzlich die Rechte der Minderjährigen zustehen, ohne Zulassung der Wiedereinsetzung in den vorigen Stand, jedoch mit Vorbehalt des Regresses gegen die Vormünder und Verwalter.

Zweiter Titel.

Von der Kommanditgesellschaft.

Erster Abschnitt.

Von der Kommanditgesellschaft im Allgemeinen.

Art. 150. Eine Kommanditgesellschaft ist vorhanden, wenn bei einem unter einer gemeinschaftlichen Firma betriebenen Handelsgewerbe ein oder mehrere Gesellschafter sich nur mit Vermögenseinlagen betheiligen (Kommanditisten), während bei einem oder mehreren anderen Gesellschaftern die Betheiligung nicht in dieser Weise beschränkt ist (persönlich haftende Gesellschafter).

Sind mehrere persönlich haftende Gesellschafter vorhanden, so ist in Ansehung ihrer die Gesellschaft zugleich eine offene Gesellschaft.

Zur Gültigkeit des Gesellschaftsvertrages bedarf es der schriftlichen Abfassung nicht.

Art. 151. Die Errichtung einer Kommanditgesellschaft ist von sämmtlichen Gesellschaftern bei dem Handelsgerichte, in dessen Bezirk die

Gesellschaft ihren Sitz hat, Behufs der Eintragung in das Handelsregister anzumelden.

Die Anmeldung muss enthalten:

1) den Namen, Vornamen, Stand und Wohnort jedes persönlich haftenden Gesellschafters;
2) den Namen, Vornamen, Stand und Wohnort jedes Kommanditisten mit der Bezeichnung desselben als solchen;
3) die Firma der Gesellschaft und den Ort, wo sie ihren Sitz hat;
4) den Betrag der Vermögenseinlage jedes Kommanditisten.

Die Anmeldung muss von allen Gesellschaftern persönlich vor dem Handelsgerichte unterzeichnet, oder in beglaubigter Form eingereicht werden; sie ist nach ihrem ganzen Inhalt in das Handelsregister einzutragen. Bei der Bekanntmachung der Kommanditgesellschaft in den öffentlichen Blättern (Art. 13) unterbleibt die Angabe der Namen, des Standes und des Wohnorts der Kommanditisten, sowie die Angabe des Betrages ihrer Vermögenseinlagen.

Art. 152. Bei jedem Handelsgerichte, in dessen Bezirk die Kommanditgesellschaft eine Zweigniederlassung hat, muss dies Behufs der Eintragung in das Handelsregister angemeldet werden.

Die Anmeldung muss die in Art. 151, Ziffer 1—4 bezeichneten Angaben enthalten, und von sämmtlichen persönlich haftenden Gesellschaftern vor dem Handelsgericht unterzeichnet oder in beglaubigter Form eingereicht werden.

Art. 153. Die persönlich haftenden Gesellschafter, welche die Gesellschaft vertreten sollen, haben die Firma nebst ihrer Namensunterschrift persönlich vor dem Handelsgericht, in dessen Bezirk die Gesellschaft ihren Sitz hat, und vor jedem Handelsgericht, in dessen Bezirk sie eine Zweigniederlassung hat, zu zeichnen oder die Zeichnung in beglaubigter Form einzureichen.

Art. 154. Das Handelsgericht hat die persönlich haftenden Gesellschafter zu Befolgung der in den Art. 151, 152 und 153 enthaltenen Vorschriften von Amtswegen durch Ordnungsstrafen anzuhalten.

Art. 155. Wenn die Firma einer bestehenden Kommanditgesellschaft geändert, oder der Sitz der Gesellschaft an einen anderen Ort verlegt wird, so sind diese Thatsachen von sämmtlichen Gesellschaftern in der durch Art. 151 bestimmten Weise Behufs der Eintragung in das Handelsregister anzumelden. Das Handelsgericht hat die persönlich haftenden Gesellschafter zur Befolgung dieser Anordnung von Amtswegen durch Ordnungsstrafen anzuhalten.

Bei der Bekanntmachung kommt in Betreff der Kommanditisten die Vorschrift des Art. 151 zur Anwendung.

Die Wirkung gegen Dritte richtet sich nach den Bestimmungen des Art. 25.

Art. 156. Wenn in eine bestehende Kommanditgesellschaft ein neuer Kommanditist eintritt, so muss dies von sämmtlichen Gesellschaftern zur Eintragung in das Handelsregister und zur Bekanntmachung nach den Bestimmungen des Art. 151 angemeldet werden.

Art. 157. Das Rechtsverhältniss der Gesellschafter unter einander richtet sich zunächst nach dem Gesellschaftsvertrage. Soweit keine Vereinbarung getroffen ist, kommen die gesetzlichen Bestimmungen über das Rechtsverhältniss der offenen Gesellschafter untereinander auch hier zur Anwendung, jedoch mit den Abweichungen, welche die nachfolgenden Artikel (158 bis 162) ergeben.

Art. 158. Die Geschäftsführung der Gesellschaft wird durch den oder die persönlich haftenden Gesellschafter besorgt.

Ein Kommanditist ist zur Führung der Geschäfte der Gesellschaft weder berechtigt noch verpflichtet.

Er kann gegen die Vornahme einer Handlung der Geschäftsführung durch die persönlich haftenden Gesellschafter (Art. 99 bis 102) Widerspruche nicht erheben.

Art. 159. Ein Kommanditist darf ohne Genehmigung der anderen Gesellschafter in dem Handelszweig der Gesellschaft für eigene oder fremde Rechnung Geschäfte machen und an einer anderen gleichartigen Handelsgesellschaft als offener Gesellschafter Theil nehmen.

Art. 160. Jeder Kommanditist ist berechtigt, die abschriftliche Mittheilung der jährlichen Bilanz zu verlangen und die Richtigkeit derselben unter Einsicht der Bücher und Papiere zu prüfen.

Die im Art. 105 bezeichneten weiteren Rechte eines offenen Gesellschafters stehen einem Kommanditisten nicht zu.

Jedoch kann das Handelsgericht auf den Antrag eines Kommanditisten, wenn wichtige Gründe dazu vorliegen, die Mittheilung einer Bilanz oder sonstiger Aufklärungen nebst Vorlegung der Bücher und Papiere zu jeder Zeit anordnen.

Art. 161. Die Bestimmungen der Art. 106 bis 108 über die Verzinsung der Einlage, über die jährliche Berechnung des Gewinnes oder Verlustes und über die Befugniss, Zinsen und Gewinn zu erheben, gelten auch in Betreff des Kommanditisten.

Jedoch nimmt ein Kommanditist an dem Verluste nur bis zum Betrage seiner eingezahlten oder rückständigen Einlage Antheil.

Er ist nicht verpflichtet, die Zinsen und den Gewinn, welche er bezogen hat, wegen späterer Verluste zurückzuzahlen; jedoch wird, so lange seine ursprüngliche Einlage durch Verlust vermindert ist, der jährliche Gewinn zur Deckung des Verlustes verwendet.

Art. 162. Ist über die Höhe der Betheiligung an Gewinn und Verlust nichts vereinbart, so wird dieselbe nach richterlichem Ermessen, nöthigenfalls unter Zuziehung von Sachverständigen, festgestellt.

Art. 163. Im Verhältniss zu dritten Personen tritt die rechtliche Wirsamkeit einer Kommanditgesellschaft mit dem Zeitpunkt ein, in welchem die Errichtung der Gesellschaft bei dem Handelsgericht, in dessen Bezirk die Gesellschaft ihren Sitz hat, in das Handelsregister eingetragen ist, oder die Gesellschaft auch nur ihre Geschäfte begonnen hat.

Die Beschränkung, dass die Gesellschaft erst mit einem späteren Zeitpunkt als dem der Eintragung ihren Anfang nehmen soll, hat gegen dritte Personen keine rechtliche Wirkung.

Hat die Gesellschaft vor der Eintragung ihre Geschäfte begonnen, so haftet jeder Kommanditist dritten Personen für die bis zur Eintragung entstandenen Verbindlichkeiten der Gesellschaft gleich einem persönlich haftenden Gesellschafter, wenn er nicht beweist, dass denselben seine beschränkte Betheiligung bei der Gesellschaft bekannt war.

Art. 164. Die Kommanditgesellschaft kann unter ihrer Firma Rechte erwerben und Verbindlichkeiten eingehen, Eigenthum und andere dingliche Rechte an Grundstücken erwerben, vor Gericht klagen und verklagt werden.

Ihr ordentlicher Gerichtsstand ist bei dem Gericht, in dessen Bezirk sie ihren Sitz hat.

Art. 165. Für die Verbindlichkeiten der Gesellschaft haftet der Kommanditist nur mit der Einlage und, soweit diese nicht eingezahlt ist, mit dem versprochenen Betrage.

Die Einlage des Kommanditisten kann während des Bestehens der Gesellschaft weder ganz noch theilweise zurückbezahlt oder erlassen werden.

Zinsen können ihm von der Gesellschaft nur insoweit bezahlt werden, als dadurch die ursprüngliche Einlage nicht vermindert wird.

Er kann bis zur Wiederergänzung der durch Verlust verminderten Einlage weder Zinsen noch Gewinn beziehen.

Er haftet für die Verbindlichkeiten der Gesellschaft, wenn und insoweit er diesen Bestimmungen entgegen Zahlungen von der Gesellschaft empfangen hat.

Er ist jedoch nicht verpflichtet, die Zinsen und den Gewinn zurückzuzahlen, welche er auf Grund einer in gutem Glauben errichteten Bilanz in gutem Glauben bezogen hat.

Art. 166. Wer in eine bestehende Handelsgesellschaft als Kommanditist eintritt, haftet nach Maassgabe des vorhergehenden Artikels für alle von der Gesellschaft vor seinem Eintritt eingegangenen Verbindlichkeiten, es mag die Firma eine Aenderung erleiden oder nicht.

Ein entgegenstehender Vertrag ist gegen Dritte ohne rechtliche Wirkung.

Art. 167. Die Kommanditgesellschaft wird durch die persönlich haftenden Gesellschafter berechtigt und verpflichtet; sie wird durch dieselben vor Gericht vertreten.

Zur Behändigung von Vorladungen und anderen Zustellungen an die Gesellschaft genügt es, wenn dieselbe an einen der zur Vertretung befugten Gesellschafter geschieht.

Ein Kommanditist, welcher für die Gesellschaft Geschäfte schliesst, ohne ausdrücklich zu erklären, dass er nur als Prokurist oder als Bevollmächtigter handle, ist aus diesen Geschäften gleich einem persönlich haftenden Gesellschafter verpflichtet.

Art. 168. Der Name eines Kommanditisten darf in der Firma der Gesellschaft nicht enthalten sein; im entgegengesetzten Falle haftet er den Gläubigern der Gesellschaft gleich einem offenen Gesellschafter.

Art. 169. Die Bestimmungen der Art. 119, 120, 121 und 122 finden auch bei der Kommanditgesellschaft Anwendung.

Art. 170. Wenn ein Kommanditist stirbt oder zur Verwaltung seines Vermögens rechtlich unfähig wird, so hat dies die Auflösung der Gesellschaft nicht zur Folge.

Im Uebrigen gelten die in den Art. 123 bis 128 für die offene Gesellschaft gegebenen Bestimmungen auch für die Kommanditgesellschaft.

Art. 171. Wenn eine Kommanditgesellschaft aufgelöst wird, oder wenn ein Kommanditist mit seiner ganzen Einlage oder mit einem Theile derselben ausscheidet, so müssen diese Thatsachen in das Handelsregister eingetragen werden.

Bei der Bekanntmachung unterbleibt die Bezeichnung des Kommanditisten und die Angabe des Betrages der Einlage.

Die Bestimmungen des Art. 129 kommen auch hier zur Anwendung.

Art. 172. Was bei der offenen Gesellschaft über die Art der Auseinandersetzung (Art. 130, 131 und 132), über die Liquidation und über die Verjährung der Klagen gegen die Gesellschafter bestimmt ist, gilt auch bei der Kommanditgesellschaft in Betreff aller Gesellschafter.

Zweiter Abschnitt.

Von der Kommanditgesellschaft auf Aktien insbesondere[1]).

Art. 173. Das Gesammtkapital der Kommanditisten kann in Aktien zerlegt werden.

---

[1]) Art. 173—249g in der ihnen durch das Gesetz v. 18. Juli 1884. betr. die Kommanditgesellschaften auf Aktien und die Aktiengesellschaften (RGBl. 1884, S. 123—170) gegebenen Fassung. Auf die vor dem Inkrafttreten dieses Gesetzes errichteten Gesell-

Die Aktien sind untheilbar.

Dieselben können auf Inhaber oder auf Namen lauten.

Antheilscheine, in welchen der Bezug von Aktien zugesichert wird, oder welche sonst über das Antheilsrecht der Kommanditisten vor Ausgabe der Aktien ausgestellt werden (Interimsscheine), dürfen nicht auf Inhaber lauten.

Art. 173a. Die Aktien müssen auf einen Betrag von mindestens eintausend Mark gestellt werden.

Für ein gemeinnütziges Unternehmen kann im Falle eines besonderen örtlichen Bedürfnisses der Bundesrath die Ausgabe von Aktien, welche auf Namen lauten, zu einem geringeren, jedoch mindestens zweihundert Mark erreichenden Betrage zulassen. Die gleiche Genehmigung kann in dem Falle ertheilt werden, dass für ein Unternehmen das Reich oder ein Bundesstaat, ein Provinzial-, Kreis- oder Amtsverband oder eine sonstige öffentliche Korporation auf die Aktien einen bestimmten Ertrag bedingungslos und ohne Zeitbeschränkung gewährleistet hat.

Auf Namen lautende Aktien, deren Uebertragung an die Einwilligung der Gesellschaft gebunden ist, dürfen auf einen Betrag von weniger als eintausend, jedoch nicht von weniger als zweihundert Mark gestellt werden.

Die vorstehenden Bestimmungen gelten auch von Interimsscheinen.

Art. 174. Eine Kommanditgesellschaft auf Aktien gilt als Handelsgesellschaft, auch wenn der Gegenstand des Unternehmens nicht in Handelsgeschäften besteht.

Art. 174a. Die persönlich haftenden Gesellschafter haben sich bei Errichtung der Gesellschaft mit Einlagen zu betheiligen, welche zusammen mindestens den zehnten Theil des Gesammtkapitals der Kommanditisten und, wenn dieses drei Millionen Mark übersteigt, für den übersteigenden Betrag den fünfzigsten Theil desselben darstellen.

Art. 175. Der Inhalt des Gesellschaftsvertrages (Statut) muss durch die persönlich haftenden Gesellschafter in gerichtlicher oder notarieller Verhandlung festgestellt werden.

Der Gesellschaftsvertrag muss enthalten:

1) den Namen, Vornamen, Stand und Wohnort, sowie die Höhe und Art der Einlage jedes persönlich haftenden Gesellschafters;
2) die Firma der Gesellschaft und den Ort, wo sie ihren Sitz hat;
3) den Gegenstand des Unternehmens;
4) die Zahl und den Betrag der Aktien;
5) die Art der Aktien, ob sie auf Inhaber oder auf Namen lauten, und im Falle der Ausgabe beider Arten die Zahl der Aktien einer jeden Art;
6) die Form, in welcher die Zusammenberufung der Generalversammlung der Kommanditisten geschieht;
7) die Form, in welcher die von der Gesellschaft ausgehenden Bekanntmachungen erfolgen.

Bekanntmachungen, welche durch öffentliche Blätter erfolgen sollen, sind in den Deutschen Reichsanzeiger einzurücken. Andere Blätter ausser diesem hat der Gesellschaftsvertrag zu bestimmen.

Art. 175a. Der Aufnahme in den Gesellschaftsvertrag bedürfen Bestimmungen, nach welchen

1) das Unternehmen auf eine gewisse Zeit beschränkt wird;

---

schaften finden die Artikel 173, 173a, 174a, 175 Abs. 1 u. 2, 175a bis 177, 180, 180a—180e, 181, 207, 207a, 209 Abs. 1 u. 2, 209a—210c, 213a—213f der neuen Fassung keine Anwendung, Art. 190 Abs. 1 u. 4 (Art. 221) und Art. 225a nur, soweit sie nicht mit dem Gesellschaftsvertrage im Widerspruche stehen; Art. 196a und 232 finden auf Vorstandsmitglieder solcher Gesellschaften nur Anwendung, wenn dieselben unter der Herrschaft des neuen Gesetzes in ihr Amt eingetreten sind.

2) Aktien für einen höheren als den Nominalbetrag ausgegeben werden;
3) eine Umwandlung der Aktien rücksichtlich ihrer Art statthaft ist;
4) für einzelne Gattungen von Aktien verschiedene Rechte, insbesondere betreffs der Zinsen oder Dividenden oder des Antheils am Gesellschaftsvermögen, gewährt werden;
5) über gewisse Gegenstände die Generalversammlung der Kommanditisten nicht schon durch einfache Stimmenmehrheit, sondern nur durch eine grössere Stimmenmehrheit oder nach anderen Erfordernissen Beschluss fassen kann;
6) ein Austreten einzelner persönlich haftender Gesellschafter die Auflösung der Gesellschaft nicht zur Folge hat.

Für einen geringeren als den Nominalbetrag darf die Ausgabe der Aktien nicht festgesetzt werden.

Art. 175b. Jeder zu Gunsten einzelner Gesellschafter bedungene besondere Vortheil muss in dem Gesellschaftsvertrage unter Bezeichnung des Berechtigten festgesetzt werden.

Werden von persönlich haftenden Gesellschaftern oder von Kommanditisten Einlagen, welche nicht durch Baarzahlung zu leisten sind, gemacht, so müssen die Person des Gesellschafters, der Gegenstand der Einlage und der für sie zu gewährende Antheil an dem Gesammtkapital der Kommanditisten oder dem sonstigen Gesellschaftsvermögen in dem Gesellschaftsvertrage festgesetzt werden. Imgleichen sind, falls seitens der zu errichtenden Gesellschaft vorhandene oder herzustellende Anlagen oder sonstige Vermögensstücke übernommen werden, die Person des Kontrahenten, der Gegenstand der Uebernahme und die für ihn zu gewährende Vergütung festzusetzen.

Von diesen Festsetzungen gesondert ist der Gesammtaufwand, welcher zu Lasten der Gesellschaft an Gesellschafter oder Andere als Entschädigung oder Belohnung für die Gründung oder deren Vorbereitung gewährt wird, in dem Gesellschaftsvertrage festzusetzen.

Jedes Abkommen der persönlich haftenden Gesellschafter über die vorbezeichneten Gegenstände, welches nicht die vorgeschriebene Festsetzung in dem Gesellschaftsvertrage gefunden hat, ist der Gesellschaft gegenüber unwirksam.

Art. 175c. Die Zeichnung der Aktien erfolgt durch schriftliche Erklärung, aus welcher die Betheiligung nach Anzahl und, im Falle einer Verschiedenheit der Aktien, nach Betrag, Art oder Gattung derselben hervorgehen muss.

Die Erklärung (Zeichnungsschein), welche in zwei Exemplaren unterzeichnet werden soll, hat zu enthalten:
1) Das Datum des Statuts, die im Art. 175 Abs. 2, 175b vorgesehenen Festsetzungen und im Falle verschiedener Gattungen von Aktien den Gesammtbetrag einer jeden;
2) den Betrag, für welchen die Ausgabe der Aktie stattfindet, und den Betrag der festgesetzten Einzahlungen;
3) den Zeitpunkt, mit dessen Eintritt die Zeichnung unverbindlich wird, sofern nicht bis dahin die Errichtung der Gesellschaft beschlossen ist.

Zeichnungsscheine, welche diesen Inhalt nicht vollständig haben oder ausser dem unter Ziffer 3 bezeichneten Vorbehalte Beschränkungen in der Verpflichtung des Zeichners enthalten, sind ungültig. Ist ungeachtet eines hiernach ungültigen Zeichnungsscheines die Eintragung des Gesellschaftsvertrages in das Handelsregister erfolgt, so ist der Zeichner, wenn er auf Grund einer dem ersten Absatze entsprechenden Erklärung in der zur Beschlussfassung über die Errichtung der Gesellschaft berufenen Generalversammlung gestimmt oder später als Kommanditist

Rechte ausgeübt oder Verpflichtungen erfüllt hat, der Gesellschaft wie aus einem gültigen Zeichnungsscheine verpflichtet.

Jede nicht in dem Zeichnungsscheine enthaltene Beschränkung ist der Gesellschaft gegenüber unwirksam.

Art. 175d. Die persönlich haftenden Gesellschafter haben in dem Falle des Art. 175b Abs. 2 in einer von ihnen zu unterzeichnenden Erklärung die Umstände darzulegen, mit Rücksicht auf welche ihnen die Höhe der für die eingelegten oder übernommenen Gegenstände gewährten Beträge gerechtfertigt erscheint. Hierbei haben sie insbesondere die dem Erwerbe der Gesellschaft vorausgegangenen Rechtsgeschäfte, welche auf denselben hingezielt haben, sowie die früheren Erwerbs- und Herstellungspreise aus den letzten zwei Jahren anzugeben.

Art. 175e. Jede Kommanditgesellschaft auf Aktien muss einen Aufsichtsrath haben.

Zur Wahl des ersten Aufsichtsraths ist die Generalversammlung der Kommanditisten sofort nach der Zeichnung des Gesammtkapitals von den persönlich haftenden Gesellschaftern zu berufen.

Die Mitglieder des Aufsichtsraths haben den Hergang der Gründung zu prüfen. Die Prüfung hat sich auf die im Art. 174a bestimmte Betheiligung sowie auf die Richtigkeit und Vollständigkeit der Angaben zu erstrecken, welche rücksichtlich der Zeichnung und Einzahlung des Gesammtkapitals der Kommanditisten und rücksichtlich der im Art. 175b vorgesehenen Festsetzungen von den persönlich haftenden Gesellschaftern, insbesondere in der im Art. 175d vorgeschriebenen Erklärung, gemacht sind.

Ueber die Prüfung ist unter Darlegung der im vorstehenden Absatze bezeichneten Umstände schriftlich Bericht zu erstatten.

Art. 175f. Ueber die Errichtung der Gesellschaft muss in einer durch die persönlich haftenden Gesellschafter zu berufenden Generalversammlung der Kommanditisten Beschluss gefasst werden.

Vor der Beschlussfassung hat sich der Aufsichtsrath über die Ergebnisse der ihm rücksichtlich der Gründung obliegenden Prüfung auf Grund seines Berichts und dessen urkundlichen Grundlagen zu erklären.

Die der Errichtung der Gesellschaft zustimmende Mehrheit muss mindestens ein Viertheil der sämmtlichen berufenen oder als Rechtsnachfolger derselben in der Generalversammlung zugelassenen Kommanditisten begreifen, und der Betrag ihrer Antheile muss mindestens ein Viertheil des Gesammtkapitals darstellen. Die Zustimmung aller erschienenen Kommanditisten ist erforderlich, wenn die in den Art. 175 Ziff. 1 bis 5 und 175a bezeichneten Bestimmungen des Gesellschaftsvertrages abgeändert oder die im Art. 175b vorgesehenen Festsetzungen zu Lasten der Gesellschaft erweitert werden sollen.

Art. 175g. Auf die Berufung und Beschlussfassung der im Art. 175e und 175f bezeichneten Generalversammlungen finden, soweit nicht in letzterem Artikel ein Anderes bestimmt ist, die Regeln entsprechende Anwendung, welche für die Gesellschaft nach der Eintragung massgebend sind.

Art. 176. Der Gesellschaftsvertrag muss bei dem Handelsgerichte, in dessen Bezirke die Gesellschaft ihren Sitz hat, in das Handelsregister eingetragen werden.

Der Anmeldung behufs der Eintragung in das Handelsregister müssen beigefügt sein:

1) in dem Falle des Art. 175b die den bezeichneten Festsetzungen zum Grunde liegenden oder zu ihrer Ausführung geschlossenen Verträge, die im Artikel 175d vorgesehene Erklärung und eine Berechnung des

Gründungsaufwandes, in welcher die Vergütungen nach Art und Höhe und die Empfänger einzeln aufzuführen sind;

2) zum Nachweise der Zeichnung des Gesammtkapitals der Kommanditisten die Duplikate der Zeichnungsscheine und ein von den persönlich haftenden Gesellschaftern in beglaubigter Form unterschriebenes Verzeichniss der sämmtlichen Kommanditisten, welches die auf jeden entfallenen Aktien, sowie die auf letztere geschehenen Einzahlungen angiebt;

3) Die Urkunden über die Bestellung des Aufsichtsraths und der in Gemässheit des Artikels 175e erstattete Bericht nebst dessen urkundlichen Grundlagen;

4) in dem Falle, dass der Gegenstand des Unternehmens der staatlichen Genehmigung bedarf, sowie in den Fällen des Art. 173a Abs. 2 die Genehmigungsurkunde.

In der Anmeldung ist die Erklärung abzugeben, dass auf jede Aktie, soweit nicht andere als durch Baarzahlung zu leistende Einlagen gemacht sind, der eingeforderte Betrag baar eingezahlt und im Besitze der persönlich haftenden Gesellschafter sei. Die Einforderung muss mindestens ein Viertheil des Nominalbetrages und im Falle einer Ausgabe der Aktien für einen höheren als den Nominalbetrag auch den Mehrbetrag umfassen. Als Baarzahlung gilt die Zahlung in deutschem Gelde, in Reichskassenscheinen, sowie in gesetzlich zugelassenen Noten deutscher Banken.

Die Anmeldung muss von sämmtlichen persönlich haftenden Gesellschaftern und sämmtlichen Mitgliedern des Aufsichtsraths vor dem Handelsgerichte unterzeichnet oder in beglaubigter Form eingereicht werden.

Die der Anmeldung beigefügten Schriftstücke werden bei dem Handelsgerichte in Urschrift oder in beglaubigter Abschrift aufbewahrt.

Art. 177. Der eingetragene Gesellschaftsvertrag ist im Auszuge von dem Handelsgerichte zu veröffentlichen.

Die Veröffentlichung muss enthalten:

1) das Datum des Gesellschaftsvertrages und die im Art. 175 Abs. 2 und 3, 175a Ziff. 1, 4 und 6 und 175b bezeichneten Festsetzungen;

2) den Namen, Stand und Wohnort der Mitglieder des Aufsichtsraths.

Art. 178. Vor erfolgter Eintragung in das Handelsregister besteht die Kommanditgesellschaft als solche nicht.

Ist vor der Eintragung im Namen der Gesellschaft gehandelt worden, so haften die Handelnden persönlich und solidarisch.

Art. 179. Die Vorschriften der Art. 152 und 153 sind auch bei der Kommanditgesellschaft auf Aktien zu befolgen.

Die Anmeldung der Zweigniederlassung muss die im Art. 177 Abs. 2 bezeichneten Angaben und den Nachweis der Eintragung des Gesellschaftsvertrages bei dem Handelsgerichte der Hauptniederlassung enthalten. Eines Nachweises, dass die für diese im Art. 176 vorgeschriebenen Erfordernisse beobachtet sind, bedarf es nicht.

Befindet sich die Hauptniederlassung im Auslande, so hat die Anmeldung der Zweigniederlassung ausser dem Nachweise des Bestehens der Kommanditgesellschaft auf Aktien als solcher die im Art. 177 Abs. 2 bezeichneten Angaben und in dem Falle, dass der Gegenstand des Unternehmens oder die Zulassung zum Gewerbebetriebe im Inlande der staatlichen Genehmigung bedarf, den Nachweis der ertheilten Genehmigung zu enthalten.

Art. 180. Der Gesellschaft sind die persönlich haftenden Gesellschafter für die Richtigkeit und Vollständigkeit der Angaben, welche sie rücksichtlich der Zeichnung und Einzahlung des Kapitals der Kommanditisten sowie rücksichtlich der im Art. 175b vorgesehenen Festsetzungen behufs Eintragung des Gesellschaftsvertrages in das Handelsregister machen, solidarisch verhaftet; sie haben unbeschadet der Verpflichtung zum Ersatze des sonst etwa entstandenen Schadens insbesondere einen an der Zeichnung des Gesammtkapitals der Kommanditisten fehlenden Betrag zu übernehmen, fehlende Einzahlungen zu leisten und eine Vergütung, welche nicht unter den zu bezeichnenden Gründungsaufwand aufgenommen ist, zu ersetzen. Imgleichen sind der Gesellschaft in dem Falle, dass sie von persönlich haftenden Gesellschaftern durch Einlagen oder Uebernahmen der im Art. 175b bezeichneten Art böslicherweise geschädigt ist, die sämmtlichen persönlich haftenden Gesellschafter zum Ersatze des entstandenen Schadens solidarisch verpflichtet.

Von dieser Verbindlichkeit ist ein persönlich haftender Gesellschafter befreit, wenn er beweist, dass er die Unrichtigkeit oder Unvollständigkeit der Angabe oder die bösliche Schädigung weder gekannt habe, noch bei Anwendung der Sorgfalt eines ordentlichen Kaufmanns habe kennen müssen.

Entsteht durch Zahlungsunfähigkeit eines Kommanditisten der Gesellschaft ein Ausfall, so sind ihr die persönlich haftenden Gesellschafter, welche bei der Anmeldung des Gesellschaftsvertrages die Zahlungsunfähigkeit kannten, zum Ersatze solidarisch verpflichtet.

Ausser den persönlich haftenden Gesellschaftern sind der Gesellschaft zum Schadensersatze solidarisch verpflichtet:

1) in dem Falle, dass eine Vergütung nicht unter den zu bezeichnenden Gründungsaufwand aufgenommen ist, der Empfänger, wenn er zur Zeit des Empfanges wusste oder nach den Umständen annehmen musste, dass die Verheimlichung beabsichtigt oder erfolgt war, und jeder Dritte, welcher zur Verheimlichung wissentlich mitgewirkt hat;
2) in dem Falle einer böslichen Schädigung durch Einlagen oder Uebernahmen jeder Dritte, welcher zu derselben wissentlich mitgewirkt hat.

Art. 180a. Wer vor der Eintragung des Gesellschaftsvertrages in das Handelsregister oder in den ersten zwei Jahren nach der Eintragung, um Aktien in den Verkehr einzuführen, eine öffentliche Ankündigung derselben erlässt, ist der Gesellschaft im Falle der Unrichtigkeit oder Unvollständigkeit von Angaben, welche die persönlich haftenden Gesellschafter rücksichtlich der Zeichnung oder Einzahlung des Gesammtkapitals der Kommanditisten oder der im Art. 175b vorgesehenen Festsetzungen behufs Eintragung des Gesellschaftsvertrages in das Handelsregister gemacht haben, sowie in dem Falle einer böslichen Schädigung der Gesellschaft durch Einlagen oder Uebernahmen für den Ersatz des ihr daraus entstandenen Schadens neben den im Art. 180 bezeichneten Personen solidarisch verhaftet, sofern ihm nachgewiesen wird, dass er die Unrichtigkeit oder Unvollständigkeit der Angaben oder die bösliche Schädigung gekannt hat oder bei Anwendung der Sorgfalt eines ordentlichen Geschäftsmanns hat kennen müssen.

Art. 180b. Mitglieder des Aufsichtsraths, welchen nachgewiesen wird, dass sie bei der ihnen durch Art. 175e Abs. 3 auferlegten Prüfung die Sorgfalt eines ordentlichen Geschäftsmanns verletzt haben, haften der Gesellschaft solidarisch für den ihr daraus entstandenen Schaden, soweit der Ersatz desselben von den in Gemässheit der Art. 180, 180a verpflichteten Personen nicht zu erlangen ist.

Art. 180c. Vergleiche oder Verzichtleistungen, welche die der Gesellschaft aus der Gründung zustehenden Ansprüche gegen die in Gemässheit der Art. 180 bis 180b verpflichteten Personen betreffen, sind erst nach Ablauf von drei Jahren seit Eintragung des Gesellschaftsvertrages in das Handelsregister und nur mit Zustimmung der Generalversammlung der Kommanditisten zulässig. Die Zeitbeschränkung findet nicht Anwendung, sofern der Verpflichtete im Falle der Zahlungsunfähigkeit zur Abwendung oder Beseitigung des Konkursverfahrens mit seinen Gläubigern sich vergleicht.

Art. 180d. Die Ansprüche der Gesellschaft gegen die in Gemässheit der Art. 180 bis 180b verpflichteten Personen verjähren in fünf Jahren seit Eintragung des Gesellschaftsvertrages in das Handelsregister.

Art. 180e. Werden vor Ablauf von zwei Jahren seit Eintragung des Gesellschaftsvertrages in das Handelsregister seitens der Gesellschaft Verträge geschlossen, durch welche sie vorhandene oder herzustellende Anlagen oder unbewegliche Gegenstände für eine den zehnten Theil des Gesammtkapitals der Kommanditisten übersteigende Vergütung erwerben soll, so bedürfen dieselben zu ihrer Gültigkeit der Zustimmung der Generalversammlung der Kommanditisten.

Vor der Beschlussfassung hat der Aufsichtsrath den Vertrag zu prüfen und über die Ergebnisse seiner Prüfung schriftlich Bericht zu erstatten.

Die Antheile der zustimmenden Mehrheit der Kommanditisten müssen in dem Falle, dass der Vertrag im ersten Jahre geschlossen wird, mindestens ein Viertheil des Gesammtkapitals, anderenfalls mindestens drei Viertheile des in der Generalversammlung vertretenen Gesammtkapitals darstellen.

Der genehmigte Vertrag ist in Urschrift oder in beglaubigter Abschrift mit dem Berichte des Aufsichtsraths nebst dessen urkundlichen Grundlagen und mit dem Nachweise über die Beschlussfassung zum Handelsregister einzureichen.

Hat der Erwerb in Ausführung einer vor der Errichtung der Gesellschaft von den persönlich haftenden Gesellschaftern getroffenen Vereinbarung stattgefunden, so kommen in Betreff der Rechte der Gesellschaft auf Entschädigung und in Betreff der ersatzpflichtigen Personen die Vorschriften der Art. 180 und 180c zur Anwendung.

Die vorstehenden Bestimmungen finden auf den Erwerb unbeweglicher Gegenstände nicht Anwendung, sofern auf ihn der Gegenstand des Unternehmens gerichtet ist oder der Erwerb im Wege der Zwangsvollstreckung geschieht.

Art. 180f. Jede Bestimmung, welche die Fortsetzung der Gesellschaft oder eine Abänderung des Inhalts des Gesellschaftsvertrages zum Gegenstande hat, bedarf zu ihrer Gültigkeit der notariellen oder gerichtlichen Abfassung.

Die Bestimmung muss in das Handelsregister eingetragen und in gleicher Weise wie der ursprüngliche Vertrag veröffentlicht werden (Art. 177, 179). Dieselbe hat keine rechtliche Wirkung, bevor sie bei dem Handelsgerichte, in dessen Bezirke die Gesellschaft ihren Sitz hat, in das Handelsregister eingetragen ist.

Art. 180g. Die Abänderung des Inhalts des Gesellschaftsvertrages kann nicht ohne Beschluss der Generalversammlung der Kommanditisten erfolgen. Sofern der Gesellschaftsvertrag für eine Abänderung derjenigen Bestimmung, welche den Gegenstand der Beschlussfassung bildet, nicht andere Erfordernisse aufstellt, bedarf der Beschluss einer Mehrheit von drei Viertheilen des in der Generalversammlung vertretenen Gesammtkapitals.

Diese Vorschrift findet auch dann Anwendung, wenn mehrere Gattungen von Aktien mit verschiedener Berechtigung ausgegeben sind. Soll durch die Beschlussfassung das bisherige Rechtsverhältniss unter den verschiedenen Gattungen zum Nachtheile einer derselben abgeändert werden, so bedarf es zu dem von der gemeinschaftlichen Generalversammlung gefassten Beschlusse der Zustimmung einer besonderen Generalversammlung der benachtheiligten Kommanditisten, deren Beschlussfassung gleichfalls nach der Vorschrift des ersten Absatzes sich richtet.

Die Bestimmung des Gesellschaftsvertrages, Inhalts deren die Uebertragung von Aktien, welche in Gemässheit des Art. 173a Abs. 3 auf einen geringeren Betrag als eintausend Mark gestellt sind, an die Einwilligung der Gesellschaft gebunden ist, kann nicht abgeändert werden.

Art. 180h. Eine Erhöhung des Gesammtkapitals der Kommanditisten darf nicht vor der vollen Einzahlung desselben erfolgen. Für Versicherungsgesellschaften kann der Gesellschaftsvertrag ein Anderes bestimmen.

Die Erhöhung kann nicht ohne Beschluss der Generalversammlung der Kommanditisten stattfinden. Für die neu auszugebenden Aktien kann die Leistung eines höheren als des Nominalbetrages festgesetzt werden; der Beschluss hat den Mindestbetrag zu bezeichnen, für welchen die Aktien auszugeben sind. Ein geringerer als der Nominalbetrag darf nicht festgesetzt werden.

Auf eine Erhöhung, welche in den ersten zwei Jahren seit Eintragung des Gesellschaftsvertrages in das Handelsregister beschlossen wird, findet die Vorschrift im Art. 174a über die Betheiligung der persönlich haftenden Gesellschafter mit der Massgabe Anwendung, dass die Betheiligung nach dem Gesammtkapital einschliesslich dessen Erhöhung zu bemessen ist und aus dem Beschlusse hervorgehen muss, welche Einlagen demzufolge noch gemacht werden.

Die Beschlussfassung unterliegt den Vorschriften im Art. 180g Abs. 1 und 3. Die Bestimmung über die Erhöhung ist in das Handelsregister einzutragen. Die Anmeldung hat die Angabe zu enthalten, dass das bisherige Gesammtkapital eingezahlt sei, für Versicherungsgesellschaften, inwieweit die Einzahlung desselben stattgefunden habe. Auf die Abfassung und die Eintragung finden die Vorschriften im Art. 180f Anwendung.

Eine Zusicherung von Rechten auf den Bezug neu auszugebender Aktien, welche vor dem Beschlusse auf Erhöhung des Gesammtkapitals erfolgt, ist der Gesellschaft gegenüber unwirksam.

Art. 180i. Die Zeichnung der neu auszugebenden Aktien erfolgt durch schriftliche Erklärung, welche in zwei Exemplaren unterzeichnet werden soll.

Die stattgefundenene Erhöhung des Kapitals der Kommanditisten ist behufs der Eintragung in das Handelsregister anzumelden. Die Vorschriften im Art. 176 und 179 finden entsprechende Anwendung.

Vor der Eintragung der stattgefundenen Erhöhung in das Handelsregister desjenigen Gerichts, in dessen Bezirke die Gesellschaft ihren Sitz hat, sollen Aktien oder Interimsscheine nicht ausgegeben werden.

Art. 181. Die Einlagen, mit welchen ein persönlich haftender Gesellschafter sich in Gemässheit der Art. 174a, 180h Abs. 3 betheiligt hat, dürfen ihm weder ganz noch theilweise zurückgegeben oder erlassen werden.

Er darf den Antheil, welcher ihm am Gesellschaftsvermögen einschliesslich des Gesammtkapitals der Kommanditisten auf solche Einlagen zugewiesen ist, nur an andere persönlich haftende Gesellschafter veräussern. In gleicher Weise ist, wenn er als persönlich haftender Gesellschafter ausscheidet, die Veräusserung desjenigen, was ihm auf solche Einlagen bei der Auseinandersetzung zugewiesen ist, bis zum Ablauf von drei Jahren seit dem Ausscheiden, jedoch nicht länger als bis zum Ablauf von zehn Jahren seit Eintragung des Gesellschaftsvertrages in das Handelsregister beschränkt. Während der Dauer dieser Beschränkung darf der Antheil des Gesellschafters oder dasjenige, was ihm bei der Auseinandersetzung zugewiesen ist, nicht ausgeliefert und für Privatgläubiger desselben nur insoweit gepfändet werden, als diese Gegenstände nicht bis zum Ablauf der Zeitbeschränkung wegen Forderungen der Gesellschaft oder socher Gesellschaftsgläubiger, deren Ansprüche vor dem Ausscheiden des persönlich haftenden Gesellschafters entstanden waren, verwendet oder gepfändet sind.

Soweit die Einlagen auf das Gesammtkapital der Kommanditisten gemacht sind, hat der Aufsichtsrath die hierfür auszustellenden Aktien oder Interimsscheine in Verwahrung zu nehmen und mit dem Vermerk „unveräusserlich“ zu versehen. Die Löschung des Vermerkes findet durch den Aufsichtsrath nach dem Wegfalle der bezeichneten Beschränkung statt.

Art. 181a. Interimsscheine, welche auf Inhaber lauten, sind nichtig. Die Ausgeber haften den Besitzern solidarisch für allen durch die Ausgabe verursachten Schaden.

Das Gleiche gilt, wenn Aktien oder Interimsscheine auf einen geringeren als den nach Art. 173a zugelassenen Betrag gestellt sind oder ausgegeben werden, bevor der Gesellschaftsvertrag bei dem Handelsgerichte, in dessen Bezirke die Gesellschaft ihren Sitz hat, in das Handelsregister eingetragen ist.

Aus Aktien und Interimsscheinen, welche in Gemässheit des Art. 173a auf einen Betrag von weniger als eintausend Mark gestellt sind, sollen im Falle des zweiten Absatzes des bezeichneten Artikels die ertheilte Genehmigung, im Falle des dritten Absatzes die Beschränkungen hervorgehen, welchen die Kommanditisten in Bezug auf die Form einer Uebertragung ihrer Rechte und die Einwilligung der Gesellschaft in dieselbe unterworfen sind.

Art. 182. Aktien, welche auf Namen lauten, müssen mit genauer Bezeichnung des Inhabers nach Namen, Wohnort und Stand in das Aktienbuch der Gesellschaft eingetragen werden.

Sie können, soweit nicht der Art. 181 oder der Gesellschaftsvertrag ein Anders bestimmt, ohne Einwilligung der Gesellschaft auf andere Personen übertragen werden. Zu der im Gesellschaftsvertrage vorbehaltenen Einwilligung der Gesellschaft in die Uebertragung von Aktien, welche auf einen Betrag von weniger als eintausend Mark gestellt sind, ist die Zustimmung des Aufsichtsraths und der Generalversammlung erforderlich. Die Uebertragung dieser Aktien bedarf zu ihrer Gültigkeit einer die Person des Erwerbers bezeichnenden gerichtlich oder notariell beglaubigten Erklärung.

Die Uebertragung anderer Aktien, welche auf Namen lauten, kann durch Indossament geschehen. In Betreff der Form desselben kommen die Bestimmungen der Art. 11 bis 13 der Deutschen Wechselordnung zur Anwendung.

Art. 183. Wenn das Eigenthum der auf Namen lautenden Aktie auf einen Anderen übergeht, so ist dies, unter Vorlegung der Aktie und des Nachweises des Ueberganges, bei der Gesellschaft anzumelden und im Aktienbuche zu bemerken.

Im Verhältnisse zu der Gesellschaft werden nur diejenigen als die Eigenthümer angesehen, welche als solche im Aktienbuche verzeichnet sind.

Zur Prüfung der Legitimation ist die Gesellschaft berechtigt, aber nicht verpflichtet.

Art. 183a. Die im Art. 182 und 183 enthaltenen Bestimmungen finden auf die Eintragung der Interimsscheine und die Uebertragung derselben auf andere Personen Anwendung.

Vor der vollen Leistung des Nominalbetrages oder des in den Fällen der Art. 175a Ziff. 2, 180h Abs. 2 festgesetzten Betrages soll die Aktie nicht ausgegeben werden.

Art. 183b. Die Verpflichtung des Kommanditisten, zu den Zwecken der Gesellschaft und zur Erfüllung ihrer Verbindlichkeiten beizutragen, wird durch den Nominalbetrag der Aktie, in den Fällen der Art. 175a Ziff. 2, 180h Abs. 2 durch den Betrag, für welchen die Aktie ausgegeben ist, begrenzt.

Art. 184. Ein Gesellschafter, welcher den auf die Aktie eingeforderten Betrag nicht zur rechten Zeit einzahlt, ist zur Zahlung von Verzugszinsen von Rechtswegen verpflichtet.

Im Gesellschaftsvertrage können für den Fall der verzögerten Einzahlung Konventionalstrafen ohne Rücksicht auf die sonst stattfindenden gesetzlichen Einschränkungen festgesetzt werden.

Ist im Gesellschaftsvertrage keine besondere Form, wie die Aufforderung zur Einzahlung geschehen soll, bestimmt, so geschieht dieselbe in der Form, in welcher die Bekanntmachungen der Gesellschaft nach dem Gesellschaftsvertrage überhaupt erfolgen müssen.

Art. 184a. Im Falle verzögerter Einzahlung kann an die säumigen Gesellschafter eine erneute Aufforderung zur Zahlung unter Androhung ihres Ausschlusses mit dem Antheilsrechte erlassen werden. Die Aufforderung hat mindestens dreimal durch Bekanntmachung in den hierzu bestimmten öffentlichen Blättern, die erste Bekanntmachung mindestens drei Monate und die letzte Bekanntmachung mindesten vier Wochen vor Ablauf der für die Einzahlung gesetzten Nachfrist zu erfolgen. Statt der Bekanntmachungen in den öffentlichen Blättern genügt, falls das Antheilsrecht nicht ohne Einwilligung der Gesellschaft übertragbar ist, die Bekanntmachung der Aufforderung mit einer vier Wochen übersteigenden Nachfrist durch besonderen Erlass an die säumigen Gesellschafter.

Ein Gesellschafter, welcher den auf die Aktie zu leistenden Betrag nicht einzahlt, obwohl die im vorstehenden Absatze bezeichnete Aufforderung stattgefunden hat, ist seiner Anrechte aus der Zeichnung der Aktie und der geleisteten Theilzahlungen zu Gunsten der Gesellschaft verlustig zu erklären. Die den Ausschluss bewirkende Erklärung erfolgt mittelst Bekanntmachung durch die hierzu bestimmten öffentlichen Blätter. An Stelle der bisherigen Urkunde ist eine neue auszugeben, welche ausser den früher geleisteten Theilzahlungen den eingeforderten Betrag zu umfassen hat. Wegen des Ausfalls, welchen die Gesellschaft an diesem Betrage oder den später eingeforderten Beträgen erleidet, bleibt ihr der ausgeschlossene Gesellschafter verhaftet.

Von den vorstehenden Rechtsfolgen kann der Gesellschafter nicht befreit werden.

Art. 184b. Soweit der ausgeschlossene Gesellschafter den eingeforderten Betrag nicht gezahlt hat, ist für denselben der Gesellschaft der letzte und jeder frühere, in dem Aktienbuche verzeichnete Rechtsvorgänger verhaftet, ein füherer Rechtsvorgänger, soweit die Zahlung von dessen Rechtsnachfolger nicht zu erlangen ist. Dies ist bis zum Nachweise des Gegentheils anzunehmen, soweit von letzterem die Zahlung nicht bis zum Ablauf von vier Wochen geleistet wird, nachdem an ihn die Zahlungsaufforderung und an den Rechtsvorgänger die Benachrichtigung von derselben erfolgt ist. Der Rechtsvorgänger erhält gegen Zahlung des rückständigen Betrages die neu auszugebende Urkunde.

Die Haftpflicht des Rechtsvorgängers ist auf die innerhalb der Frist von zwei Jahren auf die Aktien eingeforderten Beträge beschränkt. Die Frist beginnt mit dem Tage, an welchem die Uebertragung des Antheilsrechts zum Aktienbuche der Gesellschaft angemeldet ist.

Von der vorstehenden Verbindlichkeit können die Rechtsvorgänger nicht befreit werden.

Ist die Zahlung des rückständigen Betrages von Rechtsvorgängern nicht zu erlangen, so kann die Gesellschaft das Antheilsrecht zum Börsenpreise und in Ermangelung eines solchen durch öffentliche Versteigerung verkaufen.

Art. 184c. Die Gesellschafter können gegen die ihnen in Gemässheit der Art 184 bis 184b obliegenden Zahlungen eine Aufrechnung nicht geltend machen. Ebensowenig findet an dem Gegenstande einer zu leistenden Einlage wegen Forderungen, welche sich nicht auf dieselbe beziehen, ein Zurückbehaltungsrecht statt.

Art. 184d. Die Gesellschaft soll eigene Aktien im geschäftlichen Betriebe, sofern nicht eine Kommission zum Einkauf ausgeführt wird, weder erwerben noch zum Pfande nehmen. Sie darf eigene Interimsscheine im geschäftlichen Betriebe auch in Ausführung einer Einkaufskommission weder erwerben noch zum Pfande nehmen.

Art. 185. Die persönlich haftenden Gesellschafter sind verpflichtet, spätestens in den ersten sechs Monaten jedes Geschäftsjahres für das verflossene Geschäftsjahr eine Bilanz, eine Gewinn- und Verlustrechnung, sowie einen den Vermögensstand und die Verhältnisse der Gesellschaft entwickelnden Bericht dem Aufsichtsrathe und mit dessen Bemerkungen der Generalversammlung der Kommanditisten vorzulegen.

Art. 185a. Für die Aufstellung der Bilanz kommen die allgemeinen Vorschriften des Art. 31 mit folgenden Massgaben zur Anwendung:

1) Werthpapiere und Waaren, welche einen Börsen- oder Marktpreis haben, dürfen höchstens zu dem Börsen- oder Marktpreise zur Zeit der Bilanzaufstellung, sofern dieser jedoch den Anschaffungs- oder Herstellungspreis übersteigt, höchstens zu letzterem angesetzt werden;
2) andere Vermögensgegenstände sind höchstens zu dem Anschaffungs- oder Herstellungspreise anzusetzen;
3) Anlagen und sonstige Gegenstände, welche nicht zur Weiterveräusserung, vielmehr dauernd zum Geschäftsbetriebe der Gesellschaft bestimmt sind, dürfen ohne Rücksicht auf einen geringeren Werth zu dem Anschaffungs- oder Herstellungspreise angesetzt werden, sofern ein der Abnutzung gleichkommender Betrag in Abzug gebracht oder ein derselben entsprechender Erneuerungsfonds in Ansatz gebracht wird;
4) die Kosten der Organisation und Verwaltung dürfen nicht als Aktiva, müssen vielmehr ihrem vollen Betrage nach in der Jahresrechnung als Ausgabe erscheinen;
5) der Betrag des Gesammtkapitals der Kommanditisten, der Antheil der persönlich haftenden Gesellschafter am sonstigen Gesellschaftsvermögen und der Betrag eines jeden Reserve- und Erneuerungsfonds sind unter die Passiva aufzunehmen;
6) der aus der Vergleichung sämmtlicher Aktiva und sämmtlicher Passiva sich ergebende Gewinn oder Verlust muss am Schlusse der Bilanz besonders angegeben werden.

Art. 185b. Zur Deckung eines aus der Bilanz sich ergebenden Verlustes ist ein Reservefonds zu bilden; in denselben ist einzustellen:

1) von dem jährlichen Reingewinne mindestens der zwanzigste Theil solange, als der Reservefonds den zehnten oder den im Gesellschaftsvertrage bestimmten höheren Theil des Gesammtkapitals nicht überschreitet;
2) der Gewinn, welcher bei Errichtung der Gesellschaft oder einer Erhöhung des Gesammtkapitals durch Ausgabe der Aktien für einen höheren als den Nominalbetrag erzielt wird.

Art. 185c. Nach erfolgter Genehmigung durch die Generalversammlung sind die Bilanz, sowie die Gewinn- und Verlustrechnung ohne Verzug von den persönlich haftenden Gesellschaftern in den hierzu bestimmten öffentlichen Blättern bekannt zu machen und zu dem Handelsregister einzureichen.

Im Uebrigen werden die Grundsätze, nach welchen die Bilanz aufzunehmen, Reservefonds zu bilden und anzulegen sind und die Prüfung der Bilanz zu erfolgen hat, durch den Gesellschaftsvertrag bestimmt.

Art. 186. Die Rechte, welche den Kommanditisten gegenüber den persönlich haftenden Gesellschaftern nach dem Gesellschaftsvertrage oder nach den Bestimmungen des vorigen Abschnitts in Beziehung auf die Führung der Geschäfte, die Einsicht und Prüfung der Bilanz, die Bestimmung der Gewinnvertheilung, die Auflösung oder Kündigung der Gesellschaft und die Befugniss, das Ausscheiden eines persönlich haftenden Gesellschafters zu verlangen, zustehen, werden in der Generalversammlung durch Beschlussfassung der erschienenen Kommanditisten ausgeübt.

Die Beschlüsse der Generalversammlung werden durch den Aufsichtsrath ausgeführt, wenn nicht im Gesellschaftsvertrage ein Anderes bestimmt ist.

Art. 187. Die Generalversammlung der Kommanditisten wird durch die persönlich haftenden Gesellschafter oder durch den Aufsichtsrath berufen, sofern nicht nach dem Gesetze oder dem Gesellschaftsvertrage auch andere Personen dazu befugt sind.

Die Generalversammlung ist ausser den im Gesetze oder im Gesellschaftsvertrage ausdrücklich bestimmten Fällen zu berufen, wenn dies im Interesse der Gesellschaft erforderlich erscheint.

Art. 188. Die Generalversammlung muss berufen werden, wenn dies von Kommanditisten, deren Antheile zusammen den zehnten Theil des Gesammtkapitals darstellen, in einer von ihnen unterzeichneten Eingabe unter Angabe des Zwecks und der Gründe verlangt wird. Ist im Gesellschaftsvertrage das Recht, die Berufung der Generalversammlung zu verlangen, an den Besitz eines geringeren Antheils am Gesammtkapital geknüpft, so hat es hierbei sein Bewenden.

Wird dem Verlangen nicht entsprochen, so kann das Handelsgericht die Kommanditisten, welche das Verlangen gestellt haben, zur Berufung der Generalversammlung ermächtigen. Mit der Berufung ist die gerichtliche Ermächtigung zu veröffentlichen.

Art. 189. Die Berufung der Generalversammlung hat in der durch das Gesetz und den Gesellschaftsvertrag bestimmten Weise zu erfolgen.

Der Zweck der Generalversammlung muss jederzeit bei der Berufung bekannt gemacht werden. Ueber Gegenstände, deren Verhandlung nicht in dieser Weise angekündigt ist, können Beschlüsse nicht gefasst werden; hiervon ist jedoch der Beschluss über den in der Generalversammlung gestellten Antrag auf Berufung einer ausserordentlichen Generalversammlung ausgenommen.

Zur Stellung von Anträgen und zu Verhandlungen ohne Beschlussfassung bedarf es der Ankündigung nicht.

Art. 190. Jede Aktie gewährt das Stimmrecht. Dasselbe wird nach den Aktienbeträgen ausgeübt. Der Gesellschaftsvertrag kann für den Fall, dass ein Kommanditist mehrere Aktien besitzt, die Ausübung des Stimmrechts für dieselben durch einen Höchstbetrag oder in Abstufungen oder nach Gattungen beschränken.

Vollmachten erfordern zu ihrer Gültigkeit die schriftliche Form, sie bleiben in der Verwahrung der Gesellschaft.

Wer durch die Beschlussfassung entlastet oder von einer Verpflichtung befreit werden soll, hat hierbei kein Stimmrecht und darf ein solches auch nicht für Andere ausüben. Dasselbe gilt von einer Beschlussfassung, welche die Eingehung eines Rechtsgeschäfts mit ihm betrifft.

Persönlich haftende Gesellschafter, welchen in Gemässheit der Art. 147a, 180h Abs. 3 Antheile am Gesammtkapital der Kommanditisten zustehen oder welche sonst Aktien erwerben, haben kein Stimmrecht.

Im Uebrigen ist für die Bedingungen des Stimmrechts und die Form, in welcher dasselbe auszuüben ist, der Gesellschaftsvertrag massgebend.

Art. 190a. Ein Beschluss der Generalversammlung kann wegen Verletzung des Gesetzes oder des Gesellschaftsvertrages als ungültig im Wege der Klage angefochten werden. Dieselbe findet nur binnen der Frist von einem Monate statt. Zur Anfechtung befugt ist ausser persönlich haftenden Gesellschaftern jeder in der Generalversammlung erschienene Kommanditist, sofern er gegen den Beschluss Widerspruch zum Protokoll erklärt hat, und jeder nicht erschienene Kommanditist, sofern er die Anfechtung darauf gründet, dass die Berufung der Generalversammlung oder die Ankündigung des Gegenstandes der Beschlussfassung nicht gehörig erfolgt war.

Die Klage ist gegen die persönlich haftenden Gesellschafter, soweit sie nicht selbst klagen, und gegen den Aufsichtsrath zu richten. Zuständig für die Klage ist ausschliesslich das Landgericht, in dessen Bezirke die Gesellschaft ihren Sitz hat. Die mündliche Verhandlung erfolgt nicht vor Ablauf der im ersten Absatze bezeichneten Frist. Mehrere Anfechtungsprozesse sind zur gleichzeitigen Verhandlung und Entscheidung zu verbinden.

Ein klagender Kommanditist hat seine Aktien gerichtlich zu hinterlegen und auf Verlangen der Gesellschaft wegen der ihr drohenden Nachtheile eine nach freiem Ermessen des Gerichts zu bestimmende Sicherheit zu leisten. Das Verlangen ist als prozesshindernde Einrede geltend zu machen. Wird die Sicherheit binnen der vom Gerichte gestellten Frist nicht geleistet, so ist die Klage auf Antrag für zurückgenommen zu erklären.

Die persönlich haftenden Gesellschafter haben die Erhebung einer jeden Klage sowie den Termin zur mündlichen Verhandlung ohne Verzug in den für die Bekanntmachungen der Gesellschaft bestimmten Blättern zu veröffentlichen.

Soweit durch ein Urtheil rechtskräftig der Beschluss für ungültig erklärt ist, wirkt es auch gegenüber den Kommanditisten, welche nicht Partei sind. Dasselbe ist von den persönlich haftenden Gesellschaftern ohne Verzug zu dem Handelsregister einzureichen. War der Beschluss in dasselbe eingetragen, so ist auch das Urtheil einzutragen und in gleicher Weise wie der Beschluss zu veröffentlichen (Art. 177, 179).

Art. 190b. Für einen durch unbegründete Anfechtung des Beschlusses (Art. 190a) der Gesellschaft entstandenen Schaden haften ihr solidarisch die Kläger, welchen bei Erhebung der Klage eine bösliche Handlungsweise zur Last fällt.

Art. 191. Der Aufsichtsrath besteht, sofern nicht der Gesellschaftsvertrag eine höhere Zahl festsetzt, aus drei von der Generalversammlung der Kommanditisten zu wählenden Mitgliedern. Persönlich haftende Gesellschafter können nicht Mitglieder des Aufsichtsraths sein.

Die Wahl des ersten Aufsichtsraths gilt für die Dauer des ersten Geschäftsjahres und, wenn dasselbe auf einen kürzeren Zeitraum als ein Jahr seit Eintragung des Gesellschaftsvertrages in das Handelsregister bemessen ist, bis zum Ablauf des am Ende dieses Jahres laufenden Geschäftsjahres.

Später kann der Aufsichtsrath nicht auf länger als fünf Geschäftsjahre gewählt werden. Insoweit die Wahl auf einen längeren Zeitraum geschieht, ist dieselbe ohne rechtliche Wirkung.

Die Bestellung zum Mitgliede des Aufsichtsraths kann auch vor Ablauf des Zeitraums, für welchen dasselbe gewählt ist, durch die Generalversammlung widerrufen werden. Der Beschluss bedarf einer Mehrheit von drei Viertheilen des in der Generalversammlung vertretenen Gesammtkapitals.

Art. 192. Den Mitgliedern des ersten Aufsichtsraths darf eine Vergütung für die Ausübung ihrer Thätigkeit nur durch die Generalversammlung nach Ablauf des Zeitraums, für welchen er gewählt ist, bewilligt werden.

Art. 193. Der Aufsichtsrath hat die Geschäftsführung der Gesellschaft in allen Zweigen der Verwaltung zu überwachen und zu dem Zweck sich von dem Gange der Angelegenheiten der Gesellschaft zu unterrichten. Er kann jederzeit über dieselben Berichterstattung von den persönlich haftenden Gesellschaftern verlangen und selbst oder durch einzelne von ihm zu bestimmende Mitglieder die Bücher und Schriften der Gesellschaft einsehen, sowie den Bestand der Gesellschaftskasse und die Bestände an Effekten, Handelspapieren und Waaren untersuchen.

Er hat die Jahresrechnungen, die Bilanzen und die Vorschläge zur Gewinnvertheilung zu prüfen und darüber der Generalversammlung Bericht zu erstatten.

Weitere Obliegenheiten des Aufsichtsraths werden durch den Gesellschaftsvertrag bestimmt.

Die Mitglieder des Aufsichtsraths können die Ausübung ihrer Obliegenheiten nicht anderen Personen übertragen.

Art. 194. Der Aufsichtsrath ist ermächtigt, gegen die persönlich haftenden Gesellschafter die Prozesse zu führen, welche die Generalversammlung beschliesst.

Handelt es sich um die Verantwortlichkeit der Mitglieder des Aufsichtsraths, so kann letzterer ohne und selbst gegen den Beschluss der Generalversammlung gegen die persönlich haftenden Gesellschafter klagen.

Art. 195. Wenn die Kommanditisten selbst in Gesammtheit und im gemeinsamen Interesse gegen die persönlich haftenden Gesellschafter auftreten wollen oder gegen die Mitglieder des Aufsichtsraths einen Prozess zu führen haben, so werden sie durch Bevollmächtigte vertreten, welche in der Generalversammlung gewählt werden.

Falls aus irgend einem Grunde die Bestellung von Bevollmächtigten durch Wahl in der Generalversammlung gehindert wird, kann das Handelsgericht auf Antrag die Bevollmächtigten ernennen.

Art. 196. Die Gesellschaft wird durch die persönlich haftenden Gesellschafter berechtigt und verpflichtet; sie wird durch dieselben vor Gericht vertreten.

Zur Behändigung von Vorladungen und anderen Zustellungen an die Gesellschaft genügt es, wenn dieselbe an einen der zur Vertretung befugten Gesellschafter geschieht.

Die Bestimmung des Art. 167 in Betreff des Kommanditisten, welcher für die Gesellschaft Geschäfte schliesst, findet bei der Kommanditgesellschaft auf Aktien keine Anwendung.

Art. 196a. Die Bestimmungen der Art. 96 und 97 über den Betrieb von Geschäften in dem Handelszweige der Gesellschaft sowie über die

Theilnahme an einer anderen gleichartigen Gesellschaft finden auf die persönlich haftenden Gesellschafter mit der Massgabe Anwendung, dass

1) die Genehmigung seitens der Kommanditisten durch die Generalversammlung erfolgt, sofern nicht die Befugniss zur Ertheilung durch den Gesellschaftsvertrag oder durch Beschluss der Generalversammlung dem Aufsichtsrath übertragen worden ist;
2) das Recht der Gesellschaft, in ein von einem persönlich haftenden Gesellschafter für eigene Rechnung gemachtes Geschäft einzutreten oder Schadensersatz zu fordern, nach drei Monaten von dem Zeitpunkte an erlischt, in welchem die übrigen persönlich haftenden Gesellschafter und der Aufsichtsrath von dem Abschlusse des Geschäfts Kenntniss erhalten haben.

Art. 197. Die Einlagen können den Kommanditisten, solange die Gesellschaft besteht, nicht zurückgezahlt werden.

Zinsen von bestimmter Höhe können für die Aktien nicht bedungen noch ausbezahlt werden; es darf nur dasjenige auf sie vertheilt werden, was sich nach der jährlichen Bilanz als reiner Gewinn ergiebt.

Art. 198. Die Kommanditisten haften für die Verbindlichkeiten der Gesellschaft, wenn und insoweit sie den gesetzlichen Bestimmungen entgegen Zahlungen von der Gesellschaft empfangen haben; sie sind jedoch nicht verpflichtet, die in gutem Glauben bezogenen Dividenden zurückzuzahlen.

Art. 199. Eine Uebereinkunft, durch welche das Austreten eines oder mehrerer persönlich haftender Gesellschafter bestimmt wird, steht der Auflösung der Gesellschaft gleich. Zu derselben bedarf es der Zustimmung der Generalversammlung der Kommanditisten.

Es kann jedoch durch den Gesellschaftsvertrag bestimmt werden, dass das Austreten eines oder mehrerer persönlich haftender Gesellschafter die Auflösung der Gesellschaft dann nicht zur Folge habe, wenn mindestens noch ein persönlich haftender Gesellschafter bleibt.

Art. 200. Wenn ein Kommanditist stirbt oder in Konkurs verfällt, oder zur Verwaltung seines Vermögens rechtlich unfähig wird, so hat dies die Auflösung der Gesellschaft nicht zur Folge. Der Art. 126 findet in Bezug auf die Privatgläubiger eines Kommanditisten keine Anwendung. Im Uebrigen gelten die Art. 123 bis 129 auch für die Kommanditgesellschaft auf Aktien. Die im Art. 129 vorgesehene Eintragung ist auch bei dem Handelsgerichte einer jeden Zweigniederlassung zu bewirken; Dritten gegenüber entscheidet die Eintragung bei dem Handelsgerichte, in dessen Bezirke die Gesellschaft ihren Sitz hat.

Art. 201. Bei der Auflösung einer Kommanditgesellschaft auf Aktien, welche ausser dem Falle der Eröffnung des Konkurses erfolgt, darf die Vertheilung des Vermögens unter die Gesellschafter nicht eher vollzogen werden, als nach Verlauf eines Jahres von dem Tage an gerechnet, an welchem die Auflösung der Gesellschaft in das Handelsregister eingetragen ist.

Art. 202. Die aus den Handelsbüchern der Gesellschaft ersichtlichen oder in anderer Weise bekannten Gläubiger sind durch besondere Erlasse aufzufordern, sich zu melden; unterlassen sie dies, so ist der Betrag ihrer Forderungen gerichtlich zu hinterlegen.

Das letztere muss auch in Ansehung der noch schwebenden Verbindlichkeiten und streitigen Forderungen geschehen, sofern nicht die Vertheilung des Gesellschaftsvermögens bis zu deren Erledigung ausgesetzt bleibt, oder den Gläubigern eine angemessene Sicherheit bestellt wird.

Art. 203. Eine theilweise Zurückzahlung des Kapitals der Kommanditisten oder eine Herabsetzung desselben kann nicht ohne Beschluss der Generalversammlung der Kommanditisten und nur unter Beobachtung derselben Vorschriften erfolgen, welche für die Vertheilung des Gesellschaftsvermögens im Falle der Auflösung massgebend sind. Die Bestimmung über die Zurückzahlung oder Herabsetzung hat zugleich die Art, in welcher dieselbe erfolgen soll, und die zu ihrer Durchführung erforderlichen Massregeln festzusetzen. Die Bestimmung ist in das Handelsregister einzutragen. Auf die Eintragung und die Beschlussfassung finden die Vorschriften im Art. 189f und im Art. 180g Abs. 1 und 3 entsprechende Anwendung.

Die gleichen Erfordernisse gelten für eine Amortisation der Aktien. Ohne Beobachtung dieser Erfordernisse darf die Gesellschaft ihre Aktien nur aus dem nach der jährlichen Bilanz sich ergebenden Gewinne und nur in dem Falle amortisiren, dass dies durch den ursprünglichen Gesellschaftsvertrag oder durch einen, den letzteren vor Ausgabe der Aktien abändernden Vertrag zugelassen ist.

Art. 204. Die Mitglieder des Aufsichtsraths haben bei Erfüllung der ihnen nach Art. 193 zugewiesenen Obliegenheiten die Sorgfalt eines ordentlichen Geschäftsmanns anzuwenden.

Sie sind der Gesellschaft neben den persönlich haftenden Gesellschaftern solidarisch zum Ersatze verpflichtet, wenn mit ihrem Wissen und ohne ihr Einschreiten entgegen den gesetzlichen Bestimmungen.

1) Einlagen an persönlich haftende Gesellschafter oder an Kommanditisten zurückgezahlt,
2) Zinsen oder Dividenden gezahlt,
3) eigene Aktien oder Interimsscheine der Gesellschaft erworben oder zum Pfande genommen,
4) Aktien vor der vollen Leistung des Nominalbetrages oder des in den Fällen der Art. 175a Ziff. 2, 180h Abs. 2 festgesetzten Betrages, oder Aktien oder Interimsscheine im Falle einer stattgefundenen Erhöhung des Gesammtkapitals vor Eintragung derselben in das Handelsregister (Art. 180i Abs. 3) ausgegeben sind,
5) die Vertheilung des Gesellschaftsvermögens, eine theilweise Zurückzahlung oder eine Herabsetzung des Kapitals der Kommanditisten oder eine Amortisation von Aktien erfolgt ist.

Der Ersatzanspruch kann in den Fällen des zweiten Absatzes auch von den Gläubigern der Gesellschaft, soweit sie von dieser ihre Befriedigung nicht erlangen können, selbständig geltend gemacht werden. Die Ersatzpflicht wird ihnen gegenüber dadurch nicht aufgehoben, dass die Handlung auf einem Beschlusse der Generalversammlung beruht.

Die Ansprüche auf Grund der vorstehenden Bestimmungen verjähren in fünf Jahren.

Art. 205. Die Liquidation erfolgt, sofern der Gesellschaftsvertrag nicht ein Anderes bestimmt, durch sämmtliche persönlich haftende Gesellschafter und eine oder mehrere von der Generalversammlung der Kommanditisten gewählte Personen.

Auf die Anmeldung der Liquidatoren und die Zeichnung ihrer Unterschrift bei dem Handelsgerichte einer Zweigniederlassung findet die Vorschrift im Schlusssatze des Art. 200 Anwendung.

Die Liquidatoren haben bei Beginn der Liquidation eine Bilanz aufzustellen. Dieselbe ist von ihnen ohne Verzug in den hierzu bestimmten öffentlichen Blättern bekannt zu machen und zu dem Handelsregister einzureichen.

Art. 206. Zu dem Antrage auf Ernennung von Liquidatoren durch den Richter sind ausser jedem persönlich haftenden Gesellschafter und der Generalversammlung der Kommanditisten auch der Aufsichtsrath sowie Kommanditisten befugt, deren Antheile zusammen den zwanzigsten Theil des Gesammtkapitals darstellen. Die Kommanditisten haben bei Stellung des Antrages glaubhaft zu machen, dass sie die Aktien seit mindestens sechs Monaten besitzen.

Die Abberufung der Liquidatoren kann durch den Richter unter denselben Voraussetzungen, wie die Bestellung erfolgen. Vom Richter ernannte Liquidatoren können nur durch diesen abberufen werden.

Art. 206a. Die Gesellschaft kann sich in eine Aktiengesellschaft umwandeln, sofern dies durch den Gesellschaftsvertrag zugelassen ist.

Die Uebereinkunft über die Umwandlung bedarf zu ihrer Gültigkeit der notariellen oder gerichtlichen Abfassung und der Zustimmung einer Generalversammlung der Kommanditisten; die Antheile der zustimmenden Mehrheit müssen mindestens ein Viertheil des Gesammtkapitals darstellen. Die Uebereinkunft hat die zur Durchführung der Umwandlung erforderlichen Massregeln, insbesondere die Firma sowie die Art der Bestellung und Zusammensetzung des Vorstandes, zu enthalten.

Die Uebereinkunft und die in Gemässheit derselben vollzogene Bestellung der Mitglieder des Vorstandes ist unter Beifügung der Legitimation der letzteren behufs der Eintragung in das Handelsregister (Art. 177, 179) durch die persönlich haftenden Gesellschafter anzumelden. Zugleich haben diese eine Bilanz von dem Tage der Anmeldung einzureichen und in den hierzu bestimmten öffentlichen Blättern bekannt zu machen. Auf die Eintragung der Uebereinkunft findet die Vorschrift im Schlusssatze des Art. 180f Anwendung.

Mit der Eintragung gelten die persönlich haftenden Gesellschafter als ausgeschieden und die Gesellschaft als Aktiengesellschaft fortbestehend. Die Beschränkungen, welchen persönlich haftende Gesellschafter nach der Vorschrift im Art. 181 Abs. 2 unterworfen sind, dauern nach Massgabe der letzteren fort.

In Ansehung der bisherigen Gläubiger der Gesellschaft sind die Vorschriften im Art. 202 zu beobachten. Für die Beobachtung derselben sind den Gläubigern die Mitglieder des Vorstandes und des Aufsichtsraths persönlich und solidarisch verantwortlich, die Mitglieder des Aufsichtsraths, soweit die Befriedigung oder Sicherstellung mit ihrem Wissen und ohne ihr Einschreiten unterlassen ist. Die Ersatzpflicht wird dadurch nicht aufgehoben, dass die Unterlassung auf einem Beschlusse der Generalversammlung beruht.

Dritter Titel.

Von der Aktiengesellschaft.

Erster Abschnitt.

Allgemeine Grundsätze.

Art. 207. Eine Gesellschaft ist eine Aktiengesellschaft, wenn sich die sämmtlichen Gesellschafter nur mit Einlagen betheiligen, ohne persönlich für die Verbindlichkeiten der Gesellschaft zu haften.

Das Einlagekapital (Grundkapital) wird in Aktien zerlegt.

Die Aktien sind untheilbar.

Dieselben können auf Inhaber oder auf Namen lauten.

Antheilscheine, in welchen der Bezug der Aktien zugesichert wird oder welche sonst über das Antheilsrecht des Aktionärs vor Ausgabe der Aktien ausgestellt werden (Interimsscheine), dürfen nicht auf Inhaber lauten.

Art. 207a. Die Aktien müssen auf einen Betrag von mindestens eintausend Mark gestellt werden.

Für ein gemeinnütziges Unternehmen kann im Falle eines besonderen örtlichen Bedürfnisses der Bundesrath die Ausgabe von Aktien, welche auf Namen lauten, zu einem geringeren, jedoch mindestens zweihundert Mark erreichenden Betrage zulassen. Die gleiche Genehmigung kann in dem Falle ertheilt werden, dass für ein Unternehmen das Reich oder ein Bundesstaat oder ein Provinzial-, Kreis- oder Amtsverband oder eine sonstige öffentliche Korporation auf die Aktien einen bestimmten Ertrag bedingungslos und ohne Zeitbeschränkung gewährleistet hat.

Auf Namen lautende Aktien, deren Uebertragung an die Einwilligung der Gesellschaft gebunden ist, dürfen auf einen Betrag von weniger als eintausend, jedoch nicht von weniger als zweihundert Mark gestellt werden.

Die vorstehenden Bestimmungen gelten auch von Interimsscheinen.

Art. 208. Eine Aktiengesellschaft gilt als Handelsgesellschaft, auch wenn der Gegenstand des Unternehmens nicht in Handelsgeschäften besteht.

Art. 209. Der Inhalt des Gesellschaftsvertrages (Statut) muss durch mindestens fünf Personen, welche Aktien übernehmen, in gerichtlicher oder notarieller Verhandlung festgestellt werden. In derselben ist zugleich der Betrag der von jedem Einzelnen übernommenen Aktien anzugeben.

Der Gesellschaftsvertrag muss bestimmen:

1) die Firma und den Sitz der Gesellschaft;
2) den Gegenstand des Unternehmens;
3) die Höhe des Grundkapitals und der einzelnen Aktien;
4) die Art der Aktien, ob sie auf Inhaber oder auf Namen lauten, und im Falle der Ausgabe beider Arten die Zahl der Aktien einer jeden Art;
5) die Art der Bestellung und Zusammensetzung des Vorstandes;
6) die Form, in welcher die Zusammenberufung der Generalversammlung der Aktionäre geschieht;
7) die Form, in welcher die von der Gesellschaft ausgehenden Bekanntmachungen erfolgen.

Bekanntmachungen, welche durch öffentliche Blätter erfolgen sollen, sind in den Deutschen Reichsanzeiger einzurücken. Andere Blätter ausser diesem hat der Gesellschaftsvertrag zu bestimmen.

Art. 209a. Der Aufnahme in den Gesellschaftsvertrag bedürfen Bestimmungen, nach welchen

1) das Unternehmen auf eine gewisse Zeit beschränkt wird;
2) Aktien für einen höheren als den Nominalbetrag ausgegeben werden;
3) eine Umwandlung der Aktien rücksichtlich ihrer Art statthaft ist;
4) für einzelne Gattungen von Aktien verschiedene Rechte, insbesondere betreffs der Zinsen oder Dividenden oder des Antheils am Gesellschaftsvermögen, gewährt werden;
5) über gewisse Gegenstände die Generalversammlung der Aktionäre nicht schon durch einfache Stimmenmehrheit, sondern nur durch eine grössere Stimmenmehrheit oder nach anderen Erfordernissen Beschluss fassen kann.

Für einen geringeren als den Nominalbetrag darf die Ausgabe der Aktien nicht festgesetzt werden.

Art. 209b. Jeder zu Gunsten einzelner Aktionäre bedungene besondere Vortheil muss in dem Gesellschaftsvertrage unter Bezeichnung des Berechtigten festgesetzt werden.

Werden auf das Grundkapital von Aktionären Einlagen, welche nicht durch Baarzahlung zu leisten sind, gemacht oder seitens der zu errichtenden Gesellschaft vorhandene oder herzustellende Anlagen oder sonstige Vermögensstücke übernommen, so müssen die Person des Aktionärs oder des Kontrahenten, der Gegenstand der Einlage oder der Uebernahme und der Betrag der für die Einlage zu gewährenden Aktien oder die für den übernommenen Gegenstand zu gewährende Vergütung in dem Gesellschaftsvertrage festgesetzt werden.

Von diesen Festsetzungen gesondert ist der Gesammtaufwand, welcher zu Lasten der Gesellschaft an Aktionäre oder Andere als Entschädigung oder Belohnung für die Gründung oder deren Vorbereitung gewährt wird, in dem Gesellschaftsvertrage festzusetzen.

Jedes Abkommen über die vorbezeichneten Gegenstände, welches nicht die vorgeschriebene Festsetzung in dem Gesellschaftsvertrage gefunden hat, ist der Gesellschaft gegenüber unwirksam.

Art. 209c. Die Aktionäre, welche das Statut festgestellt haben, oder welche andere als durch Baarzahlung zu leistende Einlagen machen, gelten als die Gründer der Gesellschaft.

Art. 209d. In dem Falle, dass sämmtliche Aktien durch die Gründer übernommen werden, gilt mit der Uebernahme die Gesellschaft als errichtet.

Soweit die Uebernahme nicht schon bei Feststellung des Statuts erfolgt ist, kann sie in einer besonderen gerichtlichen oder notariellen Verhandlung unter Angabe der Beträge, welche die einzelnen Gründer noch übernehmen, bewirkt werden.

Art. 209e. Werden nicht sämmtliche Aktien durch die Gründer übernommen, so muss der Errichtung der Gesellschaft die Zeichnung der übrigen Aktien vorhergehen. Die Zeichnung erfolgt durch schriftliche Erklärung, aus welcher die Betheiligung nach Anzahl und, im Falle einer Verschiedenheit der Aktien, nach Betrag, Art oder Gattung derselben hervorgehen muss.

Die Erklärung (Zeichnungsschein), welche in zwei Exemplaren unterzeichnet werden soll, hat zu enthalten:

1) das Datum des Statuts, die im Art. 209 Abs. 2, 209b vorgesehenen Festsetzungen und im Falle verschiedener Gattungen von Aktien den Gesammtbetrag einer jeden;
2) den Namen, Stand und Wohnort der Gründer;
3) den Betrag, für welchen die Ausgabe der Aktie stattfindet, und den Betrag der festgesetzten Einzahlungen;
4) den Zeitpunkt, mit dessen Eintritt die Zeichnung unverbindlich wird, sofern nicht bis dahin die Errichtung der Gesellschaft beschlossen ist.

Zeichnungsscheine, welche diesen Inhalt nicht vollständig haben oder ausser dem unter Ziff. 4 bezeichneten Vorbehalte Beschränkungen in der Verpflichtung des Zeichners enthalten, sind ungültig. Ist ungeachtet eines hiernach ungültigen Zeichnungsscheines die Eintragung des Gesellschaftsvertrages in das Handelsregister erfolgt, so ist der Zeichner, wenn er auf Grund einer dem ersten Absatze entsprechenden Erklärung in der zur Beschlussfassung über die Errichtung der Gesellschaft berufenen Generalversammlung gestimmt oder später als Aktionär Rechte ausgeübt oder Verpflichtungen erfüllt hat, der Gesellschaft wie aus einem gültigen Zeichnungsscheine verpflichtet.

Jede nicht in dem Zeichnungsscheine enthaltene Beschränkung ist der Gesellschaft gegenüber unwirksam.

Art. 209f. Jede Aktiengesellschaft muss ausser dem Vorstande einen Aufsichtsrath haben.

Art. 209g. Die Gründer haben in dem Falle des Art. 209b Abs. 2 in einer von ihnen zu unterzeichnenden Erklärung die Umstände darzulegen, mit Rücksicht auf welche ihnen die Höhe der für die eingelegten oder übernommenen Gegenstände gewährten Beträge gerechtfertigt erscheint. Hierbei haben sie insbesondere die dem Erwerbe der Gesellschaft vorausgegangenen Rechtsgeschäfte, welche auf denselben hingezielt haben, sowie die früheren Erwerbs- und Herstellungspreise aus den letzten zwei Jahren anzugeben.

Art. 209h. Die Mitglieder des Vorstandes und des Aufsichtsraths haben den Hergang der Gründung zu prüfen. Sind Mitglieder zugleich Gründer oder haben sie der Gesellschaft ein Vermögensstück überlassen oder sich einen besonderen Vortheil ausbedungen (Art. 209b), so muss ausserdem eine Prüfung durch besondere Revisoren stattfinden, welche das für die Vertretung des Handelsstandes berufene Organ und in Ermangelung eines solchen der Vorstand und der Aufsichtsrath zu bestellen hat.

Die Prüfung hat sich auf die Richtigkeit und Vollständigkeit der Angaben zu erstrecken, welche rücksichtlich der Zeichnung und Einzahlung des Grundkapitals und der im Art. 209b vorgesehenen Festsetzungen von den Gründern, insbesondere in der im Art 209g vorgeschriebenen Erklärung, gemacht sind.

Ueber die Prüfung ist unter Darlegung der im vorstehenden Absatze bezeichneten Umstände schriftlich Bericht zu erstatten.

Art. 210. Der Gesellschaftsvertrag muss bei dem Handelsgerichte, in dessen Bezirke die Gesellschaft ihren Sitz hat, in das Handelsregister eingetragen werden.

Der Anmeldung behufs der Eintragung in das Handelsregister müssen beigefügt sein:

1) in dem Falle des Art. 209b die den bezeichneten Festsetzungen zum Grunde liegenden oder zu ihrer Ausführung geschlossenen Verträge, die Art. 209g vorgesehene Erklärung und eine Berechnung des Gründungsaufwandes, in welcher die Vergütungen nach Art und Höhe und die Empfänger einzeln aufzuführen sind;
2) in dem Falle, dass nicht alle Aktien von den Gründern übernommen sind, zum Nachweise der Zeichnung des Grundkapitals die Duplikate der Zeichnungsscheine und ein von den Gründern in beglaubigter Form unterschriebenes Verzeichniss der sämmtlichen Aktionäre, welches die auf jeden entfallenen Aktien sowie die auf letztere geschehenen Einzahlungen angiebt;
3) die Urkunden über die Bestellung des Vorstandes und des Aufsichtsraths, die in Gemässheit des Art. 209h erstatteten Berichte nebst deren urkundlichen Grundlagen;
4) in dem Falle, dass der Gegenstand des Unternehmens der staatlichen Genehmigung bedarf, sowie in den Fällen des Art. 207a Abs. 2 die Genehmigungsurkunde.

In der Anmeldung ist die Erklärung abzugeben, dass auf jede Aktie, soweit nicht andere als durch Baarzahlung zu leistende Einlagen gemacht sind, der eingeforderte Betrag baar eingezahlt und im Besitze des Vorstandes sei. Die Einforderung muss mindestens ein Viertheil des Nominalbetrages, und im Falle einer Ausgabe der Aktien für einen höheren als den Nominalbetrag auch den Mehrbetrag umfassen. Als Baarzahlung gilt die Zahlung in deutschem Gelde, in Reichskassenscheinen, sowie in gesetzlich zugelassenen Noten deutscher Banken.

Die Anmeldung muss von sämmtlichen Gründern und Mitgliedern des Vorstandes und Aufsichtsraths vor dem Handelsgerichte unterzeichnet oder in beglaubigter Form eingereicht werden.

Die der Anmeldung beigefügten Schriftstücke werden bei dem Handelsgerichte in Urschrift oder in beglaubigter Abschrift aufbewahrt.

Art. 210a. In dem Falle, dass die Gründer nicht alle Aktien übernommen haben, beruft das Handelsgericht ohne Verzug eine Generalversammlung der in dem Verzeichnisse aufgeführten Aktionäre zur Beschlussfassung über die Errichtung der Gesellschaft.

Die Versammlung findet unter der Leitung des Gerichts statt.

Vorstand und Aufsichtsrath haben sich über die Ergebnisse der ihnen rücksichtlich der Gründung obliegenden Prüfung auf Grund der Berichte (Art. 209h) und deren urkundlichen Grundlagen zu erklären. Jedes Mitglied des Vorstandes und des Aufsichtsraths kann bis zur Beschlussfassung die Unterzeichnung der Anmeldung zurückziehen.

Die der Errichtung der Gesellschaft zustimmende Mehrheit muss mindestens ein Viertheil sämmtlicher in dem Verzeichnisse aufgeführten oder als Rechtsnachfolger derselben in der Generalversammlung zugelassenen Aktionäre begreifen, und der Betrag ihrer Antheile muss mindestens ein Viertheil des gesammten Grundkapitals darstellen. Die Zustimmung aller erschienenen Aktionäre ist erforderlich, wenn die im Art. 209 Ziff. 1 bis 5 und 209a bezeichneten Bestimmungen des Gesellschaftsvertrages abgeändert oder die im Art. 209b vorgesehenen Festsetzungen zu Lasten der Gesellschaft erweitert werden sollen.

Die Beschlussfassung ist zu vertagen, wenn es von den Aktionären mit einfacher Stimmenmehrheit verlangt wird.

Art. 210b. Auf die Berufung und Beschlussfassung der vor der Eintragung des Gesellschaftsvertrages stattfindenden Generalversammlungen kommen, soweit nicht im Art. 210a ein Anderes bestimmt ist, die Regeln zur entsprechenden Anwendung, welche für die Gesellschaft nach der Eintragung massgebend sind.

Art. 210c. Der eingetragene Gesellschaftsvertrag ist im Auszuge von dem Handelsgerichte zu veröffentlichen.

Die Veröffentlichung muss enthalten:

1) das Datum des Gesellschaftsvertrages und die im Art. 209 Abs. 2 und 3, 209a Ziff. 1 und 4 und 209b bezeichneten Festsetzungen;
2) den Namen, Stand und Wohnort der Gründer und die Angabe, ob sie die sämmtlichen Aktien übernommen haben;
3) den Namen, Stand und Wohnort der Mitglieder des Vorstandes und des Aufsichtsraths sowie der in Gemässheit des Art. 209h bestellten Revisoren.

Ist im Gesellschaftsvertrage eine Form bestimmt, in welcher der Vorstand seine Willenserklärungen kundgiebt und für die Gesellschaft zeichnet, so ist auch diese Bestimmung zu veröffentlichen.

Art. 211. Vor erfolgter Eintragung in das Handelsregister besteht die Aktiengesellschaft als solche nicht.

Ist vor der Eintragung im Namen der Gesellschaft gehandelt worden, so haften die Handelnden persönlich und solidarisch.

Art. 212. Jede Zweigniederlassung muss bei dem Handelsgerichte, in dessen Bezirke sie sich befindet, behufs der Eintragung in das Handelsregister angemeldet werden.

Die Anmeldung ist von sämmtlichen Mitgliedern des Vorstsandes vor dem Handelsgerichte zu unterzeichnen oder in beglaubigter Form einzureichen.

Dieselbe hat die im Art 210c Abs. 2 und 3 bezeichneten Angaben zu enthalten. Im Uebrigen finden die Vorschriften im Art. 179 Abs. 2 und 3 Anwendung.

Art. 213. Die Aktiengesellschaft als solche hat selbständig ihre Rechte und Pflichten; sie kann Eigenthum und andere dingliche Rechte an Grundstücken erwerben, sie kann vor Gericht klagen und verklagt werden.

Ihr ordentlicher Gerichtsstand ist bei dem Gerichte, in dessen Bezirke sie ihren Sitz hat.

Art. 213a. Der Gesellschaft sind die Gründer für die Richtigkeit und Vollständigkeit der Angaben, welche sie rücksichtlich der Zeichnung und Einzahlung des Grundkapitals sowie rücksichtlich der im Art. 209b vorgesehenen Festsetzungen behufs Eintragung des Gesellschaftsvertrages in das Handelsregister machen, solidarisch verhaftet; sie haben unbeschadet der Verpflichtung zum Ersatze des sonst etwa entstandenen Schadens insbesondere einen an der Zeichnung des Grundkapitals fehlenden Betrag zu übernehmen, fehlende Einzahlungen zu leisten und eine Vergütung, welche nicht unter den zu bezeichnenden Gründungsaufwand aufgenommen ist, zu ersetzen. Imgleichen sind der Gesellschaft in dem Falle, dass sie von Gründern durch Einlagen oder Uebernahmen der im Art. 209b bezeichneten Art böslicherweise geschädigt ist, die sämmtlichen Gründer für den Ersatz des entstandenen Schadens solidarisch verpflichtet.

Von dieser Verbindlichkeit ist ein Gründer befreit, wenn er beweist, dass er die Unrichtigkeit oder Unvollständigkeit der Angabe oder die bösliche Schädigung weder gekannt habe, noch bei Anwendung der Sorgfalt eines ordentlichen Geschäftsmanns habe kennen müssen.

Entsteht durch Zahlungsunfähigkeit eines Aktionärs der Gesellschaft ein Ausfall, so sind ihr die Gründer, welche bei der Anmeldung des Gesellschaftsvertrages die Zahlungsunfähigkeit kannten, zum Ersatze solidarisch verpflichtet.

Ausser den Gründern sind der Gesellschaft zum Schadensersatze solidarisch verpflichtet:

1) in dem Falle, dass eine Vergütung nicht unter den zu bezeichnenden Gründungsaufwand aufgenommen ist, der Empfänger, wenn er zur Zeit des Empfanges wusste oder nach den Umständen annehmen musste, dass die Verheimlichung beabsichtigt oder erfolgt war, und jeder Dritte, welcher zur Verheimlichung wissentlich mitgewirkt hat;
2) in dem Falle einer böslichen Schädigung durch Einlagen oder Uebernahmen jeder Dritte, welcher zu derselben wissentlich mitgewirkt hat.

Art. 213b. Wer vor der Eintragung des Gesellschaftsvertrages in das Handelsregister oder in den ersten zwei Jahren nach der Eintragung, um Aktien in den Verkehr einzuführen, eine öffentliche Ankündigung derselben erlässt, ist der Gesellschaft im Falle der Unrichtigkeit oder Unvollständigkeit von Angaben, welche die Gründer rücksichtlich der Zeichnung oder Einzahlung des Grundkapitals oder der im Art. 209b vorgesehenen Festsetzungen behufs Eintragung des Gesellschaftsvertrages in das Handelsregister gemacht haben, sowie in dem Falle einer böslichen Schädigung der Gesellschaft durch Einlagen oder Uebernahmen für den Ersatz des ihr daraus entstandenen Schadens neben den im Art. 213a bezeichneten Personen solidarisch verhaftet, sofern ihm nachgewiesen wird, dass er die Unrichtigkeit oder Unvollständigkeit der Angaben oder die bösliche Schädigung gekannt hat oder bei Anwendung der Sorgfalt eines ordentlichen Geschäftsmanns hat kennen müssen.

Art. 213c. Mitglieder des Vorstandes und des Aufsichtsraths, welchen nachgewiesen wird, dass sie bei der ihnen durch Art. 209h auferlegten Prüfung die Sorgfalt eines ordentlichen Geschäftsmanns verletzt haben, haften der Gesellschaft solidarisch für den ihr daraus entstandenen Schaden, soweit der Ersatz desselben von den in Gemässheit der Art. 213a und 213b verpflichteten Personen nicht zu erlangen ist.

Art. 213d. Vergleiche oder Verzichtleistungen, welche die der Gesellschaft aus der Gründung zustehenden Ansprüche gegen die in Gemässheit der Art 213a bis 213c verpflichteten Personen betreffen, sind erst nach Ablauf von drei Jahren seit Eintragung des Gesellschaftsvertrages in das Handelsregister und nur mit Zustimmung der Generalversammlung zulässig; sie sind unzulässig, soweit in der Versammlung eine Minderheit, deren Antheile den fünften Theil des Grundkapitals darstellen, Widerspruch erhebt. Die Zeitbeschränkung findet nicht Anwendung, sofern der Verpflichtete im Falle der Zahlungsunfähigkeit zur Abwendung oder Beseitigung des Konkursverfahrens mit seinen Gläubigern sich vergleicht.

Art. 213e. Die Ansprüche der Gesellschaft gegen die in Gemässheit der Art. 213a bis 213c verpflichteten Personen verjähren in fünf Jahren seit Eintragung des Gesellschaftsvertrages in das Handelsregister.

Art 213f. Werden vor Ablauf von zwei Jahren seit Eintragung des Gesellschaftsvertrages in das Handelsregister seitens der Gesellschaft Verträge geschlossen, durch welche sie vorhandene oder herzustellende Anlagen oder unbewegliche Gegenstände für eine den zehnten Theil des Grundkapitals übersteigende Vergütung erwerben soll, so bedürfen dieselben zu ihrer Gültigkeit der Zustimmung der Generalversammlung.

Vor der Beschlussfassung hat der Aufsichtsrath den Vertrag zu prüfen und über die Ergebnisse seiner Prüfung schriftlich Bericht zu erstatten.

Die Antheile der zustimmenden Mehrheit müssen in dem Falle, dass der Vertrag im ersten Jahre geschlossen wird, mindestens ein Viertheil des Grundkapitals, anderenfalls mindestens drei Viertheile des in der Generalversammlung vertretenen Grundkapitals darstellen.

Der genehmigte Vertrag ist in Urschrift oder in beglaubigter Abschrift mit dem Berichte des Aufsichtsraths nebst dessen urkundlichen Grundlagen und mit dem Nachweise über die Beschlussfassung zum Handelsregister einzureichen.

Hat der Erwerb in Ausführung einer vor der Errichtung der Gesellschaft von den Gründern getroffenen Vereinbarung stattgefunden, so kommen in Betreff der Rechte der Gesellschaft auf Entschädigung und in Betreff der ersatzpflichtigen Personen die Vorschriften der Artikel 213a und 213d zur Anwendung.

Die vorstehenden Bestimmungen finden auf den Erwerb unbeweglicher Gegenstände nicht Anwendung, sofern auf ihn der Gegenstand des Unternehmens gerichtet ist oder der Erwerb im Wege der Zwangsvollstreckung geschieht.

Art. 214. Jeder Beschluss der Generalversammlung, welcher die Fortsetzung der Gesellschaft oder eine Abänderung des Inhalts des Gesellschaftsvertrages zum Gegenstande hat, muss in das Handelsregister eingetragen und in gleicher Weise, wie der ursprüngliche Vertrag, veröffentlicht werden (Art. 210c, 212).

Der Beschluss hat keine rechtliche Wirkung, bevor derselbe bei dem Handelsgerichte, in dessen Bezirke die Gesellschaft ihren Sitz hat, in das Handelsregister eingetragen ist.

Art. 215. Die Abänderung des Inhalts des Gesellschaftsvertrages kann nicht anders als durch Beschluss der Generalversammlung erfolgen.

Sofern der Gesellschaftsvertrag für eine Abänderung derjenigen Bestimmung, welche den Gegenstand der Beschlussfassung bildet, nicht andere Erfordernisse aufstellt, erfolgt der Beschluss durch eine Mehrheit von drei Viertheilen des in der Generalversammlung vertretenen Grundkapitals.

Für eine Abänderung des Gegenstandes des Unternehmens muss diese Mehrheit erreicht sein; der Gesellschaftsvertrag kann ausser derselben noch andere Erfordernisse aufstellen.

Dasselbe gilt von dem Falle, wenn die Gesellschaft durch Uebertragung ihres Vermögens und ihrer Schulden an eine andere Aktiengesellschaft gegen Gewährung von Aktien der letzteren aufgelöst werden soll.

Die vorstehenden Bestimmungen gelten auch dann, wenn mehrere Gattungen von Aktien mit verschiedener Berechtigung ausgegeben sind.

Soll durch die Beschlussfassung das bisherige Rechtsverhältniss unter den verschiedenen Gattungen zum Nachtheile einer derselben abgeändert werden, so bedarf es zu dem von der gemeinschaftlichen Generalversammlung gefassten Beschlusse der Zustimmung einer besonderen Generalversammlung der benachtheiligten Aktionäre, deren Beschlussfassung gleichfalls nach der Vorschrift des zweiten Absatzes sich richtet.

Die Bestimmung des Gesellschaftsvertrages, Inhalts deren die Uebertragung von Aktien, welche in Gemässheit des Art. 207a Abs. 3 auf einen geringeren Betrag als eintausend Mark gestellt sind, an die Einwilligung der Gesellschaft gebunden ist, kann nicht abgeändert werden.

Art. 215a. Eine Erhöhung des Grundkapitals der Gesellschaft darf nicht vor der vollen Einzahlung desselben erfolgen. Für Versicherungsgesellschaften kann der Gesellschaftsvertrag ein Anderes bestimmen.

Ueber die Erhöhung hat die Generalversammlung zu beschliessen. Für die neu auszugebenden Aktien kann die Leistung eines höheren als des Nominalbetrages festgesetzt werden; der Beschluss hat den Mindestbetrag zu bezeichnen, für welchen die Aktien auszugeben sind. Ein geringerer als der Nominalbetrag darf nicht festgesetzt werden. Die Beschlussfassung unterliegt den Vorschriften im Art. 215 Abs. 2 und 6.

Der Beschluss ist in das Handelsregister einzutragen. Die Anmeldung hat die Angabe zu enthalten, dass das bisherige Grundkapital eingezahlt sei, für Versicherungsgesellschaften, inwieweit die Einzahlung desselben stattgefunden habe. Auf die Eintragung finden die Vorschriften im Art. 214 Anwendung.

Eine Zusicherung von Rechten auf den Bezug neu auszugebender Aktien, welche vor dem Beschlusse auf Erhöhung des Grundkapitals erfolgt, ist der Gesellschaft gegenüber unwirksam.

Art. 215b. Die Zeichnung der neu auszugebenden Aktien erfolgt durch schriftliche Erklärung, welche in zwei Exemplaren unterzeichnet werden soll.

Die stattgefundene Erhöhung des Grundkapitals ist behufs der Eintragung in das Handelsregister anzumelden. Die Vorschriften im Art. 210 und 212 finden entsprechende Anwendung.

Art. 215c. Interimsscheine, welche auf Inhaber lauten, sind nichtig; die Ausgeber haften den Besitzern solidarisch für allen durch die Ausgabe verursachten Schaden.

Das Gleiche gilt, wenn Aktien oder Interimsscheine auf einen geringeren als den nach Art. 207a zugelassenen Betrag gestellt sind, oder wenn sie ausgegeben werden, bevor der Gesellschaftsvertrag bei dem Handelsgerichte, in dessen Bezirke die Gesellschaft ihren Sitz hat, in das Handelsregister eingetragen ist.

Vor der vollen Leistung des Nominalbetrages oder des in den Fällen der Art. 209a Ziff. 2, 215a Abs. 2 festgesetzten Betrages soll die Aktie nicht ausgegeben werden. Imgleichen sollen im Falle einer stattgefundenen Erhöhung des Grundkapitals vor Eintragung derselben in das Handelsregister des im vorigen Absatze bezeichneten Gerichts Aktien oder Interimsscheine nicht ausgegeben werden.

Aus Aktien und Interimsscheinen, welche in Gemässheit des Art. 207a auf einen Betrag von weniger als eintausend Mark gestellt sind, sollen im Falle des zweiten Absatzes des bezeichneten Artikels die ertheilte Genehmigung, im Falle des dritten Absatzes die Beschränkungen hervorgehen, welchen die Aktionäre in Bezug auf die Form einer Uebertragung ihrer Rechte und die Einwilligung der Gesellschaft in dieselbe unterworfen sind.

Art. 215d. Die Aktiengesellschaft soll eigene Aktien im geschäftlichen Betriebe, sofern nicht eine Kommission zum Einkauf ausgeführt wird, weder erwerben noch zum Pfande nehmen. Sie darf eigene Interimsscheine im geschäftlichen Betriebe auch in Ausführung einer Einkaufskommission weder erwerben noch zum Pfande nehmen.

Eine Amortisation der Aktien ist zulässig, sofern sie unter Beobachtung der für die Zurückzahlung oder Herabsetzung des Grundkapitals massgebenden Vorschriften erfolgt. Ohne Beobachtung derselben darf die Gesellschaft ihre Aktien nur aus dem nach der jährlichen Bilanz sich ergebenden Gewinne und nur in dem Falle amortisiren, dass dies durch den ursprünglichen Gesellschaftsvertrag oder durch einen, den letzteren vor Ausgabe der Aktien abändernden Beschluss zugelassen ist.

Zweiter Abschnitt.

Rechtsverhältniss der Aktionäre.

Art. 216. Jeder Aktionär hat einen verhältnissmässigen Antheil an dem Vermögen der Gesellschaft.

Er kann den eingezahlten Betrag nicht zurückfordern und hat, solange die Gesellschaft besteht, nur einen Anspruch auf den reinen Gewinn, soweit dieser nach dem Gesellschaftsvertrage zur Vertheilung unter die Aktionäre bestimmt ist.

Art. 217. Zinsen von bestimmter Höhe dürfen für die Aktionäre nicht bedungen, noch ausbezahlt werden; es darf nur dasjenige unter sie vertheilt werden, was sich nach der jährlichen Bilanz als reiner Gewinn ergiebt.

Jedoch können für den in dem Gesellschaftsvertrage angegebenen Zeitraum, welchen die Vorbereitung des Unternehmens bis zum Anfange des vollen Betriebes erfordert, den Aktionären Zinsen von bestimmter Höhe bedungen werden.

Art. 218. Der Aktionär ist in keinem Falle verpflichtet, die in gutem Glauben empfangenen Zinsen und Dividenden zurückzugeben.

Art. 219. Die Verpflichtung des Aktionärs, zu den Zwecken der Gesellschaft und zur Erfüllung ihrer Verbindlichkeiten beizutragen, wird durch den Nominalbetrag der Aktie, in den Fällen der Art. 209a Ziff. 2, 215a Abs. 2 durch den Betrag, für welchen die Aktie ausgegeben ist, begrenzt.

Rücksichtlich der Einzahlung der auf die Aktie zu leistenden Beträge, sowie rücksichtlich einer zu leistenden Einlage finden die Bestimmungen der Art. 184 bis 184c auf den Aktionär und die Rechtsvorgänger desselben Anwendung.

Art. 220. Für die Eintragung der Interimsscheine und der auf Namen gestellten Aktien in das Aktienbuch, sowie für die Uebertragung derselben auf andere Personen sind die Vorschriften der Art. 182 und 183 massgebend.

Art. 221. Die Rechte, welche den Aktionären in den Angelegenheiten der Gesellschaft, insbesondere in Beziehung auf die Führung der Geschäfte, die Prüfung der Bilanz und die Bestimmung der Gewinnvertheilung zustehen, werden in der Generalversammlung durch Beschlussfassung der erschienenen Aktionäre ausgeübt.

Rücksichtlich der Bedingungen und der Ausübung des Stimmrechts kommen die Vorschriften im Art. 190 zur Anwendung.

Art. 222. Die Vorschriften im Art. 190a, 190b über die Anfechtung eines Beschlusses der Generalversammlung finden mit der Massgabe

Anwendung, dass an die Stelle der persönlich haftenden Gesellschafter der Vorstand tritt.

Art. 222a. Auf Antrag von Aktionären, deren Antheile zusammen den zehnten Theil des Grundkapitals darstellen, kann das Landgericht, in dessen Bezirke die Gesellschaft ihren Sitz hat, zur Prüfung eines Herganges bei der Gründung oder eines nicht mehr als zwei Jahre zurückliegenden Herganges bei der Geschäftsführung oder Liquidation der Gesellschaft Revisoren ernennen, sofern ein in der Generalversammlung gestellter Antrag auf Prüfung abgelehnt ist und dem Gerichte glaubhaft gemacht wird, dass bei dem Hergange Unredlichkeiten oder grobe Verletzungen des Gesetzes oder des Gesellschaftsvertrages stattgefunden haben. Die Antragsteller haben zugleich die Aktien bis zur Entscheidung über den Antrag gerichtlich zu hinterlegen und glaubhaft zu machen, dass sie dieselben seit mindestens sechs Monaten, von der Generalversammlung zurückgerechnet, besitzen.

Vor der Anordnung sind der Vorstand oder die Liquidatoren, sowie der Aufsichtsrath zu hören. Die Anordnung ist von einer nach freiem Ermessen zu bestimmenden Sicherheitsleistung abhängig zu machen.

Der Vorstand hat den Revisoren die Einsicht der Bücher und Schriften der Gesellschaft und die Untersuchung des Bestandes der Gesellschaftskasse, wie der Bestände an Effekten, Handelspapieren und Waaren zu gestatten.

Der Bericht über das Ergebniss der Prüfung ist von den Revisoren zu dem Handelsregister einzureichen und von dem Vorstande bei der Berufung der nächsten Generalversammlung als Gegenstand der Beschlussfassung anzukündigen.

Ist der Antrag auf Ernennung von Revisoren zurückgewiesen oder erweist er sich nach dem Ergebnisse der Prüfung als unbegründet, so sind die Aktionäre, welchen eine bösliche Handlungsweise bei Stellung des Antrages zur Last fällt, solidarisch verpflichtet, einen durch die Stellung desselben der Gesellschaft entstandenen Schaden zu ersetzen.

Art. 223. Die Ansprüche der Gesellschaft aus der Gründung gegen die in Gemässheit der Art. 213a bis 213c verpflichteten Personen oder aus der Geschäftsführung gegen die Mitglieder des Vorstandes und des Aufsichtsraths, sowie aus der Liquidation gegen die Liquidatoren und die Mitglieder des Aufsichtsraths sind zu erheben, wenn in der Generalversammlung dies mit einfacher Stimmenmehrheit beschlossen oder von einer Minderheit, deren Antheile den fünften Theil des Grundkapitals darstellen, verlangt wird.

Die Erhebung des Anspruchs auf Verlangen der Minderheit muss binnen drei Monaten seit der Generalversammlung erfolgen. Die von der Minderheit bezeichneten Personen können durch das Handelsgericht als Bevollmächtigte der Gesellschaft zur Führung des Prozesses ernannt werden. Der Klage ist das Protokoll der Generalversammlung, soweit dasselbe die Erhebung des Anspruchs betrifft, in beglaubigter Abschrift beizufügen. Die Minderheit hat den fünften Theil des Grundkapitals in Aktien der Gesellschaft für die Dauer des Prozesses gerichtlich zu hinterlegen und dem Gerichte glaubhaft zu machen, dass sie dieselben seit mindestens sechs Monaten, von der Generalversammlung zurückgerechnet, besitzt. Sie hat auf Verlangen der Beklagten wegen der denselben drohenden Nachtheile eine nach freiem Ermessen des Gerichts zu bestimmende Sicherheit zu leisten. Das Verlangen ist als prozesshindernde Einrede geltend zu machen. Wird die Sicherheit binnen der vom Gerichte gestellten Frist nicht geleistet, so ist die Klage auf Antrag für zurückgenommen zu erklären. Die Minderheit ist verpflichtet, die der Gesellschaft auferlegten Prozesskosten ihr zu erstatten. Für den Schaden, welcher durch eine unbegründete Klage den Beklagten entstanden ist, haften ihnen solidarisch die Aktionäre, welchen bei Erhebung des Anspruchs eine bösliche Handlungsweise zur Last fällt.

Im Uebrigen kommen die Bestimmungen der Art. 194 und 195 zur entsprechenden Anwendung.

Art. 224. Die für den Aufsichtsrath einer Kommanditgesellschaft auf Aktien in den Art. 191 und 192 gegebenen Bestimmungen finden auf den Aufsichtsrath einer Aktiengesellschaft Anwendung.

Art. 225. Der Aufsichtsrath hat den Vorstand bei seiner Geschäftsführung in allen Zweigen der Verwaltung zu überwachen und zu dem Zweck sich von dem Gange der Angelegenheiten der Gesellschaft zu unterrichten. Er kann jederzeit über dieselben Berichterstattung von dem Vorstande verlangen und selbst oder durch einzelne von ihm zu bestimmende Mitglieder die Bücher und Schriften der Gesellschaft einsehen, sowie den Bestand der Gesellschaftskasse und die Bestände an Effekten, Handelspapieren und Waaren untersuchen. Er hat die Jahresrechnungen, die Bilanzen und die Vorschläge zur Gewinnvertheilung zu prüfen und darüber der Generalversammlung der Aktionäre Bericht zu erstatten.

Er hat eine Generalversammlung zu berufen, wenn dies im Interesse der Gesellschaft erforderlich ist.

Weitere Obliegenheiten des Aufsichtsraths werden durch den Gesellschaftsvertrag bestimmt.

Die Mitglieder des Aufsichtsraths können die Ausübung ihrer Obliegenheiten nicht anderen Personen übertragen.

Art. 225a. Die Mitglieder des Aufsichtsraths dürfen nicht zugleich Mitglieder des Vorstandes oder dauernd Stellvertreter derselben sein, auch nicht als Beamte die Geschäfte der Gesellschaft führen. Nur für einen im voraus begrenzten Zeitraum kann der Aufsichtsrath einzelne seiner Mitglieder zu Stellvertretern von behinderten Mitgliedern des Vorstandes bestellen; während dieses Zeitraums und bis zur ertheilten Entlastung des Vertreters darf der letztere eine Thätigkeit als Mitglied des Aufsichtsraths nicht ausüben.

Scheiden aus dem Vorstande Mitglieder aus, so dürfen dieselben nicht vor ertheilter Entlastung in den Aufsichtsrath gewählt werden.

Art. 226. Die Mitglieder des Aufsichtsraths haben bei Erfüllung der ihnen nach Art. 225 zugewiesenen Obliegenheiten die Sorgfalt eines ordentlichen Geschäftsmanns anzuwenden.

Dieselben sind der Gesellschaft neben den Mitgliedern des Vorstandes persönlich und solidarisch zum Ersatze verpflichtet, wenn mit ihrem Wissen und ohne ihr Einschreiten entgegen den gesetzlichen Bestimmungen:

1) Einlagen an die Aktionäre zurückgezahlt;
2) Zinsen oder Dividenden gezahlt;
3) eigene Aktien oder Interimsscheine der Gesellschaft erworben, zum Pfande genommen oder amortisirt worden;
4) Aktien vor der vollen Leistung des Nominalbetrages oder des in den Fällen der Art. 209a Ziff. 2, 215a Abs. 2 festgesetzten Betrages, oder Aktien oder Interimsscheine im Falle einer stattgefundenen Erhöhung des Grundkapitals vor Eintragung derselben in das Handelsregister desjenigen Gerichts, in dessen Bezirke die Gesellschaft ihren Sitz hat, ausgegeben sind;
5) die Vertheilung des Gesellschaftsvermögens, eine theilweise Zurückzahlung oder eine Herabsetzung des Grundkapitals oder im Falle des

Art. 215 Abs. 4 die Vereinigung der Vermögen der beiden Gesellschaften erfolgt ist.

Der Ersatzanspruch kann in den Fällen des zweiten Absatzes auch von den Gläubigern der Gesellschaft, soweit sie von dieser ihre Befriedigung nicht erlangen können, selbständig geltend gemacht werden. Die Ersatzpflicht wird ihnen gegenüber dadurch nicht aufgehoben, dass die Handlung auf einem Beschlusse der Generalversammlung beruht.

Die Ansprüche auf Grund der vorstehenden Bestimmungen verjähren in fünf Jahren.

Dritter Abschnitt.

Rechte und Pflichten des Vorstandes.

Art. 227. Die Aktiengesellschaft wird durch den Vorstand gerichtlich und aussergerichtlich vertreten.

Der Vorstand kann aus einer oder mehreren Personen bestehen; diese können besoldet oder unbesoldet, Aktionäre oder Andere sein.

Ihre Bestellung ist zu jeder Zeit widerruflich, unbeschadet der Entschädigungsansprüche aus bestehenden Verträgen.

Art. 228. Die jeweiligen Mitglieder des Vorstandes müssen alsbald nach ihrer Bestellung zur Eintragung in das Handelsregister (Art. 210, 212) angemeldet werden. Der Anmeldung ist ihre Legitimation beizufügen.

Sie haben ihre Unterschrift vor dem Handelsgerichte zu zeichnen, oder die Zeichnung derselben in beglaubigter Form einzureichen.

Art. 229. Der Vorstand hat in der durch den Gesellschaftsvertrag bestimmten Form seine Willenserklärungen kundzugeben und für die Gesellschaft zu zeichnen. Ist nichts darüber bestimmt, so ist die Zeichnung durch sämmtliche Mitglieder des Vorstandes erforderlich.

Die Zeichnung geschieht in der Weise, dass die Zeichnenden zu der Firma der Gesellschaft oder zu der Benennung des Vorstandes ihre Unterschrift hinzufügen.

Art. 230. Die Gesellschaft wird durch die von dem Vorstande in ihrem Namen geschlossenen Rechtsgeschäfte berechtigt und verpflichtet; es ist gleichgültig, ob das Geschäft ausdrücklich im Namen der Gesellschaft geschlossen worden ist, oder ob die Umstände ergeben, dass es nach dem Willen der Kontrahenten für die Gesellschaft geschlossen werden sollte.

Art. 231. Der Vorstand ist der Gesellschaft gegenüber verpflichtet, die Beschränkungen einzuhalten, welche in dem Gesellschaftsvertrage oder durch Beschlüsse der Generalversammlung für den Umfang seiner Befugniss, die Gesellschaft zu vertreten, festgesetzt sind.

Gegen dritte Personen hat jedoch eine Beschränkung der Befugniss des Vorstandes, die Gesellschaft zu vertreten, keine rechtliche Wirkung. Dies gilt insbesondere für den Fall, dass die Vertretung sich nur auf gewisse Geschäfte oder Arten von Geschäften erstrecken, oder nur unter gewissen Umständen oder für eine gewisse Zeit oder an einzelnen Orten stattfinden soll, oder dass für einzelne Geschäfte die Zustimmung der Generalversammlung, des Aufsichtsraths oder eines anderen Organs der Gesellschaft erfordert ist.

Art. 232. Die Bestimmungen des Art. 196a über den Betrieb von Geschäften in dem Handelszweige der Gesellschaft, sowie über die Theilnahme an einer anderen gleichartigen Gesellschaft finden auf die Mitglieder des Vorstandes entsprechende Anwendung.

Art. 232a. Die für Mitglieder des Vorstandes gegebenen Bestimmungen gelten auch für Stellvertreter von Mitgliedern.

Art. 233. Jede Aenderung in der Zusammensetzung des Vorstandes muss zur Eintragung in das Handelsregister (Art. 210, 212) angemeldet werden.

Dritten Personen kann die Aenderung nur insofern entgegengesetzt werden, als in Betreff dieser Aenderung die im Art. 46 in Betreff des Erlöschens der Prokura bezeichneten Voraussetzungen vorhanden sind. Entscheidend hierfür ist die Eintragung bei dem Handelsgerichte, in dessen Bezirke die Gesellschaft ihren Sitz hat.

Art. 234. Der Vorstand kann, sofern nicht durch den Gesellschaftsvertrag oder durch Beschluss der Generalversammlung ein Anderes bestimmt ist, einen Prokuristen nur mit Zustimmung des Aufsichtsraths bestellen. Diese Beschränkung hat Dritten gegenüber keine rechtliche Wirkung.

Art. 235. Der Betrieb von Geschäften der Gesellschaft, sowie die Vertretung der Gesellschaft in Bezug auf diese Geschäftsführung kann auch sonstigen Bevollmächtigten oder Beamten der Gesellschaft zugewiesen werden. In diesem Falle bestimmt sich die Befugniss derselben nach der ihnen ertheilten Vollmacht; sie erstreckt sich im Zweifel auf alle Rechtshandlungen, welche die Ausführung derartiger Geschäfte gewöhnlich mit sich bringt.

Art. 236. Die Generalversammlung der Aktionäre wird durch den Vorstand berufen, soweit nicht nach dem Gesetze oder dem Gesellschaftsvertrage auch andere Personen dazu befugt sind.

Die Generalversammlung ist, ausser den im Gesetze oder im Gesellschaftsvertrage ausdrücklich bestimmten Fällen, zu berufen, wenn es im Interesse der Gesellschaft erforderlich erscheint.

Art. 237. Aktionäre, deren Antheile zusammen den zwanzigsten Theil des Grundkapitals darstellen, sind berechtigt, in einer von ihnen unterzeichneten Eingabe unter Angabe des Zwecks und der Gründe die Berufung der Generalversammlung zu verlangen. Ist in dem Gesellschaftsvertrage das Recht, die Berufung der Generalversammlung zu verlangen, an den Besitz eines geringeren Antheils am Grundkapital geknüpft, so hat es hierbei sein Bewenden.

In gleicher Weise haben die Aktionäre das Recht, zu verlangen, dass Gegenstände zur Beschlussfassung einer Generalversammlung angekündigt werden.

Wird dem Verlangen nicht entsprochen, so kann das Handelsgericht die Aktionäre, welche das Verlangen gestellt haben, zur Berufung der Generalversammlung oder zur Ankündigung des Gegenstandes ermächtigen. Mit der Berufung oder Ankündigung ist die gerichtliche Ermächtigung zu veröffentlichen.

Art. 238. Die Berufung der Generalversammlung hat in der durch den Gesellschaftsvertrag bestimmten Weise mit einer Frist von mindestens zwei Wochen zu erfolgen. Ist in dem Gesellschaftsvertrage die Ausübung des Stimmrechts davon abhängig gemacht, dass die Aktien bis zu einem bestimmten Zeitpunkte vor der Generalversammlung hinterlegt werden, so ist die Frist derart zu bemessen, dass für die Hinterlegung mindestens zwei Wochen frei bleiben.

Der Zweck der Generalversammlung soll jederzeit bei der Berufung bekannt gemacht werden. Ueber Gegenstände, deren Verhandlung nicht in der durch den Gesellschaftsvertrag oder durch Art. 237 Abs. 3 vorgesehenen Weise mindestens eine Woche vor dem Tage der Generalversammlung angekündigt ist, können Beschlüsse nicht gefasst werden; hiervon ist jedoch der Beschluss über den in einer Generalversammlung gestellten Antrag auf Berufung einer ausserordentlichen Generalversammlung ausgenommen.

Zur Stellung von Anträgen und zu Verhandlungen ohne Beschlussfassung bedarf es der Ankündigung nicht.

Art. 238a. Jeder Beschluss der Generalversammlung bedarf zu seiner Gültigkeit der gerichtlichen oder notariellen Beurkundung. Die Zuziehung von Zeugen ist nicht erforderlich.

Eine beglaubigte Abschrift der Urkunde ist ohne Verzug nach der Generalversammlung von dem Vorstande zu dem Handelsregister einzureichen.

Art. 239. Der Vorstand ist verpflichtet, Sorge zu tragen, dass die erforderlichen Bücher der Gesellschaft geführt werden.

Er muss in der durch den Gesellschaftsvertrag bestimmten Frist, welche über die ersten sechs Monate des Geschäftsjahres nicht erstreckt werden kann, und in Ermangelung einer solchen Frist in den ersten drei Monaten desselben für das verflossene Geschäftsjahr eine Bilanz, eine Gewinn- und Verlustrechnung, sowie einen den Vermögensstand und die Verhältnisse der Gesellschaft entwickelnden Bericht dem Aufsichtsrath und mit dessen Bemerkungen der Generalversammlung vorlegen. Er hat die Vorlagen mindestens zwei Wochen vor der Versammlung in dem Geschäftslokale der Gesellschaft zur Einsicht der Aktionäre auszulegen. Jeder Aktionär ist berechtigt, auf seine Kosten eine Abschrift der Bilanz, der Gewinn- und Verlustrechnung, sowie des Geschäftsberichts zu verlangen.

Art. 239a. Zur Prüfung der Bilanz können durch die Generalversammlung besondere Revisoren bestellt werden.

Die Verhandlung ist zu vertagen, wenn dies mit einfacher Stimmenmehrheit beschlossen oder von einer Minderheit, deren Antheile den zehnten Theil des Grundkapitals darstellen, verlangt wird, auf Verlangen der Minderheit jedoch nur, soweit von ihr bestimmte Ansätze der Bilanz bemängelt werden.

Ist die Verhandlung auf Verlangen der Minderheit vertagt, so gilt bezüglich der nicht bemängelten Ansätze der Bilanz die Entlastung des Vorstandes als erfolgt.

Art. 239b. Die Vorschriften der Art. 185a, 185b, 185c über die Bilanz und den Reservefonds finden entsprechende Anwendung.

Art. 240. Erreicht der Verlust, welcher aus der Jahresbilanz oder einer im Laufe des Geschäftsjahres aufgestellten Bilanz sich ergiebt, die Hälfte des Grundkapitals, so muss der Vorstand unverzüglich die Generalversammlung berufen und dieser davon Anzeige machen.

Sobald Zahlungsunfähigkeit der Gesellschaft eintritt, muss der Vorstand die Eröffnung des Konkurses beantragen; dasselbe gilt, wenn aus der Jahresbilanz oder einer im Laufe des Geschäftsjahres aufgestellten Bilanz sich ergiebt, dass das Vermögen nicht mehr die Schulden deckt.

Art. 241. Die Mitglieder des Vorstandes sind aus den von ihnen im Namen der Gesellschaft vorgenommenen Rechtshandlungen Dritten gegenüber für die Verbindlichkeiten der Gesellschaft persönlich nicht verpflichtet.

Die Mitglieder des Vorstandes haben bei ihrer Geschäftsführung die Sorgfalt eines ordentlichen Geschäftsmanns anzuwenden.

Mitglieder, welche ihre Obliegenheiten verletzen, haften der Gesellschaft solidarisch für den dadurch entstandenen Schaden. Insbesondere sind sie in den Fällen des Art. 226 Ziff. 1 bis 5, sowie in dem Falle einer nach der Zahlungsunfähigkeit oder Ueberschuldung der Gesellschaft (Art. 240 Abs. 2) geleisteten Zahlung zum Ersatze verpflichtet.

In den vorbezeichneten Fällen kann der Ersatzanspruch auch von den Gläubigern der Gesellschaft, soweit sie von dieser ihre Befriedigung nicht erlangen können, selbständig geltend gemacht werden. Die Ersatzpflicht wird ihnen gegenüber dadurch nicht aufgehoben, dass die Handlung auf einem Beschlusse der Generalversammlung beruht.

Die Ansprüche auf Grund der vorstehenden Bestimmungen verjähren in fünf Jahren.

Vierter Abschnitt.

Auflösung der Gesellschaft.

Art. 242. Die Aktiengesellschaft wird aufgelöst:

1) durch Ablauf der im Gesellschaftsvertrage bestimmten Zeit;

2) durch Beschluss der Generalversammlung; der Beschluss bedarf einer Mehrheit von drei Viertheilen des in der Generalversammlung vertretenen Grundkapitals. Der Gesellschaftsvertrag kann ausser dieser Mehrheit noch andere Erfordernisse aufstellen;

3) durch Eröffnung des Konkurses[1]).

Wenn die Auflösung einer Aktiengesellschaft aus anderen Gründen erfolgt, so finden die Bestimmungen dieses Abschnittes ebenfalls Anwendung.

Art. 243. Die Auflösung der Gesellschaft muss, wenn sie nicht eine Folge des eröffneten Konkurses ist, durch den Vorstand zur Eintragung in das Handelsregister (Art. 210, 212) angemeldet werden; sie muss zu drei verschiedenen Malen durch die hierzu bestimmten öffentlichen Blätter bekannt gemacht werden.

Durch diese Bekanntmachung müssen zugleich die Gläubiger aufgefordert werden, sich bei der Gesellschaft zu melden.

Art. 244. Die Liquidation geschieht durch den Vorstand, wenn nicht dieselbe durch den Gesellschaftsvertrag oder einen Beschluss der Generalversammlung an andere Personen übertragen wird.

Auf den Antrag des Aufsichtsraths oder von Aktionären, deren Antheile zusammen den zwanzigsten Theil des Grundkapitals darstellen, kann die Ernennung von Liquidatoren durch den Richter erfolgen. Die Aktionäre haben bei Stellung des Antrages glaubhaft zu machen, dass sie die Aktien seit mindestens sechs Monaten besitzen.

Die Anmeldung der ersten Liquidatoren zur Eintragung in das Handelsregister (Art. 210, 212) ist durch den Vorstand zu machen.

Die Abberufung der Liquidatoren kann durch den Richter unter denselben Voraussetzungen, wie die Bestellung erfolgen. Liquidatoren, welche nicht vom Richter ernannt sind, können auch durch die Generalversammlung vor Ablauf des Zeitraums, für welchen sie bestellt sind, abberufen werden.

Art. 244a. Auf die Liquidation finden, soweit nicht in diesem Abschnitte ein Anderes bestimmt ist, die für die Liquidation einer offenen Handelsgesellschaft gegebenen Bestimmungen entsprechende Anwendung.

Die Liquidatoren haben die Rechte und Pflichten des Vorstandes und unterliegen gleich diesem der Ueberwachung des Aufsichtsraths. Die Beschränkungen des Art. 232 und die im Art. 234 zugelassene Bestellung von Prokuristen finden nicht statt.

---

[1]) Vgl. Konk.-O. f. d. Deutsche Reich §. 193: „Ueber das Vermögen einer Aktiengesellschaft findet das Konkursverfahren ausser dem Falle der Zahlungsunfähigkeit in dem Falle der Ueberschuldung statt. Nach Auflösung einer Aktiengesellschaft ist die Eröffnung des Verfahrens so lange zulässig, als die Vertheilung des Vermögens nicht vollzogen ist. §. 194. Zu dem Antrage auf Eröffnung des Verfahrens ist ausser den Konkursgläubigern jedes Mitglied des Vorstandes und jeder Liquidator berechtigt. Wird der Antrag nicht von allen Mitgliedern des Vorstandes oder allen Liquidatoren gestellt, so ist derselbe zuzulassen, wenn die Zahlungsunfähigkeit oder Ueberschuldung glaubhaft gemacht wird. Das Gericht hat die übrigen Mitglieder oder Liquidatoren nach Maassgabe des §. 97 Abs. 2, 3 zu hören."

Die Liquidatoren haben bei Beginn der Liquidation eine Bilanz aufzustellen. Dieselbe ist von ihnen ohne Verzug in den hierzu bestimmten öffentlichen Blättern bekannt zu machen und zu dem Handelsregister einzureichen.

Die Veräusserung unbeweglicher Sachen kann durch die Liquidatoren, sofern nicht der Gesellschaftsvertrag oder ein Beschluss der Generalversammlung anders bestimmt, nur durch öffentliche Versteigerung bewirkt werden.

Art. 245. Das Vermögen einer aufgelösten Aktiengesellschaft wird nach Tilgung ihrer Schulden unter die Aktionäre nach Verhältniss ihrer Aktien vertheilt.

Die Vertheilung darf nicht eher vollzogen werden, als nach Ablauf eines Jahres von dem Tage an gerechnet, an welchem die Bekanntmachung in den öffentlichen Blättern (Art. 243) zum dritten Male erfolgt ist.

In Ansehung der aus den Handelsbüchern ersichtlichen oder in anderer Weise bekannten Gläubiger und in Ansehung der noch schwebenden Verbindlichkeiten und streitigen Forderungen kommen die bei der Kommanditgesellschaft auf Aktien gegebenen Bestimmungen (Art. 202) zur Anwendung.

Nach gelegter Schlussrechnung ist die Beendigung der Liquidation von den Liquidatoren in den hierzu bestimmten öffentlichen Blättern bekannt zu machen.

Art. 246. Die Handelsbücher der aufgelösten Gesellschaft sind nach der Bekanntmachung von der Beendigung der Liquidation an einem von dem Handelsgerichte zu bestimmenden sicheren Orte zur Aufbewahrung auf die Dauer von zehn Jahren niederzulegen.

Die Aktionäre und die Gläubiger können zur Einsicht der Handelsbücher vom Handelsgerichte ermächtigt werden.

Art. 247. Bei der Auflösung einer Aktiengesellschaft durch Vereinigung derselben mit einer anderen Aktiengesellschaft (Art. 215) kommen folgende Bestimmungen zur Anwendung:

1) Das Vermögen der aufzulösenden Gesellschaft ist solange getrennt zu verwalten, bis die Befriedigung oder Sicherstellung ihrer Gläubiger erfolgt ist.
2) Der bisherige Gerichtsstand der Gesellschaft bleibt für die Dauer der getrennten Vermögensverwaltung bestehen, dagegen wird die Verwaltung von der anderen Gesellschaft geführt.
3) Die Mitglieder des Vorstandes und des Aufsichtsraths der letzteren Gesellschaft sind den Gläubigern der aufgelösten Gesellschaft für die Ausführung der getrennten Verwaltung persönlich und solidarisch verantwortlich, die Mitglieder des Aufsichtsraths, soweit eine Vereinigung der Vermögen beider Gesellschaften mit ihrem Wissen und ohne ihr Einschreiten erfolgt ist.
4 Die Auflösung der Gesellschaft ist zur Eintragung in das Handelsregister anzumelden.
5) Die öffentliche Aufforderung der Gläubiger der aufgelösten Gesellschaft (Art. 243) kann unterlassen oder auf einen späteren Zeitpunkt verschoben werden. Jedoch ist die Vereinigung der Vermögen der beiden Gesellschaften erst in dem Zeitpunkte zulässig, in welchem eine Vertheilung des Vermögens einer aufgelösten Aktiengesellschaft unter die Aktionäre erfolgen darf (Art. 245).

Art. 248. Eine theilweise Zurückzahlung des Grundkapitals an die Aktionäre oder eine Herabsetzung desselben kann nur auf Beschluss der Generalversammlung und nur unter Beobachtung derselben Bestimmungen erfolgen, welche für die Vertheilung des Gesellschaftsvermögens im Falle der Auflösung massgebend sind (Art. 243, 245). Der Beschluss hat zugleich die Art, in welcher die Zurückzahlung oder Herabsetzung erfolgen soll, und die zu ihrer Durchführung erforderlichen Massregeln festzusetzen. Er muss, sofern der Gesellschaftsvertrag für die Beschlussfassung nicht noch andere Erfordernisse aufstellt, durch eine Mehrheit von drei Viertheilen des in der Generalversammlung vertretenen Grundkapitals erfolgen. Sind verschiedene Gattungen von Aktien ausgegeben, so bedarf es zu dem von der gemeinschaftlichen Generalversammlung gefassten Beschlusse der Zustimmung einer besonderen Generalversammlung der benachtheiligten Aktionäre, deren Beschlussfassung derselben Vorschrift unterliegt.

Der Beschluss ist in das Handelsregister einzutragen; auf die Eintragung finden die Vorschriften im Art. 214 Anwendung.

Viertel Titel.

Strafbestimmungen.

Art. 249. Persönlich haftende Gesellschafter, Mitglieder des Aufsichtsraths und Liquidatoren einer Kommanditgesellschaft auf Aktien, sowie Mitglieder des Vorstandes und des Aufsichtsraths und Liquidatoren einer Aktiengesellschaft werden, wenn sie absichtlich zum Nachtheile der Gesellschaft handeln, mit Gefängniss und zugleich mit Geldstrafe bis zu zwanzigtausend Mark bestraft.

Zugleich kann auf Verlust der bürgerlichen Ehrenrechte erkannt werden.

Art. 249a. Mit Gefängniss und zugleich mit Geldstrafe bis zu zwanzigtausend Mark werden bestraft:

1) persönlich haftende Gesellschafter oder Mitglieder des Aufsichtsraths einer Kommanditgesellschaft auf Aktien, sowie Gründer, Mitglieder des Vorstandes oder des Aufsichtsraths einer Aktiengesellschaft, welche behufs Eintragung des Gesellschaftsvertrages in das Handelsregister rücksichtlich der Zeichnung oder Einzahlung des Gesammtkapitals der Kommanditisten oder des Grundkapitals der Aktiengesellschaft oder der im Art. 175b oder 209b vorgesehenen Festsetzungen wissentlich falsche Angaben machen;
2) diejenigen, welche rücksichtlich der bezeichneten Thatsachen wissentlich falsche Angaben in einer im Art. 180a, 213b vorgesehenen Ankündigung von Aktien machen;
3) persönlich haftende Gesellschafter oder Mitglieder des Aufsichtsraths einer Kommanditgesellschaft auf Aktien, sowie Mitglieder des Vorstandes und des Aufsichtsraths einer Aktiengesellschaft, welche behufs Eintragung einer Erhöhung des Gesammtkapitals der Kommanditisten oder des Grundkapitals der Aktiengesellschaft in das Handelsregister (Art. 180h und 180i, 215a und 215b) rücksichtlich der Einzahlung des bisherigen oder rücksichtlich der Zeichnung oder Einzahlung des erhöhten Kapitals wissentlich falsche Angaben machen.

Zugleich kann auf Verlust der bürgerlichen Ehrenrechte erkannt werden.

Sind mildernde Umstände vorhanden, so tritt ausschliesslich die Geldstrafe ein.

Art. 249b. Persönlich haftende Gesellschafter, Mitglieder des Aufsichtsraths und Liquidatoren einer Kommanditgesellschaft auf Aktien, sowie Mitglieder des Vorstandes und des Aufsichtsraths und Liquidatoren einer Aktiengesellschaft werden mit Gefängniss bis zu einem Jahre und zugleich mit Geldstrafe bis zu zwanzigtausend Mark bestraft:

1) wenn sie wissentlich in ihren Darstellungen, in ihren Uebersichten über den Vermögensstand der Gesellschaft oder in den in der Gene-

ralversammlung gehaltenen Vorträgen den Stand der Verhältnisse der Gesellschaft unwahr darstellen oder verschleiern;

2) wenn sie vor der vollen Leistung des Nominalbetrages der Aktien oder des in den Fällen der Art. 175a Ziff. 2, 180h Abs. 2, 209a Ziff. 2, 215a Abs. 2 festgesetzten Betrages Aktien ausgeben;

3) wenn sie in dem Falle einer stattgefundenen Erhöhung des Gesammtkapitals oder des Grundkapitals vor Eintragung derselben in das Handelsregister (Art. 180i Abs. 3, 215c Abs. 3) Aktien oder Interimscheine ausgeben;

4) wenn sie auf einen geringeren Betrag als eintausend Mark gestellte Aktien oder Interimsscheine ausgeben, welche nicht die im Art. 181a Abs. 3, 215c Abs. 4 vorgeschriebenen Angaben enthalten.

Im Falle der Ziff. 1 kann zugleich auf Verlust der bürgerlichen Ehrenrechte erkannt werden.

Sind mildernde Umstände vorhanden, so tritt ausschliesslich die Geldstrafe ein.

Art. 249c. Mit Gefängniss bis zu drei Monaten und zugleich mit Geldstrafe bis zu fünftausend Mark werden bestraft:

1) die persönlich haftenden Gesellschafter, die Mitglieder des Aufsichtsraths und die Liquidatoren einer Kommanditgesellschaft auf Aktien, sowie die Mitglieder des Vorstandes und des Aufsichtsraths und die Liquidatoren einer Aktiengesellschaft, wenn länger als drei Monate die Gesellschaft ohne Aufsichtsrath geblieben ist oder in dem letzteren die zur Beschlussfähigkeit erforderliche Zahl von Mitgliedern gefehlt hat.

2) die Mitglieder des Vorstandes und die Liquidatoren einer Aktiengesellschaft, wenn sie entgegen der Vorschrift des Art. 240 Abs. 2 es unterlassen haben, die Eröffnung des Konkurses zu beantragen.

Sind mildernde Umstände vorhanden, so ist auf die Geldstrafe ausschliesslich zu erkennen.

Die Strafe tritt nicht gegen denjenigen ein, welcher nachweist, dass die Bestellung oder Ergänzung des Aufsichtsraths oder der Eröffnungsantrag ohne sein Verschulden unterblieben ist.

Art. 249d. Mit Gefängniss bis zu einem Jahre und zugleich mit Geldstrafe bis zu zehntausend Mark wird bestraft:

1) wer in öffentlichen Bekanntmachungen wissentlich falsche Thatsachen vorspiegelt oder wahre Thatsachen entstellt, um zur Betheiligung an einem Aktienunternehmen zu bestimmen;

2) wer in betrügerischer Absicht auf Täuschung berechnete Mittel anwendet, um auf den Kurs von Aktien einzuwirken;

3) wer über die Hinterlegung von Aktien oder Interimsscheinen Bescheinigungen, welche zum Nachweise des Stimmrechts in einer Generalversammlung dienen sollen, wissentlich falsch ausstellt oder verfälscht, oder von einer solchen Bescheinigung, wissend, dass sie falsch oder verfälscht ist, zur Ausübung des Stimmrechts Gebrauch macht.

Zugleich kann auf Verlust der bürgerlichen Ehrenrechte erkannt werden.

Sind mildernde Umstände vorhanden, so tritt ausschliesslich die Geldstrafe ein.

Ist die öffentliche Bekanntmachung ad 1 im Inseratentheil einer periodischen Druckschrift erfolgt und der Verfasser des Inserates nicht nur unter demselben genannt, sondern auch in dem Bereiche der richterlichen Gewalt eines deutschen Bundesstaates, so findet §. 20 Al. 2 des Gesetzes über die Presse vom 7. Mai 1874 (Reichs-Gesetzbl. S. 65) keine Anwendung.

Art. 249e. Wer sich besondere Vortheile dafür hat gewähren oder versprechen lassen, dass er bei einer Abstimmung in der Generalversammlung von Kommanditisten oder Aktionären in einem gewissen Sinne stimme, wird mit Geldstrafe bis zu dreitausend Mark oder mit Gefängniss bis zu einem Jahre bestraft.

Art. 249f. Wer in der Generalversammlung die Aktien eines Anderen, zu dessen Vertretung er nicht befugt ist, ohne dessen Einwilligung zur Ausübung des Stimmrechts benutzt, wird mit einer Geldstrafe von zehn bis dreissig Mark für jede der Aktien, jedoch nicht unter eintausend Mark, bestraft. Die gleiche Strafe trifft denjenigen, welcher Aktien eines Anderen gegen Entgelt leiht und für diese das Stimmrecht ausübt, sowie denjenigen, welcher hierzu durch Verleihung der Aktien wissentlich mitgewirkt hat.

Art. 249g. Die persönlich haftenden Gesellschafter und die Liquidatoren einer Kommanditgesellschaft auf Aktien sind zur Befolgung der in den Art. 179, 185, 185c, 190a Abs. 4 und 5, 193 Abs. 2 und 205 Abs. 3 enthaltenen Vorschriften von dem Handelsgerichte durch Ordnungsstrafen anzuhalten.

In gleicher Weise sind die Mitglieder des Vorstandes und die Liquidatoren einer Aktiengesellschaft zur Befolgung der in den Art. 212, 213f Abs. 4, 222 (Art. 190a Abs. 4, 5), 222a Abs. 3 und 4, 225 Abs. 1, 228, 233 Abs. 1, 238a Abs. 2, 239 Abs. 2, 239b (Art. 185c), 240 Abs. 1, 243 Abs. 1, 244 Abs. 3, 244a Abs. 3 und 247 Ziff. 4 enthaltenen Vorschriften anzuhalten.

Drittes Buch.

Von der stillen Gesellschaft und von der Vereinigung zu einzelnen Handelsgeschäften für gemeinschaftliche Rechnung.

Erster Titel.

Von der stillen Gesellschaft.

Art. 250. Eine stille Gesellschaft ist vorhanden, wenn sich Jemand an dem Betriebe des Handelsgewerbes eines Anderen mit einer Vermögenseinlage gegen Antheil an Gewinn und Verlust betheiligt.

Zur Gültigkeit des Vertrages bedarf es der schriftlichen Abfassung oder sonstiger Förmlichkeiten nicht.

Art. 251. Der Inhaber des Handelsgewerbes betreibt die Geschäfte unter seiner Firma.

Eine das Verhältniss einer Handelsgesellschaft andeutende Firma darf derselbe wegen der Betheiligung eines stillen Gesellschafters bei Ordnungsstrafe nicht annehmen.

Art. 252. Der Inhaber des Handelsgewerbes wird Eigenthümer der Einlage des stillen Gesellschafters.

Der stille Gesellschafter ist nicht verpflichtet, die Einlage über den vertragsmässigen Betrag zu erhöhen, oder die durch Verlust verminderte Einlage zu ergänzen.

Art. 253. Der stille Gesellschafter ist berechtigt, die abschriftliche Mittheilung der jährlichen Bilanz zu verlangen und die Richtigkeit derselben unter Einsicht der Bücher und Papiere zu prüfen.

Das Handelsgericht kann auf den Antrag des stillen Gesellschafters, wenn wichtige Gründe dazu vorliegen, die Mittheilung einer Bilanz oder sonstiger Aufklärungen nebst Vorlegung der Bücher und Papiere zu jeder Zeit anordnen.

Art. 254. Ist über die Höhe der Betheiligung des stillen Gesellschafters an Gewinn und Verlust nichts vereinbart, so wird dieselbe nach richterlichem Ermessen, nöthigenfalls unter Zuziehung von Sachverständigen, festgestellt.

Art. 255. Am Schlusse eines jeden Geschäftsjahres wird der Gewinn und Verlust berechnet und dem stillen Gesellschafter der ihm zufallende Gewinn ausbezahlt.

Der stille Gesellschafter nimmt an dem Verluste nur bis zum Betrage seiner eingezahlten oder rückständigen Einlage Antheil. Er ist nicht verpflichtet, den bezogenen Gewinn wegen späterer Verluste zurückzuzahlen; jedoch wird, so lange seine ursprüngliche Einlage durch Verlust vermindert ist, der jährliche Gewinn zur Deckung des Verlustes verwendet.

Der Gewinn, welcher von dem stillen Gesellschafter nicht erhoben wird, vermehrt dessen Einlage nicht, sofern nicht ein Anderes vereinbart ist.

Art. 256. Aus den Geschäften des Handelsgewerbes wird der Inhaber desselben dem Dritten gegenüber allein berechtigt und verpflichtet.

Art. 257. Der Name eines stillen Gesellschafters darf in der Firma des Inhabers des Handelsgewerbes nicht enthalten sein; im entgegengesetzten Falle haftet der stille Gesellschafter den Gläubigern der Gesellschaft persönlich und solidarisch.

Art. 258. Wenn der Inhaber des Handelsgewerbes in Konkurs verfällt, so ist der stille Gesellschafter befugt, wegen seiner Einlage, soweit dieselbe den Betrag des auf ihn fallenden Antheils am Verluste übersteigt, seine Forderung als Konkursgläubiger geltend zu machen[1]).

Ist die Einlage rückständig, so hat der stille Gesellschafter dieselbe bis zu dem Betrage, welcher zur Deckung seines Antheils am Verluste erforderlich ist, in die Konkursmasse zu zahlen.

Art. 259. Wenn innerhalb eines Jahres vor Eröffnung des Konkurses über das Vermögen des Inhabers des Handelsgewerbes durch Vereinbarung zwischen ihm und dem stillen Gesellschafter das Gesellschaftsverhältniss aufgelöst worden ist, so können die Konkursgläubiger verlangen, dass der stille Gesellschafter die ihm zurückbezahlte Einlage in die Konkursmasse einzahle, unbeschadet seines Rechts, die in dem Zeitpunkt der Auflösung ihm aus dem Gesellschaftsverhältnisse zustehende Forderung als Konkursgläubiger geltend zu machen.

Dasselbe gilt, wenn dem stillen Gesellschafter in dem bezeichneten Zeitraum ohne Auflösung des Gesellschaftsverhältnisses die Einlage zurückbezahlt wurde.

In gleicher Weise ist, wenn der Inhaber des Handelsgewerbes in dem bezeichneten Zeitraum dem stillen Gesellschafter dessen Antheil an dem entstandenen Verluste ganz oder theilweise erlassen hat, der Erlass zu Gunsten der Konkursgläubiger unwirksam.

Die Bestimmungen dieses Artikels treten nicht ein, wenn der stille Gesellschafter beweist, dass der Konkurs in Umständen seinen Grund hat, welche erst nach dem Zeitpunkt der Auflösung, der Zurückzahlung oder des Erlasses eingetreten sind[2]).

Art. 260. Ob und inwieweit eine rechtliche Wirkung zu Gunsten dritter Personen eintritt, wenn durch einen stillen Gesellschafter oder mit dessen Willen das Vorhandensein der stillen Gesellschaft kundgemacht wird, ist nach allgemeinen Rechtsgrundsätzen zu beurtheilen.

Art. 261. Die stille Gesellschaft wird aufgelöst:

1) durch den Tod des Inhabers des Handelsgewerbes, wenn nicht der

---

[1]) Die Bestimmungen der Konk.-O. §§. 14 und 44 finden hier keine Anwendung.

[2]) Vgl. Konk.-O. §§. 22—26.

Vertrag bestimmt, dass die Gesellschaft mit den Erben des Verstorbenen fortbestehen soll.

2) durch die eingetretene rechtliche Unfähigkeit des Inhabers des Handelsgewerbes zur selbstständigen Vermögensverwaltung;

3) durch die Eröffnung des Konkurses über das Vermögen des Inhabers des Handelsgewerbes oder des stillen Gesellschafters;

4) durch gegenseitige Uebereinkunft;

5) durch Ablauf der Zeit, auf deren Dauer die stille Gesellschaft eingegangen ist, wenn dieselbe nicht stillschweigend fortgesetzt wird; in diesem Falle gilt der Vertrag von da an als auf unbestimmte Dauer geschlossen;

6) durch die Aufkündigung eines der beiden Theile, wenn der Vertrag auf unbestimmte Dauer geschlossen ist.

Ein auf Lebenszeit geschlossener Vertrag ist als auf unbestimmte Dauer geschlossen zu betrachten.

Die Aufkündigung eines auf unbestimmte Dauer geschlossenen Vertrages muss, wenn nicht ein Anderes vereinbart ist, mindestens sechs Monate vor Ablauf des Geschäftsjahres erfolgen.

Art. 262. Die Auflösung der stillen Gesellschaft kann vor Ablauf der für ihre Dauer bestimmten Zeit oder bei einem Vertrage von unbestimmter Dauer ohne vorherige Aufkündigung verlangt werden, wenn dazu wichtige Gründe vorhanden sind. Die Beurtheilung, ob solche Gründe anzunehmen sind, bleibt im Falle des Widerspruchs dem Ermessen des Richters überlassen.

Art. 263. Die Bestimmung des Art. 126 gilt auch zu Gunsten der Privatgläubiger eines stillen Gesellschafters.

Art. 264. Wenn der stille Gesellschafter stirbt, oder zur Verwaltung seines Vermögens rechtlich unfähig wird, so hat dies die Auflösung der stillen Gesellschaft nicht zur Folge.

Art. 265. Nach Auflösung der stillen Gesellschaft muss der Inhaber des Handelsgewerbes sich mit dem stillen Gesellschafter auseinandersetzen und die Forderung desselben in Gelde berichtigen.

Der Inhaber des Handelsgewerbes besorgt die Liquidation der bei der Auflösung noch schwebenden Geschäfte.

Zweiter Titel.

Von der Vereinigung zu einzelnen Handelsgeschäften für gemeinschaftliche Rechnung.

Art. 266. Die Vereinigung zu einem oder mehreren einzelnen Handelsgeschäften für gemeinschaftliche Rechnung bedarf einer schriftlichen Abfassung nicht und ist sonstigen Förmlichkeiten nicht unterworfen.

Art. 267. Wenn nicht ein Anderes verabredet ist, so sind alle Theilnehmer in gleichem Verhältnisse zu dem gemeinsamen Unternehmen beizutragen verpflichtet.

Art. 268. Ist über den Antheil der Theilnehmer am Gewinn und Verlust nichts vereinbart, so werden die Einlagen verzinst, der Gewinn oder Verlust aber nach Köpfen vertheilt.

Art. 269. Aus Geschäften, welche ein Theilnehmer mit einem Dritten geschlossen hat, wird Ersterer dem Dritten gegenüber allein berechtigt und verpflichtet.

Ist ein Theilnehmer zugleich im Auftrage und Namen der übrigen aufgetreten, oder haben alle Theilnehmer gemeinschaftlich oder durch einen gemeinsamen Bevollmächtigten gehandelt, so ist jeder Theilnehmer Dritten gegenüber solidarisch berechtigt und verpflichtet.

Art. 270. Nach Beendigung des gemeinschaftlichen Geschäfts muss der Theilnehmer, welcher dasselbe führte, den übrigen Theilnehmern unter Mittheilung der Beläge Rechnung ablegen.

Er besorgt die Liquidation.

Viertes Buch.

Von den Handelsgeschäften.

Erster Titel.

Von den Handelsgeschäften im Allgemeinen.

Erster Abschnitt.

Begriff der Handelsgeschäfte.

Art. 271[1]. Handelsgeschäfte sind:

1) der Kauf oder die anderweite Anschaffung von Waaren oder anderen beweglichen Sachen, von Staatspapieren, Aktien oder anderen für den Handelsverkehr bestimmten Werthpapieren, um dieselben weiter zu veräussern; es macht keinen Unterschied, ob die Waaren oder anderen beweglichen Sachen in Natur oder nach einer Bearbeitung oder Verarbeitung weiter veräussert werden sollen;
2) die Uebernahme einer Lieferung von Gegenständen der unter Ziffer 1 bezeichneten Art, welche der Uebernehmer zu diesem Zweck anschafft;
3) die Uebernahme einer Versicherung gegen Prämie;
4) die Uebernahme der Beförderung von Gütern oder Reisenden zur See und das Darleihen gegen Verbodmung.

Art. 272. Handelsgeschäfte sind ferner die folgenden Geschäfte, wenn sie gewerbemässig betrieben werden:

1) die Uebernahme der Bearbeitung oder Verarbeitung beweglicher Sachen für Andere, wenn der Gewerbebetrieb des Unternehmers über den Umfang des Handwerks hinausgeht;
2) die Bankier- oder Geldwechslergeschäfte;
3) die Geschäfte des Kommissionairs (Art. 360), des Spediteurs und des Frachtführers, sowie die Geschäfte der für den Transport von Personen bestimmten Anstalten[2];
4) die Vermittelung oder Abschliessung von Handelsgeschäften für andere Personen; die amtlichen Geschäfte der Handelsmäkler sind jedoch hierin nicht einbegriffen;
5) die Verlagsgeschäfte, sowie die sonstigen Geschäfte des Buch- oder Kunsthandels; ferner die Geschäfte der Druckereien, sofern nicht ihr Betrieb nur ein handwerksmässiger ist.

Die bezeichneten Geschäfte sind auch alsdann Handelsgeschäfte, wenn sie zwar einzeln, jedoch von einem Kaufmann im Betriebe seines gewöhnlich auf andere Geschäfte gerichteten Handelsgewerbes gemacht werden[3].

Art. 273. Alle einzelnen Geschäfte eines Kaufmanns, welche zum Betriebe seines Handelsgewerbes gehören, sind als Handelsgeschäfte anzusehen.

---

[1]) Vgl. Oesterr. Ges. v. 1. April 1875 betr. die Organisirung der Börsen (RGB Nr. 67) §. 14: „Börsegeschäfte sind als Handelsgeschäfte zu betrachten."

[2]) Vgl. unten IV. Nr. 12 und die unten (Anm. zu Art. 421) angeführten Betriebsreglements.

[3]) Bremen 29 stellt alle entgeltlichen Geschäfte dieser Art, auch wenn sie von Nichtkaufleuten ausgehen, den Handelsgeschäften gleich.

Dies gilt insbesondere für die gewerbliche Weiterveräusserung der zu diesem Zweck angeschafften Waaren, beweglichen Sachen und Werthpapiere, sowie für die Anschaffung von Geräthen, Material und anderen beweglichen Sachen, welche bei dem Betriebe des Gewerbes unmittelbar benutzt oder verbraucht werden sollen.

Die Weiterveräusserungen, welche von Handwerkern vorgenommen werden, sind, insoweit dieselben nur in Ausübung ihres Handwerksbetriebes geschehen, als Handelsgeschäfte nicht zu betrachten.

Art. 274. Die von einem Kaufmann geschlossenen Verträge gelten im Zweifel als zum Betriebe des Handelsgewerbes gehörig.

Die von einem Kaufmann gezeichneten Schuldscheine gelten als im Betriebe des Handelsgewerbes gezeichnet, sofern sich nicht aus denselben das Gegentheil ergiebt.

Art. 275. Verträge über unbewegliche Sachen sind keine Handelsgeschäfte.

Art. 276. Die Eigenschaft oder die Gültigkeit eines Handelsgeschäfts wird dadurch nicht ausgeschlossen, dass einer Person wegen ihres Amtes oder Standes, oder aus gewerbepolizeilichen oder anderen ähnlichen Gründen untersagt ist, Handel zu treiben oder Handelsgeschäfte zu schliessen.

Art. 277. Bei jedem Rechtsgeschäft, welches auf der Seite eines der Kontrahenten ein Handelsgeschäft ist, sind die Bestimmungen dieses vierten Buchs in Beziehung auf beide Kontrahenten gleichmässig anzuwenden, sofern nicht aus diesen Bestimmungen selbst sich ergiebt, dass ihre besonderen Festsetzungen sich nur auf denjenigen von beiden Kontrahenten beziehen, auf dessen Seite das Geschäft ein Handelsgeschäft ist.

Zweiter Abschnitt.

Allgemeine Bestimmungen über Handelsgeschäfte.

Art. 278[1]. Bei Beurtheilung und Auslegung der Handelsgeschäfte hat der Richter den Willen der Kontrahenten zu erforschen und nicht an dem buchstäblichen Sinne des Ausdrucks zu haften.

Art. 279[1]. In Beziehung auf die Bedeutung und Wirkung von Handlungen und Unterlassungen ist auf die im Handelsverkehr geltenden Gewohnheiten und Gebräuche Rücksicht zu nehmen.

Art. 280[1]. Wenn zwei oder mehrere Personen einem Anderen gegenüber in einem Geschäft, welches auf ihrer Seite ein Handelsgeschäft ist, gemeinschaftlich eine Verpflichtung eingegangen sind, so sind sie als Solidarschuldner zu betrachten, sofern sich nicht aus der Uebereinkunft mit dem Gläubiger das Gegentheil ergiebt.

Art. 281[1]. Bei Handelsgeschäften, ingleichen in allen Fällen, in welchen in diesem Gesetzbuche eine solidarische Verpflichtung auferlegt wird, steht einem Solidarschuldner die Einrede der Theilung oder der Vorausklage nicht zu.

Dasselbe gilt von Bürgen, wenn die Schuld aus einem Handelsgeschäft auf Seiten des Hauptschuldners hervorgeht, oder wenn die Bürgschaft selbst ein Handelsgeschäft ist.

Art. 282. Wer aus einem Geschäft, welches auf seiner Seite ein Handelsgeschäft ist, einem Anderen zur Sorgfalt verpflichtet ist, muss die Sorgfalt eines ordentlichen Kaufmanns anwenden.

Art. 283[1]. Wer Schadensersatz zu fordern hat, kann die Erstattung des wirklichen Schadens und des entgangenen Gewinnes verlangen.

---

[1] Nach Hamburg 30 auch für das bürgerliche Recht massgebend.

Art. 284[1]. Die Konventionalstrafe unterliegt keiner Beschränkung in Ansehung des Betrages; sie kann das Doppelte des Interesses übersteigen[2].

Der Schuldner ist im Zweifel nicht berechtigt, sich durch Erlegung der Konventionalstrafe von der Erfüllung zu befreien.

Die Verabredung einer Konventionalstrafe schliesst im Zweifel den Anspruch auf einen den Betrag derselben übersteigenden Schadensersatz nicht aus.

Art. 285[1]. Die Daraufgabe (Arrha) gilt nur dann als Reugeld, wenn dies vereinbart oder ortsgebräuchlich ist.

Sie ist, wenn nichts Anderes vereinbart oder ortsgebräuchlich ist, zurückzugeben, oder in Anrechnung zu bringen.

Art. 286. Wegen übermässiger Verletzung, insbesondere wegen Verletzung über die Hälfte, können Handelsgeschäfte nicht angefochten werden[3].

Art. 287. Die Höhe der gesetzlichen Zinsen, insbesondere auch der Verzugszinsen, ist bei Handelsgeschäften sechs vom Hundert jährlich[4].

In allen Fällen, in welchen in diesem Gesetzbuche die Verpflichtung zur Zahlung von Zinsen ohne Bestimmung der Höhe ausgesprochen wird, sind darunter Zinsen zu sechs vom Hundert jährlich zu verstehen.

Art. 288[5]. Wer aus einem Geschäft, welches auf seiner Seite ein Handelsgeschäft ist, eine fällige Forderung hat, kann wegen derselben vom Tage der Mahnung an Zinsen fordern, sofern er nicht nach dem bürgerlichen Recht schon von einem früheren Zeitpunkte an Zinsen zu fordern berechtigt ist.

Die Uebersendung der Rechnung gilt für sich allein nicht als Mahnung.

Art. 289. Kaufleute unter einander sind berechtigt, in beiderseitigen Handelsgeschäften auch ohne Verabredung oder Mahnung von jeder Forderung seit dem Tage, an welchem sie fällig war, Zinsen zu fordern.

Art. 290. Ein Kaufmann, welcher in Ausübung des Handelsgewerbes einem Kaufmann oder Nichtkaufmann Geschäfte besorgt oder Dienste leistet, kann dafür auch ohne vorherige Verabredung Provision, und wenn es sich um Aufbewahrung handelt, zugleich auch Lagergeld nach den an dem Orte gewöhnlichen Sätzen fordern.

Von seinen Darlehen, Vorschüssen, Auslagen und anderen Verwendungen kann er, vom Tage ihrer Leistung oder Beschaffung an, Zinsen in Ansatz bringen.

Dies gilt insbesondere auch von dem Kommissionair und Spediteur.

Art. 291[5]. Wenn ein Kaufmann mit einem anderen Kaufmann in laufender Rechnung (Kontokurrent) steht, so ist derjenige, welchem beim Rechnungsabschlusse ein Ueberschuss gebührt, von dem ganzen Betrage desselben, wenngleich darunter Zinsen begriffen sind, seit dem Tage des Abschlusses Zinsen zu fordern berechtigt.

Der Rechnungsabschluss geschieht jährlich einmal, sofern nicht von den Parteien ein Anderes bestimmt ist.

Art. 292. Bei Handelsgeschäften können Zinsen zu sechs vom Hundert jährlich bedungen werden; höhere Zinsen zu bedingen ist nur insofern zulässig, als die Landesgesetze solches gestatten[6].

---

[1]) Nach Bremen 30, Hamburg 30 und Mecklenburg 3 auch für das bürgerliche Recht massgebend.

[2]) Vgl. Anm. 6.

[3]) Nach Brem. 30, Hamb. 30 auch bürgerl. Recht.

[4]) Gilt nach Preuss. 14, Schlesw.-Holst. 3, Mecklenb. 34, Waldeck 17 und Els.-Lothr. 27 für alle Handelssachen, nach Hamb. 30 auch für das gesamte bürgerliche Recht.

[5]) Nach Bremen 30, Hannover 26, Meckl. 3 auch für das bürg. Recht massgebend.

[6]) Siehe jetzt R.-Ges. v. 14. Nov. 1867, betr. die vertragsmässigen Zinsen, nebst dem

Bei Darlehen, welche ein Kaufmann empfängt, und bei Schulden eines Kaufmanns aus seinen Handelsgeschäften können auch höhere Zinsen als sechs vom Hundert jährlich bedungen werden.

Art. 293[1]). Die Zinsen können bei Handelsgeschäften in ihrem Gesammtbetrage das Kapital übersteigen.

Art. 294[2]). Die Anerkennung einer Rechnung schliesst den Beweis eines Irrthums oder eines Betrugs in der Rechnung nicht aus.

Art. 295. Die Beweiskraft eines Schuldscheins oder einer Quittung ist an den Ablauf einer Zeitfrist nicht gebunden[3]).

Art. 296[2]). Der Ueberbringer einer Quittung gilt für ermächtigt, die Zahlung zu empfangen, sofern nicht die dem Zahlenden bekannten Umstände der Annahme einer solchen Ermächtigung entgegenstehen.

Art. 297. Ein Antrag, ein Auftrag oder eine Vollmacht, welche von einem Kaufmann in dem Handelsgewerbe ausgegangen sind, werden durch seinen Tod nicht aufgehoben, sofern nicht eine entgegengesetzte Willensmeinung aus seiner Erklärung oder aus den Umständen hervorgeht[4]).

Art. 298[2]). Bei einer Vollmacht zu Handelsgeschäften kommen in Betreff des Verhältnisses zwischen dem Vollmachtgeber, dem Bevollmächtigten und dem Dritten, mit welchem der Bevollmächtigte Namens des Vollmachtgebers das Geschäft schliesst, dieselben Bestimmungen zur Anwendung, welche im Artikel 52 in Beziehung auf die Prokuristen und Handlungsbevollmächtigten gegeben sind.

Ingleichen gilt die Bestimmung des Art. 55 in Beziehung auf denjenigen, welcher ein Handelsgeschäft als Bevollmächtigter schliesst, ohne Vollmacht dazu erhalten zu haben, oder welcher bei dem Abschlusse des Handelsgeschäfts seine Vollmacht überschreitet.

Art. 299[5]). Im Falle der Abtretung einer aus einem Handelsgeschäft

---

entsprechenden bayerischen Ges. v. 5. Dez. 1867, und das österr. Ges. v. 14. Juni 1868, wodurch die gesetzlichen Zinsbeschränkungen ebenso wie die Beschränkungen der Konventionalstrafen allgemein aufgehoben sind. Nach dem R.-Ges. betr. den Wucher v. 24. Mai 1880 (RGB 1880, S. 109), Art. 1 (Strafgesetzbuch §§. 302 a—d), macht sich des strafbaren Wuchers schuldig, „wer unter Ausbeutung der Nothlage, des Leichtsinns oder der Unerfahrenheit eines Anderen für ein Darlehen oder im Falle der Stundung einer Geldforderung sich oder einem Dritten Vermögensvortheile versprechen oder gewähren lässt, welche den üblichen Zinsfuss dergestalt überschreiten, dass nach den Umständen des Falles die Vermögensvortheile in auffälligem Missverhältnisse zu der Leistung stehen“ (Strafgesetzbuch §. 302a), oder wer „mit Kenntniss des Sachverhalts eine Forderung der vorbezeichneten Art erwirbt und entweder dieselbe weiter veräussert oder die wucherlichen Vermögensvortheile geltend macht“ (Strafgesetzbuch §. 302c). Die wucherlichen Verträge sind nach Art. 3 „ungültig“. „Sämmtliche von dem Schuldner oder für ihn geleisteten Vermögensvortheile (§. 302a) müssen zurückgewährt und vom Tage des Empfanges an verzinst werden. Hierfür sind diejenigen, welche sich des Wuchers schuldig gemacht haben, solidarisch verhaftet, der nach §. 302c des Strafgesetzbuchs Schuldige jedoch nur in Höhe des von ihm oder einem Rechtsnachfolger Empfangenen. Die Verpflichtung eines Dritten, welcher sich des Wuchers nicht schuldig gemacht hat, bestimmt sich nach den Vorschriften des bürgerlichen Rechts. Das Recht der Rückforderung verjährt in fünf Jahren seit dem Tage, an welchem die Leistung erfolgt ist. Der Gläubiger ist berechtigt, das aus dem ungültigen Vertrage Geleistete zurückzufordern; für diesen Anspruch haftet die für die vertragsmässige Forderung bestellte Sicherheit. Die weiter gehenden Rechte eines Gläubigers, welchem nach den Bestimmungen des bürgerlichen Rechts die Ungültigkeit des Vertrages nicht entgegengesetzt werden kann, werden hierdurch nicht berührt.“ Gewerbsmässigen Pfandleihern und Rückkaufshändlern kann nach Art. 2 die Innehaltung eines bestimmten Zinsfusses vorgeschrieben werden.

[1]) Ebenso bayer. Ges. v. 5. Dez 1867, Art. 2, und Hamb. EG 30 für das bürg. Recht.

[2]) Nach Hamb. 30, Bremen 30 und Mecklenb. 3 Nr. 2 auch bürg. Recht.

[3]) Vgl. EG z. Civ.-Pr.-O. v. 30. Jan. 1877, §. 17: „Die Beweiskraft eines Schuldscheins oder einer Quittung ist an den Ablauf einer Zeitfrist nicht gebunden. Abweichende Vorschriften des bürgerlichen Rechts über die zur Eintragung in das Grund- oder Hypothekenbuch bestimmten Schuldurkunden bleiben unberührt, soweit sie die Verfolgung des dinglichen Rechts betreffen.“

[4]) Vgl. Civ.-Pr.-O. §. 82.

[5]) Nach Hamb. 30 und Brem. 30 auch bürg. Recht.

hervorgegangenen Forderung kann die Bezahlung ihres vollen Betrages auch dann verlangt werden, wenn dieser Betrag die Summe des für die Abtretung vereinbarten Preises übersteigt.

Art. 300[1]). Ein Kaufmann, welcher eine auf ihn ausgestellte Anweisung (Assignation) gegenüber demjenigen, zu dessen Gunsten sie ausgestellt ist, angenommen hat, ist demselben zur Erfüllung verpflichtet. Die auf eine schriftliche Anweisung geschriebene und unterschriebene Annahme-Erklärung gilt als ein dem Assignatar geleistetes Zahlungsversprechen.

Art. 301[2]). Anweisungen und Verpflichtungsscheine, welche von Kaufleuten über Leistungen von Geld oder einer Quantität vertretbarer Sachen oder Werthpapiere ausgestellt sind, ohne dass darin die Verpflichtung zur Leistung von einer Gegenleistung abhängig gemacht ist, können durch Indossament übertragen werden, wenn sie an Order lauten.

Zur Gültigkeit der Urkunde oder des Indossaments ist nicht erforderlich, dass sie die Angabe des Verpflichtungsgrundes oder das Empfangsbekenntniss der Valuta enthalten.

Wer eine solche Anweisung acceptirt hat, ist demjenigen, zu dessen Gunsten sie ausgestellt oder an welchen sie indossirt ist, zur Erfüllung verpflichtet[3]).

Art. 302. Ingleichen können Konnossemente der Seeschiffer und Ladescheine der Frachtführer, Auslieferungsscheine (Lagerscheine, Warrants) über Waaren oder andere bewegliche Sachen, welche von einer zur Aufbewahrung solcher Sachen staatlich ermächtigten Anstalt ausgestellt sind[4]), ferner Bodmereibriefe und Seeassekuranzpolizen durch Indossament übertragen werden, wenn sie an Order lauten.

Art. 303[2]). Durch das Indossament der in den beiden vorhergehenden Artikeln bezeichneten Urkunden gehen alle Rechte aus dem indossirten Papiere auf den Indossatar über[5]).

Der Verpflichtete kann sich nur solcher Einreden bedienen, welche ihm nach Maassgabe der Urkunde selbst oder unmittelbar gegen den jedesmaligen Kläger zustehen.

Der Schuldner ist nur gegen Aushändigung des quittirten Papiers zu erfüllen verpflichtet.

Art. 304[2]). Ob ausser den in diesem Gesetzbuch bezeichneten noch andere an Order lautende Anweisungen, Verpflichtungsscheine oder sonstige Urkunden mit der in Artikel 303 erwähnten Wirkung durch Indossament übertragen werden können, ist nach den Landesgesetzen zu beurtheilen.

Art 305[2]). Für Papiere, welche an Order lauten und welche durch Indossament übertragen werden können (Artikel 301 bis 304), gelten in Betreff der Form des Indossaments, in Betreff der Legitimation des Inhabers und der Prüfung dieser Legitimation, sowie in Betreff der Verpflichtung des Besitzers zur Herausgabe dieselben Bestimmungen, welche die Art. 11 bis 13, 36 und 74 der Allgemeinen Deutschen Wechsel-Ordnung in Betreff des Wechsels enthalten.

---

1) Nach Hamb. 30, Brem. 30 und Hannover 26 auch bürg. Recht.

2) Nach Hamb. 30 und Brem. 30 auch bürg. Recht.

3) Vgl. die Landesgesetze über kaufmännische Anweisungen, für Bayern v. 29. Juni 1851, Sachsen 7. Juni 1849, Weimar 13. Juli 1849, Reuss j. L. 30. Juli 1852, Reuss ä. L. 3. Aug. 1854, Frankfurt 27. März 1849 §. 12.

4) Vgl. Oesterr. VO v. 19. Juni 1866 über die Ertheilung von Konzessionen für öffentliche Lagerhäuser, §. 10 ff.

5) Civ.-Pr.-O. §. 732: „Die Pfändung von Forderungen aus Wechseln und anderen Papieren, welche durch Indossament übertragen werden können, wird dadurch bewirkt, dass der Gerichtsvollzieher diese Papiere in Besitz nimmt.“

Sind die im Art. 301 bezeichneten Papiere abhanden gekommen, so finden in Bezug auf die Amortisation die im Art. 73 der Allgemeinen Deutschen Wechsel-Ordnung gegebenen Bestimmungen Anwendung. Die Amortisation der im Art. 302 bezeichneten Papiere richtet sich nach den Landesgesetzen [1].

Art. 306 [2]. Wenn Waaren oder andere bewegliche Sachen von einem Kaufmann in dessen Handelsbetriebe veräussert und übergeben worden sind, so erlangt der redliche Erwerber das Eigenthum, auch wenn der Veräusserer nicht Eigenthümer war. Das früher begründete Eigenthum erlischt. Jedes früher begründete Pfandrecht oder sonstige dingliche Recht erlischt, wenn dasselbe dem Erwerber bei der Veräusserung unbekannt war.

Sind Waaren oder andere bewegliche Sachen von einem Kaufmann in dessen Handelsbetriebe verpfändet und übergeben worden, so kann ein früher begründetes Eigenthum, Pfandrecht oder sonstiges dingliches Recht an den Gegenständen zum Nachtheil des redlichen Pfandnehmers oder dessen Rechtsnachfolger nicht geltend gemacht werden.

Das gesetzliche Pfandrecht des Kommissionairs, Spediteurs und Frachtführers steht einem durch Vertrag erworbenen Pfandrechte gleich.

Dieser Artikel findet keine Anwendung, wenn die Gegenstände gestohlen oder verloren waren.

Art. 307. Die Bestimmungen des vorigen Artikels finden bei Papieren auf Inhaber auch dann Anwendung, wenn die Veräusserung oder Verpfändung nicht von einem Kaufmann in dessen Handelsbetriebe geschehen ist, und wenn die Papiere gestohlen oder verloren waren [3].

Art. 308. Durch die beiden vorhergehenden Artikel werden die Landesgesetze nicht berührt, welche für den Besitzer noch günstigere Bestimmungen enthalten.

Art. 309. Die zur Bestellung eines Faustpfandes in dem bürgerlichen Rechte vorgeschriebenen Förmlichkeiten sind nicht erforderlich, wenn unter Kaufleuten für eine Forderung aus beiderseitigen Handelsgeschäften ein Faustpfand an beweglichen Sachen, an Papieren auf Inhaber oder an Papieren, welche durch Indossament übertragen werden können, bestellt wird.

In diesem Falle genügt neben der einfachen Vereinbarung über die Verpfändung:

1) bei beweglichen Sachen und bei Papieren auf Inhaber die Uebertragung des Besitzes auf den Gläubiger, wie solche nach den Bestimmungen des bürgerlichen Rechts für das Faustpfand erfordert wird;
2) bei Papieren, welche durch Indossament übertragen werden können, die Uebergabe des indossirten Papiers.

Art. 310. Ist die Bestellung eines Faustpfandes unter Kaufleuten für eine Forderung aus beiderseitigen Handelsgeschäften schriftlich erfolgt, so kann der Gläubiger, wenn der Schuldner im Verzuge ist, sich aus dem Pfande sofort bezahlt machen, ohne dass es einer Klage gegen den Schuldner bedarf.

Der Gläubiger hat die Bewilligung hierzu unter Vorlegung der erforderlichen Bescheinigungsmittel bei dem für ihn zuständigen Handels-

---

[1] Vgl. jetzt Civ.-Pr.-O. §§. 837 ff.

[2] Nach Brem. 30 und Hamb. 30 auch bürg. Recht.

[3] Art. 307 findet auf ausser Kurs gesetzte Papiere keine Anwendung nach Anhalt 24, Braunschw. 41, Bremen 32, Gotha 22, Hannover 27, Koburg 20, Kurhessen 21, Meiningen 21, Oldenb. 23, Preussen 15, Reuss 24. Rudolst. 23, Schl.-Holst. 50, Sondersh. 24, Waldeck 20, Weimar 24; nach Altenb. 23, Meckl. 37 und Sachsen 17 ausserdem auch nicht auf ohne staatliche Genehmigung ausgegebene inländische Inhaberpapiere.

gerichte nachzusuchen, von welchem hierauf ohne Gehör des Schuldners und auf Gefahr des Gläubigers der Verkauf der verpfändeten Gegenstände oder eines Theils derselben verordnet wird.

Von der Bewilligung, sowie von der Vollziehung des Verkaufs hat der Gläubiger den Schuldner, soweit es thunlich, sofort zu benachrichtigen; unterlässt er die Anzeige, so ist er zum Schadensersatze verpflichtet. Um den Verkauf zu bewirken, ist der Nachweis der Anzeige nicht erforderlich.

Art. 311[1]). Wenn die Bestellung eines Faustpfandes unter Kaufleuten für eine Forderung aus beiderseitigen Handelsgeschäften erfolgt, und schriftlich vereinbart ist, dass der Gläubiger ohne gerichtliches Verfahren sich aus dem Pfande befriedigen könne, so darf, wenn der Schuldner im Verzuge ist, der Gläubiger das Pfand öffentlich verkaufen lassen; er darf in diesem Falle, wenn die verpfändeten Gegenstände einen Börsenpreis oder Marktpreis haben, den Verkauf auch nicht öffentlich durch einen Handelsmäkler oder in Ermangelung eines solchen durch einen zu Versteigerungen befugten Beamten zum laufenden Preise bewirken. Von der Vollziehung des Verkaufs hat der Gläubiger den Schuldner, soweit es thunlich, sofort zu benachrichtigen; bei Unterlassung der Anzeige ist er zum Schadensersatze verpflichtet.

Art. 312. Durch die vorhergehenden Artikel werden die den öffentlichen Pfandanstalten, Kreditinstituten oder Banken durch Gesetze, Verordnungen oder Statuten verliehenen besonderen Rechte in Betreff der Bestellung oder Veräusserung von Pfändern nicht berührt[2]).

Ingleichen ist durch die vorhergehenden Artikel nicht ausgeschlossen, dass die Bestellung oder die Veräusserung von Faustpfändern unter Kaufleuten für Forderungen aus Handelsgeschäften rechtsgültig geschehen kann, wenn dabei die in den einzelnen Staaten für die Bestellung oder Veräusserung von Faustpfändern geltenden Bestimmungen beobachtet werden.

Art. 313[3]). Ein Kaufmann hat wegen der fälligen Forderungen, welche ihm gegen einen anderen Kaufmann aus den zwischen ihnen geschlossenen beiderseitigen Handelsgeschäften zustehen, ein Zurückbehaltungsrecht (Retentionsrecht) an allen beweglichen Sachen und Werthpapieren des Schuldners, welche mit dessen Willen auf Grund von Handelsgeschäften in seinen Besitz gekommen sind, sofern er dieselben noch in seinem Gewahrsam hat oder sonst, insbesondere vermittelst Konnossemente, Ladescheine oder Lagerscheine, noch in der Lage ist, darüber zu verfügen.

Dieses Recht tritt jedoch nicht ein, wenn die Zurückbehaltung der Gegenstände der von dem Schuldner vor oder bei der Uebergabe ertheilten Vorschrift oder der von dem Gläubiger übernommenen Verpflichtung, in einer bestimmten Weise mit den Gegenständen zu verfahren, widerstreiten würde.

Art. 314[3]). Das in dem vorhergehenden Artikel bezeichnete Zurückbehaltungsrecht besteht unter den dort angegebenen Voraussetzungen selbst wegen der nicht fälligen Forderungen:

1) wenn über das Vermögen des Schuldners der Konkurs eröffnet worden ist, oder der Schuldner auch nur seine Zahlungen eingestellt hat;

---

[1]) Nach §. 15 des österr. Ges. v. 1. April 1875, betr. die Organisirung der Börsen, findet dieser Artikel bei „Pfandgeschäften, Prolongations- oder Kostgeschäften, welche Börsegeschäfte sind," auch dann Anwendung, wenn das Geschäft nicht unter Kaufleuten für eine Forderung aus beiderseitigen Handelsgeschäften entstanden, und wenn auch nicht schriftlich vereinbart ist, dass der Gläubiger ohne gerichtliches Verfahren sich aus dem Pfande befriedigen könne.

[2]) Vgl. Bank-Ges. (IV. 5) §. 20.

[3]) Nach Hamb. 30 und Frankf. 15 auch bürg. Recht.

2) wenn eine Exekution in das Vermögen des Schuldners fruchtlos vollstreckt oder wider denselben wegen Nichterfüllung einer Zahlungsverbindlichkeit die Vollstreckung des Personalarrestes erwirkt[1]) worden ist.

In diesen Fällen steht auch die Vorschrift des Schuldners oder die Uebernahme der Verpflichtung, in einer bestimmten Weise mit den Gegenständen zu verfahren, dem Zurückbehaltungsrecht nicht entgegen, sofern die vorstehend unter 1 und 2 bezeichneten Umstände erst nach Uebergabe der Gegenstände oder nach Uebernahme der Verpflichtung eingetreten oder dem Gläubiger bekannt geworden sind.

Art. 315[2]). Der Gläubiger, welchem das Zurückbehaltungsrecht nach den Artikeln 313 oder 314 zusteht, ist verpflichtet, von der Ausübung desselben den Schuldner ohne Verzug zu benachrichtigen. Er ist befugt, wenn ihn dieser nicht rechtzeitig in anderer Weise sichert, im Wege der Klage bei dem für ihn selbst zuständigen Gerichte gegen den Schuldner den Verkauf der Gegenstände zu beantragen; er kann sich aus dem Erlöse vor den anderen Gläubigern des Schuldners befriedigen. Der Gläubiger hat diese Rechte auch gegenüber der Konkursmasse des Schuldners[3]).

Art. 316[2]). Die in den Artikeln 313 bis 315 dem Gläubiger gegebenen Rechte treten nicht ein, soweit die Parteien dies besonders vereinbart haben.

Dritter Abschnitt.

Abschliessung der Handelsgeschäfte.

Art. 317. Bei Handelsgeschäften ist die Gültigkeit der Verträge durch schriftliche Abfassung oder andere Förmlichkeiten nicht bedingt.

Ausnahmen von dieser Regel finden nur insoweit statt, als sie in diesem Gesetzbuche enthalten sind.

Art. 318[4]). Ueber einen Antrag unter Gegenwärtigen zur Abschliessung eines Handelsgeschäfts muss die Erklärung sogleich abgegeben werden, widrigenfalls der Antragende an seinen Antrag nicht länger gebunden ist.

Art. 319[5]). Bei einem unter Abwesenden gestellten Antrage bleibt der Antragende bis zu dem Zeitpunkte gebunden, in welchem er bei ordnungsmässiger rechtzeitiger Absendung der Antwort den Eingang der letzteren erwarten darf. Bei der Berechnung dieses Zeitpunktes darf der Antragende von der Voraussetzung ausgehen, dass sein Antrag rechtzeitig angekommen sei.

Trifft die rechtzeitig abgesandte Annahme erst nach diesem Zeitpunkte ein, so besteht der Vertrag nicht, wenn der Antragende in der Zwischenzeit oder ohne Verzug nach dem Eintreffen der Annahme von seinem Rücktritt Nachricht gegeben hat.

Art. 320[5]). Geht der Widerruf eines Antrages dem anderen Theile früher als der Antrag, oder zu gleicher Zeit mit demselben zu, so ist der Antrag für nicht geschehen zu erachten.

Ebenso ist die Annahme für nicht geschehen zu erachten, wenn der Widerruf noch vor der Erklärung der Annahme oder zu gleicher Zeit mit derselben bei dem Antragsteller eingegangen ist.

Art. 321[5]). Ist ein unter Abwesenden verhandelter Vertrag zu Stande gekommen, so gilt der Zeitpunkt, in welchem die Erklärung der An-

---

[1]) Abgeändert durch die Aufhebung der exekutiven Schuldhaft. Vgl. Anm. zu WO 2.
[2]) Nach Hamb. 30 u. Frankf. 15 auch bürg. Recht.
[3]) Vgl. Konk.-O. §. 41 Nr. 8, §§. 108—110, 117.
[4]) Nach Hamb. 30 u. Brem. 30 auch bürg. Recht.
[5]) Nach Hamb. 30, Brem. 30 u. Meckl. 3 auch bürg. Recht.

nahme Behufs der Absendung abgegeben ist, als der Zeitpunkt des Abschlusses des Vertrages.

Art. 322[1]). Eine Annahme unter Bedingungen oder Einschränkungen gilt als Ablehnung des Antrages verbunden mit einem neuen Antrage.

Art. 323. Wenn zwischen dem Kaufmann, welchem ein Auftrag gegeben wird, und dem Auftraggeber eine Geschäftsverbindung besteht, oder sich derselbe gegen letzteren zur Ausrichtung solcher Aufträge erboten hat, so ist er zu einer Antwort ohne Zögern verpflichtet, widrigenfalls sein Schweigen als Uebernahme des Auftrages gilt.

Auch wenn derselbe den Auftrag ablehnt, ist er schuldig, die mit dem Auftrage etwa übersandten Waaren oder anderen Gegenstände auf Kosten des Auftraggebers, soweit er für diese Kosten gedeckt ist, und soweit es ohne seinen Nachtheil geschehen kann, einstweilen vor Schaden zu bewahren.

Das Handelsgericht kann auf seinen Antrag verordnen, dass das Gut in einem öffentlichen Lagerhause oder bei einem Dritten so lange niedergelegt wird, bis der Eigenthümer anderweitige Vorkehrung trifft.

Vierter Abschnitt.

Erfüllung der Handelsgeschäfte.

Art. 324[1]). Die Erfüllung des Handelsgeschäfts muss an dem Orte geschehen, welcher im Vertrage bestimmt oder nach der Natur des Geschäfts oder der Absicht der Kontrahenten als Ort der Erfüllung anzusehen ist.

Fehlt es an diesen Voraussetzungen, so hat der Verpflichtete an dem Orte zu erfüllen, an welchem er zur Zeit des Vertragsabschlusses seine Handelsniederlassung oder in deren Ermangelung seinen Wohnort hatte. Wenn jedoch eine bestimmte Sache übergeben werden soll, welche sich zur Zeit des Vertragsabschlusses mit Wissen der Kontrahenten an einem anderen Orte befand, so geschieht die Uebergabe an diesem Orte.

Art. 325[1]). Bei Geldzahlungen, mit Ausnahme der Auszahlung von indossabelen oder auf Inhaber lautenden Papieren, ist der Schuldner verpflichtet, wenn nicht ein Anderes aus dem Vertrage oder aus der Natur des Geschäfts oder der Absicht der Kontrahenten hervorgeht, auf seine Gefahr und Kosten die Zahlung dem Gläubiger an den Ort zu übermachen, an welchem der letztere zur Zeit der Entstehung der Forderung seine Handelsniederlassung oder in deren Ermangelung seinen Wohnort hatte.

Durch diese Bestimmung wird jedoch der gesetzliche Erfüllungsort des Schuldners (Art. 324) in Betreff des Gerichtsstandes oder in sonstiger Beziehung nicht geändert.

Art. 326[1]). Wenn die Zeit der Erfüllung einer Verbindlichkeit in dem Vertrage nicht bestimmt ist, so kann die Erfüllung zu jeder Zeit gefordert und geleistet werden, sofern nicht nach den Umständen oder nach dem Handelsgebrauche etwas Anderes anzunehmen ist.

Art. 327[1]). Lautet die Erfüllungszeit auf das Frühjahr oder den Herbst oder auf ähnliche Zeitbestimmungen, so entscheidet der Handelsgebrauch des Ortes der Erfüllung.

Ist die Erfüllung auf die Mitte eines Monats gestellt worden, so gilt der fünfzehnte dieses Monats als der Tag der Erfüllung.

Art. 328[1]). Wenn die Erfüllung einer Verbindlichkeit mit dem Ablaufe einer bestimmten Frist nach Abschluss des Vertrages erfolgen soll, so fällt der Zeitpunkt der Erfüllung:

1) wenn die Frist nach Tagen bestimmt ist, auf den letzten Tag der

---

[1]) Nach Hamb. 30, Brem. 30 und Meckl. 3 auch bürg. Recht.

Frist; bei Berechnung der Frist wird der Tag, an welchem der Vertrag geschlossen ist, nicht mit gerechnet; ist die Frist auf acht oder vierzehn Tage bestimmt, so werden darunter volle acht oder vierzehn Tage verstanden;

2) wenn die Frist nach Wochen, Monaten, oder einem mehrere Monate umfassenden Zeitraum (Jahr, halbes Jahr, viertel Jahr) bestimmt ist, auf denjenigen Tag der letzten Woche oder des letzten Monats, welcher durch seine Benennung oder Zahl dem Tage des Vertragsschlusses entspricht; fehlt dieser Tag in dem letzten Monate, so fällt die Erfüllung auf den letzten Tag dieses Monats.

Der Ausdruck „halber Monat" wird einem Zeitraum von funfzehn Tagen gleich geachtet. Ist die Frist zur Erfüllung auf einen oder mehrere ganze Monate und einen halben Monat gestellt, so sind die funfzehn Tage zuletzt zu zählen.

Nach den vorstehenden Grundsätzen ist die Frist auch dann zu berechnen, wenn der Anfang derselben nicht nach dem Tage des Vertragsschlusses, sondern nach einem anderen Zeitpunkte oder Ereignisse bestimmt worden ist.

Art. 329[1]. Fällt der Zeitpunkt der Erfüllung auf einen Sonntag oder allgemeinen Feiertag, so gilt der nächste Werktag als der Tag der Erfüllung.

Art. 330[1]. Soll die Erfüllung innerhalb eines gewissen Zeitraums geschehen, so muss sie vor Ablauf desselben erfolgen.

Fällt der letzte Tag des Zeitraums auf einen Sonntag oder allgemeinen Feiertag, so muss spätestens am nächstvorhergehenden Werktage erfüllt werden.

Art. 331. Abänderungen in diesen Zeitberechnungen (Artikel 328 bis 330), soweit sie die Liquidationstermine der Börsengeschäfte betreffen, bleiben den Börsenordnungen vorbehalten.

Art. 332. Die Erfüllung muss an dem Erfüllungstage während der gewöhnlichen Geschäftszeit geleistet und angenommen werden.

Art. 333[1]. Ist die vertragsmässige Frist zur Erfüllung einer Verbindlichkeit verlängert worden, so beginnt die neue Frist im Zweifel am ersten Tage nach Ablauf der alten Frist.

Art. 334[1]. In allen Fällen, in welchen ein Verfalltag bestimmt worden ist, ist nach der Natur des Geschäfts und der Absicht der Kontrahenten zu beurtheilen, ob derselbe nur zu Gunsten eines der beiden Kontrahenten hinzugefügt worden ist.

Auch wenn der Schuldner hiernach vor dem Verfalltage zu zahlen befugt ist, ist er doch nicht berechtigt, ohne Einwilligung des Gläubigers den Diskonto abzuziehen, insofern nicht Uebereinkunft oder Handelsgebrauch ihn dazu ermächtigen.

Art. 335. Ist im Vertrage über die Beschaffenheit und Güte der Waare nichts Näheres bestimmt, so hat der Verpflichtete Handelsgut mittlerer Art und Güte zu gewähren[2].

Art. 336[3]. Maass, Gewicht, Münzfuss, Münzsorten, Zeitrechnung und

---

[1]) Nach Hamb. 30, Brem. 30 und Meckl. 3 auch bürg. Recht.

[2]) Vgl. die R.-Gesetze über den Feingehalt der Gold- u. Silberwaaren, v. 16. Juli 1884 (RGB 120); betr. den Verkehr mit Nahrungsmitteln u. s. w., v. 14. Mai 1879 (ebd. 145) u. 29. Juni 1887 (ebd. 276); betr. die Verwendung gesundheitsschädlicher Farben b. d. Herstellung von Nahrungsmitteln u. s. w., v. 5. Juli 1887 (ebd. 277); betr. den Verkehr mit Ersatzmitteln für Butter, v. 12. Juli 1887 (ebd. 375); betr. den Verkehr mit blei- u. zinkhaltigen Gegenständen, v. 1. Juli 1887 (ebd. 273).

[3]) Art. 336 gilt nach Brem. 30, Hamb. 30, Meckl. 3 auch für das bürg. Recht. Vgl. übrigens Maass- u. Gewichtsordnung v. 17. Aug. 1868 (RGB 473), nebst Zusatz v. 10. März 1870 (ebd. 46) und 7. Dez 1873 (ebd. 377) und RG v. 17. Aug. 1884 (eb. 115), ferner die internationale Meterkonvention (RGB 1876 S. 191, 1885 S. 263). RG betr. die Bezeich-

Entfernungen, welche an dem Orte gelten, wo der Vertrag erfüllt werden soll, sind im Zweifel als die vertragsmässigen zu betrachten.

Ist die im Vertrage bestimmte Münzsorte am Zahlungsorte nicht im Umlauf oder nur eine Rechnungswährung, so kann der Betrag nach dem Werthe zur Verfallzeit in der Landesmünze gezahlt werden, sofern nicht durch den Gebrauch des Wortes „effektiv“ oder eines ähnlichen Zusatzes die Zahlung in der im Vertrage benannten Münzsorte ausdrücklich bedungen ist.

Zweiter Titel[1].

Vom Kauf.

Art. 337. Das Anerbieten zum Verkauf, welches erkennbar für mehrere Personen, insbesondere durch Mittheilung von Preislisten, Lagerverzeichnissen, Proben oder Mustern geschieht, oder bei welchem die Waare, der Preis oder die Menge nicht bestimmt bezeichnet ist, ist kein verbindlicher Antrag zum Kauf.

Art. 338. Nach den Bestimmungen über den Kauf ist auch ein Handelsgeschäft zu beurtheilen, dessen Gegenstand in der Lieferung einer Quantität vertretbarer Sachen gegen einen bestimmten Preis besteht.

Art. 339. Ein Kauf auf Besicht oder auf Probe ist unter der in dem Willen des Käufers stehenden Bedingung geschlossen, dass der Käufer die Waare besehen oder prüfen und genehmigen werde. Diese Bedingung ist im Zweifel eine aufschiebende.

Der Käufer ist vor seiner Genehmigung an den Kauf nicht gebunden. Der Verkäufer hört auf, gebunden zu sein, wenn der Käufer bis zum Ablauf der verabredeten oder ortsgebräuchlichen Frist nicht genehmigt.

In Ermangelung einer verabredeten oder ortsgebräuchlichen Frist kann der Verkäufer nach Ablauf einer den Umständen angemessenen Zeit den Käufer zur Erklärung auffordern; er hört auf, gebunden zu sein, wenn sich der Käufer auf die Aufforderung nicht sofort erklärt.

Ist die auf Besicht oder Probe verkaufte Waare zum Zweck der Besichtigung oder Probe bereits übergeben, so gilt das Stillschweigen des Käufers bis nach Ablauf der Frist oder auf die Aufforderung als Genehmigung.

Art. 340. Ein Kauf nach Probe oder Muster ist unbedingt, jedoch unter der Verpflichtung des Verkäufers geschlossen, dass die Waare der Probe oder dem Muster gemäss sei[2].

Art. 341. Ein Kauf zur Probe ist unbedingter Kauf unter Hinzufügung des Beweggrundes.

Art. 342. Hinsichtlich des Ortes der Erfüllung der Verbindlichkeiten des Verkäufers und des Käufers kommen die Bestimmungen des Art. 324, Absatz 1 zur Anwendung.

Die Uebergabe der Waare geschieht, wenn aus diesen Bestimmungen sich nicht ein Anderes ergiebt, an dem Orte, wo der Verkäufer zur Zeit des Vertragsabschlusses seine Handelsniederlassung oder in deren Ermangelung seinen Wohnort hatte. Wenn jedoch eine bestimmte Sache verkauft ist, welche sich zur Zeit des Vertragsabschlusses mit Wissen der Kontrahenten an einem anderen Orte befand, so geschieht die Uebergabe an diesem Orte.

Der Kaufpreis ist bei der Uebergabe zu entrichten, sofern nicht ein

---

nung des Raumgehaltes der Schankgefässe, v. 20. Juli 1881 (RGB 249) und die Aichordnung v. 27. Dez. 1884 (Beilage zu RGB 1885).

[1]) Brem. 30 u. Hamb. 41 haben die Bestimmungen dieses Titels auch auf das bürg. Recht ausgedehnt, jedoch mit Ausschluss der Immobiliarsachen und in Bremen noch mit Anschluss der Art. 357, 358

[2]) Vgl. Hamburg 42.

Anderes durch die Natur des Geschäfts bedingt oder durch Vertrag oder Handelsgebrauch bestimmt ist. Im Uebrigen kommt die Bestimmung des Artikels 325 auch in Bezug auf diese Zahlung in Anwendung.

Art. 343. Der Verkäufer ist verpflichtet, die Waare, so lange der Käufer mit der Empfangnahme nicht im Verzuge ist, mit der Sorgfalt eines ordentlichen Geschäftsmannes aufzubewahren.

Ist der Käufer mit der Empfangnahme der Waare im Verzuge, so kann der Verkäufer die Waare auf Gefahr und Kosten des Käufers in einem öffentlichen Lagerhause oder bei einem Dritten niederlegen. Er ist auch befugt, nach vorgängiger Androhung die Waare öffentlich verkaufen zu lassen; er darf, wenn die Waare einen Börsenpreis oder einen Marktpreis hat, nach vorgängiger Androhung den Verkauf auch nicht öffentlich durch einen Handelsmäkler oder in Ermangelung eines solchen durch einen zu Versteigerungen befugten Beamten zum laufenden Preise bewirken. Ist die Waare dem Verderben ausgesetzt und Gefahr im Verzuge, so bedarf es der vorgängigen Androhung nicht.

Von der Vollziehung des Verkaufs hat der Verkäufer den Käufer, soweit es thunlich, sofort zu benachrichtigen; bei Unterlassung ist er zum Schadensersatze verpflichtet.

Art. 344. Soll die Waare dem Käufer von einem anderen Orte übersendet werden, und hat der Käufer über die Art der Uebersendung nichts bestimmt, so gilt der Verkäufer für beauftragt, mit der Sorgfalt eines ordentlichen Kaufmanns die Bestimmung statt des Käufers zu treffen, insbesondere auch die Person zu bestimmen, durch welche der Transport der Waare besorgt oder ausgeführt werden soll[1]).

Art. 345. Nach Uebergabe der Waare an den Spediteur oder Frachtführer oder die sonst zum Transport der Waare bestimmte Person trägt der Käufer die Gefahr, von welcher die Waare betroffen wird. Hat jedoch der Käufer eine besondere Anweisung über die Art der Uebersendung ertheilt, und ist der Verkäufer ohne dringende Veranlassung davon abgewichen, so ist dieser für den daraus entstandenen Schaden verantwortlich.

Der Verkäufer hat die Gefahr, von welcher die Waare auf dem Transport betroffen wird, in dem Falle zu tragen, wenn er gemäss dem Vertrage die Waare an dem Orte, wohin der Transport geschieht, zu liefern hat, so dass dieser Ort für ihn als der Ort der Erfüllung gilt. Daraus, dass der Verkäufer die Zahlung von Kosten oder Auslagen der Versendung übernommen hat, folgt für sich allein noch nicht, dass der Ort, wohin der Transport geschieht, für den Verkäufer als der Ort der Erfüllung gilt.

Durch die Bestimmungen dieses Artikels ist nicht ausgeschlossen, dass die Gefahr schon seit einem früheren Zeitpunkte von dem Käufer getragen wird, sofern dies nach dem bürgerlichen Recht der Fall sein würde.

Art. 346. Der Käufer ist verpflichtet, die Waare zu empfangen, sofern sie vertragsmässig beschaffen ist oder in Ermangelung besonderer Verabredung den gesetzlichen Erfordernissen entspricht (Art. 335).

Die Empfangnahme muss sofort geschehen, wenn nicht ein Anderes bedungen oder ortsgebräuchlich oder durch die Umstände geboten ist.

Art. 347[2]). Ist die Waare von einem anderen Orte übersendet, so hat der Käufer ohne Verzug nach der Ablieferung, soweit dies nach dem ordnungsmässigen Geschäftsgange thunlich ist, die Waare zu untersuchen, und wenn sich dieselbe nicht als vertragsmässig oder gesetz-

[1]) Vgl. Konk.-O. §. 36 (s. Anm. zu Art. 402).

[2]) Art. 347 u. 348 gelten nach Brem. 33, Hannover 28, Meckl. 39, Old 24. Schl.-Holst. 53 auch für das Platzgeschäft.

mässig (Art. 335) ergiebt, dem Verkäufer sofort davon Anzeige zu machen.

Versäumt er dies, so gilt die Waare als genehmigt, soweit es sich nicht um Mängel handelt, welche bei der sofortigen Untersuchung nach ordnungsmässigem Geschäftsgange nicht erkennbar waren.

Ergeben sich später solche Mängel, so muss die Anzeige ohne Verzug nach der Entdeckung gemacht werden, widrigenfalls die Waare auch rücksichtlich dieser Mängel als genehmigt gilt.

Die vorstehende Bestimmung findet auch auf den Verkauf auf Besicht oder Probe oder nach Probe Anwendung, insoweit es sich um Mängel der übersendeten Waare handelt, welche bei ordnungsmässigem Besicht oder ordnungsmässiger Prüfung nicht erkennbar waren.

Art. 348 [1]. Wenn der Käufer die von einem anderen Orte übersendete Waare beanstandet, so ist er verpflichtet, für die einstweilige Aufbewahrung derselben zu sorgen.

Er kann, wenn sich bei der Ablieferung oder später Mängel ergeben, den Zustand der Waare durch Sachverständige feststellen lassen. Der Verkäufer ist in gleicher Weise berechtigt, diese Feststellung zu verlangen, wenn ihm der Käufer die Anzeige gemacht hat, dass er die Waare wegen Mängel beanstande.

Die Sachverständigen ernennt auf Antrag des Betheiligten das Handelsgericht oder in dessen Ermangelung der Richter des Orts[2].

Die Sachverständigen haben das Gutachten schriftlich oder zu Protokoll zu erstatten.

Ist die Waare dem Verderben ausgesetzt und Gefahr im Verzuge, so kann der Käufer die Waare unter Beobachtung der Bestimmungen des Art. 343 verkaufen lassen.

Art. 349. Der Mangel der vertragsmässigen oder gesetzmässigen Beschaffenheit der Waare kann von dem Käufer nicht geltend gemacht werden, wenn derselbe erst nach Ablauf von sechs Monaten seit der Ablieferung an den Käufer entdeckt worden ist.

Die Klagen gegen den Verkäufer wegen Mängel verjähren in sechs Monaten nach der Ablieferuug an den Käufer.

Die Einreden sind erloschen, wenn die im Art. 347 vorgeschriebene sofortige Absendung der Anzeige des Mangels nicht innerhalb sechs Monate nach der Ablieferung an den Käufer geschehen ist. Ist die Anzeige in dieser Weise erfolgt, so bleiben die Einreden bestehen.

An den besonderen Gesetzen oder Handelsgebräuchen, durch welche für einzelne Arten von Gegenständen eine kürzere Frist bestimmt ist, wird hierdurch nichts geändert.

Ist die Haftbarkeit des Verkäufers auf eine kürzere oder längere Frist vertragsmässig festgesetzt, so hat es hierbei sein Bewenden[3].

Art. 350. Die Bestimmungen der Art. 347 und 349 können von dem Verkäufer im Falle eines Betruges nicht geltend gemacht werden.

Art. 351. Sofern nicht durch Ortsgebrauch oder besondere Abrede ein Anderes bestimmt ist, trägt der Verkäufer die Kosten der Uebergabe, insbesondere des Messens und Wägens; der Käufer die Kosten der Abnahme.

Art. 352. Ist der Kaufpreis nach dem Gewicht der Waare zu berechnen, so kommt das Gewicht der Verpackung (Taragewicht) in Abzug, wenn nicht durch besondere Abrede oder durch den Handelsgebrauch am Orte der Uebergabe ein Anderes bestimmt ist. Ob und in

---

[1]) Siehe Anm. zu Art. 347.

[2]) Nach Civ.-Proz.-O. Einf.-Ges. v. 30. Jan. 1877 §. 13, das Amtsgericht.

[3]) Vgl. Hamburg 42.

welcher Höhe das Taragewicht nach einem bestimmten Ansatze oder Verhältnisse statt nach genauer Ausmittelung abzuziehen ist, ingleichen ob und wieviel als Gutgewicht zu Gunsten des Käufers zu berechnen ist, oder als Vergütung für schadhafte oder unbrauchbare Theile (Refaktie) gefordert werden kann, ist nach dem Vertrage oder dem Handelsgebrauche am Orte der Uebergabe zu beurtheilen.

Art. 353. Ist im Vertrage der Marktpreis oder der Börsenpreis als Kaufpreis bestimmt, so ist im Zweifel hierunter der laufende Preis, welcher zur Zeit und an dem Orte der Erfüllung oder an dem für letzteren maassgebenden Handelsplatze nach den dafür bestehenden örtlichen Einrichtungen festgestellt ist, in Ermangelung einer solchen Feststellung oder bei nachgewiesener Unrichtigkeit derselben, der mittlere Preis zu verstehen, welcher sich aus der Vergleichung der zur Zeit und am Orte der Erfüllung geschlossenen Kaufverträge ergiebt.

Art. 354[1]. Wenn der Käufer mit der Zahlung des Kaufpreises im Verzuge und die Waare noch nicht übergeben ist, so hat der Verkäufer die Wahl, ob er die Erfüllung des Vertrages und Schadensersatz wegen verspäteter Erfüllung verlangen, oder ob er statt der Erfüllung die Waare unter Beobachtung der Bestimmungen des Art. 343 für Rechnung des Käufers verkaufen und Schadensersatz fordern, oder ob er von dem Vertrage abgehen will, gleich als ob derselbe nicht geschlossen wäre.

Art. 355. Wenn der Verkäufer mit der Uebergabe der Waare im Verzuge ist, so hat der Käufer die Wahl, ob er die Erfüllung nebst Schadensersatz wegen verspäteter Erfüllung verlangen, oder ob er statt der Erfüllung Schadensersatz wegen Nichterfüllung fordern oder von dem Vertrage abgehen will, gleich als ob derselbe nicht geschlossen wäre.

Art. 356. Will ein Kontrahent auf Grund der Bestimmungen der vorigen Artikel statt der Erfüllung Schadensersatz wegen Nichterfüllung fordern oder von dem Vertrage abgehen, so muss er dies dem anderen Kontrahenten anzeigen und ihm dabei, wenn die Natur des Geschäfts dies zulässt, noch eine den Umständen angemessene Frist zur Nachholung des Versäumten gewähren.

Art. 357[2]. Ist bedungen, dass die Waare genau zu einer festbestimmten Zeit oder binnen einer festbestimmten Frist geliefert werden soll, so kommt der Art. 356 nicht zur Anwendung. Der Käufer sowie der Verkäufer kann die Rechte, welche ihm gemäss Art. 354 oder 355 zustehen, nach seiner Wahl ausüben. Es muss jedoch derjenige, welcher auf der Erfüllung bestehen will, dies unverzüglich nach Ablauf der Zeit oder der Frist dem anderen Kontrahenten anzeigen; unterlässt er dies, so kann er später nicht auf der Erfüllung bestehen.

Will der Verkäufer statt der Erfüllung für Rechnung des säumigen Käufers verkaufen, so muss er, im Falle die Waare einen Markt- oder Börsenpreis hat, den Verkauf unverzüglich nach Ablauf der Zeit oder

---

[1]) Zu Art. 354 ff. vgl. Konk.-O. §. 15 u. § 36 (s. Anm. zu Art. 402).

[2]) Vgl. Konk.-O. §. 16: „War die Lieferung von Waaren, welche einen Markt- oder Börsenpreis haben, genau zu einer festbestimmten Zeit oder binnen einer festbestimmten Frist bedungen, und tritt die Zeit oder der Ablauf der Frist erst nach der Eröffnung des Verfahrens ein, so kann nicht die Erfüllung verlangt, sondern nur eine Forderung wegen Nichterfüllung geltend gemacht werden.

Der Betrag dieser Forderung bestimmt sich durch den Unterschied zwischen dem Kaufpreise und demjenigen Markt- oder Börsenpreise, welcher an dem Orte der Erfüllung oder an dem für denselben massgebenden Handelsplatze sich für die am zweiten Werktage nach der Eröffnung des Verfahrens mit der bedungenen Erfüllungszeit geschlossenen Geschäfte ergibt.

Ist ein solcher Markt- oder Börsenpreis nicht zu ermitteln, so findet die Bestimmung des ersten Absatzes keine Anwendung".

der Frist vornehmen. Ein späterer Verkauf gilt nicht als für Rechnung des Käufers geschehen. Eine vorgängige Androhung ist nicht erforderlich, dagegen hat der Verkäufer auch in diesem Falle den bewirkten Verkauf dem Käufer ungesäumt anzuzeigen.

Wenn der Käufer statt der Erfüllung Schadensersatz wegen Nichterfüllung fordert, so besteht, im Falle die Waare einen Markt- oder Börsenpreis hat, der Betrag des von dem Verkäufer zu leistenden Schadensersatzes in der Differenz zwischen dem Kaufpreise und dem Markt- und Börsenpreise zur Zeit und am Orte der geschuldeten Lieferung, unbeschadet des Rechts des Käufers, einen erweislich höheren Schaden geltend zu machen[1]).

Art. 358. In den Fällen des Art. 357 ist jeder Kontrahent berechtigt, den Verzug des anderen Kontrahenten auf dessen Kosten durch eine öffentliche Urkunde (Protest) feststellen zu lassen.

Art. 359. Wenn in den Fällen der Art. 354, 355 und 357 sich aus den Umständen, insbesondere aus der Natur des Vertrages, aus der Absicht der Kontrahenten oder aus der Beschaffenheit des zu leistenden Gegenstandes ergiebt, dass die Erfüllung des Vertrages auf beiden Seiten theilbar ist, so kann das Abgehen des einen Kontrahenten von dem Vertrage nur in Betreff des von dem anderen Kontrahenten nicht erfüllten Theiles des Vertrages erfolgen.

Dritter Titel.

Von dem Kommissionsgeschäft.

Art. 360. Kommissionair ist derjenige, welcher gewerbemässig in eigenem Namen für Rechnung eines Auftraggebers (Kommittenten) Handelsgeschäfte schliesst.

Durch die Geschäfte, welche der Kommissionair mit Dritten schliesst, wird er allein berechtigt und verpflichtet. Zwischem dem Kommittenten und den Dritten entstehen daraus keine Rechte und Pflichten.

Ist von dem Auftraggeber ausdrücklich bestimmt, dass das Geschäft auf seinen Namen abgeschlossen werden soll, so ist dies keine kaufmännische Kommission, sondern ein gewöhnlicher Auftrag zu einem Handelsgeschäft.

Art. 361. Der Kommissionair hat das Geschäft mit der Sorgfalt eines ordentlichen Kaufmanns im Interesse des Kommittenten gemäss dem Auftrage auszuführen; er hat dem Kommittenten die erforderlichen Nachrichten zu geben, insbesondere sofort nach der Ausführung des Auftrages davon Anzeige zu machen; er ist verpflichtet, dem Kommittenten über das Geschäft Rechenschaft zu geben und ihm dasjenige zu leisten, was er aus dem Geschäft zu fordern hat.

Art. 362. Handelt der Kommissionair nicht gemäss dem übernommenen Auftrage, so ist er dem Kommittenten zum Ersatze des Schadens verpflichtet; der Kommittent ist nicht gehalten, das Geschäft für seine Rechnung gelten zu lassen.

Art. 363. Hat der Kommissionair unter dem ihm gesetzten Preise verkauft, so muss er dem Kommittenten den Unterschied im Preise vergüten, sofern er nicht beweist, dass ein Verkauf zu dem gesetzten Preise nicht ausgeführt werden konnte und die Vornahme des Verkaufs von dem Kommittenten Schaden abgewendet hat.

Art. 364. Hat der Kommissionair den für den Einkauf gesetzten

---

1) Vgl. österr. Börsegesetz v. 1. April 1875, §. 13: „Bei der Entscheidung von Rechtsstreitigkeiten aus Börsegeschäften (§. 12) ist die Einwendung, dass dem Anspruche ein als Wette oder Spiel zu beurtheilendes Differenzgeschäft zu Grunde liege, unstatthaft."

Preis überschritten, so kann der Kommittent den Einkauf als nicht für seine Rechnung geschehen zurückweisen, sofern sich der Kommissionair nicht zugleich mit der Einkaufsanzeige zur Deckung des Unterschiedes erbietet.

Der Kommittent, welcher den Einkauf als nicht für seine Rechnung geschehen zurückweisen will, muss dies ohne Verzug auf die Einkaufsanzeige erklären, widrigenfalls die Ueberschreitung des Auftrages als genehmigt gilt.

Art. 365. Wenn das Gut, welches dem Kommissionair zugesandt wird, bei der Ablieferung sich in einem äusserlich erkennbar beschädigten oder mangelhaften Zustande befindet, so muss der Kommissionair die Rechte gegen den Frachtführer oder Schiffer wahren, für den Beweis jenes Zustandes sorgen und dem Kommittenten ohne Verzug Nachricht geben.

Im Unterlassungsfalle ist er für den daraus entstandenen Schaden verantwortlich.

Er kann den Zustand durch Sachverständige feststellen lassen[1]), und wenn das Gut dem Verderben ausgesetzt und Gefahr im Verzuge ist, unter Beobachtung der Bestimmungen des Art. 343 den Verkauf des Guts bewirken.

Art. 366. Treten Veränderungen an dem Gute ein, welche dessen Entwerthung befürchten lassen, und ist keine Zeit vorhanden, die Verfügung des Kommittenten einzuholen, oder der Kommittent in der Ertheilung der Verfügung säumig, so kann der Kommissionair unter Beobachtung der Bestimmungen des Art. 343 den Verkauf des Guts veranlassen.

Ein gleiches Recht hat der Kommissionair in allen anderen Fällen, in welchen der Kommittent, obwohl hierzu nach Lage der Sache verpflichtet, über das Gut zu verfügen unterlässt.

Art. 367. Für Verlust oder Beschädigung des Guts ist der Kommissionair, während er Aufbewahrer desselben ist, verantwortlich, wenn er nicht beweist, dass der Verlust oder die Beschädigung durch Umstände herbeigeführt ist, welche durch die Sorgfalt eines ordentlichen Kaufmanns nicht abgewendet werden konnten.

Der Kommissionair ist wegen Unterlassung der Versicherung des Guts nur dann verantwortlich, wenn er von dem Kommittenten den Auftrag zur Versicherung erhalten hat.

Art. 368. Forderungen aus einem Geschäft, welches der Kommissionair abgeschlossen hat, kann der Kommittent dem Schuldner gegenüber erst nach der Abtretung geltend machen.

Jedoch gelten solche Forderungen, auch wenn sie nicht abgetreten sind, im Verhältniss zwischen dem Kommittenten und dem Kommissionair oder dessen Gläubigern als Forderungen des Kommittenten[2]).

Art. 369. Der Kommissionair, welcher ohne Einwilligung des Kommittenten einem Dritten Vorschüsse macht oder Kredit giebt, thut dies auf eigene Gefahr.

Insoweit jedoch der Handelsgebrauch am Orte des Geschäfts das Kreditiren des Kaufpreises mit sich bringt, ist in Ermangelung einer anderen Bestimmung des Kommittenten auch der Kommissionair dazu berechtigt.

Hat der Kommissionair unbefugt auf Kredit verkauft, so hat er dem Kommittenten, welcher dies nicht genehmigt, sofort als Schuldner des Kaufpreises die Zahlung zu leisten. Beweist der Kommissionair, dass beim Verkauf gegen baar der Preis ein geringerer gewesen sein würde,

---

[1]) Vgl. S. 77, Anm. 2. [2]) Vgl. Anm. zu Art. 402.

so hat er nur diesen Preis und, wenn derselbe geringer ist, als der auftraggemässe Preis, auch den Unterschied gemäss Art 363 zu vergüten.

Art. 370. Der Kommissionair steht für die Zahlung oder für die anderweitige Erfüllung der Verbindlichkeit seines Kontrahenten ein, wenn dies von ihm übernommen oder am Orte seiner Niederlassung Handelsgebrauch ist.

Der Kommissionair, welcher für seinen Kontrahenten einsteht, ist dem Kommittenten für die gehörige Erfüllung im Zeitpunkte des Verfalls unmittelbar und persönlich insoweit verhaftet, als solche aus dem Vertragsverhältnisse überhaupt rechtlich gefordert werden kann.

Der Kommissionair, welcher für seinen Kontrahenten einsteht, ist dafür zu einer Vergütung (del credere-Provision) berechtigt.

Art. 371. Der Kommittent ist schuldig, dem Kommissionair zu ersetzen, was dieser an baaren Auslagen oder überhaupt zum Vollzuge des Geschäfts nothwendig oder nützlich aufgewendet hat. Hierzu gehört auch die Vergütung für die Benutzung der Lagerräume und der Transportmittel des Kommissionairs und der Arbeit seiner Leute.

Der Kommissionair hat die Provision zu fordern, wenn das Geschäft zur Ausführung gekommen ist. Für Geschäfte, welche nicht zur Ausführung gekommen sind, kann eine Provision nicht gefordert werden; jedoch hat der Kommissionair das Recht auf die Auslieferungsprovision, sofern eine solche ortsgebräuchlich ist.

Art. 372. Wenn der Kommissionair zu vortheilhafteren Bedingungen abschliesst, als sie ihm vom Kommittenten gestellt worden, so kommt der Vortheil dem letzteren allein zu Statten.

Dies gilt insbesondere, wenn der Preis, für welchen der Kommissionair verkauft, den vom Kommittenten bestimmten niedrigsten Preis übersteigt, oder wenn der Preis, für welchen er einkauft, den vom Kommittenten bestimmten höchsten Preis nicht erreicht.

Art. 373. Ein Kommissionair, welcher den Ankauf eines Wechsels übernommen hat, ist, wenn er den Wechsel indossirt, verpflichtet, denselben regelmässig und ohne Vorbehalt zu indossiren.

Art. 374[1]) Der Kommissionair hat an dem Kommissionsgut, sofern er dasselbe noch in seinem Gewahrsam hat oder sonst, insbesondere mittelst der Konnossemente, Ladescheine oder Lagerscheine, noch in der Lage ist, darüber zu verfügen, ein Pfandrecht wegen der auf das Gut verwendeten Kosten, wegen der Provision, wegen der rücksichtlich des Gutes gegebenen Vorschüsse und Darlehen, wegen der rücksichtlich desselben gezeichneten Wechsel oder in anderer Weise eingegangenen Verbindlichkeiten, sowie wegen aller Forderungen aus laufender Rechnung in Kommissionsgeschäften.

Der Kommissionair kann sich für die vorstehend erwähnten Ansprüche aus den durch das Kommissionsgeschäft begründeten und noch ausstehenden Forderungen vorzugsweise vor dem Kommittenten und dessen Gläubigern befriedigen.

Art. 375[2]). Ist der Kommittent in Erfüllung der in dem vorigen Artikel bezeichneten Verpflichtungen gegen den Kommissionair im Verzuge, so ist der letztere berechtigt, sich unter Beobachtung der Vorschriften des Art. 310 aus dem Kommissionsgute bezahlt zu machen; er hat dieses Recht auch gegenüber den übrigen Gläubigern und der Konkursmasse des Kommittenten.

---

[1]) Vgl. Konk.-O. §. 41: „Den Faustpfandgläubigern stehen gleich — — — 8. diejenigen, denen nach dem Handelsgesetzbuche an gewissen Gegenständen ein Pfandrecht oder Zurückbehaltungsrecht zusteht, in Ansehung dieser Gegenstände."

[2]) Vgl. Konk.-O. §. 36 (s. Anm. zu Art. 402).

Art. 376. Bei der Kommission zum Einkauf oder zum Verkauf von Waaren, Wechseln und Werthpapieren, welche einen Börsenpreis oder Marktpreis haben, ist der Kommissionair, wenn der Kommittent nicht ein Anderes bestimmt hat, befugt, das Gut, welches er einkaufen soll, selbst als Verkäufer zu liefern, oder das Gut, welches er zu verkaufen beauftragt ist, als Käufer für sich zu behalten.

In diesem Falle ist die Pflicht des Kommissionairs, Rechenschaft über die Abschliessung des Kaufs oder Verkaufs zu geben, auf den Nachweis beschränkt, dass bei dem berechneten Preise der Börsenpreis oder Marktpreis zur Zeit der Ausführung des Auftrags eingehalten ist. Er ist zu der gewöhnlichen Provision berechtigt und kann die bei Kommissionsgeschäften sonst regelmässig vorkommenden Unkosten berechnen.

Macht der Kommissionair nicht zugleich mit der Anzeige über die Ausführung des Auftrages eine andere Person als Käufer oder Verkäufer namhaft, so ist der Kommittent befugt, den Kommissionair selbst als Käufer oder Verkäufer in Anspruch zu nehmen.

Art. 377. Wenn der Kommittent den Auftrag widerruft und der Widerruf bei dem Kommissionair eintrifft, bevor die Anzeige von der Ausführung des Auftrages Behufs ihrer Absendung abgegeben ist, so kann sich der Kommissionair der Befugniss, selbst als Käufer oder Verkäufer einzutreten, nicht mehr bedienen.

Art. 378. Die Bestimmungen dieses Titels kommen auch zur Anwendung, wenn ein Kaufmann, dessen gewöhnlicher Handelsbetrieb nicht in Kommissionsgeschäften besteht, ein einzelnes Handelsgeschäft in eigenem Namen für Rechnung eines Auftraggebers schliesst[1]).

Vierter Titel.

Von dem Speditionsgeschäfte.

Art. 379. Spediteur ist derjenige, welcher gewerbemässig in eigenem Namen für fremde Rechnung Güterversendungen durch Frachtführer oder Schiffer zu besorgen übernimmt.

Art. 380. Der Spediteur haftet für jeden Schaden, welcher aus der Vernachlässigung der Sorgfalt eines ordentlichen Kaufmanns bei der Empfangnahme und Aufbewahrung des Gutes, bei der Wahl der Frachtführer, Schiffer oder Zwischenspediteure und überhaupt bei der Ausführung der von ihm übernommenen Versendung der Güter entsteht.

Der Spediteur hat die Anwendung dieser Sorgfalt zu beweisen.

Art. 381. Der Spediteur hat die Provision und die Erstattung dessen zu fordern, was er an Auslagen und Kosten oder überhaupt zum Zweck der Versendung nothwendig oder nützlich aufgewendet hat (Art. 371).

Er ist nicht befugt, eine höhere als die mit dem Frachtführer oder Schiffer bedungene Fracht zu berechnen.

Art. 382. Der Spediteur hat wegen der Fracht, der Provision, der Auslagen, Kosten und Verwendungen und wegen der dem Versender auf das Gut geleisteten Vorschüsse ein Pfandrecht an dem Gute, sofern er dasselbe noch in seinem Gewahrsam hat oder in der Lage ist, darüber zu verfügen.

Er kann dieses Recht auch gegenüber den übrigen Gläubigern und der Konkursmasse des Eigenthümers geltend machen[2]).

Bedient sich der Spediteur eines Zwischenspediteurs, so hat der letztere zugleich die seinem Vormann zustehenden Rechte, insbesondere dessen Pfandrecht, auszuüben.

---

[1]) Nach Bremen 29 auch bei entgeltlichen Kommissionsgeschäften von Nichtkaufleuten.

[2]) Vgl. Anm. zu Art. 374.

Soweit der Vormann wegen seiner Forderung durch Nachnahme von dem Nachmann befriedigt ist, geht die Forderung und das Pfandrecht des Vormanns von Rechtswegen auf den Nachmann über. Dasselbe gilt in Bezug auf die Forderung und das Pfandrecht des Frachtführers, wenn und insoweit der letztere von dem Zwischenspediteur befriedigt ist.

Art. 383. Ein Spediteur, welcher die Versendung durch Frachtführer oder Schiffer, jedoch mittelst von ihm für eigene Rechnung gemietheter Transportmittel besorgt, kann die gewöhnliche Fracht nebst der Provision und den sonstigen Kosten berechnen.

Art. 384. Wenn ein Spediteur mit dem Absender oder Empfänger über bestimmte Sätze der Transportkosten sich geeinigt hat, so haftet er, in Ermangelung einer entgegenstehenden Vereinbarung, für die von ihm angenommenen Zwischenspediteure und Frachtführer. Er ist in diesem Falle zur Provision nur dann berechtigt, wenn vereinbart ist, dass eine solche neben den bestimmten Sätzen der Transportkosten gefordert werden könne.

Art. 385. Der Spediteur ist, wenn nicht ein Anderes bestimmt ist, befugt, den Transport der Güter selbst auszuführen.

Wenn er sich dieser Befugniss bedient, so hat er zugleich die Rechte und Pflichten eines Frachtführes und kann die gewöhnliche Fracht, die Provision und die bei Speditionsgeschäften sonst regelmässig vorkommenden Unkosten berechnen

Art. 386. Die Klagen gegen den Spediteur wegen gänzlichen Verlustes oder wegen Verminderung, Beschädigung oder verspäteter Ablieferung des Guts verjähren nach einem Jahre.

Die Frist beginnt in Ansehung der Klagen wegen gänzlichen Verlustes mit dem Ablauf des Tages, an welchem die Ablieferung hätte bewirkt sein müssen; in Ansehung der Klagen wegen Verminderung, Beschädigung oder verspäteter Ablieferung mit dem Ablauf des Tages, an welchem die Ablieferung geschehen ist.

In gleicher Art sind die Einreden wegen Verlustes, Verminderung, Beschädigung oder verspäteter Ablieferung des Guts erloschen, wenn nicht die Anzeige von diesen Thatsachen an den Spediteur binnen der einjährigen Frist abgesandt worden ist.

Die Bestimmungen dieses Artikels finden in Fällen des Betruges oder der Veruntreuung des Spediteurs keine Anwendung.

Art. 387. Im Uebrigen sind die Rechte und Pflichten des Spediteurs, soweit dieser Titel keine Bestimmungen darüber enthält, nach den Grundsätzen des vorigen Titels zu beurtheilen; insbesondere kommen die Bestimmungen, welche in den Artikeln 365 bis 367 für den Kommissionair gegeben sind, auch für den Spediteur zur Anwendung.

Art. 388. Wenn ein Kaufmann, dessen gewöhnlicher Handelsbetrieb nicht in Speditionsgeschäften besteht, eine Güterversendung durch Frachtführer oder Schiffer für fremde Rechnung in eigenem Namen zu besorgen übernimmt, so gelten in Ansehung eines solchen Geschäfts die Vorschriften dieses Titels[1]).

Art. 389. Die Bestimmungen dieses Titels finden keine Anwendung auf Personen, welche nur die Vermittelung von Frachtverträgen zwischen dem Absender und dem Frachtführer oder Schiffer bewirken (Frachtmäkler, Güterbestätter, Schiffsprokureure).

---

[1]) Nach Bremen 29 auch bei entgeltlichen Speditionsgeschäften von Nichtkaufleuten.

Fünfter Titel.

Von dem Frachtgeschäft.

Erster Abschnitt.

Vom Frachtgeschäft überhaupt.

Art. 390. Frachtführer ist derjenige, welcher gewerbemässig den Transport von Gütern zu Lande oder auf Flüssen und Binnengewässern ausführt.

Art. 391. Der Frachtbrief dient als Beweis über den Vertrag zwischen dem Frachtführer und dem Absender.

Der Frachtführer kann die Ausstellung eines Frachtbriefes verlangen.

Art. 392. Der Frachtbrief enthält:

1) die Bezeichnung des Guts nach Beschaffenheit, Menge und Merkzeichen;
2) den Namen und Wohnort des Frachtführers;
3) den Namen des Absenders;
4) den Namen dessen, an welchen das Gut abgeliefert werden soll;
5) den Ort der Ablieferung;
6) die Bestimmung in Ansehung der Fracht;
7) den Ort und Tag der Ausstellung;
8) die besonderen Vereinbarungen, welche die Parteien etwa noch über andere Punkte, namentlich über die Zeit, innerhalb welcher der Transport bewirkt werden soll, und über die Entschädigung wegen verspäteter Ablieferung getroffen haben.

Art. 393. Der Absender ist verpflichtet, bei Gütern, welche vor der Ablieferung an den Empfänger einer zoll- oder steueramtlichen Behandlung unterliegen, den Frachtführer in den Besitz der deshalb erforderlichen Begleitpapiere zu setzen. Er haftet dem Frachtführer, sofern nicht diesem selbst ein Verschulden zur Last fällt, für alle Strafen und Schäden, welche denselben wegen Unrichtigkeit oder Unzulänglichkeit der Begleitpapiere treffen.

Art. 394. Ist über die Zeit, binnen welcher der Frachtführer den Transport bewirken soll, im Frachtvertrage nichts bedungen, so wird die Frist, innerhalb deren er die Reise antreten muss, durch den Ortsgebrauch bestimmt; besteht ein Ortsgebrauch nicht, so ist die Reise binnen einer den Umständen des Falles angemessenen Frist anzutreten.

Wird der Antritt oder die Fortsetzung der Reise durch Naturereignisse oder sonstige Zufälle zeitweilig verhindert, so braucht der Absender die Aufhebung des Hindernisses nicht abzuwarten, er kann vielmehr von dem Vertrage zurücktreten, muss aber den Frachtführer, sofern demselben kein Verschulden zur Last fällt, wegen der Kosten zur Vorbereitung der Reise, der Kosten der Wiederausladung und der Ansprüche in Beziehung auf die bereits zurückgelegte Reise entschädigen. Ueber die Höhe der Entschädigung entscheidet der Ortsgebrauch und in dessen Ermangelung das richterliche Ermessen.

Art. 395. Der Frachtführer haftet für den Schaden, welcher durch Verlust oder Beschädigung des Frachtguts seit der Empfangnahme bis zur Ablieferung entstanden ist, sofern er nicht beweist, dass der Verlust oder die Beschädigung durch höhere Gewalt (vis maior) oder durch die natürliche Beschaffenheit des Guts, namentlich durch inneren Verderb, Schwinden, gewöhnliche Leckage u. dgl., oder durch äusserlich nicht erkennbare Mängel der Verpackung entstanden ist.

Für Kostbarkeiten, Gelder und Werthpapiere haftet der Frachtführer nur dann, wenn ihm diese Beschaffenheit oder der Werth des Guts angegeben ist.

Art. 396. Wenn auf Grund des vorhergehenden Artikels von dem Frachtführer für Verlust oder Beschädigung des Guts Ersatz geleistet werden muss, so ist der Berechnung des Schadens nur der gemeine Handelswerth des Guts zu Grunde zu legen.

Im Falle des Verlustes ist der gemeine Handelswerth zu ersetzen, welchen Gut derselben Art und Beschaffenheit am Ort der Ablieferung zu der Zeit hatte, in welcher das Gut abzuliefern war; davon kommt in Abzug, was in Folge des Verlustes an Zöllen und Unkosten erspart ist.

Im Falle der Beschädigung ist der Unterschied zwischen dem Verkaufswerth des Guts im beschädigten Zustande und dem gemeinen Handelswerth zu ersetzen, welchen das Gut ohne diese Beschädigung am Ort und zur Zeit der Ablieferung gehabt haben würde, nach Abzug der Zölle und Unkosten, soweit sie in Folge der Beschädigung erspart sind.

Hat das Gut keinen Handelswerth, so ist der Berechnung des Schadens der gemeine Werth des Guts zu Grunde zu legen.

Wenn dem Frachtführer eine bösliche Handlungsweise nachgewiesen wird, so hat er den vollen Schaden zu ersetzen.

Art. 397. Der Frachtführer haftet für den Schaden, welcher durch Versäumung der bedungenen oder üblichen Lieferungszeit entstanden ist, sofern er nicht beweist, dass er die Verspätung durch Anwendung der Sorgfalt eines ordentlichen Frachtführes nicht habe abwenden können.

Art. 398. Ist für den Fall verspäteter Ablieferung ein Abzug an der Fracht oder der Verlust der Fracht oder sonst eine Konventionalstrafe bedungen, so kann im Zweifel ausserdem auch der Ersatz des diesen Betrag übersteigenden Schadens gefordert werden, welcher durch die verspätete Ablieferung entstanden ist.

Art. 399. Beweist der Frachtführer, dass er die Verspätung durch die Sorgfalt eines ordentlichen Frachtführers nicht habe abwenden können, so kann die bedungene gänzliche oder theilweise Einbehaltung der Fracht, oder die Koventionalstrafe wegen verspäteter Ablieferung nicht in Anspruch genommen werden, es sei denn, dass sich aus dem Vertrage eine entgegenstehende Absicht ergiebt.

Art. 400. Der Frachtführer haftet für seine Leute und für andere Personen, deren er sich bei Ausführung des von ihm übernommenen Transports bedient.

Art. 401. Wenn der Frachtführer zur gänzlichen oder theilweisen Ausführung des von ihm übernommenen Transports das Gut einem anderen Frachtführer übergiebt, so haftet er für diesen und die etwa folgenden Frachtführer bis zur Ablieferung.

Jeder Frachtführer, welcher auf einen anderen Frachtführer folgt, tritt dadurch, dass er das Gut mit dem ursprünglichen Frachtbrief annimmt, in den Frachtvertrag gemäss dem Frachtbrief ein, übernimmt eine selbstständige Verpflichtung, den Transport nach Inhalt des Frachtbriefes auszuführen, und hat auch in Bezug auf den von den früheren Frachtführern bereits ausgeführten Transport für die Verbindlichkeiten derselben einzustehen.

Art. 402[1]**).** Der Frachtführer hat den späteren Anweisungen des Ab-

---

[1]) Vgl. Konk.-O. §. 36: „Der Verkäufer oder Einkaufskommissionair kann Waaren, welche von einem anderen Orte an den Gemeinschuldner abgesendet und von dem Gemeinschuldner noch nicht vollständig bezahlt sind, zurückfordern, sofern nicht dieselben schon vor der Eröffnung des Verfahrens an dem Orte der Ablieferung angekommen und in den Gewahrsam des Gemeinschuldners oder einer anderen Person für ihn gelangt sind. Die Bestimmungen des §. 15 finden Anwendung". Nach dem angezogenen §. 15 hat der Konkursverwalter die Wahl, ob er den Vertrag aufrecht erhalten will oder nicht. Entscheidet er sich für das Erstere, so muss er dies auf Erfordern des anderen Teils ohne Verzug erklären und seinerseits den Vertrag vollständig erfüllen.

senders wegen Zurückgabe des Guts oder wegen Auslieferung desselben an einen anderen als den im Frachtbriefe bezeichneten Empfänger so lange Folge zu leisten, als er nicht letzterem nach Ankunft des Guts am Ort der Ablieferung den Frachtbrief übergeben hat.

Ist dies bereits geschehen, so hat er nur die Anweisungen des bezeichneten Empfängers zu beachten, widrigenfalls er demselben für das Gut verhaftet ist.

Art. 403. Der Frachtführer ist verpflichtet, am Ort der Ablieferung dem durch den Frachtbrief bezeichneten Empfänger das Frachtgut auszuhändigen.

Art. 404. Der im Frachtbriefe bezeichnete Empfänger ist vor Ankunft des Guts am Ort der Ablieferung dem Frachtführer gegenüber berechtigt, alle zur Sicherstellung des Guts erforderlichen Maassregeln zu ergreifen und dem Frachtführer die zu diesem Zweck nothwendigen Anweisungen zu ertheilen; die Auslieferung des Guts kann er vor dessen Ankunft am Ort der Ablieferung nur dann fordern, wenn der Absender den Frachtführer zu derselben ermächtigt hat.

Art. 405. Nach der Ankunft des Frachtführes am Ort der Ablieferung ist der im Frachtbriefe bezeichnete Empfänger berechtigt, die durch den Frachtvertrag begründeten Rechte gegen Erfüllung der Verpflichtungen, wie sie der Frachtbrief ergiebt, in eigenem Namen gegen den Frachtführer geltend zu machen, sei es, dass er hierbei in eigenem oder fremdem Interesse handle; er ist insbesondere berechtigt, den Frachtführer auf Uebergabe des Frachtbriefes und Auslieferung des Guts zu belangen, sofern nicht der Absender demselben vor Anstellung der Klage eine nach Maassgabe des Art. 402 noch zulässige entgegenstehende Anweisung gegeben hat.

Art. 406. Durch Annahme des Guts und des Frachtbriefes wird der Empfänger verpflichtet, dem Frachtführer nach Maassgabe des Frachtbriefes Zahlung zu leisten.

Art. 407. Wenn der bezeichnete Empfänger des Guts nicht auszumitteln ist oder die Annahme verweigert, oder wenn Streit über die Annahme oder den Zustand des Guts entsteht, so kann der Betheiligte den letzteren durch Sachverständige feststellen lassen.

Die Sachverständigen ernennt auf das Ansuchen des Betheiligten das Handelsgericht oder in dessen Ermangelung der Richter des Orts[1]).

Die Sachverständigen haben ihr Gutachten schriftlich oder zu Protokoll zu erstatten.

Das Gericht kann auf Ansuchen des Betheiligten verordnen, dass das Gut in einem öffentlichen Lagerhause oder bei einem Dritten niedergelegt, und dass es ganz oder zu einem entsprechenden Theile Behufs Bezahlung der Fracht und der übrigen Forderungen des Frachtführers öffentlich verkauft wird.

Ueber das Ansuchen um Ernennung von Sachverständigen oder um Verfügung des Gerichts wegen Niederlegung und wegen Verkaufs des Guts wird die Gegenpartei, wenn sie am Ort anwesend ist, gehört.

Art. 408. Durch Annahme des Guts und Bezahlung der Fracht erlischt jeder Anspruch gegen den Frachtführer.

Nur wegen Verlustes oder Beschädigung, welche bei der Ablieferung äusserlich nicht erkennbar waren, kann der Frachtführer selbst nach der Annahme und nach Bezahlung der Fracht in Anspruch genommen werden, wenn die Feststellung des Verlustes oder der Beschädigung ohne Verzug nach der Entdeckung nachgesucht worden ist, und bewie-

---

[1]) Vgl. S. 77 Anm. 3.

sen wird, dass der Verlust oder die Beschädigung während der Zeit seit der Empfangnahme bis zur Ablieferung entstanden ist.

Die Bestimmungen über die Verjährung der Klagen und Einreden gegen den Spediteur wegen Verlustes, Beschädigung oder verspäteter Ablieferung des Guts (Art. 386) finden auch auf den Frachtführer Anwendung.

Art. 409. Der Frachtführer hat wegen aller durch den Frachtvertrag begründeten Forderungen, insbesondere der Fracht- und Liegegelder, sowie wegen der Zollgelder und anderer Auslagen ein Pfandrecht an dem Frachtgut. Dieses Pfandrecht besteht, so lange das Gut zurückbehalten oder niedergelegt ist; es dauert auch nach der Ablieferung noch fort, insofern der Frachtführer es binnen drei Tagen nach der Ablieferung gerichtlich geltend macht, und das Gut noch bei dem Empfänger oder bei einem Dritten sich befindet, welcher es für den Empfänger besitzt.

Er kann zu seiner Befriedigung den Verkauf des Guts oder eines Theils desselben veranlassen (Art. 407).

Er hat dieses Recht auch gegenüber den übrigen Gläubigern und der Konkursmasse des Eigenthümers[1]).

Art. 410. Geht das Gut durch die Hände mehrerer Frachtführer, so hat der letzte bei der Ablieferung, sofern nicht der Frachtbrief das Gegentheil bestimmt, auch die aus dem Frachtbriefe sich ergebenden Forderungen der vorhergehenden einzuziehen und deren Rechte, insbesondere auch das Pfandrecht, auszuüben.

Der vorhergehende Frachtführer, welcher von dem nachfolgenden befriedigt ist, überträgt auf diesen von Rechtswegen seine Forderung und sein Pfandrecht.

In gleicher Art wird die Forderung und das Pfandrecht des Spediteurs auf den nachfolgenden Spediteur und den Frachtführer übertragen.

Das Pfandrecht der Vormänner besteht so lange, als das Pfandrecht des letzten Frachtführers.

Art. 411. Wenn auf demselben Gute zwei oder mehrere gemäss den Art. 374, 382 und 409 begründete Pfandrechte bestehen, so geht unter denjenigen Pfandrechten, welche durch die Versendung oder durch den Transport des Guts entstanden sind, das später entstandene dem früher entstandenen vor; diese Pfandrechte haben sämmtlich den Vorrang vor dem Pfandrecht des Kommissionairs und vor dem Pfandrecht des Spediteurs für Vorschüsse; unter den letzteren Pfandrechten geht das früher entstandene dem später entstandenen vor.

Art. 412. Wenn der Frachtführer das Gut ohne Bezahlung abliefert und das Pfandrecht nicht binnen drei Tagen nach der Ablieferung gerichtlich geltend macht, so wird er, sowie die vorhergehenden Frachtführer und die Spediteure, des Rückgriffs gegen die Vormänner verlustig. Der Anspruch gegen den Empfänger bleibt in Kraft.

Art. 413. Der Absender und der Frachtführer können übereinkommen, dass der letztere dem ersteren einen Ladeschein ausstellt.

Der Ladeschein ist eine Urkunde, durch welche der Frachtführer sich zur Aushändigung des Guts verpflichtet.

Art. 414. Der Ladeschein enthält:

1) die Bezeichnung der geladenen Güter nach Beschaffenheit, Menge und Merkzeichen;
2) den Namen und Wohnort des Frachtführers;
3) den Namen des Absenders;

---

[1]) Vgl. Anm. zu Art. 374.

4) den Namen desjenigen, an den oder an dessen Order das Gut abgeliefert werden soll. Als solcher ist der Absender zu verstehen, wenn der Ladeschein lediglich an Order gestellt ist;
5) den Ort der Ablieferung;
6) die Bestimmung in Ansehung der Fracht;
7) den Ort und Tag der Ausstellung.

Der Ladeschein muss von dem Frachtführer unterzeichnet sein.

Der Absender hat dem Frachtführer auf dessen Verlangen eine von ihm unterzeichnete gleichlautende Kopie des Ladescheins auszuhändigen.

Art. 415. Der Ladeschein entscheidet für die Rechtsverhältnisse zwischen dem Frachtführer und dem Empfänger des Guts; die nicht in denselben aufgenommenen Bestimmungen des Frachtvertrages haben gegenüber dem Empfänger keine rechtliche Wirkung, sofern nicht auf dieselben ausdrücklich Bezug genommen ist.

Für die Rechtsverhältnisse zwischen Frachtführer und Absender bleiben die Bestimmungen des Frachtvertrages maassgebend.

Art. 416[1]. Wenn der Frachtführer einen Ladeschein ausgestellt hat, darf er späteren Anweisungen des Absenders wegen Zurückgabe oder Auslieferung des Guts an einen anderen als den durch den Ladeschein legitimirten Empfänger nur dann Folge leisten, wenn ihm der Ladeschein zurückgegeben wird. Handelt er dieser Bestimmung entgegen, so ist er dem rechtmässigen Inhaber des Ladescheins für das Gut verpflichtet.

Art. 417. Zum Empfange des Guts legitimirt ist derjenige, an welchen das Gut nach dem Ladeschein abgeliefert werden soll, oder auf welchen der Ladeschein, wenn er an Order lautet, durch Indossament übertragen ist.

Art. 418. Der Frachtführer ist zur Ablieferung des Guts nur gegen Rückgabe des Ladescheins, auf welchem die Ablieferung des Guts zu bescheinigen ist, verpflichtet.

Art. 419. Im Uebrigen kommen die Bestimmungen über die Rechte und Pflichten des Frachtführers auch in dem Falle zur Anwendung, wenn ein Ladeschein ausgestellt ist.

Art. 420. Wenn ein Kaufmann, dessen gewöhnlicher Handelsbetrieb sich nicht auf die Ausführung von Frachtgeschäften erstreckt, in einem einzelnen Falle einen Transport von Gütern zu Land oder auf Flüssen und Binnengewässern auszuführen übernimmt, so kommen die Bestimmungen dieses Titels auch in Bezug auf ein solches Geschäft zur Anwendung[2].

Art. 421. Die Bestimmungen dieses Abschnitts finden auch Anwendung auf Frachtgeschäfte von Eisenbahnen und anderen öffentlichen Transportanstalten.

Sie gelten jedoch für die Postanstalten nur insoweit, als nicht durch besondere Gesetze oder Verordnungen für dieselben ein Anderes bestimmt ist[3].

Für die Eisenbahnen kommen ferner die Bestimmungen des folgenden Abschnitts zur Anwendung[4].

---

[1] Vgl. Konk.-O. §. 36 (Anm. zu Art. 402).

[2] Nach Bremen 29 auch bei entgeltlichen Transportgeschäften von Nichtkaufleuten.

[3] Vgl. Ges. über das Postwesen des Deutschen Reiches v. 28. Okt. 1871, s. unten IV. Nr. 12.

[4] Vgl. Verfassung des Deutschen Reiches v. 16. April 1871 (RGB 1871, S. 63 ff.) Art. 42—47, ferner Ges. betr. die Errichtung eines Reichs-Eisenbahn-Amtes, v. 27. Juni 1873 (RGB 1873, S. 164), das Bahnpolizeireglement v. 30. Nov. 1885 (RGB 289—318) und das Betriebsreglement für die Eisenbahnen Deutschlands v. 11. Mai 1874 (Centralblatt f. d. Deutsche Reich 1874, S. 179—214) nebst den Abänderungen v. 6. Apr. u. 29. Dez. 1876, 7. Dez. 1877, 30. Apr. 1878, 13. Juli 1879, 13. Juni 1880. 1. März u. 5. Juli 1881, 30. März 1882, 20. März u. 15. Apr. 1883, für Oesterreich das Betriebsreglement für die Eisenbahnen der im Reichsrathe vertretenen Königreiche und Länder, v. 10. Juni 1874 (RGB Nr. 75).

Zweiter Abschnitt.

Von dem Frachtgeschäft der Eisenbahnen insbesondere.

Art. 422. Eine Eisenbahn, welche dem Publikum zur Benutzung für den Gütertransport eröffnet ist, kann die bei ihr nachgesuchte Eingehung eines Frachtgeschäfts für ihre Bahnstrecke nicht verweigern, insofern

1) die Güter, an sich oder vermöge ihrer Verpackung nach den Reglements, und im Falle die letzteren fehlen oder keinen Anhalt gewähren, nach den Einrichtungen und der Benutzungsweise der Bahn zum Transport sich eignen;
2) der Absender in Bezug auf die Fracht, die Auflieferung der Güter und die sonstigen den Eisenbahnen freigestellten Transportbedingungen sich den allgemein geltenden Anordnungen der Bahnverwaltung unterwirft;
3) die regelmässigen Transportmittel der Bahn zur Ausführung des Transports genügen.

Die Eisenbahnen sind nicht verpflichtet, die Güter zum Transport eher anzunehmen, als bis die Beförderung derselben geschehen kann.

In Ansehung der Zeit der Beförderung darf kein Absender vor dem Anderen ohne einen in den Einrichtungen der Bahn, in den Transportverhältnissen, oder im öffentlichen Interesse liegenden Grund begünstigt werden.

Zuwiderhandlungen gegen die Bestimmungen dieses Artikels begründen den Anspruch auf Ersatz des dadurch entstandenen Schadens.

Art. 423. Die im Art. 422 bezeichneten Eisenbahnen sind nicht befugt, die Anwendung der in den Art. 395, 396, 397, 400, 401, 408 enthaltenen Bestimmungen über die Verpflichtung des Frachtführers zum Schadensersatze, sei es in Bezug auf den Eintritt, den Umfang oder die Dauer der Verpflichtung oder in Bezug auf die Beweislast, zu ihrem Vortheil durch Verträge (mittelst Reglements oder durch besondere Uebereinkunft) im Voraus auszuschliessen oder zu beschränken, ausser, soweit solches durch die nachfolgenden Artikel zugelassen ist.

Vertragsbestimmungen, welche dieser Vorschrift entgegenstehen, haben keine rechtliche Wirkung.

Art. 424. Es kann bedungen werden:

1) in Ansehung der Güter, welche nach Vereinbarung mit dem Absender in unbedeckten Wagen transportirt werden:
   dass für den Schaden nicht gehaftet werde, welcher aus der mit dieser Transportart verbundenen Gefahr entstanden ist;
2) in Ansehung der Güter, welche, ungeachtet ihre Natur eine Verpackung zum Schutz gegen Verlust oder Beschädigung auf dem Transport erfordert, nach Erklärung des Absenders auf dem Frachtbrief unverpackt oder mit mangelhafter Verpackung aufgegeben sind:
   dass für den Schaden nicht gehaftet werde, welcher aus der mit dem Mangel der Verpackung oder mit der mangelhaften Beschaffenheit der Verpackung verbundenen Gefahr entstanden ist;
3) in Ansehung der Güter, deren Auf- und Abladen nach Vereinbarung mit dem Absender von diesem besorgt wird:
   dass für den Schaden nicht gehaftet werde, der aus der mit dem Auf- und Abladen oder mit mangelhafter Verladung verbundenen Gefahr entstanden ist;
4) in Ansehung der Güter, welche vermöge ihrer eigenthümlichen natürlichen Beschaffenheit der besonderen Gefahr ausgesetzt sind, gänzlichen oder theilweisen Verlust oder Beschädigung, namentlich Bruch, Rost, inneren Verderb, aussergewöhnliche Leckage u. s. w. zu erleiden:

dass für den Schaden nicht gehaftet werde, welcher aus dieser Gefahr entstanden ist;

5) in Ansehung lebender Thiere:
dass für den Schaden nicht gehaftet werde, welcher aus der mit dem Transport dieser Thiere für dieselben verbundenen besonderen Gefahr entstanden ist;

6) in Ansehung begleiteter Güter:
dass für den Schaden nicht gehaftet werde, welcher aus der Gefahr entstanden ist, deren Abwendung durch die Begleitung bezweckt wird.

Ist eine der in diesem Artikel zugelassenen Bestimmungen bedungen, so gilt zugleich als bedungen, dass bis zum Nachweise des Gegentheils vermuthet werden soll, dass ein eingetretener Schaden, wenn er aus der nicht übernommenen Gefahr entstehen konnte, aus derselben wirklich entstanden ist.

Eine nach diesem Artikel bedungene Befreiung von der Haftpflicht kann nicht geltend gemacht werden, wenn nachgewiesen wird, dass der Schaden durch Verschulden der Bahnverwaltung oder ihrer Leute entstanden ist.

Art. 425. In Ansehung des Reisegepäcks kann bedungen werden:

1) dass für Verlust oder Beschädigung von Reisegepäck, welches nicht zum Transport aufgegeben ist, nur gehaftet werde, wenn ein Verschulden der Bahnverwaltung oder ihrer Leute nachgewiesen wird. Dasselbe kann in Ansehung von Gegenständen bedungen werden, welche sich in Reise-Equipagen befinden;
2) dass für Verlust von Reisegepäck, welches zum Transport aufgegeben ist, nur gehaftet werde, wenn das Gepäck binnen einer bestimmten Frist nach der Ablieferungszeit abgefordert wird.
Die Frist darf nicht kürzer als drei Tage sein.

Art. 426. In Ansehung der Güter, welche nach ihrer natürlichen Beschaffenheit bei dem Transport regelmässig einen Verlust an Gewicht oder an Maass erleiden, kann bedungen werden, dass bis zu einem im Voraus bestimmten Normalsatze für Verlust an Gewicht oder Maass nicht gehaftet werde. Der Normalsatz muss, im Falle mehrere Stücke zusammen transportirt worden sind, für jedes einzelne Stück besonders berechnet werden, wenn das Gewicht oder Maass der einzelnen Stücke im Frachtbrief verzeichnet oder sonst erweislich ist.

Die hier bezeichnete Bestimmung kann nicht geltend gemacht werden, wenn nachgewiesen wird, dass der Verlust nach den Umständen des Falles nicht in Folge der natürlichen Beschaffenheit des Guts entstanden ist, oder dass der bestimmte Normalsatz dieser Beschaffenheit oder den sonstigen Umständen des Falles nicht entspricht.

Art. 427. Es kann bedungen werden:

1) dass der nach Art. 396 der Schadensberechnung zu Grunde zu legende Werth den im Frachtbrief, im Ladeschein oder im Gepäckschein als Werth des Guts angegebenen Betrag und in Ermangelung einer solchen Angabe einen im Voraus bestimmten Normalsatz nicht übersteigen soll;
2) dass die Höhe des nach Art. 397 wegen verspäteter Lieferung zu leistenden Schadensersatzes den im Frachtbrief, im Ladeschein oder im Gepäckschein als die Höhe des Interesses an der rechtzeitigen Lieferung angegebenen Betrag und in Ermangelung einer solchen Angabe einen im Voraus bestimmten Normalsatz, welcher auch in dem Verluste der Fracht oder eines Theiles derselben bestehen kann, nicht übersteigen soll.

Im Falle einer böslichen Handlungsweise der Eisenbahnverwaltung oder ihrer Leute kann die Beschränkung der Haftpflicht auf den Normalsatz oder den angegebenen Werth des Guts nicht geltend gemacht werden.

Art. 428. Es kann bedungen werden, dass nach erfolgter Empfangnahme des Guts und Bezahlung der Fracht jeder Anspruch wegen Verlustes an dem Gute oder wegen Beschädigung desselben auch dann, wenn dieselben bei der Ablieferung nicht erkennbar waren und erst später entdeckt worden sind (Art. 408, Abs. 2), erlischt, wenn der Anspruch nicht binnen einer bestimmten Frist nach der Ablieferung bei der Eisenbahnverwaltung angemeldet worden ist.

Die Frist darf nicht kürzer als vier Wochen sein.

Art. 429. Wenn eine Eisenbahn das Gut mit einem Frachtbrief übernimmt, nach welchem der Transport durch mehrere sich an einander anschliessende Eisenbahnen zu bewirken ist, so kann bedungen werden, dass nicht sämmtliche Eisenbahnen, welche das Gut mit dem Frachtbrief übernommen haben, nach Maassgabe des Art. 401 als Frachtführer für den ganzen Transport haften, sondern dass nur die erste Bahn und diejenige Bahn, welche das Gut mit dem Frachtbriefe zuletzt übernommen hat, dieser Haftpflicht für den ganzen Transport unterliegt, vorbehaltlich des Rückgriffs der Eisenbahnen gegeneinander, dass dagegen eine der übrigen, in der Mitte liegenden, Eisenbahnen nur dann als Frachtführer in Anspruch genommen werden kann, wenn ihr nachgewiesen wird, dass der Schaden auf ihrer Bahn sich ereignet hat.

Art. 430. Wenn eine Eisenbahn das Gut mit einem Frachtbrief zum Transport übernimmt, in welchem als Ort der Ablieferung ein weder an ihrer Bahn, noch an einer der sich an sie anschliessenden Bahnen liegender Ort bezeichnet ist, so kann bedungen werden, dass die Haftpflicht der Eisenbahn oder der Eisenbahnen als Frachtführer nicht für den ganzen Transport bis zum Ort der Ablieferung, sondern nur für den Transport bis zu dem Ort bestehe, wo der Transport mittelst Eisenbahn enden soll; ist dies bedungen, so treten in Bezug auf die Weiterbeförderung nur die Verpflichtungen des Spediteurs ein.

Art. 431. Ist von dem Absender auf dem Frachtbrief bestimmt, dass das Gut an einem an der Eisenbahn liegenden Ort abgegeben werden oder liegen bleiben soll, so gilt, ungeachtet im Frachtbrief ein anderweitiger Bestimmungsort angegeben ist, der Transport als nur bis zu jenem an der Bahn liegenden Ort übernommen, und die Bahn ist nur bis zur Ablieferung an diesem Ort verantwortlich.

Fünftes Buch [1].

Vom Seehandel.

Erster Titel.

Allgemeine Bestimmungen [2].

Art. 432—437 [3].

---

[1] In Oesterreich ist das fünfte Buch des HGB nicht eingeführt.

[2] Durch Ges. v. 27. Juli 1877 (RGB 1877, S. 549 ff.) sind an den deutschen Küsten zur Untersuchung von Seeunfällen mit Verlust von Schiffen oder Menschenleben, nach Ermessen oder auf höhere Anordnung auch in anderen Fällen, Seeämter, unter einem Oberseeamt als höherer Instanz, eingerichtet. Ihre Jurisdiction erstreckt sich, abgesehen von besonderer Anordnung des Reichskanzlers, auf Unfälle deutscher Kauffahrteischiffe und auf Unfälle ausländischer innerhalb der deutschen Küstengewässer. Sie haben die Ursache des Unfalls durch Urtheil festzustellen und können schuldig befundenen deutschen Schiffern, Steuermännern und Maschinisten von Seedampfschiffen die Befugniss zur Ausübung ihres Gewerbes aberkennen. — Vgl. auch Noth- und Lootsen-Signalordnung für Schiffe auf See und auf den Küstengewässern, v. 14. Aug. 1876 (RGB 1876, S. 187).

[3] Die Art. 432—437 sind ersetzt durch das unter IV Nr. 13 abgedruckte RG v. 25. Okt.

Art. 438[1]). Die Landesgesetze können bestimmen, dass die Vorschriften der Art. 432—437 auf kleinere Fahrzeuge (Küstenfahrer u. s. w.) keine Anwendung finden.

Art. 439. Bei der Veräusserung eines Schiffs oder eines Antheils am Schiff (Schiffspart) kann zum Eigenthumserwerb die nach den Grundsätzen des bürgerlichen Rechts etwa erforderliche Uebergabe durch die unter den Kontrahenten getroffene Vereinbarung ersetzt werden, dass das Eigenthum sofort auf den Erwerber übergehen soll.

Art. 440. In allen Fällen der Veräusserung eines Schiffs oder einer Schiffspart kann jeder Theil verlangen, dass ihm auf seine Kosten eine beglaubigte Urkunde über die Veräusserung ertheilt werde.

Art. 441. Wird ein Schiff oder eine Schiffspart veräussert, während das Schiff auf der Reise sich befindet, so ist im Verhältniss zwischen dem Veräusserer und Erwerber in Ermangelung einer anderen Vereinbarung anzunehmen, dass dem Erwerber der Gewinn der laufenden Reise gebühre oder der Verlust derselben zur Last falle.

Art. 442. Durch die Veräusserung eines Schiffs oder einer Schiffspart wird in den persönlichen Verpflichtungen des Veräusserers gegen Dritte nichts geändert.

Art. 443. Unter dem Zubehör eines Schiffs sind alle Sachen begriffen, welche zu dem bleibenden Gebrauch des Schiffs bei der Seefahrt bestimmt sind.

Dahin gehören insbesondere auch die Schiffsboote.

Im Zweifel werden Gegenstände, welche in das Schiffsinventar eingetragen sind, als Zubehör des Schiffs angesehen.

Art. 444. Im Sinne dieses fünften Buches gilt ein seeuntüchtig gewordenes Schiff

1) als reparaturunfähig, wenn die Reparatur des Schiffs überhaupt nicht möglich ist, oder an dem Ort, wo das Schiff sich befindet, nicht bewerkstelligt, dasselbe auch nicht nach dem Hafen, wo die Reparatur auszuführen wäre, gebracht werden kann;
2) als reparaturunwürdig, wenn die Kosten der Reparatur ohne Abzug für den Unterschied zwischen alt und neu mehr betragen würden, als drei Viertel seines früheren Werths.

Ist die Seeuntüchtigkeit während einer Reise eingetreten, so gilt als der frühere Werth derjenige, welchen das Schiff bei dem Antritt der Reise gehabt hat, in den übrigen Fällen derjenige, welchen das Schiff, bevor es seeuntüchtig geworden ist, gehabt hat oder bei gehöriger Ausrüstung gehabt haben würde.

Art. 445. Zur Schiffsbesatzung werden gerechnet der Schiffer, die Schiffsmannschaft, sowie alle übrigen auf dem Schiff angestellten Personen.

Art. 446. Ein zum Abgehen fertiges (segelfertiges) Schiff kann wegen Schulden nicht mit Beschlag belegt werden. Diese Bestimmung tritt jedoch nicht ein, wenn die Schulden zum Behuf der anzutretenden Reise gemacht worden sind.

Durch eine Beschlagnahme von bereits an Bord des Schiffs befindlichen Gütern wegen Schulden kann deren Wiederausladung nur in denjenigen Fällen erwirkt werden, in welchen der Ablader selbst die Wiederausladung noch zu fordern befugt wäre, und nur gegen Leistung desjenigen, was dieser alsdann zu leisten haben würde.

Eine zur Schiffsbesatzung gehörige Person kann wegen Schulden

---

1867 über die Nationalität der Kauffahrteischiffe und ihre Befugniss zur Führung der Bundesflagge.

[1]) Vgl. unten IV, Nr. 14.

von dem Zeitpunkt an nicht mehr verhaftet werden, in welchem das Schiff segelfertig ist[1]).

Art. 447. Wenn in diesem fünften Buche die Europäischen Häfen den nichteuropäischen Häfen entgegengesetzt werden, so sind unter den ersteren zugleich die nichteuropäischen Häfen des Mittelländischen, Schwarzen und Azowschen Meeres als mitbegriffen anzusehen.

Art. 448. Die Bestimmungen des fünften Buches, welche sich auf den Aufenthalt des Schiffs im Heimathshafen beziehen, können von den Landesgesetzen auf alle oder einige Häfen des Reviers des Heimathshafens ausgedehnt werden[2]).

Art. 449. Für die Postanstalten gelten die Bestimmungen des fünften Buches nur insoweit, als nicht durch besondere Gesetze oder Verordnungen für dieselben ein Anderes vorgeschrieben ist[3]).

Zweiter Titel.

Von dem Rheder und von der Rhederei.

Art. 450. Rheder ist der Eigenthümer eines ihm zum Erwerb durch die Seefahrt dienenden Schiffs.

Art. 451. Der Rheder ist für den Schaden verantwortlich, welchen eine Person der Schiffsbesatzung einem Dritten durch ihr Verschulden in Ausführung ihrer Dienstverrichtungen zufügt.

Art. 452. Der Rheder haftet für den Anspruch eines Dritten nicht persönlich, sondern er haftet nur mit Schiff und Fracht:

1) wenn der Anspruch auf ein Rechtsgeschäft gegründet wird, welches der Schiffer als solcher kraft seiner gesetzlichen Befugnisse, und nicht mit Bezug auf eine besondere Vollmacht geschlossen hat;
2) wenn der Anspruch auf die Nichterfüllung oder auf die unvollständige oder mangelhafte Erfüllung eines von dem Rheder abgeschlossenen Vertrages gegründet wird, insofern die Ausführung des Vertrages zu den Dienstobliegenheiten des Schiffers gehört hat, ohne Unterschied, ob die Nichterfüllung oder die unvollständige oder die mangelhafte Erfüllung von einer Person der Schiffsbesatzung verschuldet ist oder nicht;
3) wenn der Anspruch auf das Verschulden einer Person der Schiffsbesatzung gegründet wird.

In den unter Ziffer 1 und 2 bezeichneten Fällen kommt jedoch dieser Artikel nicht zur Anwendung, wenn den Rheder selbst in Ansehung der Vertragserfüllung ein Verschulden trifft, oder wenn derselbe die Vertragserfüllung besonders gewährleistet hat.

Art. 453[4]).

Art. 454. Die übrigen Fälle, in welchen der Rheder nicht persönlich, sondern nur mit Schiff und Fracht haftet, sind in den folgenden Titeln bestimmt.

Art. 455. Der Rheder als solcher kann wegen eines jeden Anspruchs, ohne Unterschied ob er persönlich oder nur mit Schiff und Fracht haftet, vor dem Gerichte des Heimathshafens (Art. 435) belangt werden.

Art. 456. Wird von mehreren Personen ein ihnen gemeinschaftlich zustehendes Schiff zum Erwerb durch die Seefahrt für gemeinschaftliche Rechnung verwendet, so besteht eine Rhederei.

---

1) Vgl C.-Pr.-O. §. 785.
2) Vgl. Preussen 55, Schl.-Holst. 67, Hann. 32, Oldenb. 27, Brem. 40, Hamb. 46.
3) Vgl. unten IV Nr. 12.
4) Dafür jetzt §. 68 der Seemannsordnung (IV. Nr. 15).

Der Fall, wenn das Schiff einer Handelsgesellschaft gehört, wird durch die Bestimmungen über die Rhederei nicht berührt.

Art. 457. Das Rechtsverhältniss der Mitrheder unter einander bestimmt sich zunächst nach dem zwischen ihnen geschlossenen Vertrage. Soweit eine Vereinbarung nicht getroffen ist, kommen die Bestimmungen der nachfolgenden Artikel zur Anwendung.

Art. 458. Für die Angelegenheiten der Rhederei sind die Beschlüsse der Mitrheder maassgebend. Bei der Beschlussfassung entscheidet die Mehrheit der Stimmen. Die Stimmen werden nach der Grösse der Schiffsparten gezählt. Die Stimmenmehrheit für einen Beschluss ist vorhanden, wenn der Person oder den Personen, welche für den Beschluss gestimmt haben, zusammen mehr als die Hälfte des ganzen Schiffs gehört.

Einstimmigkeit sämmtlicher Mitrheder ist erforderlich zu Beschlüssen, welche eine Abänderung des Rhedereivertrages bezwecken oder welche den Bestimmungen des Rhedereivertrages entgegen oder dem Zwecke der Rhederei fremd sind.

Art. 459. Durch Beschluss der Mehrheit kann für den Rhedereibetrieb ein Korrespondentrheder (Schiffsdirektor, Schiffsdisponent) bestellt werden. Zur Bestellung eines Korrespondentrheders, welcher nicht zu den Mitrhedern gehört, ist ein einstimmiger Beschluss erforderlich.

Die Bestellung des Korrespondentrheders kann zu jeder Zeit durch Stimmenmehrheit widerrufen werden, unbeschadet der Rechte auf Entschädigung aus bestehenden Verträgen.

Art. 460. Im Verhältniss zu Dritten ist der Korrespondentrheder kraft seiner Bestellung befugt, alle Geschäfte und Rechtshandlungen vorzunehmen, welche der Geschäftsbetrieb einer Rhederei gewöhnlich mit sich bringt.

Diese Befugniss erstreckt sich insbesondere auf die Ausrüstung, Erhaltung und Verfrachtung des Schiffs, auf die Versicherung der Fracht, der Ausrüstungskosten und der Havereigelder, sowie auf die mit dem gewöhnlichen Geschäftsbetrieb verbundene Empfangnahme von Geldern.

Der Korrespondentrheder ist in demselben Umfange befugt, die Rhederei vor Gericht zu vertreten.

Er ist befugt, den Schiffer anzustellen und zu entlassen; der Schiffer hat sich nur an dessen Anweisungen und nicht auch an die etwaigen Anweisungen der einzelnen Mitrheder zu halten.

Im Namen der Rhederei oder einzelner Mitrheder Wechselverbindlichkeiten einzugehen oder Darlehen aufzunehmen, das Schiff oder Schiffsparten zu verkaufen oder zu verpfänden oder für dieselben Versicherung zu nehmen, ist der Korrespondentrheder nicht befugt, es sei denn, dass ihm eine Vollmacht hierzu besonders ertheilt ist.

Im Uebrigen bedarf es zu den Geschäften und Rechtshandlungen, welche er kraft seiner Bestellung vorzunehmen befugt ist, der in den Landesgesetzen etwa vorgeschriebenen Spezialvollmacht nicht.

Art. 461. Durch ein Rechtsgeschäft, welches der Korrespondentrheder als solcher innerhalb der Grenzen seiner Befugnisse geschlossen hat, wird die Rhederei dem Dritten gegenüber auch dann berechtigt und verpflichtet, wenn das Geschäft ohne Nennung der einzelnen Mitrheder geschlossen ist.

Ist die Rhederei durch ein von dem Korrespondentrheder abgeschlossenes Geschäft verpflichtet, so haften die Mitrheder in gleichem Umfange (Art. 452), als wenn das Geschäft von ihnen selbst geschlossen wäre.

Art. 462. Eine Beschränkung der im Art. 460 bezeichneten Befugnisse des Korrespondentrheders kann die Rhederei einem Dritten nur insofern entgegensetzen, als sie beweist, dass die Beschränkung dem Dritten zur Zeit des Abschlusses des Geschäfts bekannt war.

Art. 463. Der Rhederei gegenüber ist der Korrespondentrheder verpflichtet, die Beschränkungen einzuhalten, welche von derselben für den Umfang seiner Befugnisse festgesetzt sind; er hat sich ferner nach den gefassten Beschlüssen zu richten und dieselben zur Ausführung zu bringen.

Im Uebrigen ist der Umfang seiner Befugnisse auch der Rhederei gegenüber nach den Bestimmungen des Art. 460 mit der Maassgabe zu beurtheilen, dass er zu neuen Reisen und Unternehmungen, zu aussergewöhnlichen Reparaturen, sowie zur Anstellung oder Entlassung des Schiffers vorher die Beschlüsse der Rhederei einholen muss.

Art. 464. Der Korrespondentrheder ist verpflichtet, in den Angelegenheiten der Rhederei die Sorgfalt eines ordentlichen Rheders anzuwenden.

Art. 465. Der Korrespondentrheder hat über seine die Rhederei betreffende Geschäftsführung abgesondert Buch zu führen und die dazu gehörigen Beläge aufzubewahren. Er hat auch jedem Mitrheder auf dessen Verlangen Kenntniss von allen Verhältnissen zu geben, die sich auf die Rhederei, insbesondere auf das Schiff, die Reise und die Ausrüstung beziehen; er muss ihm jederzeit die Einsicht der die Rhederei betreffenden Bücher, Briefe und Papiere gestatten.

Art. 466. Der Korrespondentrheder ist verpflichtet, jederzeit auf Beschluss der Rhederei derselben Rechnung zu legen. Die Genehmigung der Rechnung und die Billigung der Verwaltung des Korrespondentrheders durch die Mehrheit hindert die Minderheit nicht, ihr Recht geltend zu machen.

Art. 467. Jeder Mitrheder hat nach Verhältniss seiner Schiffspart zu den Ausgaben der Rhederei, insbesondere zu den Kosten der Ausrüstung und der Reparatur des Schiffs, beizutragen.

Ist ein Mitrheder mit Leistung seines Beitrags in Verzug und wird das Geld von Mitrhedern für ihn vorgeschossen, so ist er denselben von Rechtswegen zur Entrichtung von Zinsen von dem Zeitpunkt der Vorschüsse an verpflichtet. Ob durch einen solchen Vorschuss ein Pfandrecht an der Schiffspart des säumigen Mitrheders erworben wird, ist nach den Landesgesetzen zu beurtheilen. Auch wenn ein Pfandrecht nicht erworben ist, wird durch den Vorschuss ein versicherbares Interesse hinsichtlich der Schiffspart für die Mitrheder begründet. Im Falle der Versicherung dieses Interesse hat der säumige Mitrheder die Kosten derselben zu ersetzen.

Art. 468[1]). Wenn eine neue Reise oder wenn nach Beendigung einer

---

[1]) In Mecklenburg-Schwerin gelten statt dieses Artikels die folgenden Bestimmungen der Einführungs-Verordnung v. 28. Dez. 1863 (vgl. S. 2): §. 51. Jedes Schiff, welches mehreren Eigenthümern gehört, muss einen Correspondentrheder haben. §. 52. Bei Abstimmungen über Angelegenheiten des laufenden Rhedereibetriebes werden die Stimmen derjenigen Mitrheder, welche nicht an dem Sitze der Rhederei wohnhaft sind und bei dem Correspondentrheder einen Vertreter nicht angemeldet haben, desgleichen die Stimmen derjenigen Mitglieder, welche rechtlich oder thatsächlich an der Theilnahme behindert sind, so lange sie einer Vertretung entbehren, den mehreren Stimmen hinzugezählt. §. 53. Die Minderheit der Rhederei, welche durch einen Beschluss der Mehrheit in den Angelegenheiten der Rhederei überstimmt ist, Art. 458, Abs. 1, Art. 473, Abs. 1 des HGB, hat das Recht, das Schiff zu setzen, d. h. dasselbe zu einem bestimmten Geldpreise zu veranschlagen, zu welchem die Mehrheit der Rheder entweder das Schiff gegen Auszahlung der Antheile der Minderheit nach jenem Preise übernehmen, oder, wenn sie dies ablehnt, das Schiff der Minderheit der Rheder gegen Auszahlung ihrer Antheile nach jenem Preise überlassen muss. 1) Zu der Minderheit werden auch die etwa bei der Abstimmung ordnungswidrig übergangenen Mitrheder gerechnet, die sich dem Beschlusse der Mehrheit nicht fügen wollen. Das Recht zu setzen steht allen zu der Minderheit gehörenden, welche davon Gebrauch machen wollen, zu, daher, wenn die Uebrigen dies nicht wollen, auch einem Einzelnen. 2) Nach beendigter Abstimmung hat der Correspondentrheder die Minderheit sofort mit dem Beschlusse der Mehrheit

Reise die Reparatur des Schiffs oder wenn die Befriedigung eines Gläubigers beschlossen worden ist, welchem die Rhederei nur mit Schiff und Fracht haftet, so kann jeder Mitrheder, welcher dem Beschlusse nicht zugestimmt hat, sich von der Leistung der zur Ausführung desselben erforderlichen Einzahlungen dadurch befreien, dass er seine Schiffspart ohne Anspruch auf Entgelt aufgiebt.

Der Mitrheder, welcher von dieser Befugniss Gebrauch machen will, muss dies den Mitrhedern oder dem Korrespondentrheder innerhalb dreier Tage nach dem Tage des Beschlusses oder, wenn er bei der Beschlussfassung nicht anwesend und nicht vertreten war, innerhalb dreier Tage nach der Mittheilung des Beschlusses gerichtlich oder notariell kundgeben.

Die aufgegebene Schiffspart fällt den übrigen Mitrhedern nach Verhältniss der Grösse ihrer Schiffsparten zu.

Art. 469. Die Vertheilung des Gewinnes und Verlustes geschieht nach der Grösse der Schiffsparten.

Die Berechnung des Gewinnes und Verlustes und die Auszahlung des etwaigen Gewinnes erfolgt jedesmal, nachdem das Schiff in den Heimathshafen zurückgekehrt ist, oder nachdem es in einem anderen Hafen seine Reise beendigt hat und die Schiffsmannschaft entlassen ist.

Ausserdem müssen auch vor dem erwähnten Zeitpunkte die eingehenden Gelder, insoweit sie nicht zu späteren Ausgaben oder zur Deckung von Ansprüchen einzelner Mitrheder an die Rhederei erforderlich sind, unter die einzelnen Mitrheder nach Verhältniss der Grösse ihrer Schiffsparten vorläufig vertheilt und ausgezahlt werden.

---

bekannt zu machen. Auch die Setzung muss binnen drei Tagen, Art. 468, Abs. 2 des HGB, in eiligen Fällen sofort nach erhaltener Kenntniss von dem Mehrheitsbeschlusse erfolgen. Dieselbe ist an die dem letzteren beistimmenden Mitrheder zu richten und dem Correspondentrheder zur Erwirkung der Gegenerklärung zuzustellen. 3) Der Geldanschlag des Schiffes, welchen die Setzung enthalten muss, ergreift den Werth des Schiffes und der Schiffsgeräthschaften und behält die sonstigen Activa und Passiva einer besonderen Liquidation vor. 4) Nach rechtzeitig erfolgter Setzung muss die Ausführung des Mehrheitsbeschlusses unterbleiben. Befindet sich das Schiff auf der Reise, so genügt die Anmeldung der Setzung, welche dann innerhalb acht Tagen, nachdem der Setzende durch den Correspondentrheder von der Ankunft des Schiffes in einem Hafen benachrichtigt ist, geschehen muss. 5) Die Mehrheit hat sich über die Wahl, ob sie nehmen oder geben will, binnen vierzehn Tagen zu erklären. In dem Falle des Gebens müssen die gesammten Parte der Mehrheit gegeben werden, mit Ausnahme der Parte Derjenigen, welche sich der Abstimmung der oder des Setzenden fügen wollen. Ist die Mehrheit über Nehmen oder Geben getheilt, so gehen Diejenigen vor, welche das ganze Part der oder des Setzenden für ihre alleinige Rechnung nehmen wollen. 6) Die Setzung führt an sich nicht zu der Auflösung der Rhederei, sondern nur zu dem Wechsel der Inhaber einzelner Schiffsparte. Der bei dem Schiffe bleibende Theil tritt von dem Zeitpunkte der Erklärung auf die Setzung in die laufenden Verbindlichkeiten der Rhederei ein. Der Setzungspreis ist binnen acht Tagen nach zugelegter Liquidation an den ausscheidenden Theil zu berichtigen, worauf das Schiff zu der freien Verfügung des Nehmers steht. Kann die Liquidation nicht unverzüglich beschafft werden, so wird dem Nehmer gegen genugsame Sicherheit die Verfügung über das Schiff freigegeben. 7) Diejenigen Rheder, welche sich an der fraglichen Abstimmung nicht betheiligt haben, bleiben mit ihrem Parte im Schiffe. 8) Hat die Mehrheit einen von der Minderheit ausgehenden Antrag abgelehnt, so ist eine Setzung aus diesem Grunde nur unter den Voraussetzungen statthaft, unter welchen nach dem Art. 473, Abs. 2 des HGB der Verkauf des Schiffes durch die Mehrheit beschlossen werden darf. Der Verkauf des Schiffes kann auch dann durch die Mehrheit beschlossen werden, wenn dasselbe in einem anderen Hafen seine Reise beendigt hat und die Schiffsmannschaft entlassen ist. Vgl. Art. 469, Abs. 2 des HGB. §. 54. Durch die in dem Art. 467, Abs. 2 des HGB erwähnten Vorschüsse der Mitrheder, daher auch des Correspondentrheders, wird ein Pfandrecht an den Parten der säumigen Mitrheder erworben. §. 55. Der Art. 468 des HGB tritt in Folge des §. 53 dieser Verordnung nicht in Wirksamkeit. — Da aber diese Bestimmungen durch VO v. 29. Okt. 1869 eine Abänderung erfahren haben, so ist es zweifelhaft, ob sie in der neuen Gestalt Geltung beanspruchen können. Vgl. Wagner, Handbuch des Seerechts. I. 122.

Art. 470. Jeder Mitrheder kann seine Schiffspart jederzeit und ohne Einwilligung der übrigen Mitrheder ganz oder theilweise veräussern.

Ein gesetzliches Vorkaufsrecht steht den Mitrhedern nicht zu. Es kann jedoch die Veräusserung einer Schiffspart, in Folge welcher das Schiff das Recht, die Landesflagge zu führen, verlieren würde, rechtsgültig nur mit Zustimmung aller Mitrheder erfolgen. Die Landesgesetze, welche eine solche Veräusserung überhaupt für unzulässig erklären, werden durch diese Bestimmung nicht berührt.

Art. 471. Der Mitrheder, welcher seine Schiffspart veräussert hat, wird, so lange die Veräusserung von ihm und dem Erwerber den Mitrhedern oder dem Korrespondentrheder nicht angezeigt worden ist, im Verhältniss zu den Mitrhedern noch als Mitrheder betrachtet und bleibt wegen aller vor dieser Anzeige begründeten Verbindlichkeiten als Mitrheder den übrigen Mitrhedern verhaftet.

Der Erwerber der Schiffspart ist jedoch im Verhältniss zu den übrigen Mitrhedern schon seit dem Zeitpunkte der Erwerbung als Mitrheder verpflichtet.

Er muss die Bestimmungen des Rhedereivertrages, die gefassten Beschlüsse und eingegangenen Geschäfte gleichwie der Veräusserer gegen sich gelten lassen; die übrigen Mitrheder können ausserdem alle gegen den Veräusserer als Mitrheder begründeten Verbindlichkeiten in Bezug auf die veräusserte Schiffspart gegen den Erwerber zur Aufrechnung bringen, unbeschadet des Rechts des letzteren auf Gewährleistung gegen den Veräusserer.

Art. 472. Eine Aenderung in den Personen der Mitrheder ist ohne Einfluss auf den Fortbestand der Rhederei.

Wenn ein Mitrheder stirbt oder in Konkurs geräth, oder zur Verwaltung seines Vermögens rechtlich unfähig wird, so hat dies die Auflösung der Rhederei nicht zur Folge.

Eine Aufkündigung von Seiten eines Mitrheders oder eine Ausschliessung eines Mitrheders findet nicht statt.

Art. 473. Die Auflösung der Rhederei kann durch Stimmenmehrheit beschlossen werden. Der Beschluss, das Schiff zu veräussern, steht dem Beschlusse der Auflösung gleich.

Ist die Auflösung der Rhederei oder die Veräusserung des Schiffs beschlossen, so muss das Schiff öffentlich verkauft werden. Der Verkauf kann nur geschehen, wenn das Schiff zu einer Reise nicht verfrachtet ist und in dem Heimathshafen oder in einem inländischen Hafen sich befindet. Ist jedoch das Schiff als reparaturunfähig oder reparaturunwürdig (Art. 444) kondemnirt, so kann der Verkauf desselben, auch wenn es verfrachtet ist, und selbst im Auslande erfolgen. Soll von den vorstehenden Bestimmungen abgewichen werden, so ist die Zustimmung aller Mitrheder erforderlich.

Art. 474. Die Mitrheder als solche haften Dritten, wenn ihre persönliche Haftung eintritt, nur nach Verhältniss der Grösse ihrer Schiffsparten.

Ist eine Schiffspart veräussert, so haften für die in der Zeit zwischen der Veräusserung und der im Art. 471 erwähnten Anzeige etwa begründeten persönlichen Verbindlichkeiten rücksichtlich dieser Schiffspart sowohl der Veräusserer als der Erwerber.

Art. 475. Die Mitrheder als solche können wegen eines jeden Anspruchs, ohne Unterschied, ob dieser von einem Mitrheder oder von einem Dritten erhoben ist, vor dem Gerichte des Heimathshafens (Art. 435) belangt werden.

Diese Vorschrift kommt auch dann zur Anwendung, wenn die Klage nur gegen einen Mitrheder oder gegen einige Mitrheder gerichtet ist.

Art. 476. Auf die Vereinigung zweier oder mehrerer Personen, ein Schiff für gemeinschaftliche Rechnung zu erbauen und zur Seefahrt zu verwenden, finden die Art. 457, 458, 467. der letztere mit der Maassgabe Anwendung, dass er zugleich auf die Baukosten zu beziehen ist, desgleichen die Art. 472 und 474 und, sobald das Schiff vollendet und von dem Erbauer abgeliefert ist, ausserdem die Art. 470, 471 und 473.

Der Korrespondentrheder (Art. 459) kann auch schon vor Vollendung des Schiffs bestellt werden; er hat in diesem Falle sogleich nach seiner Bestellung in Bezug auf den künftigen Rhedereibetrieb die Rechte und Pflichten eines Korrespondentrheders.

Art. 477. Wer ein ihm nicht gehöriges Schiff zum Erwerb durch die Seefahrt für seine Rechnung verwendet und es entweder selbst führt oder die Führung einem Schiffer anvertraut, wird im Verhältniss zu Dritten als Rheder angesehen.

Der Eigenthümer kann denjenigen, welcher aus der Verwendung einen Anspruch als Schiffsgläubiger herleitet, an der Durchführung des Anspruchs nicht hindern, sofern er nicht beweist, dass die Verwendung ihm gegenüber eine widerrechtliche und der Gläubiger nicht in gutem Glauben war.

Dritter Titel.

Von dem Schiffer[1]).

Art. 478. Der Führer des Schiffs (Schiffskapitain, Schiffer) ist verpflichtet, bei allen Dienstverrichtungen, namentlich bei der Erfüllung der von ihm auszuführenden Verträge, die Sorgfalt eines ordentlichen Schiffers anzuwenden. Er haftet für jeden durch sein Verschulden entstandenen Schaden, insbesondere für den Schaden, welcher aus der Verletzung der in diesem und den folgenden Titeln ihm auferlegten Pflichten entsteht.

Art. 479. Diese Haftung des Schiffers besteht nicht nur gegenüber dem Rheder, sondern auch gegenüber dem Befrachter, Ablader und Ladungsempfänger, dem Reisenden, der Schiffsbesatzung und demjenigen Schiffsgläubiger, dessen Forderung aus einem Kreditgeschäft (Art. 497) entstanden ist, insbesondere dem Bodmereigläubiger.

Der Schiffer wird dadurch, dass er auf Anweisung des Rheders gehandelt hat, den übrigen vorgenannten Personen gegenüber von der Haftung nicht befreit.

Durch eine solche Anweisung wird auch der Rheder persönlich verpflichtet, wenn er bei Ertheilung derselben von dem Sachverhältniss unterrichtet war.

Art. 480. Der Schiffer hat vor Antritt der Reise dafür zu sorgen, dass das Schiff in seetüchtigem Stande, gehörig eingerichtet und ausgerüstet, gehörig bemannt und verproviantirt ist, und dass die zum Ausweis für Schiff, Besatzung und Ladung erforderlichen Papiere an Bord sind.

Art. 481. Der Schiffer hat zu sorgen für die Tüchtigkeit der Geräthschaften zum Laden und Löschen, sowie für die gehörige Stauung nach Seemannsbrauch, auch wenn die Stauung durch besondere Stauer bewirkt wird.

Er hat dafür zu sorgen, dass das Schiff nicht überladen, und dass es mit dem nöthigen Ballaste und der erforderlichen Garnirung versehen wird.

Art. 482. Wenn der Schiffer im Auslande die dort geltenden gesetz-

---

[1]) Vgl. S. 91 Anm. 2, ferner Ges., betr. die Schiffsmeldungen bei den Konsulaten des Deutsch. Reiches, v. 25. März 1880, nebst VO v. 28. Juli 1880 (RGB 1880, S. 181, 183).

lichen Vorschriften, insbesondere die Polizei-, Steuer- und Zollgesetze nicht beobachtet, so hat er den daraus entstehenden Schaden zu ersetzen.

Desgleichen hat er den Schaden zu ersetzen, welcher daraus entsteht, dass er Güter ladet, von welchen er wusste oder wissen musste, dass sie Kriegskontrebande seien.

Art. 483. Sobald das Schiff zum Abgehen fertig ist, hat der Schiffer die Reise bei der ersten günstigen Gelegenheit anzutreten.

Auch wenn er durch Krankheit oder andere Ursachen verhindert ist, das Schiff zu führen, darf er den Abgang oder die Weiterfahrt desselben nicht ungebührlich aufhalten; er muss vielmehr, wenn Zeit und Umstände gestatten, die Anordnung des Rheders einzuholen, diesem ungesäumt die Verhinderung anzeigen und für die Zwischenzeit die geeigneten Vorkehrungen treffen, im entgegengesetzten Falle einen anderen Schiffer einsetzen. Für diesen Stellvertreter ist er nur insofern verantwortlich, als ihm bei der Wahl desselben ein Verschulden zur Last fällt.

Art. 484. Vom Beginn des Ladens an bis zur Beendigung der Löschung darf der Schiffer das Schiff gleichzeitig mit dem Steuermann nur in dringenden Fällen verlassen; er hat in solchen Fällen zuvor aus den Schiffsoffizieren oder der übrigen Mannschaft einen geeigneten Vertreter zu bestellen.

Dasselbe gilt auch vor Beginn des Ladens und nach Beendigung der Löschung, wenn das Schiff in einem nicht sicheren Hafen oder auf einer nicht sicheren Rhede liegt.

Bei drohender Gefahr oder wenn das Schiff in See sich befindet, muss der Schiffer an Bord sein, sofern nicht eine dringende Nothwendigkeit seine Abwesenheit rechtfertigt.

Art. 485. Wenn der Schiffer in Fällen der Gefahr mit den Schiffsoffizieren einen Schiffsrath zu halten für angemessen findet, so ist er gleichwohl an die gefassten Beschlüsse nicht gebunden; er bleibt stets für die von ihm getroffenen Maassregeln verantwortlich.

Art. 486. Auf jedem Schiffe muss ein Journal geführt werden, in welches für jede Reise alle erheblichen Begebenheiten, seit mit dem Einnehmen der Ladung oder des Ballastes begonnen ist, einzutragen sind.

Das Journal wird unter Aufsicht des Schiffers von dem Steuermann und im Falle der Verhinderung des letzteren von dem Schiffer selbst oder unter seiner Aufsicht von einem durch ihn zu bestimmenden geeigneten Schiffsmann geführt.

Art. 487. Von Tag zu Tag sind in das Journal einzutragen:

die Beschaffenheit von Wind und Wetter;
die von dem Schiffe gehaltenen Kurse und zurückgelegten Distanzen;
die ermittelte Breite und Länge;
der Wasserstand bei den Pumpen.

Ferner sind in das Journal einzutragen:

die durch das Loth ermittelte Wassertiefe;
jedes Annehmen eines Lootsen und die Zeit seiner Ankunft und seines Abganges;
die Veränderungen im Personal der Schiffsbesatzung;
die im Schiffsrath gefassten Beschlüsse;
alle Unfälle, welche dem Schiff oder der Ladung zustossen, und die Beschreibung derselben.

Auch die auf dem Schiffe begangenen strafbaren Handlungen und die verhängten Disziplinarstrafen, sowie die vorgekommenen Geburts- und Sterbefälle sind in das Journal einzutragen[1]).

[1]) Vgl. RG über die Beurkundung des Personenstandes und die Eheschliessung, v. 6. Febr. 1875, §§. 61—64

Die Eintragungen müssen, soweit die Umstände nicht hindern, täglich geschehen.

Das Journal ist von dem Schiffer und dem Steuermann zu unterschreiben.

Art. 488 [1]).

Art. 489. Die Landesgesetze können bestimmen, dass auf kleineren Fahrzeugen (Küstenfahrer u. dgl.) die Führung eines Journals nicht erforderlich sei.

Art. 490. Der Schiffer hat über alle Unfälle, welche sich während der Reise ereignen, sie mögen den Verlust oder die Beschädigung des Schiffs oder der Ladung, das Einlaufen in einen Nothhafen oder einen sonstigen Nachtheil zur Folge haben, mit Zuziehung aller Personen der Schiffsbesatzung oder einer genügenden Anzahl derselben eine Verklarung abzulegen.

Die Verklarung ist ohne Verzug zu bewirken und zwar:

im Bestimmungshafen oder bei mehreren Bestimmungshäfen, in demjenigen, welchen das Schiff nach dem Unfalle zuerst erreicht;

im Nothhafen, sofern in diesem reparirt oder gelöscht wird;

am ersten geeigneten Orte, wenn die Reise endet, ohne dass der Bestimmungshafen erreicht wird.

Ist der Schiffer gestorben oder ausser Stande, die Aufnahme der Verklarung zu bewirken, so ist hierzu der im Range nächste Schiffsoffizier berechtigt und verpflichtet.

Art. 491. Die Verklarung muss einen Bericht über die erheblichen Begebenheiten der Reise, namentlich eine vollständige und deutliche Erzählung der erlittenen Unfälle, unter Angabe der zur Abwendung oder Verringerung der Nachtheile angewendeten Mittel enthalten.

Art. 492. Im Gebiete dieses Gesetzbuchs muss die Verklarung, unter Vorlegung des Journals und eines Verzeichnisses aller Personen der Schiffsbesatzung, bei dem zuständigen Gericht angemeldet werden [2]).

Das Gericht hat nach Eingang der Anmeldung so bald als thunlich die Verklarung aufzunehmen.

Der dazu anberaumte Termin wird in geeigneter Weise öffentlich bekannt gemacht, insofern die Umstände einen solchen Aufenthalt gestatten.

Die Interessenten von Schiff und Ladung, sowie die etwa sonst bei dem Unfalle Betheiligten sind berechtigt, selbst oder durch Vertreter der Ablegung der Verklarung beizuwohnen.

Die Verklarung geschieht auf Grundlage des Journals. Kann das geführte Journal nicht beigebracht werden oder ist ein Journal nicht geführt (Art. 489), so ist der Grund hiervon anzugeben.

Art. 493. Der Richter ist befugt, ausser den gestellten noch andere Personen der Schiffsbesatzung, deren Abhörung er angemessen findet, zu vernehmen. Er kann zum Zweck besserer Aufklärung dem Schiffer sowohl als jeder anderen Person der Schiffsbesatzung geeignete Fragen zur Beantwortung vorlegen.

Der Schiffer und die zugezogenen übrigen Personen der Schiffsbesatzung haben ihre Aussagen zu beschwören.

Die über die Verklarung aufgenommene Verhandlung ist in Urschrift aufzubewahren und jedem Betheiligten auf Verlangen beglaubigte Abschrift zu ertheilen.

---

[1]) Aufgehoben, vgl. Anm. zu Art. 34. Der Artikel handelte von der Beweiskraft des Journals.

[2]) Nach dem Ges. betr. die Organisation der Bundeskonsulate, v. 8. Nov. 1867 (BGB 1867, S. 137 ff.) sind im Auslande die Bundeskonsuln befugt, die Verklarungen aufzunehmen.

Art. 494[1]).

Art. 495. Rechtsgeschäfte, welche der Schiffer eingeht, während das Schiff im Heimathshafen sich befindet, sind für den Rheder nur dann verbindlich, wenn der Schiffer auf Grund einer Vollmacht gehandelt hat, oder wenn ein anderer besonderer Verpflichtungsgrund vorhanden ist.

Zur Annahme der Schiffsmannschaft ist der Schiffer auch im Heimathshafen befugt.

Art. 496. Befindet sich das Schiff ausserhalb des Heimathshafens, so ist der Schiffer Dritten gegenüber kraft seiner Anstellung befugt, für den Rheder alle Geschäfte und Rechtshandlungen vorzunehmen, welche die Ausrüstung, Bemannung, Verproviantirung und Erhaltung des Schiffs, sowie überhaupt die Ausführung der Reise mit sich bringen.

Diese Befugniss erstreckt sich auch auf die Eingehung von Frachtverträgen; sie erstreckt sich ferner auf die Anstellung von Klagen, welche sich auf den Wirkungskreis des Schiffers beziehen.

Art. 497. Zur Aufnahme von Darlehen, zur Eingehung von Käufen auf Borg, sowie zum Abschlusse ähnlicher Kreditgeschäfte ist jedoch der Schiffer nur dann befugt, wenn es zur Erhaltung des Schiffs oder zur Ausführung der Reise nothwendig und nur insoweit, als es zur Befriedigung des Bedürfnisses erforderlich ist. Ein Bodmereigeschäft ist er einzugehen nur dann befugt, wenn es zur Ausführung der Reise nothwendig und nur insoweit, als es zur Befriedigung des Bedürfnisses erforderlich ist.

Die Gültigkeit des Geschäfts ist weder von der wirklichen Verwendung, noch von der Zweckmässigkeit der unter mehreren Kreditgeschäften getroffenen Wahl, noch von dem Umstande abhängig, ob dem Schiffer das erforderliche Geld zur Verfügung gestanden habe, es sei denn, dass dem Dritten der böse Glaube bewiesen würde.

Art. 498. Auf den persönlichen Kredit des Rheders Geschäfte abzuschliessen, insbesondere Wechselverbindlichkeiten für denselben einzugehen, ist der Schiffer nur auf Grund einer ihn hierzu ermächtigenden Vollmacht (Art. 452. Ziff. 1) befugt. Verhaltungsmaassregeln und dienstliche Anweisungen, welche der Schiffer vom Rheder erhält, genügen nicht, die persönliche Haftung des Rheders dem Dritten gegenüber zu begründen.

Art. 499. Die Befugniss zum Verkaufe des Schiffs hat der Schiffer nur im Falle dringender Nothwendigkeit, und nachdem dieselbe durch das Ortsgericht nach Anhörung von Sachverständigen und mit Zuziehung des Landeskonsuls, wo ein solcher vorhanden, festgestellt ist.

Ist keine Gerichtsbehörde und auch keine andere Behörde, welche die Untersuchung übernimmt, am Ort vorhanden, so hat der Schiffer zur Rechtfertigung seines Verfahrens das Gutachten von Sachverständigen einzuholen und, wenn dies nicht möglich ist, mit anderen Beweisen sich zu versehen.

Der Verkauf muss öffentlich geschehen.

Art. 500. Der Rheder, welcher die gesetzlichen Befugnisse des Schiffers beschränkt hat, kann dem Dritten die Nichteinhaltung dieser Beschränkungen nur dann entgegensetzen, wenn er beweist, dass dieselben dem Dritten bekannt waren.

Art. 501. Hat der Schiffer ohne besonderen Auftrag für Rechnung des Rheders aus eigenen Mitteln Vorschüsse geleistet oder sich persönlich verpflichtet, so stehen ihm gegen den Rheder wegen des Ersatzes keine grösseren Rechte als einem Dritten zu.

---

[1]) Aufgehoben vgl. Anm. zu Art. 34. Der Artikel handelte von der Beweiskraft der Verklarung.

Art. 502. Durch ein Rechtsgeschäft, welches der Schiffer in seiner Eigenschaft als Führer des Schiffs, sei es mit, sei es ohne Bezeichnung des Rheders, innerhalb seiner gesetzlichen Befugnisse geschlossen hat, wird der Rheder dem Dritten gegenüber berechtigt und die Haftung des Rheders mit Schiff und Fracht begründet.

Der Schiffer selbst wird dem Dritten durch das Rechtsgeschäft nicht verpflichtet, es sei denn, dass er eine Gewährleistung für die Erfüllung übernommen oder seine Befugnisse überschritten hätte. Die Haftung des Schiffers nach Maassgabe der Art. 478 und 479 wird hierdurch nicht ausgeschlossen.

Art. 503. Auch dem Rheder gegegüber sind für den Umfang der Befugnisse des Schiffers die vorstehenden Artikel maassgebend, soweit der Rheder diese Befugnisse nicht beschränkt hat.

Ausserdem ist der Schiffer verpflichtet, von dem Zustande des Schiffs, den Begebnissen der Reisen, den von ihm geschlossenen Verträgen und den anhängig gewordenen Prozessen den Rheder in fortlaufender Kenntniss zu erhalten und in allen erheblichen Fällen, namentlich in den Fällen der Artikel 497 und 499, oder wenn er eine Reise zu ändern oder einzustellen sich genöthigt findet, oder bei aussergewöhnlichen Reparaturen und Anschaffungen die Ertheilung von Verhaltungsmaassregeln nachzusuchen, sofern die Umstände es gestatten.

Zu aussergewöhnlichen Reparaturen und Anschaffungen, selbst wenn er sie mit den ihm zur Verfügung stehenden Mitteln des Rheders bestreiten kann, darf er nur im Falle der Nothwendigkeit schreiten.

Wenn er das zur Bestreitung eines Bedürfnisses nöthige Geld nicht anders sich verschaffen kann, als entweder durch Bodmerei, oder durch den Verkauf von entbehrlichem Schiffszubehör, oder durch den Verkauf von entbehrlichen Schiffsvorräthen, so hat er diejenige Maassregel zu ergreifen, welche für den Rheder mit dem geringsten Nachtheil verbunden ist.

Er muss dem Rheder nach der Rückkehr in den Heimathshafen und ausserdem, so oft es verlangt wird, Rechnung legen.

Art. 504. Im Interesse der Ladungsbetheiligten hat der Schiffer während der Reise zugleich für das Beste der Ladung nach Möglichkeit Sorge zu tragen.

Werden zur Abwendung oder Verringerung eines Verlustes besondere Maassregeln erforderlich, so liegt ihm ob, das Interesse der Ladungsbetheiligten als Vertreter derselben wahrzunehmen, wenn thunlich deren Anweisungen einzuholen und, insoweit es den Verhältnissen entspricht, zu befolgen, sonst aber nach eigenem Ermessen zu verfahren und überhaupt thunlichst dafür zu sorgen, dass die Ladungsbetheiligten von solchen Vorfällen und den dadurch veranlassten Maassregeln schleunigst in Kenntniss gesetzt werden.

Er ist in solchen Fällen namentlich auch berechtigt, die Ladung ganz oder zum Theil zu löschen, äusserstenfalls, wenn ein erheblicher Verlust wegen drohenden Verderbs oder aus sonstigen Gründen anders nicht abzuwenden ist, zu verkaufen oder Behufs Beschaffung der Mittel zu ihrer Erhaltung und Weiterbeförderung zu verbodmen, sowie im Falle der Anhaltung oder Aufbringung zu reklamiren oder, wenn sie auf andere Weise seiner Verfügung entzogen ist, ihre Wiedererlangung aussergerichtlich und gerichtlich zu betreiben.

Art. 505. Wird die Fortsetzung der Reise in der ursprünglichen Richtung durch einen Zufall verhindert, so ist der Schiffer befugt, die Reise entweder in einer anderen Richtung fortzusetzen, oder dieselbe auf kürzere oder längere Zeit einzustellen, oder nach dem Abgangshafen zurückzukehren, je nachdem es den Verhältnissen und den möglichst zu berücksichtigenden Anweisungen entspricht.

Im Falle der Auflösung des Frachtvertrages hat er nach den Vorschriften des Art. 634 zu verfahren.

Art. 506. Auf den persönlichen Kredit der Ladungsbetheiligten Geschäfte abzuschliessen, ist der Schiffer auch in den Fällen des Art. 504 nur auf Grund einer ihn hierzu ermächtigenden Vollmacht befugt.

Art. 507. Ausser den Fällen des Art. 504 ist der Schiffer zur Verbodmung der Ladung oder zur Verfügung über Ladungstheile durch Verkauf oder Verwendung nur dann befugt, wenn und insoweit es zum Zweck der Fortsetzung der Reise nothwendig ist.

Art. 508. Gründet sich das Bedürfniss in einer grossen Haverei und kann der Schiffer demselben durch verschiedene Maassregeln abhelfen, so hat er diejenige Maassregel zu ergreifen, welche für die Betheiligten mit dem geringsten Nachtheil verbunden ist.

Art. 509. Liegt der Fall einer grossen Haverei nicht vor, so ist der Schiffer zur Verbodmung der Ladung oder zur Verfügung über Ladungstheile durch Verkauf oder Verwendung nur dann befugt, wenn er dem Bedürfniss auf anderem Wege nicht abhelfen kann, oder wenn die Wahl eines anderen Mittels einen unverhältnissmässigen Schaden für den Rheder zur Folge haben würde.

Auch in diesen Fällen kann er die Ladung nur zusammen mit dem Schiff und der Fracht verbodmen (Art. 681, Absatz 3).

Er hat die Verbodmung vor dem Verkauf zu wählen, es sei denn, dass die Verbodmung einen unverhältnissmässigen Schaden für den Rheder zur Folge haben würde.

Art. 510. Die Verbodmung der Ladung oder die Verfügung über Ladungstheile durch Verkauf oder Verwendung wird in den Fällen des vorstehenden Artikels als ein für Rechnung des Rheders abgeschlossenes Kreditgeschäft (Art. 497 und 757, Ziffer 7) angesehen.

Art. 511. In Bezug auf die Gültigkeit der in den Fällen der Art. 504 und 507 bis 509 von dem Schiffer abgeschlossenen Rechtsgeschäfte kommen die Vorschriften des Artikels 497 zur Anwendung.

Art. 512. Zu den Geschäften und Rechtshandlungen, welche der Schiffer nach den Artikeln 495, 496, 497, 499, 504, 507 bis 509 vorzunehmen befugt ist, bedarf er der in den Landesgesetzen etwa vorgeschriebenen Spezialvollmacht nicht.

Art. 513. Was der Schiffer vom Befrachter, Ablader oder Ladungsempfänger ausser der Fracht als Kaplaken, Primage oder sonst als Belohnung oder Entschädigung, gleichviel unter welchem Namen, erhält, muss er dem Rheder als Einnahme in Rechnung bringen.

Art. 514. Der Schiffer darf ohne Einwilligung des Rheders für eigene Rechnung keine Güter verladen. Handelt er dieser Bestimmung zuwider, so muss er dem Rheder die höchste am Abladungsort zur Abladungszeit für solche Reisen und Güter bedungene Fracht erstatten, unbeschadet des Rechts des Rheders einen erweislich höheren Schaden geltend zu machen[1]).

Art. 515. Der Schiffer kann, selbst wenn das Gegentheil vereinbart ist, jederzeit von dem Rheder entlassen werden, jedoch unbeschadet seiner Entschädigungsansprüche.

Art. 516. Erfolgt die Entlassung, weil der Schiffer untüchtig befunden ist, oder weil er seiner Pflicht nicht genügt, so erhält er nur das-

---

[1]) Vgl. Anm. zu Art. 564.

jenige, was er von der Heuer einschliesslich aller sonst bedungenen Vortheile bis dahin verdient hat.

Art. 517. Wenn ein Schiffer, welcher für eine bestimmte Reise angestellt ist, entlassen wird, weil die Reise wegen Krieg, Embargo oder Blokade, oder wegen eines Einfuhr- oder Ausfuhrverbots, oder wegen eines anderen Schiff oder Ladung betreffenden Zufalls nicht angetreten oder fortgesetzt werden kann, so erhält er gleichfalls nur dasjenige, was er von der Heuer einschliesslich aller sonst bedungenen Vortheile bis dahin verdient hat. Dasselbe gilt, wenn ein auf unbestimmte Zeit angestellter Schiffer entlassen wird, nachdem er die Ausführung einer bestimmten Reise übernommen hat.

Erfolgt in diesen Fällen die Entlassung während der Reise, so hat der Schiffer ausserdem nach seiner Wahl entweder auf freie Zurückbeförderung nach dem Hafen, wo er geheuert worden ist, oder auf eine entsprechende Vergütung Anspruch.

Wenn nach den Bestimmungen dieses Gesetzbuchs ein Anspruch auf freie Zurückbeförderung begründet ist, so umfasst derselbe auch den Unterhalt während der Reise.

Art. 518. Wird ein Schiffer, welcher auf unbestimmte Zeit angestellt ist, aus anderen als den in den Art. 516 und 517 angeführten Gründen entlassen, nachdem er die Ausführung einer bestimmten Reise übernommen hat, so erhält er ausser demjenigen, was ihm nach den Bestimmungen des vorigen Artikels gebührt, als Entschädigung noch die Heuer für zwei oder vier Monate, je nachdem die Entlassung in einem Europäischen oder in einem nichteuropäischen Hafen erfolgt ist. Jedoch erhält er in keinem Falle mehr, als er erhalten haben würde, wenn er die Reise zu Ende geführt hätte.

Art. 519. War die Heuer nicht zeitweise, sondern in Bausch und Bogen für die ganze Reise bedungen, so wird in den Fällen der Art. 516 bis 518 die verdiente Heuer mit Rücksicht auf den vollen Heuerbetrag nach Verhältniss der geleisteten Dienste, sowie des etwa zurückgelegten Theiles der Reise bestimmt. Zur Ermittelung der im Art. 518 erwähnten Heuer für zwei oder vier Monate wird die durchschnittliche Dauer der Reise einschliesslich der Ladungs- und Löschungszeit unter Berücksichtigung der Beschaffenheit des Schiffs in Ansatz gebracht und danach die Heuer für die zwei oder vier Monate berechnet.

Art. 520. Endet die Rückreise des Schiffs nicht in dem Heimathshafen, und war der Schiffer für die Aus- und Rückreise oder auf unbestimmte[1]) Zeit angestellt, so hat der Schiffer Anspruch auf freie Zurückbeförderung nach dem Hafen, wo er geheuert worden ist, und auf Fortbezug der Heuer während der Reise oder nach seiner Wahl auf eine entsprechende Vergütung.

Art. 521. Der Schiffer, welcher auf unbestimmte Zeit angestellt ist, muss, sobald er eine Reise angetreten hat, in dem Dienste verbleiben, bis das Schiff in den Heimathshafen oder in einen inländischen Hafen zurückgekehrt und die Entlöschung erfolgt ist.

Er kann jedoch seine Entlassung fordern, wenn seit der ersten Abreise zwei oder drei Jahre verflossen sind, je nachdem das Schiff zur Zeit der Aufkündigung in einem Europäischen oder in einem nichteuropäischen Hafen sich befindet. Er hat in einem solchen Falle dem Rheder die zu seiner Ersetzung erforderliche Zeit zu gewähren und den Dienst inzwischen fortzusetzen, jedenfalls die laufende Reise zu beendigen.

---

[1]) Der amtliche Text hat durch einen Druckfehler „bestimmte“.

Hat der Rheder sofort nach der Kündigung die Rückreise angeordnet, so muss der Schiffer das Schiff zurückführen.

Art. 522. Die Schiffspart, mit welcher der Schiffer auf Grund einer mit den übrigen Rhedern getroffenen Vereinbarung als Mitrheder an dem Schiff betheiligt ist, muss im Falle seiner unfreiwilligen Entlassung auf sein Verlangen von den Mitrhedern gegen Auszahlung des durch Sachverständige zu bestimmenden Schätzungswerthes übernommen werden. Dieses Recht des Schiffers erlischt, wenn er die Erklärung, davon Gebrauch zu machen, ohne Grund verzögert.

Art. 523[1]. Falls der Schiffer nach Antritt der Reise erkrankt oder verwundet wird, so trägt der Rheder die Kosten der Verpflegung und Heilung:

1) wenn der Schiffer mit dem Schiff zurückkehrt und die Rückreise in dem Heimathshafen oder in dem Hafen endet, wo er geheuert worden ist, bis zur Beendigung der Rückreise;
2) wenn er mit dem Schiff zurückkehrt und die Reise nicht in einem der genannten Häfen endet, bis zum Ablauf von sechs Monaten seit Beendigung der Rückreise;
3) wenn er während der Reise am Lande zurückgelassen werden musste, bis zum Ablauf von sechs Monaten seit der Weiterreise des Schiffs.

Auch gebührt ihm in den beiden letzteren Fällen freie Zurückbeförderung (Art. 517) oder nach seiner Wahl eine entsprechende Vergütung.

Die Heuer einschliesslich aller sonst bedungenen Vortheile bezieht der nach Antritt der Reise erkrankte oder verwundete Schiffer, wenn er mit dem Schiff zurückkehrt, bis zur Beendigung der Rückreise, wenn er am Lande zurückgelassen werden musste, bis zu dem Tage, an welchem er das Schiff verlässt.

Ist der Schiffer bei Vertheidigung des Schiffs beschädigt, so hat er überdies auf eine angemessene, erforderlichenfalls von dem Richter zu bestimmende Belohnung Anspruch.

Art. 524. Stirbt der Schiffer nach Antritt des Dienstes, so hat der Rheder die bis zum Todestage verdiente Heuer einschliesslich aller sonst bedungenen Vortheile zu entrichten; ist der Tod nach Antritt der Reise erfolgt, so hat der Rheder auch die Beerdigungskosten zu tragen.

Wird der Schiffer bei Vertheidigung des Schiffs getödtet, so hat der Rheder überdies eine angemessene, erforderlichenfalls von dem Richter zu bestimmende Belohnung zu zahlen.

Art. 525. Auf die in den Art. 523 und 524 bezeichneten Forderungen findet die Vorschrift des Art. 453 gleichfalls Anwendung.

Art. 526. Auch nach dem Verluste des Schiffs ist der Schiffer verpflichtet, noch für die Verklarung zu sorgen und überhaupt das Interesse des Rheders so lange wahrzunehmen, als es erforderlich ist. Er hat aber auch für diese Zeit Anspruch auf Fortbezug der Heuer und auf Erstattung der Kosten des Unterhalts. Für diese Heuer und Unterhaltskosten haftet der Rheder persönlich. Ausserdem behält der Schiffer, jedoch nur nach Maassgabe des Art. 453, Anspruch auf freie Zurückbeförderung (Art. 517) oder nach seiner Wahl auf eine entsprechende Vergütung.

Art. 527[2].

[1]) Vgl. RG v. 8. Nov. 1867 (s. oben S. 100, Anm. 2) §. 35: „Die Bundeskonsuln sind befugt, an Stelle eines gestorbenen, erkrankten oder sonst zur Führung des Schiffes untauglich gewordenen Schiffers auf den Antrag der Betheiligten einen neuen Schiffsführer einzusetzen."

[2]) Statt der in diesem Artikel vorbehaltenen landesgesetzlichen Vorschriften über die Qualifikation des Schiffers vgl. jetzt die unten bei IV. Nr. 15 angeführten Bestimmungen.

Vierter Titel.

Von der Schiffsmannschaft.

Art. 528—556[1]).

Fünfter Titel.

Von dem Frachtgeschäft zur Beförderung von Gütern[2]).

Art. 557. Der Frachtvertrag zur Beförderung von Gütern bezieht sich entweder

1) auf das Schiff im Ganzen oder einen verhältnissmässigen Theil oder einen bestimmt bezeichneten Raum des Schiffs, oder
2) auf einzelne Güter (Stückgüter).

Art. 558. Wird das Schiff im Ganzen oder zu einem verhältnissmässigen Theil, oder wird ein bestimmt bezeichneter Raum des Schiffs verfrachtet, so kann jede Partei verlangen, dass über den Vertrag eine schriftliche Urkunde (Charteparte) errichtet werde.

Art. 559. In der Verfrachtung eines ganzen Schiffs ist die Kajüte nicht einbegriffen; es dürfen jedoch in dieselbe ohne Einwilligung des Befrachters keine Güter verladen werden.

Art. 560. Bei jeder Art von Frachtvertrag (Art. 557) hat der Verfrachter das Schiff in seetüchtigem Stande zu liefern.

Er haftet dem Befrachter für jeden Schaden, welcher aus dem mangelhaften Zustande des Schiffs entsteht, es sei denn, dass die Mängel aller Sorgfalt ungeachtet nicht zu entdecken waren.

Art. 561. Der Schiffer hat zur Einnahme der Ladung das Schiff an den vom Befrachter oder, wenn das Schiff an Mehrere verfrachtet ist, von sämmtlichen Befrachtern ihm angewiesenen Platz hinzulegen.

Wenn die Anweisung nicht rechtzeitig erfolgt, oder wenn von sämmtlichen Befrachtern nicht derselbe Platz angewiesen wird, oder wenn die Wassertiefe, die Sicherheit des Schiffs oder die örtlichen Verordnungen oder Einrichtungen die Befolgung der Anweisung nicht gestatten, so muss der Schiffer an dem ortsüblichen Ladungsplatz anlegen.

Art. 562. Sofern nicht durch Vertrag oder durch die örtlichen Verordnungen des Abladungshafens und in deren Ermangelung durch einen daselbst bestehenden Ortsgebrauch ein Anderes bestimmt ist, müssen die Güter von dem Befrachter kostenfrei bis an das Schiff geliefert, dagegen die Kosten der Einladung derselben in das Schiff von dem Verfrachter getragen werden.

Art. 563. Der Verfrachter muss statt der vertragsmässigen Güter andere, von dem Befrachter zur Verschiffung nach demselben Bestimmungshafen ihm angebotene Güter annehmen, wenn dadurch seine Lage nicht erschwert wird.

Diese Bestimmung findet keine Anwendung, wenn die Güter im Vertrage nicht blos nach Art oder Gattung, sondern speziell bezeichnet sind.

Art. 564[3]). Der Befrachter oder Ablader, welcher die verladenen

---

[1]) Aufgehoben durch die „Seemannsordnung" (unten IV Nr. 15) §. 110.

[2]) Vgl Ges., betr. die Küstenfrachtfahrt, v. 22. Mai 1881 (RGB 1881, S. 97), nach welchem „das Recht, Güter in einem deutschen Seehafen zu laden und nach einem anderen deutschen Seehafen zu befördern, um sie daselbst auszuladen", ausschliesslich deutschen Schiffen zusteht, soweit nicht ausländischen Schiffen die Gleichberechtigung zugestanden ist. Vgl. RGB 1881 S. 275 f. 1886 S. 179.

[3]) Vgl. Strafgesetzbuch für das Deutsche Reich v. 15. Mai 1871 und 26. Febr. 1876, §. 297: „Ein Reisender oder Schiffsmann, welcher ohne Vorwissen des Schiffers, ingleichen ein Schiffer, welcher ohne Vorwissen des Rheders Gegenstände an Bord nimmt, welche das Schiff oder die Ladung gefährden, indem sie die Beschlagnahme oder Einziehung des Schiffes oder der Ladung veranlassen können, wird mit Geldstrafe bis zu Eintausend fünfhundert Mark oder mit Gefängniss bis zu zwei Jahren bestraft."

Güter unrichtig bezeichnet oder Kriegskontrebande oder Güter verladet, deren Ausfuhr oder deren Einfuhr in den Bestimmungshafen verboten ist, oder welcher bei der Abladung die gesetzlichen Vorschriften, insbesondere die Polizei-, Steuer- und Zollgesetze übertritt, wird, insofern ihm dabei ein Verschulden zur Last fällt, nicht blos dem Verfrachter, sondern auch allen übrigen im ersten Absatz des Art. 479 bezeichneten Personen für den durch sein Verfahren veranlassten Aufenthalt und jeden anderen Schaden verantwortlich.

Dadurch, dass er mit Genehmigung des Schiffers gehandelt hat, wird seine Verantwortlichkeit den übrigen Personen gegenüber nicht ausgeschlossen.

Er kann aus der Konfiskation der Güter keinen Grund herleiten, die Zahlung der Fracht zu verweigern.

Gefährden die Güter das Schiff oder die übrige Ladung, so ist der Schiffer befugt, dieselben ans Land zu setzen oder in dringenden Fällen über Bord zu werfen.

Art. 565. Auch derjenige, welcher ohne Wissen des Schiffers Güter an Bord bringt, ist nach Maassgabe des vorigen Artikels zum Ersatze des daraus entstehenden Schadens verpflichtet. Der Schiffer ist befugt, solche Güter wieder ans Land zu setzen oder, wenn sie das Schiff oder die übrige Ladung gefährden, nöthigenfalls über Bord zu werfen. Hat der Schiffer die Güter an Bord behalten, so muss dafür die höchste am Abladungsort zur Abladungszeit für solche Reisen und Güter bedungene Fracht bezahlt werden.

Art. 566. Der Verfrachter ist nicht befugt, ohne Erlaubniss des Befrachters die Güter in ein anderes Schiff zu verladen. Handelt er dieser Bestimmung zuwider, so ist er für jeden Schaden verantwortlich, in Ansehung dessen er nicht beweist, dass derselbe auch dann entstanden und dem Befrachter zur Last gefallen sein würde, wenn die Güter nicht in ein anderes Schiff verladen worden wären.

Auf Umladungen in ein anderes Schiff, welche in Fällen der Noth nach Antritt der Reise erfolgen, findet dieser Artikel keine Anwendung.

Art. 567. Ohne Genehmigung des Abladers dürfen dessen Güter weder auf das Verdeck verladen, noch an die Seiten des Schiffs gehängt werden.

Den Landesgesetzen bleibt vorbehalten zu bestimmen, dass in Ansehung der Küstenschiffahrt die vorstehende Vorschrift, soweit sie auf die Beladung des Verdecks sich bezieht, keine Anwendung finde.

Art. 568. Bei der Verfrachtung eines Schiffs im Ganzen hat der Schiffer, sobald er zur Einnahme der Ladung fertig und bereit ist, dies dem Befrachter anzuzeigen.

Mit dem auf die Anzeige folgenden Tage beginnt die Ladezeit.

Ueber die Ladezeit hinaus hat der Verfrachter auf die Abladung noch länger zu warten, wenn es vereinbart ist (Ueberliegezeit).

Für die Ladezeit kann, sofern nicht das Gegentheil bedungen ist, keine besondere Vergütung verlangt werden. Dagegen muss der Befrachter dem Verfrachter für die Ueberliegezeit eine Vergütung (Liegegeld) gewähren.

Art. 569. Ist die Dauer der Ladezeit durch Vertrag nicht festgesetzt, so wird sie durch die örtlichen Verordnungen des Abladungshafens und in deren Ermangelung durch den daselbst bestehenden Ortsgebrauch bestimmt. Besteht auch ein solcher Ortsgebrauch nicht, so gilt als Ladezeit eine den Umständen des Falles angemessene Frist.

Ist eine Ueberliegezeit, nicht aber deren Dauer, durch Vertrag bestimmt, so beträgt die Ueberliegezeit vierzehn Tage.

Enthält der Vertrag nur die Festsetzung eines Liegegeldes, so ist anzunehmen, dass eine Ueberliegezeit ohne Bestimmung der Dauer vereinbart sei.

Art. 570. Ist die Dauer der Ladezeit oder der Tag, mit welchem dieselbe enden soll, durch Vertrag bestimmt, so beginnt die Ueberliegezeit ohne Weiteres mit dem Ablauf der Ladezeit.

In Ermangelung einer solchen vertragsmässigen Bestimmung beginnt die Ueberliegezeit erst, nachdem der Verfrachter dem Befrachter erklärt hat, dass die Ladezeit abgelaufen sei. Der Verfrachter kann schon innerhalb der Ladezeit dem Befrachter erklären, an welchem Tage er die Ladezeit für abgelaufen halte. In diesem Falle ist zum Ablauf der Ladezeit und zum Beginn der Ueberliegezeit eine neue Erklärung des Verfrachters nicht erforderlich.

Art. 571. Nach Ablauf der Ladezeit oder, wenn eine Ueberliegezeit vereinbart ist, nach Ablauf der Ueberliegezeit ist der Verfrachter nicht verpflichtet, auf die Abladung noch länger zu warten. Er muss jedoch seinen Willen, nicht länger zu warten, spätestens drei Tage vor Ablauf der Ladezeit oder der Ueberliegezeit dem Befrachter erklären.

Ist dies nicht geschehen, so läuft die Ladezeit oder Ueberliegezeit nicht eher ab, als bis die Erklärung nachgeholt ist und seit dem Tage der Abgabe derselben drei Tage verstrichen sind.

Die in diesem Artikel erwähnten drei Tage werden in allen Fällen als ununterbrochen fortlaufende Tage nach dem Kalender gezählt.

Art. 572. Die in den Art. 570 und 571 erwähnten Erklärungen des Verfrachters sind an keine besondere Form gebunden. Weigert sich der Befrachter, den Empfang einer solchen Erklärung in genügender Weise zu bescheinigen, so ist der Verfrachter befugt, eine öffentliche Urkunde darüber auf Kosten des Befrachters errichten zu lassen.

Art. 573. Das Liegegeld wird, wenn es nicht durch Vertrag bestimmt ist, von dem Richter nach billigem Ermessen, nöthigenfalls nach Anhörung von Sachverständigen festgesetzt.

Der Richter hat hierbei auf die näheren Umstände des Falles, insbesondere auf die Heuerbeträge und Unterhaltungskosten der Schiffsbesatzung, sowie auf den dem Verfrachter entgehenden Frachtverdienst Rücksicht zu nehmen.

Art. 574. Bei Berechnung der Lade- und Ueberliegezeit werden die Tage in ununterbrochen fortlaufender Reihenfolge gezählt; insbesondere kommen in Ansatz die Sonn- und Feiertage, sowie diejenigen Tage, an welchen der Befrachter durch Zufall die Ladung zu liefern verhindert ist.

Nicht in Ansatz kommen jedoch die Tage, an welchen durch Wind und Wetter oder durch irgend einen anderen Zufall entweder

1) die Lieferung nicht nur der bedungenen, sondern jeder Art von Ladung an das Schiff, oder
2) die Uebernahme der Ladung

verhindert ist.

Art. 575. Für die Tage, während welcher der Verfrachter wegen Verhinderung der Lieferung jeder Art von Ladung hat länger warten müssen, gebührt ihm Liegegeld, selbst wenn die Verhinderung während der Ladezeit eingetreten ist. Dagegen ist für die Tage, während welcher er wegen Verhinderung der Uebernahme der Ladung hat länger warten müssen, Liegegeld nicht zu entrichten, selbst wenn die Verhinderung während der Ueberliegezeit eingetreten ist.

Art. 576. Sind für die Dauer der Ladezeit nach Art. 569 die örtlichen Verordnungen oder der Ortsgebrauch maassgebend, so kommen bei Berechnung der Ladezeit die beiden vorstehenden Artikel nur insoweit zur Anwendung, als die örtlichen Verordnungen oder der Ortsgebrauch nichts Abweichendes bestimmen.

Art. 577. Hat der Verfrachter sich ausbedungen, dass die Abladung bis zu einem bestimmten Tage beendigt sein müsse, so wird er durch die Verhinderung der Lieferung jeder Art von Ladung (Art. 547, Ziff. 1) zum längeren Warten nicht verpflichtet.

Art. 578. Soll der Verfrachter die Ladung von einem Dritten erhalten, und ist dieser Dritte ungeachtet der von dem Verfrachter in ortsüblicher Weise kundgemachten Bereitschaft zum Laden nicht zu ermitteln, oder verweigert er die Lieferung der Ladung, so hat der Verfrachter den Befrachter schleunigst hiervon zu benachrichtigen und nur bis zum Ablauf der Ladezeit, nicht auch während der etwa vereinbarten Ueberliegezeit auf die Abladung zu warten, es sei denn, dass er von dem Befrachter oder einem Bevollmächtigten desselben noch innerhalb der Ladezeit eine entgegengesetzte Anweisung erhält.

Ist für die Ladezeit und die Löschzeit zusammen eine ungetheilte Frist bestimmt, so wird für den oben erwähnten Fall die Hälfte dieser Frist als Ladezeit angesehen.

Art. 579. Der Verfrachter muss auf Verlangen des Befrachters die Reise auch ohne die volle bedungene Ladung antreten. Es gebührt ihm aber alsdann nicht allein die volle Fracht und das etwaige Liegegeld, sondern er ist auch berechtigt, insoweit ihm durch die Unvollständigkeit der Ladung die Sicherheit für die volle Fracht entgeht, die Bestellung einer anderweitigen Sicherheit zu fordern. Ausserdem sind ihm die Mehrkosten, welche in Folge der Unvollständigkeit der Ladung ihm etwa erwachsen, durch den Befrachter zu erstatten.

Art. 580. Hat der Befrachter bis zum Ablauf der Zeit, während welcher der Verfrachter auf die Abladung zu warten verpflichtet ist (Wartezeit), die Abladung nicht vollständig bewirkt, so ist der Verfrachter befugt, sofern der Befrachter nicht von dem Vertrage zurücktritt, die Reise anzutreten und die im vorstehenden Artikel bezeichneten Forderungen geltend zu machen.

Art. 581. Der Befrachter kann vor Antritt der Reise, sei diese eine einfache oder zusammengesetzte, von dem Vertrage unter der Verpflichtung zurücktreten, die Hälfte der bedungenen Fracht als Fautfracht zu zahlen.

Bei Anwendung dieser Bestimmung wird die Reise schon dann als angetreten erachtet:

1) wenn der Befrachter den Schiffer bereits abgefertigt hat;
2) wenn er die Ladung bereits ganz oder zum Theil geliefert hat und die Wartezeit verstrichen ist.

Art. 582. Macht der Befrachter von dem im vorstehenden Artikel bezeichneten Rechte Gebrauch, nachdem Ladung geliefert ist, so muss er auch die Kosten der Einladung und Wiederausladung tragen und für die Zeit der mit möglichster Beschleunigung zu bewirkenden Wiederausladung, soweit sie nicht in die Ladezeit fällt, Liegegeld (Art. 573) zahlen.

Der Verfrachter ist verpflichtet, den Aufenthalt, welchen die Wiederausladung verursacht, selbst dann sich gefallen zu lassen, wenn dadurch die Wartezeit überschritten wird, wogegen ihm für die Zeit nach Ablauf der Wartezeit Liegegeld und der Ersatz des durch Ueberschreitung der Wartezeit enstandenen Schadens gebührt, soweit der letztere den Betrag dieses Liegegeldes erweislich übersteigt.

Art. 583. Nachdem die Reise im Sinne des Art. 581 angetreten ist, kann der Befrachter nur gegen Berichtigung der vollen Fracht, sowie aller sonstigen Forderungen des Verfrachters (Art. 615) und gegen Berichtigung oder Sicherstellung der im Art. 616 bezeichneten Forderungen von dem Vertrage zurücktreten und die Wiederausladung der Güter fordern.

Im Fall der Wiederausladung hat der Befrachter nicht nur die hierdurch entstandenen Mehrkosten, sondern auch den Schaden zu ersetzen, welcher aus dem durch die Wiederausladung verursachten Aufenthalt dem Verfrachter entsteht.

Zum Zweck der Wiederausladung der Güter die Reise zu ändern oder einen Hafen anzulaufen, ist der Verfrachter nicht verpflichtet.

Art. 584. Der Befrachter ist statt der vollen Fracht nur zwei Drittel derselben als Fautfracht zu zahlen verpflichtet, wenn das Schiff zugleich auf Rückladung verfrachtet ist oder in Ausführung des Vertrags zur Einnahme der Ladung eine Fahrt aus einem anderen Hafen zu machen hat, und wenn in diesen beiden Fällen der Rücktritt früher erklärt wird, als die Rückreise oder die Reise aus dem Abladungshafen im Sinne des Art. 581 angetreten ist.

Art. 585. Bei anderen zusammengesetzten Reisen erhält der Verfrachter, wenn der Befrachter den Rücktritt erklärt, bevor in Bezug auf den letzten Reiseabschnitt die Reise im Sinne des Art. 581 angetreten ist, als Fautfracht zwar die volle Fracht, es kommt von dieser jedoch eine angemessene Quote in Abzug, sofern die Umstände die Annahme begründen, dass der Verfrachter in Folge der Aufhebung des Vertrages Kosten erspart und Gelegenheit zu anderweitigem Frachtverdienst gehabt habe.

Können sich die Parteien über die Zulässigkeit des Abzuges oder die Höhe desselben nicht einigen, so entscheidet darüber der Richter nach billigem Ermessen.

Der Abzug darf in keinem Falle die Hälfte der Fracht übersteigen.

Art. 586. Hat der Befrachter bis zum Ablauf der Wartezeit keine Ladung geliefert, so ist der Verfrachter an seine Verpflichtungen aus dem Vertrage nicht länger gebunden, und befugt, gegen den Befrachter dieselben Ansprüche geltend zu machen, welche ihm zugestanden haben würden, wenn der Befrachter von dem Vertrage zurückgetreten wäre (Artikel 581, 584, 585).

Art. 587. Auf die Fautfracht wird die Fracht, welche der Verfrachter für andere Ladungsgüter erhält, nicht angerechnet.

Durch diese Bestimmung wird jedoch die Vorschrift im ersten Absatz des Art. 585 nicht berührt.

Der Anspruch des Verfrachters auf Fautfracht ist nicht davon abhängig, dass er die im Vertrage bezeichnete Reise ausführt.

Durch die Fautfracht werden die Ansprüche des Verfrachters auf Liegegeld und die übrigen ihm etwa zustehenden Forderungen (Art. 615) nicht ausgeschlossen.

Art. 588. Ist ein verhältnissmässiger Theil oder ein bestimmt bezeichneter Raum des Schiffs verfrachtet, so gelten die Art. 568 bis 587 mit folgenden Abweichungen:

1) der Verfrachter erhält in den Fällen, in welchen er nach diesen Artikeln mit einem Theil der Fracht sich begnügen müsste, als Fautfracht die volle Fracht, es sei denn, dass sämmtliche Befrachter zurücktreten oder keine Ladung liefern.

   Von der vollen Fracht kommt jedoch die Fracht für diejenigen Güter in Abzug, welche der Verfrachter an Stelle der nicht gelieferten angenommen hat.

2) In den Fällen der Art. 582 und 583 kann der Befrachter die Wiederausladung nicht verlangen, wenn dieselbe eine Verzögerung der Reise zur Folge haben oder eine Umladung nöthig machen würde, es sei denn, dass alle übrigen Befrachter ihre Genehmigung ertheilten. Ausserdem ist der Befrachter verpflichtet, sowohl die Kosten als auch den Schaden zu ersetzen, welche durch die Wiederausladung entstehen.

Machen sämmtliche Befrachter von dem Rechte des Rücktritts Gebrauch, so hat es bei den Vorschriften der Art. 582 und 583 sein Bewenden.

Art. 589. Hat der Frachtvertrag Stückgüter zum Gegenstand, so muss der Befrachter auf die Aufforderung des Schiffers ohne Verzug die Abladung bewirken.

Ist der Befrachter säumig, so ist der Verfrachter nicht verpflichtet, auf die Lieferung der Güter zu warten; der Befrachter muss, wenn ohne dieselben die Reise angetreten wird, gleichwohl die volle Fracht entrichten. Es kommt von der letzteren jedoch die Fracht für diejenigen Güter in Abzug, welche der Verfrachter an Stelle der nicht gelieferten angenommen hat.

Der Verfrachter, welcher den Anspruch auf die Fracht gegen den säumigen Befrachter geltend machen will, ist bei Verlust des Anspruchs verpflichtet, dies dem Befrachter vor der Abreise kund zu geben. Auf diese Erklärung finden die Vorschriften des Art. 572 Anwendung.

Art. 590. Nach der Abladung kann der Befrachter auch gegen Berichtigung der vollen Fracht, sowie aller sonstigen Forderungen des Verfrachters (Art. 615) und gegen Berichtigung oder Sicherstellung der im Art. 616 bezeichneten Forderungen nur nach Maassgabe des ersten Absatzes der Vorschrift unter Ziffer 2 des Art. 588 von dem Vertrage zurücktreten und die Wiederausladung der Güter fordern.

Ausserdem findet auch für diese Fälle die Vorschrift im letzten Absatz des Artikels 583 Anwendung.

Art. 591. Ist ein Schiff auf Stückgüter angelegt und die Zeit der Abreise nicht festgesetzt, so hat auf Antrag des Befrachters der Richter nach den Umständen des Falles den Zeitpunkt zu bestimmen, über welchen hinaus der Antritt der Reise nicht verschoben werden kann.

Art. 592. Bei jeder Art von Frachtvertrag hat der Befrachter innerhalb der Zeit, binnen welcher die Güter zu liefern sind, dem Schiffer zugleich alle zur Verschiffung derselben erforderlichen Papiere zuzustellen.

Art. 593. Der Schiffer hat zur Löschung der Ladung das Schiff an den Platz hinzulegen, welcher ihm von demjenigen, an den die Ladung abzuliefern ist (Empfänger), oder, wenn die Ladung an mehrere Empfänger abzuliefern ist, von sämmtlichen Empfängern angewiesen wird.

Wenn die Anweisung nicht rechtzeitig erfolgt, oder wenn von sämmtlichen Empfängern nicht derselbe Platz angewiesen wird, oder wenn die Wassertiefe, die Sicherheit des Schiffs oder die örtlichen Verordnungen oder Einrichtungen die Befolgung der Anweisung nicht gestatten, so muss der Schiffer an dem ortsüblichen Löschungsplatz anlegen.

Art. 594. Sofern nicht durch Vertrag oder durch die örtlichen Verordnungen des Löschungshafens und in deren Ermangelung durch einen daselbst bestehenden Ortsgebrauch ein Anderes bestimmt ist, werden die Kosten der Ausladung aus dem Schiffe von dem Verfrachter, alle übrigen Kosten der Löschung von dem Ladungsempfänger getragen.

Art. 595. Bei der Verfrachtung eines Schiffs im Ganzen hat der Schiffer, sobald er zum Löschen fertig und bereit ist, dies dem Empfänger anzuzeigen.

Die Anzeige muss durch öffentliche Bekanntmachung in ortsüblicher Weise geschehen, wenn der Empfänger dem Schiffer unbekannt ist.

Mit dem auf die Anzeige folgenden Tage beginnt die Löschzeit.

Ueber die Löschzeit hinaus hat der Verfrachter nur dann auf die Abnahme der Ladung noch länger zu warten, wenn es vereinbart ist (Ueberliegezeit).

Für die Löschzeit kann, sofern nicht das Gegentheil bedungen ist, keine besondere Vergütung verlangt werden. Dagegen muss dem Verfrachter für die Ueberliegezeit eine Vergütung (Liegegeld) gewährt werden.

Das Liegegeld wird von dem Richter nach Anleitung des Art. 573 festgesetzt, wenn es nicht durch Vertrag bestimmt ist.

Art. 596. Ist die Dauer der Löschzeit durch Vertrag nicht festgesetzt, so wird sie durch die örtlichen Verordnungen des Löschungshafens und in deren Ermangelung durch den daselbst bestehenden Ortsgebrauch bestimmt. Besteht auch ein solcher Ortsgebrauch nicht, so gilt als Löschzeit eine den Umständen des Falles angemessene Frist.

Ist eine Ueberliegezeit, nicht aber deren Dauer, durch Vertrag bestimmt, so beträgt die Ueberliegezeit vierzehn Tage.

Enthält der Vertrag nur die Festsetzung eines Liegegeldes, so ist anzunehmen, dass eine Ueberliegezeit ohne Bestimmung der Dauer vereinbart sei.

Art. 597. Ist die Dauer der Löschzeit oder der Tag, mit welchem dieselbe enden soll, durch Vertrag bestimmt, so beginnt die Ueberliegezeit ohne Weiteres mit dem Ablauf der Löschzeit.

In Ermangelung einer solchen vertragsmässigen Bestimmung beginnt die Ueberliegezeit erst, nachdem der Verfrachter dem Empfänger erklärt hat, dass die Löschzeit abgelaufen sei. Der Verfrachter kann schon innerhalb der Löschzeit dem Empfänger erklären, an welchem Tage er die Löschzeit für abgelaufen halte. In diesem Falle ist zum Ablauf der Löschzeit und zum Beginn der Ueberliegezeit eine neue Erklärung des Verfrachters nicht erforderlich.

Auf die in diesem Artikel erwähnten Erklärungen des Verfrachters finden die Vorschriften des Art. 572 Anwendung.

Art. 598. Bei Berechnung der Lösch- und Ueberliegezeit werden die Tage in ununterbrochen fortlaufender Reihenfolge gezählt; insbesondere kommen in Ansatz die Sonn- und Feiertage, sowie diejenigen Tage, an welchen der Empfänger durch Zufall die Ladung abzunehmen verhindert ist.

Nicht in Ansatz kommen jedoch die Tage, an welchen durch Wind und Wetter oder durch irgend einen anderen Zufall entweder

1) der Transport nicht nur der im Schiffe befindlichen, sondern jeder Art von Ladung von dem Schiff an das Land, oder
2) die Ausladung aus dem Schiffe

verhindert ist.

Art. 599. Für die Tage, während welcher der Verfrachter wegen der Verhinderung des Transports jeder Art von Ladung von dem Schiff an das Land hat länger warten müssen, gebührt ihm Liegegeld, selbst wenn die Verhinderung während der Löschzeit eingetreten ist. Dagegen ist für die Tage, während welcher er wegen Verhinderung der Ausladung aus dem Schiffe hat länger warten müssen, Liegegeld nicht zu entrichten, selbst wenn die Verhinderung während der Ueberliegezeit eingetreten ist.

Art. 600. Sind für die Dauer der Löschzeit nach Art. 596 die örtlichen Verordnungen oder der Ortsgebrauch maassgebend, so kommen bei Berechnung der Löschzeit die beiden vorstehenden Artikel nur insoweit zur Anwendung, als die örtlichen Verordnungen oder der Ortsgebrauch nichts Abweichendes bestimmen.

Art. 601. Hat der Verfrachter sich ausbedungen, dass die Löschung bis zu einem bestimmten Tage beendigt sein müsse, so wird er durch die Verhinderung des Transports jeder Art von Ladung von dem Schiff an das Land (Art. 598, Ziff. 1) zum längeren Warten nicht verpflichtet.

Art. 602. Wenn der Empfänger zur Abnahme der Güter sich bereit erklärt, dieselbe aber über die von ihm einzuhaltenden Fristen verzögert, so ist der Schiffer befugt, die Güter, unter Benachrichtigung des Empfängers, gerichtlich oder in anderer sicherer Weise niederzulegen. Der Schiffer ist verpflichtet, in dieser Weise zu verfahren und zugleich den Befrachter davon in Kenntniss zu setzen, wenn der Empfänger die Annahme der Güter verweigert oder über dieselbe auf die im Art. 595 vorgeschriebene Anzeige sich nicht erklärt, oder wenn der Empfänger nicht zu ermitteln ist.

Art. 603. Insoweit durch die Säumniss des Empfängers oder durch das Niederlegungsverfahren die Löschzeit ohne Verschulden des Schiffers überschritten wird, hat der Verfrachter Anspruch auf Liegegeld (Art. 595), unbeschadet des Rechts, für diese Zeit, soweit sie keine vertragsmässige Ueberliegezeit ist, einen erweislich höheren Schaden geltend zu machen.

Art. 604. Die Art. 595 bis 603 kommen auch dann zur Anwendung, wenn ein verhältnissmässiger Theil oder ein bestimmt bezeichneter Raum des Schiffs verfrachtet ist.

Art. 605. Der Empfänger von Stückgütern hat dieselben auf die Aufforderung des Schiffers ohne Verzug abzunehmen. Ist der Empfänger dem Schiffer nicht bekannt, so muss die Aufforderung durch öffentliche Bekanntmachung in ortsüblicher Weise geschehen.

In Ansehung des Rechts und der Verpflichtung des Schiffers, die Güter niederzulegen, gelten die Vorschriften des Art. 602. Die im Art. 602 vorgeschriebene Benachrichtigung des Befrachters kann durch öffentliche, in ortsüblicher Weise zu bewirkende Bekanntmachung erfolgen.

Für die Tage, um welche durch die Säumniss des Empfängers oder durch das Niederlegungsverfahren die Frist, binnen welcher das Schiff würde entlöscht worden sein, überschritten ist, hat der Verfrachter Anspruch auf Liegegeld (Art. 595), unbeschadet des Rechts, einen erweislich höheren Schaden geltend zu machen.

Art. 606. Wenn bei der Verfrachtung des Schiffs im Ganzen oder eines verhältnissmässigen Theils oder eines bestimmt bezeichneten Raums des Schiffs der Befrachter Unterfrachtverträge über Stückgüter geschlossen hat, so bleiben für die Rechte und Pflichten des ursprünglichen Verfrachters die Art. 595 bis 603 maassgebend.

Art. 607. Der Verfrachter haftet für den Schaden, welcher durch Verlust oder Beschädigung der Güter seit der Empfangnahme bis zur Ablieferung entstanden ist, sofern er nicht beweist, dass der Verlust oder die Beschädigung durch höhere Gewalt (vis maior) oder durch die natürliche Beschaffenheit der Güter, namentlich durch inneren Verderb, Schwinden, gewöhnliche Leckage und dergleichen, oder durch äusserlich nicht erkennbare Mängel der Verpackung entstanden ist.

Verlust und Beschädigung, welche aus einem mangelhaften Zustande des Schiffs entstehen, der aller Sorgfalt ungeachtet nicht zu entdecken war (Art. 560, Absatz 2), werden dem Verluste oder der Beschädigung durch höhere Gewalt gleichgeachtet.

Art. 608. Für Kostbarkeiten, Gelder und Werthpapiere haftet der Verfrachter nur in dem Falle, wenn diese Beschaffenheit oder der Werth der Güter bei der Abladung dem Schiffer angegeben ist.

Art. 609[1]. Bevor der Empfänger die Güter übernommen hat, kann sowohl der Empfänger als der Schiffer, um den Zustand oder die Menge der Güter festzustellen, die Besichtigung derselben durch die zuständige Behörde oder durch die zu dem Zweck amtlich bestellten Sachverständigen bewirken lassen.

---

[1]) Vgl. S. 3 Anm. 1, S. 77 Anm. 2.

Bei diesem Verfahren ist die am Orte anwesende Gegenpartei zuzuziehen, sofern die Umstände es gestatten.

Art. 610[1]). Ist die Besichtigung vor der Uebernahme nicht geschehen, so muss der Empfänger binnen acht und vierzig Stunden nach dem Tage der Uebernahme die nachträgliche Besichtigung der Güter nach Maassgabe des Art. 609 erwirken, widrigenfalls alle Ansprüche wegen Beschädigung oder theilweisen Verlustes erlöschen. Es macht keinen Unterschied, ob Verlust und Beschädigung äusserlich erkennbar waren oder nicht.

Diese Bestimmung findet keine Anwendung auf solche Verluste und Beschädigungen, welche durch eine bösliche Handlungsweise einer Person der Schiffsbesatzung entstanden sind.

Art. 611. Die Kosten der Besichtigung hat derjenige zu tragen, welcher dieselbe beantragt hat.

Ist jedoch die Besichtigung von dem Empfänger beantragt, und wird ein Verlust oder eine Beschädigung ermittelt, wofür der Verfrachter Ersatz leisten muss, so fallen die Kosten dem letzteren zur Last.

Art. 612. Wenn auf Grund des Art. 607 für den Verlust von Gütern Ersatz geleistet werden muss, so ist nur der Werth der verlorenen Güter zu vergüten. Dieser Werth wird durch den Marktpreis bestimmt, welchen Güter derselben Art und Beschaffenheit am Bestimmungsorte der verlorenen Güter bei Beginn der Löschung des Schiffs oder, wenn eine Entlöschung des Schiffs an diesem Orte nicht erfolgt, bei seiner Ankunft daselbst haben.

In Ermangelung eines Marktpreises, oder falls über denselben oder über dessen Anwendung, insbesondere mit Rücksicht auf die Qualität der Güter Zweifel bestehen, wird der Preis durch Sachverständige ermittelt.

Von dem Preise kommt in Abzug, was an Fracht, Zöllen und Unkosten in Folge des Verlustes der Güter erspart wird.

Wird der Bestimmungsort der Güter nicht erreicht, so tritt an Stelle des Bestimmungsorts der Ort, wo die Reise endet, oder, wenn die Reise durch Verlust des Schiffs endet, der Ort, wohin die Ladung in Sicherheit gebracht ist.

Art. 613. Die Bestimmungen des Art. 612 finden auch auf diejenigen Güter Anwendung, für welche der Rheder nach Artikel 510 Ersatz leisten muss.

Uebersteigt im Falle der Verfügung über die Güter durch Verkauf der Reinerlös derselben den im Art. 612 bezeichneten Preis, so tritt an Stelle des letzteren der Reinerlös.

Art. 614. Muss für Beschädigung der Güter auf Grund des Art. 607 Ersatz geleistet werden, so ist nur die durch die Beschädigung verursachte Werthsverminderung der Güter zu vergüten. Diese Werthsverminderung wird bestimmt durch den Unterschied zwischen dem durch Sachverständige zu ermittelnden Verkaufswerth, welchen die Güter im beschädigten Zustande haben, und dem im Art. 612 bezeichneten Preise nach Abzug der Zölle und Unkosten, soweit sie in Folge der Beschädigung erspart sind.

Art. 615. Durch Annahme der Güter wird der Empfänger verpflichtet, nach Maassgabe des Frachtvertrages oder des Konnossements, auf deren Grund die Empfangnahme geschieht, die Fracht nebst allen Nebengebühren, sowie das etwaige Liegegeld zu bezahlen, die ausgelegten Zölle und übrigen Auslagen zu erstatten und die ihm sonst obliegenden Verpflichtungen zu erfüllen.

---

[1]) Vgl. S. 3 Anm. 1.

Der Verfrachter hat die Güter gegen Zahlung der Fracht und gegen Erfüllung der übrigen Verpflichtungen des Empfängers auszuliefern.

Art. 616. Der Verfrachter ist nicht verpflichtet, die Güter früher auszuliefern, als bis die auf denselben haftenden Beiträge zur grossen Haverei, Bergungs- und Hülfskosten und Bodmereigelder bezahlt oder sichergestellt sind.

Ist die Verbodmung für Rechnung des Rheders geschehen, so gilt die vorstehende Bestimmung unbeschadet der Verpflichtung des Verfrachters, für die Befreiung der Güter von der Bodmereischuld noch vor der Auslieferung zu sorgen.

Art. 617. Der Verfrachter ist nicht verpflichtet, die Güter, mögen sie verdorben oder beschädigt sein oder nicht, für die Fracht an Zahlungsstatt anzunehmen.

Sind jedoch Behältnisse, welche mit flüssigen Waaren angefüllt waren, während der Reise ganz oder zum grösseren Theil ausgelaufen, so können dieselben dem Verfrachter für die Fracht und seine übrigen Forderungen (Art. 615) an Zahlungsstatt überlassen werden.

Durch die Vereinbarung, dass der Verfrachter nicht für Leckage hafte, oder durch die Klausel: „frei von Leckage", wird dieses Recht nicht ausgeschlossen. Dieses Recht erlischt, sobald die Behältnisse in den Gewahrsam des Abnehmers gelangt sind.

Ist die Fracht in Bausch und Bogen bedungen, und sind nur einige Behältnisse ganz oder zum grösseren Theil ausgelaufen, so können dieselben für einen verhältnissmässigen Theil der Fracht und der übrigen Forderungen des Verfrachters an Zahlungsstatt überlassen werden.

Art. 618. Für Güter, welche durch irgend einen Unfall verloren gegangen sind, ist keine Fracht zu bezahlen und die etwa vorausbezahlte zu erstatten, sofern nicht das Gegentheil bedungen ist.

Diese Bestimmung kommt auch dann zur Anwendung, wenn das Schiff im Ganzen oder ein verhältnissmässiger oder ein bestimmt bezeichneter Raum des Schiffs verfrachtet ist. Sofern in einem solchen Falle das Frachtgeld in Bausch und Bogen bedungen ist, berechtigt der Verlust eines Theils der Güter zu einem verhältnissmässigen Abzuge von der Fracht.

Art. 619. Ungeachtet der Nichtablieferung ist die Fracht zu zahlen für Güter, deren Verlust in Folge ihrer natürlichen Beschaffenheit (Art. 607) eingetreten ist, sowie für Thiere, welche unterwegs gestorben sind.

Inwiefern die Fracht für Güter zu ersetzen ist, welche in Fällen der grossen Haverei aufgeopfert worden sind, wird durch die Vorschriften über die grosse Haverei bestimmt.

Art. 620. Für Güter, welche ohne Abrede über die Höhe der Fracht zur Beförderung übernommen sind, ist die am Abladungsorte zur Abladungszeit übliche Fracht zu zahlen.

Für Güter, welche über das mit dem Befrachter vereinbarte Maass hinaus zur Beförderung übernommen sind, ist die Fracht nach Verhältniss der bedungenen Fracht zu zahlen.

Art. 621. Wenn die Fracht nach Maass, Gewicht oder Menge der Güter bedungen ist, so ist im Zweifel anzunehmen, dass Maass, Gewicht oder Menge der abgelieferten und nicht der eingelieferten Güter für die Höhe der Fracht entscheiden soll.

Art. 622. Ausser der Fracht können Kaplaken, Prämien und dergleichen nicht gefordert werden, sofern sie nicht ausbedungen sind.

Die gewöhnlichen und ungewöhnlichen Unkosten der Schiffahrt, als: Lootsengeld, Hafengeld, Leuchtfeuergeld, Schlepplohn, Quarantainegelder, Auseisungskosten und dergleichen, fallen in Ermangelung einer entgegenstehenden Abrede dem Verfrachter allein zur Last, selbst wenn derselbe zu den Maassregeln, welche die Auslagen verursacht haben, auf Grund des Frachtvertrages nicht verpflichtet war.

Die Fälle der grossen Haverei, sowie die Fälle der Aufwendung von Kosten zur Erhaltung, Bergung und Rettung der Ladung werden durch diesen Artikel nicht berührt.

Art. 623. Wenn die Fracht nach Zeit bedungen ist, so beginnt sie in Ermangelung einer anderen Abrede mit dem Tage zu laufen, der auf denjenigen folgt, an welchem der Schiffer angezeigt hat, dass er zur Einnahme der Ladung, oder bei einer Reise in Ballast, dass er zum Antritt der Reise fertig und bereit sei, sofern aber bei einer Reise in Ballast diese Anzeige am Tage vor dem Antritt der Reise noch nicht erfolgt ist, mit dem Tage, an welchem die Reise angetreten wird.

Ist Liegegeld oder Ueberliegezeit bedungen, so beginnt in allen Fällen die Zeitfracht erst mit dem Tage zu laufen, an welchem der Antritt der Reise erfolgt.

Die Zeitfracht endet mit dem Tage, an welchem die Löschung vollendet ist.

Wird die Reise ohne Verschulden des Verfrachters verzögert oder unterbrochen, so muss für die Zwischenzeit die Zeitfracht fortentrichtet werden, jedoch unbeschadet der Bestimmungen der Art. 639 und 640.

Art. 624[1]. Der Verfrachter hat wegen der im Art. 615 erwähnten Forderungen ein Pfandrecht an den Gütern.

Das Pfandrecht besteht, so lange die Güter zurückbehalten oder deponirt sind; es dauert auch nach der Ablieferung noch fort, sofern es binnen dreissig Tagen nach Beendigung derselben gerichtlich geltend gemacht wird; es erlischt jedoch, sobald vor der gerichtlichen Geltendmachung die Güter in den Gewahrsam eines Dritten gelangen, welcher sie nicht für den Empfänger besitzt.

Art. 625. Im Falle des Streits über die Forderungen des Verfrachters ist dieser die Güter auszuliefern verpflichtet, sobald die streitige Summe bei Gericht oder bei einer anderen zur Annahme von Depositen ermächtigten Behörde oder Anstalt deponirt ist.

Nach Ablieferung der Güter ist der Verfrachter zur Erhebung der deponirten Summe gegen angemessene Sicherheitsleistung berechtigt.

Art. 626. So lange das Pfandrecht des Verfrachters besteht, kann das Gericht auf dessen Ansuchen verordnen, dass die Güter ganz oder zu einem entsprechenden Theil Behufs Befriedigung des Verfrachters öffentlich verkauft werden.

Dieses Recht gebührt dem Verfrachter auch gegenüber den übrigen Gläubigern und der Konkursmasse des Eigenthümers.

Das Gericht hat die Betheiligten, wenn sie am Orte anwesend sind, über das Gesuch, bevor der Verkauf verfügt wird, zu hören.

Art. 627. Hat der Verfrachter die Güter ausgeliefert, so kann er wegen der gegen den Empfänger ihm zustehenden Forderungen (Art. 615) an dem Befrachter sich nicht erholen. Nur insoweit der Befrachter mit dem Schaden des Verfrachters sich etwa bereichern würde, findet ein Rückgriff statt.

Art. 628. Hat der Verfrachter die Güter nicht ausgeliefert, und von dem im ersten Absatz des Art. 626 bezeichneten Rechte Gebrauch gemacht, jedoch durch den Verkauf der Güter seine vollständige Befriedigung nicht erhalten, so kann er an dem Befrachter sich erholen, so-

[1]) Vgl. Anm. zu Art. 374.

weit er wegen seiner Forderungen aus dem zwischen ihm und dem Befrachter abgeschlossenen Frachtvertrage nicht befriedigt ist.

Art. 629. Werden die Güter von dem Empfänger nicht abgenommen, so ist der Befrachter verpflichtet, den Verfrachter wegen der Fracht und der übrigen Forderungen dem Frachtvertrage gemäss zu befriedigen.

Bei der Abnahme der Güter durch den Befrachter kommen die Art. 593 bis 626 in der Weise zur Anwendung, dass an Stelle des in diesen Artikeln bezeichneten Empfängers der Befrachter tritt. Insbesondere steht in einem solchen Falle dem Verfrachter wegen seiner Forderungen das Zurückbehaltungs- und Pfandrecht an den Gütern nach Maassgabe der Art. 624, 625, 626, sowie das im Art. 616 bezeichnete Recht zu.

Art. 630. Der Frachtvertrag tritt ausser Kraft, ohne dass ein Theil zur Entschädigung des anderen verpflichtet ist, wenn vor Antritt der Reise durch einen Zufall

1) das Schiff verloren geht, insbesondere
wenn es verunglückt,
wenn es als reparaturunfähig oder reparaturunwürdig kondemnirt (Art. 444) und in dem letzteren Falle ohne Verzug öffentlich verkauft wird,
wenn es geraubt wird,
wenn es aufgebracht oder angehalten und für gute Prise erklärt wird; oder

2) die im Frachtvertrage nicht blos nach Art oder Gattung, sondern speziell bezeichneten Güter verloren gehen; oder

3) die, wenn auch nicht im Frachtvertrage speziell bezeichneten Güter verloren gehen, nachdem dieselben bereits an Bord gebracht oder Behufs Einladung in das Schiff an der Ladungsstelle von dem Schiffer übernommen worden sind.

Hat aber in dem unter Ziffer 3 bezeichneten Falle der Verlust der Güter noch innerhalb der Wartezeit (Art. 580) sich zugetragen, so tritt der Vertrag nicht ausser Kraft, sofern der Befrachter ohne Verzug sich bereit erklärt, statt der verloren gegangenen andere Güter (Art. 563) zu liefern, und mit der Lieferung noch innerhalb der Wartezeit beginnt. Er hat die Abladung der anderen Güter binnen kürzester Frist zu vollenden, die etwaigen Mehrkosten dieser Abladung zu tragen und, insoweit durch dieselbe die Wartezeit überschritten wird, den dem Verfrachter daraus entstehenden Schaden zu ersetzen.

Art. 631. Jeder Theil ist befugt, von dem Vertrage zurückzutreten, ohne zur Entschädigung verpflichtet zu sein:

1) wenn vor Antritt der Reise
das Schiff mit Embargo belegt oder zum landesherrlichen Dienst oder zum Dienst einer fremden Macht in Beschlag genommen,
der Handel mit dem Bestimmungsort untersagt,
der Abladungs- oder Bestimmungshafen blokirt,
die Ausfuhr der nach dem Frachtvertrage zu verschiffenden Güter aus dem Abladungshafen oder die Einfuhr derselben in den Bestimmungshafen verboten,
durch eine andere Verfügung von hoher Hand das Schiff am Auslaufen oder die Reise oder die Versendung der nach dem Frachtvertrage zu liefernden Güter verhindert wird.

In allen vorstehenden Fällen berechtigt jedoch die Verfügung von hoher Hand nur dann zum Rücktritt, wenn das eingetretene Hinderniss nicht voraussichtlich von nur unerheblicher Dauer ist;

2) wenn vor Antritt der Reise ein Krieg ausbricht, in Folge dessen das Schiff oder die nach dem Frachtvertrage zu verschiffenden Güter

oder beide nicht mehr als frei betrachtet werden können und der Gefahr der Aufbringung ausgesetzt würden.

Die Ausübung der im Art. 563 dem Befrachter beigelegten Befugniss ist in den Fällen der vorstehenden Bestimmungen nicht ausgeschlossen.

Art. 632. Wenn nach Antritt der Reise das Schiff durch einen Zufall verloren geht (Art. 630, Ziffer 1), so endet der Frachtvertrag. Jedoch hat der Befrachter, soweit Güter geborgen oder gerettet sind, die Fracht im Verhältniss der zurückgelegten zur ganzen Reise zu zahlen (Distanzfracht).

Die Distanzfracht ist nur soweit zu zahlen, als der gerettete Werth der Güter reicht.

Art. 633. Bei Berechnung der Distanzfracht kommt in Anschlag nicht allein das Verhältniss der bereits zurückgelegten zu der noch zurückzulegenden Entfernung, sondern auch das Verhältniss des Aufwandes an Kosten und Zeit, der Gefahren und Mühen, welche durchschnittlich mit dem vollendeten Theile der Reise verbunden sind, zu denen des nicht vollendeten Theiles.

Können sich die Parteien über den Betrag der Distanzfracht nicht einigen, so entscheidet darüber der Richter nach billigem Ermessen.

Art. 634. Die Auflösung des Frachtvertrages ändert nichts in den Verpflichtungen des Schiffers, bei Abwesenheit der Betheiligten auch nach dem Verluste des Schiffs für das Beste der Ladung zu sorgen (Art. 504 bis 506). Der Schiffer ist demzufolge berechtigt und verpflichtet, und zwar im Falle der Dringlichkeit auch ohne vorherige Anfrage, je nachdem es den Umständen entspricht, entweder die Ladung für Rechnung der Betheiligten mittelst eines anderen Schiffs nach dem Bestimmungshafen befördern zu lassen, oder die Auflagerung oder den Verkauf derselben zu bewirken und im Falle der Weiterbeförderung oder Auflagerung, Behufs Beschaffung der hierzu, sowie zur Erhaltung der Ladung nöthigen Mittel, einen Theil davon zu verkaufen, oder im Falle der Weiterbeförderung die Ladung ganz oder zum Theil zu verbodmen.

Der Schiffer ist jedoch nicht verpflichtet, die Ladung auszuantworten oder zur Weiterbeförderung einem anderen Schiffer zu übergeben, bevor die Distanzfracht nebst den sonstigen Forderungen des Verfrachters (Art. 615) und die auf der Ladung haftenden Beiträge zur grossen Haverei, Bergungs- und Hülfskosten und Bodmereigelder bezahlt oder sichergestellt sind.

Auch für die Erfüllung der nach dem ersten Absatz dieses Artikels dem Schiffer obliegenden Pflichten haftet der Rheder mit dem Schiffe, soweit etwas davon gerettet ist, und mit der Fracht.

Art. 635. Gehen nach Antritt der Reise die Güter durch einen Zufall verloren, so endet der Frachtvertrag, ohne dass ein Theil zur Entschädigung des anderen verpflichtet ist; insbesondere ist die Fracht weder ganz noch theilweise zu zahlen, insofern nicht im Gesetze das Gegentheil bestimmt ist (Art. 619).

Art. 636. Ereignet sich nach dem Antritt der Reise einer der im Art. 631 erwähnten Zufälle, so ist jeder Theil befugt, von dem Vertrage zurückzutreten, ohne zur Entschädigung verpflichtet zu sein.

Ist jedoch einer der im Art. 631 unter Ziffer 1 bezeichneten Zufälle eingetreten, so muss, bevor der Rücktritt stattfindet, auf die Beseitigung des Hindernisses drei oder fünf Monate gewartet werden, je nachdem das Schiff in einem Europäischen oder in einem nichteuropäischen Hafen sich befindet.

Die Frist wird, wenn der Schiffer das Hinderniss während des Aufenthalts in einem Hafen erfährt, von dem Tage der erhaltenen Kunde, anderenfalls von dem Tage an berechnet, an welchem der Schiffer, nachdem er davon in Kenntniss gesetzt worden ist, mit dem Schiffe zuerst einen Hafen erreicht.

Die Ausladung des Schiffs erfolgt, in Ermangelung einer anderweitigen Vereinbarung, in dem Hafen, in welchem es zur Zeit der Erklärung des Rücktritts sich befindet.

Für den zurückgelegten Theil der Reise ist der Befrachter Distanzfracht (Art. 632. 633) zu zahlen verpflichtet.

Ist das Schiff in Folge des Hindernisses in den Abgangshafen oder in einen anderen Hafen zurückgekehrt, so wird bei Berechnung der Distanzfracht der dem Bestimmungshafen nächste Punkt, welchen das Schiff erreicht hat, Behufs Feststellung der zurückgelegten Entfernung zum Anhalt genommen.

Der Schiffer ist auch in den Fällen dieses Artikels verpflichtet, vor und nach der Auflösung des Frachtvertrags für das Beste der Ladung nach Maassgabe der Artikel 504 bis 506 und 634 zu sorgen.

Art. 637. Muss das Schiff, nachdem es die Ladung eingenommen hat, vor Antritt der Reise in dem Abladungshafen oder nach Antritt derselben in einem Zwischen- oder Nothhafen in Folge eines der im Artikel 631 erwähnten Ereignisse liegen bleiben, so werden die Kosten des Aufenthalts, auch wenn die Erfordernisse der grossen Haverei nicht vorliegen, über Schiff, Fracht und Ladung nach den Grundsätzen der grossen Haverei vertheilt, gleichviel ob demnächst der Vertrag aufgehoben oder vollständig erfüllt wird. Zu den Kosten des Aufenthalts werden alle in dem zweiten Absatz des Artikels 708 Ziffer 4 aufgeführten Kosten gezählt, diejenigen des Ein- und Auslaufens jedoch nur dann, wenn wegen des Hindernisses ein Nothhafen angelaufen ist.

Art. 638. Wird nur ein Theil der Ladung vor Antritt der Reise durch einen Zufall betroffen, welcher, hätte er die ganze Ladung betroffen, nach den Artikeln 630 und 631 den Vertrag aufgelöst oder die Parteien zum Rücktritt berechtigt haben würde, so ist der Befrachter nur befugt, entweder statt der vertragsmässigen andere Güter abzuladen, sofern durch deren Beförderung die Lage des Verfrachters nicht erschwert wird (Artikel 563), oder von dem Vertrage unter der Verpflichtung zurückzutreten, die Hälfte der bedungenen Fracht und die sonstigen Forderungen des Verfrachters zu berichtigen (Artikel 581 und 582). Bei Ausübung dieser Rechte ist der Befrachter jedoch nicht an die sonst einzuhaltende Zeit gebunden. Er hat sich aber ohne Verzug zu erklären, von welchem der beiden Rechte er Gebrauch machen wolle und, wenn er die Abladung anderer Güter wählt, dieselbe binnen kürzester Frist zu bewirken, auch die etwaigen Mehrkosten dieser Abladung zu tragen und, insoweit durch sie die Wartezeit überschritten wird, den dem Verfrachter daraus entstehenden Schaden zu ersetzen.

Macht er von keinem der beiden Rechte Gebrauch, so muss er auch für den durch den Zufall betroffenen Theil der Ladung die volle Fracht entrichten. Den durch Krieg, Ein- und Ausfuhrverbot oder eine andere Verfügung von hoher Hand unfrei gewordenen Theil der Ladung ist er jedenfalls aus dem Schiffe herauszunehmen verbunden.

Tritt der Zufall nach Antritt der Reise ein, so muss der Befrachter für den dadurch betroffenen Theil der Ladung die volle Fracht auch dann entrichten, wenn der Schiffer diesen Theil in einem anderen als dem Bestimmungshafen zu löschen sich genöthigt gefunden und hierauf mit oder ohne Aufenthalt die Reise fortgesetzt hat.

Durch diesen Artikel werden die Bestimmungen der Artikel 618 und 619 nicht berührt.

Art. 639. Abgesehen von den Fällen der Artikel 631 bis 638 hat ein Aufenthalt, welchen die Reise vor oder nach ihrem Antritt durch Naturereignisse oder andere Zufälle erleidet, auf die Rechte und Pflichten der Parteien keinen Einfluss, es sei denn, dass der erkennbare Zweck des Vertrages durch einen solchen Aufenthalt vereitelt würde. Der Befrachter ist jedoch befugt, während jedes durch einen Zufall entstandenen, voraussichtlich längeren Aufenthalts die bereits in das Schiff geladenen Güter auf seine Gefahr und Kosten gegen Sicherheitsleistung für die rechtzeitige Wiedereinladung auszuladen. Unterlässt er die Wiedereinladung, so hat er die volle Fracht zu zahlen. In jedem Falle muss er den Schaden ersetzen, welcher aus der von ihm veranlassten Wiederausladung entsteht.

Gründet sich der Aufenthalt in einer Verfügung von hoher Hand, so ist für die Dauer derselben keine Fracht zu bezahlen, wenn diese zeitweise bedungen war (Artikel 623).

Art. 640. Muss das Schiff während der Reise ausgebessert werden, so hat der Befrachter die Wahl, ob er die ganze Ladung an dem Orte, wo das Schiff sich befindet, gegen Berichtigung der vollen Fracht und der übrigen Forderungen des Verfrachters (Artikel 615) und gegen Berichtigung oder Sicherstellung der im Artikel 616 bezeichneten Forderungen zurücknehmen, oder die Wiederherstellung abwarten will. Im letzteren Falle ist für die Dauer der Ausbesserung keine Fracht zu bezahlen, wenn diese zeitweise bedungen war.

Art. 641. Wird der Frachtvertrag in Gemässheit der Artikel 630 bis 636 aufgelöst, so werden die Kosten der Ausladung aus dem Schiffe von dem Verfrachter, die übrigen Löschungskosten von dem Befrachter getragen. Hat der Zufall jedoch nur die Ladung betroffen, so fallen die sämmtlichen Kosten der Löschung dem Befrachter zur Last. Dasselbe gilt, wenn im Falle des Artikels 638 ein Theil der Ladung gelöscht wird. Musste in einem solchen Falle Behufs der Löschung ein Hafen angelaufen werden, so hat der Befrachter auch die Hafenkosten zu tragen.

Art. 642. Die Artikel 630 bis 641 kommen auch zur Anwendung, wenn dass Schiff zur Einnahme der Ladung eine Zureise in Ballast nach dem Abladungshafen zu machen hat. Die Reise gilt aber in einem solchen Falle erst dann als angetreten, wenn sie aus dem Abladungshafen angetreten ist. Wird der Vertrag, nachdem das Schiff den Abladungshafen erreicht hat, aber vor Antritt der Reise aus dem letzteren aufgelöst, so erhält der Verfrachter für die Zureise eine nach den Grundsätzen der Distanzfracht (Art. 633) zu bemessende Entschädigung.

In anderen Fällen einer zusammengesetzten Reise sind die obigen Artikel insoweit anwendbar, als Natur und Inhalt des Vertrages nicht entgegenstehen.

Art. 643. Wenn der Vertrag nicht auf das Schiff im Ganzen, sondern nur auf einen verhältnissmässigen Theil oder einen bestimmt bezeichneten Raum des Schiffs oder auf Stückgüter sich bezieht, so gelten die Artikel 630 bis 642 mit folgenden Abweichungen:

1) In den Fällen der Artikel 631 und 636 ist jeder Theil sogleich nach Eintritt des Hindernisses und ohne Rücksicht auf die Dauer desselben von dem Vertrage zurückzutreten befugt.
2) Im Falle des Artikels 638 kann von dem Befrachter das Recht, von dem Vertrage zurückzutreten, nicht ausgeübt werden.
3) Im Falle des Artikels 639 steht dem Befrachter das Recht der einstweiligen Löschung nur dann zu, wenn die übrigen Befrachter ihre Genehmigung ertheilen.
4) Im Falle des Artikels 640 kann der Befrachter die Güter gegen

Entrichtung der vollen Fracht und der übrigen Forderungen nur dann zurücknehmen, wenn während der Ausbesserung die Löschung dieser Güter ohnehin erfolgt ist.

Die Vorschriften der Artikel 588 und 590 werden hierdurch nicht berührt.

Art. 644. Nach Beendigung jeder einzelnen Abladung hat der Schiffer dem Ablader ohne Verzug gegen Rückgabe des etwa bei der Annahme der Güter ertheilten vorläufigen Empfangscheins ein Konnossement in so vielen Exemplaren auszustellen, als der Ablader verlangt.

Alle Exemplare des Konnossements müssen von gleichem Inhalt sein, dasselbe Datum haben und ausdrücken, wie viele Exemplare ausgestellt sind.

Dem Schiffer ist auf sein Verlangen von dem Ablader eine mit der Unterschrift des letzteren versehene Abschrift des Konnossements zu ertheilen.

Art. 645. Das Konnossement enthält:

1) den Namen des Schiffers;
2) den Namen und die Nationalität des Schiffs;
3) den Namen des Abladers;
4) den Namen des Empfängers;
5) den Abladungshafen;
6) den Löschungshafen oder den Ort, an welchem Order über denselben einzuholen ist;
7) die Bezeichnung der abgeladenen Güter, deren Menge und Merkzeichen;
8) die Bestimmung in Ansehung der Fracht;
9) den Ort und den Tag der Ausstellung;
10) die Zahl der ausgestellten Exemplare.

Art. 646. Auf Verlangen des Abladers ist das Konnossement, sofern nicht das Gegentheil vereinbart ist, an die Order des Empfängers oder lediglich an Order zu stellen. Im letzteren Falle ist unter der Order die Order des Abladers zu verstehen.

Das Konnossement kann auch auf den Namen des Schiffers als Empfängers lauten.

Art. 647. Der Schiffer ist verpflichtet, im Löschungshafen dem legitimirten Inhaber auch nur eines Exemplars des Konnossements die Güter auszuliefern.

Zur Empfangnahme der Güter legitimirt ist derjenige, an welchen die Güter nach dem Konnossement abgeliefert werden sollen, oder auf welchen das Konnossement, wenn es an Order lautet, durch Indossament übertragen ist.

Art. 648. Melden sich mehrere legitimirte Konnossementsinhaber, so ist der Schiffer verpflichtet, sie sämmtlich zurückzuweisen, die Güter gerichtlich oder in einer anderen sicheren Weise niederzulegen und die Konnossementsinhaber, welche sich gemeldet haben, unter Angabe der Gründe seines Verfahrens hiervon zu benachrichtigen.

Wenn die Niederlegung nicht gerichtlich geschieht, so ist er befugt, über sein Verfahren und dessen Gründe eine öffentliche Urkunde errichten zu lassen und wegen der daraus entstehenden Kosten in gleicher Art wie wegen der Fracht sich an die Güter zu halten (Art. 626).

Art. 649. Die Uebergabe des an Order lautenden Konnossements an denjenigen, welcher durch dasselbe zur Empfangnahme legitimirt wird, hat, sobald die Güter wirklich abgeladen sind, für den Erwerb der von der Uebergabe der Güter abhängigen Rechte dieselben rechtlichen Wirkungen wie die Uebergabe der Güter [1]).

[1]) Vgl. EG. zur Konk.-O. § 14.

Art. 650. Sind mehrere Exemplare eines an Order lautenden Konnossements ausgestellt, so können von dem Inhaber des einen Exemplars die in dem vorstehenden Artikel bezeichneten rechtlichen Wirkungen der Uebergabe des Konnossements zum Nachtheil desjenigen nicht geltend gemacht werden, welcher auf Grund eines anderen Exemplars in Gemässheit des Art. 647 die Auslieferung der Güter von dem Schiffer erlangt hat, bevor der Anspruch auf Auslieferung von dem Inhaber des ersteren Exemplars erhoben worden ist.

Art. 651. Hat der Schiffer die Güter noch nicht ausgeliefert, so geht unter mehreren sich meldenden Konnossementsinhabern, wenn und soweit die von denselben auf Grund der Konnossementsübergabe an den Gütern geltend gemachten Rechte kollidiren, derjenige vor, dessen Exemplar von dem gemeinschaftlichen Vormann, welcher mehrere Konnossementsexemplare an verschiedene Personen übertragen hat, zuerst der einen dieser Personen dergestalt übergeben ist, dass dieselbe zur Empfangnahme der Güter legitimirt wurde.

Bei dem nach einem anderen Orte übersandten Exemplare wird die Zeit der Uebergabe durch den Zeitpunkt der Absendung bestimmt.

Art. 652. Der Schiffer ist zur Ablieferung der Güter nur gegen Rückgabe eines Exemplars des Konnossements, auf welchem die Ablieferung der Güter zu bescheinigen ist, verpflichtet.

Art. 653. Das Konnossement ist entscheidend für die Rechtsverhältnisse zwischen dem Verfrachter und dem Empfänger der Güter; insbesondere muss die Ablieferung der Güter an den Empfänger nach Inhalt des Konnossements erfolgen.

Die in das Konnossement nicht aufgenommenen Bestimmungen des Frachtvertrages haben gegenüber dem Empfänger keine rechtliche Wirkung, sofern nicht auf dieselben ausdrücklich Bezug genommen ist. Wird in Ansehung der Fracht auf den Frachtvertrag verwiesen (z. B. durch die Worte: „Fracht laut Chartepartie"), so sind hierin die Bestimmungen über Löschzeit, Ueberliegezeit und Liegezeit nicht als einbegriffen anzusehen.

Für die Rechtsverhältnisse zwischen Verfrachter und Befrachter bleiben die Bestimmungen des Frachtvertrages maassgebend.

Art. 654. Der Verfrachter ist für die Richtigkeit der im Konnossement enthaltenen Bezeichnung der abgeladenen Güter dem Empfänger verantwortlich. Seine Haftung beschränkt sich jedoch auf den Ersatz des Minderwerths, welcher aus der Nichtübereinstimmung der Güter mit der im Konnossement enthaltenen Bezeichnung sich ergiebt.

Art. 655. Die im vorstehenden Artikel erwähnte Haftung des Verfrachters tritt auch dann ein, wenn die Güter dem Schiffer in Verpackung oder in geschlossenen Gefässen übergeben sind.

Ist dieses zugleich aus dem Konnossement ersichtlich, so ist der Verfrachter für die Richtigkeit der Bezeichnung der Güter dem Empfänger nicht verantwortlich, sofern er beweist, dass ungeachtet der Sorgfalt eines ordentlichen Schiffers die Unrichtigkeit der in dem Konnossement enthaltenen Bezeichnung nicht wahrgenommen werden konnte.

Die Haftung des Verfrachters wird dadurch nicht ausgeschlossen, dass die Identität der abgelieferten und der übernommenen Güter nicht bestritten oder dass dieselbe von dem Verfrachter nachgewiesen ist.

Art. 656. Werden dem Schiffer Güter in Verpackung oder in geschlossenen Gefässen übergeben, so kann er das Konnossement mit dem Zusatze: „Inhalt unbekannt" versehen. Enthält das Konnossement diesen oder einen gleichbedeutenden Zusatz, so ist der Verfrachter im Falle der Nichtübereinstimmung des abgelieferten Inhalts mit dem im Konnossement angegebenen nur insoweit verantwortlich, als ihm bewiesen wird, dass er einen anderen als den abgelieferten Inhalt empfangen habe.

Art. 657. Sind die im Konnossement nach Zahl, Maass oder Gewicht bezeichneten Güter dem Schiffer nicht zugezählt, zugemessen oder zugewogen, so kann er das Konossement mit dem Zusatze: „Zahl, Maass, Gewicht unbekannt" versehen. Enthält das Konnossement diesen oder einen gleichbedeutenden Zusatz, so hat der Verfrachter die Richtigkeit der Angaben des Konnossements über Zahl, Maass oder Gewicht der übernommenen Güter nicht zu vertreten.

Art. 658. Ist die Fracht nach Zahl, Maass oder Gewicht der Güter bedungen und im Konnossement Zahl, Maass oder Gewicht angegeben, so ist diese Angabe für die Berechnung der Fracht entscheidend, wenn nicht das Konnossement eine abweichende Bestimmung enthält. Als eine solche ist der Zusatz: „Zahl, Maass, Gewicht unbekannt" oder ein gleichbedeutender Zusatz nicht anzusehen.

Art. 659. Ist das Konnossement mit dem Zusatze: „frei von Bruch" oder: „frei von Leckage" oder: „frei von Beschädigung" oder mit einem gleichbedeutenden Zusatze versehen, so haftet der Verfrachter bis zum Beweise des Verschuldens des Schiffers oder einer Person, für welche der Verfrachter verantwortlich ist, nicht für Bruch oder Leckage oder Beschädigung.

Art. 660. Sind dem Schiffer Güter übergeben, deren Beschädigung, schlechte Beschaffenheit oder schlechte Verpackung sichtbar ist, so hat er diese Mängel im Konnossement zu bemerken, widrigenfalls er dem Empfänger dafür verantwortlich ist, auch wenn das Konnossement mit einem der im vorhergehenden Artikel erwähnten Zusätze versehen ist.

Art. 661[1]. Nachdem der Schiffer ein an Order lautendes Konnossement ausgestellt hat, darf er den Anweisungen des Abladers wegen Zurückgabe oder Auslieferung der Güter nur dann Folge leisten, wenn ihm die sämmtlichen Exemplare des Konnossements zurückgegeben werden.

Dasselbe gilt in Ansehung der Anforderungen eines Konnossementsinhabers auf Auslieferung der Güter, so lange der Schiffer den Bestimmungshafen nicht erreicht hat.

Handelt er diesen Bestimmungen entgegen, so bleibt er dem rechtmässigen Inhaber des Konnossements verpflichtet.

Lautet das Konnossement nicht an Order, so ist der Schiffer zur Zurückgabe oder Auslieferung der Güter, auch ohne Beibringung eines Exemplars des Konnossements, verpflichtet, sofern der Ablader und der im Konnossement bezeichnete Empfänger in die Zurückgabe oder Auslieferung der Güter willigen. Werden jedoch nicht sämmtliche Exemplare des Konnossements zurückgestellt, so kann der Schiffer wegen der deshalb zu besorgenden Nachtheile zuvor Sicherheitsleistung fordern.

Art. 662. Die Bestimmungen des Artikels 661 kommen auch dann zur Anwendung, wenn der Frachtvertrag vor Erreichung des Bestimmungshafens in Folge eines Zufalls nach den Artikeln 630 bis 643 aufgelöst wird.

Art. 663. In Ansehung der Verpflichtungen des Schiffers aus den von ihm geschlossenen Frachtverträgen und ausgestellten Konnossementen hat es bei den Vorschriften der Artikel 478, 479 und 502 sein Bewenden.

Art. 664. Im Falle der Unterverfrachtung haftet für die Erfüllung des Unterfrachtvertrages, insoweit dessen Ausführung zu den Dienstobliegenheiten des Schiffers gehört und von diesem übernommen ist, insbesondere durch Annahme der Güter und Ausstellung des Konnosse-

[1]) Vgl. Konk.-Ordn. §. 36 (Anm. zu Art. 402).

ments, nicht der Unterverfrachter, sondern der Rheder mit Schiff und Fracht (Art. 452).

Ob und inwieweit im Uebrigen der Rheder oder der Unterverfrachter von dem Unterbefrachter in Anspruch genommen werden könne, und ob im letzteren Falle der Unterverfrachter für die Erfüllung unbeschränkt zu haften oder nur die auf Schiff und Fracht beschränkte Haftung des Rheders zu vertreten habe, wird durch vorstehende Bestimmung nicht berührt.

Sechster Titel.

Von dem Frachtgeschäft zur Beförderung von Reisenden[1]).

Art. 665. Ist der Reisende in dem Ueberfahrtsvertrage genannt, so ist derselbe nicht befugt, das Recht auf die Ueberfahrt an einen Anderen abzutreten.

Art. 666. Der Reisende ist verpflichtet, alle die Schiffsordnung betreffenden Anweisungen des Schiffers zu befolgen.

Art. 667. Der Reisende, welcher vor oder nach dem Antritt der Reise sich nicht rechtzeitig an Bord begiebt, muss das volle Ueberfahrtsgeld bezahlen, wenn der Schiffer die Reise antritt oder fortsetzt, ohne auf ihn zu warten.

Art. 668. Wenn der Reisende vor dem Antritt der Reise den Rücktritt von dem Ueberfahrtsvertrage erklärt, oder stirbt, oder durch Krankheit oder einen anderen in seiner Person sich ereignenden Zufall zurückzubleiben genöthigt wird, so ist nur die Hälfte des Ueberfahrtsgeldes zu zahlen.

Wenn nach Antritt der Reise der Rücktritt erklärt wird oder einer der erwähnten Zufälle sich ereignet, so ist das volle Ueberfahrtsgeld zu zahlen.

Art. 669. Der Ueberfahrtsvertrag tritt ausser Kraft, wenn durch einen Zufall das Schiff verloren geht (Art. 630 Ziffer 1).

Art. 670. Der Reisende ist befugt, von dem Vertrage zurückzutreten, wenn ein Krieg ausbricht, in Folge dessen das Schiff nicht mehr als frei betrachtet werden kann und der Gefahr der Aufbringung ausgesetzt wäre, oder wenn die Reise durch eine das Schiff betreffende Verfügung von hoher Hand aufgehalten wird.

Das Recht des Rücktritts steht auch dem Verfrachter zu, wenn er in einem der vorstehenden Fälle die Reise aufgiebt, oder wenn das Schiff hauptsächlich zur Beförderung von Gütern bestimmt ist, und die Unternehmung unterbleiben muss, weil die Güter ohne sein Verschulden nicht befördert werden können.

Art. 671. In allen Fällen, in welchen zufolge der Art. 669 und 670 der Ueberfahrtsvertrag aufgelöst wird, ist kein Theil zur Entschädigung des anderen verpflichtet.

Ist jedoch die Auflösung erst nach Antritt der Reise erfolgt, so hat der Reisende das Ueberfahrtsgeld nach Verhältniss der zurückgelegten zur ganzen Reise zu zahlen.

Bei der Berechnung des zu zahlenden Betrages sind die Vorschriften des Art. 633 maassgebend.

Art. 672. Muss das Schiff während der Reise ausgebessert werden, so hat der Reisende, auch wenn er die Ausbesserung nicht abwartet, das volle Ueberfahrtsgeld zu zahlen. Wartet er die Ausbesserung ab, so hat ihm der Verfrachter bis zum Wiederantritt der Reise ohne be-

---

[1]) Vgl. Ges., betr. die Verpflichtung deutscher Kauffahrteischiffe zur Mitnahme hülfsbedürftiger Seeleute, v. 27. Dez. 1872 (RGB 1872, S. 432 f.).

sondere Vergütung Wohnung zu gewähren, auch die nach dem Ueberfahrtsvertrage in Ansehung der Beköstigung ihm obliegenden Pflichten weiter zu erfüllen.

Erbietet sich jedoch der Verfrachter, den Reisenden mit einer anderen gleich guten Schiffsgelegenheit ohne Beeinträchtigung der übrigen vertragsmässigen Rechte desselben nach dem Bestimmungshafen zu befördern, und weigert sich der Reisende, von dem Anerbieten Gebrauch zu machen, so hat er auf Gewährung von Wohnung und Kost bis zum Wiederantritt der Reise nicht weiter Anspruch.

Art. 673. Für den Transport der Reise-Effekten, welche der Reisende nach dem Ueberfahrtsvertrage an Bord zu bringen befugt ist, hat derselbe, wenn nicht ein Anderes bedungen ist, neben dem Ueberfahrtsgelde keine besondere Vergütung zu zahlen.

Art. 674. Auf die an Bord gebrachten Reise-Effekten finden die Vorschriften der Art. 562, 594, 618 Anwendung.

Sind dieselben von dem Schiffer oder einem dazu bestellten Dritten übernommen, so gelten für den Fall ihres Verlustes oder ihrer Beschädigung die Vorschriften der Art. 607, 608, 609, 610, 611.

Auf sämmtliche von dem Reisenden an Bord gebrachte Sachen finden ausserdem die Art. 564, 565, 566 und 620 Anwendung[1]).

Art. 675[2]). Der Verfrachter hat wegen des Ueberfahrtsgeldes an den von dem Reisenden an Bord gebrachten Sachen ein Pfandrecht.

Das Pfandrecht besteht jedoch nur so lange die Sachen zurückbehalten oder deponirt sind.

Art. 676. Stirbt ein Reisender, so ist der Schiffer verpflichtet, in Ansehung der an Bord sich befindenden Effekten desselben das Interesse der Erben nach den Umständen des Falles in geeigneter Weise wahrzunehmen.

Art. 677. Wird ein Schiff zur Beförderung von Reisenden einem Dritten verfrachtet, sei es im Ganzen oder zu einem Theil oder dergestalt, dass eine bestimmte Zahl von Reisenden befördert werden soll, so gelten für das Rechtsverhältniss zwischen dem Verfrachter und dem Dritten die Vorschriften des fünften Titels, soweit die Natur der Sache die Anwendung derselben zulässt.

Art. 678. Wenn in den folgenden Titeln dieses Buchs die Fracht erwähnt wird, so sind unter dieser, sofern nicht das Gegentheil bestimmt ist, auch die Ueberfahrtsgelder zu verstehen.

Art. 679. Die auf das Auswanderungswesen sich beziehenden Landesgesetze, auch insoweit sie privatrechtliche Bestimmungen enthalten, werden durch die Vorschriften dieses Titels nicht berührt.

Siebenter Titel.

Von der Bodmerei.

Art. 680. Bodmerei im Sinne dieses Gesetzbuchs ist ein Darlehnsgeschäft, welches von dem Schiffer als solchem kraft der in diesem Gesetzbuch ihm ertheilten Befugnisse unter Zusicherung einer Prämie und unter Verpfändung von Schiff, Fracht und Ladung, oder von einem oder mehreren dieser Gegenstände in der Art eingegangen wird, dass der Gläubiger wegen seiner Ansprüche nur an die verpfändeten (verbodmeten) Gegenstände nach Ankunft des Schiffs an dem Orte sich halten könne, wo die Reise enden soll, für welche das Geschäft eingegangen ist (Bodmereireise)[2]).

---

[1]) Vgl. Anm. zu Art. 564.
[2]) Vgl. Anm. zu Art. 374.

Art. 681. Bodmerei kann von dem Schiffer nur in folgenden Fällen eingegangen werden:

1) während das Schiff ausserhalb des Heimathshafens sich befindet, zum Zweck der Ausführung der Reise, nach Maassgabe der Art. 497, 507 bis 509 und 511;
2) während der Reise im alleinigen Interesse der Ladungsbetheiligten zum Zweck der Erhaltung und Weiterbeförderung der Ladung nach Maassgabe der Art. 504, 511 und 634.

In dem Falle der Ziffer 2 kann der Schiffer die Ladung allein verbodmen, in allen übrigen Fällen kann er zwar das Schiff oder die Fracht allein, die Ladung aber nur zusammen mit dem Schiff und der Fracht verbodmen.

In der Verbodmung des Schiffs ohne Erwähnung der Fracht ist die Verbodmung der letzteren nicht enthalten. Werden aber Schiff und Ladung verbodmet, so gilt die Fracht als mitverbodmet.

Die Verbodmung der Fracht ist zulässig, so lange diese der Seegefahr noch nicht entzogen ist.

Auch die Fracht desjenigen Theils der Reise, welcher noch nicht angetreten ist, kann verbodmet werden.

Art. 682. Die Höhe der Bodmereiprämie ist ohne Beschränkung dem Uebereinkommen der Parteien überlassen.

Die Prämie umfasst in Ermangelung einer entgegenstehenden Vereinbarung auch die Zinsen.

Art. 683. Ueber die Verbodmung muss von dem Schiffer ein Bodmereibrief ausgestellt werden. Ist dieses nicht geschehen, so hat der Gläubiger diejenigen Rechte, welche ihm zustehen würden, wenn der Schiffer zur Befriedigung des Bedürfnisses ein einfaches Kreditgeschäft eingegangen wäre.

Art. 684. Der Bodmereigeber kann verlangen, dass der Bodmereibrief enthalte:

1) den Namen des Bodmereigläubigers;
2) den Kapitalbetrag der Bodmereischuld;
3) den Betrag der Bodmereiprämie oder den Gesammtbetrag der dem Gläubiger zu zahlenden Summe;
4) die Bezeichnung der verbodmeten Gegenstände;
5) die Bezeichnung des Schiffs und des Schiffers;
6) die Bodmereireise;
7) die Zeit, zu welcher die Bodmereischuld gezahlt werden soll;
8) den Ort, wo die Zahlung erfolgen soll;
9) die Bezeichnung der Urkunde im Kontext als Bodmereibrief, oder die Erklärung, dass die Schuld als Bodmereischuld eingegangen sei, oder eine andere das Wesen der Bodmerei genügend bezeichnende Erklärung;
10) die Umstände, welche die Eingehung der Bodmerei nothwendig gemacht haben;
11) den Tag und den Ort der Ausstellung;
12) die Unterschrift des Schiffers.

Die Unterschrift des Schiffers muss auf Verlangen in beglaubigter Form ertheilt werden.

Art. 685. Auf Verlangen des Bodmereigebers ist der Bodmereibrief, sofern nicht das Gegentheil vereinbart ist, an die Order des Gläubigers oder lediglich an Order zu stellen. Im letzteren Falle ist unter der Order die Order des Bodmereigebers zu verstehen.

Art. 686. Ist vor Ausstellung des Bodmereibriefs die Nothwendigkeit der Eingehung des Geschäfts von dem Landeskonsul oder demjenigen

Konsul, welcher dessen Geschäfte zu versehen berufen ist, und in dessen Ermangelung von dem Gerichte oder der sonst zuständigen Behörde des Orts der Ausstellung, sofern es aber auch an einer solchen fehlt, von den Schiffsoffizieren urkundlich bezeugt, so wird angenommen, dass der Schiffer zur Eingehung des Geschäfts in dem vorliegenden Umfange befugt gewesen sei.

Es findet jedoch der Gegenbeweis statt.

Art. 687. Der Bodmereigeber kann die Ausstellung des Bodmereibriefs in mehreren Exemplaren verlangen.

Werden mehrere Exemplare ausgestellt, so ist in jedem Exemplar anzugeben, wie viele ertheilt sind.

Der Bodmereibrief kann durch Indossament übertragen werden, wenn er an Order lautet.

Der Einwand, dass der Schiffer zur Eingehung des Geschäfts überhaupt oder in dem vorliegenden Umfange nicht befugt gewesen sei, ist auch gegen den Indossatar zulässig.

Art. 688. Die Bodmereischuld ist, sofern nicht in dem Bodmereibriefe selbst eine andere Bestimmung getroffen ist, in dem Bestimmungshafen der Bodmereireise und am achten Tage nach der Ankunft des Schiffs in diesem Hafen zu zahlen.

Von dem Zahlungstage an laufen kaufmännische Zinsen von der ganzen Bodmereischuld einschliesslich der Prämie.

Die vorstehende Bestimmung kommt nicht zur Anwendung, wenn die Prämie nach Zeit bedungen ist; die Zeitprämie läuft aber bis zur Zahlung des Bodmereikapitals.

Art. 689. Zur Zahlungszeit kann die Zahlung der Bodmereischuld dem legitimirten Inhaber auch nur eines Exemplars des Bodmereibriefs nicht verweigert werden.

Die Zahlung kann nur gegen Rückgabe dieses Exemplars verlangt werden, auf welchem über die Zahlung zu quittiren ist.

Art. 690. Melden sich mehrere gehörig legitimirte Bodmereibriefs-Inhaber, so sind sie sämmtlich zurückzuweisen, die Gelder, wenn die verbodmeten Gegenstände befreit werden sollen, gerichtlich oder in anderer sicherer Weise niederzulegen und die Bodmereibriefs-Inhaber, welche sich gemeldet haben, unter Angabe der Gründe des Verfahrens hiervon zu benachrichtigen.

Wenn die Niederlegung nicht gerichtlich geschieht, so ist der Deponent befugt, über sein Verfahren und dessen Gründe eine öffentliche Urkunde errichten zu lassen und die daraus entstehenden Kosten von der Bodmereischuld abzuziehen.

Art. 691. Dem Bodmereigläubiger fällt weder die grosse noch die besondere Haverei zur Last.

Insoweit jedoch die verbodmeten Gegenstände durch grosse oder besondere Haverei zur Befriedigung des Bodmereigläubigers unzureichend werden, hat derselbe den hieraus entstehenden Nachtheil zu tragen.

Art. 692. Die sämmtlichen verbodmeten Gegenstände haften dem Bodmereigläubiger solidarisch.

Auch schon vor Eintritt der Zahlungszeit kann der Gläubiger nach Ankunft des Schiffs im Bestimmungshafen der Bodmereireise die Beschlagnahme der sämmtlichen verbodmeten Gegenstände nachsuchen.

Art. 693. Der Schiffer hat für die Bewahrung und Erhaltung der verbodmeten Gegenstände zu sorgen; er darf ohne dringende Gründe keine Handlung vornehmen, wodurch die Gefahr für den Bodmereigeber eine grössere oder eine andere wird, als derselbe bei dem Abschlusse des Vertrages voraussetzen musste.

Handelt er diesen Bestimmungen zuwider, so ist er dem Bodmereigläubiger für den daraus entstehenden Schaden verantwortlich (Art. 479).

Art. 694. Hat der Schiffer die Bodmereireise willkürlich verändert, oder ist er von dem derselben entsprechenden Wege willkürlich abgewichen, oder hat er nach ihrer Beendigung die verbodmeten Gegenstände von neuem einer Seegefahr ausgesetzt, ohne dass das Interesse des Gläubigers es geboten hat, so haftet der Schiffer dem Gläubiger für die Bodmereischuld insoweit persönlich, als derselbe aus den verbodmeten Gegenständen seine Befriedigung nicht erhält, es sei denn, dass er beweist, dass die unterbliebene Befriedigung durch die Veränderung der Reise oder die Abweichung oder die neue Seegefahr nicht verursacht ist.

Art. 695. Der Schiffer darf die verbodmete Ladung vor Befriedigung oder Sicherstellung des Gläubigers weder ganz noch theilweise ausliefern, widrigenfalls er dem Gläubiger für die Bodmereischuld insoweit persönlich verpflichtet wird, als derselbe aus den ausgelieferten Gütern zur Zeit der Auslieferung hätte befriedigt werden können.

Es wird bis zum Beweise des Gegentheils angenommen, dass der Gläubiger seine vollständige Befriedigung hätte erlangen können.

Art. 696. Hat der Rheder in den Fällen der Art. 693, 694, 695 die Handlungsweise des Schiffers angeordnet, so kommen die Vorschriften des zweiten und dritten Absatzes des Art. 479 zur Anwendung.

Art. 697. Wird zur Zahlungszeit die Bodmereischuld nicht bezahlt, so kann der Gläubiger den öffentlichen Verkauf des verbodmeten Schiffs und der verbodmeten Ladung, sowie die Ueberweisung der verbodmeten Fracht bei dem zuständigen Gericht beantragen.

Die Klage ist zu richten in Ansehung des Schiffs und der Fracht gegen den Schiffer oder Rheder, in Ansehung der Ladung vor der Auslieferung gegen den Schiffer, nach der Auslieferung gegen den Empfänger, sofern dieselbe sich noch bei ihm oder einem Anderen befindet, welcher sie für ihn besitzt.

Zum Nachtheil eines dritten Erwerbers, welcher den Besitz der verbodmeten Ladung in gutem Glauben erlangt hat, kann der Gläubiger von seinen Rechten keinen Gebrauch machen.

Art. 698. Der Empfänger, welchem bei Annahme der verbodmeten Güter bekannt ist, dass auf ihnen eine Bodmereischuld haftet, wird dem Gläubiger für die Schuld bis zum Werthe, welchen die Güter zur Zeit ihrer Auslieferung hatten, insoweit persönlich verpflichtet, als der Gläubiger, falls die Auslieferung nicht erfolgt wäre, aus den Gütern hätte befriedigt werden können.

Art. 699. Wird vor dem Antritt der Bodmereireise die Unternehmung aufgegeben, so ist der Gläubiger befugt, die sofortige Bezahlung der Bodmereischuld an dem Orte zu verlangen, an welchem die Bodmerei eingegangen ist; er muss sich jedoch eine verhältnissmässige Herabsetzung der Prämie gefallen lassen; bei der Herabsetzung ist vorzugsweise das Verhältniss der bestandenen zu der übernommenen Gefahr maassgebend.

Wird die Bodmereireise in einem anderen als dem Bestimmungshafen derselben beendet, so ist die Bodmereischuld ohne einen Abzug von der Prämie in diesem anderen Hafen nach Ablauf der vertragsmässigen und in deren Ermangelung der achttägigen (Art. 688) Zahlungsfrist zu zahlen. Die Zahlungsfrist wird vom Tage der definitiven Einstellung der Reise berechnet.

Soweit in diesem Artikel nicht ein Anderes bestimmt ist, kommen die Art. 689 bis 698 auch in den vorstehenden Fällen zur Anwendung.

Art. 700. Die Anwendung der Vorschriften dieses Titels wird dadurch nicht ausgeschlossen, dass der Schiffer zugleich Miteigenthümer oder Alleineigenthümer des Schiffs oder der Ladung oder beider ist, oder dass er auf Grund besonderer Anweisung der Betheiligten die Bodmerei eingegangen ist.

Art. 701. Die Bestimmungen über die uneigentliche Bodmerei, d. h. diejenige, welche nicht von dem Schiffer als solchem in den im Art. 681 bezeichneten Fällen eingegangen ist, bleiben den Landesgesetzen vorbehalten.

Achter Titel.

Von der Haverei.

Erster Abschnitt.

Grosse (gemeinschaftliche) Haverei und besondere Haverei.

Art. 702. Alle Schäden, welche dem Schiff oder der Ladung oder beiden zum Zweck der Errettung beider aus einer gemeinsamen Gefahr von dem Schiffer oder auf dessen Geheiss vorsätzlich zugefügt werden, sowie auch die durch solche Maassregeln ferner verursachten Schäden, ingleichen die Kosten, welche zu demselben Zweck aufgewendet werden, sind grosse Haverei.

Die grosse Haverei wird von Schiff, Fracht und Ladung gemeinschaftlich getragen.

Art. 703. Alle nicht zur grossen Haverei gehörigen, durch einen Unfall verursachten Schäden und Kosten, soweit letzere nicht unter den Art. 622 fallen, sind besondere Haverei.

Die besondere Haverei wird von den Eigenthümern des Schiffs und der Ladung, von jedem für sich allein, getragen.

Art. 704. Die Anwendung der Bestimmungen über grosse Haverei wird dadurch nicht ausgeschlossen, dass die Gefahr in Folge des Verschuldens eines Dritten oder auch eines Betheiligten herbeigeführt ist.

Der Betheiligte, welchem ein solches Verschulden zur Last fällt, kann jedoch nicht allein wegen der ihm etwa entstandenen Schäden keine Vergütung fordern, sondern er ist auch den Beitragspflichtigen für den Verlust verantwortlich, welchen sie dadurch erleiden, dass der Schaden als grosse Haverei zur Vertheilung kommt.

Ist die Gefahr durch eine Person der Schiffsbesatzung verschuldet, so trägt die Folgen dieses Verschuldens auch der Rheder nach Maassgabe der Art. 451, 452.

Art. 705. Die Havereivertheilung tritt nur ein, wenn sowohl das Schiff als auch die Ladung, und zwar jeder dieser Gegenstände entweder ganz oder theilweise wirklich gerettet worden ist.

Art. 706. Die Verpflichtung, von einem geretteten Gegenstande beizutragen, wird dadurch, dass derselbe später von besonderer Haverei betroffen wird, nur dann vollständig aufgehoben, wenn der Gegenstand ganz verloren geht.

Art. 707. Der Anspruch auf Vergütung einer zur grossen Haverei gehörenden Beschädigung wird durch eine besondere Haverei, welche den beschädigten Gegenstand später trifft, sei es, dass er von Neuem beschädigt wird oder ganz verloren geht, nur insoweit aufgehoben, als bewiesen wird, dass der spätere Unfall nicht allein mit dem früheren in keinem Zusammenhange steht, sondern dass er auch den früheren Schaden nach sich gezogen haben würde, wenn dieser nicht bereits entstanden gewesen wäre.

Sind jedoch vor Eintritt des späteren Unfalles zur Wiederherstellung des beschädigten Gegenstandes bereits Aufwendungen gemacht, so bleibt rücksichtlich dieser der Anspruch auf Vergütung bestehen.

Art. 708. Grosse Haverei liegt namentlich in folgenden Fällen vor, vorausgesetzt, dass in denselben zugleich die Erfordernisse der Art. 702, 704 und 705 insoweit vorhanden sind, als in diesem Artikel nichts Besonderes bestimmt ist:

1) Wenn Waaren, Schiffstheile oder Schiffsgeräthschaften über Bord geworfen, Masten gekappt, Taue oder Segel weggeschnitten, Anker, Ankertaue oder Ankerketten geschlippt oder gekappt worden sind.

Sowohl diese Schäden selbst als die durch solche Maassregeln an Schiff oder Ladung ferner verursachten Schäden gehören zur grossen Haverei.

2) Wenn zur Erleichterung des Schiffs die Ladung ganz oder theilweise in Leichterfahrzeuge übergeladen worden ist.

Es gehört zur grossen Haverei sowohl der Leichterlohn als der Schaden, welcher bei dem Ueberladen in das Leichterfahrzeug oder bei dem Rückladen in das Schiff der Ladung oder dem Schiff zugefügt worden ist, sowie der Schaden, welcher die Ladung auf dem Leichterfahrzeug betroffen hat.

Muss die Erleichterung im regelmässigen Verlauf der Reise erfolgen, so liegt grosse Haverei nicht vor.

3) Wenn das Schiff absichtlich auf den Strand gesetzt worden ist, jedoch nur wenn die Abwendung des Unterganges oder der Nehmung damit bezweckt war.

Sowohl die durch die Strandung einschliesslich der Abbringung entstandenen Schäden, als auch die Kosten der Abbringung gehören zur grossen Haverei.

Wird das Behufs Abwendung des Unterganges auf den Strand gesetzte Schiff nicht abgebracht oder nach der Abbringung reparaturunfähig (Art. 444) befunden, so findet eine Havereivertheilung nicht statt.

Ist das Schiff gestrandet, ohne dass die Strandung zur Rettung von Schiff und Ladung vorsätzlich herbeigeführt war, so gehören zwar nicht die durch die Strandung veranlassten Schäden, wohl aber die auf die Abbringung verwendeten Kosten und die zu diesem Zweck dem Schiff oder der Ladung absichtlich zugefügten Schäden zur grossen Haverei.

4) Wenn das Schiff zur Vermeidung einer dem Schiff und der Ladung im Falle der Fortsetzung der Reise drohenden gemeinsamen Gefahr in einen Nothhafen eingelaufen ist, wohin insbesondere gehört, wenn das Einlaufen zur nothwendigen Ausbesserung eines Schadens erfolgt, welchen das Schiff während der Reise erlitten hat.

Es gehören in diesem Falle zur grossen Haverei: die Kosten des Einlaufens und des Auslaufens, die das Schiff selbst treffenden Aufenthaltskosten, die der Schiffsbesatzung während des Aufenthalts gebührende Heuer und Kost, sowie die Auslagen für die Unterbringung der Schiffsbesatzung am Lande, wenn und so lange dieselbe an Bord nicht hat verbleiben können, ferner, falls die Ladung wegen des Grundes, welcher das Einlaufen in den Nothhafen herbeigeführt hat, gelöscht werden muss, die Kosten des Von- und Anbordbringens und die Kosten der Aufbewahrung der Ladung am Lande bis zu dem Zeitpunkte, in welchem dieselbe wieder an Bord hat gebracht werden können.

Die sämmtlichen Aufenthaltskosten kommen nur für die Zeit der Fortdauer des Grundes in Rechnung, welcher das Einlaufen in den

Nothhafen herbeigeführt hat. Liegt der Grund in einer nothwendigen Ausbesserung des Schiffs, so kommen ausserdem die Aufenthaltskosten nur bis zu dem Zeitpunkte in Rechnung, in welchem die Ausbesserung hätte vollendet sein können.

Die Kosten der Ausbesserung des Schiffs gehören nur insoweit zur grossen Haverei, als der auszubessernde Schaden selbst grosse Haverei ist.

5) Wenn das Schiff gegen Feinde oder Seeräuber vertheidigt worden ist.

Die bei der Vertheidigung dem Schiff oder der Ladung zugefügten Beschädigungen, die dabei verbrauchte Munition und, im Fall eine Person der Schiffsbesatzung bei der Vertheidigung verwundet oder getödtet worden ist, die Heilungs- und Begräbnisskosten, sowie die zu zahlenden Belohnungen (Art. 523, 524, 549, 551) bilden die grosse Haverei[1]).

6) Wenn im Fall der Anhaltung des Schiffs durch Feinde oder Seeräuber Schiff und Ladung losgekauft worden sind.

Was zum Loskauf gegeben ist, bildet nebst den durch den Unterhalt und die Auslösung der Geisseln entstandenen Kosten die grosse Haverei.

7) Wenn die Beschaffung der zur Deckung der grossen Haverei während der Reise erforderlichen Gelder Verluste und Kosten verursacht hat, oder wenn durch die Auseinandersetzung unter den Betheiligten Kosten entstanden sind.

Diese Verluste und Kosten gehören gleichfalls zur grossen Haverei. Dahin werden insbesondere gezählt der Verlust an den während der Reise verkauften Gütern, die Bodmereiprämie, wenn die erforderlichen Gelder durch Bodmerei aufgenommen worden sind, und wenn dies nicht der Fall ist, die Prämie für Versicherung der aufgewendeten Gelder, die Kosten für die Ermittelung der Schäden und für die Aufmachung der Rechnung über die grosse Haverei (Dispache).

Art. 709. Nicht als grosse Haverei, sondern als besondere Haverei werden angesehen:

1) die Verluste und Kosten, welche, wenn auch während der Reise, aus der in Folge einer besonderen Haverei nöthig gewordenen Beschaffung von Geldern entstehen;
2) die Reklamekosten, auch wenn Schiff und Ladung zusammen und beide mit Erfolg reklamirt werden;
3) die durch Prangen verursachte Beschädigung des Schiffs, seines Zubehörs und der Ladung, selbst wenn, um der Strandung oder Nehmung zu entgehen, geprangt worden ist.

Art. 710. In den Fällen der grossen Haverei bleiben bei der Schadensberechnung die Beschädigungen und Verluste ausser Ansatz, welche die nachstehenden Gegenstände betreffen:

1) die nicht unter Deck geladenen Güter; diese Vorschrift findet jedoch bei der Küstenschiffahrt insofern keine Anwendung, als in Ansehung derselben Deckladungen durch die Landesgesetze für zulässig erklärt sind (Art. 567);
2) diejenigen Güter, worüber weder ein Konnossement ausgestellt ist, noch das Manifest oder Ladebuch Auskunft giebt;
3) die Kostbarkeiten, Gelder und Werthpapiere, welche dem Schiffer nicht gehörig bezeichnet sind (Art. 608).

Art. 711. Der an dem Schiff und dem Zubehör desselben entstandene, zur grossen Haverei gehörige Schaden ist, wenn die Reparatur während der Reise erfolgt, am Ort der Ausbesserung und vor derselben, sonst an dem Ort, wo die Reise endet, durch Sachverständige zu ermitteln und zu schätzen. Die Taxe muss die Veranschlagung der er-

---

[1]) Seemannsordnung (unten IV Nr. 15) §§. 48, 49, 51.

forderlichen Reparaturkosten enthalten. Sie ist, wenn während der Reise ausgebessert wird, für die Schadensberechnung insoweit maassgebend, als nicht die Ausführungskosten unter den Anschlagssummen bleiben. War die Aufnahme einer Taxe nicht ausführbar, so entscheidet der Betrag der auf die erforderlichen Reparaturen wirklich verwendeten Kosten.

Insoweit die Ausbesserung während der Reise nicht geschieht, ist die Abschätzung für die Schadensberechnung ausschliesslich maassgebend.

Art. 712. Der nach Maassgabe des vorstehenden Artikels ermittelte volle Betrag der Reparaturkosten bestimmt die zu leistende Vergütung, wenn das Schiff zur Zeit der Beschädigung noch nicht ein volles Jahr zu Wasser war.

Dasselbe gilt von der Vergütung für einzelne Theile des Schiffs, namentlich für die Metallhaut, sowie für einzelne Theile des Zubehörs, wenn solche Theile noch nicht ein volles Jahr in Gebrauch waren.

In den übrigen Fällen wird von dem vollen Betrage wegen des Unterschiedes zwischen alt und neu ein Drittel, bei den Ankerketten ein Sechstel, bei den Ankern jedoch nichts abgezogen.

Von dem vollen Betrage kommen ferner in Abzug der volle Erlös oder Werth der etwa noch vorhandenen alten Stücke, welche durch neue ersetzt sind oder zu ersetzen sind.

Findet ein solcher Abzug und zugleich der Abzug wegen des Unterschiedes zwischen alt und neu statt, so ist zuerst dieser letztere und sodann erst von dem verbleibenden Betrage der andere Abzug zu machen.

Art. 713. Die Vergütung für aufgeopferte Güter wird durch den Marktpreis bestimmt, welchen Güter derselben Art und Beschaffenheit am Bestimmungsort bei Beginn der Löschung des Schiffs haben.

In Ermangelung eines Marktpreises, oder insofern über denselben oder über dessen Anwendung, insbesondere mit Rücksicht auf die Qualität der Güter, Zweifel bestehen, wird der Preis durch Sachverständige ermittelt.

Von dem Preise kommt in Abzug, was an Fracht, Zöllen und Unkosten in Folge des Verlustes der Güter erspart wird.

Zu den aufgeopferten Gütern gehören auch diejenigen, welche zur Deckung der grossen Haverei verkauft worden sind (Art. 708, Ziffer 7).

Art. 714. Die Vergütung für Güter, welche eine zur grossen Haverei gehörige Beschädigung erlitten haben, wird bestimmt durch den Unterschied zwischen dem durch Sachverständige zu ermittelnden Verkaufswerth, welchen die Güter im beschädigten Zustande am Bestimmungsorte bei Beginn der Löschung des Schiffs haben, und dem im vorstehenden Artikel bezeichneten Preise nach Abzug der Zölle und Unkosten, soweit sie in Folge der Beschädigung erspart sind.

Art. 715. Die vor, bei oder nach dem Havereifall entstandenen, zur grossen Haverei nicht gehörenden Werthsverringerungen und Verluste sind bei Berechnung der Vergütung (Artikel 713, 714) in Abzug zu bringen.

Art. 716. Endet die Reise für Schiff und Ladung nicht im Bestimmungshafen, sondern an einem anderen Orte, so tritt dieser letztere, endet sie durch Verlust des Schiffs, so tritt der Ort, wohin die Ladung in Sicherheit gebracht ist, für die Ermittelung der Vergütung an die Stelle des Bestimmungsortes.

Art. 717. Die Vergütung für entgangene Fracht wird bestimmt durch den Frachtbetrag, welcher für die aufgeopferten Güter zu entrichten gewesen sein würde, wenn dieselben mit dem Schiff an dem Orte ihrer Bestimmung, oder wenn dieser von dem Schiff nicht erreicht wird, an dem Orte angelangt wären, wo die Reise endet.

Art. 718. Der gesammte Schaden, welcher die grosse Haverei bildet, wird über das Schiff, die Ladung und die Fracht nach Verhältniss des Werths und des Betrages derselben vertheilt.

Art. 719. Das Schiff nebst Zubehör trägt bei:

1) mit dem Werthe, welchen es in dem Zustande am Ende der Reise bei Beginn der Löschung hat;
2) mit dem als grosse Haverei in Rechnung kommenden Schaden an Schiff und Zubehör.

Von dem unter Ziffer 1 bezeichneten Werth ist der noch vorhandene Werth derjenigen Reparaturen und Anschaffungen abzuziehen, welche erst nach dem Havereifall erfolgt sind.

Art. 720. Die Ladung trägt bei:

1) mit den am Ende der Reise bei Beginn der Löschung noch vorhandenen Gütern, oder, wenn die Reise durch den Verlust des Schiffs endet (Art. 716), mit den in Sicherheit gebrachten Gütern, soweit in beiden Fällen diese Güter sich zur Zeit des Havereifalls am Bord des Schiffs oder eines Leichterfahrzeuges (Art. 708, Ziffer 2) befunden haben;
2) mit den aufgeopferten Gütern (Art. 713).

Art. 721. Bei Ermittelung des Beitrags kommt in Ansatz:

1) für die Güter, welche unversehrt sind, der Marktpreis oder der durch Sachverständige zu ermittelnde Preis (Art. 713), welchen dieselben am Ende der Reise bei Beginn und am Orte der Löschung des Schiffs, oder, wenn die Reise durch Verlust des Schiffs endet (Art. 716), zur Zeit und am Orte der Bergung haben, nach Abzug der Fracht, Zölle und sonstigen Unkosten;
2) für die Güter, welche während der Reise verdorben sind oder eine zur grossen Haverei nicht gehörige Beschädigung erlitten haben, der durch Sachverständige zu ermittelnde Verkaufswerth (Art. 714), welchen die Güter im beschädigten Zustande zu der unter Ziffer 1 erwähnten Zeit und an dem dort bezeichneten Orte haben, nach Abzug der Fracht, Zölle und sonstigen Unkosten;
3) für die Güter, welche aufgeopfert worden sind, der Betrag, welcher nach Art. 713 für dieselben als grosse Haverei in Rechnung kommt.
4) für die Güter, welche eine zur grossen Haverei gehörige Beschädigung erlitten haben, der nach der Bestimmung unter Ziffer 2 zu ermittelnde Werth, welchen die Güter im beschädigten Zustande haben, und der Werthsunterschied, welcher nach Art. 714 für die Beschädigung als grosse Haverei in Rechnung kommt.

Art. 722. Sind Güter geworfen, so haben dieselben zu der gleichzeitigen oder einer späteren grossen Haverei im Falle ihrer Bergung nur dann beizutragen, wenn der Eigenthümer eine Vergütung verlangt.

Art. 723. Die Frachtgelder tragen bei mit zwei Drittel:

1) des Bruttobetrages, welcher verdient ist;
2) des Betrages, welcher nach Art. 717 als grosse Haverei in Rechnung kommt.

Den Landesgesetzen bleibt vorbehalten, die auf zwei Drittel bestimmte Quote bis auf die Hälfte zu ermässigen.

Ueberfahrtsgelder tragen bei mit dem Betrage, welcher im Falle des Verlustes des Schiffs eingebüsst wäre (Art. 671), nach Abzug der Unkosten, welche alsdann erspart sein würden.

Art. 724. Haftet auf einem beitragspflichtigen Gegenstand eine, in einem späteren Nothfalle sich gründende Forderung, so trägt der Gegenstand nur mit seinem Werthe nach Abzug dieser Forderung bei.

Art. 725. Zur grossen Haverei tragen nicht bei:

1) die Kriegs- und Mundvorräthe des Schiffs;

2) die Heuer und Effekten der Schiffsbesatzung;
3) die Reiseeffekten der Reisenden.

Sind Vorräthe oder Effekten dieser Art aufgeopfert oder haben sie eine zur grossen Haverei gehörige Beschädigung erlitten, so wird für dieselben nach Maassgabe der Art. 713 bis 717 Vergütung gewährt; für Effekten, welche in Kostbarkeiten, Geldern und Werthpapieren bestehen, wird jedoch nur dann Vergütung gewährt, wenn dieselben dem Schiffer gehörig bezeichnet sind (Art. 608). Vorräthe und Effekten, für welche eine Vergütung gewährt wird, tragen mit dem Werth oder dem Werthsunterschied bei, welcher als grosse Haverei in Rechnung kommt.

Die im Art. 710 erwähnten Gegenstände sind beitragspflichtig, soweit sie gerettet sind.

Die Bodmereigelder sind nicht beitragspflichtig.

Art. 726. Wenn nach dem Havereifall und bis zum Beginn der Löschung am Ende der Reise ein beitragspflichtiger Gegenstand ganz verloren geht (Art. 706), oder zum Theil verloren geht oder im Werthe verringert wird, wohin insbesondere der Fall des Art. 724 gehört, so tritt eine verhältnissmässige Erhöhung der von den übrigen Gegenständen zu entrichtenden Beiträge ein.

Ist erst nach Beginn der Löschung der Verlust oder die Werthsverringerung erfolgt, so geht der Beitrag, welcher auf den Gegenstand fällt, soweit dieser zur Berichtigung desselben unzureichend geworden ist, den Vergütungsberechtigten verloren.

Art. 727. Die Vergütungsberechtigten haben wegen der von dem Schiff und der Fracht zu entrichtenden Beiträge die Rechte von Schiffsgläubigern (Titel 10). Auch in Ansehung der beitragspflichtigen Güter steht ihnen an den einzelnen Gütern wegen des von diesen zu entrichtenden Beitrages ein Pfandrecht zu. Das Pfandrecht kann jedoch nach der Auslieferung der Güter nicht zum Nachtheil des dritten Erwerbers, welcher den Besitz in gutem Glauben erlangt hat, geltend gemacht werden [1]).

Art. 728. Eine persönliche Verpflichtung zur Entrichtung des Beitrages wird durch den Havereifall an sich nicht begründet.

Der Empfänger beitragspflichtiger Güter wird jedoch, wenn ihm bei der Annahme der Güter bekannt ist, dass davon ein Beitrag zu entrichten sei, für den letzteren bis zum Werthe, welchen die Güter zur Zeit ihrer Auslieferung hatten, insoweit persönlich verpflichtet, als der Beitrag, falls die Auslieferung nicht erfolgt wäre, aus den Gütern hätte geleistet werden können.

Art. 729. Die Feststellung und Vertheilung der Schäden erfolgt an dem Bestimmungsort und, wenn dieser nicht erreicht wird, in dem Hafen, wo die Reise endet.

Art. 730. Der Schiffer ist verpflichtet, die Aufmachung der Dispache ohne Verzug zu veranlassen. Handelt er dieser Verpflichtung zuwider, so macht er sich jedem Betheiligten verantwortlich.

Wird die Aufmachung der Dispache nicht rechtzeitig veranlasst, so kann jeder Betheiligte die Aufmachung in Antrag bringen und betreiben.

Art. 731. Im Gebiete dieses Gesetzbuchs wird die Dispache durch die ein- für allemal bestellten oder in deren Ermangelung durch die vom Gericht besonders ernannten Personen (Dispacheure) aufgemacht [2]).

Jeder Betheiligte ist verpflichtet, die zur Aufmachung der Dispache

---

[1]) Vgl. Anm. zu Art. 374.

[2]) Nach dem Ges. betr. die Organisation der Bundeskonsulate (S. 100 Anm. 2) §. 36 sind die Bundeskonsuln befugt, in Fällen der grossen Haverei auf Antrag des Schiffsführers die Dispache aufzumachen.

erforderlichen Urkunden, soweit er sie zu seiner Verfügung hat, namentlich Chartepartieen, Konnossemente und Fakturen, dem Dispacheur mitzutheilen.

Den Landesgesetzen bleibt vorbehalten, über das Verfahren bei Aufmachung der Dispache und die Ausführung derselben nähere Bestimmungen zu erlassen[1]).

Art. 732. Für die von dem Schiff zu leistenden Beiträge ist den Ladungsbetheiligten Sicherheit zu bestellen, bevor das Schiff den Hafen verlassen darf, in welchem nach Art. 729 die Feststellung und Vertheilung der Schäden erfolgen muss.

Art. 733. Der Schiffer darf Güter, auf welchen Havereibeiträge haften, vor Berichtigung oder Sicherstellung der letzteren (Art. 616) nicht ausliefern, widrigenfalls er, unbeschadet der Haftung der Güter, für die Beiträge persönlich verantwortlich wird.

Hat der Rheder die Handlungsweise des Schiffers angeordnet, so kommen die Vorschriften des zweiten und dritten Absatzes des Art. 479 zur Anwendung.

Das an den beitragspflichtigen Gütern den Vergütungsberechtigten zustehende Pfandrecht wird für diese durch den Verfrachter ausgeübt.

Art. 734. Hat der Schiffer zur Fortsetzung der Reise, jedoch zum Zweck einer nicht zur grossen Haverei gehörenden Aufwendung, die Ladung verbodmet oder über einen Theil derselben durch Verkauf oder durch Verwendung verfügt, so ist der Verlust, welchen ein Ladungsbetheiligter dadurch erleidet, dass er wegen seiner Ersatzansprüche aus Schiff und Fracht gar nicht oder nicht vollständig befriedigt werden kann (Art. 509, 510, 613), von sämmtlichen Ladungsbetheiligten nach den Grundsätzen der grossen Haverei zu tragen.

Bei der Ermittelung des Verlustes ist in dem Verhältniss zu den Ladungsbetheiligten in allen Fällen, namentlich auch im Falle des zweiten Absatzes des Art. 613, die im Art. 713 bezeichnete Vergütung maassgebend. Mit dem Werthe, durch welchen diese Vergütung bestimmt wird, tragen die verkauften Güter auch zu einer etwa eintretenden grossen Haverei bei (Art. 720).

Art. 735. Ueber die ausserdem nach den Grundsätzen der grossen Haverei zu vertheilenden Schäden und Kosten bestimmt der Art. 637.

Die in den Fällen des Art. 637 und des Art. 734 zu entrichtenden Beiträge und eintretenden Vergütungen stehen in allen rechtlichen Beziehungen den Beiträgen und Vergütungen in Fällen der grossen Haverei gleich.

Zweiter Abschnitt.

Schaden durch Zusammenstoss von Schiffen[2]).

Art. 736. Wenn zwei Schiffe zusammenstossen und entweder auf einer oder auf beiden Seiten durch den Stoss Schiff oder Ladung allein, oder Schiff und Ladung beschädigt werden oder ganz verloren gehen, so ist, falls eine Person der Besatzung des einen Schiffs durch ihr Verschulden den Zusammenstoss herbeigeführt hat, der Rheder dieses Schiffs nach Maassgabe der Art. 451 und 452 verpflichtet, den durch den Zu-

---

[1]) Vgl. preuss. EG. 57 nebst Ausf.-Ges. z. Civ.-Pr.-O. v. 24. März 1879, §. 29, schlesw.-holst. EG. 71—77, mecklenb. EG. 72.

[2]) Vgl. VO zur Verhütung des Zusammenstossens der Schiffe auf See, v. 7. Jan. 1880 (RGB 1880, S. 1 ff.), deren Art. 10 durch VO v. 16. Febr. 1881 (RGB 1881, S. 28) wieder suspendirt ist, VO über das Verhalten der Schiffer nach einem Zusammenstoss von Schiffen auf See, v. 15. Aug. 1876 (RGB S. 189) und 29. Juli 1889 (ebd. 171), ferner Strafgesetzbuch §. 145. Bremen 46, Hannover 39, Mecklenburg 73, Oldenburg 33 u. Schlesw.-Holst. 78 lassen die Art. 736—741 auch für die Flussschiffahrt gelten.

sammenstoss dem anderen Schiff und dessen Ladung zugefügten Schaden zu ersetzen.

Die Eigenthümer der Ladung beider Schiffe sind zum Ersatze des Schadens beizutragen nicht verpflichtet.

Die persönliche Verpflichtung der zur Schiffsbesatzung gehörigen Personen, für die Folgen ihres Verschuldens aufzukommen, wird durch diesen Artikel nicht berührt.

Art. 737. Fällt keiner Person der Besatzung des einen oder des anderen Schiffs ein Verschulden zur Last, oder ist der Zusammenstoss durch beiderseitiges Verschulden herbeigeführt, so findet ein Anspruch auf Ersatz des dem einen oder anderen oder beiden Schiffen zugefügten Schadens nicht statt.

Art. 738. Die beiden vorstehenden Artikel kommen zur Anwendung ohne Unserschied, ob beide Schiffe, oder das eine oder das andere sich in der Fahrt oder im Treiben befinden, oder vor Anker oder am Lande befestigt liegen.

Art. 739. Ist ein durch Zusammenstoss beschädigtes Schiff gesunken, bevor es einen Hafen erreichen konnte, so wird vermuthet, dass der Untergang des Schiffs eine Folge des Zusammenstosses war.

Art. 740. Wenn sich das Schiff unter der Führung eines Zwangslootsen befunden hat und die zur Schiffsbesatzung gehörigen Personen die ihnen obliegenden Pflichten erfüllt haben, so ist der Rheder des Schiffs von der Verantwortung für den Schaden frei, welcher durch den von dem Lootsen verschuldeten Zusammenstoss entstanden ist.

Art. 741. Die Vorschriften dieses Abschnitts kommen auch dann zur Anwendung, wenn mehr als zwei Schiffe zusammenstossen.

Ist in einem solchen Falle der Zusammenstoss durch eine Person der Besatzung des einen Schiffs verschuldet, so haftet der Rheder des letzteren auch für den Schaden, welcher daraus entsteht, dass durch den Zusammenstoss dieses Schiffs mit einem anderen der Zusammenstoss dieses anderen Schiffs mit einem dritten verursacht ist.

Neunter Titel.

Von der Bergung und Hülfsleistung in Seenoth.

Art. 742. Wird in einer Seenoth ein Schiff oder dessen Ladung ganz oder theilweise, nachdem sie der Verfügung der Schiffsbesatzung entzogen oder von derselben verlassen waren, von dritten Personen an sich genommen und in Sicherheit gebracht, so haben diese Personen Anspruch auf Bergelohn.

Wird ausser dem vorstehenden Fall ein Schiff oder dessen Ladung durch Hülfe dritter Personen aus einer Seenoth gerettet, so haben dieselben nur Anspruch auf Hülfslohn.

Der Schiffsbesatzung des verunglückten oder gefährdeten Schiffs steht ein Anspruch auf Berge- oder Hülfslohn nicht zu.

Art. 743. Wenn noch während der Gefahr ein Vertrag über die Höhe des Berge- oder Hülfslohns geschlossen ist, so kann derselbe wegen erheblichen Uebermaasses der zugesicherten Vergütung angefochten und die Herabsetzung der letzteren auf das den Umständen entsprechende Maass verlangt werden.

Art. 744. In Ermangelung einer Vereinbarung wird die Höhe des Berge- oder Hülfslohns von dem Richter unter Berücksichtigung aller Umstände des Falles nach billigem Ermessen in Geld festgesetzt.

Art. 745. Der Berge- oder Hülfslohn umfasst zugleich die Vergütung für die Aufwendungen, welche zum Zweck des Bergens und Rettens geschehen sind.

Nicht darin enthalten sind die Kosten und Gebühren der Behörden, die von den geborgenen oder geretteten Gegenständen zu entrichtenden Zölle und sonstigen Abgaben und die Kosten zum Zweck der Aufbewahrung, Erhaltung, Abschätzung und Veräusserung derselben.

Art. 746. Bei der Bestimmung des Betrages des Berge- oder Hülfslohns kommen insbesondere in Anschlag: der bewiesene Eifer, die verwendete Zeit, die geleisteten Dienste, die geschehenen Aufwendungen, die Zahl der thätig gewesenen Personen, die Gefahr, welcher dieselben ihre Person und ihre Fahrzeuge unterzogen haben, sowie die Gefahr, welche den geborgenen oder geretteten Gegenständen gedroht hat, und der nach Abzug der Kosten (Art. 745, Absatz 2) verbliebene Werth derselben.

Art. 747. Der Berge- oder Hülfslohn darf ohne den übereinstimmenden Antrag der Parteien nicht auf eine Quote des Werthes der geborgenen oder geretteten Gegenstände festgesetzt werden.

Art. 748. Der Betrag des Bergelohns soll den dritten Theil des Werthes der geborgenen Gegenstände (Art. 746) nicht übersteigen.

Nur ausnahmsweise, wenn die Bergung mit ungewöhnlichen Anstrengungen und Gefahren verbunden war, und jener Werth zugleich ein geringer ist, kann der Betrag bis zur Hälfte des Werthes erhöht werden.

Art. 749. Der Hülfslohn ist stets unter dem Betrage festzusetzen, welchen der Bergelohn unter sonst gleichen Umständen erreicht haben würde. Auf den Werth der geretteten Gegenstände ist bei Bestimmung des Hülfslohns nur eine untergeordnete Rücksicht zu nehmen.

Art. 750. Haben mehrere Personen an der Bergung oder Hülfsleistung sich betheiligt, so wird der Berge- oder Hülfslohn unter dieselben nach Maassgabe der persönlichen und sachlichen Leistungen der Einzelnen und im Zweifel nach der Kopfzahl vertheilt.

Zur gleichmässigen Theilnahme sind auch diejenigen berechtigt, welche in derselben Gefahr der Rettung von Menschen sich unterzogen haben.

Art. 751. Wird ein Schiff oder dessen Ladung ganz oder theilweise von einem anderen Schiff geborgen oder gerettet, so wird der Berge- oder Hülfslohn zwischen dem Rheder, dem Schiffer und der übrigen Besatzung des anderen Schiffs, sofern nicht durch Vertrag unter ihnen ein Anderes bestimmt ist, in der Art vertheilt, dass der Rheder die Hälfte, der Schiffer ein Viertel und die übrige Besatzung zusammen gleichfalls ein Viertel erhalten. Die Vertheilung unter die letztere erfolgt nach Verhältniss der Heuer, welche dem Einzelnen gebührt oder seinem Range nach gebühren würde.

Art. 752. Auf Berge- und Hülfslohn hat keinen Anspruch:

1) wer seine Dienste aufgedrungen, insbesondere ohne Erlaubniss des anwesenden Schiffers das Schiff betreten hat;

2) wer von den geborgenen Gegenständen dem Schiffer, dem Eigenthümer oder der zuständigen Behörde nicht sofort Anzeige gemacht hat.

Art. 753 [1]. Wegen der Bergungs- und Hülfskosten, wozu auch der Berge- und Hülfslohn gezählt wird, steht dem Gläubiger ein Pfandrecht an den geborgenen oder geretteten Gegenständen, an den geborgenen Gegenständen bis zur Sicherheitsleistung zugleich das Zurückbehaltungsrecht zu.

In Ansehung der Geltendmachung des Pfandrechts finden die Vorschriften des zweiten und dritten Absatzes des Art. 697 Anwendung.

Art. 754. Der Schiffer darf die Güter vor Befriedigung oder Sicherstellung des Gläubigers weder ganz noch theilweise ausliefern, widrigenfalls er dem Gläubiger insoweit persönlich verpflichtet wird, als derselbe

[1]) Vgl. Anm. zu Art. 374.

aus den ausgelieferten Gütern zur Zeit der Auslieferung hätte befriedigt werden können.

Hat der Rheder die Handlungsweise des Schiffers angeordnet, so kommen die Vorschriften des zweiten und dritten Absatzes des Art. 479 zur Anwendung.

Art. 755. Eine persönliche Verpflichtung zur Entrichtung der Bergungs- und Hülfskosten wird durch die Bergung oder Rettung an sich nicht begründet.

Der Empfänger von Gütern wird jedoch, wenn ihm bei Annahme derselben bekannt ist, dass davon Bergungs- oder Hülfskosten zu berichtigen seien, für diese Kosten insoweit persönlich verpflichtet, als dieselben, falls die Auslieferung nicht erfolgt wäre, aus den Gütern hätten berichtigt werden können.

Sind noch andere Gegenstände gemeinschaftlich mit den ausgelieferten Gütern geborgen oder gerettet, so geht die persönliche Haftung des Empfängers über den Betrag nicht hinaus, welcher bei Vertheilung der Kosten über sämmtliche Gegenstände auf die ausgelieferten Güter fällt.

Art. 756. Den Landesgesetzen bleibt vorbehalten, die Vorschriften dieses Titels zu ergänzen.

Dieselben können bestimmen, dass über die Verpflichtung zur Zahlung eines Berge- oder Hülfslohns oder über den Betrag desselben von einer anderen als einer richterlichen Behörde unter Vorbehalt des Rechtsweges (Art. 744) zu entscheiden sei.

Die Bestimmungen der Landesgesetze über die Wiedernehmung eines von dem Feinde genommenen Schiffs werden durch die Vorschriften dieses Titels nicht berührt.

Zehnter Titel.

Von den Schiffsgläubigern[1]).

Art. 757. Die nachbenannten Forderungen gewähren die Rechte eines Schiffsgläubigers:

1) die Kosten des Zwangsverkaufs des Schiffs; zu diesen gehören auch die Kosten der Vertheilung des Kaufgeldes, sowie die etwaigen Kosten der Bewachung, Verwahrung und Erhaltung des Schiffs und seines Zubehörs seit der Einleitung des Zwangverkaufs oder seit der derselben vorausgegangenen Beschlagnahme;
2) die in der Ziffer 1 nicht begriffenen Kosten der Bewachung und Verwahrung des Schiffs und seines Zubehörs seit der Einbringung des Schiffs in den letzten Hafen, falls das Schiff im Wege der Zwangsvollstreckung verkauft ist;
3) die öffentlichen Schiffs-, Schiffahrts- und Hafenabgaben, insbesondere die Tonnen-, Leuchtfeuer-, Quarantaine- und Hafengelder;
4) die aus den Dienst- und Heuerverträgen herrührenden Forderungen der Schiffsbesatzung;
5) die Lootsengelder, sowie die Bergungs-, Hülfs-, Loskaufs- und Reklamekosten;
6) die Beiträge des Schiffs zur grossen Haverei;
7) die Forderungen der Bodmereigläubiger, welchen das Schiff verbodmet ist, sowie die Forderungen aus sonstigen Kreditgeschäften, welche der Schiffer als solcher während des Aufenthalts des Schiffs ausserhalb des Heimathshafens in Nothfällen abgeschlossen hat (Art.

---

[1]) Ueber die Zwangsvollstreckung in Schiffe, auf Grund der den Landesgesetzen durch Civ.-Pr.-O. §. 757 und Konk.-O. §. 39 gewährten Freiheit, vgl. preuss. Ges. betr. die Zwangsvollstreckung in das unbew. Vermögen, v. 13. Juli 1883 (Ges.-S. 1883, S. 131 ff.), §§. 163—179.

497, 510), auch wenn er Miteigenthümer oder Alleineigenthümer des Schiffs ist; den Forderungen aus solchen Kreditgeschäften stehen die Forderungen wegen Lieferungen oder Leistungen gleich, welche ohne Gewährung eines Kredits dem Schiffer als solchem während des Aufenthalts des Schiffs ausserhalb des Heimathshafens in Nothfällen zur Erhaltung des Schiffs oder zur Ausführung der Reise gemacht sind, soweit diese Lieferungen oder Leistungen zur Befriedigung des Bedürfnisses erforderlich waren;

8) die Forderungen wegen Nichtablieferung oder Beschädigung der Ladungsgüter und der im zweiten Absatze des Art. 674 erwähnten Reise-Effekten;

9) die nicht unter eine der vorigen Ziffern fallenden Forderungen aus Rechtsgeschäften, welche der Schiffer als solcher kraft seiner gesetzlichen Befugnisse und nicht mit Bezug auf eine besondere Vollmacht geschlossen hat (Artikel 452 Ziffer 1), sowie die nicht unter eine der vorigen Ziffern fallenden Forderungen wegen Nichterfüllung oder wegen unvollständiger oder mangelhafter Erfüllung eines von dem Rheder abgeschlossenen Vertrages, insofern die Ausführung des letzteren zu den Dienstobliegenheiten des Schiffers gehört hat (Art. 452 Ziffer 2);

10) die Forderungen aus dem Verschulden einer Person der Schiffsbesatzung (Art. 451 und 452 Ziffer 3), auch wenn dieselbe zugleich Miteigenthümer oder Alleineigenthümer des Schiffs ist.

Art. 758. Den Schiffsgläubigern, welchen das Schiff nicht schon durch Verbodmung verpfändet ist, steht ein gesetzliches Pfandrecht an dem Schiff und dem Zubehör desselben zu.

Das Pfandrecht ist gegen dritte Besitzer des Schiffs verfolgbar.

Art. 759. Das gesetzliche Pfandrecht eines jeden dieser Schiffsgläubiger erstreckt sich ausserdem auf die Bruttofracht derjenigen Reise, aus welcher seine Forderung entstanden ist.

Art. 760. Als eine Reise im Sinne dieses Titels wird diejenige angesehen, zu welcher das Schiff von neuem ausgerüstet, oder welche entweder auf Grund eines neuen Frachtvertrages oder nach vollständiger Löschung der Ladung angetreten wird.

Art. 761. Den im Art. 757 unter Ziffer 4 angeführten Schiffsgläubigern steht wegen der aus einer späteren Reise entstandenen Forderungen zugleich ein gesetzliches Pfandrecht an der Fracht der früheren Reisen zu, sofern die verschiedenen Reisen unter denselben Dienst- und Heuervertrag fallen (Art. 521, 536, 538, 554).

Art. 762. Auf das dem Bodmereigläubiger in Gemässheit des Art. 680 zustehende Pfandrecht finden dieselben Vorschriften Anwendung, welche für das gesetzliche Pfandrecht der übrigen Schiffsgläubiger gelten.

Der Umfang des Pfandrechts des Bodmereigläubigers bestimmt sich jedoch nach dem Inhalt des Bodmereivertrages (Art. 681).

Art. 763. Das einem Schiffsgläubiger zustehende Pfandrecht gilt in gleichem Maasse für Kapital, Zinsen, Bodmereiprämie und Kosten.

Art. 764. Der Schiffsgläubiger, welcher sein Pfandrecht verfolgt, kann sowohl den Rheder als auch den Schiffer belangen, den letzteren auch dann, wenn das Schiff in dem Heimathshafen liegt (Art. 495).

Das gegen den Schiffer ergangene Erkenntniss ist in Ansehung des Pfandrechts gegen den Rheder wirksam.

Art. 765. Auf die Rechte eines Schiffsgläubigers hat es keinen Einfluss, dass der Rheder für die Forderung bei deren Entstehung oder später zugleich persönlich verpflichtet wird.

Diese Vorschrift findet insbesondere auf die Forderungen der Schiffsbesatzung aus den Dienst- und Heuerverträgen Anwendung (Art. 453)

Art. 766. Gehört das Schiff einer Rhederei, so haftet das Schiff und die Fracht den Schiffsgläubigern in gleicher Weise, als wenn das Schiff nur Einem Rheder gehörte.

Art. 767. Das Pfandrecht der Schiffsgläubiger am Schiff erlischt:

1) durch den im Inlande im Wege der Zwangsvollstreckung erfolgten Verkauf des Schiffs; an Stelle des letzteren tritt für die Schiffsgläubiger das Kaufgeld.

Es müssen die Schiffsgläubiger zur Wahrnehmung ihrer Rechte öffentlich aufgefordert werden; im Uebrigen bleiben die Vorschriften über das den Verkauf betreffende Verfahren den Landesgesetzen vorbehalten.

2) durch den von dem Schiffer im Falle der zwingenden Nothwendigkeit auf Grund seiner gesetzlichen Befugnisse bewirkten Verkauf des Schiffs (Art. 499); an Stelle des letzteren tritt für die Schiffsgläubiger das Kaufgeld, so lange es bei dem Käufer aussteht oder noch in den Händen des Schiffers ist.

Art. 768. Den Landesgesetzen bleibt vorbehalten, zu bestimmen, dass auch in anderen Veräusserungsfällen die Pfandrechte erlöschen, wenn die Schiffsgläubiger zur Anmeldung der Pfandrechte ohne Erfolg öffentlich aufgefordert sind, oder wenn die Schiffsgläubiger ihre Pfandrechte innerhalb einer bestimmten Frist, seitdem das Schiff in dem Heimathshafen oder in einem inländischen Hafen sich befunden hat, bei der zuständigen Behörde nicht angemeldet haben[1]).

Art. 769. Der Art. 767 findet keine Anwendung, wenn nicht das ganze Schiff, sondern nur eine oder mehrere Schiffsparten veräussert werden.

Art. 770. In Ansehung des Schiffs haben die Kosten des Zwangsverkaufs (Art. 757 Ziffer 1) und die Bewachungs- und Verwahrungskosten seit der Einbringung in den letzten Hafen (Art. 757 Ziffer 2) vor allen anderen Forderungen der Schiffsgläubiger den Vorzug.

Die Kosten des Zwangsverkaufs gehen den Bewachungs- und Verwahrungskosten seit der Einbringung in den letzten Hafen vor.

Art. 771. Von den übrigen Forderungen gehen die die letzte Reise (Art. 760) betreffenden Forderungen, zu welchen auch die nach der Beendigung der letzten Reise entstandenen Forderungen gerechnet werden, den Forderungen vor, welche die früheren Reisen betreffen.

Von den Forderungen, welche nicht die letzte Reise betreffen, gehen die eine spätere Reise betreffenden denjenigen vor, welche eine frühere Reise betreffen.

Den im Art. 757 unter Ziffer 4 aufgeführten Schiffsgläubigern gebührt jedoch wegen der eine frühere Reise betreffenden Forderungen dasselbe Vorzugsrecht, welches ihnen wegen der eine spätere Reise betreffenden Forderungen zusteht, sofern die verschiedenen Reisen unter denselben Dienst- oder Heuervertrag fallen.

Wenn die Bodmereireise mehrere Reisen im Sinne des Artikels 760 umfasst, so steht der Bodmereigläubiger denjenigen Schiffsgläubigern nach, deren Forderungen die nach Vollendung der ersten dieser Reisen angetretenen späteren Reisen betreffen.

Art. 772. Die Forderungen, welche dieselbe Reise betreffen, sowie diejenigen, welche als dieselbe Reise betreffend anzusehen sind (Art. 771), werden in nachstehender Ordnung berichtigt:

1) die öffentlichen Schiffs-, Schiffahrts- und Hafenabgaben (Art. 757 Ziffer 3);
2) die aus den Dienst- und Heuerverträgen herrührenden Forderungen der Schiffsbesatzung (Art. 757 Ziffer 4);
3) die Lootsengelder, sowie die Bergungs-, Hülfs-, Loskaufs- und Re-

---

[1]) Vgl. Preussen 58, Schl.-Holst. 80, Bremen 49, Hamb. 56—64, Lübeck 19.

klamekosten (Art. 757 Ziffer 5), die Beiträge des Schiffs zur grossen Haverei (Art. 757 Ziffer 6), die Forderungen aus den von dem Schiffer in Nothfällen abgeschlossenen Bodmerei- und sonstigen Kreditgeschäften, sowie die diesen Forderungen gleichzuachtenden Forderungen (Art. 757 Ziffer 7);

4) die Forderungen wegen Nichtablieferung oder Beschädigung von Gütern und Reise-Effekten (Art. 757 Ziffer 8);

5) die im Art. 757 unter Ziffer 9 und 10 aufgeführten Forderungen.

Art. 773. Von den unter Ziffer 1, 2, 4 und 5 des Art. 772 aufgeführten Forderungen sind die unter derselben Ziffer dieses Artikels aufgeführten gleichberechtigt.

Von den unter Ziffer 3 des Art. 772 aufgeführten Forderungen geht dagegen die später entstandene der früher entstandenen vor; die gleichzeitig entstandenen sind gleichberechtigt.

Hat der Schiffer aus Anlass desselben Nothfalls verschiedene Geschäfte abgeschlossen (Art. 757, Ziffer 7), so gelten die daraus herrührenden Forderungen als gleichzeitig entstanden.

Forderungen aus Kreditgeschäften, namentlich aus Bodmereiverträgen, welche der Schiffer zur Berichtigung früherer, unter die Ziffer 3 des Art. 772 fallender Forderungen eingegangen ist, sowie Forderungen aus Verträgen, welche derselbe Behufs Verlängerung der Zahlungszeit, Anerkennung oder Erneuerung solcher früherer Forderungen abgeschlossen hat, haben auch dann, wenn das Kreditgeschäft oder der Vertrag zur Fortsetzung der Reise nothwendig war, nur dasjenige Vorzugsrecht, welches der früheren Forderung zustand.

Art. 774. Das Pfandrecht der Schiffsgläubiger an der Fracht (Art. 759) ist nur so lange wirksam, als die Fracht noch aussteht oder die Frachtgelder in den Händen des Schiffers sind.

Auch auf dieses Pfandrecht finden die in den vorstehenden Artikeln über die Rangordnung enthaltenen Bestimmungen Anwendung.

Im Falle der Cession der Fracht kann das Pfandrecht der Schiffsgläubiger, so lange die Fracht noch aussteht oder die Frachtgelder in den Händen des Schiffers sind, auch dem Cessionar gegenüber geltend gemacht werden.

Insoweit der Rheder die Fracht eingezogen hat, haftet er den Schiffsgläubigern, welchen das Pfandrecht dadurch ganz oder zum Theil entgeht, persönlich und zwar einem jeden in Höhe desjenigen Betrages, welcher für denselben bei Vertheilung des eingezogenen Betrages nach der gesetzlichen Rangordnung sich ergiebt.

Dieselbe persönliche Haftung des Rheders tritt ein in Ansehung der am Abladungsort zur Abladungszeit üblichen Fracht für die Güter, welche für seine Rechnung abgeladen sind.

Art. 775. Hat der Rheder die Fracht zur Befriedigung eines oder mehrerer Gläubiger, welchen ein Pfandrecht an derselben zustand, verwendet, so ist er den Gläubigern, welchen der Vorzug gebührt hätte, nur insoweit verantwortlich, als erwiesen wird, dass er dieselben wissentlich verkürzt hat.

Art. 776. Insoweit der Rheder in den im Art. 767 unter Ziffer 1 und 2 erwähnten Fällen das Kaufgeld eingezogen hat, haftet er in Höhe des eingezogenen Betrages sämmtlichen Schiffsgläubigern in gleicher Weise persönlich, wie den Gläubigern einer Reise im Falle der Einziehung der Fracht (Art. 774, 775).

Art. 777. Wenn der Rheder, nachdem er von der Forderung eines Schiffsgläubigers, für welche er nur mit Schiff und Fracht haftet, Kenntniss erhalten hat, das Schiff zu einer neuen Reise (Art. 760) in See sendet, ohne dass das Interesse des Schiffsgläubigers es geboten hat, so wird er für die Forderung in Höhe desjenigen Betrages zugleich persönlich verpflichtet, welcher für den Gläubiger sich ergeben haben würde, falls der Werth, welchen das Schiff bei Antritt der Reise hatte, unter die Schiffsgläubiger nach der gesetzlichen Rangordnung vertheilt worden wäre.

Es wird bis zum Beweise des Gegentheils angenommen, dass der Gläubiger bei dieser Vertheilung seine vollständige Befriedigung erlangt haben würde.

Die persönliche Verpflichtung des Rheders, welche aus der Einziehung der dem Gläubiger haftenden Fracht entsteht (Art. 774), wird durch diesen Artikel nicht berührt.

Art. 778. Die Vergütung für Aufopferung oder Beschädigung in Fällen der grossen Haverei tritt für die Schiffsgläubiger an Stelle desjenigen, wofür die Vergütung bestimmt ist.

Dasselbe gilt von der Entschädigung, welche im Falle des Verlustes oder der Beschädigung des Schiffs, oder wegen entzogener Fracht im Falle des Verlustes oder der Beschädigung von Gütern dem Rheder von demjenigen gezahlt werden muss, welcher den Schaden durch eine rechtswidrige Handlung verursacht hat.

Ist die Vergütung oder Entschädigung von dem Rheder eingezogen, so haftet er in Höhe des eingezogenen Betrages den Schiffsgläubigern in gleicher Art persönlich, wie den Gläubigern einer Reise im Falle der Einziehung der Fracht (Art. 774, 775).

Art. 779. Im Falle der Konkurrenz der Schiffsgläubiger, welche ihr Pfandrecht verfolgen, mit anderen Pfandgläubigern oder sonstigen Gläubigern, haben die Schiffsgläubiger den Vorzug.

Art. 780. Die Bestimmungen der Art 767 und 769 über das Erlöschen der Pfandrechte der Schiffsgläubiger finden auch Anwendung auf die sonstigen Pfandrechte, welche nach den Landesgesetzen an dem Schiff oder einer Schiffspart durch Willenserklärung oder Gesetz erworben und gegen den dritten Besitzer verfolgbar sind.

Die Vorschrift des Art. 767, Ziff. 1 tritt auch rücksichtlich der auf einer Schiffspart haftenden Pfandrechte im Falle des Zwangsverkaufs dieser Schiffspart ein.

Im Uebrigen werden die Rechte der im ersten Absatze erwähnten Pfandgläubiger nicht nach den Bestimmungen dieses Titels, sondern nach den Landesgesetzen beurtheilt[1]),

---

[1]) Vgl. Konk.-O. EG §. 14. Preuss. Einf.-Ges. z. HGB v. 24. Juni 1861 (Preuss. Ges.-Samml. 1861, S. 449 ff.) Art. 59: „In den Landestheilen, in welchen das Allgemeine Landrecht gilt, treten in Betreff der Verpfändung von Seeschiffen, mit Ausschluss derjenigen, welche in das Schiffsregister nicht einzutragen sind, an die Stelle der §§. 302—307 und 313 des Allgemeinen Landrechts Theil I. Titel 20 folgende Vorschriften:

§. 1. Die Verpfändung muss in das Schiffsregister eingetragen werden.

Die Eintragung erfolgt von dem Gericht, welches das Schiffsregister führt.

Sie muss enthalten:

1) den Namen des Gläubigers;
2) die Forderung, für welche die Verpfändung geschehen ist:
3) die Bezugnahme auf die Verpfändungsurkunde unter Bezeichnung des Orts und des Datums der Ausstellung:
4) die Zeit der Eintragung.

Die geschehene Eintragung ist von dem Gericht auf der Verpfändungsurkunde und auf dem Certifikat des Pfandbestellers zu vermerken.

§. 2. Durch die Eintragung in das Schiffsregister wird die Verpfändung selbst vollzogen.

So lange die Verpfändung in das Schiffsregister eingetragen ist, kommen dem Gläubiger die Rechte eines wirklichen Pfandinhabers zu.

Die Eintragung der Verpfändung wird nach der Aufhebung des Pfandrechts im Schiffsregister gelöscht.

§. 3. Unter den in das Schiffsregister eingetragenen Pfandrechten bestimmt sich das Vorrecht nach der Zeitfolge der Eintragung."

Art. 781. Von den auf den Gütern wegen der Fracht, der Bodmereigelder, der Beiträge zur grossen Haverei und der Bergungs- und Hülfskosten (Art. 624, 626, 680, 727, 753) haftenden Pfandrechten[1]) steht das wegen der Fracht allen übrigen nach; unter diesen übrigen hat das später entstandene vor dem früher entstandenen den Vorzug; die gleichzeitig entstandenen sind gleichberechtigt. Die Forderungen aus den von dem Schiffer aus Anlass desselben Nothfalls abgeschlossenen Geschäften gelten als gleichzeitig entstanden.

In den Fällen der grossen Haverei und des Verlustes oder der Beschädigung durch rechtswidrige Handlungen kommen die Vorschriften des Art. 778, und in dem Falle des von dem Schiffer zur Abwendung oder Verringerung eines Verlustes nach Maassgabe des dritten Absatzes des Art. 504 bewirkten Verkaufs die Vorschriften des Art. 767, Ziff. 2, und wenn derjenige, für dessen Rechnung der Verkauf geschehen ist, das Kaufgeld einzieht, der Art. 776 zur Anwendung.

Elfter Titel.

Von der Versicherung gegen die Gefahren der Seeschiffahrt[2]).

Erster Abschnitt.

Allgemeine Grundsätze.

Art. 782. Jedes in Geld schätzbare Interesse, welches Jemand daran hat, dass Schiff oder Ladung die Gefahren der Seeschiffahrt bestehe, kann Gegenstand der Seeversicherung sein.

Art. 783. Es können insbesondere versichert werden:

das Schiff; die Fracht; die Ueberfahrtsgelder; die Güter; die Bodmereigelder; die Havereigelder; andere Forderungen, zu deren Deckung Schiff, Fracht, Ueberfahrtsgelder oder Güter dienen; der von der Ankunft der Güter am Bestimmungsort erwartete Gewinn (imaginaire Gewinn); die zu verdienende Provision; die von dem Versicherer übernommene Gefahr (Rückversicherung).

In der einen dieser Versicherungen ist die andere nicht enthalten.

Art. 784. Die Heuerforderung des Schiffers und der Schiffsmannschaft kann nicht versichert werden.

Art. 785. Der Versicherungsnehmer kann entweder sein eigenes Interesse (Versicherung für eigene Rechnung), oder das Interesse eines Dritten (Versicherung für fremde Rechnung), und in dem letzteren Falle mit oder ohne Bezeichnung der Person des Versicherten unter Versicherung bringen.

Es kann im Vertrage auch unbestimmt gelassen werden, ob die Versicherung für eigene oder für fremde Rechnung genommen wird (für Rechnung „wen es angeht"). Ergiebt sich bei einer Versicherung für Rechnung „wen es angeht", dass dieselbe für fremde Rechnung genommen ist, so kommen die Vorschriften über die Versicherung für fremde Rechnung zur Anwendung.

Diese Bestimmungen wurden in Neuvorpommern und Rügen eingeführt durch die Gesetze v. 21. März 1868 §. 33 und 26. Mai 1873 §. 48 ff., in Schleswig-Holstein durch Ges. v. 27. Mai 1873 §. 48 ff., in Hannover durch Ges. v. 27. Jan. 1879. Im wesentlichen übereinstimmend das Oldenburgische Ges., betr die Verpfändung von Schiffen u. s. w., v. 3. April 1876, und das Mecklenb.-Schwerinsche Ges., betr. die Verpfändung von Seeschiffen und Schiffspapieren, v. 28. März 1881. Vgl. auch Hamb. EG 66.

[1]) Vgl. Anm. zu Art. 374.

[2]) Vgl. die von den deutschen Versicherungsanstalten fast allgemein angenommenen „Allgemeinen Seeversicherungsbedingungen" von 1867 (Hamburg 1867).

Die Versicherung gilt als für eigene Rechnung des Versicherungsnehmers geschlossen, wenn der Vertrag nicht ergiebt, dass sie für fremde Rechnung oder für Rechnung „wen es angeht“ genommen ist.

Art. 786. Die Versicherung für fremde Rechnung ist für den Versicherer nur dann verbindlich, wenn entweder der Versicherungsnehmer zur Eingehung derselben von dem Versicherten beauftragt war, oder wenn der Mangel eines solchen Auftrages von dem Versicherungsnehmer bei dem Abschlusse des Vertrages dem Versicherer angezeigt wird.

Ist die Anzeige unterlassen, so kann der Mangel des Auftrages dadurch nicht ersetzt werden, dass der Versicherte die Versicherung nachträglich genehmigt.

Ist die Anzeige erfolgt, so ist die Verbindlichkeit der Versicherung für den Versicherer von der nachträglichen Genehmigung des Versicherten nicht abhängig.

Der Versicherer, für welchen nach den Bestimmungen dieses Artikels der Versicherungsvertrag unverbindlich ist, hat, selbst wenn er die Unverbindlichkeit des Vertrages geltend macht, gleichwohl auf die volle Prämie Anspruch.

Art. 787. Ist die Versicherung von einem Bevollmächtigten, von einem Geschäftsführer ohne Auftrag oder von einem sonstigen Vertreter des Versicherten in dessen Namen geschlossen, so ist im Sinne dieses Gesetzbuchs weder der Vertreter Versicherungsnehmer, noch die Versicherung selbst eine Versicherung für fremde Rechnung.

Im Zweifel wird angenommen, dass selbst die auf das Interesse eines benannten Dritten sich beziehende Versicherung eine Versicherung für fremde Rechnung ist.

Art. 788. Der Versicherer ist verpflichtet, eine von ihm unterzeichnete schriftliche Urkunde (Polize) über den Versicherungsvertrag dem Versicherungsnehmer auf dessen Verlangen auszuhändigen.

Art. 789. Auf die Gültigkeit des Versicherungsvertrages hat es keinen Einfluss, dass zur Zeit des Abschlusses desselben die Möglichkeit des Eintritts eines zu ersetzenden Schadens schon ausgeschlossen, oder dass der zu ersetzende Schaden bereits eingetreten ist.

Waren jedoch beide Theile von dem Sachverhältnisse unterrichtet, so ist der Vertrag als Versicherungsvertrag ungültig.

Wusste nur der Versicherer, dass die Möglichkeit des Eintritts eines zu ersetzenden Schadens schon ausgeschlossen sei, oder wusste nur der Versicherungsnehmer, dass der zu ersetzende Schaden schon eingetreten sei, so ist der Vertrag für den anderen, von dem Sachverhältnisse nicht unterrichteten Theil unverbindlich. Im zweiten Falle hat der Versicherer, selbst wenn er die Unverbindlichkeit des Vertrages geltend macht, gleichwohl auf die volle Prämie Anspruch.

Im Falle der Vertrag für den Versicherungsnehmer durch einen Vertreter abgeschlossen wird, kommt die Vorschrift des zweiten Absatzes des Art. 810, im Falle der Versicherung für fremde Rechnung die Vorschrift des Art. 811 und im Falle der Versicherung mehrerer Gegenstände oder einer Gesammtheit von Gegenständen die Vorschrift des Art. 814 zur Anwendung.

Art. 790. Der volle Werth des versicherten Gegenstandes ist der Versicherungswerth.

Die Versicherungssumme kann den Versicherungswerth nicht übersteigen.

Soweit die Versicherungssumme den Versicherungswerth übersteigt (Ueberversicherung), hat die Versicherung keine rechtliche Geltung.

Art. 791. Uebersteigt im Falle einer gleichzeitigen Abschliessung verschiedener Versicherungsverträge der Gesammtbetrag der Versicherungssummen den Versicherungswerth, so haften alle Versicherer zusammen nur in Höhe des Versicherungswerthes, und zwar jeder einzelne für so viele Prozente des Versicherungswerthes, als seine Versicherungssumme Prozente des Gesammtbetrages der Versicherungssummen bildet. Hierbei wird im Zweifel vermuthet, dass die Verträge gleichzeitig abgeschlossen sind.

Mehrere Versicherungsverträge, worüber eine gemeinschaftliche Polize ertheilt ist, ingleichen mehrere Versicherungsverträge, welche an demselben Tage abgeschlossen sind, gelten als gleichzeitig abgeschlossen.

Art. 792. Wird ein Gegenstand, welcher bereits zum vollen Werthe versichert ist, nochmals versichert, so hat die spätere Versicherung insoweit keine rechtliche Geltung, als der Gegenstand auf dieselbe Zeit und gegen dieselbe Gefahr bereits versichert ist (Doppelversicherung).

Ist durch die frühere Versicherung nicht der volle Werth versichert, so gilt die spätere Versicherung, insoweit sie auf dieselbe Zeit und gegen dieselbe Gefahr genommen ist, nur für den noch nicht versicherten Theil des Werthes.

Art. 793. Die spätere Versicherung hat jedoch ungeachtet der Eingehung der früheren Versicherung rechtliche Geltung:

1) wenn bei dem Abschlusse des späteren Vertrages mit dem Versicherer vereinbart wird, dass demselben die Rechte aus der früheren Versicherung abzutreten seien;
2) wenn die spätere Versicherung unter der Bedingung geschlossen wird, dass der Versicherer nur insoweit hafte, als der Versicherte sich an den früheren Versicherer wegen Zahlungsunfähigkeit desselben nicht zu erholen vermöge oder die frühere Versicherung nicht zu Recht bestehe;
3) wenn der frühere Versicherer mittelst Verzichtanzeige seiner Verpflichtung insoweit entlassen wird, als zur Vermeidung einer Doppelversicherung nöthig ist, und der spätere Versicherer bei Eingehung der späteren Versicherung hiervon benachrichtigt wird. Dem früheren Versicherer gebührt in diesem Falle, obschon er von seiner Verpflichtung befreit wird, gleichwohl die volle Prämie.

Art. 794. Im Falle der Doppelversicherung hat nicht die zuerst genommene, sondern die später genommene Versicherung rechtliche Geltung, wenn die frühere Versicherung für fremde Rechnung ohne Auftrag genommen ist, die spätere dagegen von dem Versicherten selbst genommen wird, sofern in einem solchen Falle der Versicherte entweder bei Eingehung der späteren Versicherung von der früheren noch nicht unterrichtet war, oder bei Eingehung der späteren Versicherung dem Versicherer anzeigt, dass er die frühere Versicherung zurückweise.

Die Rechte des früheren Versicherers in Ansehung der Prämie bestimmen sich in diesen Fällen nach den Vorschriften der Art. 900 und 901.

Art. 795. Sind mehrere Versicherungen gleichzeitig oder nach einander geschlossen worden, so hat ein späterer Verzicht auf die gegen den einen Versicherer begründeten Rechte keinen Einfluss auf die Rechte und Verpflichtungen der übrigen Versicherer.

Art. 796. Wenn die Versicherungssumme den Versicherungswerth nicht erreicht, so haftet der Versicherer im Falle eines theilweisen Schadens für den Betrag desselben nur nach Verhältniss der Versicherungssumme zum Versicherungswerth.

Art. 797. Wird durch Vereinbarung der Parteien der Versicherungswerth auf eine bestimmte Summe (Taxe) festgestellt (taxirte Polize), so ist die Taxe unter den Parteien für den Versicherungswerth maassgebend.

Der Versicherer ist jedoch befugt, eine Herabsetzung der Taxe zu fordern, wenn er beweist, dass dieselbe wesentlich übersetzt sei; ist imaginairer Gewinn taxirt, so hat er im Falle der Anfechtung der Taxe zu beweisen, dass dieselbe den zur Zeit des Abschlusses des Vertrages nach kaufmännischer Berechnung möglicher Weise zu erwartenden Gewinn überstiegen habe.

Eine Polize mit der Bestimmung: „vorläufig taxirt" wird, so lange die Taxe nicht in eine feste verwandelt ist, einer nicht taxirten Polize (offenen Polize) gleichgeachtet.

Bei der Versicherung von Fracht ist die Taxe in Bezug auf einen von dem Versicherer zu ersetzenden Schaden nur dann maassgebend, wenn dieses besonders bedungen ist.

Art. 798. Wenn in einem Vertrage mehrere Gegenstände oder eine Gesammtheit von Gegenständen unter einer Versicherungssumme begriffen, aber für einzelne derselben besondere Taxen vereinbart sind, so gelten diese Gegenstände, welche besonders taxirt sind, auch als abgesondert versichert.

Art. 799. Als Versicherungswerth des Schiffs gilt, wenn die Parteien nicht eine andere Grundlage für die Schätzung vereinbart haben, der Werth, welchen das Schiff in dem Zeitpunkt hat, in welchem die Gefahr für den Versicherer zu laufen beginnt.

Diese Bestimmung kommt auch dann zur Anwendung, wenn der Versicherungswerth des Schiffs taxirt ist.

Art. 800. Die Ausrüstungskosten, die Heuer und die Versicherungskosten können zugleich mit dem Schiff oder besonders versichert werden, insoweit sie nicht bereits durch die Versicherung der Bruttofracht versichert sind. Dieselben gelten nur dann als mit dem Schiff versichert, wenn es vereinbart ist.

Art. 801. Die Fracht kann bis zu ihrem Bruttobetrage versichert werden, insoweit sie nicht bereits durch die Versicherung der Ausrüstungskosten, der Heuer und der Versicherungskosten versichert ist.

Als Versicherungswerth der Fracht gilt der Betrag der in den Frachtverträgen bedungenen Fracht, und wenn eine bestimmte Fracht nicht bedungen ist, oder insoweit Güter für Rechnung des Rheders verschifft sind, der Betrag der üblichen Fracht (Art. 620).

Art. 802. Ist bei der Versicherung der Fracht nicht bestimmt, ob dieselbe ganz oder ob nur ein Theil derselben versichert sei, so gilt die ganze Fracht als versichert.

Ist nicht bestimmt, ob die Brutto- oder Nettofracht versichert sei, so gilt die Bruttofracht als versichert.

Wenn die Fracht der Hinreise und die Fracht der Zurückreise unter einer Versicherungssumme versichert sind und nicht bestimmt ist, welcher Theil der Versicherungssumme auf die Fracht der Hinreise und welcher Theil auf die Fracht der Zurückreise falle, so wird die Hälfte derselben auf die Fracht der Hinreise, die Hälfte auf die Fracht der Zurückreise gerechnet.

Art. 803. Als Versicherungswerth der Güter gilt, wenn die Parteien nicht eine andere Grundlage für die Schätzung vereinbart haben, derjenige Werth, welchen die Güter am Ort und zur Zeit der Abladung haben, unter Hinzurechnung aller Kosten bis an Bord einschliesslich der Versicherungskosten.

Die Fracht, sowie die Kosten während der Reise und am Bestimmungsort werden nur hinzugerechnet, sofern es vereinbart ist.

Die Bestimmungen dieses Artikels kommen auch dann zur Anwendung, wenn der Versicherungswerth der Güter taxirt ist.

Art. 804. Sind die Ausrüstungskosten oder die Heuer, sei es selbstständig, sei es durch Versicherung der Bruttofracht, versichert, oder sind bei der Versicherung von Gütern die Fracht oder die Kosten während der Reise und am Bestimmungsort versichert, so leistet der Versicherer für denjenigen Theil derselben keinen Ersatz, welcher in Folge eines Unfalls erspart wird.

Art. 805. Bei der Versicherung von Gütern ist der imaginaire Gewinn oder die Provision, selbst wenn der Versicherungswerth der Güter taxirt ist, als mitversichert nur anzusehen, sofern es im Vertrage bestimmt ist.

Ist im Falle der Mitversicherung des imaginairen Gewinnes der Versicherungswerth taxirt, aber nicht bestimmt, welcher Theil der Taxe auf den imaginairen Gewinn sich beziehe, so wird angenommen, dass zehn Prozent der Taxe auf den imaginairen Gewinn fallen. Wenn im Falle der Mitversicherung des imaginairen Gewinnes der Versicherungswerth nicht taxirt ist, so werden als imaginairer Gewinn zehn Prozent des Versicherungswerthes der Güter (Art. 803) als versichert betrachtet.

Die Bestimmungen des zweiten Absatzes kommen auch im Falle der Mitversicherung der Provision mit der Maassgabe zur Anwendung, dass an Stelle der zehn Prozent zwei Prozent treten.

Art. 806. Ist der imaginaire Gewinn oder die Provision selbstständig versichert, der Versicherungswerth jedoch nicht taxirt, so wird im Zweifel angenommen, dass die Versicherungssumme zugleich als Taxe des Versicherungswerthes gelten soll.

Art. 807. Die Bodmereigelder können einschliesslich der Bodmereiprämie für den Bodmereigläubiger versichert werden.

Ist bei der Versicherung von Bodmereigeldern nicht angegeben, welche Gegenstände verbodmet sind, so wird angenommen, dass Bodmereigelder auf Schiff, Fracht und Ladung versichert seien. Wenn in Wirklichkeit nicht alle diese Gegenstände verbodmet sind, so kann nur der Versicherer auf die vorstehende Bestimmung sich berufen.

Art. 808. Hat der Versicherer seine Verpflichtungen erfüllt, so tritt er, insoweit er einen Schaden vergütet hat, dessen Erstattung der Versicherte von einem Dritten zu fordern befugt ist, jedoch unbeschadet der Bestimmungen im zweiten Absatze des Art. 778 und im zweiten Absatze des Art. 781, in die Rechte des Versicherten gegen den Dritten.

Der Versicherte ist verpflichtet, dem Versicherer, wenn er es verlangt, auf dessen Kosten eine beglaubigte Anerkennungsurkunde über den Eintritt in die Rechte gegen den Dritten zu ertheilen.

Der Versicherte ist verantwortlich für jede Handlung, durch welche er jene Rechte beeinträchtigt.

Art. 809. Ist eine Forderung versichert, zu deren Deckung eine den Gefahren der See ausgesetzte Sache dient, so ist der Versicherte im Falle eines Schadens verpflichtet, dem Versicherer, nachdem dieser seine Verpflichtungen erfüllt hat, seine Rechte gegen den Schuldner insoweit abzutreten, als der Versicherer Ersatz geleistet hat.

Der Versicherte ist nicht verpflichtet, die ihm gegen den Schuldner zustehenden Rechte geltend zu machen, bevor er den Versicherer in Anspruch nimmt.

Zweiter Abschnitt.

Anzeigen bei dem Abschlusse des Vertrages.

Art. 810. Der Versicherungsnehmer ist sowohl im Falle der Versicherung für eigene Rechnung als im Falle der Versicherung für fremde Rechnung verpflichtet, bei dem Abschlusse des Vertrages dem Versicherer alle ihm bekannten Umstände anzuzeigen, welche wegen ihrer Erheblichkeit für die Beurtheilung der von dem Versicherer zu tragenden Gefahr geeignet sind, auf den Entschluss des letzteren, sich auf den Vertrag überhaupt oder unter denselben Bestimmungen einzulassen, Einfluss zu üben.

Wenn der Vertrag für den Versicherungsnehmer durch einen Vertreter desselben abgeschlossen wird, so sind auch die dem Vertreter bekannten Umstände anzuzeigen.

Art. 811. Im Falle der Versicherung für fremde Rechnung müssen dem Versicherer bei dem Abschlusse des Vertrages auch diejenigen Umstände angezeigt werden, welche dem Versicherten selbst oder einem Zwischenbeauftragten bekannt sind.

Die Kenntniss des Versicherten oder eines Zwischenbeauftragten kommt jedoch nicht in Betracht, wenn der Umstand denselben so spät bekannt wird, dass sie den Versicherungsnehmer ohne Anwendung aussergewöhnlicher Maassregeln vor Abschluss des Vertrages nicht mehr davon benachrichtigen können.

Die Kenntniss des Versicherten kommt auch dann nicht in Betracht, wenn die Versicherung ohne Auftrag und ohne Wissen desselben genommen ist.

Art. 812. Wenn die in den beiden vorstehenden Artikeln bezeichnete Verpflichtung nicht erfüllt wird, so ist der Vertrag für den Versicherer unverbindlich.

Diese Vorschrift findet jedoch keine Anwendung, wenn der nicht angezeigte Umstand dem Versicherer bekannt war, oder als ihm bekannt vorausgesetzt werden durfte.

Art. 813. Wird von dem Versicherungsnehmer bei dem Abschlusse des Vertrages in Bezug auf einen erheblichen Umstand (Art. 810) eine unrichtige Anzeige gemacht, so ist der Vertrag für den Versicherer unverbindlich, es sei denn, dass diesem die Unrichtigkeit der Anzeige bekannt war.

Diese Bestimmung kommt zur Anwendung ohne Unterschied, ob die Anzeige wissentlich oder aus Irrthum, ob sie mit oder ohne Verschulden unrichtig gemacht ist.

Art. 814. Wird bei einer Versicherung mehrerer Gegenstände oder einer Gesammtheit von Gegenständen den Vorschriften der Art. 810 bis 813 in Ansehung eines Umstandes zuwidergehandelt, welcher nur einen Theil der versicherten Gegenstände betrifft, so bleibt der Vertrag für den Versicherer in Ansehung des übrigen Theils verbindlich. Der Vertrag ist jedoch auch in Ansehung dieses Theils für den Versicherer unverbindlich, wenn erhellet, dass der letztere denselben allein unter denselben Bestimmungen nicht versichert haben würde.

Art. 815. Dem Versicherer gebührt in den Fällen der Art. 810 bis 814, selbst wenn er die gänzliche oder theilweise Unverbindlichkeit des Vertrages geltend macht, gleichwohl die volle Prämie.

Dritter Abschnitt.

Verpflichtungen des Versicherten aus dem Versicherungsvertrage.

Art. 816. Die Prämie ist, sofern nicht ein Anderes vereinbart ist, sofort nach dem Abschlusse des Vertrages und, wenn eine Polize verlangt wird, gegen Auslieferung der Polize zu zahlen.

Zur Zahlung der Prämie ist der Versicherungsnehmer verpflichtet.

Wenn bei der Versicherung für fremde Rechnung der Versicherungsnehmer zahlungsunfähig geworden ist und die Prämie von dem Versicherten noch nicht erhalten hat, so kann der Versicherer auch den Versicherten auf Zahlung der Prämie in Anspruch nehmen.

Art. 817. Wird statt der versicherten Reise, bevor die Gefahr für den Versicherer zu laufen begonnen hat, eine andere Reise angetreten, so ist der Versicherer bei der Versicherung von Schiff und Fracht von jeder Haftung frei, bei anderen Versicherungen trägt der Versicherer die Gefahr für die andere Reise nur dann, wenn die Veränderung der Reise weder von dem Versicherten, noch im Auftrage oder mit Genehmigung desselben bewirkt ist.

Wird die versicherte Reise verändert, nachdem die Gefahr für den Versicherer zu laufen begonnen hat, so haftet der Versicherer nicht für die nach der Veränderung der Reise eintretenden Unfälle. Er haftet jedoch für diese Unfälle, wenn die Veränderung weder von dem Versicherten, noch im Auftrage oder mit Genehmigung desselben bewirkt, oder wenn sie durch einen Nothfall verursacht ist, es sei denn, dass der letztere in einer Gefahr sich gründet, welche der Versicherer nicht zu tragen hat.

Die Reise ist verändert, sobald der Entschluss, dieselbe nach einem anderen Bestimmungshafen zu richten, zur Ausführung gebracht wird, sollten auch die Wege nach beiden Bestimmungshäfen sich noch nicht geschieden haben. Diese Vorschrift gilt sowohl für die Fälle des ersten, als für die Fälle des zweiten Absatzes dieses Artikels.

Art. 818. Wenn von dem Versicherten oder im Auftrage oder mit Genehmigung desselben der Antritt oder die Vollendung der Reise ungebührlich verzögert, von dem der versicherten Reise entsprechenden Wege abgewichen oder ein Hafen angelaufen wird, dessen Angehung als in der versicherten Reise begriffen nicht erachtet werden kann, oder wenn der Versicherte in anderer Weise eine Vergrösserung oder Veränderung der Gefahr veranlasst, namentlich eine in dieser Beziehung ertheilte besondere Zusage nicht erfüllt, so haftet der Versicherer nicht für die später sich ereignenden Unfälle.

Diese Wirkung tritt jedoch nicht ein:

1) wenn erhellet, dass die Vergrösserung oder Veränderung der Gefahr keinen Einfluss auf den späteren Unfall hat üben können;
2) wenn die Vergrösserung oder Veränderung der Gefahr, nachdem die Gefahr für den Versicherer bereits zu laufen begonnen hat, durch einen Nothfall verursacht ist, es sei denn, dass der letztere in einer Gefahr sich gründet, welche der Versicherer nicht zu tragen hat;
3) wenn der Schiffer zu der Abweichung von dem Wege durch das Gebot der Menschlichkeit genöthigt ist.

Art. 819. Wird bei dem Abschlusse des Vertrages der Schiffer bezeichnet, so ist in dieser Bezeichnung allein noch nicht die Zusage enthalten, dass der benannte Schiffer auch die Führung des Schiffs behalten werde.

Art. 820. Bei der Versicherung von Gütern haftet der Versicherer für keinen Unfall, wenn und insoweit die Beförderung derselben nicht mit dem zum Transport bestimmten Schiff geschieht. Er haftet jedoch nach Maassgabe des Vertrages, wenn die Güter, nachdem die Gefahr für ihn bereits zu laufen begonnen hat, ohne Auftrag und ohne Genehmigung des Versicherten in anderer Art als mit dem zum Transport bestimmten Schiff weiter befördert werden, oder wenn dies in Folge eines Unfalls geschieht, es sei denn, dass der letztere in einer Gefahr sich gründet, welche der Versicherer nicht zu tragen hat.

Art. 821. Bei der Versicherung von Gütern ohne Bezeichnung des Schiffs oder der Schiffe (in unbestimmten oder unbenannten Schiffen) muss der Versicherte, sobald er Nachricht erhält, in welches Schiff versicherte Güter abgeladen sind, diese Nachricht dem Versicherer mittheilen.

Im Falle der Nichterfüllung dieser Verpflichtung haftet der Versicherer für keinen Unfall, welcher den abgeladenen Gütern zustösst.

Art. 822. Jeder Unfall muss, sobald der Versicherungsnehmer oder der Versicherte, wenn dieser von der Versicherung Kenntniss hat, Nachricht von dem Unfall erhält, dem Versicherer angezeigt werden, widrigenfalls der Versicherer befugt ist, von der Entschädigungssumme den Betrag abzuziehen, um welchen dieselbe bei rechtzeitiger Anzeige sich gemindert hätte.

Art. 823. Der Versicherte ist verpflichtet, wenn ein Unfall sich zuträgt, sowohl für die Rettung der versicherten Sachen, als für die Abwendung grösserer Nachtheile thunlichst zu sorgen.

Er hat jedoch, wenn thunlich, über die erforderlichen Maassregeln vorher mit dem Versicherer Rücksprache zu nehmen.

Vierter Abschnitt.

Umfang der Gefahr.

Art. 824. Der Versicherer trägt alle Gefahren, welchen Schiff oder Ladung während der Dauer der Versicherung ausgesetzt sind, soweit nicht durch die nachfolgenden Bestimmungen oder durch Vertrag ein Anderes bestimmt ist.

Er trägt insbesondere:

1) die Gefahr der Elementarereignisse und der sonstigen Seeunfälle, selbst wenn diese durch das Verschulden eines Dritten veranlasst sind, als: Eindringen des Seewassers, Strandung, Schiffbruch, Sinken, Feuer, Explosion, Blitz, Erdbeben, Beschädigung durch Eis u. s. w.;
2) die Gefahr des Krieges und der Verfügungen von hoher Hand;
3) die Gefahr des auf Antrag eines Dritten verhängten, von dem Versicherten nicht verschuldeten Arrestes;
4) die Gefahr des Diebstahls, sowie die Gefahr des Seeraubes, der Plünderung und sonstiger Gewaltthätigkeiten;
5) die Gefahr der Verbodmung der versicherten Güter zur Fortsetzung der Reise oder der Verfügung über dieselben durch Verkauf oder durch Verwendung zu gleichem Zweck (Art. 507 bis 510, 734);
6) die Gefahr der Unredlichkeit oder des Verschuldens einer Person der Schiffsbesatzung, sofern daraus für den versicherten Gegenstand ein Schaden entsteht;
7) die Gefahr des Zusammenstosses von Schiffen und zwar ohne Unterschied, ob der Versicherte in Folge des Zusammenstosses unmittelbar oder ob er mittelbar dadurch einen Schaden erleidet, dass er den einem Dritten zugefügten Schaden zu ersetzen hat.

Art. 825. Dem Versicherer fallen die nachstehend bezeichneten Schäden nicht zur Last:

1) bei der Versicherung von Schiff oder Fracht:
   der Schaden, welcher daraus entsteht, dass das Schiff in einem nicht seetüchtigen Zustande oder nicht gehörig ausgerüstet oder bemannt oder ohne die erforderlichen Papiere (Art. 480) in See gesandt ist;
   der Schaden, welcher ausser dem Falle des Zusammenstosses von Schiffen daraus entsteht, dass der Rheder für den durch eine Person der Schiffsbesatzung einem Dritten zugefügten Schaden haften muss (Art. 451 und 452);
2) bei einer auf das Schiff sich beziehenden Versicherung:
   der Schaden an Schiff und Zubehör, welcher nur eine Folge der Abnutzung des Schiffs im gewöhnlichen Gebrauch ist;

der Schaden an Schiff und Zubehör, welcher nur durch Alter, Fäulniss oder Wurmfrass verursacht wird;

3) bei einer auf Güter oder Fracht sich beziehenden Versicherung der Schaden, welcher durch die natürliche Beschaffenheit der Güter, namentlich durch inneren Verderb, Schwinden, gewöhnliche Leckage u. dgl., oder durch mangelhafte Verpackung der Güter entsteht oder an diesen durch Ratten oder Mäuse verursacht wird; wenn jedoch die Reise durch einen Unfall, für welchen der Versicherer haftet, ungewöhnlich verzögert wird, so hat der Versicherer den unter dieser Ziffer bezeichneten Schaden in dem Maasse zu ersetzen, in welchem die Verzögerung dessen Ursache ist;

4) der Schaden, welcher in einem Verschulden des Versicherten sich gründet, und bei der Versicherung von Gütern oder imaginairem Gewinn auch der Schaden, welcher durch ein dem Ablader, Empfänger oder Kargadeur in dieser ihrer Eigenschaft zur Last fallendes Verschulden entsteht.

Art. 826. Die Verpflichtung des Versicherers zum Ersatze eines Schadens tritt auch dann ein, wenn dem Versicherten ein Anspruch auf dessen Vergütung gegen den Schiffer oder eine andere Person zusteht. Der Versicherte kann sich wegen Ersatzes des Schadens zunächst an den Versicherer halten. Er hat jedoch dem Versicherer die zur wirksamen Verfolgung eines solchen Anspruchs etwa erforderliche Hülfe zu gewähren, auch für die Sicherstellung des Anspruchs durch Einbehaltung der Fracht, Auswirkung der Beschlagnahme des Schiffs oder in sonst geeigneter Weise auf Kosten des Versicherers die nach den Umständen angemessene Sorge zu tragen (Art. 823).

Art. 827. Bei der Versicherung des Schiffs für eine Reise beginnt die Gefahr für den Versicherer mit dem Zeitpunkt, in welchem mit der Einnahme der Ladung oder des Ballastes angefangen wird, oder, wenn weder Ladung noch Ballast einzunehmen ist, mit dem Zeitpunkt der Abfahrt des Schiffs. Sie endet mit dem Zeitpunkt, in welchem die Löschung der Ladung oder des Ballastes im Bestimmungshafen beendigt ist.

Wird die Löschung von dem Versicherten ungebührlich verzögert, so endet die Gefahr mit dem Zeitpunkt, in welchem die Löschung beendigt sein würde, falls ein solcher Verzug nicht stattgefunden hätte.

Wird vor Beendigung der Löschung für eine neue Reise Ladung oder Ballast eingenommen, so endet die Gefahr mit dem Zeitpunkt, in welchem mit der Einnahme der Ladung oder des Ballastes begonnen wird.

Art. 828. Sind Güter, imaginairer Gewinn oder die von verschifften Gütern zu verdienende Provision versichert, so beginnt die Gefahr mit dem Zeitpunkt, in welchem die Güter zum Zweck der Einladung in das Schiff oder in die Leichterfahrzeuge vom Lande scheiden; sie endet mit dem Zeitpunkt, in welchem die Güter im Bestimmungshafen wieder an das Land gelangen.

Wird die Löschung von dem Versicherten oder bei der Versicherung von Gütern oder imaginairem Gewinn von dem Versicherten oder von einer der im Art. 825 unter Ziffer 4 bezeichneten Personen ungebührlich verzögert, so endet die Gefahr mit dem Zeitpunkt, in welchem die Löschung beendigt sein würde, falls ein solcher Verzug nicht stattgefunden hätte.

Bei der Einladung und Ausladung trägt der Versicherer die Gefahr der ortsgebräuchlichen Benutzung von Leichterfahrzeugen.

Art. 829. Bei der Versicherung der Fracht beginnt und endet die Gefahr in Ansehung der Unfälle, welchen das Schiff und dadurch die Fracht ausgesetzt ist, mit demselben Zeitpunkt, in dem die Gefahr bei der Versicherung des Schiffs für dieselbe Reise beginnen und enden würde, in Ansehung der Unfälle, welchen die Güter ausgesetzt sind und dadurch die Fracht ausgesetzt ist, mit demselben Zeitpunkt, in welchem die Gefahr bei der Versicherung der Güter für dieselbe Reise beginnen und enden würde.

Bei der Versicherung von Ueberfahrtsgeldern beginnt und endet die Gefahr mit demselben Zeitpunkt, in welchem die Gefahr bei der Versicherung des Schiffs beginnen und enden würde.

Der Versicherer von Fracht- und Ueberfahrtsgeldern haftet für einen Unfall, von welchem das Schiff betroffen wird, nur insoweit, als Fracht- oder Ueberfahrtsverträge bereits abgeschlossen sind, und wenn der Rheder Güter für seine Rechnung verschifft, nur insoweit, als dieselben zum Zweck der Einladung in das Schiff oder in die Leichterfahrzeuge bereits vom Lande geschieden sind.

Art. 830. Bei der Versicherung von Bodmerei- und Havereigeldern beginnt die Gefahr mit dem Zeitpunkt, in welchem die Gelder vorgeschossen sind, oder, wenn der Versicherte selbst die Havereigelder verausgabt hat, mit dem Zeitpunkt, in welchem dieselben verwendet sind; sie endet mit dem Zeitpunkt, in welchem sie bei einer Versicherung der Gegenstände, welche verbodmet oder worauf die Havereigelder verwendet sind, enden würde.

Art. 831. Die begonnene Gefahr läuft für den Versicherer während der bedungenen Zeit oder der versicherten Reise ununterbrochen fort. Der Versicherer trägt insbesondere die Gefahr auch während des Aufenthalts in einem Noth- oder Zwischenhafen und im Falle der Versicherung für die Hin- und Rückreise während des Aufenthalts des Schiffs in dem Bestimmungshafen der Hinreise.

Müssen die Güter einstweilen gelöscht werden oder wird das Schiff zur Reparatur an das Land gebracht, so trägt der Versicherer die Gefahr auch während die Güter oder das Schiff sich am Lande befinden.

Art. 832. Wenn nach dem Beginn der Gefahr die versicherte Reise freiwillig oder gezwungen aufgegeben wird, so tritt in Ansehung der Beendigung der Gefahr der Hafen, in welchem die Reise beendigt wird, an die Stelle des Bestimmungshafens.

Werden die Güter, nachdem die Reise des Schiffs aufgegeben ist, in anderer Art als mit dem zum Transport bestimmten Schiff nach dem Bestimmungshafen weiter befördert, so läuft in Betreff derselben die begonnene Gefahr fort, auch wenn die Weiterbeförderung ganz oder zum Theil zu Lande geschieht. Der Versicherer trägt in solchen Fällen zugleich die Kosten der früheren Löschung, die Kosten der einstweiligen Lagerung und die Mehrkosten der Weiterbeförderung, auch wenn diese zu Lande erfolgt.

Art. 833. Die Art. 831 und 832 gelten nur unbeschadet der in den Art. 818 und 820 enthaltenen Vorschriften.

Art. 834. Ist die Dauer der Versicherung nach Tagen, Wochen, Monaten oder Jahren bestimmt, so wird die Zeit nach dem Kalender und der Tag von Mitternacht zu Mitternacht berechnet. Der Versicherer trägt die Gefahr während des Anfangstages und Schlusstages.

Bei der Berechnung der Zeit ist der Ort, wo das Schiff sich befindet, maassgebend.

Art. 835. Wenn im Falle der Versicherung des Schiffs auf Zeit dasselbe bei dem Ablauf der im Vertrage festgesetzten Versicherungszeit unterweges ist, so gilt die Versicherung in Ermangelung einer entgegenstehenden Vereinbarung als verlängert bis zur Ankunft des Schiffs im nächsten Bestimmungshafen und, falls in diesem gelöscht wird, bis zur

Beendigung der Löschung (Art. 827). Der Versicherte ist jedoch befugt, die Verlängerung durch eine dem Versicherer, so lange das Schiff noch nicht unterweges ist, kundzugebende Erklärung auszuschliessen.

Im Falle der Verlängerung hat der Versicherte für die Dauer derselben und, wenn die Verschollenheit des Schiffs eintritt, bis zum Ablauf der Verschollenheitsfrist die vereinbarte Zeitprämie fort zu entrichten.

Ist die Verlängerung ausgeschlossen, so kann der Versicherer, wenn die Verschollenheitsfrist über die Versicherungszeit hinausläuft, auf Grund der Verschollenheit nicht in Anspruch genommen werden.

Art. 836. Bei einer Versicherung nach einem oder dem anderen unter mehreren Häfen ist dem Versicherten gestattet, einen dieser Häfen zu wählen; bei einer Versicherung nach einem und einem anderen oder nach einem und mehreren anderen Häfen ist der Versicherte zum Besuch eines jeden der bezeichneten Häfen befugt.

Art. 837. Wenn die Versicherung nach mehreren Häfen geschlossen oder dem Versicherten das Recht vorbehalten ist, mehrere Häfen anzulaufen, so ist dem Versicherten nur gestattet, die Häfen nach der vereinbarten oder in Ermangelung einer Vereinbarung nach der den Schifffahrtsverhältnissen entsprechenden Reihenfolge zu besuchen; er ist jedoch zum Besuch aller einzelnen Häfen nicht verpflichtet.

Die in der Polize enthaltene Reihenfolge wird, insoweit nicht ein Anderes erhellet, als die vereinbarte angesehen.

Art. 838. Dem Versicherer fallen zur Last:

1) Die Beiträge zur grossen Haverei mit Einschluss derjenigen, welche der Versicherte selbst wegen eines von ihm erlittenen Schadens zu tragen hat; die in Gemässheit der Art. 637 und 734 nach den Grundsätzen der grossen Haverei zu beurtheilenden Beiträge werden den Beiträgen zur grossen Haverei gleich geachtet;
2) die Aufopferungen, welche zur grossen Haverei gehören würden, wenn das Schiff Güter und zwar andere als Güter des Rheders an Bord gehabt hätte;
3) die sonstigen zur Rettung sowie zur Abwendung grösserer Nachtheile nothwendig oder zweckmässig aufgewendeten Kosten (Art. 823), selbst wenn die ergriffenen Maassregeln erfolglos geblieben sind;
4) die zur Ermittelung und Feststellung des dem Versicherer zur Last fallenden Schadens erforderlichen Kosten, insbesondere die Kosten der Besichtigung, der Abschätzung, des Verkaufs und der Anfertigung der Dispache.

Art. 839. In Ansehung der Beiträge zur grossen Haverei und der nach den Grundsätzen der grossen Haverei zu beurtheilenden Beiträge bestimmen sich die Verpflichtungen des Versicherers nach der am gehörigen Ort im Inlande oder im Auslande, im Einklange mit dem am Ort der Aufmachung geltenden Rechte aufgemachten Dispache. Insbesondere ist der Versicherte, welcher einen zur grossen Haverei gehörenden Schaden erlitten hat, nicht berechtigt, von dem Versicherer mehr als den Betrag zu fordern, zu welchem der Schaden in der Dispache berechnet ist; andererseits haftet der Versicherer für diesen ganzen Betrag, ohne dass namentlich der Versicherungswerth maassgebend ist.

Auch kann der Versicherte, wenn der Schaden nach dem am Ort der Aufmachung geltenden Recht als grosse Haverei nicht anzusehen ist, den Ersatz des Schadens von dem Versicherer nicht aus dem Grunde fordern, weil der Schaden nach einem anderen Rechte, insbesondere nach dem Rechte des Versicherungsorts, grosse Haverei sei.

Art. 840. Der Versicherer haftet jedoch nicht für die im vorstehenden Artikel erwähnten Beiträge, insoweit dieselben in einem Unfall sich gründen, für welchen der Versicherer nach dem Versicherungsvertrage nicht haftet.

Art. 841. Ist die Dispache von einer durch Gesetz oder Gebrauch dazu berufenen Person aufgemacht, so kann der Versicherer dieselbe wegen Nichtübereinstimmung mit dem am Ort der Aufmachung geltenden Recht und der dadurch bewirkten Benachtheiligung des Versicherten nicht anfechten, es sei denn, dass der Versicherte durch mangelhafte Wahrnehmung seiner Rechte die Benachtheiligung verschuldet hat.

Dem Versicherten liegt jedoch ob, die Ansprüche gegen die zu seinem Nachtheil Begünstigten dem Versicherer abzutreten.

Dagegen ist der Versicherer befugt, in allen Fällen die Dispache dem Versicherten gegenüber insoweit anzufechten, als ein von dem Versicherten selbst erlittener Schaden, für welchen ihm nach dem am Ort der Aufmachung der Dispache geltenden Rechte eine Vergütung nicht gebührt hätte, gleichwohl als grosse Haverei behandelt worden ist.

Art. 842. Wegen eines von dem Versicherten erlittenen, zur grossen Haverei gehörenden oder nach den Grundsätzen der letzteren zu beurtheilenden Schadens haftet der Versicherer, wenn die Einleitung des die Feststellung und Vertheilung des Schadens bezweckenden ordnungsmässigen Verfahrens stattgefunden hat, in Ansehung der Beiträge, welche dem Versicherten zu entrichten sind, nur insoweit, als der Versicherte die ihm gebührende Vergütung auch im Rechtswege, sofern er diesen füglich betreten konnte, nicht erhalten hat.

Art. 843. Ist die Einleitung des Verfahrens ohne Verschulden des Versicherten unterblieben, so kann derselbe den Versicherer wegen des ganzen Schadens nach Maassgabe des Versicherungsvertrages unmittelbar in Anspruch nehmen.

Art. 844. Der Versicherer haftet für den Schaden nur bis auf Höhe der Versicherungssumme.

Er hat jedoch die im Art. 838 unter Ziffer 3 und 4 erwähnten Kosten vollständig zu erstatten, wenngleich die hiernach im Ganzen zu zahlende Vergütung die Versicherungssumme übersteigt.

Sind in Folge eines Unfalls solche Kosten bereits aufgewendet, z. B. Loskaufs- oder Reklamekosten verausgabt, oder sind zur Wiederherstellung oder Ausbesserung der durch den Unfall beschädigten Sache bereits Verwendungen geschehen, z. B. zu einem solchen Zwecke Havereigelder verausgabt, oder sind von dem Versicherten Beiträge zur grossen Haverei bereits entrichtet, oder ist eine persönliche Verpflichtung des Versicherten zur Entrichtung solcher Beiträge bereits entstanden, und ereignet sich später ein neuer Unfall, so haftet der Versicherer für den durch den späteren Unfall entstehenden Schaden bis auf Höhe der ganzen Versicherungssumme ohne Rücksicht auf die ihm zur Last fallenden früheren Aufwendungen und Beiträge.

Art. 845. Der Versicherer ist nach Eintritt eines Unfalls berechtigt, durch Zahlung der vollen Versicherungssumme von allen weiteren Verbindlichkeiten aus dem Versicherungsvertrage sich zu befreien, insbesondere von der Verpflichtung, die Kosten zu erstatten, welche zur Rettung, Erhaltung und Wiederherstellung der versicherten Sachen erforderlich sind.

War zur Zeit des Eintritts des Unfalls ein Theil der versicherten Sachen der vom Versicherer zu tragenden Gefahr bereits entzogen, so hat der Versicherer, welcher von dem Rechte dieses Artikels Gebrauch macht, den auf jenen Theil fallenden Theil der Versicherungssumme nicht zu entrichten.

Der Versicherer erlangt durch Zahlung der Versicherungssumme keinen Anspruch auf die versicherten Sachen.

Ungeachtet der Zahlung der Versicherungssumme bleibt der Versicherer zum Ersatze derjenigen Kosten verpflichtet, welche auf die Rettung, Erhaltung oder Wiederherstellung der versicherten Sachen verwendet sind, bevor seine Erklärung, von dem Rechte Gebrauch zu machen, dem Versicherten zugegangen ist.

Art. 846. Der Versicherer muss seinen Entschluss, dass er von dem im Art. 845 bezeichneten Rechte Gebrauch machen wolle, bei Verlust dieses Rechts dem Versicherten spätestens am dritten Tage nach Ablauf desjenigen Tages erklären, an welchem ihm der Versicherte nicht allein den Unfall unter Bezeichnung der Beschaffenheit und unmittelbaren Folgen desselben angezeigt, sondern auch alle sonstigen auf den Unfall sich beziehenden Umstände mitgetheilt hat, soweit die letzteren dem Versicherten bekannt sind.

Art. 847. Im Falle nicht zum vollen Werthe versichert ist, haftet der Versicherer für die im Art. 838 unter Ziffer 1 bis 4 erwähnten Beiträge, Aufopferungen und Kosten nur nach Verhältniss der Versicherungssumme zum Versicherungswerth.

Art. 848. Die Verpflichtung des Versicherers, einen Schaden zu ersetzen, wird dadurch nicht wieder aufgehoben oder geändert, dass später in Folge einer Gefahr, welche der Versicherer nicht zu tragen hat, ein neuer Schaden und selbst ein Totalverlust eintritt.

Art. 849. Besondere Havereien, wenn sie ohne die Kosten der Ermittelung und Feststellung des Schadens (Art. 838 Ziff. 4) drei Prozent des Versicherungswerths nicht übersteigen, hat der Versicherer nicht zu ersetzen, wenn sie aber mehr als drei Prozent betragen, ohne Abzug der drei Prozent zu vergüten.

Ist das Schiff auf Zeit oder auf mehrere Reisen versichert, so sind die drei Prozent für jede einzelne Reise zu berechnen. Der Begriff der Reise bestimmt sich nach der Vorschrift des Art. 760.

Art. 850. Die im Art. 838 unter Ziffer 1 bis 3 erwähnten Beiträge, Aufopferungen und Kosten muss der Versicherer ersetzen, auch wenn sie drei Prozent des Versicherungswerths nicht erreichen. Dieselben kommen jedoch bei Ermittelung der im Art. 849 bezeichneten drei Prozent nicht in Berechnung.

Art. 851. Ist vereinbart, dass der Versicherer von bestimmten Prozenten frei sein soll, so kommen die in den Artikeln 849 und 850 enthaltenen Vorschriften mit der Maassgabe zur Anwendung, dass an Stelle der dort erwähnten drei Prozent die im Vertrage angegebene Anzahl von Prozenten tritt.

Art. 852. Ist vereinbart, dass der Versicherer die Kriegsgefahr nicht übernehme, auch die Versicherung rücksichtlich der übrigen Gefahren nur bis zum Eintritt einer Kriegsbelästigung dauern solle — welche Vereinbarung namentlich angenommen wird, wenn der Vertrag mit der Klausel „frei vom Kriegsmolest" abgeschlossen ist — so endet die Gefahr für den Versicherer mit dem Zeitpunkt, in welchem die Kriegsgefahr auf die Reise Einfluss zu üben beginnt, insbesondere also, wenn der Antritt oder die Fortsetzung der Reise durch Kriegsschiffe, Kaper oder Blokade behindert oder zur Vermeidung der Kriegsgefahr aufgeschoben wird, wenn das Schiff aus einem solchen Grunde von seinem Wege abweicht, oder wenn der Schiffer durch Kriegsbelästigung die freie Führung des Schiffs verliert.

Art. 853. Ist vereinbart, dass der Versicherer zwar nicht die Kriegsgefahr übernehme, alle übrigen Gefahren aber auch nach Eintritt einer

Kriegsbelästigung tragen solle — welche Vereinbarung namentlich angenommen wird, wenn der Vertrag mit der Klausel: „nur für Seegefahr“ abgeschlossen ist — so endet die Gefahr für den Versicherer erst mit der Kondemnation der versicherten Sache, oder sobald sie geendet hätte, wenn die Kriegsgefahr nicht ausgenommen worden wäre; der Versicherer haftet aber nicht für die zunächst durch Kriegsgefahr verursachten Schäden, also insbesondere nicht:

für Konfiskation durch kriegführende Mächte;

für Nehmung, Beschädigung, Vernichtung und Plünderung durch Kriegsschiffe und Kaper;

für die Kosten, welche entstehen aus der Anhaltung und Reklamirung, aus der Blokade des Aufenthaltshafens oder der Zurückweisung von einem blokirten Hafen, oder aus dem freiwilligen Aufenthalt wegen Kriegsgefahr;

für die nachstehenden Folgen eines solchen Aufenthalts: Verderb und Verminderung der Güter, Kosten und Gefahr ihrer Entlöschung und Lagerung, Kosten ihrer Weiterbeförderung.

Im Zweifel wird angenommen, dass ein eingetretener Schaden durch Kriegsgefahr nicht verursacht sei.

Art. 854. Wenn der Vertrag mit der Klausel: „für behaltene Ankunft“ abgeschlossen ist, so endet die Gefahr für den Versicherer schon mit dem Zeitpunkt, in welchem das Schiff im Bestimmungshafen am gebräuchlichen oder gehörigen Platze den Anker hat fallen lassen oder befestigt ist.

Auch haftet der Versicherer nur:

1) bei der auf das Schiff sich beziehenden Versicherung, wenn entweder ein Totalverlust eintritt, oder wenn das Schiff abandonnirt (Art. 865) oder in Folge eines Unfalles vor Erreichung des Bestimmungshafens wegen Reparaturunfähigkeit oder wegen Reparaturunwürdigkeit verkauft wird (Art. 877);

2) bei der auf Güter sich beziehenden Versicherung, wenn die Güter oder ein Theil derselben in Folge eines Unfalles den Bestimmungshafen nicht erreichen, insbesondere wenn sie vor Erreichung desselben in Folge eines Unfalls verkauft werden. Erreichen die Güter den Bestimmungshafen, so haftet der Versicherer weder für eine Beschädigung noch für einen Verlust, welcher Folge einer Beschädigung ist.

Ueberdies hat der Versicherer in keinem Falle die in dem Art. 838 unter Ziffer 1 bis 4 erwähnten Beiträge, Aufopferungen und Kosten zu tragen.

Art. 855. Wenn der Vertrag mit der Klausel: „frei von Beschädigung ausser im Strandungsfall“ abgeschlossen ist, so haftet der Versicherer nicht für einen Schaden, welcher aus einer Beschädigung entstanden ist, ohne Unterschied, ob derselbe in einer Werthsverringerung oder in einem gänzlichen oder theilweisen Verluste und insbesondere darin besteht, dass die versicherten Güter gänzlich verdorben und in ihrer ursprünglichen Beschaffenheit zerstört den Bestimmungshafen erreichen oder während der Reise wegen Beschädigung und drohenden Verderbs verkauft worden sind, es sei denn, dass das Schiff oder das Leichterfahrzeug, worin die versicherten Güter sich befinden, gestrandet ist. Der Strandung werden folgende Seeunfälle gleich geachtet: Kentern, Sinken, Zerbrechen des Rumpfes, Scheitern und jeder Seeunfall, wodurch das Schiff oder Leichterfahrzeug reparaturunfähig geworden ist.

Hat eine Strandung oder ein dieser gleich zu achtender anderer Seeunfall sich ereignet, so haftet der Versicherer für jede drei Prozent übersteigende (Art. 849) Beschädigung, welche in Folge eines solchen Seeunfalls entstanden ist, nicht aber für eine sonstige Beschädigung. Es wird bis zum Nachweise des Gegentheils vermuthet, dass eine Beschädigung, welche möglicherweise Folge des eingetretenen Seeunfalls sein kann, in Folge desselben entstanden ist.

Für jeden Schaden, welcher nicht aus einer Beschädigung entstanden ist, haftet der Versicherer, ohne Unterschied, ob eine Strandung oder ein anderer der erwähnten Unfälle sich zugetragen hat oder nicht, in derselben Weise, als wenn der Vertrag ohne die Klausel abgeschlossen wäre. Jedenfalls haftet er für die im Art. 838 unter Ziffer 1, 2 und 4 erwähnten Beiträge, Aufopferungen und Kosten, für die darin unter Ziffer 3 erwähnten Kosten aber nur dann, wenn sie zur Abwendung eines ihm zur Last fallenden Verlustes verausgabt sind.

Eine Beschädigung, welche erweislich ohne Selbstentzündung durch Feuer oder durch Löschung eines solchen Feuers, oder durch Beschiessen entstanden ist, wird als eine solche Beschädigung, von welcher der Versicherer durch die Klausel befreit wird, nicht angesehen.

Art. 856. Wenn der Vertrag mit der Klausel: „frei von Bruch ausser im Strandungsfall" abgeschlossen ist, so finden die Bestimmungen des vorstehenden Artikels mit der Maassgabe Anwendung, dass der Versicherer für Bruch insoweit haftet, als er nach dem vorstehenden Artikel für Beschädigung aufkommt.

Art. 857. Eine Strandung im Sinne der Art. 855 und 856 ist vorhanden, wenn das Schiff unter nicht gewöhnlichen Verhältnissen der Schiffahrt auf den Grund festgeräth und entweder:

nicht wieder flott wird, oder

zwar wieder flott wird, jedoch entweder

1) nur unter Anwendung ungewöhnlicher Maassregeln, als: Kappen der Masten, Werfen oder Löschung eines Theiles der Ladung und dergleichen, oder durch den Eintritt einer ungewöhnlich hohen Fluth, nicht aber ausschliesslich durch Anwendung gewöhnlicher Maassregeln, als: Winden auf den Anker, Backstellen der Segel und dergleichen, oder

2) erst nachdem das Schiff durch das Festgerathen einen erheblichen Schaden am Schiffskörper erlitten hat.

Fünfter Abschnitt.

Umfang des Schadens.

Art. 858. Ein Totalverlust des Schiffs oder der Güter liegt vor, wenn das Schiff oder die Güter zu Grunde gegangen oder dem Versicherten ohne Aussicht auf Wiedererlangung entzogen sind, namentlich wenn sie unrettbar gesunken oder in ihrer ursprünglichen Beschaffenheit zerstört oder für gute Prise erklärt sind. Ein Totalverlust des Schiffs wird dadurch nicht ausgeschlossen, dass einzelne Theile des Wracks oder des Inventars gerettet sind.

Art. 859. Ein Totalverlust in Ansehung der Fracht liegt vor, wenn die ganze Fracht verloren gegangen ist.

Art. 860. Ein Totalverlust in Ansehung des imaginairen Gewinnes, oder in Ansehung der Provision, welche vor der Ankunft der Güter am Bestimmungsorte erwartet werden, liegt vor, wenn die Güter den Bestimmungsort nicht erreicht haben.

Art. 861. Ein Totatverlust in Ansehung der Bodmerei- oder Havereigelder liegt vor, wenn die Gegenstände, welche verbodmet oder für welche die Havereigelder vorgeschossen oder verausgabt sind, entweder von einem Totalverluste oder dergestalt von anderen Unfällen betroffen sind, dass in Folge der dadurch herbeigeführten Beschädigungen, Verbodmungen oder sonstigen Belastungen zur Deckung jener Gelder nichts übrig geblieben ist.

Art. 862. Im Falle des Totalverlustes hat der Versicherer die Versicherungssumme zum vollen Betrage zu zahlen, jedoch unbeschadet der nach Vorschrift des Artikels 804 etwa zu machenden Abzüge.

Art. 863. Ist im Falle des Totalverlustes vor der Zahlung der Versicherungssumme etwas gerettet, so kommt der Erlös des Geretteten von der Versicherungssumme in Abzug. War nicht zum vollen Werthe versichert, so wird nur ein verhältnissmässiger Theil des Geretteten von der Versicherungssumme abgezogen.

Mit der Zahlung der Versicherungssumme gehen die Rechte des Versicherten an der versicherten Sache auf den Versicherer über.

Erfolgt erst nach der Zahlung der Versicherungssumme eine vollständige oder theilweise Rettung, so hat auf das nachträglich Gerettete nur der Versicherer Anspruch. War nicht zum vollen Werthe versichert, so gebührt dem Versicherer nur ein verhältnissmässiger Theil des Geretteten.

Art. 864. Sind bei einem Totalverluste in Ansehung des imaginairen Gewinnes (Art. 860) die Güter während der Reise so günstig verkauft, dass der Reinerlös mehr beträgt, als der Versicherungswerth der Güter, oder ist für dieselben, wenn sie in Fällen der grossen Haverei aufgeopfert sind, oder wenn dafür nach Maassgabe der Art. 612 und 613 Ersatz geleistet werden muss, mehr als jener Werth vergütet, so kommt von der Versicherungssumme des imaginairen Gewinnes der Ueberschuss in Abzug.

Art. 865. Der Versicherte ist befugt, die Zahlung der Versicherungssumme zum vollen Betrage gegen Abtretung der in Betreff des versicherten Gegenstandes ihm zustehenden Rechte in folgenden Fällen zu verlangen (Abandon):

1) wenn das Schiff verschollen ist;
2) wenn der Gegenstand der Versicherung dadurch bedroht ist, dass das Schiff oder die Güter unter Embargo gelegt, von einer kriegführenden Macht aufgebracht, auf andere Weise durch Verfügung von hoher Hand angehalten oder durch Seeräuber genommen und während einer Frist von sechs, neun oder zwölf Monaten nicht freigegeben sind, je nachdem die Aufbringung, Anhaltung oder Nehmung geschehen ist:
   a) in einem Europäischen Hafen oder in einem Europäischen Meere oder in einem, wenn auch nicht zu Europa gehörenden Theile des Mittelländischen, Schwarzen oder Azowschen Meeres, oder
   b) in einem anderen Gewässer, jedoch diesseits des Vorgebirges der guten Hoffnung und des Kap Horn, oder
   c) in einem Gewässer jenseits des einen jener Vorgebirge.

Die Fristen werden von dem Tage an berechnet, an welchem dem Versicherer der Unfall durch den Versicherten angezeigt ist (Art. 822).

Art. 866. Ein Schiff, welches eine Reise angetreten hat, ist als verschollen anzusehen, wenn es innerhalb der Verschollenheitsfrist den Bestimmungshafen nicht erreicht hat, auch innerhalb dieser Frist den Betheiligten keine Nachrichten über dasselbe zugegangen sind.

Die Verschollenheitsfrist beträgt:

1) wenn sowohl der Abgangshafen als der Bestimmungshafen ein Europäischer Hafen ist, bei Segelschiffen sechs, bei Dampfschiffen vier Monate;
2) wenn entweder nur der Abgangshafen oder nur der Bestimmungshafen ein nichteuropäischer Hafen ist, falls derselbe diesseits des Vor-

gebirges der guten Hoffnung und des Kap Horn belegen ist, bei Segel- und Dampfschiffen neun Monate, falls derselbe jenseits des einen jener Vorgebirge belegen ist, bei Segel- und Dampfschiffen zwölf Monate;

3) wenn sowohl der Abgangs- als der Bestimmungshafen ein nichteuropäischer Hafen ist, bei Segel- und Dampfschiffen sechs, neun oder zwölf Monate, je nachdem die Durchschnittsdauer der Reise nicht über zwei oder nicht über drei oder mehr als drei Monate beträgt.

Im Zweifel ist die längere Frist abzuwarten.

Art. 867. Die Verschollenheitsfrist wird von dem Tage an berechnet, an welchem das Schiff die Reise angetreten hat. Sind jedoch seit dessen Abgange Nachrichten von demselben angelangt, so wird von dem Tage an, bis zu welchem die letzte Nachricht reicht, diejenige Frist berechnet, welche maassgebend sein würde, wenn das Schiff von dem Punkt, an welchem es nach sicherer Nachricht zuletzt sich befunden hat, abgegangen wäre.

Art. 868. Die Abandonerklärung muss dem Versicherer innerhalb der Abandonfrist zugegangen sein.

Die Abandonfrist beträgt sechs Monate, wenn im Falle der Verschollenheit (Art. 865, Ziffer 1) der Bestimmungshafen ein Europäischer Hafen ist und wenn im Falle der Aufbringung, Anhaltung oder Nehmung (Art. 865, Ziffer 2) der Unfall in einem Europäischen Hafen oder in einem Europäischen Meere oder in einem, wenn auch nicht zu Europa gehörenden Theile des Mittelländischen, Schwarzen oder Azowschen Meeres sich zugetragen hat. In den übrigen Fällen beträgt die Abandonfrist neun Monate. Die Abandonfrist beginnt mit dem Ablaufe der in den Art. 865 und 866 bezeichneten Fristen.

Bei der Rückversicherung beginnt die Abandonfrist mit dem Ablaufe des Tages, an welchem dem Rückversicherten von dem Versicherten der Abandon erklärt worden ist.

Art. 869. Nach Ablauf der Abandonfrist ist der Abandon unstatthaft, unbeschadet des Rechts des Versicherten, nach Maassgabe der sonstigen Grundsätze Vergütung eines Schades in Anspruch zu nehmen.

Ist im Falle der Verschollenheit des Schiffs die Abandonfrist versäumt, so kann der Versicherte zwar den Ersatz eines Totalschadens fordern; er muss jedoch, wenn die versicherte Sache wieder zum Vorschein kommt, und sich dabei ergiebt, dass ein Totalverlust nicht vorliegt, auf Verlangen des Versicheres gegen Verzicht des letzteren auf die in Folge Zahlung der Versicherungssumme nach Art. 863 ihm zustehenden Rechte die Versicherungssumme erstatten und mit dem Ersatze eines etwa erlittenen Partialschadens sich begnügen.

Art. 870. Die Abandonerklärung muss, um gültig zu sein, ohne Vorbehalt oder Bedingung erfolgen und auf den ganzen versicherten Gegenstand sich erstrecken, soweit dieser zur Zeit des Unfalls den Gefahren der See ausgesetzt war.

Wenn jedoch nicht zum vollen Werthe versichert war, so ist der Versicherte nur den verhältnissmässigen Theil des versicherten Gegenstandes zu abandonniren verpflichtet.

Die Abandonerklärung ist unwiderruflich.

Art. 871. Die Abandonerklärung ist ohne rechtliche Wirkung, wenn die Thatsachen, auf welche sie gestützt wird, sich nicht bestätigen, oder zur Zeit der Mittheilung der Erklärung nicht mehr bestehen. Dagegen bleibt sie für beide Theile verbindlich, wenn auch später Umstände sich ereignen, deren früherer Eintritt das Recht zum Abandon ausgeschlossen haben würde.

Art. 872. Durch die Abandonerklärung gehen auf den Versicherer alle Rechte über, welche dem Versicherten in Ansehung des abandonnirten Gegenstandes zustanden.

Der Versicherte hat dem Versicherer Gewähr zu leisten wegen der auf dem abandonnirten Gegenstande zur Zeit der Abandonerklärung haftenden dinglichen Rechte, es sei denn, dass diese in Gefahren sich gründen, wofür der Versicherer nach dem Versicherungsvertrage aufzukommen hatte.

Wird das Schiff abandonnirt, so gebührt dem Versicherer desselben die Nettofracht der Reise, auf welcher der Unfall sich zugetragen hat, soweit die Fracht erst nach der Abandonerklärung verdient ist. Dieser Theil der Fracht wird nach den für die Ermittelung der Distanzfracht geltenden Grundsätzen berechnet.

Den hiernach für den Versicherten entstehenden Verlust hat, wenn die Fracht selbstständig versichert ist, der Versicherer der letzteren zu tragen.

Art. 873. Die Zahlung der Versicherungssumme kann erst verlangt werden, nachdem die zur Rechtfertigung des Abandons dienenden Urkunden dem Versicherer mitgetheilt sind und eine angemessene Frist zur Prüfung derselben abgelaufen ist. Wird wegen Verschollenheit des Schiffs abandonnirt, so gehören zu den mitzutheilenden Urkunden glaubhafte Bescheinigungen über die Zeit, in welcher das Schiff den Abgangshafen verlassen hat, und über die Nichtankunft desselben im Bestimmungshafen während der Verschollenheitsfrist.

Der Versicherte ist verpflichtet, bei der Abandonerklärung, soweit er dazu im Stande ist, dem Versicherer anzuzeigen, ob und welche andere, den abandonnirten Gegenstand betreffende Versicherungen genommen sind, und ob und welche Bodmereischulden oder sonstige Belastungen darauf haften. Ist die Anzeige unterblieben, so kann der Versicherer die Zahlung der Versicherungssumme so lange verweigern, bis die Anzeige nachträglich geschehen ist; wenn eine Zahlungsfrist bedungen ist, so beginnt dieselbe erst mit dem Zeitpunkt, in welchem die Anzeige nachgeholt ist.

Art 874. Der Versicherte ist verpflichtet, auch nach der Abandonerklärung für die Rettung der versicherten Sachen und für die Abwendung grösserer Nachtheile nach Vorschrift des Art. 823 und zwar so lange zu sorgen, bis der Versicherer selbst dazu im Stande ist.

Erfährt der Versicherte, dass ein für verloren erachteter Gegenstand wieder zum Vorschein gekommen ist, so muss er dies dem Versicherer sofort anzeigen und ihm auf Verlangen die zur Erlangung oder Verwerthung des Gegenstandes erforderliche Hülfe leisten.

Die Kosten hat der Versicherer zu ersetzen; auch hat derselbe den Versicherten auf Verlangen mit einem angemessenen Vorschusse zu versehen.

Art. 875. Der Versicherte muss dem Versicherer, wenn dieser die Rechtmässigkeit des Abandons anerkennt, auf Verlangen und auf Kosten desselben über den nach Art. 872 durch die Abandonerklärung eingetretenen Uebergang der Rechte eine beglaubigte Anerkennungsurkunde (Abandonrevers) ertheilen und die auf die abandonnirten Gegenstände sich beziehenden Urkunden ausliefern.

Art. 876. Bei einem partiellen Schaden am Schiff besteht der Schaden in dem nach Vorschrift des Art. 711 und 712 zu ermittelnden Betrage der Reparaturkosten, soweit diese die Beschädigungen betreffen, welche dem Versicherer zur Last fallen.

Art. 877. Ist die Reparaturunfähigkeit oder Reparaturunwürdigkeit des Schiffs (Art. 444) auf dem im Art. 499 vorgeschriebenen Wege festgestellt, so ist der Versicherte dem Versicherer gegenüber befugt, das Schiff oder das Wrack zum öffentlichen Verkaufe zu bringen, und besteht im Falle des Verkaufs der Schaden in dem Unterschiede zwischen dem Reinerlöse und dem Versicherungswerthe.

Die übernommene Gefahr endet für den Versicherer erst mit dem Verkaufe des Schiffs oder des Wracks; auch haftet der Versicherer für den Eingang des Kaufpreises.

Bei der zur Ermittelung der Reparaturunwürdigkeit des Schiffs erforderlichen Feststellung des Werthes desselben im unbeschädigten Zustande bleibt dessen Versicherungswerth, gleichviel ob dieser taxirt ist oder nicht, ausser Betracht.

Art. 878. Der Beginn der Reparatur schliesst die Ausübung des in dem vorhergehenden Artikel dem Versicherten eingeräumten Rechts nicht aus, wenn erst später erhebliche Schäden entdeckt werden, welche dem Versicherten ohne sein Verschulden unbekannt geblieben waren.

Macht der Versicherte von dem Rechte nachträglich Gebrauch, so muss der Versicherer die bereits aufgewendeten Reparaturkosten insoweit besonders vergüten, als durch die Reparatur bei dem Verkaufe des Schiffs ein höherer Erlös erzielt worden ist.

Art. 879. Bei Gütern, welche beschädigt in dem Bestimmungshafen ankommen, ist durch Vergleichung des Bruttowerthes, den sie daselbst im beschädigten Zustande wirklich haben, mit dem Bruttowerthe, welchen sie dort im unbeschädigten Zustande haben würden, zu ermitteln, wie viele Prozente des Werthes der Güter verloren sind. Eben so viele Prozente des Versicherungswerthes sind als der Betrag des Schadens anzusehen.

Die Ermittelung des Werthes, welchen die Güter im beschädigten Zustande haben, erfolgt durch öffentlichen Verkauf oder, wenn der Versicherer einwilligt, durch Abschätzung. Die Ermittelung des Werthes, welchen die Güter im unbeschädigten Zustande haben würden, geschieht nach Maassgabe der Bestimmungen des ersten und zweiten Absatzes des Art. 612.

Der Versicherer hat ausserdem die Besichtigungs-, Abschätzungs- und Verkaufskosten zu tragen.

Art. 880. Ist ein Theil der Güter auf der Reise verloren gegangen, so besteht der Schaden in eben so vielen Prozenten des Versicherungswerthes, als Prozente des Werthes der Güter verloren gegangen sind.

Art. 881. Wenn Güter auf der Reise in Folge eines Unfalls verkauft worden sind, so besteht der Schaden in dem Unterschiede zwischen dem nach Abzug der Fracht, Zölle und Verkaufskosten sich ergebenden Reinerlöse der Güter und deren Versicherungswerthe.

Die übernommene Gefahr endet für den Versicherer erst mit dem Verkauf der Güter; auch haftet der Versicherer für den Eingang des Kaufpreises.

Die Bestimmungen der Art. 838 bis 842 werden durch die Vorschriften dieses Artikels nicht berührt.

Art. 882. Bei partiellem Verluste der Fracht besteht der Schaden in demjenigen Theile der bedungenen oder in deren Ermangelung der üblichen Fracht, welcher verloren gegangen ist.

Ist die Fracht taxirt und die Taxe nach Vorschrift des vierten Absatzes des Art. 797 in Bezug auf einen von dem Versicherer zu ersetzenden Schaden maassgebend, so besteht der Schaden in eben so vielen Prozenten der Taxe, als Prozente der bedungenen oder üblichen Fracht verloren sind.

Art. 883. Bei imaginairem Gewinne oder Provision, welche von der Ankunft der Güter erwartet werden, besteht der Schaden, wenn die Güter im beschädigten Zustande ankommen, in eben so vielen Prozenten des als Gewinn oder Provision versicherten Betrages, als der nach Art. 879 zu ermittelnde Schaden an den Gütern Prozente des Versicherungswerthes der letzteren beträgt.

Hat ein Theil der Güter den Bestimmungshafen nicht erreicht, so besteht der Schaden in eben so vielen Prozenten des als Gewinn oder Provision versicherten Betrages, als der Werth des in dem Bestimmungshafen nicht angelangten Theiles der Güter Prozente des Werthes aller Güter beträgt.

Wenn bei der Versicherung des imaginairen Gewinnes in Ansehung des nicht angelangten Theiles der Güter die Voraussetzungen des Art. 864 vorhanden sind, so kommt von dem Schaden der im Art. 864 bezeichnete Ueberschuss in Abzug.

Art. 884. Bei Bodmerei- oder Havereigeldern besteht im Falle eines partiellen Verlustes der Schaden in dem Ausfalle, welcher darin sich gründet, dass der Gegenstand, welcher verbodmet oder für welchen die Havereigelder vorgeschossen oder verausgabt sind, zur Deckung der Bodmerei- oder Havereigelder in Folge späterer Unfälle nicht mehr genügt.

Art. 885. Der Versicherer hat den nach den Art. 876 bis 884 zu berechnenden Schaden vollständig zu vergüten, wenn zum vollen Werthe versichert war, jedoch unbeschadet der Vorschrift des Art. 804; war nicht zum vollen Werthe versichert, so hat er nach Maassgabe des Art. 796 nur einen verhältnissmässigen Theil dieses Schadens zu vergüten.

Sechster Abschnitt.

Bezahlung des Schadens.

Art. 886. Der Versicherte hat, um den Ersatz eines Schadens fordern zu können, eine Schadensberechnung dem Versicherer mitzutheilen.

Er muss zugleich durch genügende Beläge dem Versicherer darthun:
1) sein Interesse;
2) dass der versicherte Gegenstand den Gefahren der See ausgesetzt worden ist;
3) den Unfall, worauf der Anspruch gestützt wird;
4) den Schaden und dessen Umfang.

Art. 887. Bei der Versicherung für fremde Rechnung hat ausserdem der Versicherte sich darüber auszuweisen, dass er dem Versicherungsnehmer zum Abschlusse des Vertrages Auftrag ertheilt hat. Ist die Versicherung ohne Auftrag geschlossen (Art. 786), so muss der Versicherte die Umstände darthun, aus welchen hervorgeht, dass die Versicherung in seinem Interesse genommen ist.

Art. 888. Als genügende Beläge sind anzusehen im Allgemeinen solche Beläge, welche im Handelsverkehr namentlich wegen der Schwierigkeit der Beschaffung anderer Beweise nicht beanstandet zu werden pflegen, insbesondere
1) zum Nachweise des Interesse;
bei der Versicherung des Schiffs die üblichen Eigenthumsurkunden;
bei der Versicherung von Gütern die Fakturen und Konnossemente, insofern nach Inhalt derselben der Versicherte zur Verfügung über die Güter befugt erscheint;
bei der Versicherung der Fracht die Chartepartien und Konnossemente;
2) zum Nachweise der Verladung der Güter die Konnossemente;
3) zum Nachweise des Unfalls die Verklarung und das Schiffsjournal (Art. 488 und 494), in Kondemnationsfällen das Erkenntniss des Prisen-

gerichts, in Verschollenheitsfällen glaubhafte Bescheinigungen über die Zeit, in welcher das Schiff den Abgangshafen verlassen hat und über die Nichtankunft desselben im Bestimmungshafen während der Verschollenheitsfrist;

4) zum Nachweise des Schadens und dessen Umfanges die den Gesetzen oder Gebräuchen des Orts der Schadensermittelung entsprechenden Besichtigungs-, Abschätzungs- und Versteigerungsurkunden, sowie die Kostenanschläge der Sachverständigen, ferner die quittirten Rechnungen über die ausgeführten Reparaturen und andere Quittungen über geleistete Zahlungen; in Ansehung eines partiellen Schadens am Schiff (Art. 876, 877) genügen jedoch die Besichtigungs- und Abschätzungsurkunden, sowie die Kostenanschläge nur dann, wenn die etwaigen Schäden, welche in Abnutzung, Alter, Fäulniss oder Wurmfrass sich gründen, gehörig ausgeschieden sind, und wenn zugleich, soweit es ausführbar war, solche Sachverständige zugezogen worden sind, welche entweder ein für allemal obrigkeitlich bestellt oder von dem Ortsgericht oder dem Landeskonsul und in deren Ermangelung oder, sofern deren Mitwirkung sich nicht erlangen liesse, von einer anderen Behörde besonders ernannt waren.

Art. 889[1]).

Art. 890. Eine Vereinbarung, wodurch der Versicherte von dem Nachweise der im Art. 886 erwähnten Umstände oder eines Theiles derselben befreit wird, ist gültig, jedoch unbeschadet des Rechts des Versicherers, das Gegentheil zu beweisen.

Die bei der Versicherung von Gütern getroffene Vereinbarung, dass das Konnossemennt nicht zu produziren sei, befreit nur von dem Nachweise der Verladung.

Art. 891. Bei der Versicherung für fremde Rechnung ist der Versicherungsnehmer ohne Beibringung einer Vollmacht des Versicherten legitimirt, über die Rechte, welche in dem Versicherungsvertrage für den Versicherten ausbedungen sind, zu verfügen, sowie die Versicherungsgelder zu erheben und einzuklagen. Diese Bestimmung gilt jedoch im Falle der Ertheilung einer Polize nur dann, wenn der Versicherungsnehmer die Polize beibringt.

Ist die Versicherung ohne Auftrag genommen, so bedarf der Versicherungsnehmer zur Erhebung oder Einklagung der Versicherungsgelder der Zustimmung des Versicherten.

Art. 892. Im Falle der Ertheilung einer Polize hat der Versicherer die Versicherungsgelder dem Versicherten zu zahlen, wenn dieser die Polize beibringt.

Art. 893. Der Versicherungsnehmer ist nicht verpflichtet, die Polize dem Versicherten oder den Gläubigern oder der Konkursmasse desselben auszuliefern, bevor er wegen der gegen den Versicherten in Bezug auf den versicherten Gegenstand ihm zustehenden Ansprüche befriedigt ist. Im Falle eines Schadens kann der Versicherungsnehmer wegen dieser Ansprüche aus der Forderung, welche gegen den Versicherer begründet ist, und nach Einziehung der Versicherungsgelder aus den letzteren vorzugsweise vor dem Versicherten und vor dessen Gläubigern sich befriedigen.

Art. 894. Der Versicherer macht sich dem Versicherungsnehmer verantwortlich, wenn er, während dieser noch im Besitze der Polize sich befindet, durch Zahlungen, welche er dem Versicherten oder den Gläubigern oder der Konkursmasse desselben leistet, oder durch Verträge,

[1]) Aufgehoben, vgl. Anm. zu Art. 34. Die Bestimmung handelte von der Beweiskraft der Art. 888 bezeichneten Urkunden.

welche er mit denselben schliesst, das in dem Art. 893 bezeichnete Recht des Versicherungsnehmers beeinträchtigt.

Inwiefern der Versicherer einem Dritten, welchem Rechte aus der Polize eingeräumt sind, sich dadurch verantwortlich macht, dass er über diese Rechte Verträge schliesst oder Versicherungsgelder zahlt, ohne die Polize sich zurückgeben zu lassen oder dieselbe mit der erforderlichen Bemerkung zu versehen, bestimmt sich nach den Vorschriften des bürgerlichen Rechts.

Art. 895. Wird der Versicherer auf Zahlung der Versicherungsgelder in Anspruch genommen, so kann er bei der Versicherung für fremde Rechnung Forderungen, welche ihm gegen den Versicherungsnehmer zustehen, nicht zur Kompensation bringen.

Art. 896. Der Versicherte ist befugt, nicht allein die aus einem bereits eingetretenen Unfall ihm zustehenden, sondern auch die künftigen Entschädigungsansprüche einem Dritten abzutreten. Ist eine Polize ertheilt, welche an Order lautet, so kann dieselbe durch Indossament übertragen werden; in Ansehung eines solchen Indossamentes kommen die Vorschriften der Art. 301, 303, 305 zur Anwendung. Bei der Versicherung für fremde Rechnung ist zur Gültigkeit der ersten Uebertragung das Indossament des Versicherungsnehmers genügend.

Art. 897. Wenn nach Ablauf zweier Monate seit der Anzeige des Unfalls die Schadensberechnung (Art. 886) ohne Verschulden des Versicherten noch nicht vorgelegt, wohl aber durch ungefähre Ermittelung die Summe festgestellt ist, welche dem Versicherer mindestens zur Last fällt, so hat der letztere diese Summe in Anrechnung auf seine Schuld vorläufig zu zahlen, jedoch nicht vor Ablauf der etwa für die Zahlung der Versicherungsgelder bedungenen Frist. Soll die Zahlungsfrist mit dem Zeitpunkt beginnen, in welchem dem Versicherer die Schadensberechnung mitgetheilt ist, so wird dieselbe im Falle dieses Artikels von der Zeit an berechnet, in welcher dem Versicherer die vorläufige Ermittelung mitgetheilt ist.

Art. 898. Der Versicherer hat

1) in Havereifällen zu den für die Rettung, Erhaltung oder Wiederherstellung der versicherten Sache nöthigen Ausgaben in Anrechnung auf seine später festzustellende Schuld zwei Drittel des ihm zur Last fallenden Betrages,
2) bei Aufbringung des Schiffs oder der Güter den vollen Betrag der ihm zur Last fallenden Kosten des Reklameprozesses, sowie sie erforderlich werden, vorzuschiessen.

Siebenter Abschnitt.

Aufhebung der Versicherung und Rückzahlung der Prämie.

Art. 899. Wird die Unternehmung, auf welche die Versicherung sich bezieht, ganz oder zum Theil von dem Versicherten aufgegeben, oder wird ohne sein Zuthun die versicherte Sache ganz oder ein Theil derselben der von dem Versicherer übernommenen Gefahr nicht ausgesetzt, so kann die Prämie ganz oder zu dem verhältnissmässigen Theil bis auf eine dem Versicherer gebührende Vergütung zurückgefordert oder einbehalten werden (Ristorno).

Die Vergütung (Ristornogebühr) besteht, sofern nicht ein anderer Betrag vereinbart oder am Ort der Versicherung üblich ist, in einem halben Prozent der ganzen oder des entsprechenden Theiles der Versicherungssumme, wenn aber die Prämie nicht ein Prozent der Versicherungssumme erreicht, in der Hälfte der ganzen oder des verhältnissmässigen Theiles der Prämie.

Art. 900. Ist die Versicherung wegen Mangels des versicherten Interesse (Art. 782) oder wegen Ueberversicherung (Art. 790) oder wegen Doppelversicherung (Art. 792) unwirksam, und hat sich der Versicherungsnehmer bei dem Abschlusse des Vertrages und im Falle der Versicherung für fremde Rechnung auch der Versicherte bei der Ertheilung des Auftrages in gutem Glauben befunden, so kann die Prämie gleichfalls bis auf die im Art. 899 bezeichnete Ristornogebühr zurückgefordert oder einbehalten werden.

Art. 901. Die Anwendung der Art. 899 und 900 ist dadurch nicht ausgeschlossen, dass der Versicherungsvertrag für den Versicherer wegen Verletzung der Anzeigepflicht oder aus anderen Gründen unverbindlich ist, selbst wenn der Versicherer ungeachtet dieser Unverbindlichkeit auf die volle Prämie Anspruch hätte.

Art. 902. Ein Ristorno findet nicht statt, wenn die Gefahr für den Versicherer bereits zu laufen begonnen hat.

Art. 903. Wenn der Versicherer zahlungsunfähig geworden ist, so ist der Versicherte befugt, nach seiner Wahl entweder von dem Vertrage zurückzutreten und die ganze Prämie zurückzufordern oder einzubehalten, oder auf Kosten des Versicherers nach Maassgabe des Art. 793 eine neue Versicherung zu nehmen. Dieses Recht steht ihm jedoch nicht zu, wenn ihm wegen Erfüllung der Verpflichtungen des Versicherers genügende Sicherheit bestellt wird, bevor er von dem Vertrage zurückgetreten ist oder die neue Versicherung genommen hat.

Art. 904. Wird der versicherte Gegenstand veräussert, so können dem Erwerber die dem Versicherten nach dem Versicherungsvertrage auch in Bezug auf künftige Unfälle zustehenden Rechte mit der Wirkung übertragen werden, dass der Erwerber den Versicherer ebenso in Anspruch zu nehmen befugt ist, als wenn die Veräusserung nicht stattgefunden hätte und der Versicherte selbst den Anspruch erhöbe.

Der Versicherer bleibt von der Haftung für die Gefahren befreit, welche nicht eingetreten sein würden, wenn die Veräusserung unterblieben wäre.

Er kann sich nicht nur der Einreden und Gegenforderungen bedienen, welche ihm unmittelbar gegen den Erwerber zustehen, sondern auch derjenigen, welche er dem Versicherten hätte entgegenstellen können, der aus dem Versicherungsvertrage nicht hergeleiteten jedoch nur insofern, als sie bereits vor der Anzeige der Uebertragung entstanden sind.

Durch die vorstehende Bestimmung werden die rechtlichen Wirkungen der mittelst Indossamentes erfolgten Uebertragung einer Polize, welche an Order lautet, nicht berührt.

Art. 905. Die Vorschriften des Art. 904 gelten auch im Falle der Versicherung einer Schiffspart.

Ist das Schiff selbst versichert, so kommen dieselben nur dann zur Anwendung, wenn das Schiff während einer Reise veräussert wird. Anfang und Ende der Reise bestimmen sich nach Art. 827. Ist das Schiff auf Zeit oder für mehrere Reisen (Art. 760) versichert, so dauert die Versicherung im Falle der Veräusserung während einer Reise nur bis zur Entlöschung des Schiffs im nächsten Bestimmungshafen (Art. 827).

Zwölfter Titel.

Von der Verjährung.

Art. 906. Die im Art. 757 aufgeführten Forderungen verjähren in einem Jahre. Es beträgt jedoch die Verjährungsfrist zwei Jahre:

1) für die aus den Dienst- und Heuerverträgen herrührenden Forde-

rungen der Schiffsbesatzung, wenn die Entlassung jenseits des Vorgebirges der guten Hoffnung oder des Kap Horn erfolgt ist;

2) für die aus dem Zusammenstosse von Schiffen hergeleiteten Entschädigungsforderungen.

Art. 907. Die nach dem vorstehenden Artikel eintretende Verjährung bezieht sich zugleich auf die persönlichen Ansprüche, welche dem Gläubiger etwa gegen den Rheder oder eine Person der Schiffsbesatzung zustehen.

Art. 908. Die Verjährung beginnt:

1) in Ansehung der Forderungen der Schiffsbesatzung (Art. 757, Ziff. 4) mit dem Ablaufe des Tages, an welchem das Dienst- oder Heuerverhältniss endet, und falls die Anstellung der Klage früher möglich und zulässig ist, mit dem Ablaufe des Tages, an welchem diese Voraussetzung zutrifft; jedoch kommt das Recht, Vorschuss- und Abschlagszahlungen zu verlangen, für den Beginn der Verjährung nicht in Betracht;

2) in Ansehung der Forderungen wegen Beschädigung oder verspäteter Ablieferung von Gütern und Reise-Effekten (Art. 757, Ziff. 8 und 10) und wegen der Beiträge zur grossen Haverei (Art. 757, Ziff. 6) mit dem Ablaufe des Tages, an welchem die Ablieferung erfolgt ist, in Ansehung der Forderungen wegen Nichtablieferung von Gütern mit dem Ablaufe des Tages, an welchem das Schiff den Hafen erreicht, wo die Ablieferung erfolgen sollte, und wenn dieser Hafen nicht erreicht wird, mit dem Ablaufe des Tages, an welchem der Betheiligte sowohl hiervon als auch von dem Schaden zuerst Kenntniss gehabt hat;

3) in Ansehung der nicht unter die Ziffer 2 fallenden Forderungen aus dem Verschulden einer Person der Schiffsbesatzung (Art. 757, Ziff. 10) mit dem Ablaufe des Tages, an welchem der Betheiligte von dem Schaden Kenntniss erlangt hat, in Ansehung der Entschädigungsforderungen wegen des Zusammenstosses von Schiffen jedoch mit dem Ablaufe des Tages, an welchem der Zusammenstoss stattgefunden hat;

4) in Ansehung aller anderen Forderungen mit dem Ablaufe des Tages, an welchem die Forderung fällig geworden ist.

Art. 909. Ferner verjähren in einem Jahre die auf den Gütern wegen der Fracht nebst allen Nebengebühren, wegen des Liegegeldes, der ausgelegten Zölle und sonstigen Auslagen, wegen der Bodmereigelder, der Beiträge zur grossen Haverei und der Bergungs- und Hülfskosten haftenden Forderungen, sowie alle persönlichen Ansprüche gegen die Ladungsbetheiligten und die Forderungen wegen der Ueberfahrtsgelder.

Die Verjährung beginnt in Ansehung der Beiträge zur grossen Haverei mit dem Ablaufe des Tages, an welchem die beitragspflichtigen Güter abgeliefert sind, in Ansehung der übrigen Forderungen mit dem Ablaufe des Tages, an welchem die Fälligkeit eingetreten ist.

Art. 910. Es verjähren in fünf Jahren die Forderungen des Versicherers und des Versicherten aus dem Versicherungsvertrage.

Die Verjährung beginnt mit dem Ablaufe des letzten Tages des Jahres, in welchem die versicherte Reise beendigt ist, und bei der Versicherung auf Zeit mit dem Ablaufe des Tages, an welchem die Versicherungszeit endet. Sie beginnt, wenn das Schiff verschollen ist, mit dem Ablaufe des Tages, an welchem die Verschollenheitsfrist endet.

Art. 911. Eine Forderung, welche nach den Art. 906 bis 910 verjährt ist, kann auch im Wege der Kompensation oder sonst als Gegenforderung nicht geltend gemacht werden, wenn sie zur Zeit der Entstehung der anderen Forderung bereits verjährt war.

III.

Allgemeine Deutsche Wechselordnung

nebst den Nürnberger Novellen,

betreffend die Ergänzung und Erläuterung der Allgemeinen Deutschen Wechselordnung[1]).

Erster Abschnitt.

Von der Wechselfähigkeit.

Art. 1 (Schw. 720). **Wechselfähig ist Jeder, welcher sich durch Verträge verpflichten kann[2]).**

Art. 2[3]).

Art. 3 (Schw. 721). **Finden sich auf einem Wechsel Unterschriften von Personen, welche eine Wechselverbindlichkeit überhaupt nicht, oder nicht mit vollem Erfolge eingehen können, so hat dies auf die Verbindlichkeit der übrigen Wechselverpflichteten keinen Einfluss.**

Zweiter Abschnitt.

Von gezogenen Wechseln.

I. Erfordernisse eines gezogenen Wechsels.

Art. 4 (Schw. 722). Die wesentlichen Erfordernisse eines gezogenen Wechsels sind:

1) die in den Wechsel selbst aufzunehmende Bezeichnung als Wechsel, oder, wenn der Wechsel in einer fremden Sprache ausgestellt ist, ein jener Bezeichnung entsprechender Ausdruck in der fremden Sprache[4]);

2) die Angabe der zu zahlenden Geldsumme[5]);

3) der Name der Person oder die Firma, an welche oder an deren Order gezahlt werden soll (des Remittenten);

4) die Angabe der Zeit, zu welcher gezahlt werden soll; die Zahlungszeit kann *für die gesammte Geldsumme nur eine und dieselbe sein und*[6]) nur festgesetzt werden

---

[1]) BGB 1869, S. 382—403. Vgl. unten IV. Nr. 9 das Wechselstempelsteuergesetz. Ueber Oesterreich vgl. oben S. 1 Anm. 1. Die mit der DWO korrespondierenden Artikel des schweizerischen Obligationenrechts von 1881 Tit. 29 sind in Klammern mit dem Zusatze „Schw." beigefügt, alle sachlichen Abweichungen derselben in den Anmerkungen.

[2]) In Oesterreich sind durch VO v. 3. Juli 1852 die aktiven und die pensionierten Offiziere, sowie die Mannschaft des streitbaren Standes für wechselunfähig erklärt worden. Schw. 720 macht einen Vorbehalt in Betreff des Wechselprozesses, der auf die in das Handelsregister eingetragenen Personen beschränkt bleibt. Vgl. Anm. zu Art 83.

[3]) Art 2 und die dazu gehörigen Novellen 1 und 2 sind beseitigt durch die Aufhebung der exekutiven Schuldhaft, Bundesges. v. 29. Mai 1868 (Reichsges. f. d. süddeutschen Staaten durch die „Verfassung des Deutschen Bundes" v. 31. Dez 1870, Art. 80 Nr. 8, und Ges. v. 22. April 1871), in Els.-Lothr. durch franz. Ges. v. 22. Juli 1867, in Oesterreich durch Ges. v. 4. Mai 1868.

[4]) Statt der Worte „oder — — Sprache" heisst es Schw.: „(de change, cambio)".

[5]) Schw. fügt hinzu: „im Kontexte mit Buchstaben geschrieben."

[6]) Novelle 3. In Oesterreich Novelle 1.

auf einen bestimmten Tag,
auf Sicht (Vorzeigung, a vista[1]) etc.) oder auf eine bestimmte Zeit nach Sicht,
auf eine bestimmte Zeit nach dem Tage der Ausstellung (nach dato),
auf eine Messe oder einen Markt (Mess- oder Marktwechsel);

5) die Unterschrift des Ausstellers (Trassanten) mit seinem Namen oder seiner Firma;
6) die Angabe des Ortes, Monatstages und Jahres der Ausstellung;
7) der Name der Person oder die Firma, welche die Zahlung leisten soll (des Bezogenen oder Trassaten);
8) die Angabe des Ortes, wo die Zahlung geschehen soll; der bei dem Namen oder der Firma des Bezogenen angegebene Ort gilt für den Wechsel, insofern nicht ein eigener Zahlungsort angegeben ist, als Zahlungsort und zugleich als Wohnort des Bezogenen.

Art. 5[2]. Ist die zu zahlende Geldsumme (Art. 4, Nr. 2) in Buchstaben und in Ziffern ausgedrückt, so gilt bei Abweichungen die in Buchstaben ausgedrückte Summe.

Ist die Summe mehrmals mit Buchstaben oder mehrmals mit Ziffern geschrieben, so gilt bei Abweichungen die geringere Summe.

Art. 6 (Schw. 724). Der Aussteller kann sich selbst als Remittenten (Art. 4, Nr. 3) bezeichnen (Wechsel an eigene Order).

Desgleichen kann der Aussteller sich selbst als Bezogenen (Art. 4, Nr. 7) bezeichnen, sofern die Zahlung an einem anderen Orte als dem der Ausstellung geschehen soll (trassirt-eigene Wechsel).

Art. 7 (Schw. 725). Aus einer Schrift, welcher eines der wesentlichen Erfordernisse eines Wechsels (Art. 4) fehlt, entsteht keine wechselmässige Verbindlichkeit. Auch haben die auf eine solche Schrift gesetzten Erklärungen (Indossament, Akzept, Aval) keine Wechselkraft. *Das in einem Wechsel enthaltene Zinsversprechen gilt als nicht geschrieben*[3].

II. Verpflichtungen des Ausstellers.

Art. 8 (Schw. 726). Der Aussteller eines Wechsels haftet für dessen Annahme und Zahlung wechselmässig.

III. Indossament.

Art. 9 (Schw. 727). Der Remittent kann den Wechsel an einen anderen durch Indossament (Giro) übertragen.

Hat jedoch der Aussteller die Uebertragung im Wechsel durch die Worte „nicht an Order" oder durch einen gleichbedeutenden Ausdruck untersagt, so hat das Indossament keine wechselrechtliche Wirkung.

Art. 10 (Schw. 728). Durch das Indossament gehen alle Rechte aus dem Wechsel auf den Indossatar über, insbesondere auch die Befugniss, den Wechsel weiter zu indossiren. Auch an den Aussteller, Bezogenen, Akzeptanten oder einen früheren Indossanten kann der Wechsel gültig indossirt und von denselben weiter indossirt werden.

Art. 11 (Schw. 729). Das Indossament muss auf den Wechsel, eine Kopie desselben oder ein mit dem Wechsel oder der Kopie verbundenes Blatt (Alonge) geschrieben werden.

Art. 12 (Schw. 730). Ein Indossament ist gültig, wenn der Indossant

---

[1]) Die österr. WO schiebt hier ein: „a piacere".

[2]) Dafür Schw. 723: „Ist die Summe mehrmals mit Buchstaben geschrieben, so gilt bei Abweichungen die geringere Summe".

[3]) Novelle 4. Anders die österr. Novelle 2, indem sie in Zeile 2 des Artikels zwischen „fehlt" und „entsteht" einschiebt: *oder in welcher ein Zinsversprechen enthalten ist.* Schw. stimmt mit Nov. 4.

auch nur seinen Namen oder seine Firma auf die Rückseite des Wechsels oder der Kopie, oder auf die Alonge schreibt (Blanko-Indossament).

Art. 13 (Schw. 731). Jeder Inhaber eines Wechsels ist befugt, die auf demselben befindlichen Blanko-Indossamente auszufüllen; er kann den Wechsel aber auch ohne diese Ausfüllung weiter indossiren.

Art. 14 (Schw. 732). Der Indossant haftet jedem späteren Inhaber des Wechsels für dessen Annahme und Zahlung wechselmässig. Hat er aber dem Indossamente die Bemerkung „ohne Gewährleistung“, „ohne Obligo“ oder einen gleichbedeutenden Vorbehalt hinzugefügt, so ist er von der Verbindlichkeit aus seinem Indossamente befreit.

Art. 15 (Schw. 733). Ist in dem Indossamente die Weiterbegebung durch die Worte „nicht an Order“ oder durch einen gleichbedeutenden Ausdruck verboten, so haben diejenigen, an welche der Wechsel aus der Hand des Indossatars gelangt, gegen den Indossanten keinen Regress.

Art. 16 (Schw. 734). Wenn ein Wechsel indossirt wird, nachdem die für die Protesterhebung Mangels Zahlung bestimmte Frist abgelaufen ist, so erlangt der Indossatar die Rechte aus dem etwa vorhandenen Akzepte gegen den Bezogenen und Regressrechte gegen Diejenigen, welche den Wechsel nach Ablauf dieser Frist indossirt haben[1]).

Ist aber der Wechsel vor dem Indossamente bereits Mangels Zahlung protestirt worden, so hat der Indossatar nur die Rechte seines Indossanten gegen den Akzeptanten, den Aussteller und Diejenigen, welche den Wechsel bis zur Protesterhebung indossirt haben. Auch ist in einem solchen Falle der Indossant nicht wechselmässig verpflichtet.

Art. 17 (Schw. 735). Ist dem Indossamente die Bemerkung „zur Einkassirung“, „in Prokura“ oder eine andere, die Bevollmächtigung ausdrückende Formel beigefügt worden, so überträgt das Indossament das Eigenthum an dem Wechsel nicht, ermächtigt aber den Indossatar zur Einziehung der Wechselforderung[2]), Protesterhebung und Benachrichtigung des Vormannes seines Indossanten von der unterbliebenen Zahlung (Art. 45), sowie zur Einklagung der nicht bezahlten und zur Erhebung der deponirten Wechselschuld. Ein solcher Indossatar ist auch berechtigt, diese Befugniss durch ein weiteres Prokura-Indossament einem Anderen zu übertragen. Dagegen ist derselbe zur weiteren Begebung durch eigentliches Indossament selbst dann nicht befugt, wenn dem Prokura-Indossamente der Zusatz „oder Order“ hinzugefügt ist.

IV. Präsentation zur Annahme.

Art. 18 (Schw. 736). Der Inhaber eines Wechsels ist berechtigt, den Wechsel dem Bezogenen sofort zur Annahme zu präsentiren und in Ermangelung der Annahme Protest erheben zu lassen. *Eine entgegenstehende Uebereinkunft hat keine wechselrechtliche Wirkung*[3]). Nur bei Mess- oder Marktwechseln findet eine Ausnahme dahin statt, dass solche Wechsel erst in der an dem Mess- oder Marktorte gesetzlich bestimmten Präsentationszeit zur Annahme präsentirt und in Ermangelung derselben protestirt werden können. Der blosse Besitz des Wechsels ermächtigt

---

[1]) Schw. schiebt hier folgenden Absatz ein: „Ein solcher Wechsel ist, sofern er bereits acceptirt war, binnen drei Jahren, vom Verfallstage an gerechnet, sofern er dagegen nicht acceptirt war, innerhalb eines Jahres vom Datum des ersten Nachindossamentes an wie ein Sichtwechsel zur Zahlung zu präsentiren“.

[2]) Schw. führt fort: „und zur Protesterhebung, sowie zur Einklagung der nicht bezahlten“ u. s. w. (wie oben im Text).

[3]) Novelle 5, Oesterreich Novelle 3. Schw. ersetzt die Worte: „in Ermangelung der Annahme“ durch: „wenn die Annahme nicht binnen 24 Stunden erfolgt“.

zur Präsentation des Wechsels und zur Erhebung des Protestes Mangels Annahme [1]).

Art. 19 (Schw. 737). Eine Verpflichtung des Inhabers, den Wechsel zur Annahme zu präsentiren, findet nur bei Wechseln statt, welche auf eine bestimmte Zeit nach Sicht lauten. Solche Wechsel müssen, bei Verlust des wechselmässigen Anspruchs gegen die Indossanten und den Aussteller, nach Maassgabe der besonderen im Wechsel enthaltenen Bestimmung und in Ermangelung derselben binnen zwei Jahren [2]) nach der Ausstellung zur Annahme präsentirt werden. Hat ein Indossant auf einen Wechsel dieser Art seinem Indossamente eine besondere Präsentationsfrist hinzugefügt, so erlischt seine wechselmässige Verpflichtung, wenn der Wechsel nicht innerhalb dieser Frist zur Annahme präsentirt worden ist.

Art. 20 (Schw. 738). Wenn die Annahme eines auf bestimmte Zeit nach Sicht gestellten Wechsels nicht zu erhalten ist, oder der Bezogene die Datirung seines Akzeptes verweigert, so muss der Inhaber bei Verlust des wechselmässigen Anspruchs gegen die Indossanten und den Aussteller die rechtzeitige Präsentation des Wechsels durch einen innerhalb der Präsentationsfrist (Art. 19) erhobenen Protest feststellen lassen.

Der Protesttag gilt in diesem Falle für den Tag der Präsentation.

Ist die Protesterhebung unterblieben, so wird gegen den Akzeptanten, welcher die Datirung seines Akzeptes unterlassen hat, die Verfallzeit des Wechsels vom letzten Tage der Präsentationsfrist an gerechnet.

V. Annahme (Akzeptation).

Art. 21 (Schw. 739). Die Annahme des Wechsels muss auf dem Wechsel schriftlich geschehen.

Jede auf den Wechsel geschriebene und von dem Bezogenen unterschriebene Erklärung gilt für eine unbeschränkte Annahme, sofern nicht in derselben ausdrücklich ausgesprochen ist, dass der Bezogene entweder überhaupt nicht oder nur unter gewissen Einschränkungen annehmen wolle.

Gleichergestalt gilt es für eine unbeschränkte Annahme, wenn der Bezogene ohne weiteren Beisatz seinen Namen oder seine Firma auf die Vorderseite des Wechsels schreibt.

Die einmal erfolgte Annahme kann nicht wieder zurückgenommen werden [3]).

Art. 22 (Schw. 741). Der Bezogene kann die Annahme auf einen Theil der im Wechsel verschriebenen Summe beschränken.

Werden dem Akzepte andere Einschränkungen beigefügt, so wird der Wechsel einem solchen gleichgeachtet, dessen Annahme gänzlich verweigert worden ist, der Akzeptant haftet aber nach dem Inhalte seines Akzeptes wechselmässig.

Art. 23 (Schw. 742). Der Bezogene wird durch die Annahme wechselmässig verpflichtet, die von ihm akzeptirte Summe zur Verfallzeit zu zahlen.

Auch dem Aussteller haftet der Bezogene aus dem Akzepte wechselmässig.

---

[1]) Schw. fügt hinzu: „nicht aber zur Gestattung einer nachträglichen Wiederaufhebung (Streichung) oder Einschränkung eines bereits geschriebenen Acceptes“.

[2]) Schw. „innerhalb eines Jahres“.

[3]) Statt dieses Absatzes hat Schw. 740 folgende Bestimmung: „Die einmal erfolgte Annahme kann nachträglich, auch wenn der Wechsel von dem Bezogenen noch nicht an den präsentirenden Inhaber zurückgegeben ist, weder ganz zurückgenommen noch in irgend einer Weise beschränkt werden. Auf den Nachweis, dass der Eigenthümer des Wechsels zur nachträglichen Wiederaufhebung (Durchstreichung) oder Beschränkung der Annahme seine Zustimmung gegeben habe, kann sich der Acceptant nur dem Zustimmenden selbst, nicht aber anderen Wechselberechtigten gegenüber berufen.“

Dagegen steht dem Bezogenen kein Wechselrecht gegen den Aussteller zu.

Art. 24 (Schw. 743). Ist in dem Wechsel ein vom Wohnorte des Bezogenen verschiedener Zahlungsort (Art. 4, Nr. 8) angegeben (Domizilwechsel), so ist, insofern der Wechsel nicht schon ergiebt, durch wen die Zahlung am Zahlungsorte erfolgen soll[1]), dies vom Bezogenen bei der Annahme auf dem Wechsel zu bemerken. Ist dies nicht geschehen, so wird angenommen, dass der Bezogene selbst die Zahlung am Zahlungsorte leisten wolle

Der Aussteller eines Domizilwechsels kann in demselben die Präsentation zur Annahme vorschreiben. Die Nichtbeobachtung dieser Vorschrift hat den Verlust des Regresses gegen den Aussteller und die Indossanten zur Folge.

VI. Regress auf Sicherstellung.

1. Wegen nicht erhaltener Annahme.

Art. 25 (Schw. 744). Wenn die Annahme eines Wechsels überhaupt nicht, oder unter Einschränkungen, oder nur auf eine geringere Summe erfolgt ist, so sind die Indossanten und der Aussteller wechselmässig verpflichtet, gegen Aushändigung des Mangels Annahme aufgenommenen Protestes genügende Sicherheit dahin zu leisten, dass die Bezahlung der im Wechsel verschriebenen Summe oder des nicht angenommenen Betrages, sowie die Erstattung der durch die Nichtannahme veranlassten Kosten am Verfalltage erfolgen werde.

Jedoch sind diese Personen auch befugt, auf ihre Kosten die schuldige Summe bei Gericht oder bei einer anderen, zur Annahme von Depositen ermächtigten Behörde oder Anstalt niederzulegen[2]).

Art. 26 (Schw. 745). Der Remittent, sowie jeder Indossatar wird durch den Besitz des Mangels Annahme aufgenommenen Protestes ermächtigt, von dem Aussteller und den übrigen Vormännern Sicherheit zu fordern und im Wege[3]) des Wechselprozesses darauf zu klagen.

Der Regressnehmer ist hierbei an die Folgeordnung der Indossamente und die einmal getroffene Wahl nicht gebunden.

Der Beibringung des Wechsels und des Nachweises, dass der Regressnehmer seinen Nachmännern selbst Sicherheit bestellt habe, bedarf es nicht.

Art. 27 (Schw. 746). Die bestellte Sicherheit haftet nicht blos dem Regressnehmer, sondern auch allen übrigen Nachmännern des Bestellers, insofern sie gegen ihn den Regress auf Sicherstellung nehmen. Dieselben sind weitere Sicherheit zu verlangen nur in dem Falle berechtigt, wenn sie gegen die Art oder Grösse der bestellten Sicherheit Einwendungen zu begründen vermögen.

Art. 28 (Schw. 747). Die bestellte Sicherheit muss zurückgegeben werden:

1) sobald die vollständige Annahme des Wechsels nachträglich erfolgt ist;
2) wenn gegen den Regresspflichtigen, welcher sie bestellt hat, binnen

---

[1]) Nur für diesen Fall gelten Hamburg und Altona als verschiedene Orte, bei Nichtangabe eines Domiziliaten dagegen als ein Ort. Vgl. Hamb. EG z. WO v. 5. März 1849 §. 6. Schlesw.-Holst. EG v. 13. Mai 1867 §. 9

[2]) Statt dieses Absatzes hat die Oesterreich. WO: „Die Art der Sicherstellung und der Ort, wo die zur Sicherheit gegebene Sache verwahrt werden soll, hängt von der Uebereinkunft der Parteien ab. Sind sie darüber nicht einig, so muss der sicherzustellende Betrag bei Gericht bar erlegt werden. Dem Wechselgläubiger gebührt auf die zur Sicherstellung erlegte Sache das Pfandrecht, wenn es ihm auch nicht ausdrücklich eingeräumt worden ist."

[3]) Schw. „im Wege der wechselmässigen Exekution oder des Wechselprozesses beizutreiben oder einzuklagen."

Jahresfrist, vom Verfalltage des Wechsels an gerechnet, auf Zahlung aus dem Wechsel nicht geklagt worden ist;

3) wenn die Zahlung des Wechsels erfolgt oder die Wechselkraft desselben erloschen ist.

2. Wegen Unsicherheit des Akzeptanten.

Art. 29 (Schw. 748). Ist ein Wechsel ganz oder theilweise angenommen worden, so kann in Betreff der akzeptirten Summe Sicherheit nur gefordert werden:

1) wenn über das Vermögen des Akzeptanten der Konkurs (Debitverfahren, Falliment) eröffnet worden ist oder der Akzeptant auch nur seine Zahlungen eingestellt hat;

2) wenn nach Ausstellung des Wechsels eine Exekution in das Vermögen des Akzeptanten fruchtlos ausgefallen oder wider denselben wegen Erfüllung einer Zahlungsverbindlichkeit die Vollstreckung des Personalarrestes verfügt worden ist[1]).

Wenn in diesen Fällen die Sicherheit von dem Akzeptanten nicht geleistet und dieserhalb Protest gegen denselben erhoben wird, auch von den auf dem Wechsel etwa benannten Nothadressen die Annahme nach Ausweis des Protestes nicht zu erhalten ist, so kann der Inhaber des Wechsels[2]) und jeder Indossatar gegen Auslieferung des Protestes von seinen Vormännern Sicherstellung fordern (Art. 25—28)[3]). Der blosse Besitz des Wechsels vertritt die Stelle einer Vollmacht, in den Nr. 1 und 2 genannten Fällen von dem Akzeptanten Sicherheitsbestellung zu fordern und, wenn solche nicht zu erhalten ist, Protest erheben zu lassen. *Der Wechselinhaber*[4]) *ist berechtigt, in den Nr. 1 und 2 genannten Fällen auch von dem Akzeptanten im Wege des Wechselprozesses Sicherheitsbestellung zu fordern*[5]).

VII. Erfüllung der Wechselverbindlichkeit.

1. Zahlungstag.

Art. 30 (Schw. 749). Ist in dem Wechsel ein bestimmter Tag als Zahlungstag bezeichnet, so tritt die Verfallzeit an diesem Tage ein. Ist die Zahlungszeit auf die Mitte eines Monats gesetzt worden, so ist der Wechsel am 15. dieses Monats fällig.

Ist die Zahlungszeit auf Anfang oder ist sie auf Ende eines Monats gesetzt worden, so ist darunter der erste oder letzte Tag des Monats zu verstehen[6]).

Art. 31 (Schw. 750). Ein auf Sicht gestellter Wechsel ist bei der Vorzeigung fällig. Ein solcher Wechsel muss bei Verlust des wechselmässigen Anspruchs gegen die Indossanten und den Aussteller nach Maassgabe der besonderen im Wechsel enthaltenen Bestimmung, und in Ermangelung derselben binnen zwei Jahren[7]) nach der Ausstellung zur Zahlung präsentirt werden. Hat ein Indossant auf einem Wechsel dieser Art seinem Indossamente eine besondere Präsentationsfrist hinzugefügt, so erlischt seine wechselmässige Verpflichtung, wenn der Wechsel nicht innerhalb dieser Frist präsentirt worden ist[8]).

---

[1]) Vgl. Anm. zu Art. 2. Schw.: „eine Exekution wegen irgend einer Zahlungsverpflichtung des Acceptanten vollstreckt worden und ganz oder theilweise erfolglos geblieben ist."

[2]) Schw.: „der Wechselnehmer".

[3]) Vgl. Anm. zu Art. 41.

[4]) Schw.: „Der als Eigenthümer des Wechsels legitimirte Inhaber".

[5]) Novelle 6. In Oesterreich durch Justizministerial-VO v. 2. Nov. 1858 (RGB Nr. 198) eingeführt. Schw. hat die S. 171 Anm. 3 hervorgehobene Abweichung.

[6]) Novelle 7. In Oesterreich Novelle 4. Schw. weicht nur stilistisch ab.

[7]) Schw.: „innerhalb eines Jahres".

[8]) Schw. fügt hinzu: „Ist ein auf Sicht gestellter Wechsel ohne Angabe eines Da-

Art. 32 (Schw. 751). Bei Wechseln, welche mit dem Ablaufe einer bestimmten Frist nach Sicht oder nach Dato zahlbar sind, tritt die Verfallzeit ein:

1) wenn die Frist nach Tagen bestimmt ist, an dem letzten Tage der Frist; bei Berechnung der Frist wird der Tag, an welchem der nach Dato zahlbare Wechsel ausgestellt oder der nach Sicht zahlbare zur Annahme präsentirt ist, nicht mitgerechnet[1]);

2) wenn die Frist nach Wochen, Monaten, oder einem, mehrere Monate umfassenden Zeitraume (Jahr, halbes Jahr, Vierteljahr) bestimmt ist, an demjenigen Tage der Zahlungswoche oder des Zahlungsmonats, der durch seine Benennung oder Zahl dem Tage der Ausstellung oder Präsentation entspricht; fehlt dieser Tag in dem Zahlungsmonate, so tritt die Verfallzeit am letzten Tage des Zahlungsmonats ein.

Der Ausdruck „halber Monat" wird einem Zeitraume von 15 Tagen gleichgeachtet. Ist der Wechsel auf einen oder mehrere ganze Monate und einen halben Monat gestellt, so sind die 15 Tage zuletzt zu zählen.

Art. 33 (Schw. 752). Respekttage finden nicht statt.

Art. 34 (Schw. 753). Ist in einem Lande, in welchem nach altem Style gerechnet wird, ein im Inlande zahlbarer Wechsel nach Dato ausgestellt, und dabei nicht bemerkt, dass der Wechsel nach neuem Style datirt sei, oder ist derselbe nach beiden Stylen datirt, so wird der Verfalltag nach demjenigen Kalendertage des neuen Styls berechnet, welcher dem nach alten Style sich ergebenden Tage der Ausstellung entspricht.

Art. 35 (Schw. 754). Mess- oder Marktwechsel werden zu der durch die Gesetze des Mess- oder Marktortes bestimmten Zahlungszeit, und in Ermangelung einer solchen Festsetzung an dem Tage vor dem gesetzlichen Schlusse der Messe oder des Marktes fällig. Dauert die Messe oder der Markt nur einen Tag, so tritt die Verfallzeit des Wechsels an diesem Tage ein.

2. Zahlung.

Art. 36 (Schw. 755). Der Inhaber eines indossirten Wechsels wird durch eine zusammenhängende, bis auf ihn hinuntergehende Reihe von Indossamenten als Eigenthümer des Wechsels legitimirt. Das erste Indossament muss demnach mit dem Namen des Remittenten, jedes folgende Indossament mit dem Namen desjenigen unterzeichnet sein, welchen das unmittelbar vorhergehende Indossament als Indossatar benennt. Wenn auf ein Blanko-Indossament ein weiteres Indossament folgt, so wird angenommen, dass der Aussteller des letzteren den Wechsel durch das Blanko-Indossament erworben hat. Ausgestrichene Indossamente werden bei Prüfung der Legitimation als nicht geschrieben angesehen. Die Echtheit der Indossamente zu prüfen, ist der Zahlende nicht verpflichtet.

Art. 37 (Schw. 756). Lautet ein Wechsel auf eine Münzsorte, welche am Zahlungsorte keinen Umlauf hat, oder auf eine Rechnungswährung, so kann die Wechselsumme nach ihrem Werthe zur Verfallzeit in der Landesmünze gezahlt werden, sofern nicht der Aussteller durch den Gebrauch des Wortes „effektiv" oder eines ähnlichen Zusatzes die Zahlung in der im Wechsel benannten Münzsorte ausdrücklich bestimmt hat.

Art. 38 (Schw. 757). Der Inhaber des Wechsels darf eine ihm ange-

---

tums acceptirt worden, so gilt in Ermangelung eines die Präsentation konstatirenden Protestes der letzte Tag der Präsentationsfrist als Verfalltag".

[1]) Schw. fügt hinzu: „geht die Frist auf 8 oder 15 Tage, so werden darunter nicht eine oder zwei Wochen, sondern volle 8 oder 15 Tage verstanden."

botene Theilzahlung selbst dann nicht zurückweisen, wenn die Annahme auf den ganzen Betrag der verschriebenen Summe erfolgt ist.

Art. 39 (Schw. 758). Der Wechselschuldner ist nur gegen Aushändigung des quittirten Wechsels zu zahlen verpflichtet. Hat der Wechselschuldner eine Theilzahlung geleistet, so kann derselbe nur verlangen, dass die Zahlung auf dem[1]) Wechsel abgeschrieben und ihm Quittung auf einer Abschrift des Wechsels ertheilt werde[2]).

Art. 40 (Schw. 759). Wird die Zahlung des Wechsels zur Verfallzeit nicht gefordert, so ist der Akzeptant nach Ablauf der für die Protesterhebung Mangels Zahlung bestimmten Frist befugt, die Wechselsumme auf Gefahr und Kosten des Inhabers bei Gericht oder[3]) bei einer anderen zur Annahme von Depositen ermächtigten Behörde oder Anstalt niederzulegen. Der Vorladung des Inhabers bedarf es nicht[4]).

VIII. Regress Mangels Zahlung.

Art. 41 (Schw. 762). Zur Ausübung des bei nicht erlangter Zahlung statthaften Regresses gegen den Aussteller und die Indossanten ist erforderlich:

1) dass der Wechsel zur Zahlung präsentirt worden ist, und
2) dass sowohl diese Präsentation, als die Nichterlangung der Zahlung durch einen rechtzeitig darüber aufgenommenen Protest dargethan wird[5]).

Die Erhebung des Protestes ist am Zahlungstage zulässig[6]), sie muss aber spätestens am zweiten Werktage nach dem Zahlungstage geschehen.

Art. 42 (Schw. 763). Die Aufforderung, keinen Protest erheben zu lassen („ohne Protest", „ohne Kosten" etc.), gilt als Erlass des Protestes, nicht aber als Erlass der Pflicht zur rechtzeitigen Präsentation. Der Wechselverpflichtete, von welchem jene Aufforderung ausgeht, muss die Beweislast übernehmen, wenn er die rechtzeitig geschehene Präsentation in Abrede stellt. Gegen die Pflicht zum Ersatze der Protestkosten schützt jene Aufforderung nicht.

Art. 43 (Schw. 764). Domizilirte Wechsel sind dem Domiziliaten, oder wenn ein solcher nicht benannt ist, dem Bezogenen selbst an demjenigen Orte, wohin der Wechsel domizilirt ist, zur Zahlung zu präsentiren, und wenn die Zahlung unterbleibt, dort zu protestiren. Wird die rechtzeitige Protesterhebung beim Domiziliaten verabsäumt, so geht dadurch der wechselmässige Anspruch nicht nur gegen den Aussteller und die Indossanten, sondern auch gegen den Akzeptanten verloren.

Art. 44 (Schw. 765). Zur Erhaltung des Wechselrechts gegen den

---

1) Der amtliche Text hat „den", was sich durch Vergleich mit dem Leipziger Entwurfe als ein Druckfehler ergibt.

2) Nach Hamb. EG z WO v. 5. März 1849 §. 5 und Schl.-Holst. EG v. 13. Mai 1867 §. 8 wird bei den in Banko zahlbaren Wechseln die Quittierung ersetzt durch die auf den Wechsel gesetzte Anweisung, an welches Bankokonto der Betrag abgeschrieben werden soll (Banko-Indorso).

3) In der Oesterr. WO fehlen die Worte „oder — — — Anstalt".

4) Schw. schiebt hier folgende Artikel ein. 760: „Vor dem Verfalltage ist kein Wechselinhaber verpflichtet, Zahlung anzunehmen; insofern eine solche stattfindet, ist sie auf Gefahr des Zahlenden geleistet." 761: „Gewährt der Wechselinhaber dem Acceptanten eine Prolongation der Verfallzeit, so verliert er seine Rechte gegen diejenigen Vormänner, welche zu dieser Prolongation nicht eingewilligt haben."

5) Eine von dem Wechselschuldner geleistete Zahlung oder auf Grund des Art. 29 bestellte Sicherheit kann auch dann nicht angefochten werden, wenn dem Wechselinhaber Kenntniss von der Zahlungseinstellung des Schuldners oder dem Antrage auf Eröffnung des Konkurses über ihn nachgewiesen wird. Dasselbe gilt von einer geleisteten Ehrenzahlung. Nur der letzte regresspflichtige Vormann des Wechselinhabers bleibt ersatzpflichtig, wenn ihm bewiesen wird, dass er zur Zeit der Begebung obige Kenntniss besessen hat. Vgl. Konk.-O. §. 27.

6) Schw.: „nicht zulässig".

Akzeptanten bedarf es, mit Ausnahme des im Art. 43 erwähnten Falles, weder der Präsentation am Zahlungstage, noch der Erhebung eines Protestes.

Art. 45 (fehlt Schw.). Der Inhaber eines Mangels Zahlung protestirten Wechsels ist verpflichtet, seinen unmittelbaren Vormann innerhalb zweier Tage nach dem Tage der Protesterhebung von der Nichtzahlung des Wechsels schriftlich zu benachrichtigen, zu welchem Ende es genügt, wenn das Benachrichtigungsschreiben innerhalb dieser Frist zur Post gegeben ist. Jeder benachrichtigte Vormann muss binnen derselben, vom Tage des empfangenen Berichts zu berechnenden Frist seinen nächsten Vormann in gleicher Weise benachrichtigen. Der Inhaber oder Indossatar, welcher die Benachrichtigung unterlässt oder dieselbe nicht an den unmittelbaren Vormann ergehen lässt, wird hierdurch den sämmtlichen oder den übersprungenen Vormännern zum Ersatze des aus der unterlassenen Benachrichtigung entstandenen Schadens verpflichtet. Auch verliert derselbe gegen diese Personen den Anspruch auf Zinsen und Kosten, so dass er nur die Wechselsumme zu fordern berechtigt ist.

Art. 46 (fehlt Schw.). Kommt es auf den Nachweis der dem Vormanne rechtzeitig gegebenen schriftlichen Benachrichtigung an, so genügt zu diesem Zwecke der durch ein Postattest geführte Beweis, dass ein Brief von dem Betheiligten an den Adressaten an dem angegebenen Tage abgesandt ist, sofern nicht dargethan wird, dass der angekommene Brief einen andern Inhalt gehabt hat. Auch der Tag des Empfanges der erhaltenen schriftlichen Benachrichtigung kann durch ein Postattest nachgewiesen werden.

Art. 47 (fehlt Schw.). Hat ein Indossant den Wechsel ohne Hinzufügung einer Ortsbezeichnung weiter begeben, so ist der Vormann desselben von der unterbliebenen Zahlung zu benachrichtigen.

Art. 48 (Schw. 766). Jeder Wechselschuldner hat das Recht, gegen Erstattung der Wechselsumme nebst Zinsen und Kosten die Auslieferung des quittirten Wechsels und des wegen Nichtzahlung erhobenen Protestes von dem Inhaber zu fordern.

Art. 49 (Schw. 767). Der Inhaber eines Mangels Zahlung protestirten Wechsels kann die Wechselklage gegen alle Wechselverpflichtete oder auch nur gegen Einige oder Einen derselben anstellen, ohne dadurch seinen Anspruch gegen die nicht in Anspruch genommenen Verpflichteten zu verlieren. Derselbe ist an die Reihenfolge der Indossamente nicht gebunden.

Art. 50 (Schw. 768). Die Regressansprüche des Inhabers, welcher den Wechsel Mangels Zahlung hat protestiren lassen, beschränken sich auf

1) die nicht bezahlte Wechselsumme nebst sechs Prozent jährlicher Zinsen vom Verfalltage ab,
2) die Protestkosten und anderen Auslagen,
3) eine Provision von ein Drittel Prozent.

Die vorstehenden Beträge müssen, wenn der Regresspflichtige an einem anderen Orte als dem Zahlungsorte wohnt, zu demjenigen Kurse gezahlt werden, welchen ein vom Zahlungsorte auf den Wohnort des Regresspflichtigen gezogener Wechsel auf Sicht hat. Besteht am Zahlungsorte kein Kurs auf jenen Wohnort, so wird der Kurs nach demjenigen Platze genommen, welcher dem Wohnorte des Regresspflichtigen am nächsten liegt. Der Kurs ist auf Verlangen des Regresspflichtigen durch einen unter öffentlicher Autorität ausgestellten Kurszettel oder durch das Attest eines vereideten Mäklers oder, in Ermangelung derselben, durch ein Attest zweier Kaufleute zu bescheinigen.

Art. 51 (Schw. 769). Der Indossant, welcher den Wechsel eingelöst oder als Rimesse erhalten hat, ist von einem früheren Indossanten oder von dem Aussteller zu fordern berechtigt:

1) die von ihm gezahlte oder durch Rimesse berichtigte Summe nebst sechs Prozent jährlicher Zinsen vom Tage der Zahlung,
2) die ihm entstandenen Kosten,
3) eine Provision von ein Drittel Prozent [1]).

Die vorstehenden Beträge müssen, wenn der Regresspflichtige an einem anderen Orte als der Regressnehmer wohnt, zu demjenigen Kurse gezahlt werden, welchen ein vom Wohnorte des Regressnehmers auf den Wohnort des Regresspflichtigen gezogener Wechsel auf Sicht hat. Besteht im Wohnorte des Regressnehmers kein Kurs auf den Wohnort des Regresspflichtigen, so wird der Kurs nach demjenigen Platze genommen, welcher dem Wohnorte des Regresspflichtigen am nächsten liegt. Wegen der Bescheinigung des Kurses kommt die Bestimmung des Art. 50 zur Anwendung.

Art. 52 (Schw. 770). Durch die Bestimmungen der Art. 50 und 51 Nr. 1 und 3 wird bei einem Regresse auf einen ausländischen Ort die Berechnung höherer, dort zulässiger Sätze nicht ausgeschlossen.

Art. 53 (Schw. 771). Der Regressnehmer kann über den Betrag seiner Forderung einen Rückwechsel auf den Regresspflichtigen ziehen. Der Forderung treten in diesem Falle noch die Mäklergebühren für Negozirung des Rückwechsels, sowie die etwaigen Stempelgebühren, hinzu. Der Rückwechsel muss auf Sicht zahlbar und unmittelbar (a drittura) gestellt werden.

Art. 54 (Schw. 772). Der Regresspflichtige ist nur gegen Auslieferung des Wechsels, des Protestes und einer quittirten Retourrechnung Zahlung zu leisten verbunden [2]).

Art. 55 (Schw. 773). Jeder Indossant, der einen seiner Nachmänner befriedigt hat, kann sein eigenes und seiner Nachmänner Indossament ausstreichen.

IX. Intervention.

1. Ehrenannahme.

Art. 56 (Schw. 774). Befindet sich auf einem Mangels Annahme protestirten Wechsel eine auf den Zahlungsort lautende Nothadresse [3]), so muss, ehe Sicherstellung verlangt werden kann, die Annahme von der Nothadresse gefordert werden. Unter mehreren Nothadressen gebührt derjenigen der Vorzug, durch deren Zahlung die meisten Verpflichteten befreit werden.

Art. 57 (Schw. 775). Die Ehrenannahme von Seiten einer nicht auf dem Wechsel als Nothadresse benannten Person braucht der Inhaber nicht zuzulassen.

Art. 58 (Schw. 776). Der Ehrenakzeptant muss sich den Protest Mangels Annahme gegen Erstattung der Kosten aushändigen und in einem Anhange zu demselben die Ehrenannahme bemerken lassen. Er muss den Honoraten unter Uebersendung des Protestes von der geschehenen Intervention benachrichtigen und diese Benachrichtigung mit dem Proteste innerhalb zweier Tage nach dem Tage der Protesterhebung

---

[1]) Schw. „Zwei pro mille".

[2]) Schw. fügt hinzu: „der Wechsel darf keine Veränderung enthalten, welche den weiteren Rückgriff des Regresspflichtigen beeinträchtigen könnte".

[3]) Hamburg und Altona gelten in Betreff der Nothadressen und Ehrenakzepte nur als e i n Ort. Vgl. §. 7 u. §. 10 der oben (Anm. zu Art. 24) angeführten Einführungsgesetze.

zur Post geben. Unterlässt er dies, so haftet er für den durch die Unterlassung entstehenden Schaden.

Art. 59 (Schw. 777). Wenn der Ehrenakzeptant unterlassen hat, in seinem Akzepte zu bemerken, zu wessen Ehren die Annahme geschieht, so wird der Aussteller als Honorat angesehen.

Art. 60 (Schw. 778). Der Ehrenakzeptant wird den sämmtlichen Nachmännern des Honoraten durch die Annahme wechselmässig verpflichtet. Diese Verpflichtung erlischt, wenn dem Ehrenakzeptanten der Wechsel nicht spätestens am zweiten Werktage nach dem Zahlungstage zur Zahlung vorgelegt wird[1]).

Art. 61 (Schw. 779). Wenn der Wechsel von einer Nothadresse oder einem andern Intervenienten zu Ehren angenommen wird, so haben der Inhaber und die Nachmänner des Honoraten keinen Regress auf Sicherstellung. Derselbe kann aber von dem Honoraten und dessen Vormännern geltend gemacht werden.

2. Ehrenzahlung.

Art. 62 (Schw. 780). Befinden sich auf dem von dem Bezogenen nicht eingelösten Wechsel oder der Kopie Nothadressen oder ein Ehrenakzept, welche auf den Zahlungsort lauten[2]), so muss der Inhaber den Wechsel spätestens am zweiten Werktage nach dem Zahlungstage den sämmtlichen Nothadressen und dem Ehrenakzeptanten zur Zahlung vorlegen, und den Erfolg im Proteste Mangels Zahlung oder in einem Anhange zu demselben bemerken lassen. Unterlässt er dies, so verliert er den Regress gegen den Adressanten oder Honoraten und deren Nachmänner. Weist der Inhaber die von einem andern Intervenienten angebotene Ehrenzahlung zurück, so verliert er den Regress gegen die Nachmänner des Honoraten[3]).

Art. 63 (Schw. 781). Dem Ehrenzahler muss der Wechsel und der Protest Mangels Zahlung gegen Erstattung der Kosten ausgehändigt werden. Er[4]) tritt durch die Ehrenzahlung in die Rechte des Inhabers (Art. 50 und 52) gegen den Honoraten, dessen Vormänner und den Akzeptanten.

Art. 64 (Schw. 782). Unter Mehreren, welche sich zur Ehrenzahlung erbieten, gebührt Demjenigen der Vorzug, durch dessen Zahlung die meisten Wechselverpflichteten befreit werden. Ein Intervenient, welcher zahlt, obgleich aus dem Wechsel oder Proteste ersichtlich ist, dass ein Anderer, dem er hiernach nachstehen müsste, den Wechsel einzulösen bereit war, hat keinen Regress gegen diejenigen Indossanten, welche durch Leistung der von dem Andern angebotenen Zahlung befreit worden wären.

Art. 65 (fehlt Schw.). Der Ehrenakzeptant, welcher nicht zur Zahlungsleistung gelangt, weil der Bezogene oder ein anderer Intervenient bezahlt hat, ist berechtigt, von dem Zahlenden eine Provision von $^1/_3$ Prozent zu verlangen.

---

[1]) Schw. fährt fort: „Die rechtzeitige Vorlegung kann nur durch Protest festgestellt werden".

[2]) Siehe S. 176 Anm 3.

[3]) Vgl. Anm. zu Art. 41.

[4]) Statt des Folgenden bestimmt Schw.: „Er muss den Honoraten unter Uebersendung des Protestes von der geschehenen Ehrenzahlung benachrichtigen und diese Benachrichtigung mit dem Proteste binnen zwei Tagen nach dem Tage der Protesterhebung zur Post geben. Unterlässt er dieses, so haftet er für den durch die Unterlassung entstehenden Schaden. Der Ehrenzahler tritt" u. s. w. (wie oben im Text).

X. Vervielfältigung eines Wechsels.

1. Wechselduplikate.

Art. 66 (Schw. 783). Der Aussteller eines gezogenen Wechsels ist verpflichtet, dem Remittenten auf Verlangen mehrere gleichlautende Exemplare des Wechsels zu überliefern. Dieselben müssen im Kontexte als Prima, Sekunda, Tertia u. s. w. bezeichnet sein, widrigenfalls jedes Exemplar als ein für sich bestehender Wechsel (Sola-Wechsel) erachtet wird. Auch ein Indossatar kann ein Duplikat des Wechsels verlangen. Er muss sich dieserhalb an seinen unmittelbaren Vormann wenden, welcher wieder an seinen Vormann zurückgehen muss, bis die Anforderung an den Aussteller gelangt. Jeder Indossatar kann von seinem Vormanne verlangen, dass die früheren Indossamente auf dem Duplikate wiederholt werden.

Art. 67 (Schw. 784). Ist von mehreren ausgefertigten Exemplaren das eine bezahlt, so verlieren dadurch die andern ihre Kraft. Jedoch bleiben aus den übrigen Exemplaren verhaftet:

1) der Indossant, welcher mehrere Exemplare desselben Wechsels an verschiedene Personen indossirt hat, und alle späteren Indossanten, deren Unterschriften sich auf den, bei der Zahlung nicht zurückgegebenen Exemplaren befinden, aus ihren Indossamenten;
2) der Akzeptant, welcher mehrere Exemplare desselben Wechsels akzeptirt hat, aus den Akzepten auf den bei der Zahlung nicht zurückgegebenen Exemplaren.

Art. 68 (Schw. 785). Wer eines von mehreren Exemplaren eines Wechsels zur Annahme versandt hat, muss auf den übrigen Exemplaren bemerken, bei wem das von ihm zur Annahme versandte Exemplar anzutreffen ist. Das Unterlassen dieser Bemerkung entzieht jedoch dem Wechsel nicht die Wechselkraft. Der Verwahrer des zum Akzepte versandten Exemplars ist verpflichtet, dasselbe demjenigen auszuliefern, der sich als Indossatar (Art. 36) oder auf andere Weise zur Empfangnahme legitimirt.

Art. 69 (Schw. 786). Der Inhaber eines Duplikats, auf welchem angegeben ist, bei wem das zum Akzepte versandte Exemplar sich befindet, kann Mangels Annahme desselben den Regress auf Sicherstellung und Mangels Zahlung den Regress auf Zahlung nicht eher nehmen, als bis er durch Protest hat feststellen lassen:

1) dass das zum Akzepte versandte Exemplar ihm vom Verwahrer nicht verabfolgt worden ist, und
2) dass auch auf das Duplikat die Annahme oder die Zahlung nicht zu erlangen gewesen.

2. Wechselkopien.

Art. 70 (Schw. 787). Wechselkopien müssen eine Abschrift des Wechsels und der darauf befindlichen Indossamente und Vermerke enthalten und mit der Erklärung: „bis hierher Abschrift (Kopie)“ oder mit einer ähnlichen Bezeichnung versehen sein. In der Kopie ist zu bemerken, bei wem das zur Annahme versandte [1]) Original des Wechsels anzutreffen ist. Das Unterlassen dieses Vermerkes entzieht jedoch der indossirten Kopie nicht ihre wechselmässige Kraft.

Art. 71 (Schw. 788). Jedes auf einer Kopie befindliche Original-Indossament verpflichtet den Indossanten eben so, als wenn es auf einem Originalwechsel stünde.

---

[1]) Schw. fügt ein: „oder in Verwahrung gegebene“.

Art. 72 (Schw. 789). Der Verwahrer des Originalwechsels ist verpflichtet, denselben dem Besitzer einer mit einem oder mehreren Original-Indossamenten versehenen Kopie auszuliefern, sofern sich derselbe als Indossatar oder auf andere Weise zur Empfangnahme legitimirt. Wird der Originalwechsel vom Verwahrer nicht ausgeliefert, so ist der Inhaber der Wechselkopie nur nach Aufnahme des im Art. 69, Nr. 1 erwähnten Protestes Regress auf Sicherstellung und nach Eintritt des in der Kopie angegebenen Verfalltages Regress auf Zahlung gegen diejenigen Indossanten zu nehmen berechtigt, deren Original-Indossamente auf der Kopie befindlich sind.

XI. Abhanden gekommene Wechsel.

Art. 73 (fehlt Schw.). Der Eigenthümer eines abhanden gekommenen Wechsels kann die Amortisation des Wechsels bei dem Gerichte des Zahlungsortes beantragen[1]. Nach Einleitung des Amortisationsverfahrens kann derselbe[2] vom Akzeptanten Zahlung fordern, wenn er bis zur Amortisation des Wechsels Sicherheit bestellt. Ohne eine solche Sicherheitsstellung ist er nur die Deposition der aus dem Akzepte schuldigen Summe bei Gericht oder[3] bei einer andern zur Annahme von Depositen ermächtigten Behörde oder Anstalt zu fordern berechtigt.

Art. 74 (Schw. 790). Der nach den Bestimmungen des Art. 36 legitimirte Besitzer eines Wechsels kann nur dann zur Herausgabe desselben[4] angehalten werden, wenn er den Wechsel in bösem Glauben erworben hat oder ihm bei der Erwerbung des Wechsels eine grobe Fahrlässigkeit zur Last fällt[5].

XII. Falsche Wechsel[6].

Art. 75. Auch wenn die Unterschrift des Ausstellers eines Wechsels falsch oder verfälscht ist, behalten dennoch das ächte Akzept und die ächten Indossamente die wechselmässige Wirkung.

Art. 76. Aus einem, mit einem falschen oder verfälschten Akzepte oder Indossamente versehenen Wechsel bleiben sämmtliche Indossanten und der Aussteller, deren Unterschriften ächt sind, wechselmässig verpflichtet.

---

[1] Oesterr. WO. schiebt hier ein: „Das Gericht, bei welchem ein Gesuch um Amortisation eines Wechsels überreicht worden ist, hat hierüber ein Edict mit der Aufforderung an den Inhaber des Wechsels, denselben dem Gerichte vorzulegen, zu erlassen, darin die Frist auf fünfundvierzig Tage zu bestimmen, und den Anfang derselben, wenn der Wechsel noch nicht fällig ist, auf den ersten Tag nach der Verfallzeit des Wechsels festzusetzen." Für das deutsche Reich vgl. Civ.-Pr.-O. §§. 837 ff.

[2] Oesterr. WO: „kann der Eigenthümer."

[3] Oesterr. WO fehlt „oder — — — Anstalt."

[4] Schw.: „des Wechsels, beziehungsweise des Betrages, welchen er durch Einkassirung oder Weiterbegebung empfangen hat."

[5] Schw. 791 bestimmt, dass der Verlierer des Wechsels ein gerichtliches Zahlungsverbot für den Bezogenen (mit der Ermächtigung zur Hinterlegung der Wechselsumme am Verfalltage) auswirken kann, dessen Dauer nach 792 von der rechtzeitigen Anstellung der Klage gegen den bekannten Inhaber auf Herausgabe des Wechsels, beziehentlich von dem Verlaufe des Amortisationsverfahrens (793—800), wenn Inhaber unbekannt, abhängig ist. Die Frist für die Anmeldung des unbekannten Inhabers beträgt mindestens 3 Monate, höchstens ein Jahr (796).

[6] Statt der beiden folgenden Artikel bestimmt Schw. 801: „Falsche oder gefälschte Unterschriften auf einem Wechsel sind ohne Einfluss auf die Wechselkraft der darauf befindlichen ächten Unterschriften." 802: „Ist der Inhalt eines Wechsels (Summe, Verfallzeit u. s. w.) nach der Ausstellung und Begebung verändert worden, so haften alle Diejenigen, welche den Wechsel erst nach der Veränderung als Wechselschuldner (Indossanten, Acceptanten, Ehrenacceptanten, Mitzeichner) gezeichnet haben, in Gemässheit des veränderten Inhaltes wechselmässig. Ist nicht erweislich, ob die Zeichnung vor oder nach der Veränderung stattgefunden habe, so wird angenommen, dass sie schon vor derselben erfolgt sei."

XIII. Wechselverjährung.

Art. 77 (Schw. 803). Der wechselmässige Anspruch gegen den Akzeptanten verjährt in drei Jahren vom Verfalltage des Wechsels an gerechnet[1]).

Art. 78 (Schw. 804). Die Regressansprüche des Inhabers (Art. 50) gegen den Aussteller und die übrigen Vormänner verjähren[2]):

1) in drei Monaten, wenn der Wechsel in Europa, mit Ausnahme von Island und den Faröern, zahlbar war;
2) in 6 Monaten, wenn der Wechsel in den Küstenländern von Asien und Afrika längs des Mittelländischen und Schwarzen Meeres, oder in den dazu gehörigen Inseln dieser Meere zahlbar war;
3) in 18 Monaten, wenn der Wechsel in einem anderen aussereuropäischen Lande oder in Island oder den Faröern zahlbar war.

Die Verjährung beginnt gegen den Inhaber mit dem Tage des erhobenen Protestes.

Art. 79 (Schw. 805). Die Regressansprüche des Indossanten (Art. 51) gegen den Aussteller und die übrigen Vormänner verjähren[3]):

1) in 3 Monaten, wenn der Regressnehmer in Europa, mit Ausnahme von Island und den Faröern, wohnt;
2) in 6 Monaten, wenn der Regressnehmer in den Küstenländern von Asien und Afrika längs des Mittelländischen und Schwarzen Meeres, oder in den dazu gehörigen Inseln dieser Meere wohnt;
3) in 18 Monaten, wenn der Regressnehmer in einem anderen aussereuropäischen Lande oder in Island oder den Faröern wohnt.

Gegen den Indossanten läuft die Frist, wenn er, ehe eine Wechselklage gegen ihn angestellt worden, gezahlt hat, vom Tage der Zahlung, in allen übrigen Fällen aber vom Tage der ihm geschehenen Behändigung der Klage oder Ladung.

Art. 80 (Schw. 806). Die Verjährung (Art. 77—79) wird nur durch Behändigung der Klage[4]) unterbrochen, und nur in Beziehung auf denjenigen, gegen welchen die Klage gerichtet ist. Jedoch vertritt in dieser Hinsicht die von dem Verklagten geschehene Streitverkündigung die Stelle der Klage[5]).

XIV. Klagerecht des Wechselgläubigers[6]).

Art. 81 (Schw. 808). Die wechselmässige Verpflichtung trifft den Aussteller, Akzeptanten und Indossanten des Wechsels, sowie einen Jeden, welcher den Wechsel, die Wechselkopie, das Akzept oder das Indossament mitunterzeichnet hat, selbst dann, wenn er sich dabei nur als Bürge (per aval) benannt hat. Die Verpflichtung dieser Personen erstreckt sich auf Alles, was der Wechselinhaber wegen Nichterfüllung der Wechselverbindlichkeit zu fordern hat. Der Wechselinhaber kann sich wegen seiner ganzen Forderung an den Einzelnen halten; es steht

---

[1]) Schw. fährt fort: „Ist der Wechsel prolongirt worden, so wird die Verjährungsfrist von dem Tage der abgelaufenen Prolongation an berechnet."

[2]) Schw.: „1) in einem Monate, wenn der Wechsel in der Schweiz zahlbar war." Nr. 1 und 2 der DWO sind in Schw. zu Nr. 2 verbunden, und zwar mit der einheitlichen Frist von drei Monaten. In Nr. 3 hat Schw. statt 18 nur 12 Monate.

[3]) Schw. hat hier die entsprechenden Abweichungen wie in dem vorhergehenden Artikel (s. die vorige Anm.).

[4]) Schw.: „durch Anhebung der Betreibung oder der Klage oder durch Eingabe im Konkurs".

[5]) Weitere Unterbrechungsgründe sind eingeführt durch Civ.-Pr.-O. EG §. 13. und Konk.-O. EG §. 3. Schw. 807 fügt folgende Bestimmung hinzu: „Mit der Unterbrechung der Wechselverjährung beginnt eine neue dreijährige Verjährung".

[6]) Vgl. Civ.-Pr.-O. §§. 565—567.

in seiner Wahl, welchen Wechselverpflichteten er zuerst in Anspruch nehmen will[1]).

Art. 82 (Schw. 811). Der Wechselschuldner kann sich nur solcher Einreden bedienen, welche aus dem Wechselrecht selbst hervorgehen oder ihm unmittelbar gegen den jedesmaligen Kläger zustehen[2]).

Art. 83[3]). Ist die wechselmässige Verbindlichkeit des Ausstellers oder des Akzeptanten durch Verjährung oder dadurch, dass die zur Erhaltung des Wechselrechts gesetzlich vorgeschriebenen Handlungen verabsäumt sind, erloschen, so bleiben dieselben dem Inhaber des Wechsels nur soweit, als sie sich mit dessen Schaden bereichern würden, verpflichtet. Gegen die Indossanten, deren wechselmässige Verbindlichkeit erloschen ist, findet ein solcher Anspruch nicht statt.

XV. Ausländische Gesetzgebung.

Art. 84 (Schw. 822). Die Fähigkeit eines Ausländers, wechselmässige Verpflichtungen zu übernehmen, wird nach den Gesetzen des Staates beurtheilt, welchem derselbe angehört. Jedoch wird ein nach den Gesetzen seines Vaterlandes nicht wechselfähiger Ausländer durch Uebernahme von Wechselverbindlichkeiten im Inlande verpflichtet, insofern er nach den Gesetzen des Inlandes wechselfähig ist[4]).

Art. 85 (Schw. 823). Die wesentlichen Erfordernisse eines im Auslande ausgestellten Wechsels, sowie jeder anderen im Auslande ausgestellten Wechselerklärung, werden nach den Gesetzen des Ortes beurtheilt, an welchem die Erklärung erfolgt ist. Entsprechen jedoch die im Auslande geschehenen Wechselerklärungen den Anforderungen des inländischen Gesetzes, so kann daraus, dass sie nach ausländischen Gesetzen mangelhaft sind, kein Einwand gegen die Rechtsverbindlichkeit der später im Inlande auf den Wechsel gesetzten Erklärungen entnommen werden. Ebenso haben Wechselerklärungen, wodurch sich ein Inländer einem anderen Inländer im Auslande verpflichtet, Wechselkraft, wenn sie auch nur den Anforderungen der inländischen Gesetzgebung entsprechen.

---

[1]) Schw. 809 verweist wegen des Regresses des Wechselbürgen gegen den Hauptschuldner auf die Bestimmungen über Bürgschaft. 810 enthält Bestimmungen für den Fall des Konkurses eines Regresspflichtigen.

[2]) Vgl. Oesterr. Minist.-VO v. 6. Okt. 1853 (RGB Nr. 200): „Die Einwendung, dass zur Zeit, als die Acceptation oder eine andere verbindliche Erklärung (Indossament, Aval) auf den Wechsel gesetzt wurde die Unterschrift des Ausstellers, oder eines der übrigen im Art. 4 aufgezählten wesentlichen Erfordernisse eines Wechsels noch gemangelt hat und erst später ausgefüllt worden sei, findet gegen einen dritten redlichen Inhaber des Wechsels in keinem Falle; gegen diejenigen aber, welche an der nachträglichen Ausfüllung Theil genommen haben, nur dann statt, wenn erwiesen wird, dass mit der noch unausgefüllten Urkunde durch eine unbefugte oder der getroffenen Verabredung zuwider laufende Ausfüllung ein rechtswidriger Gebrauch gemacht worden ist."

[3]) Schw. schiebt hier ein, 812: „Bei allen nach Art. 811 zulässigen Einreden soll der Richter, wenn ihm die vorgebrachten Thatsachen unglaubhaft erscheinen, sofortige vorläufige Exekution, nöthigenfalls unter Kautionsauflage, verfügen." Die Bestimmung des Art. 812 findet nur auf Personen Anwendung, die in das Handelsregister eingetragen sind. Vgl. Art. 720 Abs. 2. Statt DWO 83 heisst es Schw. 813: „Durch Verjährung oder durch Nichtbeobachtung einer zur Erhaltung des Wechselrechtes vorgeschriebenen Frist oder Formalität erlöschen die wechselrechtlichen Verbindlichkeiten aus dem Wechsel selbst dann, wenn die Verjährung oder Versäumniss durch höhere Gewalt oder sonst ohne eigenes Verschulden des Wechselgläubigers herbeigeführt worden ist. Der Acceptant und der Aussteller bleiben jedoch auch nach ihrer Befreiung durch Verjährung oder Versäumniss dem Wechseleigenthümer im gewöhnlichen Prozesse insoweit verpflichtet, als sie sich mit dessen Schaden bereichern würden. Auch gegen den Trassaten, den Domiziliaten oder Denjenigen, für dessen Rechnung der Aussteller den Wechsel gezogen hat, ist ein solcher Anspruch auf Herausgabe der Bereicherung zulässig."

[4]) Schw. fügt hinzu: „Für die Wechselfähigkeit von Schweizern, seien sie im Inlande oder Auslande wohnhaft, gelten die Bestimmungen dieses Gesetzes."

Art. 86 (Schw. 824). Ueber die Form der mit einem Wechsel an einem ausländischen Platze zur Ausübung oder Erhaltung des Wechselrechts vorzunehmenden Handlungen entscheidet das dort geltende Recht.

XVI. Protest.

Art. 87 (Schw. 814). Jeder Protest muss durch einen Notar oder einen Gerichtsbeamten [1]) aufgenommen werden. Der Zuziehung von Zeugen oder eines Protokollführers bedarf es dabei nicht [2]).

Art. 88 (Schw. 815). Der Protest muss enthalten:

1) eine wörtliche Abschrift des Wechsels oder der Kopie und aller darauf befindlichen Indossamente und Bemerkungen;
2) den Namen oder die Firma der Personen, für welche und gegen welche der Protest erhoben wird;
3) das an die Person, gegen welche protestirt wird, gestellte Begehren, ihre Antwort oder die Bemerkung, dass sie keine gegeben habe oder nicht anzutreffen gewesen sei;
4) die Angabe des Ortes, sowie des Kalendertages, Monats und Jahres, an welchem die Aufforderung (Nr. 3) geschehen, oder ohne Erfolg versucht worden ist;
5) im Falle einer Ehrenannahme oder einer Ehrenzahlung die Erwähnung, von wem, für wen und wie sie angeboten und geleistet wird;
6) die Unterschrift des Notars oder des Gerichtsbeamten, welcher den Protest aufgenommen hat, mit Beifügung des Amtssiegels [3]).

Art. 89 (Schw. 816). Muss eine wechselrechtliche Leistung von mehreren Personen verlangt werden, so ist über die mehrfache Aufforderung nur eine Protesturkunde erforderlich.

Art. 90 (Schw. 817). Die Notare und Gerichtsbeamten sind schuldig, die von ihnen aufgenommenen Proteste nach deren ganzen Inhalte Tag für Tag und nach Ordnung des Datums in ein besonderes Register einzutragen, das von Blatt zu Blatt mit fortlaufenden Zahlen versehen ist.

XVII. Ort und Zeit für die Präsentation und andere im Wechsel-Verkehre vorkommende Handlungen.

Art. 91 (Schw. 818). Die Präsentation zur Annahme oder Zahlung, die Protesterhebung, die Abforderung eines Wechselduplikats, sowie alle sonstigen, bei einer bestimmten Person vorzunehmenden Akte müssen in deren Geschäftslokal, und in Ermangelung eines solchen, in deren Wohnung vorgenommen werden. An einem anderen Orte, z. B. an der Börse, kann dies nur mit beiderseitigem Einverständnisse geschehen. Dass das Geschäftslokal oder die Wohnung nicht zu ermitteln sei, ist erst dann als festgestellt anzunehmen, wenn auch eine dieserhalb bei der Polizeibehörde des Orts geschehene Nachfrage des Notars oder des Gerichtsbeamten [4]) fruchtlos geblieben ist, welches im Proteste bemerkt werden muss.

Art. 92 (Schw. 819). Verfällt der Wechsel an einem Sonntage oder allgemeinen Feiertage, so ist der nächste Werktag der Zahlungstag.

---

[1]) Schw. dafür: „oder eine andere obrigkeitlich dazu ermächtigte Person."

[2]) Unter Reichsangehörigen im Auslande können Proteste auch von den Reichskonsuln aufgenommen werden. Vgl. RG betr. die Organisation der Bundeskonsulate. v. 8. Nov. 1867, §. 16 (BGB 140). Ueber die Mitwirkung der Post bei Wechselprotesten vgl. Friedberg. Formelbuch für Handels-, Wechsel- und Seerecht (1890). S. 165 und S. 185 f. Weltpostvereins-Uebereinkommen v. 21. März 1885 Art. 2 (RGB 1886, S. 115).

[3]) Schw. statt dieses Absatzes: „6) die Unterschrift Desjenigen. welcher den Protest verfasst hat."

[4]) Schw.: „Nachfrage der Person. welche den Protest verfasst."

Auch die Herausgabe eines Wechselduplikats, die Erklärung über die Annahme, sowie jede andere Handlung, können nur an einem Werktage gefordert werden. Fällt der Zeitpunkt, in welchem die Vornahme einer der vorstehenden Handlungen spätestens gefordert werden musste, auf einen Sonntag oder allgemeinen Feiertag, so muss diese Handlung am nächsten Werktage gefordert werden. Dieselbe Bestimmung findet auch auf die Protesterhebung Anwendung.

Art. 93 (fehlt Schw.). Bestehen an einem Wechselplatze allgemeine Zahltage (Kassirtage), so braucht die Zahlung eines zwischen den Zahltagen fällig gewordenen Wechsels erst am nächsten Zahltage geleistet zu werden, sofern nicht der Wechsel auf Sicht lautet. Die im Art. 41 für die Aufnahme des Protestes Mangels Zahlung bestimmte Frist darf jedoch nicht überschritten werden.

XVIII. Mangelhafte Unterschriften.

Art. 94 (Schw. 820). Wechselerklärungen, welche statt des Namens mit Kreuzen oder anderen Zeichen vollzogen sind, haben [1]) nur dann, wenn diese Zeichen gerichtlich oder notariell beglaubigt worden, Wechselkraft.

Art. 95 [2]) (Schw. 821). Wer eine Wechselerklärung als Bevollmächtigter eines Anderen unterzeichnet, ohne dazu Vollmacht zu haben, haftet persönlich in gleicher Weise, wie der angebliche Machtgeber gehaftet haben würde, wenn die Vollmacht ertheilt gewesen wäre. Dasselbe gilt von Vormündern und anderen Vertretern, welche mit Ueberschreitung ihrer Befugnisse Wechselerklärungen ausstellen.

Dritter Abschnitt.

Von eigenen Wechseln.

Art. 96 (Schw. 825). Die wesentlichen Erfordernisse eines eigenen (trockenen) Wechsels sind:

1) die in den Wechsel selbst aufzunehmende Bezeichnung als Wechsel, oder, wenn der Wechsel in einer fremden Sprache ausgestellt ist, ein jener Bezeichnung entsprechender Ausdruck in der fremden Sprache [3]);
2) die Angabe der zu zahlenden Geldsumme [4]);
3) der Name der Person oder die Firma, an welche oder an deren Order der Aussteller Zahlung leisten will;
4) die Bestimmung der Zeit, zu welcher gezahlt werden soll (Art. 4, Nr. 4);
5) die Unterschrift des Ausstellers mit seinem Namen oder seiner Firma;
6) die Angabe des Ortes, Monatstages und Jahres der Ausstellung.

Art. 97 (Schw. 826). Der Ort der Ausstellung gilt für den eigenen Wechsel, in sofern nicht ein besonderer Zahlungsort angegeben ist, als Zahlungsort und zugleich als Wohnort des Ausstellers [5]).

Art. 98 (Schw. 827). Nachstehende, in diesem Gesetze für gezogene Wechsel gegebene Vorschriften gelten auch für eigene Wechsel.

1) die Art. 5 und 7 über die Form des Wechsels;

---

[1]) Statt des Folgenden Schw.: „selbst dann, wenn diese Zeichen amtlich oder notarialisch beglaubigt worden, keine Wechselkraft."

[2]) Vgl. Oesterr. Ges. v. 19. Juni 1872 (RGB Nr. 88): „Ansprüche aus Wechselerklärungen, welche nicht von ihrem Aussteller selbst unterzeichnet, sondern mit dessen Namen von einem anderen unterschrieben sind, eignen sich zur Geltendmachung im Wechselverfahren nur dann, wenn der letztere auch seine eigene Unterschrift mit einem auf Bevollmächtigung hinweisenden Zusatze beigefügt hat, und wenn ausserdem die von dem Machtgeber unterschriebene, oder mit dessen gerichtlich oder notariell beglaubigten Handzeichen versehene Vollmacht beigebracht wird. Die gesetzlichen Bestimmungen über die Zeichnung der Firma eines Kaufmanns werden durch diese Anordnung nicht berührt."

[3]) Vgl. oben S. 167 Anm. 4.

[4]) Vgl. oben S. 167 Anm. 5.

[5]) Vgl. Anm. zu Art 24.

2) die Art. 9—17 über das Indossament;
3) die Art. 19 und 20 über die Präsentation der Wechsel auf eine Zeit nach Sicht mit der Maassgabe[1]), dass die Präsentation dem Aussteller geschehen muss;
4) der Art. 29 über den Sicherheitsregress[2]) mit der Maassgabe, dass derselbe im Falle der Unsicherheit des Ausstellers stattfindet[3]);
5) die Art. 30—40 über die Zahlung und die Befugniss zur Deposition des fälligen Wechselbetrages mit der Maassgabe, dass letztere durch den Aussteller geschehen kann[4]);
6) die Art. 41 und 42, sowie die Art. 45—55 über den Regress Mangels Zahlung gegen die Indossanten[2]);
7) die Art. 62—65 über die Ehrenzahlung[5]);
8) die Art. 70—72 über die Kopien;
9) die Art. 73—76 über abhanden gekommene und falsche Wechsel mit der Maassgabe, dass im Falle des Art. 73 die Zahlung durch den Aussteller erfolgen muss;
10) die Art. 78—96 über die allgemeinen Grundsätze der Wechselverjährung, die Verjährung der Regressansprüche gegen die Indossanten, das Klagerecht des Wechselgläubigers, die ausländischen Wechselgesetze, den Protest, den Ort und die Zeit für die Präsentation und andere im Wechselverkehre vorkommende Handlungen, sowie über mangelhafte Unterschriften[6]).

Art. 99 (Schw. 828). Eigene domizilirte Wechsel sind dem Domiziliaten oder, wenn ein solcher nicht benannt ist, dem Aussteller selbst an demjenigen Orte, wohin der Wechsel domizilirt ist, zur Zahlung zu präsentiren und, wenn die Zahlung unterbleibt, dort zu protestiren. Wird die rechtzeitige Protesterhebung beim Domiziliaten verabsäumt, so geht dadurch der wechselmässige Anspruch gegen den Aussteller und die Indossanten verloren.

Bei nicht domizilirten eigenen Wechseln bedarf es zur Erhaltung des Wechselrechts gegen den Aussteller weder der Präsentation am Zahlungstage, noch der Erhebung eines Protestes[7]).

Art. 100 (Schw. 829). Der wechselmässige Anspruch gegen den Aussteller eines eigenen Wechsels verjährt in drei Jahren, vom Verfalltage des Wechsels an gerechnet[8]).

---

[1]) Statt des Folgenden Schw.: „dass der Wechsel dem Aussteller zur Beurkundung des Datums der Vorzeigung (Sicht) zu präsentiren ist und dass durch Versäumniss der Präsentationsfrist nicht der Aussteller, sondern nur die Indossanten befreit werden."

[2]) Vgl. Anm. zu Art. 41.

[3]) Schw. beschränkt die persönliche Kautionspflicht des Ausstellers auf den Fall erfolgloser Exekution gegen denselben.

[4]) Schw. fährt fort „und dass im Falle der Versäumniss der im Art. 750 erwähnten Präsentationsfrist nur die Indossanten befreit werden, der Aussteller selbst dagegen noch während der vom Ablaufe der Präsentationsfrist an zu berechnenden Verjährungszeit behaftet bleibt."

[5]) Dafür Schw.: „8) die Art. 774 Abs. 2, 775 und 778—782 über Ehrenannahme und Ehrenzahlung mit der Massgabe, dass der Inhaber die Ehrenannahme eines Nothadressaten nur im Falle der Unsicherheit des Ausstellers anzunehmen braucht und dass in Ermangelung einer Benennung des Honoraten bei der Ehrenacceptation eines indossirten Eigenwechsels der erste Indossant als Honorat anzusehen ist." Vgl. Anm. zu Art. 41.

[6]) Schw. fügt hinzu: „12) der Art. 813 mit der Massgabe, dass bei indossirten Eigenwechseln nicht bloss der Aussteller, sondern auch der erste Indossant im gewöhnlichen Prozesse dem Wechselinhaber insoweit verbindlich bleibt, als er sich mit dessen Schaden bereichern würde."

[7]) Novelle 8. In Oesterreich Novelle 5. Vgl. Anm. zu Art. 24.

[8]) Schw. fügt hinzu: „Ist der Wechsel prolongirt worden, so wird die Verjährungsfrist vom Tage der abgelaufenen Prolongation an berechnet."

1. Gesetz, betreffend die Löschung nicht mehr bestehender Firmen und Prokuren im Handelsregister.

Vom 30. März 1888 (RGB 129).

---

§. 1. Kann im Falle des Erlöschens einer in das Handelsregister eingetragenen Firma die Anmeldung dieser Thatsache durch die hierzu Verpflichteten nicht in Gemässheit des Art. 26 des Handelsgesetzbuchs herbeigeführt werden, so hat das Gericht das Erlöschen der Firma von Amtswegen in das Handelsregister einzutragen.

§. 2. Vor der Eintragung sind der eingetragene Inhaber der Firma oder die Rechtsnachfolger desselben aufzufordern, einen etwaigen Widerspruch gegen die Eintragung bis zum Ablauf einer nicht unter drei Monaten zu bestimmenden Frist schriftlich oder zum Protokoll des Gerichtsschreibers geltend zu machen.

Sind die bezeichneten Personen oder der Aufenthalt derselben nicht bekannt, so erfolgt die Aufforderung durch einmalige Bekanntmachung in den für die Veröffentlichungen aus dem Handelsregister bestimmten öffentlichen Blättern (Handelsgesetzbuch Art. 13, 14). Auch kann die Einrückung der Bekanntmachung noch in andere Blätter angeordnet werden.

Das Gericht entscheidet über den erhobenen Widerspruch. Gegen den einen Widerspruch zurückweisenden Beschluss findet binnen der Nothfrist von zwei Wochen Beschwerde nach Massgabe der in Sachen der nichtstreitigen Gerichtsbarkeit geltenden landesgesetzlichen Bestimmungen statt. Eine hiernach zulässige Anfechtung der in der Beschwerdeinstanz ergehenden Entscheidung ist an die gleiche Nothfrist gebunden.

§. 3. Im Falle der Löschung einer Firma hat das Gericht zugleich das Erlöschen der für die erloschene Firma eingetragenen Prokuren von Amtswegen in das Handelsregister einzutragen.

---

2. Gesetz zum Schutze der Waarenbezeichnungen.

Vom 12. Mai 1894 (RGB 441).

---

§. 1. Wer in seinem Geschäftsbetriebe zur Unterscheidung seiner Waaren von den Waaren Anderer eines Waarenzeichens sich bedienen will, kann dieses Zeichen zur Eintragung in die Zeichenrolle anmelden.

§. 2. Die Zeichenrolle wird bei dem Patentamt geführt. Die Anmeldung eines Waarenzeichens hat schriftlich bei dem Patentamt zu erfolgen. Jeder Anmeldung muss die Bezeichnung des Geschäftsbetriebes, in welchem das Zeichen verwendet werden soll, ein Verzeichniss der Waaren, für welche es bestimmt ist, sowie eine deutliche Darstellung und soweit erforderlich eine Beschreibung des Zeichens beigefügt sein.

Das Patentamt erlässt Bestimmungen über die sonstigen Erfordernisse der Anmeldung.

Für jedes Zeichen ist bei der Anmeldung eine Gebühr von dreissig Mark, bei jeder Erneuerung der Anmeldung eine Gebühr von zehn Mark zu entrichten. Führt die erste Anmeldung nicht zur Eintragung, so werden von der Gebühr zwanzig Mark erstattet.

§. 3. Die Zeichenrolle soll enthalten:

1. den Zeitpunkt des Eingangs der Anmeldung;
2. die nach §. 2 Absatz 1 der Anmeldung beizufügenden Angaben;
3. Namen und Wohnort des Zeicheninhabers und seines etwaigen Vertreters, sowie Aenderungen in der Person, im Namen oder im Wohnorte des Inhabers oder des Vertreters;
4. den Zeitpunkt einer Erneuerung der Anmeldung;
5. den Zeitpunkt der Löschung des Zeichens;

Die Einsicht der Zeichenrolle steht jedermann frei.

Jede Eintragung und jede Löschung wird amtlich bekannt gemacht. Das Patentamt veröffentlicht in regelmässiger Wiederholung Uebersichten über die in der Zwischenzeit eingetragenen und gelöschten Zeichen.

§. 4. Die Eintragung in die Rolle ist zu versagen für Freizeichen, sowie für Waarenzeichen,

1. welche ausschliesslich in Zahlen, Buchstaben oder solchen Wörtern bestehen, die Angaben über Art, Zeit und Ort der Herstellung, über die Beschaffenheit, über die Bestimmung, über Preis-, Mengen- oder Gewichtsverhältnisse der Waare enthalten;
2. welche in- oder ausländische Staatswappen oder Wappen eines inländischen Ortes, eines inländischen Gemeinde- oder weiteren Kommunalverbandes enthalten;
3. welche Aergerniss erregende Darstellungen oder solche Angaben enthalten, die ersichtlich den thatsächlichen Verhältnissen nicht entsprechen und die Gefahr einer Täuschung begründen.

Zeichen, welche gelöscht sind, dürfen für die Waaren, für welche sie eingetragen waren, oder für gleichartige Waaren zu Gunsten eines anderen, als des letzten Inhabers erst nach Ablauf von zwei Jahren seit dem Tage der Löschung von Neuem eingetragen werden.

§. 5. Erachtet das Patentamt, dass ein zur Anmeldung gebrachtes Waarenzeichen mit einem anderen, für dieselben oder für gleichartige Waaren auf Grund des Gesetzes über Markenschutz vom 30. November 1874 (RGB S. 143) oder auf Grund des gegenwärtigen Gesetzes früher angemeldeten Zeichen übereinstimmt, so macht es dem Inhaber dieses Zeichens hiervon Mittheilung. Erhebt derselbe nicht innerhalb eines Monats nach der Zustellung Widerspruch gegen die Eintragung des neu angemeldeten Zeichens, so ist das Zeichen einzutragen. Im anderen Falle entscheidet das Patentamt durch Beschluss, ob die Zeichen übereinstimmen.

Aus dem Unterbleiben der im ersten Absatz vorgesehenen Mittheilung erwächst ein Ersatzanspruch nicht.

§. 6. Wird durch den Beschluss (§. 5 Absatz 1) die Uebereinstimmung der Zeichen verneint, so ist das neuangemeldete Zeichen einzutragen.

Wird durch den Beschluss die Uebereinstimmung der Zeichen festgestellt, so ist die Eintragung zu versagen. Sofern der Anmelder geltend machen will, dass ihm ungeachtet der durch die Entscheidung des Patentamts festgestellten Uebereinstimmung ein Anspruch auf die Eintragung zustehe, hat er diesen Anspruch im Wege der Klage gegenüber dem Widersprechenden zur Anerkennung zu bringen. Die Eintragung auf Grund einer zu seinen Gunsten ergehenden Entscheidung wird unter dem Zeitpunkte der ursprünglichen Anmeldung bewirkt.

§. 7. Das durch die Anmeldung oder Eintragung eines Waarenzeichens begründete Recht geht auf die Erben über und kann durch Vertrag oder durch Verfügung von Todeswegen auf Andere übertragen werden. Das Recht kann jedoch nur mit dem Geschäftsbetriebe, zu welchem das Waarenzeichen gehört, auf einen Anderen übergehen. Der Uebergang wird auf Antrag des Rechtsnachfolgers in der Zeichenrolle vermerkt, sofern die Einwilligung des Berechtigten in beweisender Form beigebracht wird. Ist der Berechtigte verstorben, so ist der Nachweis der Rechtsnachfolge zu führen.

Solange der Uebergang in der Zeichenrolle nicht vermerkt ist, kann der Rechtsnachfolger sein Recht aus der Eintragung des Waarenzeichens nicht geltend machen.

Verfügungen und Beschlüsse des Patentamts, welche einer Zustellung an den Inhaber des Zeichens bedürfen, sind stets an den eingetragenen Inhaber zu richten. Ergiebt sich, dass derselbe verstorben ist, so kann das Patentamt nach seinem Ermessen die Zustellung als bewirkt ansehen oder zum Zweck der Zustellung an die Erben deren Ermittelung veranlassen.

§. 8. Auf Antrag des Inhabers wird das Zeichen jederzeit in der Rolle gelöscht.

Von Amtswegen erfolgt die Löschung:

1. wenn seit der Anmeldung des Zeichens oder seit ihrer Erneuerung zehn Jahre verflossen sind;
2. wenn die Eintragung des Zeichens hätte versagt werden müssen.

Soll die Löschung ohne Antrag des Inhabers erfolgen, so giebt das Patentamt diesem zuvor Nachricht. Widerspricht er innerhalb eines Monats nach der Zustellung nicht, so erfolgt die Löschung. Widerspricht er, so fasst das Patentamt Beschluss. Soll in Folge Ablaufs der zehnjährigen Frist die Löschung erfolgen, so ist von derselben abzusehen, wenn der Inhaber des Zeichens bis zum Ablauf eines Monats nach der Zustellung unter Zahlung einer Gebühr von zehn Mark neben der Erneuerungsgebühr die Erneuerung der Anmeldung nachholt; die Erneuerung gilt dann als an dem Tage des Ablaufs der früheren Frist geschehen.

§. 9 Ein Dritter kann die Löschung eines Waarenzeichens beantragen:

1. wenn das Zeichen für ihn auf Grund einer früheren Anmeldung für dieselben oder für gleichartige Waaren in der Zeichenrolle oder in den nach Massgabe des Gesetzes über den Markenschutz vom 30. November 1874 geführten Zeichenregistern eingetragen steht;
2. wenn der Geschäftsbetrieb, zu welchem das Waarenzeichen gehört, von dem eingetragenen Inhaber nicht mehr fortgesetzt wird;
3. wenn Umstände vorliegen, aus denen sich ergiebt, dass der Inhalt des Waarenzeichens den thatsächlichen Verhältnissen nicht entspricht und die Gefahr einer Täuschung begründet.

— [1].

Der Antrag auf Löschung ist im Wege der Klage geltend zu machen

[1]) Der hier ausgelassene zweite Absatz des §. 9 enthält eine jetzt bedeutungslos gewordene Uebergangsbestimmung.

und gegen den eingetragenen Inhaber oder, wenn dieser gestorben, gegen dessen Erben zu richten.

Hat vor oder nach Erhebung der Klage ein Uebergang des Waarenzeichens auf einen Anderen stattgefunden, so ist die Entscheidung in Ansehung der Sache auch gegen den Rechtsnachfolger wirksam und vollstreckbar. Auf die Befugniss des Rechtsnachfolgers, in den Rechtsstreit einzutreten, finden die Bestimmungen der §§. 63 bis 66 und 73 der Civilprozessordnung entsprechende Anwendung.

In den Fällen des Absatz 1 Nr. 2 kann der Antrag auf Löschung zunächst bei dem Patentamt angebracht werden. Das Patentamt giebt dem als Inhaber des Waarenzeichens Eingetragenen davon Nachricht. Widerspricht derselbe innerhalb eines Monats nach der Zustellung nicht, so erfolgt die Löschung. Widerspricht er, so wird dem Antragsteller anheimgegeben, den Anspruch auf Löschung im Wege der Klage zu verfolgen.

§. 10. Anmeldungen von Waarenzeichen, Anträge auf Uebertragung und Widersprüche gegen die Löschung derselben werden in dem für Patentangelegenheiten massgebenden Verfahren durch Vorbescheid und Beschluss erledigt. In den Fällen des §. 5 Absatz 1 wird ein Vorbescheid nicht erlassen.

Gegen den Beschluss, durch welchen ein Antrag zurückgewiesen wird, kann der Antragsteller, und gegen den Beschluss, durch welchen Widerspruchs ungeachtet die Löschung angeordnet wird, der Inhaber des Zeichens innerhalb eines Monats nach der Zustellung bei dem Patentamt Beschwerde einlegen.

Zustellungen, welche die Eintragung, die Uebertragung oder die Löschung eines Waarenzeichens betreffen, erfolgen mittelst eingeschriebenen Briefes. Kann eine Zustellung im Inlande nicht erfolgen, so wird sie durch Aufgabe zur Post nach Massgabe der §§ 161, 175 der Civilprozessordnung bewirkt.

§. 11. Das Patentamt ist verpflichtet, auf Ersuchen der Gerichte über Fragen, welche eingetragene Waarenzeichen betreffen, Gutachten abzugeben, sofern in dem gerichtlichen Verfahren von einander abweichende Gutachten mehrerer Sachverständigen vorliegen.

§. 12. Die Eintragung eines Waarenzeichens hat die Wirkung, dass dem Eingetragenen ausschliesslich das Recht zusteht, Waaren der angemeldeten Art oder deren Verpackung oder Umhüllung mit dem Waarenzeichen zu versehen, die so bezeichneten Waaren in Verkehr zu setzen, sowie auf Ankündigungen, Preislisten, Geschäftsbriefen, Empfehlungen, Rechnungen oder dergleichen das Zeichen anzubringen.

Im Falle der Löschung können für die Zeit, in welcher ein Rechtsgrund für die Löschung früher bereits vorgelegen hat, Rechte aus der Eintragung nicht mehr geltend gemacht werden.

§. 13. Durch die Eintragung eines Waarenzeichens wird niemand gehindert, seinen Namen, seine Firma, seine Wohnung, sowie Angaben über Art, Zeit und Ort der Herstellung, über die Beschaffenheit, über die Bestimmung, über Preis-, Mengen- oder Gewichtsverhältnisse von Waaren, sei es auch in abgekürzter Gestalt, auf Waaren, auf deren Verpackung oder Umhüllung anzubringen und derartige Angaben im Geschäftsverkehr zu gebrauchen.

§. 14. Wer wissentlich oder aus grober Fahrlässigkeit Waaren oder deren Verpackung oder Umhüllung, oder Ankündigungen, Preislisten, Geschäftsbriefe, Empfehlungen, Rechnungen oder dergleichen mit dem Namen oder der Firma eines Anderen oder mit einem nach Massgabe dieses Gesetzes geschützten Waarenzeichen widerrechtlich versieht oder dergleichen widerrechtlich gekennzeichnete Waaren in Verkehr bringt oder feilhält, ist dem Verletzten zur Entschädigung verpflichtet.

Hat er die Handlung wissentlich begangen, so wird er ausserdem mit Geldstrafe von einhundertfünfzig bis fünftausend Mark oder mit Gefängniss bis zu sechs Monaten bestraft. Die Strafverfolgung tritt nur auf Antrag ein. Die Zurücknahme des Antrages ist zulässig.

§. 15. Wer zum Zweck der Täuschung in Handel und Verkehr Waaren oder deren Verpackung oder Umhüllung, oder Ankündigungen, Preislisten, Geschäftsbriefe, Empfehlungen, Rechnungen oder dergleichen mit einer Ausstattung, welche innerhalb betheiligter Verkehrskreise als Kennzeichen gleichartiger Waaren eines Anderen gilt, ohne dessen Genehmigung versieht, oder wer zu dem gleichen Zweck derartig gekennzeichnete Waaren in Verkehr bringt oder feilhält, ist dem Verletzten zur Entschädigung verpflichtet und wird mit Geldstrafe von einhundert bis dreitausend Mark oder mit Gefängniss bis zu drei Monaten bestraft. Die Strafverfolgung tritt nur auf Antrag ein. Die Zurücknahme des Antrages ist zulässig.

§. 16. Wer Waaren oder deren Verpackung oder Umhüllung oder Ankündigungen, Preislisten, Geschäftsbriefe, Empfehlungen, Rechnungen oder dergleichen fälschlich mit einem Staatswappen oder mit dem Namen oder Wappen eines Ortes, eines Gemeinde- oder weiteren Kommunalverbandes zu dem Zweck versieht, über Beschaffenheit und Werth der Waaren einen Irrthum zu erregen, oder wer zu dem gleichen Zweck derartig bezeichnete Waaren in Verkehr bringt oder feilhält, wird mit Geldstrafe von einhundertfünfzig bis fünftausend Mark oder mit Gefängniss bis zu sechs Monaten bestraft.

Die Verwendung von Namen, welche nach Handelsgebrauch zur Benennung gewisser Waaren dienen, ohne deren Herkunft bezeichnen zu sollen, fällt unter diese Bestimmung nicht.

§. 17. Ausländische Waaren, welche mit einer deutschen Firma und Ortsbezeichnung, oder mit einem in die Zeichenrolle eingetragenen Waarenzeichen widerrechtlich versehen sind, unterliegen bei ihrem Eingang nach Deutschland zur Einfuhr oder Durchfuhr auf Antrag des Verletzten und gegen Sicherheitsleistung der Beschlagnahme und Einziehung. Die Beschlagnahme erfolgt durch die Zoll- und Steuerbehörden, die Festsetzung der Einziehung durch Strafbescheid der Verwaltungsbehörden (§. 459 der Strafprozessordnung).

§. 18. Statt jeder aus diesem Gesetze entspringenden Entschädigung kann auf Verlangen des Beschädigten neben der Strafe auf eine an ihn zu erlegende Busse bis zum Betrage von zehntausend Mark erkannt werden. Für diese Busse haften die zu derselben Verurtheilten als Gesammtschuldner.

Eine anerkannte Busse schliesst die Geltendmachung eines weiteren Entschädigungsanspruchs aus.

§. 19. Erfolgt eine Verurtheilung auf Grund der §§. 14 bis 16, 18, so ist bezüglich der im Besitz des Verurtheilten befindlichen Gegenstände auf Beseitigung der widerrechtlichen Kennzeichnung, oder, wenn die Beseitigung in anderer Weise nicht möglich ist, auf Vernichtung der damit versehenen Gegenstände zu erkennen.

Erfolgt die Verurtheilung im Strafverfahren, so ist in den Fällen der §§. 14 und 15 dem Verletzten die Befugniss zuzusprechen, die Verurtheilung auf Kosten des Verurtheilten öffentlich bekannt zu machen. Die Art der Bekanntmachung sowie die Frist zu derselben ist in dem Urtheil zu bestimmen.

§. 20. Die Anwendung der Bestimmungen dieses Gesetzes wird durch

Abweichungen nicht ausgeschlossen, mit denen fremde Namen, Firmen, Zeichen, Wappen und sonstige Kennzeichnungen von Waaren wiedergegeben werden, sofern ungeachtet dieser Abweichungen die Gefahr einer Verwechselung im Verkehr vorliegt.

§. 21. In bürgerlichen Rechtsstreitigkeiten, in welchen durch Klage oder Widerklage ein Anspruch auf Grund dieses Gesetzes geltend gemacht ist, wird die Verhandlung und Entscheidung letzter Instanz im Sinne des §. 8 des Einführungsgesetzes zum Gerichtsverfassungsgesetze dem Reichsgericht zugewiesen.

§. 22. Wenn deutsche Waaren im Auslande bei der Einfuhr oder Durchfuhr der Verpflichtung unterliegen, eine Bezeichnung zu tragen, welche ihre deutsche Herkunft erkennen lässt, oder wenn dieselben bei der Zollabfertigung in Beziehung auf die Waarenbezeichnungen ungünstiger als die Waaren anderer Länder behandelt werden, so ist der Bundesrath ermächtigt, den fremden Waaren bei ihrem Eingang nach Deutschland zur Einfuhr oder Durchfuhr eine entsprechende Auflage zu machen, und anzuordnen, dass für den Fall der Zuwiderhandlung die Beschlagnahme und Einziehung der Waaren erfolge. Die Beschlagnahme erfolgt durch die Zoll- und Steuerbehörden, die Festsetzung der Einziehung durch Strafbescheid der Verwaltungsbehörden (§. 459 der Strafprozessordnung).

§. 23. Wer im Inlande eine Niederlassung nicht besitzt, hat auf den Schutz dieses Gesetzes nur Anspruch, wenn in dem Staate, in welchem seine Niederlassung sich befindet, nach einer im Reichsgesetzblatt enthaltenen Bekanntmachung deutsche Waarenbezeichnungen in gleichem Umfange wie inländische Waarenbezeichnungen zum gesetzlichen Schutz zugelassen werden[1]).

Der Anspruch auf Schutz eines Waarenzeichens und das durch die Eintragung begründete Recht können nur durch einen im Inlande bestellten Vertreter geltend gemacht werden. Der letztere ist zur Vertretung in dem nach Massgabe dieses Gesetzes vor dem Patentamt stattfindenden Verfahren, sowie in den das Zeichen betreffenden bürgerlichen Rechtsstreitigkeiten und zur Stellung von Strafanträgen befugt. Für die das Zeichen betreffenden Klagen gegen den eingetragenen Inhaber ist das Gericht zuständig, in dessen Bezirk der Vertreter seinen Wohnsitz hat, in dessen Ermangelung das Gericht, in dessen Bezirk das Patentamt seinen Sitz hat.

Wer ein ausländisches Waarenzeichen zur Anmeldung bringt, hat damit den Nachweis zu verbinden, dass er in dem Staate, in welchem seine Niederlassung sich befindet, für dieses Zeichen den Markenschutz nachgesucht und erhalten hat. Die Eintragung ist, soweit nicht Staatsverträge ein Anderes bestimmen, nur dann zulässig, wenn das Zeichen den Anforderungen dieses Gesetzes entspricht.

§. 24. Auf die in Gemässheit des Gesetzes über Markenschutz vom 30. November 1874 in die Zeichenregister eingetragenen Waarenzeichen finden bis zum 1. Oktober 1898 die Bestimmungen jenes Gesetzes noch

---

[1]) Gegenseitiger Markenschutz besteht zwischen dem Deutschen Reiche und folgenden Staaten: Belgien (RGB 1875, S. 301), Brasilien (1877, S. 406), Bulgarien (1894, S. 112), Dänemark (1879, S. 123), Frankreich (1873, S. 365), Grossbritannien (1875, S. 199), Italien (1888, S. 111 f.), Luxemburg (1876, S. 169, 1883, S. 268), Niederlande (1882, S. 5), Oesterreich-Ungarn (1881, S. 129), Portugal (1872, S. 258), Rumänien (1882, S. 7), Russland (1873, S. 337), Schweden-Norwegen (1872, S. 293), Schweiz (1881, S. 158, 1892, S. 304), Serbien (1886, S. 231), Spanien (1883, S. 312), Venezuela (1883, S. 339), Vereinigte Staaten von Nordamerika (1872, S. 106). Vgl. S. 7 Nr. 3.

ferner Anwendung[1]). Die Zeichen können bis zum 1. Oktober 1898 jederzeit zur Eintragung in die Zeichenrolle nach Massgabe des gegenwärtigen Gesetzes angemeldet werden und unterliegen alsdann dessen Bestimmungen. Die Eintragung darf nicht versagt werden hinsichtlich derjenigen Zeichen, welche auf Grund eines älteren landesgesetzlichen Schutzes in die Zeichenregister eingetragen worden sind. Die Eintragung geschieht unentgeltlich und unter dem Zeitpunkte der ersten Anmeldung. Ueber den Inhalt der ersten Eintragung ist ein Zeugniss der bisherigen Registerbehörde beizubringen.

Mit der Eintragung in die Zeichenrolle oder, sofern eine solche nicht erfolgt ist, mit dem 1. Oktober 1898 erlischt der den Waarenzeichen bis dahin gewährte Schutz.

§. 25. Die zur Ausführung dieses Gesetzes erforderlichen Bestimmungen über die Einrichtung und den Geschäftsgang des Patentamts, sowie über das Verfahren vor demselben werden durch Kaiserliche Verordnung unter Zustimmung des Bundesraths getroffen[2]).

---

3. Patentgesetz[3]).

Vom 7. April 1891 (RGB 79).

Erster Abschnitt. Patentrecht.

§. 1. Patente werden ertheilt für neue Erfindungen, welche eine gewerbliche Verwerthung gestatten.

Ausgenommen sind:

1) Erfindungen, deren Verwerthung den Gesetzen oder guten Sitten zuwiderlaufen würde;
2) Erfindungen von Nahrungs-, Genuss- und Arzneimitteln, sowie von Stoffen, welche auf chemischem Wege hergestellt werden, soweit die Erfindungen nicht ein bestimmtes Verfahren zur Herstellung der Gegenstände betreffen.

§. 2. Eine Erfindung gilt nicht als neu, wenn sie zur Zeit der auf Grund dieses Gesetzes erfolgten Anmeldung in öffentlichen Druckschriften aus den letzten hundert Jahren bereits derart beschrieben oder im Inlande bereits so offenkundig benutzt ist, dass danach die Benutzung durch andere Sachverständige möglich erscheint.

Die im Auslande amtlich herausgegebenen Patentbeschreibungen stehen den öffentlichen Druckschriften erst nach Ablauf von drei Monaten seit

---

[1]) Im Uebrigen ist von dem Markenschutzgesetze vom 30. Nov. 1874 nur folgende Bestimmung in Geltung geblieben:

§. 13. Jeder inländische Produzent oder Handeltreibende kann gegen denjenigen, welcher Waaren oder deren Verpackung mit einem für den Ersteren nach Massgabe dieses Gesetzes zu schützenden Waarenzeichen oder mit dem Namen oder der Firma des Ersteren widerrechtlich bezeichnet, im Wege der Klage beantragen, dass derselbe für nicht berechtigt erklärt werde, diese Bezeichnung zu gebrauchen.

Desgleichen kann der Produzent oder Handeltreibende gegen denjenigen, welcher dergleichen widerrechtlich bezeichnete Waaren in Verkehr bringt oder feilhält, im Wege der Klage beantragen, dass derselbe für nicht berechtigt erklärt werde, so bezeichnete Waaren in Verkehr zu bringen oder feil zu halten.

[2]) Vgl. VO v. 30. Juni 1894 (RGB 495).

[3]) Vgl. Uebereinkommen über den gegenseitigen Patent-, Muster- und Markenschutz zwischen dem Deutschen Reiche und Oesterreich-Ungarn (1891), Italien (1893) und der Schweiz (1894), RGB 1892, S. 280. 293. 1894, S. 511.

dem Tage der Herausgabe gleich, sofern das Patent von demjenigen, welcher die Erfindung im Auslande angemeldet hat, oder von seinem Rechtsnachfolger nachgesucht wird. Diese Begünstigung erstreckt sich jedoch nur auf die amtlichen Patentbeschreibungen derjenigen Staaten, in welchen nach einer im Reichsgesetzblatt enthaltenen Bekanntmachung die Gegenseitigkeit verbürgt ist.

§. 3. Auf die Ertheilung des Patents hat derjenige Anspruch, welcher die Erfindung zuerst nach Massgabe dieses Gesetzes angemeldet hat. Eine spätere Anmeldung kann den Anspruch auf ein Patent nicht begründen, wenn die Erfindung Gegenstand des Patents des früheren Anmelders ist. Trifft diese Voraussetzung theilweise zu, so hat der spätere Anmelder nur Anspruch auf Ertheilung eines Patents in entsprechender Beschränkung.

Ein Anspruch des Patentsuchers auf Ertheilung des Patents findet nicht statt, wenn der wesentliche Inhalt seiner Anmeldung den Beschreibungen, Zeichnungen, Modellen, Geräthschaften oder Einrichtungen eines Anderen oder einem von diesem angewendeten Verfahren ohne Einwilligung desselben entnommen und von dem letzteren aus diesem Grunde Einspruch erhoben ist. Hat der Einspruch die Zurücknahme oder Zurückweisung der Anmeldung zur Folge, so kann der Einsprechende, falls er innerhalb eines Monats seit Mittheilung des hierauf bezüglichen Bescheides des Patentamts die Erfindung seinerseits anmeldet, verlangen, dass als Tag seiner Anmeldung der Tag vor Bekanntmachung der früheren Anmeldung festgesetzt werde.

§. 4. Das Patent hat die Wirkung, dass der Patentinhaber ausschliesslich befugt ist, gewerbsmässig den Gegenstand der Erfindung herzustellen, in Verkehr zu bringen, feilzuhalten oder zu gebrauchen. Ist das Patent für ein Verfahren ertheilt, so erstreckt sich die Wirkung auch auf die durch das Verfahren unmittelbar hergestellten Erzeugnisse.

§. 5. Die Wirkung des Patents tritt gegen denjenigen nicht ein, welcher zur Zeit der Anmeldung bereits im Inlande die Erfindung in Benutzung genommen oder die zur Benutzung erforderlichen Veranstaltungen getroffen hatte. Derselbe ist befugt, die Erfindung für die Bedürfnisse seines eigenen Betriebes in eigenen oder fremden Werkstätten auszunutzen. Diese Befugniss kann nur zusammen mit dem Betriebe vererbt oder veräussert werden.

Die Wirkung des Patents tritt ferner insoweit nicht ein, als die Erfindung nach Bestimmung des Reichskanzlers für das Heer oder für die Flotte oder sonst im Interesse der öffentlichen Wohlfahrt benutzt werden soll. Doch hat der Patentinhaber in diesem Falle gegenüber dem Reich oder dem Staate, welcher in seinem besonderen Interesse die Beschränkung des Patents beantragt hat, Anspruch auf angemessene Vergütung, welche in Ermangelung einer Verständigung im Rechtswege festgesetzt wird.

Auf Einrichtungen an Fahrzeugen, welche nur vorübergehend in das Inland gelangen, erstreckt sich die Wirkung des Patents nicht.

§. 6. Der Anspruch auf Ertheilung des Patents und das Recht aus dem Patent gehen auf die Erben über. Der Anspruch und das Recht können beschränkt oder unbeschränkt durch Vertrag oder durch Verfügung von Todeswegen auf andere übertragen werden.

§. 7. Die Dauer des Patents ist fünfzehn Jahre; der Lauf dieser Zeit beginnt mit dem auf die Anmeldung der Erfindung folgenden Tage. Bezweckt eine Erfindung die Verbesserung oder sonstige weitere Ausbildung einer anderen, zu Gunsten des Patentsuchers durch ein Patent geschützten Erfindung, so kann dieser die Ertheilung eines Zusatzpatents nachsuchen, welches mit dem Patent für die ältere Erfindung sein Ende erreicht.

Wird durch die Erklärung der Nichtigkeit des Hauptpatents ein Zusatzpatent zu einem selbständigen Patent, so bestimmt sich dessen Dauer und der Fälligkeitstag der Gebühren nach dem Anfangstage des Hauptpatents. Für den Jahresbetrag der Gebühren ist der Anfangstag des Zusatzpatents massgebend. Dabei gilt als erstes Patentjahr der Zeitabschnitt zwischen dem Tage der Anmeldung des Zusatzpatents und dem nächstfolgenden Jahrestage des Anfanges des Hauptpatents.

§. 8. Für jedes Patent ist vor der Ertheilung eine Gebühr von 30 Mark zu entrichten (§. 24 Absatz 1).

Mit Ausnahme der Zusatzpatente (§. 7) ist ausserdem für das Patent mit Beginn des zweiten und jedes folgenden Jahres der Dauer eine Gebühr zu entrichten, welche das erste Mal 50 Mark beträgt und weiterhin jedes Jahr um 50 Mark steigt.

Diese Gebühr (Abs. 2) ist innerhalb sechs Wochen nach der Fälligkeit zu entrichten. Nach Ablauf der Frist kann die Zahlung nur unter Zuschlag einer Gebühr von zehn Mark innerhalb weiterer sechs Wochen erfolgen.

Einem Patentinhaber, welcher seine Bedürftigkeit nachweist, können die Gebühren für das erste und zweite Jahr der Dauer des Patents bis zum dritten Jahre gestundet und, wenn das Patent im dritten Jahre erlischt, erlassen werden.

Die Zahlung der Gebühren kann vor Eintritt der Fälligkeit erfolgen. Wird auf das Patent verzichtet oder dasselbe für nichtig erklärt oder zurückgenommen, so erfolgt die Rückzahlung der nicht fällig gewordenen Gebühren.

Durch Beschluss des Bundesraths kann eine Herabsetzung der Gebühren angeordnet werden.

§. 9. Das Patent erlischt, wenn der Patentinhaber auf dasselbe verzichtet, oder wenn die Gebühren nicht rechtzeitig bei der Kasse des Patentamts oder zur Ueberweisung an dieselbe bei einer Postanstalt im Gebiete des Deutschen Reichs eingezahlt sind.

§. 10. Das Patent wird für nichtig erklärt, wenn sich ergiebt:

1) dass der Gegenstand nach §§. 1 und 2 nicht patentfähig war,
2) dass die Erfindung Gegenstand des Patents eines früheren Anmelders ist,
3) dass der wesentliche Inhalt der Anmeldung den Beschreibungen, Zeichnungen, Modellen, Geräthschaften oder Einrichtungen eines Anderen oder einem von diesem angewendeten Verfahren ohne Einwilligung desselben entnommen war.

Trifft eine dieser Voraussetzungen (1—3) nur theilweise zu, so erfolgt die Erklärung der Nichtigkeit durch entsprechende Beschränkung des Patents.

§. 11. Das Patent kann nach Ablauf von 3 Jahren von dem Tage der über die Ertheilung des Patents erfolgten Bekanntmachung (§. 27 Abs. 1) gerechnet, zurückgenommen werden:

1) wenn der Patentinhaber es unterlässt, im Inlande die Erfindung in angemessenem Umfange zur Ausführung zu bringen, oder doch alles zu thun, was erforderlich ist, um diese Ausführung zu sichern;
2) wenn im öffentlichen Interesse die Ertheilung der Erlaubniss zur Benutzung der Erfindung an andere geboten erscheint, der Patentinhaber aber gleichwohl sich weigert, diese Erlaubniss gegen angemessene Vergütung und genügende Sicherstellung zu ertheilen.

§. 12. Wer nicht im Inlande wohnt, kann den Anspruch auf die Ertheilung eines Patents und die Rechte aus dem Patent nur geltend machen, wenn er im Inlande einen Vertreter bestellt hat. Der Letztere ist zur Vertretung in dem nach Massgabe dieses Gesetzes stattfindenden Verfahren, sowie in den das Patent betreffenden bürgerlichen Rechtsstreitigkeiten und zur Stellung von Strafanträgen befugt. Der Ort, wo der Vertreter seinen Wohnsitz hat, und in Ermangelung eines solchen der Ort, wo das Patentamt seinen Sitz hat, gilt im Sinne des §. 24 der Civilprozessordnung als der Ort, wo sich der Vermögensgegenstand befindet.

Unter Zustimmung des Bundesraths kann durch Anordnung des Reichskanzlers bestimmt werden, dass gegen die Angehörigen eines ausländischen Staates ein Vergeltungsrecht zur Anwendung gebracht werde.

Zweiter Abschnitt.* Patentamt.

§. 13. Die Ertheilung, die Erklärung der Nichtigkeit und die Zurücknahme der Patente erfolgt durch das Patentamt.

Das Patentamt hat seinen Sitz in Berlin. Es besteht aus einem Präsidenten, aus Mitgliedern, welche die Befähigung zum Richteramt oder zum höheren Verwaltungsdienst besitzen (rechtskundige Mitglieder), und aus Mitgliedern, welche in einem Zweige der Technik sachverständig sind (technische Mitglieder). Die Mitglieder werden, und zwar der Präsident auf Vorschlag des Bundesraths, vom Kaiser ernannt. Die Berufung der rechtskundigen Mitglieder erfolgt, wenn sie im Reichs- oder Staatsdienst ein Amt bekleiden, auf die Dauer dieses Amts, anderenfalls auf Lebenszeit. Die Berufung der technischen Mitglieder erfolgt entweder auf Lebenszeit oder auf fünf Jahre. In letzterem Falle finden auf sie die Bestimmungen im §. 16 des Gesetzes, betreffend die Rechtsverhältnisse der Reichsbeamten, vom 31. März 1873 keine Anwendung.

§. 14. In dem Patentamt werden 1) Abtheilungen für die Patentanmeldungen (Anmeldeabtheilungen), 2) eine Abtheilung für die Anträge auf Erklärung der Nichtigkeit oder auf Zurücknahme von Patenten (Nichtigkeitsabtheilung), 3) Abtheilungen für die Beschwerden (Beschwerdeabtheilungen) gebildet.

In den Anmeldeabtheilungen dürfen nur solche technische Mitglieder mitwirken, welche auf Lebenszeit berufen sind. Die technischen Mitglieder der Anmeldeabtheilungen dürfen nicht in den übrigen Abtheilungen, die technischen Mitglieder der letzteren nicht in den Anmeldeabtheilungen mitwirken.

Die Beschlussfähigkeit der Anmeldeabtheilungen ist durch die Anwesenheit von mindestens drei Mitgliedern bedingt, unter welchen sich zwei technische Mitglieder befinden müssen.

Die Entscheidungen der Nichtigkeitsabtheilung und der Beschwerdeabtheilungen erfolgen in der Besetzung von zwei rechtskundigen und drei technischen Mitgliedern. Zu anderen Beschlussfassungen genügt die Anwesenheit von drei Mitgliedern.

Die Bestimmungen der Civilprozessordnung über Ausschliessung und Ablehnung der Gerichtspersonen finden entsprechende Anwendung.

Zu den Berathungen können Sachverständige, welche nicht Mitglieder sind, zugezogen werden; dieselben dürfen an den Abstimmungen nicht theilnehmen.

§. 15. Die Beschlüsse und die Entscheidungen der Abtheilungen erfolgen im Namen des Patentamts; sie sind mit Gründen zu versehen, schriftlich auszufertigen und allen Betheiligten von Amtswegen zuzustellen.

§. 16. Gegen die Beschlüsse der Anmeldeabtheilungen und der Nichtigkeitsabtheilung findet die Beschwerde statt. An der Beschlussfassung über die Beschwerde darf kein Mitglied theilnehmen, welches bei dem angefochtenen Beschlusse mitgewirkt hat.

§. 17. Die Bildung der Abtheilungen, die Bestimmung ihres Geschäftskreises, die Formen des Verfahrens, einschliesslich des Zustellungswesens, und der Geschäftsgang des Patentamts werden, insoweit dieses Gesetz nicht Bestimmungen darüber trifft, durch Kaiserliche Verordnung unter Zustimmung des Bundesraths geregelt[1]).

§. 18. Das Patentamt ist verpflichtet, auf Ersuchen der Gerichte über Fragen, welche Patente betreffen, Gutachten abzugeben, sofern in dem gerichtlichen Verfahren von einander abweichende Gutachten mehrerer Sachverständiger vorliegen.

Im Uebrigen ist das Patentamt nicht befugt, ohne Genehmigung des Reichskanzlers ausserhalb seines gesetzlichen Geschäftskreises Beschlüsse zu fassen oder Gutachten abzugeben.

§. 19. Bei dem Patentamt wird eine Rolle geführt, welche den Gegenstand und die Dauer der ertheilten Patente, sowie den Namen und Wohnort der Patentinhaber und ihrer bei Anmeldung der Erfindung etwa bestellten Vertreter angiebt. Der Anfang, der Ablauf, das Erlöschen, die Erklärung der Nichtigkeit und die Zurücknahme der Patente sind, unter gleichzeitiger Bekanntmachung durch den Reichsanzeiger, in der Rolle zu vermerken.

Tritt in der Person des Patentinhabers oder seines Vertreters eine Aenderung ein, so wird dieselbe, wenn sie in beweisender Form zur Kenntniss des Patentamts gebracht ist, ebenfalls in der Rolle vermerkt und durch den Reichsanzeiger veröffentlicht. Solange dieses nicht geschehen ist, bleiben der frühere Patentinhaber und sein früherer Vertreter nach Massgabe dieses Gesetzes berechtigt und verpflichtet.

Die Einsicht der Rolle, der Beschreibungen, Zeichnungen, Modelle und Probestücke, auf Grund deren die Ertheilung der Patente erfolgt ist, steht, soweit es sich nicht um ein im Namen der Reichsverwaltung für die Zwecke des Heeres oder der Flotte genommenes Patent handelt, jedermann frei.

Das Patentamt veröffentlicht die Beschreibungen und Zeichnungen, soweit deren Einsicht jedermann freisteht, in ihren wesentlichen Theilen durch ein amtliches Blatt. In dasselbe sind auch die Bekanntmachungen aufzunehmen, welche durch den Reichsanzeiger nach Massgabe dieses Gesetzes erfolgen müssen.

Dritter Abschnitt. Verfahren in Patentsachen.

§ 20. Die Anmeldung einer Erfindung Behufs Ertheilung eines Patents geschieht schriftlich bei dem Patentamt. Für jede Erfindung ist eine besondere Anmeldung erforderlich. Die Anmeldung muss den Antrag auf Ertheilung des Patents enthalten und in dem Antrage den Gegenstand, welcher durch das Patent geschützt werden soll, genau bezeichnen. In einer Anlage ist die Erfindung dergestalt zu beschreiben, dass danach die Benutzung derselben durch andere Sachverständige möglich erscheint. Am Schlusse der Beschreibung ist dasjenige anzugeben, was als patentfähig unter Schutz gestellt werden soll (Patentanspruch). Auch sind die erforderlichen Zeichnungen, bildlichen Darstellungen, Modelle und Probestücke beizufügen.

Das Patentamt erlässt Bestimmungen über die sonstigen Erfordernisse der Anmeldung.

Bis zu dem Beschlusse über die Bekanntmachung der Anmeldung

---

[1]) Vgl. VO v. 11. Juni 1891 zur Ausführung des Patentgesetzes v. 7. April 1891 und des Gesetzes betr. den Schutz von Gebrauchsmustern v. 1. Juni 1891 (RGB 1891, S. 349).

sind Abänderungen der darin enthaltenen Angaben zulässig. Gleichzeitig mit der Anmeldung sind für die Kosten des Verfahrens 20 Mark zu zahlen.

§. 21. Die Anmeldung unterliegt einer Vorprüfung durch ein Mitglied der Anmeldeabtheilung.

Erscheint hierbei die Anmeldung als den vorgeschriebenen Anordnungen (§. 20) nicht genügend, so wird durch Vorbescheid der Patentsucher aufgefordert, die Mängel innerhalb einer bestimmten Frist zu beseitigen.

Insoweit die Vorprüfung ergiebt, dass eine nach §§. 1, 2, 3 Abs. 1 patentfähige Erfindung nicht vorliegt, wird der Patentsucher hiervon unter Angabe der Gründe mit der Aufforderung benachrichtigt, sich binnen einer bestimmten Frist zu äussern.

Erklärt sich der Patentsucher auf den Vorbescheid (Abs. 2 und 3) nicht rechtzeitig, so gilt die Anmeldung als zurückgenommen; erklärt er sich innerhalb der Frist, so fasst die Anmeldeabtheilung Beschluss.

§. 22. Ist durch die Anmeldung den vorgeschriebenen Anforderungen (§. 20) nicht genügt, oder ergiebt sich, dass eine nach §§. 1, 2, 3 Abs. 1 patentfähige Erfindung nicht vorliegt, so wird die Anmeldung von der Abtheilung zurückgewiesen. An der Beschlussfassung darf das Mitglied, welches den Vorbescheid erlassen hat, nicht theilnehmen.

Soll die Zurückweisung auf Grund von Umständen erfolgen, welche nicht bereits durch den Vorbescheid dem Patentsucher mitgetheilt waren, so ist demselben vorher Gelegenheit zu geben, sich über diese Umstände binnen einer bestimmten Frist zu äussern.

§. 23. Erachtet das Patentamt die Anmeldung für gehörig erfolgt und die Ertheilung eines Patents nicht für ausgeschlossen, so beschliesst es die Bekanntmachung der Anmeldung. Mit der Bekanntmachung treten für den Gegenstand der Anmeldung zu Gunsten des Patentsuchers einstweilen die gesetzlichen Wirkungen des Patents ein (§§. 4 und 5).

Die Bekanntmachung geschieht in der Weise, dass der Name des Patentsuchers und der wesentliche Inhalt des in seiner Anmeldung enthaltenen Antrags durch den Reichsanzeiger einmal veröffentlicht wird. Mit der Veröffentlichung ist die Anzeige zu verbinden, dass der Gegenstand der Anmeldung einstweilen gegen unbefugte Benutzung geschützt sei.

Gleichzeitig ist die Anmeldung mit sämmtlichen Beilagen bei dem Patentamt zur Einsicht für Jedermann auszulegen. Auf dem durch §. 17 des Gesetzes bestimmten Wege kann angeordnet werden, dass die Auslegung auch ausserhalb Berlins zu erfolgen habe.

Die Bekanntmachung kann auf Antrag des Patentsuchers auf die Dauer von höchstens sechs Monaten, vom Tage des Beschlusses über die Bekanntmachung an gerechnet, ausgesetzt werden. Bis zur Dauer von drei Monaten darf die Aussetzung nicht versagt werden.

Handelt es sich um ein im Namen der Reichsverwaltung für die Zwecke des Heeres oder der Flotte nachgesuchtes Patent, so erfolgt auf Antrag die Patentertheilung ohne jede Bekanntmachung. In diesem Falle unterbleibt auch die Eintragung in die Patentrolle.

§. 24. Innerhalb der Frist von zwei Monaten nach der Veröffentlichung (§. 23) ist die erste Jahresgebühr (§. 8 Abs. 1) einzuzahlen. Erfolgt die Einzahlung nicht binnen dieser Frist, so gilt die Anmeldung als zurückgenommen.

Innerhalb der gleichen Frist kann gegen die Ertheilung des Patents Einspruch erhoben werden. Der Einspruch muss schriftlich erfolgen und mit Gründen versehen sein. Er kann nur auf die Behauptung gestützt werden, dass der Gegenstand nach §§ 1 u. 2 nicht patentfähig sei, oder dass dem Patentsucher ein Anspruch auf das Patent nach § 3 nicht zustehe. Im Falle des § 3 Abs. 2 ist nur der Verletzte zum Einspruch berechtigt.

Nach Ablauf der Frist hat das Patentamt über die Ertheilung des Patents Beschluss zu fassen. An der Beschlussfassung darf das Mitglied, welches den Vorbescheid (§. 21) erlassen hat, nicht theilnehmen.

§. 25. Bei der Vorprüfung und in dem Verfahren vor der Anmeldeabtheilung kann jederzeit die Ladung und Anhörung der Betheiligten, die Vernehmung von Zeugen und Sachverständigen, sowie die Vornahme sonstiger zur Aufklärung der Sache erforderlicher Ermittelungen angeordnet werden.

§. 26. Gegen den Beschluss, durch welchen die Anmeldung zurückgewiesen wird, kann der Patentsucher, und gegen den Beschluss, durch welchen über die Ertheilung des Patents entschieden wird, der Patentsucher oder der Einsprechende innerhalb eines Monats nach der Zustellung Beschwerde einlegen. Mit der Einlegung der Beschwerde sind für die Kosten des Beschwerdeverfahrens 20 Mark zu zahlen; erfolgt die Zahlung nicht, so gilt die Beschwerde als nicht erhoben.

Ist die Beschwerde an sich nicht statthaft oder ist dieselbe verspätet eingelegt, so wird sie als unzulässig verworfen.

Wird die Beschwerde als zulässig befunden, so richtet sich das weitere Verfahren nach § 25. Die Ladung und Anhörung der Betheiligten muss auf Antrag eines derselben erfolgen. Dieser Antrag kann nur abgelehnt werden, wenn die Ladung des Antragstellers in dem Verfahren vor der Anmeldeabtheilung bereits erfolgt war.

Soll die Entscheidung über die Beschwerde auf Grund anderer als der in dem angegriffenen Beschlusse berücksichtigten Umstände erfolgen, so ist den Betheiligten zuvor Gelegenheit zu geben, sich hierüber zu äussern.

Das Patentamt kann nach freiem Ermessen bestimmen, inwieweit einem Betheiligten im Falle des Unterliegens die Kosten des Beschwerdeverfahrens zur Last fallen, sowie anordnen, dass dem Betheiligten, dessen Beschwerde für gerechtfertigt befunden ist, die Gebühr (Abs. 1) zurückgezahlt wird.

§. 27. Ist die Ertheilung des Patents endgültig beschlossen, so erlässt das Patentamt darüber durch den Reichsanzeiger eine Bekanntmachung und fertigt demnächst für den Patentinhaber eine Urkunde aus.

Wird die Anmeldung nach der Veröffentlichung (§. 23) zurückgenommen oder wird das Patent versagt, so ist dies ebenfalls bekannt zu machen. Die eingezahlte Jahresgebühr wird in diesen Fällen erstattet. Mit der Versagung des Patents gelten die Wirkungen des einstweiligen Schutzes als nicht eingetreten.

§. 28. Die Einleitung des Verfahrens wegen Erklärung der Nichtigkeit oder wegen Zurücknahme des Patents erfolgt nur auf Antrag.

Im Falle des §. 10 Nr. 3 ist nur der Verletzte zu dem Antrage berechtigt.

Im Falle des §. 10 Nr. 1 ist nach Ablauf von fünf Jahren, von dem Tage der über die Ertheilung des Patents erfolgten Bekanntmachung (§ 27 Abs. 1) gerechnet, der Antrag unstatthaft.

Der Antrag ist schriftlich an das Patentamt zu richten und hat die Thatsachen anzugeben, auf welche er gestützt wird. Mit dem Antrage ist eine Gebühr von 50 M. zu zahlen. Erfolgt die Zahlung nicht, so gilt der Antrag als nicht gestellt. Die Gebühr wird erstattet, wenn das Verfahren ohne Anhörung der Betheiligten beendet wird.

Wohnt der Antragsteller im Auslande, so hat er dem Gegner auf dessen Verlangen Sicherheit wegen der Kosten des Verfahrens zu leisten.

Die Höhe der Sicherheit wird von dem Patentamt nach freiem Ermessen festgesetzt. Dem Antragsteller wird bei Anordnung der Sicherheitsleistung eine Frist bestimmt, binnen welcher die Sicherheit zu leisten ist. Erfolgt die Sicherheitsleistung nicht vor Ablauf der Frist, so gilt der Antrag als zurückgenommen.

§. 29. Nachdem die Einleitung des Verfahrens verfügt ist, fordert das Patentamt den Patentinhaber unter Mittheilung des Antrags auf, sich über denselben innerhalb eines Monats zu erklären.

Erklärt der Patentinhaber binnen der Frist sich nicht, so kann ohne Ladung und Anhörung der Betheiligten sofort nach dem Antrage entschieden und bei dieser Entscheidung jede von dem Antragsteller behauptete Thatsache für erwiesen angenommen werden.

§. 30. Widerspricht der Patentinhaber rechtzeitig, oder wird im Falle des § 29 Absatz 2 nicht sofort nach dem Antrage entschieden, so trifft das Patentamt, und zwar im ersteren Falle unter Mittheilung des Widerspruchs an den Antragsteller, die zur Aufklärung der Sache erforderlichen Verfügungen. Es kann die Vernehmung von Zeugen und Sachverständigen anordnen. Auf dieselben finden die Vorschriften der Civilprozessordnung entsprechende Anwendung. Die Beweisverhandlungen sind unter Zuziehung eines beeidigten Protokollführers aufzunehmen.

Die Entscheidung erfolgt nach Ladung und Anhörung der Betheiligten.

Wird die Zurücknahme des Patents auf Grund des §. 11 Nr. 2 beantragt, so muss der diesem Antrage entsprechenden Entscheidung eine Androhung der Zurücknahme unter Angabe von Gründen und unter Festsetzung einer angemessenen Frist vorausgehen.

§. 31. In der Entscheidung (§§. 29, 30) hat das Patentamt nach freiem Ermessen zu bestimmen, zu welchem Antheile die Kosten des Verfahrens den Betheiligten zur Last fallen.

§. 32. Die Gerichte sind verpflichtet, dem Patentamt Rechtshülfe zu leisten. Die Festsetzung einer Strafe gegen Zeugen und Sachverständige, welche nicht erscheinen oder ihre Aussage oder deren Beeidigung verweigern, sowie die Vorführung eines nicht erschienenen Zeugen, erfolgt auf Ersuchen durch die Gerichte.

§. 33. Gegen die Entscheidung des Patentamts (§§. 29, 30) ist die Berufung zulässig. Die Berufung geht an das Reichsgericht. Sie ist binnen sechs Wochen nach der Zustellung bei dem Patentamt schriftlich anzumelden und zu begründen.

Durch das Urtheil des Gerichtshofs ist nach Massgabe des §. 31 auch über die Kosten des Verfahrens zu bestimmen.

Im Uebrigen wird das Verfahren vor dem Gerichtshof durch ein Regulativ bestimmt, welches von dem Gerichtshof zu entwerfen ist und durch Kaiserliche Verordnung unter Zustimmung des Bundesraths festgestellt wird[1]).

---

[1]) VO v. 6. Dez. 1891 (RGB 389):

§. 1. Die in Gemässheit des §. 33 Abs. 1 des Patentgesetzes v. 7. Apr. 1891 bei dem Patentamt einzureichende Berufungsschrift muss die Berufungsanträge sowie die Angabe der neuen Thatsachen und Beweismittel enthalten, welche der Berufungskläger geltend machen will.

§. 2. Ist die Berufungsschrift nicht rechtzeitig eingegangen oder nicht in deutscher Sprache abgefasst oder enthält sie nicht die Berufungsanträge, so hat das Patentamt die Berufung als unzulässig zu verwerfen. Der Berufungskläger kann binnen einer Woche nach Zustellung dieses Beschlusses auf die Entscheidung des Reichsgerichts antragen.

§. 3. Ist die Berufung zulässig, so wird die Berufungsschrift von dem Patentamt dem Berufungsbeklagten mit der Auflage mitgetheilt, seine schriftliche Erklärung innerhalb eines Monats nach der Zustellung bei dem Patentamt einzureichen. Die Erklärung muss die Gegenanträge sowie die Angabe der neuen Thatsachen und Beweismittel enthalten, welche der Berufungsbeklagte geltend machen will.

§. 34. In Betreff der Geschäftssprache vor dem Patentamt finden die Bestimmungen des Gerichtsverfassungsgesetzes über die Gerichtssprache entsprechende Anwendung. Eingaben, welche nicht in deutscher Sprache abgefasst sind, werden nicht berücksichtigt.

Vierter Abschnitt. Strafen und Entschädigung.

§. 35. Wer wissentlich oder aus grober Fahrlässigkeit den Bestimmungen der §§. 4 und 5 zuwider eine Erfindung in Benutzung nimmt, ist dem Verletzten zur Entschädigung verpflichtet.

Handelt es sich um eine Erfindung, welche ein Verfahren zur Herstellung eines neuen Stoffes zum Gegenstande hat, so gilt bis zum Beweise des Gegentheils jeder Stoff von gleicher Beschaffenheit als nach dem patentirten Verfahren hergestellt.

§. 36. Wer wissentlich den Bestimmungen der §§. 4 und 5 zuwider eine Erfindung in Benutzung nimmt, wird mit Geldstrafe bis zu fünftausend Mark oder mit Gefängniss bis zu einem Jahre bestraft.

Die Strafverfolgung tritt nur auf Antrag ein. Die Zurücknahme des Antrags ist zulässig.

Wird auf Strafe erkannt, so ist zugleich dem Verletzten die Befugniss zuzusprechen, die Verurtheilung auf Kosten des Verurtheilten öffent-

---

§. 4. Das Patentamt legt die Verhandlungen nebst den Akten erster Instanz dem Reichsgericht vor und benachrichtigt hiervon die Parteien unter Mittheilung der Gegenerklärung an den Berufungskläger.

§. 5. Das Reichsgericht trifft nach freiem Ermessen die zur Aufklärung der Sache erforderlichen Verfügungen. Beweiserhebungen können durch Vermittelung des Patentamts erfolgen.

§. 6. Das Urtheil des Reichsgerichts ergeht nach Ladung und Anhörung der Parteien. Die Ladungsfrist beträgt mindestens zwei Wochen.

§. 7. Die Geltendmachung neuer Thatsachen und Beweismittel im Termin ist nur insoweit zulässig, als sie durch das Vorbringen des Berufungsbeklagten in der Erklärungsschrift veranlasst wird. Das Gericht kann auch Thatsachen und Beweise berücksichtigen, mit welchen die Parteien ausgeschlossen sind. Auf eine noch erforderliche Beweisaufnahme findet die Bestimmung im §. 5 Anwendung. Soll das Urtheil auf Umstände gegründet werden, welche von den Parteien nicht berührt sind, so sind diese zu veranlassen, sich hierüber zu äussern.

§. 8. Von einer Partei behauptete Thatsachen, über welche die Gegenpartei sich nicht erklärt hat, können für erwiesen angenommen werden. Erscheint in dem Termin keine der Parteien, so ergeht das Urtheil auf Grund der Akten.

§. 9. Das Reichsgericht kann zu der Berathung Sachverständige zuziehen; dieselben dürfen an der Abstimmung nicht theilnehmen.

§. 10. Zu den Kosten des Verfahrens, über welche das Reichsgericht nach §. 33 Abs. 2 des Patentgesetzes zu bestimmen hat, gehören ausser den aus der Kasse des Patentamts zu bestreitenden Auslagen diejenigen den Parteien erwachsenen Auslagen, welche nach freiem Ermessen des Gerichtshofes zur zweckentsprechenden Wahrung der Ansprüche und Rechte nothwendig waren.

§. 11. In dem Termin ist ein Protokoll aufzunehmen, welches den Gang der Verhandlung im allgemeinen angiebt. Das Protokoll ist von dem Vorsitzenden und dem Gerichtsschreiber zu unterschreiben.

§. 12. Die Verkündung des Urtheils erfolgt in dem Termin, in welchem die Verhandlung geschlossen ist, oder in einem sofort anzuberaumenden Termin. Wird die Verkündung der Entscheidungsgründe für angemessen erachtet, so erfolgt sie durch Vorlesung der Gründe oder durch mündliche Mittheilung des wesentlichen Inhalts. Die Ausfertigungen des mit Gründen zu versehenden Urtheils werden durch Vermittelung des Patentamts zugestellt.

§. 13. Wird beantragt, dass in Abänderung der Entscheidung des Patentamts die Zurücknahme des Patents auf Grund des §. 11 Nr. 2 des Patentgesetzes ausgesprochen werde, so findet die Vorschrift des §. 30 Abs. 3 dieses Gesetzes entsprechende Anwendung.

§. 14. Die zur Praxis bei dem Reichsgericht zugelassenen Rechtsanwälte sind befugt, im Berufungsverfahren in Patentsachen die Vertretung zu übernehmen. Den Parteien und deren Vertretern ist es gestattet, mit einem technischen Beistande zu erscheinen.

§. 15. Im Uebrigen ist für das Berufungsverfahren in Patentsachen das den Geschäftsgang beim Reichsgericht normirende Regulativ massgebend.

lich bekannt zu machen. Die Art der Bekanntmachung sowie die Frist zu derselben ist im Urtheil zu bestimmen.

§. 37. Statt jeder aus diesem Gesetze entspringenden Entschädigung kann auf Verlangen des Beschädigten neben der Strafe auf eine an ihn zu erlegende Busse bis zum Betrage von zehntausend Mark erkannt werden. Für diese Busse haften die zu derselben Verurtheilten als Gesammtschuldner.

Eine erkannte Busse schliesst die Geltendmachung eines weiteren Entschädigungsanspruchs aus.

§. 38. In bürgerlichen Rechtsstreitigkeiten, in welchen durch Klage oder Widerklage ein Anspruch auf Grund der Bestimmungen dieses Gesetzes geltend gemacht ist, wird die Verhandlung und Entscheidung letzter Instanz im Sinne des §. 8 des Einführungsgesetzes zum Gerichtsverfassungsgesetz dem Reichsgericht zugewiesen.

§. 39. Die Klagen wegen Verletzung des Patentrechts verjähren rücksichtlich jeder einzelnen dieselbe begründenden Handlung in drei Jahren.

§. 40. Mit Geldstrafe bis zu eintausend Mark wird bestraft:

1) wer Gegenstände oder deren Verpackung mit einer Bezeichnung versieht, welche geeignet ist, den Irrthum zu erregen, dass die Gegenstände durch ein Patent nach Massgabe dieses Gesetzes geschützt seien;
2) wer in öffentlichen Anzeigen, auf Aushängeschildern, auf Empfehlungskarten oder in ähnlichen Kundgebungen eine Bezeichnung anwendet, welche geeignet ist, den Irrthum zu erregen, dass die darin erwähnten Gegenstände durch ein Patent nach Massgabe dieses Gesetzes geschützt seien.

---

4. Gesetz, betreffend den Schutz von Gebrauchsmustern.

Vom 1. Juni 1891 (RGB 290).

§. 1. Modelle von Arbeitsgeräthschaften oder Gebrauchsgegenständen oder von Theilen derselben werden, insoweit sie dem Arbeits- oder Gebrauchszweck durch eine neue Gestaltung, Anordnung oder Vorrichtung dienen sollen, als Gebrauchsmuster nach Massgabe dieses Gesetzes geschützt.

Modelle gelten insoweit nicht als neu, als sie zur Zeit der auf Grund dieses Gesetzes erfolgten Anmeldung bereits in öffentlichen Druckschriften beschrieben oder im Inlande offenkundig benutzt sind.

§. 2. Modelle, für welche der Schutz als Gebrauchsmuster verlangt wird, sind bei dem Patentamt schriftlich anzumelden.

Die Anmeldung muss angeben, unter welcher Bezeichnung das Modell eingetragen werden und welche neue Gestaltung oder Vorrichtung dem Arbeits- oder Gebrauchszweck dienen soll.

Jeder Anmeldung ist eine Nach- oder Abbildung des Modells beizufügen.

Ueber die sonstigen Erfordernisse der Anmeldung trifft das Patentamt Bestimmung.

Gleichzeitig mit der Anmeldung ist für jedes angemeldete Modell eine Gebühr von fünfzehn Mark einzuzahlen.

§. 3. Entspricht die Anmeldung den Anforderungen des §. 2, so verfügt das Patentamt die Eintragung in die Rolle für Gebrauchsmuster.

Die Eintragung muss den Namen und Wohnsitz des Anmelders, sowie die Zeit der Anmeldung angeben.

Die Eintragungen sind durch den Reichs-Anzeiger in bestimmten Fristen bekannt zu machen.

Aenderungen in der Person des Eingetragenen werden auf Antrag in der Rolle vermerkt.

Die Einsicht der Rolle sowie der Anmeldungen, auf Grund deren die Eintragungen erfolgt sind, steht jedermann frei.

§. 4. Die Eintragung eines Gebrauchsmusters im Sinne des §. 1 hat die Wirkung, dass dem Eingetragenen ausschliesslich das Recht zusteht, gewerbsmässig das Muster nachzubilden, die durch Nachbildung hervorgebrachten Geräthschaften und Gegenstände in Verkehr zu bringen, feilzuhalten oder zu gebrauchen.

Das durch eine spätere Anmeldung begründete Recht darf, soweit es in das Recht des auf Grund früherer Anmeldung Eingetragenen eingreift, ohne Erlaubniss des letzteren nicht ausgeübt werden.

Wenn der wesentliche Inhalt der Eintragung den Beschreibungen, Zeichnungen, Modellen, Geräthschaften oder Einrichtungen eines Anderen ohne Einwilligung desselben entnommen ist, so tritt dem Verletzten gegenüber der Schutz des Gesetzes nicht ein.

§. 5. Soweit ein nach §. 4 begründetes Recht in ein Patent eingreift, dessen Anmeldung vor der Anmeldung des Modells erfolgt ist, darf der Eingetragene das Recht ohne Erlaubniss des Patentinhabers nicht ausüben.

Imgleichen darf, soweit in ein nach §. 4 begründetes Recht durch ein später angemeldetes Patent eingegriffen wird, das Recht aus diesem Patent ohne Erlaubniss des Eingetragenen nicht ausgeübt werden.

§. 6. Liegen die Erfordernisse des §. 1 nicht vor, so hat jedermann gegen den Eingetragenen Anspruch auf Löschung des Gebrauchsmusters.

Im Falle des §. 4 Absatz 3 steht dem Verletzten ein Anspruch auf Löschung zu.

§. 7. Das durch die Eintragung begründete Recht geht auf die Erben über und kann beschränkt oder unbeschränkt durch Vertrag oder Verfügung von Todeswegen auf andere übertragen werden.

§. 8. Die Dauer des Schutzes ist drei Jahre; der Lauf dieser Zeit beginnt mit dem auf die Anmeldung folgenden Tage. Bei Zahlung einer weiteren Gebühr von sechszig Mark vor Ablauf der Zeit tritt eine Verlängerung der Schutzfrist um drei Jahre ein. Die Verlängerung wird in der Rolle vermerkt.

Wenn der Eingetragene während der Dauer der Frist auf den Schutz Verzicht leistet, so wird die Eintragung gelöscht.

Die nicht in Folge von Ablauf der Frist stattfindenden Löschungen von Eintragungen sind durch den Reichs-Anzeiger in bestimmten Fristen bekannt zu machen.

§. 9. Wer wissentlich oder aus grober Fahrlässigkeit den Bestimmungen der §§. 4 und 5 zuwider ein Gebrauchsmuster in Benutzung nimmt, ist dem Verletzten zur Entschädigung verpflichtet.

Die Klagen wegen Verletzung des Schutzrechtes verjähren rücksichtlich jeder einzelnen dieselbe begründenden Handlung in drei Jahren.

§. 10. Wer wissentlich den Bestimmungen der §§. 4 und 5 zuwider ein Gebrauchsmuster in Benutzung nimmt, wird mit Geldstrafe bis zu fünftausend Mark oder mit Gefängniss bis zu einem Jahre bestraft.

Die Strafverfolgung tritt nur auf Antrag ein. Die Zurücknahme des Antrags ist zulässig.

Wird auf Strafe erkannt, so ist zugleich dem Verletzten die Befugniss zuzusprechen, die Verurtheilung auf Kosten des Verurtheilten öffentlich bekannt zu machen. Die Art der Bekanntmachung, sowie die Frist zu derselben ist im Urtheil zu bestimmen.

§. 11. Statt jeder aus diesem Gesetze entspringenden Entschädigung kann auf Verlangen des Beschädigten neben der Strafe auf eine an ihn zu erlegende Busse bis zum Betrage von zehntausend Mark erkannt werden. Für diese Busse haften die zu derselben Verurtheilten als Gesammtschuldner.

Eine erkannte Busse schliesst die Geltendmachung eines weiteren Entschädigungsanspruchs aus.

§. 12. In bürgerlichen Rechtsstreitigkeiten, in welchen durch Klage oder Widerklage ein Anspruch auf Grund der Bestimmungen dieses Gesetzes geltend gemacht ist, wird die Verhandlung und Entscheidung letzter Instanz im Sinne des §. 8 des Einführungsgesetzes zum Gerichtsverfassungsgesetze dem Reichsgericht zugewiesen.

§. 13. Wer im Inlande einen Wohnsitz oder eine Niederlassung nicht hat, kann nur dann den Anspruch auf den Schutz dieses Gesetzes geltend machen, wenn in dem Staate, in welchem sein Wohnsitz oder seine Niederlassung sich befindet, nach einer im Reichs-Gesetzblatt enthaltenen Bekanntmachung deutsche Gebrauchsmuster einen Schutz geniessen.

Wer auf Grund dieser Bestimmung eine Anmeldung bewirkt, muss gleichzeitig einen im Inlande wohnhaften Vertreter bestellen. Name und Wohnsitz des Vertreters werden in die Rolle eingetragen. Der eingetragene Vertreter ist zur Vertretung des Schutzberechtigten in den das Gebrauchsmuster betreffenden Rechtsstreitigkeiten und zur Stellung von Strafanträgen befugt. Der Ort, wo der Vertreter seinen Wohnsitz hat, und in Ermangelung eines solchen der Ort, wo das Patentamt seinen Sitz hat, gilt im Sinne des §. 24 der Civilprozessordnung als der Ort, wo der Vermögensgegenstand sich befindet.

§. 14. Die zur Ausführung dieses Gesetzes erforderlichen Bestimmungen über die Einrichtung und den Geschäftsgang des Patentamts werden durch Kaiserliche Verordnung unter Zustimmung des Bundesraths getroffen.

---

5. Gesetz zur Bekämpfung des unlauteren Wettbewerbes.

Vom 27. Mai 1896 (RGB 145 ff.).

§. 1. Wer in öffentlichen Bekanntmachungen oder in Mittheilungen, welche für einen grösseren Kreis von Personen bestimmt sind, über geschäftliche Verhältnisse, insbesondere über die Beschaffenheit, die Herstellungsart oder die Preisbemessung von Waaren oder gewerblichen Leistungen, über die Art des Bezuges oder die Bezugsquelle von Waaren, über den Besitz von Auszeichnungen, über den Anlass oder den Zweck des Verkaufs unrichtige Angaben thatsächlicher Art macht, welche geeignet sind, den Anschein eines besonders günstigen Angebots hervorzurufen, kann auf Unterlassung der unrichtigen Angaben in Anspruch genommen werden. Dieser Anspruch kann von jedem Gewerbetreibenden, der Waaren oder Leistungen gleicher oder verwandter Art herstellt oder in den geschäftlichen Verkehr bringt, oder von Verbänden zur Förderung gewerblicher Interessen geltend gemacht werden, soweit die Verbände als solche in bürgerlichen Rechtsstreitigkeiten klagen können.

Neben dem Anspruch auf Unterlassung der unrichtigen Angaben haben die vorerwähnten Gewerbetreibenden auch Anspruch auf Ersatz des durch die unrichtigen Angaben verursachten Schadens gegen denjenigen, der die Angaben gemacht hat, falls dieser ihre Unrichtigkeit kannte oder kennen musste. Der Anspruch auf Schadensersatz kann gegen Redakteure, Verleger, Drucker oder Verbreiter von periodischen Druckschriften nur geltend gemacht werden, wenn dieselben die Unrichtigkeit der Angaben kannten.

Die Verwendung von Namen, welche nach dem Handelsgebrauch zur Benennung gewisser Waaren dienen, ohne deren Herkunft bezeichnen zu sollen, fällt unter die vorstehenden Bestimmungen nicht.

Im Sinne der Bestimmungen des Absatzes 1 und 2 sind den Angaben thatsächlicher Art bildliche Darstellungen und sonstige Veranstaltungen gleich zu achten, die darauf berechnet und geeignet sind, solche Angaben zu ersetzen.

Unter Waaren im Sinne dieses Gesetzes sind auch landwirthschaftliche Erzeugnisse, unter gewerblichen Leistungen auch landwirthschaftliche zu verstehen.

§. 2. Für Klagen auf Grund des §. 1 ist ausschliesslich zuständig das Gericht, in dessen Bezirk der Beklagte seine gewerbliche Niederlassung oder in Ermangelung einer solchen seinen Wohnsitz hat. Für Personen, welche im Inlande weder eine gewerbliche Niederlassung noch einen Wohnsitz haben, ist ausschliesslich zuständig das Gericht des inländischen Aufenthaltsortes, oder wenn ein solcher nicht bekannt ist, das Gericht, in dessen Bezirk die Handlung begangen ist.

§. 3. Zur Sicherung des in §. 1 Absatz 1 bezeichneten Anspruchs können einstweilige Verfügungen erlassen werden, auch wenn die in den §§. 814, 819 der Civilprozessordnung bezeichneten Voraussetzungen nicht zutreffen. Zuständig ist auch das Amtsgericht, in dessen Bezirk die den Anspruch begründende Handlung begangen ist; im Uebrigen finden die Vorschriften des §. 820 der Civilprozessordnung Anwendung.

§. 4. Wer in der Absicht, den Anschein eines besonders günstigen Angebots hervorzurufen, in öffentlichen Bekanntmachungen oder in Mittheilungen, welche für einen grösseren Kreis von Personen bestimmt sind, über die Beschaffenheit, die Herstellungsart oder die Preisbemessung von Waaren oder gewerblichen Leistungen, über die Art des Bezuges oder die Bezugsquelle von Waaren, über den Besitz von Auszeichnungen, über den Anlass oder den Zweck des Verkaufs wissentlich unwahre und zur Irreführung geeignete Angaben thatsächlicher Art macht, wird mit Geldstrafe bis zu eintausendfünfhundert Mark bestraft.

Ist der Thäter bereits einmal wegen einer Zuwiderhandlung gegen die vorstehende Vorschrift bestraft, so kann neben oder statt der Geldstrafe auf Haft oder auf Gefängniss bis zu sechs Monaten erkannt werden; die Bestimmungen des §. 245 des Strafgesetzbuchs finden entsprechende Anwendung.

§. 5. Durch Beschluss des Bundesraths kann festgesetzt werden, das bestimmte Waaren im Einzelverkehr nur in vorgeschriebenen Einheiten der Zahl, der Länge und des Gewichts oder mit einer auf der Waare oder ihrer Aufmachung anzubringenden Angabe über Zahl, Länge oder Gewicht gewerbsmässig verkauft oder feilgehalten werden dürfen.

Für den Einzelverkehr mit Bier in Flaschen oder Krügen kann die Angabe des Inhaltes unter Festsetzung angemessener Fehlergrenzen vorgeschrieben werden.

Die durch Beschluss des Bundesraths getroffenen Bestimmungen sind durch das Reichs-Gesetzblatt zu veröffentlichen und dem Reichstag sogleich oder bei seinem nächsten Zusammentritt vorzulegen.

Zuwiderhandlungen gegen die Bestimmungen des Bundesraths werden mit Geldstrafe bis einhundertundfünfzig Mark oder mit Haft bestraft.

§. 6. Wer zu Zwecken des Wettbewerbes über das Erwerbsgeschäft eines Anderen, über die Person des Inhabers oder Leiters des Geschäfts, über die Waaren oder gewerblichen Leistungen eines Anderen Behauptungen thatsächlicher Art aufstellt oder verbreitet, welche geeignet sind, den Betrieb des Geschäfts oder den Kredit des Inhabers zu schädigen, ist, sofern die Behauptungen nicht erweislich wahr sind, dem Verletzten zum Ersatze des entstandenen Schadens verpflichtet. Auch kann der Verletzte den Anspruch geltend machen, dass die Wiederholung oder Verbreitung der Behauptungen unterbleibe.

Die Bestimmungen des ersten Absatzes finden keine Anwendung, wenn der Mittheilende oder der Empfänger der Mittheilung an ihr ein berechtigtes Interesse hat.

§. 7. Wer wider besseres Wissen über das Erwerbsgeschäft eines Anderen, über die Person des Inhabers oder Leiters des Geschäfts, über die Waaren oder gewerblichen Leistungen eines Anderen unwahre Behauptungen thatsächlicher Art aufstellt oder verbreitet, welche geeignet sind, den Betrieb des Geschäfts zu schädigen, wird mit Geldstrafe bis zu eintausendfünfhundert Mark oder mit Gefängniss bis zu einem Jahre bestraft.

§. 8. Wer im geschäftlichen Verkehr einen Namen, eine Firma oder die besondere Bezeichnung eines Erwerbsgeschäfts, eines gewerblichen Unternehmens oder einer Druckschrift in einer Weise benutzt, welche darauf berechnet und geeignet ist, Verwechselungen mit dem Namen, der Firma oder der besonderen Bezeichnung hervorzurufen, deren sich ein Anderer befugterweise bedient, ist diesem zum Ersatze des Schadens verpflichtet. Auch kann der Anspruch auf Unterlassung der missbräuchlichen Art der Benutzung geltend gemacht werden.

§. 9. Mit Geldstrafe bis zu dreitausend Mark oder mit Gefängniss bis zu einem Jahre wird bestraft, wer als Angestellter, Arbeiter oder Lehrling eines Geschäftsbetriebes Geschäfts- oder Betriebsgeheimnisse, die ihm vermöge des Dienstverhältnisses anvertraut oder sonst zugänglich geworden sind, während der Geltungsdauer des Dienstverhältnisses unbefugt an Andere zu Zwecken des Wettbewerbes oder in der Absicht, dem Inhaber des Geschäftsbetriebes Schaden zuzufügen, mittheilt.

Gleiche Strafe trifft denjenigen, welcher Geschäfts- oder Betriebsgeheimnisse, deren Kenntniss er durch eine der im Absatz 1 bezeichneten Mittheilungen oder durch eine gegen das Gesetz oder die guten Sitten verstossende eigene Handlung erlangt hat, zu Zwecken des Wettbewerbes unbefugt verwerthet oder an Andere mittheilt.

Zuwiderhandlungen verpflichten ausserdem zum Ersatze des entstandenen Schadens. Mehrere Verpflichtete haften als Gesammtschuldner.

§. 10. Wer zum Zweck des Wettbewerbes es unternimmt, einen Anderen zu einer unbefugten Mittheilung der im §. 9 Absatz 1 bezeichneten Art zu bestimmen, wird mit Geldstrafe bis zu zweitausend Mark oder mit Gefängniss bis zu neun Monaten bestraft.

§. 11. Die in den §§. 1, 6, 8, 9 bezeichneten Ansprüche auf Unterlassung oder Schadensersatz verjähren in sechs Monaten von dem Zeitpunkt an, in welchem der Anspruchsberechtigte von der Handlung und von der Person des Verpflichteten Kenntniss erlangt, ohne Rücksicht auf diese Kenntniss in drei Jahren von der Begehung der Handlung an.

Für die Ansprüche auf Schadensersatz beginnt der Lauf der Verjährung nicht vor dem Zeitpunkt, in welchem ein Schaden entstanden ist.

§. 12. Die Strafverfolgung tritt mit Ausnahme der im §. 5 bezeichneten Fälle nur auf Antrag ein. In den Fällen des §. 4 hat das Recht den Strafantrag zu stellen, jeder der im §. 1 Absatz 1 bezeichneten Gewerbetreibenden und Verbände.

Die Zurücknahme des Antrages ist zulässig.

Strafbare Handlungen, deren Verfolgung nur auf Antrag eintritt, können von den zum Strafantrage Berechtigten im Wege der Privatklage verfolgt werden, ohne dass es einer vorgängigen Anrufung der Staatsanwaltschaft bedarf. Die öffentliche Klage wird von der Staatsanwaltschaft nur dann erhoben, wenn dies im öffentlichen Interesse liegt.

Geschieht die Verfolgung im Wege der Privatklage, so sind die Schöffengerichte zuständig.

§. 13. Wird in den Fällen des §. 4 auf Strafe erkannt, so kann angeordnet werden, dass die Verurtheilung auf Kosten des Schuldigen öffentlich bekannt zu machen sei.

Wird in den Fällen des §. 7 auf Strafe erkannt, so ist zugleich dem Verletzten die Befugniss zuzusprechen, die Verurtheilung innerhalb bestimmter Frist auf Kosten des Verurtheilten öffentlich bekannt zu machen.

Auf Antrag des freigesprochenen Angeschuldigten kann das Gericht die öffentliche Bekanntmachung der Freisprechung anordnen; die Staatskasse trägt die Kosten, insofern dieselben nicht dem Anzeigenden oder dem Privatkläger auferlegt worden sind.

Ist in den Fällen der §§. 1, 6 und 8 auf Unterlassung Klage erhoben, so kann in dem Urtheile der obsiegenden Partei die Befugniss zugesprochen werden, den verfügenden Theil des Urtheils innerhalb bestimmter Frist auf Kosten der unterliegenden Partei öffentlich bekannt zu machen.

Die Art der Bekanntmachung ist im Urtheil zu bestimmen.

§. 14. Neben einer nach Massgabe dieses Gesetzes verhängten Strafe kann auf Verlangen des Verletzten auf eine an ihn zu erlegende Busse bis zum Betrage von zehntausend Mark erkannt werden. Für diese Busse haften die zu derselben Verurtheilten als Gesammtschuldner. Eine erkannte Busse schliesst die Geltendmachung eines weiteren Entschädigungsanspruchs aus.

§. 15. Bürgerliche Rechtsstreitigkeiten, in welchen durch Klage ein Anspruch auf Grund dieses Gesetzes geltend gemacht ist, gehören, insoweit in erster Instanz die Zuständigkeit der Landgerichte begründet ist, vor die Kammer für Handelssachen. Die Verhandlung und Entscheidung letzter Instanz im Sinne des §. 8 des Einführungsgesetzes zum Gerichtsverfassungsgesetze wird dem Reichsgericht zugewiesen.

§. 16. Wer im Inlande eine Hauptniederlassung nicht besitzt, hat auf den Schutz dieses Gesetzes nur insoweit Anspruch, als in dem Staate, in welchem seine Hauptniederlassung sich befindet, nach einer im Reichs-Gesetzblatt enthaltenen Bekanntmachung deutsche Gewerbetreibende einen entsprechenden Satz geniessen.

§. 17. Dieses Gesetz tritt am 1. Juli 1896 in Kraft.

6. Gesetz,
betreffend die Erwerbs- und Wirthschaftsgenossenschaften[1].

Vom 1. Mai 1889 (RGB 55 ff.).

Erster Abschnitt. Errichtung der Genossenschaft.

§ 1. Gesellschaften von nicht geschlossener Mitgliederzahl, welche die Förderung des Erwerbes oder der Wirthschaft ihrer Mitglieder mittelst gemeinschaftlichen Geschäftsbetriebes bezwecken (Genossenschaften), namentlich:

1. Vorschuss- und Kreditvereine,
2. Rohstoffvereine,
3. Vereine zum gemeinschaftlichen Verkaufe landwirthschaftlicher oder gewerblicher Erzeugnisse (Absatzgenossenschaften, Magazinvereine),
4. Vereine zur Herstellung von Gegenständen und zum Verkaufe derselben auf gemeinschaftliche Rechnung (Produktivgenossenschaften),
5. Vereine zum gemeinschaftlichen Einkaufe von Lebens- oder Wirthschaftsbedürfnissen im Grossen und Ablass im Kleinen (Konsumvereine),
6. Vereine zur Beschaffung von Gegenständen des landwirthschaftlichen oder gewerblichen Betriebes und zur Benutzung derselben auf gemeinschaftliche Rechnung,
7. Vereine zur Herstellung von Wohnungen,

erwerben die Rechte einer „eingetragenen Genossenschaft" nach Massgabe dieses Gesetzes.

§ 2. Die Genossenschaften können errichtet werden:

1. dergestalt, dass die einzelnen Mitglieder (Genossen) für die Verbindlichkeiten der Genossenschaft dieser sowie unmittelbar den Gläubigern derselben mit ihrem ganzen Vermögen haften (eingetragene Genossenschaft mit unbeschränkter Haftpflicht);
2. dergestalt, dass die Genossen zwar mit ihrem ganzen Vermögen, aber nicht unmittelbar den Gläubigern der Genossenschaft verhaftet, vielmehr nur verpflichtet sind, der letzteren die zur Befriedigung der Gläubiger erforderlichen Nachschüsse zu leisten (eingetragene Genossenschaft mit unbeschränkter Nachschusspflicht);
3. dergestalt, dass die Haftpflicht der Genossen für die Verbindlichkeiten der Genossenschaft sowohl dieser wie unmittelbar den Gläubigern gegenüber im Voraus auf eine bestimmte Summe beschränkt ist (eingetragene Genossenschaft mit beschränkter Haftpflicht).

§ 3. Die Firma der Genossenschaft muss vom Gegenstande des Unternehmens entlehnt sein und entsprechend der im §. 2 vorgesehenen Art der Genossenschaft die daselbst bestimmte zusätzliche Bezeichnung enthalten.

---

[1]) Die Abänderungen des Gesetzes vom 12. Aug. 1896 (RGB 695 ff.) sind in den Text aufgenommen. Nach Art. 2 dieses Gesetzes finden die für Konsumvereine getroffenen Bestimmungen der §§. 8 Absatz 4, 30 a, 30 b, 145 a, 145 b und 145 c „auf Konsumanstalten, welche von Arbeitgebern für ihre Arbeiter und Beamten betrieben werden, sowie auf Vereinigungen (Gesellschaften, Korporationen), deren wesentlicher Geschäftszweck es ist, ihren Mitgliedern oder bestimmten Berufskreisen in dem Bezug von Waaren Vortheile zu verschaffen, insbesondere auch auf Beamten- und Offiziervereine mit der Massgabe sinngemässe Anwendung, dass die hinsichtlich der Mitglieder der Konsumvereine getroffenen Bestimmungen bei den vorbezeichneten Konsumanstalten und Vereinigungen hinsichtlich derjenigen Personen gelten, für welche die Einrichtung bestimmt ist. Jedoch ist es den Konsumanstalten und Vereinigungen der vorbezeichneten Art gestattet, in ihren Speiseanstalten Waaren zum alsbaldigen persönlichen Verbrauch auch an Dritte abzugeben."

Der Name von Genossen oder anderen Personen darf in die Firma nicht aufgenommen werden. Jede neue Firma muss sich von allen an demselben Orte oder in derselben Gemeinde bereits bestehenden Firmen eingetragener Genossenschaften deutlich unterscheiden.

§ 4. Die Zahl der Genossen muss mindestens sieben betragen.

§ 5. Das Statut der Genossenschaft bedarf der schriftlichen Form.

§ 6. Das Statut muss enthalten:

1. die Firma und den Sitz der Genossenschaft;
2. den Gegenstand des Unternehmens;
3. Bestimmungen über die Form für die Berufung der Generalversammlung der Genossen, sowie für die Beurkundung ihrer Beschlüsse und über den Vorsitz in der Versammlung;
4. Bestimmungen über die Form, in welcher die von der Genossenschaft ausgehenden Bekanntmachungen erfolgen, sowie über die öffentlichen Blätter, in welche dieselben aufzunehmen sind.

§ 7. Das Statut muss ferner bestimmen:

1. ob die Genossen der unbeschränkten Haftpflicht oder nur der unbeschränkten Nachschusspflicht oder der beschränkten Haftpflicht unterliegen sollen;
2. den Betrag, bis zu welchem sich die einzelnen Genossen mit Einlagen betheiligen können (Geschäftsantheil),
   sowie die Einzahlungen auf den Geschäftsantheil, zu welchen jeder Genosse verpflichtet ist; dieselben müssen bis zu einem Gesammtbetrage von mindestens einem Zehntheile des Geschäftsantheils nach Betrag und Zeit bestimmt sein;
3. die Grundsätze für die Aufstellung und Prüfung der Bilanz;
4. die Bildung eines Reservefonds, welcher zur Deckung eines aus der Bilanz sich ergebenden Verlustes zu dienen hat, sowie die Art dieser Bildung, insbesondere den Theil des jährlichen Reingewinns, welcher in den Reservefonds einzustellen ist, und den Mindestbetrag des letzteren, bis zu dessen Erreichung die Einstellung zu erfolgen hat.

§. 8. Der Aufnahme in das Statut bedürfen Bestimmungen, nach welchen:

1. die Genossenschaft auf eine bestimmte Zeit beschränkt wird;
2. Erwerb und Fortdauer der Mitgliedschaft an den Wohnsitz innerhalb eines bestimmten Bezirks geknüpft wird;
3. das Geschäftsjahr, insbesondere das erste, auf ein mit dem Kalenderjahre nicht zusammenfallendes Jahr oder auf eine kürzere Dauer, als auf ein Jahr, bemessen wird;
4. über gewisse Gegenstände die Generalversammlung nicht schon durch einfache Stimmenmehrheit, sondern nur durch eine grössere Stimmenmehrheit oder nach anderen Erfordernissen Beschluss fassen kann;
5. die Ausdehnung des Geschäftsbetriebes auf Personen, welche nicht Mitglieder der Genossenschaft sind, zugelassen wird.

Genossenschaften, bei welchen die Gewährung von Darlehen Zweck des Unternehmens ist, dürfen ihren Geschäftsbetrieb, soweit er in einer diesen Zweck verfolgenden Dahrlehnsgewährung besteht, nicht auf andere Personen ausser den Mitgliedern ausdehnen. Darlehnsgewährungen, welche nur die Anlegung von Geldbeständen bezwecken, fallen nicht unter dieses Verbot.

Als Ausdehnung des Geschäftsbetriebes gilt nicht der Abschluss von Geschäften mit Personen, welche bereits die Erklärung des Beitritts zur Genossenschaft unterzeichnet haben und von derselben zugelassen sind.

Konsumvereine (§. 1 Ziffer 5) dürfen im regelmässigen Geschäftsverkehr Waaren nur an ihre Mitglieder oder deren Vertreter verkaufen. Diese Beschränkung findet auf landwirthschaftliche Konsumvereine, welche ohne Haltung eines offenen Ladens die Vermittelung des Bezugs von ihrer Natur nach ausschliesslich für den landwirthschaftlichen Betrieb bestimmten Waaren besorgen, hinsichtlich dieser Waaren keine Anwendung[1]).

§. 9. Die Genossenschaft muss einen Vorstand und einen Aufsichtsrath haben.

Die Mitglieder des Vorstandes und des Aufsichtsraths müssen Genossen sein. Gehören der Genossenschaft einzelne eingetragene Genossenschaften als Mitglieder an, oder besteht die Genossenschaft ausschliesslich aus solchen, so können Mitglieder der letzteren in den Vorstand und den Aufsichtsrath berufen werden.

§. 10. Das Statut sowie die Mitglieder des Vorstandes sind in das Genossenschaftsregister bei dem Gerichte einzutragen, in dessen Bezirke die Genossenschaft ihren Sitz hat.

Das Genossenschaftsregister wird bei dem zur Führung des Handelsregisters zuständigen Gerichte geführt.

§. 11. Die Anmeldung behufs der Eintragung liegt dem Vorstande ob.

Der Anmeldung sind beizufügen:

1. das Statut, welches von den Genossen unterzeichnet sein muss, und eine Abschrift desselben;
2. eine Liste der Genossen;
3. eine Abschrift der Urkunden über die Bestellung des Vorstandes und des Aufsichtsraths.

Die Mitglieder des Vorstandes haben zugleich ihre Unterschrift vor dem Gerichte zu zeichnen oder die Zeichnung in beglaubigter Form einzureichen.

Die Abschrift des Statuts wird von dem Gerichte beglaubigt und, mit der Bescheinigung der erfolgten Eintragung versehen, zurückgegeben. Die übrigen Schriftstücke werden bei dem Gerichte aufbewahrt.

§. 12. Das eingetragene Statut ist von dem Gerichte im Auszuge zu veröffentlichen.

Die Veröffentlichung muss enthalten:

1. das Datum des Statuts;
2. die Firma und den Sitz der Genossenschaft;
3. den Gegenstand des Unternehmens;
4. die Form, in welcher die von der Genossenschaft ausgehenden Bekanntmachungen erfolgen, sowie die öffentlichen Blätter, in welche dieselben aufzunehmen sind;
5. die Zeitdauer der Genossenschaft, falls dieselbe auf eine bestimmte Zeit beschränkt ist;
6. das Geschäftsjahr, falls es, abgesehen von dem ersten, auf ein mit dem Kalenderjahre nicht zusammenfallendes Jahr oder auf eine kürzere Dauer, als auf ein Jahr, bemessen ist;
7. die Namen und den Wohnort der Mitglieder des Vorstandes.

Zugleich ist bekannt zu machen, dass die Einsicht der Liste der Genossen während der Dienststunden des Gerichts jedem gestattet ist.

Ist in dem Statut bestimmt, in welcher Form der Vorstand seine Willenserklärungen kundgiebt und für die Genossenschaft zeichnet, so ist auch diese Bestimmung zu veröffentlichen.

§. 13. Vor erfolgter Eintragung in das Genossenschaftsregister hat die Genossenschaft die Rechte einer eingetragenen Genossenschaft nicht.

---

[1]) Fassung der Novelle von 1896.

§. 14. Jede Zweigniederlassung muss bei dem Gerichte, in dessen Bezirke sie sich befindet, behufs Eintragung in das Genossenschaftsregister angemeldet werden.

Die Anmeldung hat die im §. 12 vorgeschriebenen Angaben zu enthalten. Derselben sind zwei beglaubigte Abschriften des Statuts und eine durch das Gericht der Hauptniederlassung beglaubigte Abschrift der Liste der Genossen beizufügen. Die Bestimmung im §. 11 Absatz 3 findet Anwendung.

Das Gericht hat die eine Abschrift des Statuts, mit der Bescheinigung der erfolgten Eintragung versehen, zurückzugeben und von der Eintragung zu dem Genossenschaftsregister bei dem Gerichte der Hauptniederlassung Mittheilung zu machen.

§. 15. Nach der Anmeldung des Statuts zum Genossenschaftsregister bedarf es zum Erwerbe der Mitgliedschaft einer von dem Beitretenden zu unterzeichnenden, unbedingten Erklärung des Beitritts.

Der Vorstand hat die Erklärung im Falle der Zulassung des Beitretenden behufs Eintragung desselben in die Liste der Genossen dem Gerichte (§. 10) einzureichen. Die Eintragung ist unverzüglich vorzunehmen.

Durch die Eintragung, welche auf Grund der Erklärung und deren Einreichung stattfindet, entsteht die Mitgliedschaft des Beitretenden.

Von der Eintragung hat das Gericht den Genossen und den Vorstand zu benachrichtigen. Die Beitrittserklärung wird in Urschrift bei dem Gerichte aufbewahrt. Wird die Eintragung versagt, so hat das Gericht hiervon den Antragsteller unter Rückgabe der Beitrittserklärung und den Vorstand in Kenntniss zu setzen.

§. 16. Eine Abänderung des Statuts oder die Fortsetzung einer auf bestimmte Zeit beschränkten Genossenschaft kann nur durch die Generalversammlung beschlossen werden.

Zu einer Abänderung des Gegenstandes des Unternehmens sowie zur Erhöhung des Geschäftsantheils bedarf es einer Mehrheit von drei Viertheilen der erschienenen Genossen. Das Statut kann noch andere Erfordernisse aufstellen. Zu sonstigen Aenderungen des Statuts bedarf es einer Mehrheit von drei Viertheilen der erschienenen Genossen, sofern nicht das Statut andere Erfordernisse aufstellt.

Auf die Anmeldung und Eintragung des Beschlusses finden die Vorschriften des §. 11 mit der Massgabe entsprechende Anwendung, dass der Anmeldung zwei Abschriften des Beschlusses beizufügen sind. Die Veröffentlichung des Beschlusses findet nur insoweit statt, als derselbe eine der im §. 12 Absatz 2 und 4 bezeichneten Bestimmungen zum Gegenstande hat.

Der Beschluss hat keine rechtliche Wirkung, bevor er in das Genossenschaftsregister eingetragen worden ist.

Zweiter Abschnitt.

Rechtsverhältnisse der Genossenschaft und der Genossen.

§. 17. Die eingetragene Genossenschaft als solche hat selbständig ihre Rechte und Pflichten; sie kann Eigenthum und andere dingliche Rechte an Grundstücken erwerben, vor Gericht klagen und verklagt werden.

Genossenschaften gelten als Kaufleute im Sinne des Handelsgesetzbuchs, soweit dieses Gesetz keine abweichenden Vorschriften enthält.

§. 18. Das Rechtsverhältniss der Genossenschaft und der Genossen richtet sich zunächst nach dem Statut. Letzteres darf von den Bestimmungen dieses Gesetzes nur insoweit abweichen, als dies ausdrücklich für zulässig erklärt ist.

§. 19. Der bei Genehmigung der Bilanz für die Genossen sich ergebende Gewinn oder Verlust des Geschäftsjahres ist auf diese zu vertheilen. Die Vertheilung geschieht für das erste Geschäftsjahr nach dem Verhältniss ihrer auf den Geschäftsantheil geleisteten Einzahlungen, für jedes folgende nach dem Verhältniss ihrer durch die Zuschreibung von Gewinn oder die Abschreibung von Verlust zum Schlusse des vorhergegangenen Geschäftsjahres ermittelten Geschäftsguthaben. Die Zuschreibung des Gewinns erfolgt solange, als nicht der Geschäftsantheil erreicht ist.

Das Statut kann einen anderen Massstab für die Vertheilung von Gewinn und Verlust aufstellen, sowie Bestimmung darüber treffen, inwieweit der Gewinn vor Erreichung des Geschäftsantheils an die Genossen auszuzahlen ist. Bis zur Wiederergänzung eines durch Verlust verminderten Guthabens findet eine Auszahlung des Gewinns nicht statt.

§. 20. Durch das Statut kann festgesetzt werden[1]), dass der Gewinn nicht vertheilt, sondern dem Reservefonds zugeschrieben wird.

§. 21. Für das Geschäftsguthaben werden Zinsen von bestimmter Höhe nicht vergütet, auch wenn der Genosse Einzahlungen in höheren als den geschuldeten Beträgen geleistet hat.

Auch können Genossen, welche mehr als die geschuldeten Einzahlungen geleistet haben, im Falle eines Verlustes andere Genossen nicht aus dem Grunde in Anspruch nehmen, dass von letzteren nur diese Einzahlungen geleistet sind.

§. 22. Eine Herabsetzung des Geschäftsantheils oder der auf denselben zu leistenden Einzahlungen oder eine Verlängerung der für die letzteren festgesetzten Fristen kann nur unter Beobachtung der Bestimmungen erfolgen, welche für die Vertheilung des Genossenschaftsvermögens im Falle der Auflösung massgebend sind.

Das Geschäftsguthaben eines Genossen darf, solange er nicht ausgeschieden ist, von der Genossenschaft nicht ausgezahlt oder im geschäftlichen Betriebe zum Pfande genommen, eine geschuldete Einzahlung darf nicht erlassen werden.

Gegen die letztere kann der Genosse eine Aufrechnung nicht geltend machen.

§. 23. Für die Verbindlichkeiten der Genossenschaft haften die Genossen nach Massgabe dieses Gesetzes.

Wer in die Genossenschaft eintritt, haftet auch für die vor seinem Eintritt eingegangenen Verbindlichkeiten.

Ein den vorstehenden Bestimmungen zuwiderlaufender Vertrag ist ohne rechtliche Wirkung.

Frauen können in Betreff der durch ihre Mitgliedschaft übernommenen Verpflichtungen sich auf die nach Landesgesetzen für sie geltenden Rechtswohlthaten nicht berufen.

Dritter Abschnitt. Vertretung und Geschäftsführung.

§. 24. Die Genossenschaft wird durch den Vorstand gerichtlich und aussergerichtlich vertreten.

---

[1]) Fassung nach der Novelle von 1896. Das Gesetz beschränkte diese Festsetzung bisher auf den Zeitraum von höchstens zehn Jahren.

Der Vorstand besteht aus zwei Mitgliedern und wird von der Generalversammlung gewählt. Durch das Statut kann eine höhere Mitgliederzahl, sowie eine andere Art der Bestellung festgesetzt werden.

Die Mitglieder des Vorstandes können besoldet oder unbesoldet sein. Ihre Bestellung ist zu jeder Zeit widerruflich, unbeschadet der Entschädigungsansprüche aus bestehenden Verträgen.

§. 25. Der Vorstand hat in der durch das Statut bestimmten Form seine Willensäusserungen kundzugeben und für die Genossenschaft zu zeichnen. Ist nichts darüber bestimmt, so muss die Erklärung und Zeichnung durch sämmtliche Mitglieder des Vorstandes erfolgen. Weniger als zwei Mitglieder dürfen hierfür nicht bestimmt werden.

Die Zeichnung geschieht in der Weise, dass die Zeichnenden zu der Firma der Genossenschaft oder zu der Benennung des Vorstandes ihre Namensunterschrift beifügen.

§. 26. Die Genossenschaft wird durch die von dem Vorstande in ihrem Namen geschlossenen Rechtsgeschäfte berechtigt und verpflichtet; es ist gleichgültig, ob das Geschäft ausdrücklich im Namen der Genossenschaft geschlossen worden ist, oder ob die Umstände ergeben, dass es nach dem Willen der Vertragschliessenden für die Genossenschaft geschlossen werden sollte.

Zur Legitimation des Vorstandes Behörden gegenüber genügt eine Bescheinigung des Gerichts (§. 10), dass die darin zu bezeichnenden Personen als Mitglieder des Vorstandes in das Genossenschaftsregister eingetragen sind.

§. 27. Der Vorstand ist der Genossenschaft gegenüber verpflichtet, die Beschränkungen einzuhalten, welche für den Umfang seiner Befugniss, die Genossenschaft zu vertreten, durch das Statut oder durch Beschlüsse der Generalversammlung festgesetzt sind.

Gegen dritte Personen hat eine Beschränkung der Befugniss des Vorstandes, die Genossenschaft zu vertreten, keine rechtliche Wirkung. Dies gilt insbesondere für den Fall, dass die Vertretung sich nur auf gewisse Geschäfte oder Arten von Geschäften erstrecken oder nur unter gewissen Umständen oder für eine gewisse Zeit oder an einzelnen Orten stattfinden soll oder dass die Zustimmung der Generalversammlung, des Aufsichtsraths oder eines anderen Organs der Genossenschaft für einzelne Geschäfte erfordert ist.

§. 28. Jede Aenderung in der Zusammensetzung des Vorstandes sowie eine Wiederwahl oder eine Beendigung der Vollmacht von Mitgliedern desselben muss ohne Verzug zur Eintragung in das Genossenschaftsregister angemeldet werden. Zugleich haben neue Mitglieder ihre Unterschrift vor dem Gerichte zu zeichnen oder die Zeichnung in beglaubigter Form einzureichen. Eine Abschrift der Urkunden über ihre Bestellung oder über die Beendigung ihrer Vollmacht ist der Anmeldung beizufügen und bleibt in der Verwahrung des Gerichts. Soweit eine Wiederwahl von Vorstandsmitgliedern erfolgt ist, unterbleibt die Veröffentlichung der Eintragung.

§. 29. Die Aenderung in dem Vorstande oder Beendigung der Vollmacht eines Mitgliedes und eine Aenderung des Statuts rücksichtlich der Form für Willenserklärungen des Vorstandes kann, solange sie nicht in das Genossenschaftsregister eingetragen und öffentlich bekannt gemacht ist, einem Dritten von der Genossenschaft nur entgegengesetzt werden, wenn letztere beweist, dass derselbe beim Abschlusse des Geschäfts von der Aenderung oder Beendigung Kenntniss hatte.

Nach geschehener Eintragung und Bekanntmachung muss der Dritte, sofern nicht durch die Umstände die Annahme begründet wird, dass er beim Abschlusse des Geschäfts die Aenderung oder Beendigung weder gekannt habe noch habe kennen müssen, dieselbe gegen sich gelten lassen.

§. **30**. Der Vorstand hat ein Verzeichniss der Genossen zu führen und dasselbe mit der Liste in Uebereinstimmung zu halten.

§. **30 a**[1]). Für Konsumvereine, welche einen offenen Laden haben, hat der Vorstand, um die Beobachtung der Bestimmung des §. 8 Absatz 4 zu sichern, Anweisung darüber zu erlassen, auf welche Weise sich die Vereinsmitglieder oder deren Vertreter den Waarenverkäufern gegenüber zu legitimiren haben. Abschrift der Anweisung hat er der höheren Verwaltungsbehörde, in deren Bezirk die Genossenschaft ihren Sitz hat, unverzüglich einzureichen.

Die höhere Verwaltungsbehörde ist befugt, die Mitglieder des Vorstandes zur Einreichung und nöthigenfalls zur Abänderung oder Ergänzung der Anweisung durch Geldstrafen bis zum Betrage von je dreihundert Mark anzuhalten.

Gegen die Anordnungen und Straffestsetzungen der höheren Verwaltungsbehörde findet binnen zwei Wochen die Beschwerde an die Landes-Centralbehörde statt.

§. **30 b**[1]). Von Konsumvereinen oder von Gewerbetreibenden, welche mit solchen wegen Waarenabgabe an die Mitglieder in Verbindung stehen, dürfen Marken oder sonstige nicht auf den Namen lautende Anweisungen oder Werthzeichen, welche anstatt baaren Geldes die Mitglieder zum Waarenbezug berechtigen sollen, nicht ausgegeben werden.

§. **31**. Der Vorstand ist verpflichtet, Sorge zu tragen, dass die erforderlichen Bücher der Genossenschaft geführt werden.

Er muss binnen sechs Monaten nach Ablauf jedes Geschäftsjahres die Bilanz desselben, die Zahl der im Laufe des Jahres eingetretenen oder ausgeschiedenen, sowie die Zahl der am Jahresschlusse der Genossenschaft angehörigen Genossen veröffentlichen. Die Bekanntmachung ist zu dem Genossenschaftsregister einzureichen.

§. **32**. Die Mitglieder des Vorstandes haben die Sorgfalt eines ordentlichen Geschäftsmannes anzuwenden.

Mitglieder, welche ihre Obliegenheiten verletzen, haften der Genossenschaft persönlich und solidarisch für den dadurch entstandenen Schaden.

Insbesondere sind sie zum Ersatze der Zahlung verpflichtet, wenn entgegen den Vorschriften in §§. 19, 22 der Gewinn oder das Geschäftsguthaben ausgezahlt wird.

Die Ansprüche auf Grund der vorstehenden Bestimmungen verjähren in fünf Jahren.

§. **33**. Die für Mitglieder des Vorstandes gegebenen Vorschriften gelten auch für Stellvertreter von Mitgliedern.

§. **34**. Der Aufsichtsrath besteht, sofern nicht das Statut eine höhere Zahl festsetzt, aus drei von der Generalversammlung zu wählenden Mitgliedern. Die zu einer Beschlussfassung erforderliche Zahl ist durch das Statut zu bestimmen.

Die Mitglieder dürfen keine nach dem Geschäftsergebniss bemessene Vergütung (Tantieme) beziehen.

Die Bestellung zum Mitgliede des Aufsichtsraths kann auch vor Ablauf des Zeitraums, für welchen dasselbe gewählt ist, durch die Generalversammlung widerrufen werden. Der Beschluss bedarf einer Mehrheit von drei Viertheilen der erschienenen Genossen.

§. **35**. Die Mitglieder des Aufsichtsraths dürfen nicht zugleich Mitglieder des Vorstandes oder dauernd Stellvertreter derselben sein, auch

---

[1]) Die §§. 30a und 30b sind Zusätze der Novelle von 1896.

nicht als Beamte die Geschäfte der Genossenschaft führen. Nur für einen im Voraus begrenzten Zeitraum kann der Aufsichtsrath einzelne seiner Mitglieder zu Stellvertretern von behinderten Mitgliedern des Vorstandes bestellen; während dieses Zeitraums und bis zur ertheilten Entlastung des Vertreters darf der letztere eine Thätigkeit als Mitglied des Aufsichtsraths nicht ausüben.

Scheiden aus dem Vorstande Mitglieder aus, so dürfen dieselben nicht vor ertheilter Entlastung in den Aufsichtsrath gewählt werden.

§. 36. Der Aufsichtsrath hat den Vorstand bei seiner Geschäftsführung in allen Zweigen der Verwaltung zu überwachen und zu dem Zweck sich von dem Gange der Angelegenheiten der Genossenschaft zu unterrichten. Er kann jederzeit über dieselben Berichterstattung von dem Vorstande verlangen und selbst oder durch einzelne von ihm zu bestimmende Mitglieder die Bücher und Schriften der Genossenschaft einsehen, sowie den Bestand der Genossenschaftskasse und die Bestände an Effekten, Handelspapieren und Waaren untersuchen. Er hat die Jahresrechnung, die Bilanzen und die Vorschläge zur Vertheilung von Gewinn und Verlust zu prüfen und darüber der Generalversammlung vor Genehmigung der Bilanz Bericht zu erstatten.

Er hat eine Generalversammlung zu berufen, wenn dies im Interesse der Genossenschaft erforderlich ist.

Weitere Obliegenheiten des Aufsichtsraths werden durch das Statut bestimmt.

Die Mitglieder des Aufsichtsraths können die Ausübung ihrer Obliegenheiten nicht anderen Personen übertragen.

§. 37. Der Aufsichtsrath ist ermächtigt, die Genossenschaft bei Abschliessung von Verträgen mit dem Vorstande zu vertreten und gegen die Mitglieder desselben die Prozesse zu führen, welche die Generalversammlung beschliesst.

Der Genehmigung des Aufsichtsraths bedarf jede Gewährung von Kredit an ein Mitglied des Vorstandes, soweit letztere nicht durch das Statut an noch andere Erfordernisse geknüpft oder ausgeschlossen ist. Das Gleiche gilt von der Annahme eines Vorstandsmitgliedes als Bürgen für eine Kreditgewährung.

In Prozessen gegen die Mitglieder des Aufsichtsraths wird die Genossenschaft durch Bevollmächtigte vertreten, welche in der Generalversammlung gewählt werden.

§. 38. Der Aufsichtsrath ist befugt, nach seinem Ermessen Mitglieder des Vorstandes vorläufig, bis zur Entscheidung der ohne Verzug zu berufenden Generalversammlung, von ihren Geschäften zu entheben und wegen einstweiliger Fortführung derselben das Erforderliche zu veranlassen.

§. 39. Die Mitglieder des Aufsichtsraths haben die Sorgfalt eines ordentlichen Geschäftsmannes anzuwenden.

Mitglieder, welche ihre Obliegenheiten verletzen, haften der Genossenschaft persönlich und solidarisch für den dadurch entstandenen Schaden.

Insbesondere sind sie in den Fällen des §. 32 Absatz 3 zum Erzatze der Zahlung verpflichtet, wenn diese mit ihrem Wissen und ohne ihr Einschreiten erfolgt ist.

Die Ansprüche auf Grund der vorstehenden Bestimmungen verjähren in fünf Jahren.

§. 40. Der Betrieb von Geschäften der Genossenschaft sowie die Vertretung der letzteren in Bezug auf diese Geschäftsführung kann auch sonstigen Bevollmächtigten oder Beamten der Genossenschaft zugewiesen werden. In diesem Falle bestimmt sich die Befugniss derselben nach der ihnen ertheilten Vollmacht; sie erstreckt sich im Zweifel auf alle Rechtshandlungen, welche die Ausführung derartiger Geschäfte gewöhnlich mit sich bringt.

Die Bestellung von Prokuristen oder von Handlungsbevollmächtigten zum gesammten Geschäftsbetriebe findet nicht statt.

§. 41. Die Rechte, welche den Genossen in den Angelegenheiten der Genossenschaft, insbesondere in Bezug auf die Führung der Geschäfte, die Prüfung der Bilanz und die Verteilung von Gewinn und Verlust zustehen, werden in der Generalversammlung durch Beschlussfassung der erschienenen Genossen ausgeübt.

Jeder Genosse hat eine Stimme.

Ein Genosse, welcher durch die Beschlussfassung entlastet oder von einer Verpflichtung befreit werden soll, hat hierbei kein Stimmrecht. Dasselbe gilt von einer Beschlussfassung, welche den Abschluss eines Rechtsgeschäfts mit einem Genossen betrifft.

Die Genossen können das Stimmrecht nicht durch Bevollmächtigte ausüben. Diese Bestimmung findet auf handlungsunfähige Personen, Korporationen, Handelsgesellschaften, Genossenschaften oder andere Personenvereine und, wenn das Statut die Theilnahme von Frauen an der Generalversammlung ausschliesst, auf Frauen keine Anwendung. Ein Bevollmächtigter kann nicht mehr als einen Genossen vertreten.

§. 42. Die Generalversammlung wird durch den Vorstand berufen, soweit nicht nach dem Statut oder diesem Gesetze auch andere Personen dazu befugt sind.

Eine Generalversammlung ist ausser den im Statut oder in diesem Gesetze ausdrücklich bestimmten Fällen zu berufen, wenn dies im Interesse der Genossenschaft erforderlich erscheint.

§ 43. Die Generalversammlung muss ohne Verzug berufen werden, wenn der zehnte Theil oder der im Statut hierfür bezeichnete geringere Theil der Genossen in einer von ihnen unterschriebenen Eingabe unter Anführung des Zwecks und der Gründe die Berufung verlangt.

In gleicher Weise sind die Genossen berechtigt, zu verlangen, dass Gegenstände zur Beschlussfassung einer Generalversammlung angekündigt werden.

Wird dem Verlangen nicht entsprochen, so kann das Gericht (§. 10) die Genossen, welche das Verlangen gestellt haben, zur Berufung der Generalversammlung oder zur Ankündigung des Gegenstandes ermächtigen. Mit der Berufung oder Ankündigung ist die gerichtliche Ermächtigung bekannt zu machen.

§. 44. Die Berufung der Generalversammlung muss in der durch das Statut bestimmten Weise mit einer Frist von mindestens einer Woche erfolgen.

Der Zweck der Generalversammlung soll jederzeit bei der Berufung bekannt gemacht werden. Ueber Gegenstände, deren Verhandlung nicht in der durch das Statut oder durch §. 43 Absatz 3 vorgesehenen Weise mindestens drei Tage vor der Generalversammlung angekündigt ist, können Beschlüsse nicht gefasst werden; hiervon sind jedoch Beschlüsse über die Leitung der Versammlung, sowie über Anträge auf Berufung einer ausserordentlichen Generalversammlung ausgenommen.

Zur Stellung von Anträgen und zu Verhandlungen ohne Beschlussfassung bedarf es der Ankündigung nicht.

§. 45. Die Beschlüsse der Generalversammlung sind in ein Protokollbuch einzutragen, dessen Einsicht jedem Genossen und der Staatsbehörde gestattet werden muss.

§. 46. Die Generalversammlung hat über die Genehmigung der Bilanz zu beschliessen und von dem Gewinn oder Verlust den auf die Genossen fallenden Betrag festzusetzen.

Die Bilanz, sowie eine den Gewinn und Verlust des Jahres zusammenstellende Berechnung (Jahresrechnung) sollen mindestens eine Woche vor der Versammlung in dem Geschäftslokale der Genossenschaft oder an einer anderen, durch den Vorstand bekannt zu machenden, geeigneten Stelle zur Einsicht der Genossen ausgelegt oder sonst denselben zur Kenntniss gebracht werden. Jeder Genosse ist berechtigt, auf seine Kosten eine Abschrift der Bilanz, sowie der Jahresrechnung zu verlangen.

§. 47. Die Generalversammlung hat festzusetzen:

1. den Gesammtbetrag, welchen Anleihen der Genossenschaft und Spareinlagen bei derselben nicht überschreiten sollen;
2. die Grenzen, welche bei Kreditgewährungen an Genossen eingehalten werden sollen.

§. 48. Soweit das Statut die Genossen zu Einzahlungen auf den Geschäftsantheil verpflichtet, ohne dieselben nach Betrag und Zeit festzusetzen, unterliegt ihre Festsetzung der Beschlussfassung durch die Generalversammlung.

§. 49. Ein Beschluss der Generalversammlung kann wegen Verletzung des Gesetzes oder des Statuts als ungültig im Wege der Klage angefochten werden. Dieselbe findet nur binnen der Frist von einem Monate statt. Zur Anfechtung befugt ist ausser dem Vorstande jeder in der Generalversammlung erschienene Genosse, sofern er gegen den Beschluss Widerspruch zu Protokoll erklärt hat, und jeder nicht erschienene Genosse, sofern er die Anfechtung darauf gründet, dass die Berufung der Generalversammlung oder die Ankündigung des Gegenstandes der Beschlussfassung nicht gehörig erfolgt war.

Die Klage ist gegen die Genossenschaft zu richten. Die Genossenschaft wird durch den Vorstand, sofern dieser nicht selbst klagt, und durch den Aufsichtsrath vertreten. Zuständig für die Klage ist ausschliesslich das Landgericht, in dessen Bezirke die Genossenschaft ihren Sitz hat. Die mündliche Verhandlung erfolgt nicht vor Ablauf der im ersten Absatz bezeichneten Frist. Mehrere Anfechtungsprozesse sind zur gleichzeitigen Verhandlung und Entscheidung zu verbinden.

Die Erhebung der Klage sowie der Termin zur mündlichen Verhandlung sind ohne Verzug von dem Vorstande in den für die Bekanntmachungen der Genossenschaft bestimmten Blättern zu veröffentlichen.

Soweit durch ein Urtheil rechtskräftig der Beschluss für ungültig erklärt ist, wirkt es auch gegenüber den Genossen, welche nicht Partei sind. War der Beschluss in das Genossenschaftsregister eingetragen, so hat der Vorstand dem Gerichte (§. 10) das Urtheil behufs der Eintragung einzureichen. Die öffentliche Bekanntmachung der letzteren erfolgt, soweit der eingetragene Beschluss veröffentlicht war.

§. 50. Für einen durch unbegründete Anfechtung des Beschlusses der Genossenschaft entstandenen Schaden haften ihr solidarisch die Kläger, welchen bei Erhebung der Klage eine bösliche Handlungsweise zur Last fällt.

Vierter Abschnitt. Revision.

§. 51. Die Einrichtungen der Genossenschaft und die Geschäftsführung derselben in allen Zweigen der Verwaltung sind mindestens in jedem zweiten Jahre der Prüfung durch einen der Genossenschaft nicht angehörigen, sachverständigen Revisor zu unterwerfen.

§. 52. Für Genossenschaften, welche einem den nachfolgenden Anforderungen genügenden Verbande angehören, ist diesem das Recht zu verleihen, den Revisor zu bestellen.

§. 53. Der Verband muss die Revision der ihm angehörigen Genossenschaften und kann auch sonst die gemeinsame Wahrnehmung ihrer im §. 1 bezeichneten Interessen, insbesondere die Unterhaltung gegenseitiger Geschäftsbeziehungen zum Zweck haben. Andere Zwecke darf er nicht verfolgen.

§. 54. Die Zwecke des Verbandes müssen in dem Statut desselben angegeben sein. Der Inhalt des Statuts muss erkennen lassen, dass der Verband im Stande ist, der Revisionspflicht zu genügen. Das Statut hat insbesondere den Verbandsbezirk sowie die höchste und die geringste Zahl von Genossenschaften, welche der Verband umfassen kann, festzusetzen und die Bestimmungen über Auswahl und Bestellung der Revisoren, Art und Umfang der Revisionen, sowie über Bildung, Sitz und Befugnisse des Vorstandes und über die sonstigen Organe des Verbandes zu enthalten.

§. 55. Die Verleihung des Rechts zur Bestellung des Revisors erfolgt, wenn der Bezirk des Verbandes sich über mehrere Bundesstaaten erstreckt, durch den Bundesrath, anderenfalls durch die Zentralbehörde des Bundesstaates.

Aenderungen des Verbandsstatuts sind der nach Absatz 1 zuständigen Stelle einzureichen.

§. 56. Der Verbandsvorstand hat das Statut mit einer beglaubigten Abschrift der Verleihungsurkunde, sowie alljährlich im Monat Januar ein Verzeichniss der dem Verbande angehörigen Genossenschaften den Gerichten (§. 10), in deren Bezirke diese ihren Sitz haben, sowie der höheren Verwaltungsbehörde, in deren Bezirke der Vorstand seinen Sitz hat, einzureichen.

§. 57. Generalversammlungen des Verbandes dürfen nur innerhalb des Verbandsbezirks abgehalten werden.

Sie sind der höheren Verwaltungsbehörde, in deren Bezirke der Vorstand seinen Sitz hat, sowie der höheren Verwaltungsbehörde, in deren Bezirke die Versammlung abgehalten werden soll, unter Einreichung der Tagesordnung mindestens eine Woche vorher anzuzeigen.

Der letzteren Behörde steht das Recht zu, in die Versammlung einen Vertreter zu entsenden.

§. 58. Das Recht zur Bestellung des Revisors kann dem Verbande entzogen werden,

1. wenn er sich gesetzwidriger Handlungen schuldig macht, durch welche das Gemeinwohl gefährdet wird, oder wenn er andere als die im §. 53 bezeichneten Zwecke verfolgt;
2. wenn der Verband der ihm obliegenden Pflicht der Revision nicht genügt.

Die Entziehung wird nach Anhörung des Verbandsvorstandes durch die für die Verleihung zuständige Stelle ausgesprochen.

Von der Entziehung ist den im §. 56 bezeichneten Gerichten Mittheilung zu machen.

§. 59. Für Genossenschaften, welche einem Revisionsverbande (§§. 53 bis 55) nicht angehören, wird der Revisor durch das Gericht (§. 10) bestellt.

Der Vorstand der Genossenschaft hat die Bestellung zu beantragen.

Die Bestellung erfolgt, nachdem die höhere Verwaltungsbehörde über die Person des Revisors gehört ist. Erklärt die Behörde sich mit einer von der Genossenschaft vorgeschlagenen Person einverstanden, so ist diese zum Revisor zu bestellen.

§. 60. Der Revisor hat gegen die Genossenschaft Anspruch auf Erstattung angemessener baarer Auslagen und auf Vergütung für seine Leistung nach Massgabe der erforderlichen Zeitversäumniss.

Dem vom Gerichte bestellten Revisor werden in Ermangelung einer Einigung die Auslagen und die Vergütung durch das Gericht festgesetzt. Die Vorschriften im §. 98 Absatz 2, §. 99, §. 702 Nr. 3 der Civilprozessordnung finden Anwendung.

§. 61. Der Vorstand der Genossenschaft hat dem Revisor die Einsicht der Bücher und Schriften der Genossenschaft und die Untersuchung des Bestandes der Genossenschaftskasse, sowie der Bestände an Effekten, Handelspapieren und Waaren zu gestatten. Zu der Revision ist der Aufsichtsrath zuzuziehen.

Der Vorstand hat eine Bescheinigung des Revisors, dass die Revision stattgefunden hat, zum Genossenschaftsregister einzureichen und den Bericht über die Revision bei der Berufung der nächsten Generalversammlung als Gegenstand der Beschlussfassung anzukündigen. In der Generalversammlung hat der Aufsichtsrath sich über das Ergebniss der Revision zu erklären.

Der von einem Verbande bestellte Revisor hat eine Abschrift des Revisionsberichts dem Verbandsvorstande einzureichen.

§. 62. Der Reichskanzler ist ermächtigt, allgemeine Anweisungen zu erlassen, nach welchen die Revisionsberichte anzufertigen sind.

Fünfter Abschnitt. Ausscheiden einzelner Genossen.

§. 63. Jeder Genosse hat das Recht, mittelst Aufkündigung seinen Austritt aus der Genossenschaft zu erklären.

Die Aufkündigung findet nur zum Schlusse eines Geschäftsjahres statt. Sie muss mindestens drei Monate vorher schriftlich erfolgen. Durch das Statut kann eine längere, jedoch höchstens zweijährige Kündigungsfrist festgesetzt werden.

Ein den vorstehenden Bestimmungen zuwiderlaufendes Abkommen ist ohne rechtliche Wirkung.

§. 64. Der Gläubiger eines Genossen, welcher, nachdem innerhalb der letzten sechs Monate eine Zwangsvollstreckung in das Vermögen des Genossen fruchtlos versucht ist, die Pfändung und Ueberweisung des demselben bei der Auseinandersetzung mit der Genossenschaft zukommenden Guthabens erwirkt hat, kann behufs seiner Befriedigung das Kündigungsrecht des Genossen an dessen Stelle ausüben, sofern der Schuldtitel nicht blos vorläufig vollstreckbar ist.

Der Aufkündigung muss eine beglaubigte Abschrift des Schuldtitels und der Urkunden über die fruchtlose Zwangsvollstreckung beigefügt sein.

§. 65. Ist durch das Statut die Mitgliedschaft an den Wohnsitz innerhalb eines bestimmten Bezirks geknüpft (§. 8 Nr. 2), so kann ein Genosse, welcher den Wohnsitz in dem Bezirke aufgiebt, zum Schlusse des Geschäftsjahres seinen Austritt schriftlich erklären.

Imgleichen kann die Genossenschaft dem Genossen schriftlich erklären, dass er zum Schlusse des Geschäftsjahres auszuscheiden habe.

Ueber die Aufgabe des Wohnsitzes ist die Bescheinigung einer öffentlichen Behörde beizubringen.

§. 66. Ein Genosse kann wegen des Verlustes der bürgerlichen Ehrenrechte, sowie wegen der Mitgliedschaft in einer anderen Genossenschaft, welche an demselben Orte ein gleichartiges Geschäft betreibt, zum Schlusse des Geschäftsjahres aus der Genossenschaft ausgeschlossen werden. Aus Vorschuss- und Kreditvereinen kann die Ausschliessung wegen der Mitgliedschaft in einer anderen solchen Genossenschaft auch dann erfolgen, wenn die letztere ihr Geschäft nicht an demselben Orte betreibt.

Durch das Statut können sonstige Gründe der Ausschliessung festgesetzt werden.

Der Beschluss, durch welchen der Genosse ausgeschlossen wird, ist diesem von dem Vorstande ohne Verzug mittelst eingeschriebenen Briefes mitzutheilen.

Von dem Zeitpunkte der Absendung desselben kann der Genosse nicht mehr an der Generalversammlung theilnehmen, auch nicht Mitglied des Vorstandes oder des Aufsichtsraths sein.

§. 67. Der Vorstand ist verpflichtet, die Aufkündigung des Genossen oder des Gläubigers mindestens sechs Wochen vor dem Ende des Geschäftsjahres, zu dessen Schlusse sie stattgefunden hat, dem Gerichte (§. 10) zur Liste der Genossen einzureichen. Er hat zugleich die schriftliche Versicherung abzugeben, dass die Aufkündigung rechtzeitig erfolgt ist. Der Aufkündigung des Gläubigers sind die im §. 64 Absatz 2 bezeichneten Urkunden, sowie eine beglaubigte Abschrift des Pfändungs- und Ueberweisungsbeschlusses beizufügen.

Imgleichen hat der Vorstand im Falle des §. 65 mit der Bescheinigung die Erklärung des Genossen oder Abschrift der Erklärung der Genossenschaft, sowie im Falle der Ausschliessung Abschrift des Beschlusses dem Gerichte einzureichen. Die Einreichung ist bis zu dem im ersten Absatz bezeichneten Zeitpunkte und, wenn die Erklärung oder der Beschluss später erfolgt, ohne Verzug zu bewirken.

§. 68. In die Liste ist die das Ausscheiden des Genossen begründende Thatsache und der aus den Urkunden hervorgehende Jahresschluss unverzüglich einzutragen.

In Folge der Eintragung scheidet der Genosse mit dem in der Liste vermerkten Jahresschlusse, wenn jedoch die Eintragung erst im Laufe eines späteren Geschäftsjahres bewirkt wird, mit dem Schlusse des letzteren aus der Genossenschaft aus.

§. 69. Auf Antrag des Genossen, im Falle des §. 64 auf Antrag des Gläubigers, hat das Gericht die Thatsache, auf Grund deren das Ausscheiden, und den Jahresschluss, zu welchem dasselbe beansprucht wird, ohne Verzug in der Liste vorzumerken.

Erkennt der Vorstand den Anspruch in beglaubigter Form an oder wird er zur Anerkennung rechtskräftig verurtheilt, so ist dies bei Einreichung des Anerkenntnisses oder Urtheils der Vormerkung hinzuzufügen. In Folge dessen gilt der Austritt oder die Ausschliessung als am Tage der Vormerkung eingetragen.

§. 70. Von der Eintragung sowie der Vormerkung oder von deren Versagung hat das Gericht den Vorstand und den Genossen, im Falle des §. 64 auch den Gläubiger, zu benachrichtigen.

Die behufs der Eintragung oder der Vormerkung eingereichten Urkunden bleiben in der Verwahrung des Gerichts.

§. 71. Die Auseinandersetzung des Ausgeschiedenen mit der Genossenschaft bestimmt sich nach der Vermögenslage derselben und dem Bestande der Mitglieder zur Zeit seines Ausscheidens.

Die Auseinandersetzung erfolgt auf Grund der Bilanz. Das Geschäftsguthaben des Genossen ist binnen sechs Monaten nach dem Ausscheiden auszuzahlen; an den Reservefonds und das sonstige Vermögen der Genossenschaft hat er keinen Anspruch. Reicht das Vermögen einschliesslich des Reservefonds und aller Geschäftsguthaben zur Deckung der Schulden nicht aus, so hat der Ausgeschiedene von dem Fehlbetrage den ihn treffenden Antheil an die Genossenschaft zu zahlen; der Antheil wird in Ermangelung einer anderen Bestimmung des Statuts nach der Kopfzahl der Mitglieder berechnet.

§. 72. Die Klage des ausgeschiedenen Genossen auf Auszahlung des Geschäftsguthabens verjährt in zwei Jahren.

§. 73. Wird die Genossenschaft binnen sechs Monaten nach dem Ausscheiden des Genossen aufgelöst, so gilt dasselbe als nicht erfolgt.

§. 74. Ein Genosse kann zu jeder Zeit, auch im Laufe des Geschäftsjahres, sein Geschäftsguthaben mittelst schriftlicher Uebereinkunft einem Anderen übertragen und hierdurch aus der Genossenschaft ohne Auseinandersetzung mit ihr austreten, sofern der Erwerber an seiner Stelle Genosse wird oder sofern derselbe schon Genosse ist und dessen bisheriges Guthaben mit dem ihm zuzuschreibenden Betrage den Geschäftsantheil nicht übersteigt. Das Statut kann eine solche Uebertragung ausschliessen oder an weitere Voraussetzungen knüpfen.

Der Vorstand hat die Uebereinkunft dem Gerichte (§. 10) ohne Verzug einzureichen und, falls der Erwerber schon Genosse ist, zugleich die schriftliche Versicherung abzugeben, dass dessen bisheriges Guthaben mit dem zuzuschreibenden Betrage den Geschäftsantheil nicht übersteigt.

Die Uebertragung ist in die Liste bei dem veräussernden Genossen unverzüglich einzutragen. Als Zeitpunkt des Ausscheidens gilt der Tag der Eintragung. Dieselbe darf, falls der Erwerber noch nicht Genosse ist, nur zugleich mit der Eintragung des letzteren erfolgen. Die Vorschriften der §§. 15, 69 und 70 finden entsprechende Anwendung.

Wird die Genossenschaft binnen sechs Monaten nach dem Ausscheiden des Genossen aufgelöst, so hat dieser im Falle der Eröffnung des Konkursverfahrens die Nachschüsse, zu deren Zahlung er verpflichtet gewesen sein würde, insoweit zu leisten, als zu derselben der Erwerber unvermögend ist.

§. 75. Im Falle des Todes eines Genossen gilt dieser mit dem Schlusse des Geschäftsjahres, in welchem der Tod erfolgt ist, als ausgeschieden. Bis zu diesem Zeitpunkte wird die Mitgliedschaft des Verstorbenen durch den Erben desselben fortgesetzt. Für mehrere Erben kann das Stimmrecht durch einen Bevollmächtigten ausgeübt werden.

Der Vorstand hat eine Anzeige von dem Tode des Genossen ohne Verzug dem Gerichte (§. 10) zur Liste der Genossen einzureichen.

Die Vorschriften in §. 68 Absatz 1, §§. 69 bis 73 finden entsprechende Anwendung.

Sechster Abschnitt. Auflösung und Liquidation.

§. 76. Die Genossenschaft kann durch Beschluss der Generalversammlung jederzeit aufgelöst werden; der Beschluss bedarf einer Mehrheit von drei Viertheilen der erschienenen Genossen. Das Statut kann ausser dieser Mehrheit noch andere Erfordernisse aufstellen.

Die Auflösung ist durch den Vorstand ohne Verzug zur Eintragung in das Genossenschaftsregister anzumelden.

§. 77. In dem Falle, dass durch das Statut die Zeitdauer der Genossenschaft beschränkt ist, tritt die Auflösung derselben durch Ablauf der bestimmten Zeit ein.

Die Vorschrift im §. 76 Absatz 2 findet Anwendung.

§. 78. Beträgt die Zahl der Genossen weniger als sieben, so hat das Gericht (§. 10) auf Antrag des Vorstandes und, wenn der Antrag nicht binnen sechs Monaten erfolgt, von Amtswegen nach Anhörung des Vorstandes die Auflösung der Genossenschaft auszusprechen.

Der Beschluss ist der Genossenschaft zuzustellen. Gegen denselben steht ihr die sofortige Beschwerde nach Massgabe der Civilprozessordnung zu. Die Auflösung tritt mit der Rechtskraft des Beschlusses in Wirksamkeit.

§. 79. Wenn eine Genossenschaft sich gesetzwidriger Handlungen oder Unterlassungen schuldig macht, durch welche das Gemeinwohl gefährdet wird, oder wenn sie andere als die in diesem Gesetze (§. 1) bezeichneten geschäftlichen Zwecke verfolgt, so kann sie aufgelöst werden, ohne dass deshalb ein Anspruch auf Entschädigung stattfindet.

Das Verfahren und die Zuständigkeit der Behörden richtet sich nach den für streitige Verwaltungssachen landesgesetzlich geltenden Vorschriften. Wo ein Verwaltungsstreitverfahren nicht besteht, finden die Vorschriften in §§. 20, 21 der Gewerbeordnung mit der Massgabe Anwendung, dass die Entscheidung in erster Instanz durch die höhere Verwaltungsbehörde erfolgt, in deren Bezirke die Genossenschaft ihren Sitz hat.

Von der Auflösung hat die in erster Instanz entscheidende Behörde dem Gerichte (§. 10) Mittheilung zu machen.

§. 80. Die Auflösung der Genossenschaft ist von dem Gerichte ohne Verzug in das Genossenschaftsregister einzutragen.

Sie muss vom Vorstande zu drei verschiedenen Malen durch die für die Bekanntmachungen der Genossenschaft bestimmten Blätter bekannt gemacht werden. Durch die Bekanntmachung sind zugleich die Gläubiger aufzufordern, sich bei der Genossenschaft zu melden.

§. 81. Die Liquidation erfolgt durch den Vorstand, wenn nicht dieselbe durch das Statut oder durch Beschluss der Generalversammlung anderen Personen übertragen wird.

Es sind wenigstens zwei Liquidatoren zu bestellen.

Auf Antrag des Aufsichtsraths oder mindestens des zehnten Theils der Genossen kann die Ernennung von Liquidatoren durch das Gericht (§. 10) erfolgen.

Die Abberufung der Liquidatoren kann durch das Gericht unter denselben Voraussetzungen wie die Bestellung erfolgen. Liquidatoren, welche nicht vom Gerichte ernannt sind, können auch durch die Generalversammlung vor Ablauf des Zeitraums, für welchen sie bestellt sind, abberufen werden.

§. 82. Die Bestellung der ersten Liquidatoren ist durch den Vorstand, jede Aenderung der Liquidatoren oder Beendigung ihrer Vollmacht ist durch diese zur Eintragung in das Genossenschaftsregister ohne Verzug anzumelden.

Zugleich haben die Liquidatoren ihre Unterschrift persönlich vor dem Gerichte zu zeichnen oder die Zeichnung in beglaubigter Form einzureichen.

Eine Abschrift der Urkunden über ihre Bestellung ist der Anmeldung beizufügen und wird bei dem Gerichte aufbewahrt.

§. 83. Die Liquidatoren haben in der bei ihrer Bestellung bestimmten Form ihre Willenserklärungen kundzugeben und für die Genossenschaft zu zeichnen. Ist nichts darüber bestimmt, so muss die Erklärung und Zeichnung durch sämmtliche Liquidatoren erfolgen. Weniger als zwei dürfen hierfür nicht bestimmt werden.

Die Bestimmung ist mit der Bestellung der Liquidatoren zur Eintragung in das Genossenschaftsregister anzumelden.

Die Zeichnungen geschehen derartig, dass die Liquidatoren der bisherigen, nunmehr als Liquidationsfirma zu bezeichnenden Firma ihre Namensunterschrift beifügen.

§. 84. Die Vorschriften im §. 29 über das Verhältniss zu dritten Personen finden bezüglich der Liquidatoren Anwendung.

§. 85. Bis zur Beendigung der Liquidation kommen ungeachtet der Auflösung der Genossenschaft in Bezug auf die Rechtsverhältnisse derselben und der Genossen die Vorschriften des zweiten und dritten Abschnitts dieses Gesetzes zur Anwendung, soweit sich aus den Bestimmungen des gegenwärtigen Abschnitts und aus dem Wesen der Liquidation nicht ein Anderes ergiebt.

Der Gerichtsstand, welchen die Genossenschaft zur Zeit ihrer Auflösung hatte, bleibt bis zur vollzogenen Vertheilung des Vermögens bestehen.

§. 86. Die Liquidatoren haben die laufenden Geschäfte zu beendigen, die Verpflichtungen der aufgelösten Genossenschaft zu erfüllen, die Forderungen derselben einzuziehen und das Vermögen der Genossenschaft in Geld umzusetzen; sie haben die Genossenschaft gerichtlich und aussergerichtlich zu vertreten. Zur Beendigung schwebender Geschäfte können die Liquidatoren auch neue Geschäfte eingehen.

§. 87. Die Liquidatoren haben die aus den §§. 26, 27, §. 31 Absatz 1, §. 32, §§. 42 bis 45, §. 46 Absatz 2 sich ergebenden Rechte und Pflichten des Vorstandes und unterliegen gleich diesem der Ueberwachung des Aufsichtsraths. Sie haben sofort bei Beginn der Liquidation und demnächst in jedem Jahre eine Bilanz aufzustellen. Die erste Bilanz ist zu veröffentlichen; die Bekanntmachung ist zu dem Genossenschaftsregister einzureichen.

Die Veräusserung unbeweglicher Sachen kann von den Liquidatoren, sofern nicht das Statut oder ein Beschluss der Generalversammlung anders bestimmt, nur durch öffentliche Versteigerung bewirkt werden.

§. 88. Eine Vertheilung des Vermögens unter die Genossen darf nicht vor Tilgung oder Deckung der Schulden und nicht vor Ablauf eines Jahres seit dem Tage vollzogen werden, an welchem die Aufforderung der Gläubiger in den hierzu bestimmten Blättern (§. 80 Absatz 2) zum dritten Male erfolgt ist.

Nicht erhobene Schuldbeträge, sowie die Beträge für betagte oder streitige Forderungen sind zurückzubehalten. Dasselbe gilt von schwebenden Verbindlichkeiten.

Liquidatoren, welche diesen Vorschriften zuwiderhandeln, sind ausser der Genossenschaft den Gläubigern zum Ersatze des ihnen daraus erwachsenen Schadens persönlich und solidarisch verpflichtet. Die gleiche Verpflichtung trifft die Mitglieder des Aufsichtsraths, wenn die Zuwiderhandlung mit ihrem Wissen und ohne ihr Einschreiten geschieht. Die Verpflichtung wird den Gläubigern gegenüber dadurch nicht aufgehoben, dass die Zuwiderhandlung auf einem Beschlusse der Generalversammlung beruht.

§ 89. Die Vertheilung des Vermögens unter die einzelnen Genossen erfolgt bis zum Gesammtbetrage ihrer auf Grund der ersten Liquidationsbilanz (§. 87) ermittelten Geschäftsguthaben nach dem Verhältniss der letzteren. Bei Ermittelung der einzelnen Geschäftsguthaben bleiben für die Vertheilung des Gewinnes oder Verlustes, welcher sich für den Zeitraum zwischen der letzten Jahresbilanz (§. 31) und der ersten Liquidationsbilanz ergeben hat, die seit der letzten Jahresbilanz geleisteten Einzahlungen ausser Betracht. Der Gewinn aus diesem Zeitraum ist dem Guthaben auch insoweit zuzuschreiben, als dadurch der Geschäftsantheil überschritten wird.

Ueberschüsse, welche sich über den Gesammtbetrag dieser Guthaben hinaus ergeben, sind nach Köpfen zu vertheilen.

Durch das Statut kann die Vertheilung des Vermögens ausgeschlossen oder ein anderes Verhältniss für die Vertheilung bestimmt werden[1]).

§. 89 a[2]). Ein bei der Auflösung der Genossenschaft verbleibendes unvertheilbares Reinvermögen (§. 89 Abs. 3) fällt, sofern dasselbe nicht durch das Statut einer physischen oder juristischen Person zu einem bestimmten Verwendungszwecke überwiesen ist, an diejenige Gemeinde, in der die Genossenschaft ihren Sitz hatte. Die Zinsen dieses Fonds sind zu gemeinnützigen Zwecken zu verwenden.

§. 90. Nach Beendigung der Liquidation sind die Bücher und Schriften der aufgelösten Genossenschaft für die Dauer von zehn Jahren einem der gewesenen Genossen oder einem Dritten in Verwahrung zu geben. Der Genosse oder der Dritte wird in Ermangelung einer Bestimmung des Statuts oder eines Beschlusses der Generalversammlung durch das Gericht (§. 10) bestimmt. Dasselbe kann die Genossen und deren Rechtsnachfolger, sowie die Gläubiger der Genossenschaft zur Einsicht der Bücher und Schriften ermächtigen.

Siebenter Abschnitt. Konkursverfahren und Haftpflicht der Genossen.

§. 91. Das Konkursverfahren findet im Falle der Zahlungsunfähigkeit, nach Auflösung der Genossenschaft auch im Falle der Ueberschuldung statt.

Nach Auflösung der Genossenschaft ist die Eröffnung des Verfahrens so lange zulässig, als die Vertheilung des Vermögens nicht vollzogen ist.

§. 92. Sobald die Zahlungsunfähigkeit der Genossenschaft eintritt, hat der Vorstand die Eröffnung des Konkursverfahrens zu beantragen; dasselbe gilt, wenn bei oder nach Auflösung der Genossenschaft aus der Jahresbilanz oder aus einer im Laufe des Jahres aufgestellten Bilanz Ueberschuldung sich ergiebt.

Die Mitglieder des Vorstandes sind der Genossenschaft zum Ersatz einer nach diesem Zeitpunkte geleisteten Zahlung nach Massgabe des §. 32 verpflichtet.

Die Ansprüche auf Grund der vorstehenden Bestimmungen verjähren in fünf Jahren.

§. 93. Zu dem Antrage auf Eröffnung des Verfahrens ist ausser den Konkursgläubigern jedes Mitglied des Vorstandes berechtigt.

Wird der Antrag nicht von allen Mitgliedern gestellt, so ist derselbe zuzulassen, wenn die ihn begründenden Thatsachen (§. 91) glaubhaft gemacht werden. Das Gericht hat die übrigen Mitglieder nach Massgabe der Konkursordnung §. 97 Absatz 2, 3 zu hören.

Der Eröffnungsantrag kann nicht aus dem Grunde abgewiesen werden, dass eine den Kosten des Verfahrens entsprechende Konkursmasse nicht vorhanden sei.

§. 94. Durch die Eröffnung des Konkursverfahrens wird die Genossenschaft aufgelöst.

§. 95. Die Eröffnung des Konkursverfahrens ist unverzüglich in das Genossenschaftsregister einzutragen. Die Eintragung wird nicht bekannt gemacht.

§. 96. Bei der Eröffnung des Verfahrens ist von dem Gerichte ein Gläubigerausschuss zu bestellen. Die Gläubigerversammlung hat über

---

[1]) Fassung nach der Novelle von 1896.
[2]) Zusatz der genannten Novelle.

die Beibehaltung der bestellten oder die Wahl anderer Mitglieder zu beschliessen. Im Uebrigen kommen die Vorschriften im §. 79 der Konkursordnung zur Anwendung.

§. 97. Die Generalversammlung ist ohne Verzug zur Beschlussfassung darüber zu berufen (§§. 42 bis 44), ob die bisherigen Mitglieder des Vorstandes und des Aufsichtsraths beizubehalten oder andere zu bestellen sind.

§. 98. Soweit die Konkursgläubiger wegen ihrer bei der Schlussvertheilung (Konkursordnung §. 149) berücksichtigten Forderungen aus dem zur Zeit der Eröffnung des Konkursverfahrens vorhandenen Vermögen der Genossenschaft nicht befriedigt werden, sind die Genossen verpflichtet, Nachschüsse zur Konkursmasse zu leisten.

Die Nachschüsse sind von den Genossen, wenn nicht das Statut ein anderes Beitragsverhältniss festsetzt, nach Köpfen zu leisten.

Beiträge, zu deren Leistung einzelne Genossen unvermögend sind, werden auf die übrigen vertheilt.

Zahlungen, welche Genossen über die von ihnen nach den vorstehenden Bestimmungen geschuldeten Beiträge hinaus leisten, sind ihnen, nachdem die Befriedigung der Gläubiger erfolgt ist, aus den Nachschüssen zu erstatten.

Gegen die Nachschüsse kann der Genosse eine Forderung an die Genossenschaft aufrechnen, sofern die Voraussetzungen vorliegen, unter welchen er als Konkursgläubiger Befriedigung wegen der Forderung aus den Nachschüssen zu beanspruchen hat.

§. 99. Der Konkursverwalter hat sofort, nachdem die Bilanz auf der Gerichtsschreiberei niedergelegt ist (Konkursordnung §. 114), zu berechnen, wieviel zur Deckung des in der Bilanz bezeichneten Fehlbetrages die Genossen vorschussweise beizutragen haben.

In der Berechnung (Vorschussberechnung) sind die sämmtlichen Genossen namentlich zu bezeichnen und auf sie die Beiträge zu vertheilen. Die Höhe der Beiträge ist jedoch derart zu bemessen, dass durch ein vorauszusehendes Unvermögen einzelner Genossen zur Leistung von Beiträgen ein Ausfall an dem zu deckenden Gesammtbetrage nicht entsteht.

Die Berechnung ist dem Konkursgerichte mit dem Antrage einzureichen, dieselbe für vollstreckbar zu erklären. Wird das Genossenschaftsregister nicht bei dem Konkursgerichte geführt, so ist dem Antrage eine beglaubigte Abschrift des Statuts und der Liste der Genossen beizufügen.

§. 100. Zur Erklärung über die Berechnung bestimmt das Gericht einen Termin, welcher nicht über zwei Wochen hinaus anberaumt werden darf. Derselbe ist öffentlich bekannt zu machen; die in der Berechnung aufgeführten Genossen sind besonders zu laden.

Die Berechnung ist spätestens drei Tage vor dem Termine auf der Gerichtsschreiberei zur Einsicht der Betheiligten niederzulegen. Hierauf ist in der Bekanntmachung und den Ladungen hinzuweisen.

§. 101. In dem Termine sind Vorstand und Aufsichtsrath der Genossenschaft, sowie der Konkursverwalter und der Gläubigerausschuss und, soweit Einwendungen erhoben werden, die sonst Betheiligten zu hören.

Das Gericht entscheidet über die erhobenen Einwendungen, berichtigt, soweit erforderlich, die Berechnung oder ordnet die Berichtigung an und erklärt die Berechnung für vollstreckbar. Die Entscheidung ist in dem Termine oder in einem sofort anzuberaumendem Termine, welcher nicht über eine Woche hinaus angesetzt werden soll, zu verkünden. Die Berechnung mit der sie für vollstreckbar erklärenden Entscheidung ist zur Einsicht der Betheiligten auf der Gerichtsschreiberei niederzulegen.

Gegen die Entscheidung findet ein Rechtsmittel nicht statt.

§. 102. Nachdem die Berechnung für vollstreckbar erklärt ist, hat der Konkursverwalter ohne Verzug die Beiträge von den Genossen einzuziehen.

Die Zwangsvollstreckung gegen einen Genossen findet in Gemässheit der Civilprozessordnung auf Grund einer vollstreckbaren Ausfertigung der Entscheidung und eines Auszuges aus der Berechnung statt.

Für die in den Fällen der §§. 667, 686, 687 der Civilprozessordnung zu erhebenden Klagen ist das Amtsgericht, bei welchem das Konkursverfahren anhängig ist, und, wenn der Streitgegenstand zur Zuständigkeit der Amtsgerichte nicht gehört, das Landgericht ausschliesslich zuständig, zu dessen Bezirke der Bezirk des Konkursgerichts gehört.

§. 103. Die eingezogenen Beträge sind bei der von der Gläubigerversammlung bestimmten Stelle (Konkursordnung §. 120) zu hinterlegen oder anzulegen.

§. 104. Jeder Genosse ist befugt, die für vollstreckbar erklärte Berechnung im Wege der Klage anzufechten. Die Klage ist gegen den Konkursverwalter zu richten. Sie findet nur binnen der Nothfrist eines Monats seit Verkündung der Entscheidung und nur insoweit statt, als der Kläger den Anfechtungsgrund in dem Termine (§. 100) geltend gemacht hat oder ohne sein Verschulden geltend zu machen ausser Stande war.

Das rechtskräftige Urtheil wirkt für und gegen alle beitragspflichtigen Genossen.

§. 105. Die Klage ist ausschliesslich bei dem Amtsgerichte zu erheben, welches die Berechnung für vollstreckbar erklärt hat. Die mündliche Verhandlung erfolgt nicht vor Ablauf der bezeichneten Nothfrist. Mehrere Anfechtungsprozesse sind zur gleichzeitigen Verhandlung und Entscheidung zu verbinden.

Uebersteigt der Streitgegenstand eines Prozesses die sonst für die sachliche Zuständigkeit der Amtsgerichte geltende Summe, so hat das Gericht, sofern eine Partei in einem solchen Prozesse vor der Verhandlung zur Hauptsache darauf anträgt, durch Beschluss die sämmtlichen Streitsachen an das Landgericht, in dessen Bezirke es seinen Sitz hat, zu verweisen. Gegen diesen Beschluss findet die sofortige Beschwerde statt. Die Nothfrist beginnt mit der Verkündung des Beschlusses.

Ist der Beschluss rechtskräftig, so gelten die Streitsachen als bei dem Landgerichte anhängig. Die im Verfahren vor dem Amtsgerichte erwachsenen Kosten werden als Theil der bei dem Landgerichte erwachsenen Kosten behandelt und gelten als Kosten einer Instanz.

Die Vorschriften der Civilprozessordnung §§. 688, 689 über die Einstellung der Zwangsvollstreckung und die Aufhebung der Vollstreckungsmassregeln finden entsprechende Anwendung.

§. 106. Soweit in Folge des Unvermögens einzelner Genossen zur Leistung von Beiträgen der zu deckende Gesammtbetrag nicht erreicht wird, oder in Gemässheit des auf eine Anfechtungsklage ergehenden Urtheils oder aus anderen Gründen die Berechnung abzuändern ist, hat der Konkursverwalter eine Zusatzberechnung aufzustellen. Rücksichtlich derselben kommen die Vorschriften in §§. 99 bis 105 zur Anwendung.

Die Aufstellung einer Zusatzberechnung ist erforderlichenfalls zu wiederholen.

§. 107. Sobald mit dem Vollzuge der Schlussvertheilung (Konkursordnung §. 149) begonnen wird, hat der Konkursverwalter in Ergänzung oder Berichtigung der Vorschussberechnung und der zu derselben etwa ergangenen Zusätze zu berechnen, wieviel die Genossen in Gemässheit des §. 98 an Nachschüssen zu leisten haben.

Die Berechnung (Nachschussberechnung) unterliegt den Vorschriften in §§. 99 bis 102, 104 bis 106, der Vorschrift im §. 99 Absatz 2 mit der

Massgabe, dass auf Genossen, deren Unvermögen zur Leistung von Beiträgen sich herausgestellt hat, Beiträge nicht vertheilt werden.

§. 108. Der Verwalter hat, nachdem die Nachschussberechnung für vollstreckbar erklärt ist, unverzüglich den gemäss §. 103 vorhandenen Bestand und, so oft von den noch einzuziehenden Beiträgen hinreichender Bestand eingegangen ist, diesen im Wege der Nachtragsvertheilung (Konkursordnung §. 153) unter die Gläubiger zu vertheilen.

Ausser den Antheilen auf die im §. 155 der Konkursordnung bezeichneten Forderungen sind zurückzubehalten die Antheile auf Forderungen, welche im Prüfungstermine von dem Vorstande ausdrücklich bestritten worden sind. Dem Gläubiger bleibt überlassen, den Widerspruch des Vorstandes durch Klage zu beseitigen. Soweit der Widerspruch rechtskräftig für begründet erklärt wird, werden die Antheile zur Vertheilung unter die übrigen Gläubiger frei.

Die zur Befriedigung der Gläubiger nicht erforderlichen Ueberschüsse hat der Konkursverwalter an die Genossen zurückzuzahlen.

§. 109. Eine Aufhebung des Konkursverfahrens durch Zwangsvergleich findet nicht statt.

Eine Einstellung des Verfahrens ist erst zulässig, nachdem mit dem Vollzuge der Schlussvertheilung begonnen ist. Die Zustimmung aller bei der letzteren berücksichtigten Konkursgläubiger ist beizubringen. Inwieweit es der Zustimmung oder der Sicherstellung von Gläubigern bedarf, deren Forderungen nicht festgestellt sind, entscheidet das Konkursgericht nach freiem Ermessen.

§ 110. Der Vorstand ist verpflichtet, den Konkursverwalter bei den diesem in §. 99 Absatz 1, §. 102 Absatz 1, §§. 106, 107 zugewiesenen Obliegenheiten zu unterstützen.

§. 111. Die in diesem Abschnitte hinsichtlich des Vorstandes getroffenen Bestimmungen gelten auch hinsichtlich der Liquidatoren.

Achter Abschnitt. Besondere Bestimmungen.

I. Für Genossenschaften mit unbeschränkter Haftpflicht.

§. 112. Bei Genossenschaften mit unbeschränkter Haftpflicht darf ein Genosse nicht auf mehr als einen Geschäftsantheil betheiligt sein.

§. 113. Die Beitrittserklärungen (§. 15) müssen die ausdrückliche Bemerkung enthalten, dass die einzelnen Genossen für die Verbindlichkeiten der Genossenschaft dieser sowie unmittelbar den Gläubigern derselben nach Massgabe des Gesetzes mit ihrem ganzen Vermögen haften.

§. 114[1]).

§. 115. Sobald sich bei der Geschäftsführung ergiebt, dass das Vermögen der Genossenschaft einschliesslich des Reservefonds und der Geschäftsguthaben zur Deckung der Schulden nicht ausreicht, hat der Vorstand die Generalversammlung zur Beschlussfassung, ob die Genossenschaft aufgelöst werden soll, zu berufen.

Für den Fall, dass die Auflösung beschlossen wird, ist zugleich die im §. 97 vorgesehene Beschlussfassung herbeizuführen.

§. 116. Im Falle des Konkursverfahrens sind neben der Genossenschaft die einzelnen Genossen solidarisch und mit ihrem ganzen Vermögen den Konkursgläubigern für den Ausfall verhaftet, welchen diese an ihren bei der Schlussvertheilung (Konkursordnung §. 149) berücksichtigten Forderungen bei derselben erleiden.

---

[1]) Aufgehoben durch die Novelle von 1896.

Nach Ablauf von drei Monaten seit dem Termine, in welchem die Nachschussberechnung für vollstreckbar erklärt ist, können die Gläubiger, soweit sie bisher nicht befriedigt sind, die einzelnen Genossen in Anspruch nehmen, ohne dass den letzteren die Einrede der Theilung zusteht.

Festgestellte Forderungen, welche im Prüfungstermine von dem Vorstande oder den Liquidatoren nicht ausdrücklich bestritten sind, können auch von den in Anspruch genommenen Genossen nicht bestritten werden.

Das rechtskräftige Urtheil, welches in dem Prozess über eine im Prüfungstermine von dem Vorstande oder den Liquidatoren bestrittene Forderung für oder gegen dieselben ergeht, wirkt gegenüber allen Genossen.

In Ansehung einer im Konkursverfahren streitig gebliebenen Forderung kann, solange dieselbe nicht festgestellt ist, eine Verurtheilung der Genossen nicht erfolgen.

§. 117. Die Klage der Gläubiger gegen die einzelnen Genossen verjährt, sofern nicht nach Beschaffenheit der Forderung eine kürzere Verjährungsfrist gesetzlich eintritt, in zwei Jahren seit Ablauf der im §. 116 Absatz 2 bestimmten Frist.

Die Verjährung zu Gunsten eines Genossen wird durch Rechtshandlungen unterbrochen, welche gegen die Genossenschaft oder von derselben vorgenommen werden; sie wird nicht unterbrochen durch Rechtshandlungen, welche gegen einen anderen Genossen oder von demselben vorgenommen werden.

Die Verjährung läuft auch gegen Minderjährige und bevormundete Personen, sowie gegen juristische Personen, denen gesetzlich die Rechte der Minderjährigen zustehen, ohne Zulassung der Widereinsetzung in den vorigen Stand, jedoch mit Vorbehalt des Rückgriffs gegen die Vormünder und Verwalter.

§. 118. Soweit Genossen in Gemässheit des §. 116 Konkursgläubiger befriedigen, treten sie in die Rechte der letzteren gegen die Genossenschaft ein.

§. 119. Die Bestimmungen der §§. 116 bis 118 finden auf die in den letzten zwei Jahren vor der Eröffnung des Konkursverfahrens aus der Genossenschaft ausgeschiedenen Genossen (§§. 68, 74), welche nicht schon in Gemässheit des §. 73 der Haftpflicht unterliegen, wegen der bis zu dem Zeitpunkte ihres Ausscheidens von der Genossenschaft eingegangenen Verbindlichkeiten mit der Massgabe Anwendung, dass der Anspruch der Gläubiger erst nach Ablauf von sechs Monaten seit dem Termine, in welchem die Nachschussberechnung (§. 107) für vollstreckbar erklärt ist, erhoben werden kann.

Dieser Anspruch erstreckt sich, wenn im Falle des Todes eines Genossen dessen Ausscheiden nach dem im §. 75 Absatz 1 bezeichneten Zeitpunkte eingetragen ist, auf die bis zum Tage der Eintragung von der Genossenschaft eingegangenen Verbindlichkeiten, sofern nicht der Erbe beweist, dass bei ihrer Eingehung dem Gläubiger der Tod des Genossen bekannt war.

II. Für Genossenschaften mit unbeschränkter Nachschusspflicht.

§. 120. Die Bestimmungen des §. 112 über die Beschränkung der Betheiligung auf einen Geschäftsantheil und des §. 115 über die Berufung der Generalversammlung im Falle der Ueberschuldung finden auf die Genossenschaften mit unbeschränkter Nachschusspflicht Anwendung.

§. 121. Die Beitrittserklärungen (§. 15) müssen die ausdrückliche Bemerkung enthalten, dass die einzelnen Genossen mit ihrem ganzen

Vermögen verpflichtet sind, der Genossenschaft die zur Befriedigung der Gläubiger derselben erforderlichen Nachschüsse nach Massgabe des Gesetzes zu leisten.

§. 122. Ist im Falle der Eröffnung des Konkursverfahrens nach Ablauf von drei Monaten seit dem Termine, in welchem die Nachschussberechnung (§. 107) für vollstreckbar erklärt ist, die Befriedigung oder Sicherstellung der im §. 98 Absatz 1 bezeichneten Konkursgläubiger noch nicht bewirkt, so sind die hierzu erforderlichen Beiträge von den innerhalb der letzten achtzehn Monate vor der Eröffnung des Konkursverfahrens ausgeschiedenen Genossen, welche nicht schon in Gemässheit des §. 73 oder des §. 74 Absatz 4 der Nachschusspflicht unterliegen, nach Massgabe des §. 98 zur Konkursmasse zu leisten.

§. 123. Der Konkursverwalter hat ohne Verzug eine Berechnung über die Beitragspflicht der Ausgeschiedenen aufzustellen.

In der Berechnung sind dieselben namentlich zu bezeichnen und auf sie die Beiträge zu vertheilen, soweit nicht das Unvermögen Einzelner zur Leistung von Beiträgen vorauszusehen ist.

Im Uebrigen finden die Vorschriften in §. 99 Absatz 3, §§. 100 bis 102, 104 bis 106 und 108 entsprechende Anwendung.

§. 124. Durch die Bestimmungen der §§. 122, 123 wird die Einziehung der Nachschüsse von den in der Genossenschaft verbliebenen Genossen nicht berührt.

Aus den Nachschüssen der letzteren sind den Ausgeschiedenen die von diesen geleisteten Beiträge zu erstatten, sobald die Befriedigung oder Sicherstellung der sämmtlichen im §. 98 Absatz 1 bezeichneten Konkursgläubiger bewirkt ist.

III. Für Genossenschaften mit beschränkter Haftpflicht.

§. 125. Bei Genossenschaften mit beschränkter Haftpflicht darf die Haftsumme der einzelnen Genossen (§. 2) nicht niedriger als der Geschäftsantheil sein.

Die Haftsumme muss bei Errichtung der Genossenschaft durch das Statut bestimmt werden. Die Bestimmung oder eine Abänderung derselben ist zu veröffentlichen (§§. 12, 16).

§. 126. Zu einer Erhöhung der Haftsumme bedarf es einer Mehrheit von drei Viertheilen der in der Generalversammlung erschienenen Genossen. Das Statut kann noch andere Erfordernisse aufstellen.

§. 127. Eine Herabsetzung der Haftsumme kann nur unter Beobachtung der Bestimmungen erfolgen, welche für die Vertheilung des Genossenschaftsvermögens im Falle der Auflösung massgebend sind (§. 80 Absatz 2, §. 88 Absatz 1 bis 3).

Die Anmeldung des Herabsetzungsbeschlusses zum Genossenschaftsregister erfolgt nicht vor Ablauf des im §. 88 Absatz 1 bezeichneten Jahres. Mit der Anmeldung sind die Bekanntmachungen des Beschlusses einzureichen. Zugleich hat der Vorstand die schriftliche Versicherung abzugeben, dass die Gläubiger, welche sich bei der Genossenschaft gemeldet und der Herabsetzung nicht zugestimmt haben, befriedigt oder sichergestellt sind.

§. 128. Durch das Statut kann die Betheiligung des Genossen auf mehrere Geschäftsantheile, unter Festsetzung der höchsten Zahl derselben, gestattet werden.

Die Bestimmung oder eine Abänderung derselben ist zu veröffentlichen (§§. 12, 16).

§. 129. Die Haftung eines Genossen, welcher auf mehr als einen

Geschäftsantheil betheiligt ist, erhöht sich auf das der Zahl der Geschäftsantheile entsprechende Vielfache der Haftsumme.

§. 130. Bevor der erste Geschäftsantheil erreicht ist, darf die Betheiligung des Genossen auf einen zweiten Geschäftsantheil seitens der Genossenschaft nicht zugelassen werden. Das Gleiche gilt von der Zulassung zu jedem weiteren Geschäftsantheile.

§. 131. Ein Genosse, welcher auf einen weiteren Geschäftsantheil betheiligt sein will, hat darüber eine von ihm zu unterzeichnende, unbedingte Erklärung abzugeben.

Die Erklärung ist von dem Vorstande nach der Zulassung des Genossen zu dem weiteren Geschäftsantheile behufs Eintragung des letzteren in die Liste der Genossen dem Gerichte (§. 10) einzureichen. Zugleich hat der Vorstand schriftlich zu versichern, dass die übrigen Geschäftsantheile des Genossen erreicht seien.

Die Betheiligung auf den weiteren Geschäftsantheil tritt mit der in Gemässheit der vorstehenden Absätze erfolgten Eintragung in Kraft.

Im Uebrigen kommen die Vorschriften des §. 15 zur entsprechenden Anwendung.

§. 132. Eine Uebertragung des Geschäftsguthabens findet in dem Falle des §. 128 an einen anderen Genossen nur statt, sofern dessen bisheriges Guthaben mit dem ihm zuzuschreibenden Betrage die der höchsten Zahl der Geschäftsantheile entsprechende Gesammtsumme nicht übersteigt. Hierauf ist die im §. 74 vorgesehene Versicherung des Vorstandes zu richten. Im Uebrigen verbleibt es bei den Bestimmungen im §. 131.

§. 133. Mit der Bilanz eines jeden Geschäftsjahres ist ausser den im §. 31 vorgesehenen Angaben über die Zahl der Genossen der Gesammtbetrag, um welchen in diesem Jahre die Geschäftsguthaben, sowie die Haftsummen der Genossen sich vermehrt oder vermindert haben, und der Betrag der Haftsummen zu veröffentlichen, für welche am Jahresschluss alle Genossen zusammen aufzukommen haben.

§. 134. Das Konkursverfahren findet bei bestehender Genossenschaft ausser dem Falle der Zahlungsunfähigkeit in dem Falle der Ueberschuldung statt, sofern diese ein Viertheil des Betrages der Haftsummen aller Genossen übersteigt. Der Vorstand hat, wenn eine solche Ueberschuldung sich aus der Jahresbilanz oder aus einer im Laufe des Jahres aufgestellten Bilanz ergiebt, die Eröffnung des Konkursverfahrens zu beantragen. Die Vorschriften des §. 92 Absatz 2, 3, § 93 finden entsprechende Anwendung.

§. 135. Die einzelnen Genossen können über ihre Haftsumme hinaus weder auf Leistung von Nachschüssen, noch von den Konkursgläubigern in Anspruch genommen werden. Im Uebrigen finden auf den Anspruch der Gläubiger die Bestimmungen in §§. 116 bis 119 Anwendung.

§. 136. Ausser dem Falle des §. 88 kann in dem Falle, dass entgegen den Vorschriften in §§. 19, 22 der Gewinn oder das Geschäftsguthaben ausgezahlt wird, der Ersatzanspruch gegen die Mitglieder des Vorstandes oder des Aufsichtsraths oder gegen die Liquidatoren von den Gläubigern der Genossenschaft, soweit sie von dieser ihre Befriedigung nicht erlangen können, selbständig geltend gemacht werden. Dasselbe findet gegen die Mitglieder des Vorstandes oder die Liquidatoren statt, wenn nach dem Zeitpunkte, mit welchem die Verpflichtung zum Antrage auf Eröffnung des Konkursverfahrens eingetreten ist, eine Zahlung geleistet wird, rücksichtlich des Ersatzes derselben.

Die Ersatzpflicht wird den Gläubigern gegenüber dadurch nicht aufgehoben, dass die Handlung auf einem Beschlusse der Generalversammlung beruht.

IV. Für die Umwandlung von Genossenschaften.

§. 137. Eine Genossenschaft mit unbeschränkter Haftpflicht kann sich in eine solche mit unbeschränkter Nachschusspflicht nur unter Beobachtung der Bestimmungen umwandeln, welche für die Vertheilung des Genossenschaftsvermögens im Falle der Auflösung massgebend sind (§. 80 Absatz 2, §. 88 Absatz 1 bis 3).

Dasselbe gilt von der Umwandlung einer Genossenschaft mit unbeschränkter Haftpflicht oder mit unbeschränkter Nachschusspflicht in eine solche mit beschränkter Haftpflicht.

Die Vorschriften im §. 127 Absatz 2 finden entsprechende Anwendung.

§. 138. Zu dem Beschluss auf Umwandlung einer Genossenschaft mit unbeschränkter Nachschusspflicht in eine solche mit unbeschränkter Haftpflicht oder einer Genossenschaft mit beschränkter Haftpflicht in eine solche mit unbeschränkter Haftpflicht oder mit unbeschränkter Nachschusspflicht bedarf es einer Mehrheit von drei Viertheilen der in der Generalversammlung erschienenen Genossen. Das Statut kann noch andere Erfordernisse aufstellen.

§. 139. Die Umwandlung (§§. 137, 138) ist auch gegenüber den vor der Eintragung des Beschlusses in das Genossenschaftsregister aus der Genossenschaft Ausgeschiedenen wirksam.

Im Falle der Umwandlung einer Genossenschaft mit unbeschränkter Nachschusspflicht können dieselben für die Verbindlichkeiten der Genossenschaft nicht in Anspruch genommen werden, sofern ihr Ausscheiden früher als achtzehn Monate vor der Eintragung erfolgt ist. Im Falle der Umwandlung einer Genossenschaft mit beschränkter Haftpflicht bleibt der Anspruch gegen sie auf ihre bisherige Haftsumme beschränkt.

Neunter Abschnitt. Strafbestimmungen.

§. 140. Mitglieder des Vorstandes und des Aufsichtsraths und Liquidatoren werden, wenn sie absichtlich zum Nachtheile der Genossenschaft handeln, mit Gefängniss und zugleich mit Geldstrafe bis zu dreitausend Mark bestraft.

Zugleich kann auf Verlust der bürgerlichen Ehrenrechte erkannt werden.

§. 141. Mitglieder des Vorstandes und des Aufsichtsraths und Liquidatoren werden mit Gefängniss bis zu einem Jahre und zugleich mit Geldstrafe bis zu dreitausend Mark bestraft, wenn sie in den von ihnen dem Gerichte (§. 10) zu machenden Anmeldungen, Anzeigen und Versicherungen wissentlich falsche Angaben machen, oder in ihren Darstellungen, ihren Uebersichten über den Vermögensstand der Genossenschaft, über die Mitglieder und die Haftsummen, oder den in der Generalversammlung gehaltenen Vorträgen den Stand der Verhältnisse der Genossenschaft wissentlich unwahr darstellen.

Zugleich kann auf Verlust der bürgerlichen Ehrenrechte erkannt werden. Sind mildernde Umstände vorhanden, so tritt ausschliesslich die Geldstrafe ein.

§. 142. Mit Geldstrafe bis zu sechshundert Mark oder mit Gefängniss bis zu drei Monaten oder mit beiden Strafen zugleich werden bestraft:

1. die Mitglieder des Vorstandes und des Aufsichtsraths und die Liquidatoren, wenn länger als drei Monate die Genossenschaft ohne Aufsichtsrath geblieben ist, oder in dem letzteren die zur Beschlussfähigkeit erforderliche Zahl von Mitgliedern gefehlt hat;
2. die Mitglieder des Vorstandes oder die Liquidatoren, wenn entgegen

den Vorschriften in §§. 92, 111, 134 der Antrag auf Eröffnung des Konkursverfahrens unterlassen ist.

Die Strafe tritt nicht gegen denjenigen ein, welcher nachweist, dass die Unterlassung ohne sein Verschulden geschehen ist.

§. 143. Mitglieder des Vorstandes werden mit Geldstrafe bis zu sechshundert Mark bestraft, wenn ihre Handlungen auf andere als die im §. 1 erwähnten geschäftlichen Zwecke gerichtet sind, oder wenn sie in der Generalversammlung die Erörterung von Anträgen gestatten oder nicht hindern, welche auf öffentliche Angelegenheiten gerichtet sind, deren Erörterung unter die Gesetze über das Versammlungs- und Vereinsrecht fällt.

§. 144. Die Mitglieder des Vorstandes eines Revisionsverbandes werden, wenn unterlassen ist, die Versammlung in Gemässheit des §. 57 Absatz 2 anzuzeigen, mit Geldstrafe bis zu sechshundert Mark bestraft.

Die Strafe tritt nicht gegen denjenigen ein, welcher nachweist, dass die Unterlassung ohne sein Verschulden geschehen ist.

§. 145. Wer sich besondere Vortheile dafür hat gewähren oder versprechen lassen, dass er bei einer Abstimmung in der Generalversammlung in einem gewissen Sinne stimme, wird mit Geldstrafe bis zu dreitausend Mark, oder mit Gefängniss bis zu einem Jahre bestraft.

§. 145a[1]). Personen, welche für einen Konsumverein den Waarenverkauf bewirken, werden, wenn sie der Vorschrift des §. 8 Absatz 4 zuwider wissentlich oder ohne Beobachtung der nach § 30a von dem Vorstande erlassenen Anweisung Waaren an andere Personen als an Mitglieder oder deren Vertreter verkaufen, mit Geldstrafe bis zu einhundertfünfzig Mark bestraft.

Gleiche Strafe trifft das Mitglied, welches seine Legitimation, durch die es zum Waarenkauf in einem Konsumverein oder bei einem mit diesem wegen Waarenabgabe an die Mitglieder in Verbindung stehenden Gewerbetreibenden berechtigt wird, einem Dritten zum Zweck unbefugter Waarenentnahme überlässt.

Dritte, welche von solcher Legitimation zu demselben Zweck Gebrauch machen, oder auf andere Weise zu unbefugter Waarenabgabe zu verleiten unternehmen, werden in gleicher Weise bestraft.

§. 145b[1]). Mit Geldstrafe bis zu einhundertfünfzig Mark wird bestraft, wer Waaren, die er aus dem Konsumverein oder von einem mit diesem wegen Waarenabgabe in Verbindung stehenden Gewerbetreibenden auf Grund seiner Mitgliedschaft bezogen hat, gegen Entgelt gewohnheitsmässig oder gewerbsmässig an Nichtmitglieder veräussert.

Diese Bestimmung findet keine Anwendung

1. wenn ein Mitglied eines Konsumvereins die von ihm bezogenen Waaren in seiner Speiseanstalt oder an seine Kostgänger zum alsbaldigen persönlichen Verbrauch abgiebt,
2. wenn ein Konsumverein, welcher Mitglied eines anderen Konsumvereins ist, die aus letzterem bezogenen Waaren an seine Mitglieder abgiebt.

§. 145c[1]). Zuwiderhandlungen gegen die Vorschrift des §. 30b werden mit Geldstrafe bis zu einhundertfünfzig Mark bestraft.

Zehnter Abschnitt. Schluss- und Uebergangsbestimmungen.

§. 146. In bürgerlichen Rechtsstreitigkeiten, in welchen durch Klage oder Widerklage ein Anspruch auf Grund der Bestimmungen dieses Gesetzes geltend gemacht ist, wird die Verhandlung und Entscheidung

[1]) Zusatz der Novelle von 1896.

letzter Instanz im Sinne des §. 8 des Einführungsgesetzes zum Gerichtsverfassungsgesetze dem Reichsgerichte zugewiesen.

§. 147. Die Vorschriften in Artikel 12 bis 14 des Handelsgesetzbuchs finden auf das Genossenschaftsregister Anwendung. Die Eintragungen sind durch den Deutschen Reichsanzeiger bekannt zu machen. Die anderen Blätter hat das Gericht zu bestimmen, für kleinere Genossenschaften nur ein anderes Blatt.

§. 148. Die Anmeldungen zum Genossenschaftsregister sind durch sämmliche Mitglieder des Vorstandes oder sämmliche Liquidatoren persönlich zu bewirken oder in beglaubigter Form einzureichen.

Die in §§. 16, 28, §. 31 Absatz 2, §. 49 Absatz 4, § 61 Absatz 2, §. 82, §. 83 Absatz 2 vorgeschriebenen Anmeldungen und Einreichungen müssen auch zu dem Genossenschaftsregister einer jeden Zweigniederlassung erfolgen.

Für den Eintritt der in §. 13, §. 16 Absatz 4, §§. 29, 84, 139 vorgesehenen Wirkungen entscheidet die Eintragung in das Genossenschaftsregister der Hauptniederlassung.

§. 149. Von der Eintragung eines beitretenden Genossen, der Eintragung oder Vormerkung des Austritts, der Ausschliessung oder des Todes von Genossen, sowie von der Eintragung weiterer Geschäftsantheile in die Liste der Genossen hat das Gericht (§. 10) dem Gerichte einer jeden Zweigniederlassung zur Berichtigung der dort geführten Liste Mittheilung zu machen.

Imgleichen ist die Eintragung der Auflösung einer Genossenschaft, sowie der Eröffnung des Konkursverfahrens zu dem Genossenschaftsregister einer jeden Zweigniederlassung mitzutheilen.

§. 150. Gegen die Entscheidung über Anträge auf Eintragung in das Genossenschaftsregister oder die Liste der Genossen oder auf Vormerkung in der letzteren finden die Rechtsmittel statt, welche gegen die Entscheidung über Eintragungen in das Handelsregister zulässig sind.

§. 151. Gebühren für die Verhandlung und Entscheidung erster Instanz über die in vorstehendem Paragraphen bezeichneten Anträge, sowie für die Eintragungen und Vormerkungen werden nicht erhoben. Die Erhebung von Auslagen findet nach §§. 79, 80 und 80b des Gerichtskostengesetzes statt.

§. 152. Die Mitglieder des Vorstandes sind von dem Gerichte (§. 10) zur Befolgung der in §. 8 Absatz 2, §. 14, §. 16 Absatz 3, §§. 28, 30, §. 59 Absatz 2, §. 61, §. 76 Absatz 2, §. 77 Absatz 2, §. 127 Absatz 2, §. 137 Absatz 3 enthaltenen Vorschriften durch Ordnungsstrafen im Betrage von zwanzig bis sechshundert Mark anzuhalten. In gleicher Weise sind die Mitglieder des Vorstandes und die Liquidatoren zur Befolgung der im §. 31 Absatz 2, §. 45, §. 46 Absatz 2, §. 49 Absatz 3 und 4, §. 82, §. 83 Absatz 2, §. 87 Absatz 1, §. 148 Absatz 2 enthaltenen Vorschriften anzuhalten.

Rücksichtlich des Verfahrens sind die Vorschriften massgebend, welche zur Erzwingung der im Handelsgesetzbuch angeordneten Anmeldungen zum Handelsregister gelten.

§. 153. Das Gesetz, betreffend die privatrechtliche Stellung der Erwerbs- und Wirthschaftsgenossenschaften, v. 4. Juli 1868 (Bundes-Gesetzbl. S. 415) mit der Deklaration vom 19. Mai 1871 (Reichs-Gesetzbl. S. 101), sowie die Vorschriften in §§. 195 bis 197 der Konkursordnung und im §. 3 Absatz 4 des Einführungsgesetzes zu derselben werden aufgehoben. Unberührt bleibt die Vorschrift im §. 6 des letzteren Gesetzes.

Wo in anderen Gesetzen auf die Bestimmungen des Gesetzes vom

4. Juli 1868 Bezug genommen ist, treten an deren Stelle die entsprechenden Bestimmungen des gegenwärtigen Gesetzes.

§. 154. Auf die in Gemässheit des Gesetzes vom 4. Juli 1868 eingetragenen Genossenschaften findet das gegenwärtige Gesetz mit den in den nachfolgenden Paragraphen enthaltenen Massgaben Anwendung.

§. 155. Die Genossenschaften haben in die Firma die zusätzliche Bezeichnung: „eingetragene Genossenschaft mit unbeschränkter Haftpflicht“ aufzunehmen. Zur Anmeldung dieses Zusatzes ist der Vorstand von dem Gerichte (§§. 10, 14) durch Ordnungsstrafen in Gemässheit des §. 152 anzuhalten.

§. 156. Solange in dem Statut einer Genossenschaft die im §. 7 Nr. 4 vorgesehene Bestimmung über die Bildung eines Reservefonds nicht getroffen ist, hat die Genossenschaft von dem nach Inkrafttreten des Gesetzes beginnenden Geschäftsjahre an zur Bildung des Reservefonds mindestens den zehnten Theil des jährlichen Reingewinns zu verwenden.

§. 157. Die Vorschrift der Nr. 3 im §. 8 Absatz 1 über das Geschäftsjahr findet nach Ablauf von drei Monaten seit dem Inkrafttreten des Gesetzes Anwendung.

Eine Genossenschaft, deren Statut die Ausdehnung des Geschäftsbetriebes durch Gewährung von Darlehen an Personen gestattet, welche nicht Mitglieder der Genossenschaft sind, unterliegt dem Verbote des §. 8 Absatz 2 nach Ablauf von zwei Jahren seit dem Inkrafttreten des Gesetzes.

§. 158. Auf den Vorstand findet die Bestimmung im §. 24 Absatz 2 über die Mindestzahl der Mitglieder, auf den Aufsichtsrath finden die Bestimmungen im §. 9, §. 34 Absatz 1 nach Ablauf von sechs Monaten seit dem Inkrafttreten des Gesetzes Anwendung. Das Gleiche gilt von der Bestimmung im §. 81 Absatz 2 über die Zahl der Liquidatoren.

§. 159. Die Bestimmung des §. 66 über die Ausschliessung von Genossen wegen der Mitgliedschaft in einer gleichartigen Genossenschaft findet, soweit der Beitritt zu dieser vor dem Inkrafttreten des Gesetzes erfolgt ist, keine Anwendung.

§. 160. Auf eine Genossenschaft, welche bei dem Inkrafttreten des Gesetzes weniger als sieben Mitglieder hat, findet der §. 78 solange keine Anwendung, als nicht diese Mitgliederzahl erreicht wird.

§. 161. Die Haftpflicht der Genossen bestimmt sich nach den Vorschriften in §§. 52 bis 65 des Gesetzes vom 4. Juli 1868 und im §. 197 der Konkursordnung, sofern vor dem Inkrafttreten des gegenwärtigen Gesetzes der Vertheilungsplan zur Erklärung der Vollstreckbarkeit eingereicht oder ohne Einreichung eines solchen das Konkursverfahren aufgehoben war.

§. 162. Ausser den Fällen des vorhergehenden Paragraphen kommen rücksichtlich der Haftpflicht der Genossen, welche vor dem Tage des Inkrafttretens des Gesetzes aus der Genossenschaft ausgeschieden und noch nicht durch Verjährung der Klage befreit sind, die Vorschriften des gegenwärtigen Gesetzes mit der Massgabe zur Anwendung, dass mit dem bezeichneten Tage die zweijährige Frist des §. 119 Absatz 1 beginnt, und dass die im zweiten Absatz desselben Paragraphen bestimmte Ausdehnung der Haftpflicht nicht eintritt.

§. 163. Die Bestimmung im §. 112 findet nicht Anwendung, insoweit beim Inkrafttreten des Gesetzes ein Genosse auf mehr als einen Geschäftsantheil betheiligt ist.

§. 164. Der Vorstand hat dem Gerichte (§. 10) binnen einem Monate nach dem Tage des Inkrafttretens des Gesetzes anzuzeigen, welche Personen ausser den in der gerichtlichen Mitgliederliste (§§. 4, 25 Absatz 2 des Gesetzes vom 4. Juli 1868) aufgeführten bis zu dem bezeichneten Tage Mitglieder der Genossenschaft geworden sind, und welche von den in der Liste aufgeführten Personen an diesem Tage der Genossenschaft nicht angehört haben.

Zugleich sind die Mitglieder, welche nach dem Inkrafttreten des Gesetzes in Folge vorher geschehener Aufkündigung oder Ausschliessung ausscheiden, und der Tag ihres Ausscheidens zu bezeichnen.

Zur Befolgung dieser Vorschriften ist der Vorstand durch Ordnungsstrafen in Gemässheit des §. 152 anzuhalten.

§. 165. Das Gericht hat die Liste nach den in vorstehendem Paragraphen bezeichneten Angaben zu berichtigen.

Es hat mittelst öffentlicher Bekanntmachung eine allgemeine Aufforderung zu erlassen, inhalts deren die in der Liste aufgeführten Personen, welche behaupten, dass sie am Tage des Inkrafttretens des Gesetzes nicht Mitglieder der Genossenschaft gewesen sind oder dass ihr Ausscheiden nicht richtig in die Liste eingetragen ist, sowie die in derselben nicht aufgeführten Personen, welche behaupten, dass sie an dem bezeichneten Tage Mitglieder der Genossenschaft gewesen sind, ihren Widerspruch gegen die Liste bis zum Ablauf einer Ausschlussfrist von einem Monate schriftlich oder zum Protokoll des Gerichtsschreibers zu erklären haben.

§. 166. Die Bekanntmachung erfolgt durch einmalige Einrückung in die für die Bekanntmachungen der Genossenschaft bestimmten Blätter.

Die Kosten der Bekanntmachungen werden von der Genossenschaft getragen.

§. 167. Die Ausschlussfrist beginnt mit dem Tage, an welchem das letzte der die Bekanntmachung enthaltenden Blätter erschienen ist.

§. 168. Nach Ablauf der Ausschlussfrist ist für die Mitgliedschaft am Tage des Inkrafttretens des Gesetzes und für das Ausscheiden in Folge vorher geschehener Aufkündigung oder Ausschliessung (§. 164 Absatz 2) der Inhalt der Liste massgebend.

Einwendungen gegen die Liste bleiben den im §. 165 Absatz 2 bezeichneten Personen vorbehalten, sofern sie in Gemässheit desselben den Widerspruch erklärt haben oder hieran ohne ihr Verschulden verhindert waren und binnen einem Monate nach Beseitigung des Hindernisses den Widerspruch schriftlich oder zum Protokoll des Gerichtsschreibers erklärt haben.

Auf diese Rechtsfolgen ist in der im §. 165 vorgeschriebenen Bekanntmachung hinzuweisen.

§. 169. Das Gericht hat die in Gemässheit des §. 165 Absatz 2 und §. 168 Absatz 2 erklärten Widersprüche in der Liste zu vermerken und dem Vorstande der Genossenschaft zur Erklärung mitzutheilen.

Soweit der Vorstand die Widersprüche in beglaubigter Form als begründet anerkennt oder zur Anerkennung rechtskräftig verurtheilt wird, ist die Liste zu berichtigen. Wird das Anerkenntniss oder Urtheil oder eine die vorläufige Aufrechterhaltung des Widerspruchs anordnende einstweilige Verfügung des Prozessgerichts nicht binnen zwei Jahren seit Eintragung des Widerspruchs dem Gerichte (§. 10) eingereicht, so ist derselbe als nicht erfolgt anzusehen und von Amtswegen zu löschen.

§. 170. Das Gericht hat von den zufolge §. 165 Absatz 1, §. 169 vorgenommenen Eintragungen dem Gerichte einer jeden Zweigniederlassung zur Berichtigung der dort geführten Liste Mittheilung zu machen.

Auf die Eintragungen finden die Vorschriften in §§. 150, 151 entsprechende Anwendung.

§. 171. Die zur Ausführung der Vorschriften über das Genossenschaftsregister und die Anmeldungen zu demselben erforderlichen Bestimmungen werden von dem Bundesrath erlassen[1]).

Welche Behörden in jedem Bundesstaate unter der Bezeichnung Staatsbehörde (§. 45) und höhere Verwaltungsbehörde (§§. 56, 57, 59, 79) zu verstehen sind, wird von der Zentralbehörde des Bundesstaates bekannt gemacht.

§. 172. Dieses Gesetz tritt am 1. Oktober 1889 in Kraft.

---

7. Gesetz,
betreffend die Gesellschaften mit beschränkter Haftung.

Vom 20. April 1892 (RGB 477).

Erster Abschnitt.
Errichtung der Gesellschaft.

§. 1. Gesellschaften mit beschränkter Haftung können nach Massgabe der Bestimmungen dieses Gesetzes zu jedem gesetzlich zulässigen Zweck errichtet werden.

§. 2. Der Gesellschaftsvertrag bedarf des Abschlusses in gerichtlicher oder notarieller Form. Er ist von sämmtlichen Gesellschaftern zu unterzeichnen.

Die Unterzeichnung durch Bevollmächtigte ist nur auf Grund einer gerichtlich oder notariell errichteten oder beglaubigten Vollmacht zulässig.

§. 3. Der Gesellschaftsvertrag muss enthalten:

1) die Firma und den Sitz der Gesellschaft,
2) den Gegenstand des Unternehmens,
3) den Betrag des Stammkapitals,
4) den Betrag der von jedem Gesellschafter auf das Stammkapital zu leistenden Einlage (Stammeinlage).

Soll das Unternehmen auf eine gewisse Zeit beschränkt sein oder sollen den Gesellschaftern ausser der Leistung von Kapitaleinlagen noch andere Verpflichtungen gegenüber der Gesellschaft auferlegt werden, so bedürfen auch diese Bestimmungen der Aufnahme in den Gesellschaftsvertrag.

§. 4. Die Firma der Gesellschaft muss entweder von dem Gegenstande des Unternehmens entlehnt sein, oder die Namen der Gesellschafter oder den Namen wenigstens eines derselben mit einem das Vorhandensein eines Gesellschaftsverhältnisses andeutenden Zusatze enthalten. Die Namen anderer Personen als der Gesellschafter dürfen in die Firma nicht aufgenommen werden. Die Beibehaltung der Firma eines auf die Gesellschaft übergegangenen Geschäfts (Handelsgesetzbuch Artikel 22) wird hierdurch nicht ausgeschlossen.

Die Firma der Gesellschaft muss in allen Fällen die zusätzliche Bezeichnung „mit beschränkter Haftung" enthalten.

§. 5. Das Stammkapital der Gesellschaft muss mindestens zwanzigtausend Mark, die Stammeinlage jedes Gesellschafters muss mindestens fünfhundert Mark betragen.

Kein Gesellschafter kann bei Errichtung der Gesellschaft mehrere Stammeinlagen übernehmen.

---

[1]) Vgl. Bekanntmachung, betr. die Führung des Genossenschaftsregisters und die Anmeldungen zu demselben, v. 11. Juli 1889, RGB 150.

Der Betrag der Stammeinlage kann für die einzelnen Gesellschafter verschieden bestimmt werden. Derselbe muss in Mark durch hundert theilbar sein. Der Gesammtbetrag der Stammeinlagen muss mit dem Stammkapital übereinstimmen.

Sollen von Gesellschaftern Einlagen, welche nicht in Geld zu leisten sind, auf das Stammkapital gemacht oder soll die Vergütung für Vermögensgegenstände, welche die Gesellschaft übernimmt, auf Stammeinlagen angerechnet werden, so muss die Person des Gesellschafters, der Gegenstand der Einlage oder Uebernahme sowie der Geldwerth, für welchen die Einlage angenommen wird, oder die für die übernommenen Gegenstände zu gewährende Vergütung im Gesellschaftsvertrage festgesetzt werden.

§. 6. Die Gesellschaft muss einen oder mehrere Geschäftsführer haben. Zu Geschäftsführern können Gesellschafter oder andere Personen bestellt werden Die Bestellung erfolgt entweder im Gesellschaftsvertrage oder nach Massgabe der Bestimmungen des dritten Abschnitts.

Ist im Gesellschaftsvertrage bestimmt, dass sämmtliche Gesellschafter zur Geschäftsführung berechtigt sein sollen, so gelten nur die der Gesellschaft bei Festsetzung dieser Bestimmung angehörenden Personen als die bestellten Geschäftsführer.

§. 7. Der Gesellschaftsvertrag, sowie die Personen der Geschäftsführer sind zur Eintragung in das Handelsregister bei dem Gericht, in dessen Bezirk die Gesellschaft ihren Sitz hat, anzumelden.

Die Anmeldung darf nur erfolgen, nachdem von jeder Stammeinlage, soweit nicht andere als in Geld zu leistende Einlagen auf das Stammkapital gemacht sind, ein Viertheil, mindestens aber der Betrag von zweihundertundfünfzig Mark eingezahlt ist.

§. 8. Der Anmeldung müssen beigefügt sein:

1) der Gesellschaftsvertrag und im Falle des §. 2 Absatz 2 die Vollmachten der Vertreter, welche den Gesellschaftsvertrag unterzeichnet haben, oder eine beglaubigte Abschrift dieser Urkunden,
2) die Legitimation der Geschäftsführer, sofern dieselben nicht im Gesellschaftsvertrage bestellt sind,
3) eine von den Anmeldenden unterschriebene Liste der Gesellschafter, aus welcher Name, Vorname, Stand und Wohnort der letzteren, sowie der Betrag der von einem jeden derselben übernommenen Stammeinlage ersichtlich ist,
4) in dem Falle, dass der Gegenstand des Unternehmens der staatlichen Genehmigung bedarf, die Genehmigungsurkunde.

In der Anmeldung ist die Versicherung abzugeben, dass die im §. 7 Absatz 2 bezeichneten Leistungen auf die Stammeinlagen bewirkt sind, und dass der Gegenstand der Leistungen sich in der freien Verfügung der Geschäftsführer befindet.

Die Geschäftsführer haben ihre Unterschrift vor dem Gericht zu zeichnen oder die Zeichnung in beglaubigter Form einzureichen.

§. 9. Die Anmeldenden haften der Gesellschaft solidarisch für die Richtigkeit ihrer Angaben hinsichtlich der auf die Stammeinlagen gemachten Leistungen (§. 7 Absatz 2).

Verzichtleistungen oder Vergleiche der Gesellschaft in Betreff der ihr nach Absatz 1 zustehenden Ersatzansprüche sind unwirksam, soweit der Ersatz zur Befriedigung der Gläubiger der Gesellschaft erforderlich ist. Auf einen Vergleich, welchen der Ersatzpflichtige im Falle der Zahlungsunfähigkeit zur Abwendung oder Beseitigung des Konkursverfahrens mit seinen Gläubigern abschliesst, findet diese Bestimmung keine Anwendung.

Die Ansprüche auf Grund der vorstehenden Bestimmungen verjähren in fünf Jahren seit der Eintragung des Gesellschaftsvertrages in das Handelsregister.

§. 10. Der eingetragene Gesellschaftsvertrag ist von dem Gericht im Auszuge zu veröffentlichen.

Die Veröffentlichung muss das Datum des Gesellschaftsvertrages, sowie die im §. 3 Nr. 1 bis 3 und gegebenenfalls die im §. 5 Absatz 4 bezeichneten Festsetzungen nebst dem Namen und Wohnorte der Geschäftsführer enthalten.

Ist das Unternehmen auf eine gewisse Zeit beschränkt (§. 3 Absatz 2), so ist auch diese Bestimmung zu veröffentlichen. Das Gleiche gilt von Bestimmungen des Gesellschaftsvertrages über die Form, in welcher die Geschäftsführer ihre Willenserklärungen kundgeben und für die Gesellschaft zeichnen, sowie über die Art und Weise, in welcher öffentliche Bekanntmachungen der Gesellschaft zu erlassen sind.

§. 11. Vor erfolgter Eintragung in das Handelsregister besteht die Gesellschaft mit beschränkter Haftung als solche nicht.

Ist vor der Eintragung im Namen der Gesellschaft gehandelt worden, so haften die Handelnden persönlich und solidarisch.

§. 12. Jede Zweigniederlassung muss bei dem Gericht, in dessen Bezirk sie sich befindet, zur Eintragung in das Handelsregister angemeldet werden.

Die Anmeldung hat die im §. 10 Absatz 2 und 3 bezeichneten Angaben zu enthalten. Derselben ist eine beglaubigte Abschrift des Gesellschaftsvertrages und eine von dem Gericht der Hauptniederlassung beglaubigte Abschrift der Liste der Gesellschafter beizufügen.

Die Bestimmung im §. 8 Absatz 3 findet Anwendung.

Zweiter Abschnitt.

Rechtsverhältnisse der Gesellschaft und der Gesellschafter.

§. 13. Die Gesellschaft mit beschränkter Haftung als solche hat selbständig ihre Rechte und Pflichten; sie kann Eigenthum und andere dingliche Rechte an Grundstücken erwerben, vor Gericht klagen und verklagt werden.

Für die Verbindlichkeiten der Gesellschaft haftet den Gläubigern derselben nur das Gesellschaftsvermögen.

Die Gesellschaft gilt als Handelsgesellschaft im Sinne des Handelsgesetzbuchs.

§. 14. Der Geschäftsantheil jedes Gesellschafters bestimmt sich nach dem Betrage der von ihm übernommenen Stammeinlage.

§. 15. Die Geschäftsantheile sind veräusserlich und vererblich.

Erwirbt ein Gesellschafter zu seinem ursprünglichen Geschäftsantheile weitere Geschäftsantheile, so behalten dieselben ihre Selbständigkeit.

Zur Abtretung von Geschäftsantheilen durch Gesellschafter bedarf es eines in gerichtlicher oder notarieller Form geschlossenen Vertrages. Die Angabe des Rechtsgrundes der Abtretung ist nicht erforderlich.

Der gerichtlichen oder notariellen Form bedarf auch eine Vereinbarung, durch welche die Verpflichtung eines Gesellschafters zur Abtretung eines Geschäftsantheils begründet wird. Eine ohne diese Form getroffene Vereinbarung wird jedoch durch den nach Massgabe des vorigen Absatzes geschlossenen Abtretungsvertrag gültig.

Durch den Gesellschaftsvertrag kann die Abtretung der Geschäftsantheile an weitere Voraussetzungen geknüpft, insbesondere von der Genehmigung der Gesellschaft abhängig gemacht werden.

§. 16. Der Gesellschaft gegenüber gilt im Falle der Veräusserung des Geschäftsantheils nur derjenige als Erwerber, dessen Erwerb unter Nachweis des Uebergangs bei der Gesellschaft angemeldet ist.

Die vor der Anmeldung von der Gesellschaft gegenüber dem Veräusserer oder von dem letzteren gegenüber der Gesellschaft in Bezug auf das Gesellschaftsverhältniss vorgenommenen Rechtshandlungen muss der Erwerber gegen sich gelten lassen.

Für die zur Zeit der Anmeldung auf den Geschäftsantheil rückständigen Leistungen ist der Erwerber neben dem Veräusserer verhaftet.

§. 17. Die Veräusserung von Theilen eines Geschäftsantheils kann nur mit Genehmigung der Gesellschaft stattfinden.

Die Genehmigung bedarf der schriftlichen Form; sie muss die Person des Erwerbers und den Betrag bezeichnen, welcher von der Stammeinlage des ungetheilten Geschäftsantheils auf jeden der durch die Theilung entstehenden Geschäftsantheile entfällt.

Im Gesellschaftsvertrage kann bestimmt werden, dass für die Veräusserung von Theilen eines Geschäftsantheils an andere Gesellschafter, sowie für die Theilung von Geschäftsantheilen verstorbener Gesellschafter unter deren Erben eine Genehmigung der Gesellschaft nicht erforderlich ist.

Die Bestimmungen im §. 5 Absatz 1 und 3 über den Betrag der Stammeinlagen finden bei der Theilung von Geschäftsantheilen entsprechende Anwendung.

Eine gleichzeitige Uebertragung mehrerer Theile von Geschäftsantheilen eines Gesellschafters an denselben Erwerber ist unzulässig.

Ausser dem Falle der Veräusserung und Vererbung findet eine Theilung von Geschäftsantheilen nicht statt. Sie kann im Gesellschaftsvertrage auch für diese Fälle ausgeschlossen werden.

§. 18. Steht ein Geschäftsantheil mehreren Mitberechtigten ungetheilt zu, so können sie die Rechte aus demselben nur gemeinschaftlich ausüben.

Für die auf den Geschäftsantheil zu bewirkenden Leistungen haften sie der Gesellschaft solidarisch.

Rechtshandlungen, welche die Gesellschaft gegenüber dem Inhaber des Antheils vorzunehmen hat, sind, sofern nicht ein gemeinsamer Vertreter der Mitberechtigten vorhanden ist, wirksam, wenn sie auch nur gegenüber einem Mitberechtigten vorgenommen werden. Gegenüber mehreren Erben eines Gesellschafters findet diese Bestimmung nur in Bezug auf Rechtshandlungen Anwendung, welche nach Ablauf eines Monats seit dem Anfalle der Erbschaft vorgenommen werden.

§. 19. Die Einzahlungen auf die Stammeinlagen sind nach Verhältniss der letzteren zu leisten.

Die Stammeinlagen können den Gesellschaftern ausser dem Falle einer Herabsetzung des Stammkapitals weder erlassen noch gestundet werden. Eine Aufrechnung können die Gesellschafter nicht geltend machen; ebensowenig findet an dem Gegenstande einer nicht in Geld zu leistenden Einlage wegen Forderungen, welche sich nicht auf den Gegenstand beziehen, ein Zurückbehaltungsrecht statt.

Eine Leistung auf die Stammeinlage, welche nicht in Geld besteht oder welche durch Aufrechnung einer für die Ueberlassung von Vermögensgegenständen zu gewährenden Vergütung bewirkt wird, befreit den Gesellschafter von seiner Verpflichtung nur, soweit sie in Ausführung einer nach §. 5 Absatz 4 getroffenen Bestimmung erfolgt.

§. 20. Ein Gesellschafter, welcher den auf die Stammeinlage eingeforderten Betrag nicht zur rechten Zeit einzahlt, ist zur Entrichtung von Verzugszinsen von Rechtswegen verpflichtet.

Im Gesellschaftsvertrage können für den Fall der verzögerten Einzahlung Konventionalstrafen ohne Rücksicht auf die sonst stattfindenden gesetzlichen Einschränkungen festgesetzt werden.

§. 21. Im Falle verzögerter Einzahlung kann an den säumigen Gesellschafter eine erneute Aufforderung zur Zahlung binnen einer zu bestimmenden Nachfrist unter Androhung seines Ausschlusses mit dem Geschäftsantheil, auf welchen die Zahlung zu erfolgen hat, erlassen werden. Die Aufforderung erfolgt mittelst eingeschriebenen Briefes. Die Nachfrist muss mindestens einen Monat betragen.

Nach fruchtlosem Ablauf der Frist ist der säumige Gesellschafter seines Geschäftsantheils und der geleisteten Theilzahlungen zu Gunsten der Gesellschaft verlustig zu erklären. Die Erklärung erfolgt mittelst eingeschriebenen Briefes.

Wegen des Ausfalls, welchen die Gesellschaft an dem rückständigen Betrage oder den später auf den Geschäftsantheil eingeforderten Beträgen der Stammeinlage erleidet, bleibt ihr der ausgeschlossene Gesellschafter verhaftet.

§. 22. Wegen des von dem ausgeschlossenen Gesellschafter nicht bezahlten Betrages der Stammeinlage ist der Gesellschaft der letzte und jeder frühere, bei der Gesellschaft angemeldete Rechtsvorgänger des Ausgeschlossenen verhaftet.

Ein früherer Rechtsvorgänger haftet nur, soweit die Zahlung von dessen Rechtsnachfolger nicht zu erlangen ist; dies ist bis zum Beweise des Gegentheils anzunehmen, wenn der letztere die Zahlung nicht bis zum Ablauf eines Monats geleistet hat, nachdem an ihn die Zahlungsaufforderung und an den Rechtsvorgänger die Benachrichtigung von derselben erfolgt ist.

Die Haftpflicht des Rechtsvorgängers ist auf die innerhalb der Frist von fünf Jahren auf die Stammeinlage eingeforderten Einzahlungen beschränkt. Die Frist beginnt mit dem Tage, an welchem der Uebergang des Geschäftsantheils auf den Rechtsnachfolger ordnungsmässig angemeldet ist.

Der Rechtsvorgänger erwirbt gegen Zahlung des rückständigen Betrages den Geschäftsantheil des ausgeschlossenen Gesellschafters.

§. 23. Ist die Zahlung des rückständigen Betrages von Rechtsvorgängern nicht zu erlangen, so kann die Gesellschaft den Geschäftsantheil durch einen Makler oder zur Vornahme von Versteigerungen befugten Beamten öffentlich verkaufen lassen. Eine andere Art des Verkaufs ist nur mit Zustimmung des ausgeschlossenen Gesellschafters zulässig.

§. 24. Soweit eine Stammeinlage weder von den Zahlungspflichtigen eingezogen, noch durch Verkauf des Geschäftsantheils gedeckt werden kann, haben die übrigen Gesellschafter den Fehlbetrag nach Verhältniss ihrer Geschäftsantheile aufzubringen. Beiträge, welche von einzelnen Gesellschaftern nicht zu erlangen sind, werden nach dem bezeichneten Verhältniss auf die übrigen vertheilt.

§. 25. Von den in den §§. 21 bis 24 bezeichneten Rechtsfolgen können die Gesellschafter nicht befreit werden.

§. 26. Im Gesellschaftsvertrage kann bestimmt werden, dass die Gesellschafter über den Betrag der Stammeinlagen hinaus die Einforderung von weiteren Einzahlungen (Nachschüssen) beschliessen können.

Die Einzahlung der Nachschüsse hat nach Verhältniss der Geschäftsantheile zu erfolgen.

Die Nachschusspflicht kann im Gesellschaftsvertrage auf einen bestimmten, nach Verhältniss der Geschäftsantheile festzusetzenden Betrag beschränkt werden.

§. 27. Ist die Nachschusspflicht nicht auf einen bestimmten Betrag beschränkt, so hat jeder Gesellschafter, falls er die Stammeinlage vollständig eingezahlt hat, das Recht, sich von der Zahlung des auf den Geschäftsantheil eingeforderten Nachschusses dadurch zu befreien, dass er innerhalb eines Monats nach der Aufforderung zur Einzahlung den Geschäftsantheil der Gesellschaft zur Befriedigung aus demselben zur Verfügung stellt. Ebenso kann die Gesellschaft, wenn der Gesellschafter binnen der angegebenen Frist weder von der bezeichneten Befugniss Gebrauch macht, noch die Einzahlung leistet, demselben mittelst eingeschriebenen Briefes erklären, dass sie den Geschäftsantheil als zur Verfügung gestellt betrachte.

Die Gesellschaft hat den Geschäftsantheil innerhalb eines Monats nach der Erklärung des Gesellschafters oder der Gesellschaft durch einen Makler oder einen zur Vornahme von Versteigerungen befugten Beamten öffentlich verkaufen zu lassen. Eine andere Art des Verkaufs ist nur mit Zustimmung des Gesellschafters zulässig. Ein nach Deckung der Verkaufskosten und des rückständigen Nachschusses verbleibender Ueberschuss gebührt dem Gesellschafter.

Ist die Befriedigung der Gesellschaft durch den Verkauf nicht zu erlangen, so fällt der Geschäftsantheil der Gesellschaft zu. Dieselbe ist befugt, den Antheil für eigene Rechnung zu veräussern.

Im Gesellschaftsvertrage kann die Anwendung der vorstehenden Bestimmungen auf den Fall beschränkt werden, dass die auf den Geschäftsantheil eingeforderten Nachschüsse einen bestimmten Betrag überschreiten.

§. 28. Ist die Nachschusspflicht auf einen bestimmten Betrag beschränkt, so finden, wenn im Gesellschaftsvertrage nicht ein Anderes festgesetzt ist, im Falle verzögerter Einzahlung von Nachschüssen die auf die Einzahlung der Stammeinlagen bezüglichen Vorschriften der §§. 21 bis 23 entsprechende Anwendung. Das Gleiche gilt im Falle des §. 27 Absatz 4 auch bei unbeschränkter Nachschusspflicht, soweit die Nachschüsse den im Gesellschaftsvertrage festgesetzten Betrag nicht überschreiten.

Im Gesellschaftsvertrage kann bestimmt werden, dass die Einforderung von Nachschüssen, auf deren Zahlung die Vorschriften der §§ 21 bis 23 Anwendung finden, schon vor vollständiger Einforderung der Stammeinlagen zulässig ist.

§. 29. Die Gesellschafter haben Anspruch auf den nach der jährlichen Bilanz sich ergebenden Reingewinn, soweit nicht im Gesellschaftsvertrage ein Anderes bestimmt ist.

Die Vertheilung erfolgt nach Verhältniss der Geschäftsantheile. Im Gesellschaftsvertrage kann ein anderer Massstab der Vertheilung festgesetzt werden.

§. 30. Das zur Erhaltung des Stammkapitals erforderliche Vermögen der Gesellschaft darf an die Gesellschafter nicht ausgezahlt werden.

Eingezahlte Nachschüsse können, soweit sie nicht zur Deckung eines Verlustes am Stammkapital erforderlich sind, an die Gesellschafter zurückgezahlt werden. Die Zurückzahlung darf nicht vor Ablauf von drei Monaten erfolgen, nachdem der Rückzahlungsbeschluss durch die im Gesellschaftsvertrage für die Bekanntmachungen der Gesellschaft bestimmten öffentlichen Blätter und in Ermangelung solcher durch die für die Bekanntmachungen aus dem Handelsregister bestimmten öffentlichen Blätter bekannt gemacht ist. Im Falle des §. 28 Absatz 2 ist die

Zurückzahlung von Nachschüssen vor der Volleinzahlung des Stammkapitals unzulässig. Zurückgezahlte Nachschüsse gelten als nicht eingezogen.

§. 31. Zahlungen, welche den Vorschriften des §. 30 zuwider geleistet sind, müssen der Gesellschaft erstattet werden.

War der Empfänger in gutem Glauben, so kann die Erstattung nur insoweit verlangt werden, als sie zur Befriedigung der Gesellschaftsgläubiger erforderlich ist.

Ist die Erstattung von dem Empfänger nicht zu erlangen, so haften für den zu erstattenden Betrag, soweit er zur Befriedigung der Gesellschaftsgläubiger erforderlich ist, die übrigen Gesellschafter nach Verhältniss ihrer Geschäftsantheile. Beiträge, welche von einzelnen Gesellschaftern nicht zu erlangen sind, werden nach dem bezeichneten Verhältniss auf die übrigen vertheilt.

Zahlungen, welche auf Grund der vorstehenden Bestimmungen zu leisten sind, können den Verpflichteten nicht erlassen werden.

Die Ansprüche der Gesellschaft verjähren in fünf Jahren; die Verjährung beginnt mit dem Ablauf des Tages, an welchem die Zahlung, deren Erstattung beansprucht wird, geleistet ist. Fällt dem Verpflichteten eine böswillige Handlungsweise zur Last, so findet die Bestimmung keine Anwendung.

Für die in den Fällen des Absatz 3 geleistete Erstattung einer Zahlung sind den Gesellschaftern die Geschäftsführer, welchen in Betreff der geleisteten Zahlung ein Verschulden zur Last fällt, solidarisch zum Ersatze verpflichtet.

§. 32. Liegt die im §. 31 Absatz 1 bezeichnete Voraussetzung nicht vor, so sind die Gesellschafter in keinem Falle verpflichtet, Beträge, welche sie in gutem Glauben als Gewinnantheile bezogen haben, zurückzuzahlen.

§. 33. Die Gesellschaft darf eigene Geschäftsantheile, auf welche die Stammeinlage noch nicht vollständig eingezahlt ist, nicht erwerben.

Sie soll auch eigene Geschäftsantheile, auf welche die Stammeinlage vollständig eingezahlt ist, nicht erwerben, sofern nicht der Erwerb aus dem über den Betrag des Stammkapitals hinaus vorhandenen Vermögen geschehen kann.

§. 34. Die Einziehung (Amortisation) von Geschäftsantheilen darf nur erfolgen, soweit sie im Gesellschaftsvertrage zugelassen ist.

Ohne die Zustimmung der Antheilsberechtigten findet die Einziehung nur statt, wenn die Voraussetzungen derselben vor dem Zeitpunkt, in welchem der Berechtigte den Geschäftsantheil erworben hat, im Gesellschaftsvertrage festgesetzt waren.

Die Bestimmung im §. 30 Absatz 1 bleibt unberührt.

Dritter Abschnitt.
Vertretung und Geschäftsführung.

§. 35. Die Gesellschaft wird durch die Geschäftsführer gerichtlich und aussergerichtlich vertreten.

Dieselben haben in der durch den Gesellschaftsvertrag bestimmten Form ihre Willenserklärungen kundzugeben und für die Gesellschaft zu zeichnen. Ist nichts darüber bestimmt, so muss die Erklärung und Zeichnung durch sämmtliche Geschäftsführer erfolgen. Ist der Gesellschaft gegenüber eine Willenserklärung abzugeben, so genügt es, wenn dieselbe an einen der Geschäftsführer erfolgt.

Die Zeichnung geschieht in der Weise, dass die Zeichnenden zu der Firma der Gesellschaft ihre Namensunterschrift beifügen.

§. 36. Die Gesellschaft wird durch die in ihrem Namen von den Geschäftsführern vorgenommenen Rechtsgeschäfte berechtigt und verpflichtet; es ist gleichgültig, ob das Geschäft ausdrücklich im Namen der Gesellschaft vorgenommen worden ist, oder ob die Umstände ergeben, dass es nach dem Willen der Betheiligten für die Gesellschaft vorgenommen werden sollte.

§. 37. Die Geschäftsführer sind der Gesellschaft gegenüber verpflichtet, die Beschränkungen einzuhalten, welche für den Umfang ihrer Befugniss, die Gesellschaft zu vertreten, durch den Gesellschaftsvertrag oder, soweit dieser nicht ein Anderes bestimmt, durch die Beschlüsse der Gesellschafter festgesetzt sind.

Gegen dritte Personen hat eine Beschränkung der Befugniss der Geschäftsführer, die Gesellschaft zu vertreten, keine rechtliche Wirkung. Dies gilt insbesondere für den Fall, dass die Vertretung sich nur auf gewisse Geschäfte oder Arten von Geschäften erstrecken oder nur unter gewissen Umständen oder für eine gewisse Zeit oder an einzelnen Orten stattfinden soll, oder dass die Zustimmung der Gesellschafter oder eines Organs der Gesellschaft für einzelne Geschäfte erfordert ist.

§. 38. Die Bestellung der Geschäftsführer ist zu jeder Zeit widerruflich, unbeschadet der Entschädigungsansprüche aus bestehenden Verträgen.

Im Gesellschaftsvertrage kann die Zulässigkeit des Widerrufs auf den Fall beschränkt werden, dass wichtige Gründe denselben nothwendig machen. Als solche Gründe sind insbesondere grobe Pflichtverletzung oder Unfähigkeit zur ordnungsmässigen Geschäftsführung anzusehen.

§. 39. Jede Aenderung in den Personen der Geschäftsführer, sowie die erneute Bestellung oder die Beendigung der Vollmacht eines Geschäftsführers muss ohne Verzug zur Eintragung in das Handelsregister angemeldet werden. Die Legitimation der angemeldeten Geschäftsführer ist beizufügen.

Zugleich haben neubestellte Geschäftsführer ihre Unterschrift vor dem Gericht zu zeichnen oder die Zeichnung in beglaubigter Form einzureichen.

§. 40. Eine Aenderung in den Personen der Geschäftsführer, eine Beendigung der Vollmacht eines Geschäftsführers, sowie eine Aenderung des Gesellschaftsvertrages rücksichtlich der Form für Willenserklärungen der Gechäftsführer kann, solange sie nicht in das Handelsregister eingetragen und öffentlich bekannt gemacht ist, einem Dritten von der Gesellschaft nur entgegengesetzt werden, wenn letztere beweist, dass der Dritte beim Abschlusse des Geschäfts von der Aenderung oder Beendigung Kenntniss hatte.

Nach geschehener Eintragung und Bekanntmachung muss der Dritte, sofern nicht durch die Umstände die Annahme begründet wird, dass er beim Abschlusse des Geschäfts die Aenderung oder Beendigung weder gekannt habe, noch habe kennen müssen, dieselbe gegen sich gelten lassen.

§. 41. Alljährlich im Monat Januar haben die Geschäftsführer eine von ihnen unterschriebene Liste der Gesellschafter, aus welcher Name, Vorname, Stand und Wohnort der letzteren, sowie ihre Stammeinlagen zu entnehmen sind, zum Handelsregister einzureichen. Sind seit Einreichung der letzten Liste Veränderungen hinsichtlich der Person der Gesellschafter und des Umfangs ihrer Betheiligung nicht eingetreten, so genügt die Einreichung einer entsprechenden Erklärung.

§. 42. Die Geschäftsführer sind verpflichtet, für die ordnungsmässige Buchführung der Gesellschaft zu sorgen.

Sie müssen in den ersten drei Monaten des Geschäftsjahres die Bilanz für das verflossene Geschäftsjahr nebst einer Gewinn- und Verlustrechnung aufstellen.

Durch den Gesellschaftsvertrag kann die bezeichnete Frist bis auf sechs Monate, bei Gesellschaften, deren Unternehmen den Betrieb von Geschäften in überseeischen Gebieten zum Gegenstande hat, bis auf neun Monate erstreckt werden.

Für Gesellschaften, bei welchen der Gegenstand des Unternehmens im Betriebe von Bankgeschäften besteht, ist die Bilanz innerhalb der vorbezeichneten Fristen in den im §. 30 Absatz 2 bestimmten öffentlichen Blättern durch die Geschäftsführer bekannt zu machen. Die Bekanntmachung ist zum Handelsregister einzureichen.

§. 43. Für die Aufstellung der Bilanz kommen die Vorschriften des Artikels 31 des Handelsgesetzbuchs mit folgenden Massgaben zur Anwendung:

1) Anlagen und sonstige Vermögensgegenstände, welche nicht zur Weiterveräusserung, sondern dauernd zum Betriebe des Unternehmens bestimmt sind, dürfen höchstens zu dem Anschaffungs- oder Herstellungspreise angesetzt werden; sie können ohne Rücksicht auf einen geringeren Werth zu diesem Preise angesetzt werden, sofern ein der Abnutzung gleichkommender Betrag in Abzug oder ein derselben entsprechender Erneuerungsfonds in Ansatz gebracht wird;
2) die Kosten der Organisation und Verwaltung dürfen nicht als Aktiva in die Bilanz eingesetzt werden;
3) das Recht der Gesellschaft zur Einziehung von Nachschüssen der Gesellschafter ist als Aktivum in die Bilanz nur insoweit einzustellen, als die Einziehung bereits beschlossen ist und den Gesellschaftern ein Recht, durch Verweisung auf den Geschäftsantheil sich von der Zahlung der Nachschüsse zu befreien, nicht zusteht; den in die Aktiva der Bilanz aufgenommenen Nachschussansprüchen muss ein gleicher Kapitalbetrag in den Passiven gegenübergestellt werden;
4) der Betrag des im Gesellschaftsvertrage bestimmten Stammkapitals ist unter die Passiva aufzunehmen. Das Gleiche gilt von dem Betrage eines jeden Reserve- und Erneuerungsfonds, sowie von dem Gesammtbetrage der eingezahlten Nachschüsse, soweit nicht die Verwendung eine Abschreibung der betreffenden Passivposten begründet;
5) der aus der Vergleichung sämmtlicher Aktiva und Passiva sich ergebende Gewinn oder Verlust muss am Schlusse der Bilanz besonders angegeben werden.

§. 44. Die Geschäftsführer haben in den Angelegenheiten der Gesellschaft die Sorgfalt eines ordentlichen Geschäftsmannes anzuwenden.

Geschäftsführer, welche ihre Obliegenheiten verletzen, haften der Gesellschaft solidarisch für den entstandenen Schaden.

Insbesondere sind sie zum Ersatze verpflichtet, wenn den Bestimmungen des §. 30 zuwider Zahlungen aus dem zur Erhaltung des Stammkapitals erforderlichen Vermögen der Gesellschaft gemacht oder den Bestimmungen des §. 33 zuwider eigene Geschäftsantheile der Gesellschaft erworben worden sind. Auf den Ersatzanspruch finden die Bestimmungen im §. 9 Absatz 2 entsprechende Anwendung. Soweit der Ersatz zur Befriedigung der Gläubiger der Gesellschaft erforderlich ist, wird die Verpflichtung der Geschäftsführer dadurch nicht aufgehoben, dass dieselben in Befolgung eines Beschlusses der Gesellschafter gehandelt haben.

Die Ansprüche auf Grund der vorstehenden Bestimmungen verjähren in fünf Jahren.

§. 45. Die für die Geschäftsführer gegebenen Vorschriften gelten auch für Stellvertreter von Geschäftsführern.

§ 46. Die Rechte, welche den Gesellschaftern in den Angelegenheiten der Gesellschaft, insbesondere in Bezug auf die Führung der Geschäfte zustehen, sowie die Ausübung derselben bestimmen sich, soweit nicht gesetzliche Vorschriften entgegenstehen, nach dem Gesellschaftsvertrage.

In Ermangelung besonderer Bestimmungen des Gesellschaftsvertrages finden die Vorschriften der §§. 47 bis 52 Anwendung.

§ 47. Der Bestimmung der Gesellschafter unterliegen:

1) die Feststellung der Jahresbilanz und die Vertheilung des aus derselben sich ergebenden Reingewinns;
2) die Einforderung von Einzahlungen auf die Stammeinlagen;
3) die Rückzahlung von Nachschüssen;
4) die Theilung sowie die Einziehung von Geschäftsantheilen;
5) die Bestellung und die Abberufung von Geschäftsführern sowie die Entlastung derselben;
6) die Massregeln zur Prüfung und Ueberwachung der Geschäftsführung;
7) die Bestellung von Prokuristen und von Handlungsbevollmächtigten zum gesammten Geschäftsbetriebe;
8) die Geltendmachung von Ersatzansprüchen, welche der Gesellschaft aus der Gründung oder Geschäftsführung gegen Geschäftsführer oder Gesellschafter zustehen, sowie die Vertretung der Gesellschaft in Prozessen, welche sie gegen die Geschäftsführer zu führen hat.

§. 48. Die von den Gesellschaftern in den Angelegenheiten der Gesellschaft zu treffenden Bestimmungen erfolgen durch Beschlussfassung nach der Mehrheit der angegebenen Stimmen.

Jede hundert Mark eines Geschäftsantheils gewähren eine Stimme.

Vollmachten bedürfen zu ihrer Gültigkeit der schriftlichen Form.

Ein Gesellschafter, welcher durch die Beschlussfassung entlastet oder von einer Verbindlichkeit befreit werden soll, hat hierbei kein Stimmrecht und darf ein solches auch nicht für andere ausüben. Dasselbe gilt von einer Beschlussfassung, welche die Vornahme eines Rechtsgeschäfts oder die Einleitung oder Erledigung eines Rechtsstreites gegenüber einem Gesellschafter betrifft.

§. 49. Die Beschlüsse der Gesellschafter werden in Versammlungen gefasst.

Der Abhaltung einer Versammlung bedarf es nicht, wenn sämmtliche Gesellschafter schriftlich mit der zu treffenden Bestimmung oder mit der schriftlichen Abgabe der Stimmen sich einverstanden erklären.

§. 50. Die Versammlung der Gesellschafter wird durch die Geschäftsführer berufen.

Sie ist ausser den ausdrücklich bestimmten Fällen zu berufen, wenn es im Interesse der Gesellschaft erforderlich erscheint.

Insbesondere muss die Versammlung unverzüglich berufen werden, wenn aus der Jahresbilanz oder aus einer im Laufe des Geschäftsjahres aufgestellten Bilanz sich ergiebt, dass die Hälfte des Stammkapitals verloren ist.

§. 51. Gesellschafter, deren Geschäftsantheile zusammen mindestens dem zehnten Theile des Stammkapitals entsprechen, sind berechtigt, unter Angabe des Zwecks und der Gründe die Berufung der Versammlung zu verlangen.

In gleicher Weise haben die Gesellschafter das Recht zu verlangen, dass Gegenstände zur Beschlussfassung der Versammlung angekündigt werden.

Wird dem Verlangen nicht entsprochen oder sind Personen, an welche dasselbe zu richten wäre, nicht vorhanden, so können die im Absatz 1 bezeichneten Gesellschafter unter Mittheilung des Sachverhältnisses die Berufung oder Ankündigung selbst bewirken. Die Versammlung beschliesst, ob die entstandenen Kosten von der Gesellschaft zu tragen sind.

§. 52. Die Berufung der Versammlung erfolgt durch Einladung der Gesellschafter mittelst eingeschriebener Briefe. Sie ist mit einer Frist von mindestens einer Woche zu bewirken.

Der Zweck der Versammlung soll jederzeit bei der Berufung angekündigt werden.

Ist die Versammlung nicht ordnungsmässig berufen, so können Beschlüsse nur gefasst werden, wenn sämmtliche Gesellschafter anwesend sind.

Das Gleiche gilt in Bezug auf Beschlüsse über Gegenstände, welche nicht wenigstens drei Tage vor der Versammlung in der für die Berufung vorgeschriebenen Weise angekündigt worden sind.

§. 53. Ist nach dem Gesellschaftsvertrage ein Aufsichtsrath zu bestellen, so finden auf denselben, soweit nicht im Gesellschaftsvertrage ein Anderes bestimmt ist, die für den Aufsichtsrath einer Aktiengesellschaft nach den Artikeln 224 bis 226 Absatz 1 des Handelsgesetzbuchs geltenden Vorschriften entsprechende Anwendung.

Schadensersatzansprüche gegen die Mitglieder des Aufsichtsraths wegen Verletzung ihrer Obliegenheiten verjähren in fünf Jahren.

Vierter Abschnitt.

Abänderung des Gesellschaftsvertrages.

§. 54. Eine Abänderung des Gesellschaftsvertrages kann nur durch Beschluss der Gesellschafter erfolgen.

Der Beschluss muss gerichtlich oder notariell beurkundet werden; derselbe bedarf einer Mehrheit von drei Viertheilen der abgegebenen Stimmen. Der Gesellschaftsvertrag kann noch andere Erfordernisse aufstellen.

Eine Vermehrung der den Gesellschaftern nach dem Gesellschaftsvertrage obliegenden Leistungen kann nur mit Zustimmung sämmtlicher betheiligter Gesellschafter beschlossen werden.

§. 55. Der Beschluss, welcher eine Abänderung des Gesellschaftsvertrages zum Gegenstande hat, muss zur Eintragung in das Handelsregister angemeldet werden. Die Veröffentlichung der Eintragung findet nur insoweit statt, als die Abänderung eine der im §. 10 Absatz 2 und 3 bezeichneten Bestimmungen zum Gegenstande hat.

Die Abänderung hat keine rechtliche Wirkung, bevor sie in das Handelsregister eingetragen ist.

§. 56. Wird eine Erhöhung des Stammkapitals beschlossen, so bedarf es zur Uebernahme jeder auf das erhöhte Kapital zu leistenden Stammeinlage einer gerichtlich oder notariell aufgenommenen oder beglaubigten Erklärung des Uebernehmers.

Zur Uebernahme einer Stammeinlage können von der Gesellschaft die bisherigen Gesellschafter oder andere Personen, welche durch die Uebernahme ihren Beitritt zu der Gesellschaft erklären, zugelassen werden. Im letzteren Falle sind ausser dem Betrage der Stammeinlage auch sonstige Leistungen, zu welchen der Beitretende nach dem Gesellschaftsvertrage verpflichtet sein soll, in der im Absatz 1 bezeichneten Urkunde ersichtlich zu machen.

Wird von einem der Gesellschaft bereits angehörenden Gesellschafter eine Stammeinlage auf das erhöhte Kapital übernommen, so erwirbt derselbe einen weiteren Geschäftsantheil.

Die Bestimmungen im §. 5 Absatz 1 und 3 über den Betrag der Stammeinlagen sowie die Bestimmung im §. 5 Absatz 2 über die Unzulässigkeit der Uebernahme mehrerer Stammeinlagen finden auch hinsichtlich der auf das erhöhte Kapital zu leistenden Stammeinlagen Anwendung.

§. 57. Soll auf das erhöhte Stammkapital eine Einlage gemacht werden, welche nicht in Geld zu leisten ist, oder soll eine Vergütung für Vermögensgegenstände, welche die Gesellschaft übernimmt, auf eine Einlage angerechnet werden, so muss die Person desjenigen, welcher die Einlage zu leisten oder die Vermögensgegenstände zu überlassen hat, sowie der Gegenstand der Einlage oder Ueberlassung und der Geldwerth, für welchen die Einlage angenommen wird, oder die für den überlassenen Gegenstand zu gewährende Vergütung in dem Beschlusse auf Erhöhung des Stammkapitals festgesetzt und in der im §. 56 Absatz 1 bezeichneten Erklärung angegeben werden.

Die Bestimmung im §. 19 Absatz 3 findet entsprechende Anwendung.

§. 58. Die beschlossene Erhöhung des Stammkapitals ist zur Eintragung in das Handelsregister anzumelden, nachdem das erhöhte Kapital durch Uebernahme von Stammeinlagen gedeckt ist.

Die Bestimmung im §. 7 Absatz 2 über die vor der Anmeldung des Gesellschaftsvertrages zu leistende Einzahlung, sowie die Bestimmung im §. 8 Absatz 2 über die in der Anmeldung abzugebende Versicherung finden entsprechende Anwendung.

Der Anmeldung sind beizufügen:

1) die im §. 56 Absatz 1 bezeichneten Erklärungen oder eine beglaubigte Abschrift derselben;
2) eine von den Anmeldenden unterschriebene Liste der Personen, welche die neuen Stammeinlagen übernommen haben; aus der Liste muss der Betrag der von jedem übernommenen Einlage ersichtlich sein.

In Bezug auf die Verantwortlichkeit der Anmeldenden für die Richtigkeit ihrer Angaben finden die Bestimmungen im §. 9 entsprechende Anwendung.

§. 59. Eine Herabsetzung des Stammkapitals kann nur unter Beobachtung der nachstehenden Bestimmungen erfolgen:

1) der Beschluss auf Herabsetzung des Stammkapitals muss von den Geschäftsführern zu drei verschiedenen Malen durch die im §. 30 Absatz 2 bezeichneten Blätter bekannt gemacht werden; in diesen Bekanntmachungen sind zugleich die Gläubiger der Gesellschaft aufzufordern, sich bei derselben zu melden; die aus den Handelsbüchern der Gesellschaft ersichtlichen oder in anderer Weise bekannten Gläubiger sind durch besondere Mittheilung zur Anmeldung aufzufordern;
2) die Gläubiger, welche sich bei der Gesellschaft melden und der Herabsetzung nicht zustimmen, sind wegen der erhobenen Ansprüche zu befriedigen oder sicherzustellen;
3) die Anmeldung des Herabsetzungsbeschlusses zur Eintragung in das Handelsregister erfolgt nicht vor Ablauf eines Jahres seit dem Tage, an welchem die Aufforderung der Gläubiger in den öffentlichen Blättern zum dritten Male stattgefunden hat;
4) mit der Anmeldung sind die Bekanntmachungen des Beschlusses einzureichen; zugleich haben die Geschäftsführer die Versicherung abzugeben, dass die Gläubiger, welche sich bei der Gesellschaft ge-

meldet und der Herabsetzung nicht zugestimmt haben, befriedigt oder sichergestellt sind.

Die Bestimmung im §. 5 Absatz 1 über den Mindestbetrag des Stammkapitals bleibt unberührt Erfolgt die Herabsetzung zum Zweck der Zurückzahlung von Stammeinlagen oder zum Zweck des Erlasses der auf diese geschuldeten Einzahlungen, so darf der verbleibende Betrag der Stammeinlagen nicht unter den im §. 5 Absatz 1 und 3 bezeichneten Betrag herabgehen.

Fünfter Abschnitt.
Auflösung und Liquidation.

§. 60. Die Gesellschaft mit beschränkter Haftung wird aufgelöst:

1) durch Ablauf der im Gesellschaftsvertrage bestimmten Zeit;
2) durch Beschluss der Gesellschafter; derselbe bedarf, sofern im Gesellschaftsvertrage nicht ein Anderes bestimmt ist, einer Mehrheit von drei Viertheilen der abgegebenen Stimmen;
3) durch gerichtliches Urtheil oder durch Entscheidung des Verwaltungsgerichts oder der Verwaltungsbehörde in den Fällen der §§. 61 und 62;
4) durch die Eröffnung des Konkursverfahrens.

Im Gesellschaftsvertrage können weitere Auflösungsgründe festgesetzt werden.

§. 61. Die Gesellschaft kann durch gerichtliches Urtheil aufgelöst werden, wenn die Erreichung des Gesellschaftszweckes unmöglich wird, oder wenn andere, in den Verhältnissen der Gesellschaft liegende, wichtige Gründe für die Auflösung vorhanden sind.

Die Auflösungsklage ist gegen die Gesellschaft zu richten. Sie kann nur von Gesellschaftern erhoben werden, deren Geschäftsantheile zusammen mindestens dem zehnten Theile des Stammkapitals entsprechen.

Für die Klage ist das Landgericht ausschliesslich zuständig, in dessen Bezirk die Gesellschaft ihren Sitz hat.

§. 62. Wenn eine Gesellschaft das Gemeinwohl dadurch gefährdet, dass die Gesellschafter gesetzwidrige Beschlüsse fassen oder gesetzwidrige Handlungen der Geschäftsführer wissentlich geschehen lassen, so kann sie aufgelöst werden, ohne dass deshalb ein Anspruch auf Entschädigung stattfindet.

Das Verfahren und die Zuständigkeit der Behörden richtet sich nach den für streitige Verwaltungssachen landesgesetzlich geltenden Vorschriften. Wo ein Verwaltungsstreitverfahren nicht besteht, kann die Auflösung nur durch gerichtliches Erkenntniss auf Betreiben der höheren Verwaltungsbehörde erfolgen. Ausschliesslich zuständig ist in diesem Falle das Landgericht, in dessen Bezirk die Gesellschaft ihren Sitz hat.

§. 63. Ueber das Vermögen der Gesellschaft findet das Konkursverfahren ausser dem Falle der Zahlungsunfähigkeit auch in dem Falle der Ueberschuldung statt.

Die auf das Konkursverfahren über das Vermögen einer Aktiengesellschaft bezüglichen Vorschriften im §. 193 Absatz 2, §. 194 der Konkursordnung finden auf die Gesellschaft mit beschränkter Haftung entsprechende Anwendung.

§. 64. Die Geschäftsführer haben die Eröffnung des Konkursverfahrens zu beantragen, sobald die Zahlungsunfähigkeit der Gesellschaft eintritt oder aus der Jahresbilanz oder aus einer im Laufe des Geschäftsjahres aufgestellten Bilanz Ueberschuldung sich ergiebt.

Die Geschäftsführer sind der Gesellschaft zum Ersatze aller nach diesem Zeitpunkt geleisteten Zahlungen verpflichtet. Auf den Ersatzanspruch finden die Bestimmungen im §. 44 Absatz 3 und 4 entsprechende Anwendung.

Die Eröffnung des Konkursverfahrens ist von Amtswegen in das Handelsregister einzutragen. Eine Veröffentlichung der Eintragung findet nicht statt.

§. 65. Ausser dem Falle des Konkursverfahrens ist die Auflösung der Gesellschaft zur Eintragung in das Handelsregister anzumelden.

Sie muss ausserdem von den Geschäftsführern zu drei verschiedenen Malen durch die im §. 30 Absatz 2 bezeichneten öffentlichen Blätter bekannt gemacht werden. Durch die Bekanntmachung sind zugleich die Gläubiger der Gesellschaft aufzufordern, sich bei derselben zu melden. Bekannte Gläubiger sind durch besondere Mittheilung zur Anmeldung aufzufordern.

§. 66. In den Fällen der Auflösung ausser dem Falle des Konkursverfahrens erfolgt die Liquidation durch die Geschäftsführer, wenn nicht dieselbe durch den Gesellschaftsvertrag oder durch Beschluss der Gesellschafter anderen Personen übertragen wird.

Auf Antrag von Gesellschaftern, deren Geschäftsantheile zusammen mindestens dem zehnten Theile des Stammkapitals entsprechen, kann aus wichtigen Gründen die Bestellung von Liquidatoren durch das Gericht (§. 7 Absatz 1) erfolgen.

Die Abberufung von Liquidatoren kann durch das Gericht unter derselben Voraussetzung wie die Bestellung stattfinden. Liquidatoren, welche nicht vom Gericht ernannt sind, können auch durch Beschluss der Gesellschafter vor Ablauf des Zeitraums, für welchen sie bestellt sind, abberufen werden.

§. 67. Die ersten Liquidatoren sind durch die Geschäftsführer, jede Aenderung in den Personen der Liquidatoren sowie eine Beendigung ihrer Vollmacht ist durch die Liquidatoren zur Eintragung in das Handelsregister anzumelden.

Zugleich haben die angemeldeten Liquidatoren ihre Unterschrift persönlich vor dem Gericht zu zeichnen oder die Zeichnung in beglaubigter Form einzureichen.

Der Anmeldung der gerichtlich oder durch Beschluss der Gesellschafter bestellten Liquidatoren ist die Legitimation derselben beizufügen.

§. 68. Die Liquidatoren haben in der bei ihrer Bestellung bestimmten Form ihre Willenserklärungen kundzugeben und für die Gesellschaft zu zeichnen. Ist nichts darüber bestimmt, so muss die Erklärung und Zeichnung durch sämmtliche Liquidatoren erfolgen.

Die Bestimmung ist mit der Bestellung der Liquidatoren zur Eintragung in das Handelsregister anzumelden.

Die Zeichnungen geschehen in der Weise, dass die Liquidatoren der bisherigen, nunmehr als Liquidationsfirma zu bezeichnenden Firma ihre Namensunterschrift beifügen.

§. 69. Die Vorschriften des §. 40 über das Verhältniss zu Dritten finden bezüglich der Liquidatoren Anwendung.

§. 70. Bis zur Beendigung der Liquidation kommen ungeachtet der Auflösung der Gesellschaft in Bezug auf die Rechtsverhältnisse derselben und der Gesellschafter die Vorschriften des zweiten und dritten Abschnitts zur Anwendung, soweit sich aus den Bestimmungen des gegenwärtigen Abschnitts und aus dem Wesen der Liquidation nicht ein Anderes ergiebt.

Der Gerichtsstand, welchen die Gesellschaft zur Zeit ihrer Auflösung hatte, bleibt bis zur vollzogenen Vertheilung des Vermögens bestehen.

§. 71. Die Liquidatoren haben die laufenden Geschäfte zu beendigen, die Verpflichtungen der aufgelösten Gesellschaft zu erfüllen, die Forderungen derselben einzuziehen und das Vermögen der Gesellschaft in Geld umzusetzen; sie haben die Gesellschaft gerichtlich und aussergerichtlich zu vertreten. Zur Beendigung schwebender Geschäfte können die Liquidatoren auch neue Geschäfte eingehen.

§. 72. Die Liquidatoren haben die aus §§. 36, 37, §. 42 Absatz 1, §. 44 Absatz 1, 2 und 4, §. 50 Absatz 1 und 2, §. 64 sich ergebenden Rechte und Pflichten der Geschäftsführer.

Sie haben sofort bei Beginn der Liquidation und demnächst in jedem Jahre eine Bilanz aufzustellen.

§. 73. Das Vermögen der Gesellschaft wird unter die Gesellschafter nach Verhältniss ihrer Geschäftsantheile vertheilt. Durch den Gesellschaftsvertrag kann ein anderes Verhältniss für die Vertheilung bestimmt werden.

§. 74. Die Vertheilung darf nicht vor Tilgung oder Sicherstellung der Schulden der Gesellschaft und nicht vor Ablauf eines Jahres seit dem Tage vorgenommen werden, an welchem die Aufforderung an die Gläubiger (§. 65 Absatz 2) in den öffentlichen Blättern zum dritten Male erfolgt ist.

Nicht erhobene Schuldbeträge, sowie die Beträge für betagte, schwebende oder streitige Verbindlichkeiten sind zu hinterlegen.

Liquidatoren, welche diesen Vorschriften zuwiderhandeln, sind zum Ersatze der vertheilten Beträge solidarisch verpflichtet. Auf den Ersatzanspruch finden die Bestimmungen im §. 44 Absatz 3 und 4 entsprechende Anwendung.

§. 75. Nach Beendigung der Liquidation sind die Bücher und Schriften der Gesellschaft für die Dauer von zehn Jahren einem der Gesellschafter oder einem Dritten in Verwahrung zu geben. Der Gesellschafter oder der Dritte wird in Ermangelung einer Bestimmung des Gesellschaftsvertrages oder eines Beschlusses der Gesellschafter durch das Gericht (§. 7 Absatz 1) bestimmt.

Die Gesellschafter und deren Rechtsnachfolger sind zur Einsicht der Bücher und Schriften berechtigt. Gläubiger der Gesellschaft können von dem Gericht (§. 7 Absatz 1) zur Einsicht ermächtigt werden.

Sechster Abschnitt.
Schlussbestimmungen.

§. 76. Die in diesem Gesetze vorgeschriebenen Anmeldungen zum Handelsregister sind durch sämmtliche Geschäftsführer oder sämmtliche Liquidatoren persönlich zu bewirken oder in beglaubigter Form einzureichen.

Die in §§. 39, 41, §. 42 Absatz 4, §. 55, §. 58 Absatz 1 und Absatz 3 Nr. 2, §. 59 Absatz 1 Nr. 3, §§. 65, 67, §. 68 Absatz 2 vorgeschriebenen Anmeldungen und Einrichtungen müssen auch zu dem Handelsregister einer jeden Zweigniederlassung erfolgen.

Für den Eintritt der in §§. 11, 40, §. 55 Absatz 2, §. 69 vorgesehenen Wirkungen entscheidet die Eintragung in das Handelsregister der Hauptniederlassung.

§. 77. Die Geschäftsführer und die Liquidatoren sind von dem Gericht (§. 7 Absatz 1, §. 12) zur Bewirkung der in §§. 12, 39, 41, §. 42 Absatz 4, §§. 65, 67, §. 68 Absatz 2, §. 76 Absatz 2 vorgeschriebenen Anmeldungen und Einreichungen durch Ordnungsstrafen anzuhalten.

Rücksichtlich des Verfahrens sind die Vorschriften massgebend, welche zur Erzwingung der im Handelsgesetzbuch angeordneten Anmeldungen zum Handelsregister gelten.

§. 78. Wird eine Aktiengesellschaft zum Zweck der Umwandlung in eine Gesellschaft mit beschränkter Haftung aufgelöst, so kann die Liquidation derselben unterbleiben, wenn hinsichtlich der Errichtung der neuen Gesellschaft den nachstehenden Bestimmungen genügt wird

Das Stammkapital der neuen Gesellschaft darf nicht geringer sein als das Grundkapital der aufgelösten Gesellschaft.

Den Aktionären ist durch öffentliche Bekanntmachung oder in sonst geeigneter Weise Gelegenheit zu geben, mit dem auf ihre Aktien entfallenden Antheil an dem Vermögen der aufgelösten Gesellschaft sich bei der neuen Gesellschaft zu betheiligen. Die Aktien der sich betheiligenden Mitglieder müssen mindestens drei Viertheile des Grundkapitals der aufgelösten Gesellschaft darstellen.

Der auf jede Aktie entfallende Antheil an dem Vermögen der aufgelösten Gesellschaft wird auf Grund einer Bilanz berechnet, welche der Generalversammlung der Aktionäre zur Genehmigung vorzulegen ist. Der Beschluss, durch welchen die Genehmigung erfolgt, bedarf einer Mehrheit von drei Viertheilen des in der Generalversammlung vertretenen Grundkapitals.

Die neue Gesellschaft muss spätestens binnen einem Monate nach Auflösung der Aktiengesellschaft zur Eintragung in das Handelsregister angemeldet werden. Die Eintragung darf nur erfolgen, nachdem die Beobachtung der vorstehenden Bestimmungen nachgewiesen ist.

§. 79. In dem Falle des §. 78 geht das Vermögen der aufgelösten Gesellschaft einschliesslich ihrer Schulden mit der Eintragung der neuen Gesellschaft in das Handelsregister auf diese von Rechtswegen über.

Jeder Aktionär, welcher bei der neuen Gesellschaft sich nicht betheiligt hat, kann von dieser die Auszahlung eines seinem Antheil an dem Vermögen der aufgelösten Gesellschaft entsprechenden Betrages verlangen.

Unverzüglich nach der Eintragung der neuen Gesellschaft in das Handelsregister sind die Gläubiger der aufgelösten Gesellschaft nach Massgabe der Bestimmungen des Artikels 243 des Handelsgesetzbuchs durch die Geschäftsführer der neuen Gesellschaft aufzufordern, sich bei dieser zu melden. Die Gläubiger, welche sich melden und der Umwandlung nicht zustimmen, sind zu befriedigen oder sicherzustellen. Die Geschäftsführer sind den Gläubigern der aufgelösten Gesellschaft persönlich und solidarisch für die Beobachtung dieser Vorschriften verantwortlich.

§. 80. Mit Gefängniss bis zu einem Jahre und zugleich mit Geldstrafe bis zu fünftausend Mark werden bestraft:

1) Geschäftsführer und Mitglieder einer Gesellschaft mit beschränkter Haftung, welche behufs Eintragung des Gesellschaftsvertrages in das Handelsregister, sowie Geschäftsführer, welche behufs Eintragung einer Erhöhung des Stammkapitals in das Handelsregister dem Gericht (§. 7 Absatz 1) hinsichtlich der Einzahlungen auf die Stammeinlagen wissentlich falsche Angaben machen;
2) Geschäftsführer einer Gesellschaft mit beschränkter Haftung, welche, um die Eintragung einer Herabsetzung des Stammkapitals in das Handelsregister zu erwirken, dem Gericht (§. 7 Absatz 1) hinsichtlich der Befriedigung oder Sicherstellung der Gläubiger wissentlich eine unwahre Versicherung abgeben;
3) Geschäftsführer, Liquidatoren, sowie Mitglieder eines Aufsichtsraths oder ähnlichen Organs einer Gesellschaft mit beschränkter Haftung,

welche in einer öffentlichen Mittheilung die Vermögenslage der Gesellschaft wissentlich unwahr darstellen oder verschleiern.

Zugleich kann auf Verlust der bürgerlichen Ehrenrechte erkannt werden.

Sind mildernde Umstände vorhanden, so tritt ausschliesslich die Geldstrafe ein.

§. 81. Die Strafvorschriften der §§. 209 bis 211 der Konkursordnung finden gegen die Geschäftsführer einer Gesellschaft mit beschränkter Haftung, welche ihre Zahlungen eingestellt hat oder über deren Vermögen das Konkursverfahren eröffnet worden ist, Anwendung, wenn sie in dieser Eigenschaft die mit Strafe bedrohten Handlungen begangen haben.

§. 82. Die Geschäftsführer oder Liquidatoren einer Gesellschaft mit beschränkter Haftung werden mit Gefängniss bis zu drei Monaten und zugleich mit Geldstrafe bis zu eintausend Mark bestraft, wenn entgegen den Vorschriften im §. 64, §. 72 Absatz 1 der Antrag auf Eröffnung des Konkursverfahrens unterlassen ist

Sind mildernde Umstände vorhanden, so tritt ausschliesslich die Geldstrafe ein.

Straflos bleibt derjenige, bezüglich dessen festgestellt wird, dass der Antrag auf Eröffnung des Konkursverfahrens ohne sein Verschulden unterblieben ist.

---

8. Bankgesetz.

Vom 14. März 1875 (RGB 177).

Titel I. Allgemeine Bestimmungen.

§. 1. Die Befugniss zur Ausgabe von Banknoten kann nur durch Reichsgesetz erworben, oder über den bei Erlass des gegenwärtigen Gesetzes zulässigen Betrag der Notenausgabe hinaus erweitert werden.

Den Banknoten im Sinne dieses Gesetzes wird dasjenige Staatspapiergeld gleich geachtet, dessen Ausgabe einem Bankinstitute zur Verstärkung seiner Betriebsmittel übertragen ist.

§. 2. Eine Verpflichtung zur Annahme von Banknoten bei Zahlungen, welche gesetzlich in Geld zu leisten sind, findet nicht statt und kann auch für Staatskassen durch Landesgesetz nicht begründet werden.

§. 3. Banknoten dürfen nur auf Beträge von 100, 200, 500 und 1000 Mark oder von einem Vielfachen von 1000 Mark ausgefertigt werden.

§. 4. Jede Bank ist verpflichtet, ihre Noten sofort auf Präsentation zum vollen Nennwerthe einzulösen, auch solche nicht nur an ihrem Hauptsitz, sondern auch bei ihren Zweiganstalten jederzeit zum vollen Nennwerthe in Zahlung anzunehmen.

Für beschädigte Noten hat sie Ersatz zu leisten, sofern der Inhaber entweder einen Theil der Note präsentirt, welcher grösser ist, als die Hälfte, oder den Nachweis führt, dass der Rest der Note, von welcher er nur die Hälfte oder einen geringeren Theil als die Hälfte präsentirt, vernichtet sei.

Für vernichtete oder verlorene Noten Ersatz zu leisten ist sie nicht verpflichtet.

§. 5. Banknoten, welche in die Kasse der Bank oder einer ihrer Zweiganstalten oder in eine von ihr bestellte Einlösungskasse in beschädigtem oder beschmutztem Zustande zurückkehren, dürfen nicht wieder ausgegeben werden.

§. 6. Der Aufruf und die Einziehung der Noten einer Bank oder einer Gattung von Banknoten darf nur auf Anordnung oder mit Genehmigung des Bundesraths erfolgen.

Die Anordnung erfolgt, wenn ein grösserer Theil des Umlaufs sich in beschädigtem oder beschmutztem Zustande befindet, oder wenn die Bank die Befugniss zur Notenausgabe verloren hat.

Die Genehmigung darf nur ertheilt werden, wenn nachgewiesen wird, dass Nachahmungen der aufzurufenden Noten in den Verkehr gebracht sind.

In allen Fällen schreibt der Bundesrath die Art, die Zahl und die Fristen der über den Aufruf zu erlassenden Bekanntmachungen, den Zeitraum, innerhalb dessen und die Stellen, an welchen die Noten eingelöst werden sollen, die Massgaben, unter denen nach Ablauf der Fristen eine Einlösung der aufgerufenen Noten noch stattzufinden hat, und die zur Sicherung der Noteninhaber sonst erforderlichen Massregeln vor.

Die nach dem Vorstehenden von dem Bundesrathe zu erlassenden Vorschriften sind durch das Reichs-Gesetzblatt zu veröffentlichen.

§. 7. Den Banken, welche Noten ausgeben, ist nicht gestattet:

1) Wechsel zu akzeptiren,
2) Waaren oder kurshabende Papiere für eigene oder für fremde Rechnung auf Zeit zu kaufen oder auf Zeit zu verkaufen, oder für die Erfüllung solcher Kaufs- oder Verkaufsgeschäfte Bürgschaft zu übernehmen.

§. 8. Banken, welche Noten ausgeben, haben

1) den Stand ihrer Aktiva und Passiva vom 7., 15., 23. und Letzten jedes Monats, spätestens am fünften Tage nach diesen Terminen und
2) spätestens drei Monate nach dem Schlusse jedes Geschäftsjahres eine genaue Bilanz ihrer Aktiva und Passiva, sowie den Jahresabschluss des Gewinn- und Verlustkontos

durch den Reichsanzeiger auf ihre Kosten zu veröffentlichen.

Die wöchentliche Veröffentlichung muss angeben

1) auf Seiten der Passiva: das Grundkapital, den Reservefonds, den Betrag der umlaufenden Noten, die sonstigen täglich fälligen Verbindlichkeiten, die an eine Kündigungsfrist gebundenen Verbindlichkeiten, die sonstigen Passiva;
2) auf Seiten der Aktiva: den Metallbestand (den Bestand an kursfähigem deutschem Gelde und an Gold in Barren oder ausländischen Münzen, das Pfund fein zu 1392 Mark berechnet), den Bestand: an Reichs-Kassenscheinen, an Noten anderer Banken, an Wechseln, an Lombardforderungen, an Effekten, an sonstigen Aktiven.

Welche Kategorien der Aktiva und Passiva in der Jahresbilanz gesondert nachzuweisen sind, bestimmt der Bundesrath.

Ausserdem sind in beiden Veröffentlichungen die aus weiterbegebenen im Inlande zahlbaren Wechseln entsprungenen eventuellen Verbindlichkeiten ersichtlich zu machen.

§. 9. Banken, deren Notenumlauf ihren Baarvorrath und den ihnen nach Massgabe der Anlage[1]) zugewiesenen Betrag übersteigt, haben vom 1. Januar 1876 ab von dem Ueberschusse eine Steuer von jährlich Fünf vom Hundert an die Reichskasse zu entrichten. Als Baarvorrath gilt bei Feststellung der Steuer der in den Kassen der Bank befindliche Betrag an kursfähigem deutschem Gelde, an Reichs-Kassenscheinen, an

---

[1]) Vgl. RGB 1875, S. 198.

Noten anderer deutscher Banken und an Gold in Barren oder ausländischen Münzen, das Pfund fein zu 1392 Mark berechnet.

Erlischt die Befugniss einer Bank zur Notenausgabe (§. 49), so wächst der derselben zustehende Antheil an dem Gesammtbetrage des der Steuer nicht unterliegenden ungedeckten Notenumlaufs dem Antheile der Reichsbank zu.

§. 10. Zum Zweck der Feststellung der Steuer hat die Verwaltung der Bank am 7., 15., 23. und Letzten jedes Monats den Betrag des Baarvorraths und der umlaufenden Noten der Bank festzustellen und diese Feststellung an die Aufsichtsbehörde einzureichen. Am Schluss jedes Jahres wird von der Aufsichtsbehörde auf Grund dieser Nachweisungen die von der Bank zu zahlende Steuer in der Weise festgestellt, dass von dem aus jeder dieser Nachweisungen sich ergebenden steuerpflichtigen Ueberschusse des Notenumlaufs $^{5}/_{48}$ Prozent als Steuersoll berechnet werden. Die Summe dieser für jede einzelne Nachweisung als Steuersoll berechneten Beträge ergiebt die von der Bank spätestens am 31. Januar des folgenden Jahres zur Reichskasse abzuführende Steuer.

§. 11. Ausländische Banknoten oder sonstige auf den Inhaber lautende unverzinsliche Schuldverschreibungen ausländischer Korporationen, Gesellschaften oder Privaten dürfen, wenn sie ausschliesslich oder neben anderen Werthbestimmungen in Reichswährung oder einer deutschen Landeswährung ausgestellt sind, innerhalb des Reichsgebietes zu Zahlungen nicht gebraucht werden.

Titel II. Reichsbank.

§. 12. Unter dem Namen „Reichsbank" wird eine unter Aufsicht und Leitung des Reichs stehende Bank errichtet, welche die Eigenschaft einer juristischen Person besitzt und die Aufgabe hat, den Geldumlauf im gesammten Reichsgebiete zu regeln, die Zahlungsausgleichungen zu erleichtern und für die Nutzbarmachung verfügbaren Kapitals zu sorgen.

Die Reichsbank hat ihren Hauptsitz in Berlin. Sie ist berechtigt, aller Orten im Reichsgebiete Zweiganstalten zu errichten.

Der Bundesrath kann die Errichtung solcher Zweiganstalten an bestimmten Plätzen anordnen.

§. 13. Die Reichsbank ist befugt, folgende Geschäfte zu betreiben:

1) Gold und Silber in Barren und Münzen zu kaufen und zu verkaufen;
2) Wechsel, welche eine Verfallzeit von höchstens drei Monaten haben und aus welchen in der Regel drei, mindestens aber zwei als zahlungsfähig bekannte Verpflichtete haften, ferner Schuldverschreibungen des Reichs, eines deutschen Staats oder inländischer kommunaler Korporationen, welche nach spätestens drei Monaten mit ihrem Nennwerthe fällig sind, zu diskontiren, zu kaufen und zu verkaufen:
3) zinsbare Darlehne auf nicht länger als drei Monate gegen bewegliche Pfänder zu ertheilen (Lombardverkehr), und zwar:
   a) gegen Gold und Silber, gemünzt und ungemünzt,
   b) gegen zinstragende oder spätestens nach einem Jahre fällige und auf den Inhaber lautende Schuldverschreibungen des Reichs, eines deutschen Staats oder inländischer kommunaler Korporationen, oder gegen zinstragende, auf den Inhaber lautende Schuldverschreibungen, deren Zinsen vom Reiche oder von einem Bundesstaate garantirt sind, gegen voll eingezahlte Stamm- und Stammprioritätsaktien und Prioritätsobligationen deutscher Eisenbahngesellschaften, deren Bahnen in Betrieb befindlich sind, sowie gegen Pfandbriefe landschaftlicher, kommunaler oder anderer unter staatlicher Aufsicht

stehender Bodenkreditinstitute Deutschlands und deutscher Hypothekenbanken auf Aktien, zu höchstens drei Viertel des Kurswerthes,

c) gegen zinstragende, auf den Inhaber lautende Schuldverschreibungen nicht deutscher Staaten, sowie gegen staatlich garantirte ausländische Eisenbahn-Prioritätsobligationen, zu höchstens 50 Prozent des Kurswerthes,

d) gegen Wechsel, welche anerkannt solide Verpflichtete aufweisen, mit einem Abschlage von mindestens 5 Prozent ihres Kurswerthes,

e) gegen Verpfändung im Inlande lagernder Kaufmannswaaren, höchstens bis zu zwei Drittheilen ihres Werthes;

4) Schuldverschreibungen der vorstehend unter 3b bezeichneten Art zu kaufen und zu verkaufen; die Geschäftsanweisung für das Reichsbank-Direktorium (§. 26) wird feststellen, bis zu welcher Höhe die Betriebsmittel der Bank in solchen Schuldverschreibungen angelegt werden dürfen;

5) für Rechnung von Privatpersonen, Anstalten und Behörden Inkassos zu besorgen und nach vorheriger Deckung Zahlungen zu leisten und Anweisungen oder Ueberweisungen auf ihre Zweiganstalten oder Korrespondenten auszustellen;

6) für fremde Rechnung Effekten aller Art, sowie Edelmetalle nach vorheriger Deckung zu kaufen und nach vorheriger Ueberlieferung zu verkaufen;

7) verzinsliche und unverzinsliche Gelder im Depositengeschäft und im Giroverkehr anzunehmen; die Summe der verzinslichen Depositen darf diejenige des Grundkapitals und des Reservefonds der Bank nicht übersteigen;

8) Werthgegenstände in Verwahrung und in Verwaltung zu nehmen.

§. 14. Die Reichsbank ist verpflichtet, Barrengold zum festen Satze von 1392 Mark für das Pfund fein gegen ihre Noten umzutauschen.

Die Bank ist berechtigt, auf Kosten des Abgebers solches Gold durch die von ihr zu bezeichnenden Techniker prüfen und scheiden zu lassen.

§. 15. Die Reichsbank hat jeweilig den Prozentsatz öffentlich bekannt zu machen, zu welchem sie diskontirt (§. 13, 2) oder zinsbare Darlehne ertheilt (§. 13, 3). Die Aufstellung ihrer Wochen-Uebersichten erfolgt auf Grundlage der Bücher des Reichsbank-Direktoriums und der demselben unmittelbar untergeordneten Zweiganstalten.

§. 16. Die Reichsbank hat das Recht, nach Bedürfniss ihres Verkehrs Banknoten auszugeben.

Die An- und Ausfertigung, Einziehung und Vernichtung derselben erfolgt unter Kontrole der Reichsschulden-Kommission, welcher zu diesem Zwecke ein vom Kaiser ernanntes Mitglied hinzutritt.

§. 17. Die Reichsbank ist verpflichtet, für den Betrag ihrer im Umlauf befindlichen Banknoten jederzeit mindestens ein Drittheil in kursfähigem deutschen Gelde, Reichs-Kassenscheinen oder in Gold in Barren oder ausländischen Münzen, das Pfund fein zu 1392 Mark gerechnet, und den Rest in diskontirten Wechseln, welche eine Verfallzeit von höchstens drei Monaten haben, und aus welchen in der Regel drei, mindestens aber zwei als zahlungsfähig bekannte Verpflichtete haften, in ihren Kassen als Deckung bereit zu halten.

§. 18. Die Reichsbank ist verpflichtet, ihre Noten:

a) bei ihrer Hauptkasse in Berlin sofort auf Präsentation,

b) bei ihren Zweiganstalten, soweit es deren Baarbestände und Geldbedürfnisse gestatten,

dem Inhaber gegen kursfähiges deutsches Geld einzulösen.

§. 19. Die Reichsbank ist verpflichtet, die Noten der, vom Reichskanzler nach der Bestimmung im §. 45 dieses Gesetzes bekannt gemachten Banken sowohl in Berlin, als auch bei ihren Zweiganstalten in Städten von mehr als 80000 Einwohnern oder am Sitze der Bank, welche die Noten ausgegeben hat, zum vollen Nennwerthe in Zahlung zu nehmen, so lange die ausgebende Bank ihrer Noteneinlösungspflicht pünktlich nachkommt. Die auf diesem Wege angenommenen Banknoten dürfen nur entweder zur Einlösung präsentirt oder zu Zahlungen an diejenige Bank, welche dieselben ausgegeben hat, oder zu Zahlungen an dem Orte, wo letztere ihren Hauptsitz hat, verwendet werden.

Die Reichsbank ist ermächtigt, mit anderen deutschen Banken Vereinbarungen über Verzichtleistung der letzteren auf das Recht zur Notenausgabe abzuschliessen.

§. 20. Wenn der Schuldner eines im Lombardverkehr (§. 13, Ziffer 3) gewährten Darlehns im Verzuge ist, ist die Reichsbank berechtigt, ohne gerichtliche Ermächtigung oder Mitwirkung das bestellte Faustpfand durch einen ihrer Beamten oder durch einen zu Versteigerungen befugten Beamten öffentlich verkaufen, oder, wenn der verpfändete Gegenstand einen Börsenpreis oder Marktpreis hat, den Verkauf auch nicht öffentlich durch einen ihrer Beamten, oder durch einen Handelsmakler, oder, in Ermangelung eines solchen, durch einen zu Versteigerungen befugten Beamten zum laufenden Preise bewirken zu lassen, und sich aus dem Erlöse wegen Kapital, Zinsen und Kosten bezahlt zu machen. Dieses Recht behält die Bank auch gegenüber anderen Gläubigern und gegenüber der Konkursmasse des Schuldners.

§. 21. Die Reichsbank und ihre Zweiganstalten sind im gesammten Reichsgebiete frei von staatlichen Einkommen- und Gewerbesteuern.

§. 22. Die Reichsbank ist verpflichtet, ohne Entgeld für Rechnung des Reichs Zahlungen anzunehmen und bis auf die Höhe des Reichsguthabens zu leisten.

Sie ist berechtigt, die nämlichen Geschäfte für Bundesstaaten zu übernehmen.

§. 23. Das Grundkapital der Reichsbank besteht aus einhundertundzwanzig Millionen Mark, getheilt in vierzigtausend auf Namen lautende Antheile von je dreitausend Mark.

Die Antheilseigner haften persönlich für die Verbindlichkeiten der Reichsbank nicht.

§. 24[1]. Aus dem beim Jahresabschlusse sich ergebenden Reingewinn der Reichsbank wird:

1) zunächst den Antheilseignern eine ordentliche Dividende von drei und einhalb Prozent des Grundkapitals berechnet, sodann
2) von dem Mehrbetrage eine Quote von zwanzig Prozent dem Reservefonds zugeschrieben, solange derselbe nicht ein Viertel des Grundkapitals beträgt,
3) der alsdann verbleibende Ueberrest zur Hälfte an die Antheilseigner und zur Hälfte an die Reichskasse gezahlt, soweit die Gesammtdividende der Antheilseigner nicht sechs Prozent übersteigt. Von dem weiter verbleibenden Reste erhalten die Antheilseigner ein Viertel, die Reichskasse drei Viertel.

Erreicht der Reingewinn nicht volle drei und einhalb Prozent des Grundkapitals, so ist das Fehlende aus dem Reservefonds zu ergänzen.

Das bei Begebung von Antheilsscheinen der Reichsbank etwa zu gewinnende Aufgeld fliesst dem Reservefonds zu.

---

[1]) In der dem §. 24 durch Gesetz v. 18. Dez. 1889 (RGB 201) gegebenen Gestalt.

Dividendenrückstände verjähren binnen vier Jahren, von dem Tage ihrer Fälligkeit an gerechnet, zum Vortheil der Bank.

§. 25. Die dem Reiche zustehende Aufsicht über die Reichsbank wird von einem Bank-Kuratorium ausgeübt, welches aus dem Reichskanzler als Vorsitzenden und vier Mitgliedern besteht. Eines dieser Mitglieder ernennt der Kaiser, die drei anderen der Bundesrath.

Das Kuratorium versammelt sich vierteljährlich einmal. In diesen Versammlungen wird ihm über den Zustand der Bank und alle darauf Bezug habenden Gegenstände Bericht erstattet und eine allgemeine Rechenschaft von allen Operationen und Geschäftseinrichtungen der Bank ertheilt.

§. 26. Die dem Reiche zustehende Leitung der Bank wird vom Reichskanzler, und unter diesem von dem Reichsbank-Direktorium ausgeübt; in Behinderungsfällen des Reichskanzlers wird die Leitung durch einen vom Kaiser hierfür ernannten Stellvertreter wahrgenommen.

Der Reichskanzler leitet die gesammte Bankverwaltung innerhalb der Bestimmungen dieses Gesetzes und des zu erlassenden Statuts (§. 40). Er erlässt die Geschäftsanweisungen für das Reichsbank-Direktorium und für die Zweiganstalten, sowie die Dienstinstruktionen für die Beamten der Bank, und verfügt die erforderlichen Abänderungen der bestehenden Geschäftsanweisungen (Reglements) und Dienstinstruktionen.

§. 27. Das Reichsbank-Direktorium ist die verwaltende und ausführende, sowie die, die Reichsbank nach aussen vertretende Behörde.

Es besteht aus einem Präsidenten und der erforderlichen Anzahl von Mitgliedern, und fasst seine Beschlüsse nach Stimmenmehrheit, hat jedoch bei seiner Verwaltung überall den Vorschriften und Weisungen des Reichskanzlers Folge zu leisten.

Präsident und Mitglieder des Reichsbank-Direktoriums werden auf den Vorschlag des Bundesraths vom Kaiser auf Lebenszeit ernannt.

§. 28. Die Beamten der Reichsbank haben die Rechte und Pflichten der Reichsbeamten.

Ihre Besoldungen, Pensionen und sonstigen Dienstbezüge, sowie die Pensionen und Unterstützungen für ihre Hinterbliebenen, trägt die Reichsbank. Der Besoldungs- und Pensionsetat des Reichsbank-Direktoriums wird jährlich durch den Reichshaushalts-Etat, der der übrigen Beamten jährlich vom Kaiser im Einvernehmen mit dem Bundesrathe auf den Antrag des Reichskanzlers festgesetzt.

Kein Beamter der Reichsbank darf Antheilscheine derselben besitzen.

§. 29. Die Rechnungen der Reichsbank unterliegen der Revision durch den Rechnungshof des Deutschen Reiches.

Die Form, in welcher die jährliche Rechnungslegung zu erfolgen hat, wird durch den Reichskanzler bestimmt. Die hierüber ergehenden Bestimmungen sind dem Rechnungshof mitzutheilen.

§. 30. Die Antheilseigner üben die ihnen zustehende Betheiligung an der Verwaltung der Reichsbank durch die Generalversammlung, ausserdem durch einen aus ihrer Mitte gewählten ständigen Zentralausschuss nach Massgabe der nachfolgenden Bestimmungen aus.

§. 31. Der Zentralausschuss ist die ständige Vertretung der Antheilseigner gegenüber der Verwaltung. Er besteht aus fünfzehn Mitgliedern, neben welchen fünfzehn Stellvertreter zu wählen sind. Die Mitglieder und die Stellvertreter werden von der Generalversammlung aus der Zahl der im Besitze von mindestens je drei auf ihren Namen lautenden Antheilscheinen befindlichen Antheilseigner gewählt. Sämmtliche Mitglieder und Stellvertreter müssen im Reichsgebiete und wenigstens neun Mitglieder und neun Stellvertreter in Berlin ihren Wohnsitz haben. Ein

Drittel der Mitglieder scheidet jährlich aus. Die Ausscheidenden sind wieder wählbar.

Der Zentralausschuss versammelt sich unter Vorsitz des Präsidenten des Reichsbank-Direktoriums wenigstens einmal monatlich, kann von demselben aber ausserordentlich berufen werden. Er ist beschlussfähig bei Anwesenheit von wenigstens sieben Mitgliedern; die Geschäftsanweisung wird festsetzen, in welchen Fällen und in welcher Reihenfolge die Einberufung von Stellvertretern zu bewirken ist.

§. **32.** Dem Zentralausschuss werden in jedem Monat die wöchentlichen Nachweisungen über die Diskonto-, Wechsel- und Lombardbestände, den Notenumlauf, die Baarfonds, die Depositen, über den An- und Verkauf von Gold, Wechseln und Effekten, über die Vertheilung der Fonds auf die Zweiganstalten zur Einsicht vorgelegt, und zugleich die Ergebnisse der ordentlichen und der ausserordentlichen Kassenrevisionen, sowie die Ansichten und Vorschläge des Reichsbank-Direktoriums über den Gang der Geschäfte im Allgemeinen und über die etwa erforderlichen Massregeln mitgetheilt.

Insbesondere ist der Zentralausschuss gutachtlich zu hören:

a) über die Bilanz und die Gewinnberechnung, welche nach Ablauf des Geschäftsjahres vom Reichsbank-Direktorium aufgestellt, mit dessen Gutachten dem Reichskanzler zur definitiven Festsetzung überreicht, und demnächst den Antheilseignern in deren ordentlicher Generalversammlung mitgetheilt wird;

b) über Abänderungen des Besoldungs- und Pensionsetats (§. 28);

c) über die Besetzung erledigter Stellen im Reichsbank-Direktorium, mit Ausnahme der Stelle des Präsidenten, vor der Beschlussfassung des Bundesraths (§. 27);

d) über den Höchstbetrag, bis zu welchem die Fonds der Bank zu Lombarddarlehen verwendet werden können.

Der Ankauf von Effekten für Rechnung der Bank kann nur erfolgen, nachdem die Höhe des Betrages, bis zu welcher die Fonds der Bank zu diesem Zwecke verwendet werden können, zuvor mit Zustimmung des Zentralausschusses festgesetzt ist;

e) über die Höhe des Diskontosatzes und des Lombard-Zinsfusses, sowie über Veränderungen in den Grundsätzen und Fristen der Kreditertheilung;

f) über Vereinbarungen mit anderen deutschen Banken (§. 19), sowie über die in den Geschäftsbeziehungen zu denselben zu beobachtenden Grundsätze.

Allgemeine Geschäftsanweisungen und Dienstinstruktionen sind dem Zentralausschusse alsbald nach ihrem Erlasse (§. 26) zur Kenntnissnahme mitzutheilen.

§. **33.** Die Mitglieder des Zentralausschusses beziehen keine Besoldung.

Wenn ein Ausschussmitglied das Bankgeheimniss (§. 39) verletzt, die durch sein Amt erlangten Aufschlüsse gemissbraucht oder sonst das öffentliche Vertrauen verloren hat, oder wenn durch dasselbe überhaupt das Interesse des Instituts gefährdet erscheint, so ist die Generalversammlung berechtigt, seine Ausschliessung zu beschliessen.

Ein Ausschussmitglied, welches in Konkurs geräth, während eines halben Jahres den Versammlungen nicht beigewohnt, oder eine der Voraussetzungen seiner Wählbarkeit (§. 31) verloren hat, wird für ausgeschieden erachtet.

§. **34.** Die fortlaufende spezielle Kontrolle über die Verwaltung der Reichsbank üben drei, von dem Zentralausschusse aus der Zahl seiner Mitglieder auf ein Jahr gewählte Deputirte des Zentralausschusses beziehungsweise deren gleichzeitig zu wählende Stellvertreter. Die Geschäftsanweisung wird festsetzen, in welchen Fällen und in welcher Reihenfolge die Einberufung von Stellvertretern zu bewirken ist.

Die Deputirten sind insbesondere berechtigt, allen Sitzungen des Reichsbank-Direktoriums mit berathender Stimme beizuwohnen.

Sie sind ferner berechtigt und verpflichtet, in den gewöhnlichen Geschäftsstunden und im Beisein eines Mitgliedes des Reichsbank-Direktoriums von dem Gange der Geschäfte Kenntniss zu nehmen, die Bücher und Portefeuilles der Bank einzusehen und den ordentlichen, wie ausserordentlichen Kassenrevisionen beizuwohnen. Ueber ihre Wirksamkeit erstatten sie in den monatlichen Versammlungen des Zentralausschusses Bericht.

Im Fall des §. 33 Absatz 2 kann ein Deputirter bereits vor der Entscheidung der Generalversammlung durch den Zentralausschuss suspendirt werden.

§. 35. Geschäfte mit den Finanzverwaltungen des Reichs oder deutscher Bundesstaaten dürfen nur innerhalb der Bestimmungen dieses Gesetzes und des Bankstatuts gemacht und müssen, wenn andere als die allgemein geltenden Bedingungen des Bankverkehrs in Anwendung kommen sollen, zuvor zur Kenntniss der Deputirten gebracht, und, wenn auch nur Einer derselben darauf anträgt, dem Zentralausschuss vorgelegt werden. Sie müssen unterbleiben, wenn der letztere nicht in einer beschlussfähigen Versammlung mit Stimmenmehrheit für die Zulässigkeit sich ausspricht.

§. 36. Ausserhalb des Hauptsitzes der Bank sind an, vom Bundesrathe zu bestimmenden, grösseren Plätzen Reichsbankhauptstellen zu errichten, welche unter Leitung eines aus wenigstens zwei Mitgliedern bestehenden Vorstandes, und unter Aufsicht eines vom Kaiser ernannten Bank-Kommissarius stehen.

Bei jeder Reichsbankhauptstelle soll, wenn sich daselbst eine hinreichende Zahl geeigneter Antheilseigner vorfindet, ein Bezirksausschuss bestehen, dessen Mitglieder vom Reichskanzler aus den vom Bank-Kommissar und vom Zentralausschuss aufgestellten Vorschlagslisten der am Sitz der Bankhauptstelle oder in dessen unmittelbarer Nähe wohnhaften Antheilseigner ausgewählt werden. Dem Ausschuss werden in seinen monatlich abzuhaltenden Sitzungen die Uebersichten über die Geschäfte der Bankhauptstelle und die von der Zentralverwaltung ergangenen allgemeinen Anordnungen mitgetheilt. Anträge und Vorschläge des Bezirksausschusses, welchen vom Vorstande der Bankhauptstelle nicht in eigener Zuständigkeit entsprochen wird, werden von letzterem dem Reichskanzler mittelst Berichts eingereicht.

Eine fortlaufende spezielle Kontrole über den Geschäftsgang bei den Bankhauptstellen nach Massgabe der Bestimmungen im §. 34 üben, soweit es ohne Störung der täglichen laufenden Geschäfte geschehen kann, 2 bis 3 Beigeordnete, welche vom Bezirksausschuss aus seiner Mitte gewählt, oder, wo ein Bezirksausschuss nicht besteht, vom Reichskanzler nach Absatz 2 ernannt werden.

§. 37. Die Errichtung sonstiger Zweiganstalten erfolgt, sofern dieselben dem Reichsbank-Direktorium unmittelbar untergeordnet werden (Reichsbankstellen), durch den Reichskanzler, sofern sie einer anderen Zweiganstalt untergeordnet werden, durch das Reichsbank-Direktorium.

§. 38. Die Reichsbank wird in allen Fällen, und zwar auch wo die Gesetze eine Spezialvollmacht erfordern, durch die Unterschrift des Reichsbank-Direktoriums oder einer Reichsbankhauptstelle verpflichtet, sofern diese Unterschriften von zwei Mitgliedern des Reichsbank-Direktoriums beziehungsweise von zwei Mitgliedern des Vorstandes der Reichsbankhauptstelle oder den als Stellvertretern der letzteren bezeichneten Beamten vollzogen sind.

Unter welchen Voraussetzungen und in welcher Form die Unterschriften der Bankstellen eine Verpflichtung für die Reichsbank begründen, wird vom Reichskanzler bestimmt und besonders bekannt gemacht.

Gegen die Reichsbankhauptstellen und Bankstellen können alle Klagen, welche auf den Geschäftsbetrieb derselben Bezug haben, bei dem Gerichte des Orts erhoben werden, wo die Zweiganstalt errichtet ist.

§. 39. Sämmtliche bei der Verwaltung der Bank als Beamte, Ausschussmitglieder, Beigeordnete betheiligte Personen sind verpflichtet, über alle einzelne Geschäfte der Bank, besonders über die mit Privatpersonen und über den Umfang des den letzteren gewährten Kredits, Schweigen zu beobachten. Die Deputirten des Zentralausschusses und deren Stellvertreter, sowie die Beigeordneten bei den Reichsbankhauptstellen sind hierzu vor Antritt ihrer Funktionen mittelst Handschlags an Eidesstatt besonders zu verpflichten.

§. 40. Das Statut der Reichsbank wird nach Massgabe der vorstehend in den §§. 12 bis 39 enthaltenen Vorschriften vom Kaiser im Einvernehmen mit dem Bundesrath erlassen[1]).

Dasselbe muss insbesondere folgende Bestimmungen enthalten:

1) über die Form der Antheilscheine der Reichsbank und der dazu gehörigen Dividendenscheine und Talons;

2) über die bei Uebertragung oder Verpfändung von Antheilscheinen zu beachtenden Formen;

3) über die Mortifikation verlorener oder vernichteter Antheilscheine, sowie über das Verfahren in Betreff abhanden gekommener Dividendenscheine und Talons;

4) über die Grundsätze, nach denen die Jahresbilanz der Reichsbank aufzunehmen ist;

5) über Termine und Modalitäten der Erhebung der Dividende;

6) über die Form, in welcher die Zusammenberufung der Generalversammlungen geschieht, sowie über die Bedingungen und die Art der Ausübung des Stimmrechts der Antheilseigner; die Ausübung des Stimmrechts darf jedoch nicht durch den Besitz von mehr als einem Antheilscheine bedingt, noch dürfen mehr als hundert Stimmen in einer Hand vereinigt werden;

7) über die Modalitäten der Wahl des Zentralausschusses und der Deputirten desselben, der Bezirksausschüsse und der Beigeordneten bei den Reichsbankhauptstellen;

8) über die Form, in welcher die von der Gesellschaft ausgehenden Bekanntmachungen erfolgen, sowie über die öffentlichen Blätter, in welche dieselben aufzunehmen sind;

9) über die im Fall der Aufhebung der Reichsbank (§. 41) eintretende Liquidation;

10) über die Form, in welcher die Mitwirkung der Antheilseigner oder deren Vertreter zu einer durch Reichsgesetz festzustellenden Erhöhung des Grundkapitals herbeigeführt werden soll;

11) über die Voraussetzungen der Sicherstellung, unter denen Effekten für fremde Rechnung gekauft oder verkauft werden dürfen.

§. 41. Das Reich behält sich das Recht vor, zuerst zum 1. Januar 1891, alsdann aber von zehn zu zehn Jahren nach vorausgegangener

---

[1]) Statut der Reichsbank vom 21. Mai 1875 (RGB 203).

einjähriger Ankündigung, welche auf Kaiserliche Anordnung, im Einvernehmen mit dem Bundesrath, vom Reichskanzler an das Reichsbank-Direktorium zu erlassen und von letzterem zu veröffentlichen ist, entweder

a) die auf Grund dieses Gesetzes errichtete Reichsbank aufzuheben und die Grundstücke derselben gegen Erstattung des Buchwerthes zu erwerben, oder

b) die sämmtlichen Antheile der Reichsbank zum Nennwerthe zu erwerben.

In beiden Fällen geht der bilanzmässige Reservefonds, soweit derselbe nicht zur Deckung von Verlusten in Anspruch zu nehmen ist, zur einen Hälfte an die Antheilseigner, zur andern Hälfte an das Reich über.

Zur Verlängerung der Frist nach Inhalt des ersten Absatzes ist die Zustimmung des Reichstags erforderlich.

Titel III. Privat-Notenbanken.

§. 42. Banken, welche sich bei Erlass dieses Gesetzes im Besitze der Befugniss zur Notenausgabe befinden, dürfen ausserhalb desjenigen Staates, welcher ihnen diese Befugniss ertheilt hat, Bankgeschäfte durch Zweiganstalten weder betreiben noch durch Agenten für ihre Rechnung betreiben lassen, noch als Gesellschafter an Bankhäusern sich betheiligen.

§. 43. Die Noten einer Bank, welche sich bei Erlass dieses Gesetzes im Besitze der Befugniss zur Notenausgabe befindet, dürfen ausserhalb desjenigen Staates, welcher derselben diese Befugniss ertheilt hat, zu Zahlungen nicht gebraucht werden.

Der Umtausch solcher Noten gegen andere Banknoten, Papiergeld oder Münzen unterliegt diesem Verbote nicht.

§. 44. Die beschränkenden Bestimmungen des §. 43 finden auf diejenigen Banken keine Anwendung, welche bis zum 1. Januar 1876 folgende Voraussetzungen erfüllen:

1) Die Bank darf ihre Betriebsmittel nur in den im §. 13 unter 1 bis 4 bezeichneten Geschäften, und zwar zu 4 höchstens bis zur Höhe der Hälfte des Grundkapitals der Bank und der Reserven, anlegen.

   Bezüglich des Darlehnsgeschäfts ist der Bank eine Frist bis zum 1. Januar 1877 eingeräumt, innerhalb welcher sie ihre Darlehne den Bestimmungen des §. 13 Nr. 3 zu konformiren hat.

   Sie hat jeweilig den Prozentsatz öffentlich bekannt zu machen, zu welchem sie diskontirt oder zinsbare Darlehne gewährt.

2) Die Bank legt von dem sich jährlich über das Mass von $4^1/_2$ Prozent des Grundkapitals hinaus ergebenden Reingewinn jährlich mindestens 20 Prozent so lange zur Ansammlung eines Reservefonds zurück, als der letztere nicht ein Viertheil des Grundkapitals beträgt.

3) Die Bank verpflichtet sich, für den Betrag ihrer im Umlauf befindlichen Banknoten jederzeit mindestens ein Drittheil in kursfähigem deutschem Gelde, Reichs-Kassenscheinen oder in Gold in Barren oder ausländischen Münzen, das Pfund fein zu 1392 Mark gerechnet, und den Rest in diskontirten Wechseln, welche eine Verfallzeit von höchstens drei Monaten haben und aus welchen in der Regel drei, mindestens aber zwei als zahlungsfähig bekannte Verpflichtete haften, in ihren Kassen als Deckung bereit zu halten.

4) Die Bank verpflichtet sich, ihre Noten bei einer von ihr zu bezeichnenden Stelle in Berlin oder Frankfurt, deren Wahl der Genehmigung

des Bundesraths unterliegt, dem Inhaber gegen kursfähiges deutsches Geld einzulösen.

Die Einlösung hat spätestens vor Ablauf des auf den Tag der Präsentation folgenden Tages zu erfolgen.

5) Die Bank verpflichtet sich, alle deutschen Banknoten, deren Umlauf im gesammten Reichsgebiete gestattet ist, an ihrem Sitze, sowie bei denjenigen ihrer Zweiganstalten, welche in Städten von mehr als 80,000 Einwohnern ihren Sitz haben, zu ihrem vollen Nennwerthe in Zahlung zu nehmen, so lange die Bank, welche solche Noten ausgegeben hat, ihrer Noteneinlösungspflicht pünktlich nachkommt. Alle bei einer Bank eingegangenen Noten einer anderen Bank dürfen, soweit es nicht Noten der Reichsbank sind, nur entweder zur Einlösung präsentirt, oder zu Zahlungen an diejenige Bank, welche dieselben ausgegeben hat, oder zu Zahlungen an dem Orte, wo letztere ihren Hauptsitz hat, verwendet werden.

6) Die Bank verzichtet auf jedes Widerspruchsrecht, welches ihr entweder gegen die Ertheilung der Befugniss zur Ausgabe von Banknoten an andere Banken, oder gegen die Aufhebung einer etwa bestehenden Verpflichtung der Landesregierung, ihre Noten in den öffentlichen Kassen statt baaren Geldes in Zahlung nehmen zu lassen, zustehen möchte.

7) Die Bank willigt ein, dass ihre Befugniss zur Ausgabe von Banknoten zu den in §. 41 bezeichneten Terminen durch Beschluss der Landesregierung oder des Bundesraths mit einjähriger Kündigungsfrist aufgehoben werden könne, ohne dass ihr ein Anspruch auf irgend welche Entschädigung zustände.

Von Seiten des Bundesraths wird eine Kündigung nur eintreten zum Zwecke weiterer einheitlicher Regelung des Notenbankwesens oder wenn eine Notenbank den Anordnungen gegenwärtigen Gesetzes zuwidergehandelt hat. Ob diese Voraussetzungen vorliegen, entscheidet der Bundesrath.

Einer Bank, welche die vorstehend unter 1 bis 7 bezeichneten Voraussetzungen erfüllt hat, kann der Betrieb von Bankgeschäften durch Zweiganstalten oder Agenturen ausserhalb des im §. 42 bezeichneten Gebietes auf Antrag der für den Ort, wo dies geschehen soll, zuständigen Landesregierung durch den Bundesrath gestattet werden.

Banken, welche bis zum 1. Januar 1876 nachweisen, dass der Betrag der nach ihrem Statut oder Privileg ihnen gestatteten Notenausgabe auf den Betrag des Grundkapitals eingeschränkt ist, welcher am 1. Januar 1874 eingezahlt war, sind von der Erfüllung der unter 2 bezeichneten Voraussetzung entbunden und erlangen mit der Gestattung des Umlaufs ihrer Noten im gesammten Reichsgebiete zugleich die Befugniss, im gesammten Reichsgebiete durch Zweiganstalten oder Agenturen Bankgeschäfte zu betreiben. Dem Bundesrath bleibt vorbehalten, diesen Banken einzelne der durch die Bestimmungen unter 1 ausgeschlossenen Formen der Kreditertheilung, in deren Ausübung dieselben sich bisher befunden haben, auf Grund des nachgewiesenen besonderen Bedürfnisses zeitweilig oder widerruflich auch ferner zu gestatten und die hierfür etwa nothwendigen Bedingungen festzusetzen.

§. 45. Banken, welche von den Bestimmungen im §. 44 zu ihren Gunsten Gebrauch machen wollen, haben dem Reichskanzler nachzuweisen:

1) dass ihre Statuten den durch den §. 44 aufgestellten Voraussetzungen entsprechen;

2) dass die erforderliche Einlösungsstelle eingerichtet ist.

Sobald dieser Nachweis geführt ist, erlässt der Reichskanzler eine durch das Reichs-Gesetzblatt zu veröffentlichende Bekanntmachung, in welcher:

1) die beschränkenden Bestimmungen der §§. 42 und 43 oder des §. 43 dieses Gesetzes zu Gunsten der zu bezeichnenden Bank als nicht anwendbar erklärt,
2) die Stelle, an welcher die Noten der Bank eingelöst werden, bezeichnet wird.

§. 46. Kann die Dauer einer bereits erworbenen Befugniss zur Ausgabe von Banknoten durch eine vom Staate oder einer öffentlichen Behörde ausgehende, an einen bestimmten Termin gebundene Kündigung auf eine bestimmte Zeit beschränkt werden, so tritt diese Kündigung zu dem frühesten zulässigen Termine kraft gegenwärtigen Gesetzes ein, es sei denn, dass die Bank den zulässigen Betrag ihrer Notenausgabe auf den am 1. Januar 1874 eingezahlten Betrag ihres Grundkapitals beschränkt und sich den Bestimmungen im §. 44 unter 1 und 3 bis 7 unterworfen hat.

Statutarische Bestimmungen, durch welche die Dauer einer Bank oder der derselben ertheilten Befugniss zur Notenausgabe von der unveränderten Fortdauer des Notenprivilegiums der Preussischen Bank abhängig gemacht ist, treten ausser Kraft.

§. 47. Jede Abänderung der Bestimmungen des Grundgesetzes, Statuts oder Privilegiums einer Bank, welche die Befugniss zur Ausgabe von Banknoten bereits erworben hat, bedarf, so lange der Bank diese Befugniss zusteht, zu ihrer Gültigkeit der Genehmigung des Bundesraths, sofern sie das Grundkapital, den Reservefonds, den Geschäftskreis oder die Deckung der auszugebenden Noten, oder die Dauer der Befugniss zur Notenausgabe zum Gegenstande hat. Landesgesetzliche Vorschriften und Konzessionsbedingungen, durch welche eine Bank bezüglich des Betriebs des Diskonto-, des Lombard-, des Effekten- und des Depositengeschäfts Beschränkungen unterworfen ist, welche das gegenwärtige Gesetz nicht enthält, stehen einer solchen Aenderung nicht entgegen.

Die Genehmigung wird, nach Erfüllung der sonstigen gesetzlichen Erfordernisse, durch die betheiligte Landesregierung beantragt und muss versagt werden, wenn die Bank nicht von den Bestimmungen des §. 44 Gebrauch macht.

Die bayerische Regierung ist berechtigt, bis zum Höchstbetrage von 70 Millionen Mark die Befugniss zur Ausgabe von Banknoten für die in Bayern bestehende Notenbank zu erweitern, oder diese Befugniss einer anderen Bank zu ertheilen, sofern die Bank sich den Bestimmungen des §. 44 unterwirft.

§. 48. Der Reichskanzler ist jederzeit befugt, sich nöthigenfalls durch kommissarische Einsichtnahme von den Büchern, Geschäftslokalen und Kassenbeständen der Noten ausgebenden Banken die Ueberzeugung zu verschaffen, dass dieselben die durch Gesetz oder Statut festgestellten Bedingungen und Beschränkungen der Notenausgabe innehalten, oder die Voraussetzungen der zu ihren Gunsten etwa ausgesprochenen Nichtanwendbarkeit der §§. 42 und 43 oder des §. 43 dieses Gesetzes erfüllen und dass die von ihnen veröffentlichten Wochen- und Jahresübersichten (§. 8), sowie die behufs der Steuerberechnung abgegebenen Nachweise (§. 10) der wirklichen Sachlage entsprechen.

Das Aufsichtsrecht der Landesregierungen wird durch diese Bestimmung nicht berührt.

§. 49. Die Befugniss zur Ausgabe von Banknoten geht verloren:

1) durch Ablauf der Zeitdauer, für welche sie ertheilt ist,

2) durch Verzicht,
3) im Falle des Konkurses durch Eröffnung des Verfahrens gegen die Bank,
4) durch Entziehung kraft richterlichen Urtheils,
5) durch Verfügung der Landesregierung nach Massgabe der Statuten oder Privilegien.

§. 50. Die Entziehung der Befugniss zur Notenausgabe wird auf Klage des Reichskanzlers oder der Regierung des Bundesstaates, in welchem die Bank ihren Sitz hat, durch gerichtliches Urtheil ausgesprochen:
1) wenn die Vorschriften der Statuten, des Privilegiums oder des gegenwärtigen Gesetzes über die Deckung für die umlaufenden Noten verletzt worden sind oder der Notenumlauf die durch Statut, Privilegium oder Gesetz bestimmte Grenze überschritten hat;
2) wenn die Bank vor Erlass der in §. 45 erwähnten Bekanntmachung des Reichskanzlers ausserhalb des durch §. 42 ihr angewiesenen Gebiets die in §. 42 ihr untersagten Geschäfte betreibt, oder ausserhalb des durch §. 43 ihr angewiesenen Gebiets ihre Noten vertreibt oder vertreiben lässt;
3) wenn die Bank die Einlösung präsentirter Noten nicht bewirkt
   a) an ihrem Sitze am Tage der Präsentation,
   b) an ihrer Einlösungsstelle (§. 44 Nr. 4) bis zum Ablaufe des auf den Tag der Präsentation folgenden Tages,
   c) an sonstigen durch die Statuten bestimmten Einlösungsstellen bis zum Ablaufe des dritten Tages nach dem Tage der Präsentation;
4) sobald das Grundkapital sich durch Verluste um ein Dritttheil vermindert hat.

Die Klage ist im ordentlichen Verfahren zu verhandeln. Der Rechtsstreit gilt im Sinne der Reichs- und Landesgesetze als Handelssache.

In dem Urtheile ist zugleich die Verpflichtung zur Einziehung der Noten auszusprechen.

§. 51. Das Urtheil ist erst nach Eintritt der Rechtskraft vollstreckbar. Die Vollstreckung wird auf Antrag durch das Prozessgericht verfügt. Das Gericht bestimmt zu diesem Zwecke die Frist, innerhalb welcher von der Bankverwaltung die Bekanntmachung über die Einziehung der Noten zu erlassen ist.

Sofern nicht der Konkurs über die Bank ausgebrochen ist, setzt das Gericht einen Kurator ein, welcher die Einziehung der Noten zu überwachen und, wenn die Bank den für diesen Fall vorgesehenen Verpflichtungen nicht nachkommt, die Liquidation der Bank beim Gerichte zu beantragen verpflichtet ist.

Eingehende Noten sind von der Bank an eine vom Reichskanzler zu bezeichnende, am Sitze der Bank gelegene Kasse abzuliefern.

§. 52. Sechs Monate, nachdem das Urtheil (§. 50) die Rechtskraft erlangt hat, zahlt die Bank an die vom Reichskanzler bezeichnete Kasse einen Betrag in baarem Gelde ein, welcher dem bis dahin nicht abgelieferten Betrage ihrer Noten gleichkommt. Dieser Baarbetrag wird ihr nach Massgabe der weiter von ihr abgelieferten Noten und der verbleibende Rest nach Ablauf der letzten vom Bundesrathe für die Einlösung festgesetzten Frist zurückgezahlt.

§. 53. Die an die Kasse abgelieferten Noten (§. 51 und §. 52) werden in Gegenwart des Kurators der Kasse und des für die Einziehung der Noten bestellten Kurators vernichtet. Ueber die Vernichtung wird ein gerichtliches oder notarielles Protokoll aufgenommen. Die Verwaltung der Bank ist befugt, an der Vernichtung durch zwei Abgeordnete Theil zu nehmen. Der für die Vernichtung bestimmte Termin ist ihr jedesmal spätestens acht Tage vorher von der der Kasse vorgesetzten Behörde anzuzeigen. Die Vernichtung kann in einem oder in mehreren Terminen erfolgen.

§. 54. Für diejenigen Korporationen, welche, ohne Zettelbanken zu sein, sich beim Erlass dieses Gesetzes im Besitz der Befugniss zur Ausgabe von Noten, Kassenscheinen oder sonstigen auf den Inhaber ausgestellten unverzinslichen Schuldverschreibungen befinden, und für das von ihnen ausgegebene Papiergeld gelten insolange, als sie von der Befugniss, Papiergeld in Umlauf zu erhalten, Gebrauch machen, die Bestimmungen der §§ 2 bis einschliesslich 6, dann des §. 43 und des §. 47 Abs. 1 dieses Gesetzes, soweit sich derselbe auf die Befugniss zur Ausgabe von Papiergeld, auf deren Dauer, oder auf die Deckung des Papiergeldes bezieht.

Titel IV. Strafbestimmungen.

§. 55. Wer unbefugt Banknoten oder sonstige auf den Inhaber lautende unverzinsliche Schuldverschreibungen ausgiebt, wird mit einer Geldstrafe bestraft, welche dem Zehnfachen des Betrages der von ihm ausgegebenen Werthzeichen gleichkommt, mindestens aber fünftausend Mark beträgt.

§. 56. Mit Geldstrafe bis zu einhundertfünfzig Mark wird bestraft, wer der Verbotsbestimmung des §. 43 zuwider, Noten inländischer Banken, oder Noten oder sonstige Geldzeichen inländischer Korporationen ausserhalb desjenigen Landesgebiets, für welches dieselben zugelassen sind, zur Leistung von Zahlungen verwendet.

§. 57. Mit Geldstrafe von 50 Mark bis zu fünftausend Mark wird bestraft, wer der Verbotsbestimmung in §. 11 zuwider, ausländische Banknoten oder sonstige auf den Inhaber lautende unverzinsliche Schuldverschreibungen ausländischer Korporationen, Gesellschaften oder Privaten, welche ausschliesslich oder neben anderen Werthbestimmungen in Reichswährung oder einer deutschen Landeswährung ausgestellt sind, zur Leistung von Zahlungen verwendet.

Geschieht die Verwendung gewerbsmässig, so tritt neben der Geldstrafe Gefängniss bis zu einem Jahre ein. Der Versuch ist strafbar.

§ 58. Mit Geldstrafe bis zu fünftausend Mark wird bestraft, wer den Bestimmungen im §. 42 zuwider, für Rechnung von Banken als Vorsteher von Zweiganstalten oder als Agent Bankgeschäfte betreibt oder mit Banken als Gesellschafter in Verbindung tritt.

Die gleiche Strafe trifft die Mitglieder des Vorstandes einer Bank, welche den Bestimmungen des §. 7 entgegenhandeln, oder welche dem Verbote des §. 42 zuwider

a) Zweiganstalten oder Agenturen bestellen, oder
b) die von ihnen vertretene Bank als Gesellschafter an Bankhäusern betheiligen.

§. 59. Die Mitglieder des Vorstandes einer Bank werden:

1) wenn sie in den durch die Bestimmungen des §. 8 vorgeschriebenen Veröffentlichungen wissentlich den Stand der Verhältnisse der Bank unwahr darstellen oder verschleiern, mit Gefängniss bis zu drei Monaten bestraft;
2) wenn sie durch unrichtige Aufstellung der im §. 10 vorgeschriebenen Nachweisungen den steuerpflichtigen Notenumlauf zu gering angeben, mit einer Geldstrafe bestraft, welche dem Zehnfachen der hinterzogenen Steuer gleichsteht, mindestens aber fünfhundert Mark beträgt;

3) wenn die Bank mehr Noten ausgiebt, als sie auszugeben befugt ist, mit einer Geldstrafe bestraft, welche dem Zehnfachen des zuviel ausgegebenen Betrages gleichkommt, mindestens aber fünftausend Mark beträgt.

Die Strafe zu 3 trifft auch die Mitglieder des Vorstandes solcher Korporationen, welche zur Ausgabe von auf den Inhaber lautenden unverzinslichen Schuldverschreibungen befugt sind, wenn sie mehr solche Geldzeichen ausgeben, als die Korporation auszugeben befugt ist.

Titel V. Schlussbestimmungen.

§. 60. Die §§. 6, 42 und 43, sowie die auf die letzteren bezüglichen Strafbestimmungen in den §§. 56 und 58 gegenwärtigen Gesetzes treten am 1. Januar 1876 in Kraft:

§. 61. Der Reichskanzler wird ermächtigt, mit der Königlich preussischen Regierung wegen Abtretung der Preussischen Bank an das Reich auf folgenden Grundlagen einen Vertrag abzuschliessen[1]):

1) Preussen tritt nach Zurückziehung seines Einschusskapitals von 1,906,800 Thalern, sowie der ihm zustehenden Hälfte des Reservefonds die Preussische Bank mit allen ihren Rechten und Verpflichtungen mit dem 1. Januar 1876 unter den nachstehend Ziffer 2 bis 6 bezeichneten Bedingungen an das Reich ab. Das Reich wird diese Bank an die nach Massgabe der Bestimmungen dieses Gesetzes zu errichtende Reichsbank übertragen.

2) Preussen empfängt für Abtretung der Bank eine Entschädigung von fünfzehn Millionen Mark, welche aus den Mitteln der Reichsbank zu decken ist.

3) Den bisherigen Antheilseignern der Preussischen Bank wird die Befugniss vorbehalten, gegen Verzicht auf alle ihnen durch ihre Bankantheilsscheine verbrieften Rechte zu Gunsten der Reichsbank den Umtausch dieser Urkunden gegen Antheilsscheine der Reichsbank von gleichem Nominalbetrage zu verlangen.

4) Die Reichsbank hat denjenigen Antheilseignern, welche nach den Bestimmungen der §§. 16 und 19 der Bankordnung vom 5. Oktober 1846 (Preuss. Gesetz-Samml. S. 435) die Herauszahlung des eingeschossenen Kapitals und ihres Antheils an dem Reservefonds der Preussischen Bank verlangen, diese Zahlung zu leisten.

5) Die Reichsbank wird zur Erfüllung der von der Preussischen Bank durch Vertrag vom 28./31. Januar 1856 hinsichtlich der Staatsanleihe von sechszehn Millionen fünfhundertachtundneunzigtausend Thalern übernommenen Verbindlichkeiten an Preussen für die Jahre 1876 bis einschliesslich 1925 jährlich 621,910 Thaler in halbjährlichen Raten zahlen. Wird die Konzession der Reichsbank nicht verlängert, so wird das Reich dafür sorgen, dass, so lange keine andere Bank in diese Verpflichtung eintritt, die Rente bis zu dem ebengedachten Zeitpunkte der preussischen Staatskasse unverkürzt zufliesse.

6) Eine Auseinandersetzung zwischen Preussen und der Reichsbank wegen der Grundstücke der Preussischen Bank bleibt vorbehalten.

§. 62. Der Reichskanzler wird ermächtigt:

1) diejenigen Antheilsscheine der Reichsbank zu begeben, welche nicht nach §. 61 Nr. 3 gegen Antheilsscheine der Preussischen Bank umzutauschen sind,

2) auf Höhe der nicht begebenen Antheilsscheine zur Beschaffung des

---

[1]) Vgl. den Vertrag v. 17./18. Mai 1875 (RGB 215 ff.).

nach §. 23 erforderlichen Grundkapitals der Reichsbank verzinsliche, spätestens am 1. Mai 1876 fällig werdende Schatzanweisungen auszugeben.

§. 63. Die Ausfertigung der Schatzanweisungen (§. 62 Nr. 2) wird der Preussischen Hauptverwaltung der Staatsschulden übertragen. Den Zinssatz bestimmt der Reichskanzler. Bis zum 1. Mai 1876 kann, nach Anordnung des Reichskanzlers, der Betrag der Schatzanweisungen wiederholt, jedoch nur zur Deckung der in Verkehr gesetzten Schatzanweisungen ausgegeben werden.

§. 64. Die zur Verzinsung und Einlösung der Schatzanweisungen erforderlichen Beträge müssen der Reichsschulden-Verwaltung aus den bereitesten Einkünften des Reichs zur Verfallzeit zur Verfügung gestellt werden.

§. 65. Die Ausgabe der Schatzanweisungen ist durch die Reichskasse zu bewirken.

Die Zinsen der Schatzanweisungen verjähren binnen vier Jahren, die verschriebenen Kapitalbeträge binnen 30 Jahren nach Eintritt des in jeder Schatzanweisung auszudrückenden Fälligkeitstermins.

§. 66. Die Bestimmungen des Handelsgesetzbuchs über die Eintragung in das Handelsregister und die rechtlichen Folgen derselben finden auf die Reichsbank keine Anwendung.

---

9. Münzgesetz.

Vom 9. Juli 1873 (RGB 233).

Art. 1. An die Stelle der in Deutschland geltenden Landeswährungen tritt die Reichsgoldwährung. Ihre Rechnungseinheit bildet die Mark, wie solche durch §. 2 des Gesetzes vom 4. Dezember 1871, betreffend die Ausprägung von Reichsgoldmünzen (Reichs-Gesetzbl. S. 404), festgestellt worden ist[1].

Der Zeitpunkt, an welchem die Reichswährung im gesammten Reichsgebiete in Kraft treten soll, wird durch eine mit Zustimmung des Bundesrathes zu erlassende, mindestens drei Monate vor dem Eintritt dieses Zeitpunktes zu verkündende Verordnung des Kaisers bestimmt. Die Landesregierungen sind ermächtigt, auch vor diesem Zeitpunkte für ihr Gebiet die Reichsmarkrechnung im Verordnungswege einzuführen.

---

[1]) Das angeführte Ges. bestimmt: §. 1 „Es wird eine Reichsgoldmünze ausgeprägt von welcher aus Einem Pfunde feinen Goldes 139½ Stück ausgebracht werden.“ §. 2, „Der zehnte Theil dieser Goldmünze wird Mark genannt und in hundert Pfennige eingetheilt.“ §. 4: „Das Mischungsverhältniss der Reichsgoldmünzen wird auf 900 Tausendtheile Gold und 100 Tausendtheile Kupfer festgestellt. Es werden demnach $125_{,55}$ Zehn-Mark-Stücke, $62_{,775}$ Zwanzig-Mark-Stücke je Ein Pfund wiegen.“ §. 9: „Reichsgoldmünzen, deren Gewicht um nicht mehr als fünf Tausendtheile hinter dem Normalgewicht (§. 4) zurückbleibt (Passirgewicht), und welche nicht durch gewaltsame oder gesetzwidrige Beschädigung am Gewicht verringert sind, sollen bei allen Zahlungen als vollwichtig gelten. — — — Die Reichsgoldmünzen werden, wenn dieselben in Folge längerer Cirkulation und Abnutzung am Gewicht so viel eingebüsst haben, dass sie das Passirgewicht nicht mehr erreichen, für Rechnung des Reichs zum Einschmelzen eingezogen. Auch werden dergleichen abgenutzte Goldmünzen bei allen Kassen des Reichs und der Bundesstaaten stets voll zu demjenigen Werthe, zu welchem sie ausgegeben sind, angenommen werden.“ Nach §. 7 soll bei dem einzelnen Stücke „die Abweichung in Mehr oder Weniger im Gewicht nicht mehr als zwei und ein halb Tausendtheile seines Gewichts, im Feingehalt nicht mehr als zwei Tausendtheile betragen“.

Art. 2. Ausser den in dem Gesetze vom 4. Dezember 1871 bezeichneten Reichsgoldmünzen sollen ferner ausgeprägt werden Reichsgoldmünzen zu fünf Mark, von welchen aus einem Pfunde feinen Goldes 279 Stück ausgebracht werden. Die Bestimmungen der §§. 4, 5, 7, 8 und 9 jenes Gesetzes finden auf diese Münzen entsprechende Anwendung, jedoch mit der Massgabe, dass bei denselben die Abweichung in Mehr oder Weniger im Gewicht (§. 7) vier Tausendtheile, und der Unterschied zwischen dem Normalgewicht und dem Passirgewicht (§. 9) acht Tausendtheile betragen darf.

Art. 3. Ausser den Reichsgoldmünzen sollen als Reichsmünzen und zwar

1) als Silbermünzen: Fünfmarkstücke, Zweimarkstücke, Einmarkstücke, Fünfzigpfennigstücke und Zwanzigpfennigstücke;
2) als Nickelmünzen: Zwanzigpfennigstücke[1]), Zehnpfennigstücke und Fünfpfennigstücke;
3) als Kupfermünzen: Zweipfennigstücke und Einpfennigstücke

nach Massgabe folgender Bestimmungen ausgeprägt werden.

§. 1. Bei Ausprägung der Silbermünzen wird das Pfund feinen Silbers in 20 Fünfmarkstücke, 50 Zweimarkstücke, 100 Einmarkstücke, 200 Fünfzigpfennigstücke und in 500 Zwanzigpfennigstücke ausgebracht.

Das Mischungsverhältniss beträgt 900 Theile Silber und 100 Theile Kupfer, so dass 90 Mark in Silbermünzen 1 Pfund wiegen.

Das Verfahren bei Ausprägung dieser Münzen wird vom Bundesrath festgestellt. Bei den einzelnen Stücken darf die Abweichung im Mehr oder Weniger im Feingehalt nicht mehr als drei Tausendtheile, im Gewicht, mit Ausnahme der Zwanzigpfennigstücke, nicht mehr als zehn Tausendtheile betragen. In der Masse aber müssen das Normalgewicht und der Normalgehalt bei allen Silbermünzen innegehalten werden.

§. 2. Die Silbermünzen über ein Mark tragen auf der einen Seite den Reichsadler mit der Inschrift „Deutsches Reich" und mit der Angabe des Werthes in Mark, sowie mit der Jahreszahl der Ausprägung, auf der anderen Seite das Bildniss des Landesherrn beziehungsweise das Hoheitszeichen der freien Städte mit einer entsprechenden Umschrift und dem Münzzeichen. Durchmesser der Münzen, Beschaffenheit und Verzierung der Ränder derselben werden vom Bundesrathe festgestellt.

§. 3. Die übrigen Silbermünzen, die Nickel- und Kupfermünzen tragen auf der einen Seite die Werthangabe, die Jahreszahl und die Inschrift „Deutsches Reich", auf der andern Seite den Reichsadler und das Münzzeichen. Die näheren Bestimmungen über Zusammensetzung, Gewicht und Durchmesser dieser Münzen, sowie über die Verzierung der Schriftseite und die Beschaffenheit der Ränder werden vom Bundesrathe festgestellt.

§. 4. Die Silber-, Nickel- und Kupfermünzen werden auf den Münzstätten derjenigen Bundesstaaten, welche sich dazu bereit erklären, ausgeprägt. Die Ausprägung und Ausgabe dieser Münzen unterliegt der Beaufsichtigung von Seiten des Reichs. Der Reichskanzler bestimmt unter Zustimmung des Bundesrathes die auszuprägenden Beträge, die Vertheilung dieser Beträge auf die einzelnen Münzgattungen und auf die einzelnen Münzstätten und die den letzteren für die Prägung jeder einzelnen Münzgattung gleichmässig zu gewährende Vergütung. Die Beschaffung der Münzmetalle für die Münzstätten erfolgt auf Anordnung des Reichskanzlers.

Art. 4. Der Gesammtbetrag der Reichssilbermünzen soll bis auf

---

[1]) Eingeschoben durch Ges. vom 1. April 1886 (RGB 1886, S. 67).

Weiteres zehn Mark für den Kopf der Bevölkerung des Reichs nicht übersteigen.

Bei jeder Ausgabe dieser Münzen ist eine dem Werthe nach gleiche Menge der umlaufenden groben Landessilbermünzen und zwar zunächst der nicht dem Dreissigthalerfusse angehörenden einzuziehen. Der Werth wird nach der Vorschrift im Art. 14 §. 2 berechnet.

Art. 5. Der Gesammtbetrag der Nickel- und Kupfermünzen soll zwei und eine halbe Mark für den Kopf der Bevölkerung des Reichs nicht übersteigen.

Art. 6. Von den Landesscheidemünzen sind:

1) die auf andere als Thalerwährung lautenden, mit Ausschluss der bayerischen Heller und der mecklenburgischen nach dem Marksysteme ausgeprägten Fünf-, Zwei und Einpfennigstücke,
2) die auf der Zwölftheilung des Groschens beruhenden Scheidemünzen zu 2 und 4 Pfennigen,
3) die Scheidemünzen der Thalerwährung, welche auf einer anderen Eintheilung des Thalers, als der in 30 Groschen beruhen, mit Ausnahme der Stücke im Werthe von $^1/_{12}$ Thaler,

bis zu dem Zeitpunkte des Eintritts der Reichswährung (Art. 1) einzuziehen.

Nach diesem Zeitpunkte ist Niemand verpflichtet, diese Scheidemünzen in Zahlung zu nehmen, als die mit der Einlösung derselben beauftragten Kassen.

Art. 7. Die Ausprägung der Silber-, Nickel- und Kupfermünzen (Art. 3), sowie die vom Reichskanzler anzuordnende Einziehung der Landessilbermünzen und Landesscheidemünzen erfolgt auf Rechnung des Reichs.

Art. 8. Die Anordnung der Ausserkurssetzung von Landesmünzen und Feststellung der für dieselbe erforderlichen Vorschriften erfolgt durch den Bundesrath.

Die Bekanntmachungen über Ausserkurssetzung von Landesmünzen sind ausser in den zu der Veröffentlichung von Landesverordnungen bestimmten Blättern auch durch das Reichs-Gesetzblatt zu veröffentlichen.

Eine Ausserkurssetzung darf erst eintreten, wenn eine Einlösungsfrist von mindestens vier Wochen festgesetzt und mindestens drei Monate vor ihrem Ablaufe durch die vorbezeichneten Blätter bekannt gemacht worden ist.

Art. 9. Niemand ist verpflichtet, Reichssilbermünzen im Betrage von mehr als zwanzig Mark und Nickel- und Kupfermünzen im Betrage von mehr als einer Mark in Zahlung zu nehmen.

Von den Reichs- und Landeskassen werden Reichssilbermünzen in jedem Betrage in Zahlung genommen. Der Bundesrath wird diejenigen Kassen bezeichnen, welche Reichsgoldmünzen gegen Einzahlung von Reichssilbermünzen in Beträgen von mindestens 200 Mark oder von Nickel- und Kupfermünzen in Beträgen von mindestens 50 Mark auf Verlangen verabfolgen. Derselbe wird zugleich die näheren Bedingungen des Umtausches festsetzen.

Art. 10. Die Verpflichtung zur Annahme und zum Umtausch (Art. 9) findet auf durchlöcherte und anders, als durch den gewöhnlichen Umlauf im Gewicht verringerte, ingleichen auf verfälschte Münzstücke keine Anwendung.

Reichs-Silber-, Nickel- und Kupfermünzen, welche in Folge längerer Cirkulation und Abnutzung an Gewicht oder Erkennbarkeit erheblich eingebüsst haben, werden zwar noch in allen Reichs- und Landeskassen angenommen, sind aber auf Rechnung des Reichs einzuziehen.

Art. 11. Eine Ausprägung von anderen, als den durch dieses Gesetz eingeführten Silber-, Nickel- und Kupfermünzen findet nicht ferner statt.

Die durch die Bestimmung im §. 10 des Gesetzes, betreffend die Ausprägung von Reichsgoldmünzen, vom 4. Dezember 1871 (Reichs-Gesetzbl. S. 404), vorbehaltene Befugniss, Silbermünzen als Denkmünzen auszuprägen, erlischt mit dem 31. Dezember 1873.

Art. 12. Die Ausprägung von Reichsgoldmünzen geschieht auch ferner nach Massgabe der Bestimmung im §. 6 des Gesetzes, betreffend die Ausprägung von Reichsgoldmünzen, vom 4. Dezember 1871 (Reichs-Gesetzbl. S. 404), auf Rechnung des Reichs.

Privatpersonen haben das Recht, auf denjenigen Münzstätten, welche sich zur Ausprägung auf Reichsrechnung bereit erklärt haben, Zwanzigmarkstücke für ihre Rechnung ausprägen zu lassen, soweit diese Münzstätten nicht für das Reich beschäftigt sind.

Die für solche Ausprägungen zu erhebende Gebühr wird vom Reichskanzler mit Zustimmung des Bundesrathes festgestellt, darf aber das Maximum von 7 Mark auf das Pfund fein Gold nicht übersteigen.

Die Differenz zwischen dieser Gebühr und der Vergütung, welche die Münzstätte für die Ausprägung in Anspruch nimmt, fliesst in die Reichskasse. Diese Differenz muss für alle deutschen Münzstätten dieselbe sein.

Die Münzstätten dürfen für die Ausprägung keine höhere Vergütung in Anspruch nehmen, als die Reichskasse für die Ausprägung von Zwanzigmarkstücken gewährt.

Art. 13. Der Bundesrath ist befugt:

1) den Werth zu bestimmen, über welchen hinaus fremde Gold- und Silbermünzen nicht in Zahlung angeboten und gegeben werden dürfen, sowie den Umlauf fremder Münzen gänzlich zu untersagen;
2) zu bestimmen, ob ausländische Münzen von Reichs- oder Landeskassen zu einem öffentlich bekannt zu machenden Kurse im inländischen Verkehr in Zahlung genommen werden dürfen, auch in solchem Falle den Kurs festzusetzen.

Gewohnheitsmässige oder gewerbsmässige Zuwiderhandlungen gegen die vom Bundesrathe in Gemässheit der Bestimmungen unter 1 getroffenen Anordnungen werden bestraft mit Geldstrafe bis zu 150 Mark oder mit Haft bis zu sechs Wochen.

Art. 14. Von dem Eintritt der Reichswährung an gelten folgende Vorschriften:

§. 1. Alle Zahlungen, welche bis dahin in Münzen einer inländischen Währung oder in landesgesetzlich den inländischen Münzen gleichgestellten ausländischen Münzen zu leisten waren, sind vorbehaltlich der Vorschriften Art. 9, 15 und 16 in Reichsmünzen zu leisten.

§. 2. Die Umrechnung solcher Goldmünzen, für welche ein bestimmtes Verhältniss zu Silbermünzen gesetzlich nicht feststeht, erfolgt nach Massgabe des Verhältnisses des gesetzlichen Feingehalts derjenigen Münzen, auf welche die Zahlungsverpflichtung lautet, zu dem gesetzlichen Feingehalte der Reichsgoldmünzen.

Bei der Umrechnung anderer Münzen werden

der Thaler zum Werthe von drei Mark,
der Gulden süddeutscher Währung zum Werthe von $1^5/_7$ Mark,
die Mark lübischer oder hamburgischer Kurantwährung zum Werthe von $1^1/_5$ Mark,

die übrigen Münzen derselben Währungen zu entsprechenden Werthen nach ihrem Verhältniss zu den genannten berechnet.

Bei der Umrechnung werden Bruchtheile von Pfennigen der Reichswährung zu einem Pfennig berechnet, wenn sie einen halben Pfennig oder mehr betragen, Bruchtheile unter einem halben Pfennig werden nicht gerechnet.

§. 3. Werden Zahlungsverpflichtungen nach Eintritt der Reichswährung unter Zugrundelegung vormaliger inländischer Geld- oder Rechnungswährungen begründet, so ist die Zahlung vorbehaltlich der Vorschriften Art. 9, 15 und 16 in Reichsmünzen unter Anwendung der Vorschriften des §. 2 zu leisten.

§. 4. In allen gerichtlich oder notariell aufgenommenen Urkunden, welche auf einen Geldbetrag lauten, desgleichen in allen zu einem Geldbetrag verurtheilenden gerichtlichen Entscheidungen ist dieser Geldbetrag, wenn für denselben ein bestimmtes Verhältniss zur Reichswährung gesetzlich feststeht, in Reichswährung auszudrücken; woneben jedoch dessen gleichzeitige Bezeichnung nach derjenigen Währung, in welcher ursprünglich die Verbindlichkeit begründet war, gestattet bleibt.

Art. 15. An Stelle der Reichsmünzen sind bei allen Zahlungen bis zur Ausserkurssetzung anzunehmen:

1) im gesammten Bundesgebiete an Stelle aller Reichsmünzen die Ein- und Zweithalerstücke deutschen Gepräges unter Berechnung des Thalers zu 3 Mark;

2) im gesammten Bundesgebiete an Stelle der Reichssilbermünzen, Silberkurantmünzen deutschen Gepräges zu $^1/_3$ und $^1/_6$ Thaler unter Berechnung des $^1/_3$ Thalerstücks zu einer Mark und des $^1/_6$ Thalerstücks zu einer halben Mark;

3) in denjenigen Ländern, in welchen gegenwärtig die Thalerwährung gilt, an Stelle der Reichs-, Nickel- und Kupfermünzen die nachbezeichneten Münzen der Thalerwährung zu den daneben bezeichneten Werthen:

$^1/_{12}$	Thalerstücke	zum	Werthe	von	25	Pfennig,
$^1/_{15}$	"	"	"	"	20	"
$^1/_{30}$	"	"	"	"	10	"
$^1/_2$	Groschenstücke	"	"	"	5	"
$^1/_5$	"	"	"	"	2	"
$^1/_{10}$ und $^1/_{12}$	"	"	"	"	1	"

4) in denjenigen Ländern, in welchen die Zwölftheilung des Groschens besteht, an Stelle der Reichs-, Nickel- und Kupfermünzen die auf der Zwölftheilung des Groschens beruhenden Dreipfennigstücke zum Werthe von $2^1/_2$ Pfennig;

5) in Bayern an Stelle der Reichskupfermünzen die Hellerstücke zum Werthe von $^1/_2$ Pfennig;

6) in Mecklenburg an Stelle der Reichskupfermünzen die nach dem Marksystem ausgeprägten Fünfpfennigstücke, Zweipfennigstücke und Einpfennigstücke zum Werthe von 5, 2 und 1 Pfennig.

Die sämmtlichen sub 3 und 4 verzeichneten Münzen sind an allen öffentlichen Kassen des gesammten Bundesgebietes zu den angegebenen Werthen bis zur Ausserkurssetzung in Zahlung anzunehmen.

Der Bundesrath ist befugt, zu bestimmen, dass die Einthalerstücke deutschen Gepräges, sowie die in Oesterreich bis zum Schlusse des Jahres 1867 geprägten Vereinsthaler bis zu ihrer Ausserkurssetzung nur noch an Stelle der Reichssilbermünzen, unter Berechnung des Thalers zu 3 Mark, in Zahlung anzunehmen sind.

Eine solche Bestimmung ist durch das Reichs-Gesetzblatt zu veröffentlichen, und tritt frühestens einen Monat nach ihrer Veröffentlichung in Kraft[1]).

---

1) Zusatz des Reichsges. v. 6. Jan. 1876 (RGB 1876, S. 3). Die österreichischen Vereinsthaler sind durch R.-Ges. v. 28. Febr. 1892 (RGB 315) ausser Kurs gesetzt worden. Art. 16—18 enthalten Uebergangsbestimmungen.

10. Gesetz, betr. die Ausgabe von Reichskassenscheinen.

Vom 30. April 1874 (RGB 40).

§. 1. Der Reichskanzler wird ermächtigt, Reichskassenscheine zum Gesammtbetrage von 120 Millionen Mark in Abschnitten zu 5, 20 und 50 Mark ausfertigen zu lassen und unter die Bundesstaaten nach dem Massstabe ihrer durch die Zählung vom 1. Dezember 1871 festgestellten Bevölkerung zu vertheilen.

Ueber die Vertheilung des Gesammtbetrages auf die einzelnen Abschnitte beschliesst der Bundesrath.

§. 2. Jeder Bundesstaat hat das von ihm seither ausgegebene Staatspapiergeld spätestens bis zum 1. Juli 1875 zur Einlösung öffentlich aufzurufen und thunlichst schnell einzuziehen.

Zur Annahme von Staatspapiergeld sind vom 1. Januar 1876 an nur die Kassen desjenigen Staats verpflichtet, welcher das Papiergeld ausgegeben hat.

§. 3. Denjenigen Staaten, deren Papiergeld den ihnen nach §. 1 zu überweisenden Betrag von Reichskassenscheinen übersteigt, werden zwei Drittheile des überschiessenden Betrages aus der Reichskasse als ein Vorschuss überwiesen und zwar, soweit die Bestände der letzteren es gestatten, in baarem Gelde, soweit sie es nicht gestatten, in Reichskassenscheinen.

Der Reichskanzler wird zu diesem Zwecke ermächtigt, Reichskassenscheine über den im §. 1 festgesetzten Betrag hinaus bis auf Höhe des zu leistenden Vorschusses anfertigen zu lassen, und soweit als nöthig in Umlauf zu setzen.

Ueber die Art der Tilgung dieses Vorschusses wird gleichzeitig mit der Ordnung des Zettelbankwesens Bestimmung getroffen. In Ermangelung einer solchen Bestimmung hat die Rückzahlung des Vorschusses innerhalb 15 Jahren, vom 1. Januar 1876 an gerechnet, in gleichen Jahresraten zu erfolgen.

Die auf den Vorschuss eingehenden Rückzahlungen sind zunächst zur Einziehung der nach vorstehenden Bestimmungen ausgefertigten Reichskassenscheine zu verwenden.

§. 4. Diejenigen Bundesstaaten, welche Papiergeld ausgegeben haben, werden die ihnen ausgefolgten Reichskassenscheine (§§. 1 und 3), soweit der Betrag der letzteren den Betrag des ausgegebenen Staatspapiergeldes nicht übersteigt, nur in dem Masse in Umlauf setzen, als Staatspapiergeld zur Einziehung gelangt.

§. 5. Die Reichskassenscheine werden bei allen Kassen des Reichs und sämmtlicher Bundesstaaten nach ihrem Nennwerthe in Zahlung angenommen und von der Reichs-Hauptkasse für Rechnung des Reichs jederzeit auf Erfordern gegen baares Geld eingelöst.

Im Privatverkehr findet ein Zwang zu ihrer Annahme nicht statt.

§. 6. Die Ausfertigung der Reichskassenscheine wird der Preussischen Haupt-Verwaltung der Staatsschulden unter der Benennung „Reichsschulden-Verwaltung“ übertragen.

Die Reichsschulden-Verwaltung hat für beschädigte oder unbrauchbar gewordene Exemplare für Rechnung des Reichs Ersatz zu leisten, wenn das vorgelegte Stück zu einem echten Reichskassenscheine gehört und mehr als die Hälfte eines solchen beträgt. Ob in anderen Fällen ausnahmsweise ein Ersatz geleistet werden kann, bleibt ihrem pflichtmässigen Ermessen überlassen.

§. 7. Vor der Ausgabe der Reichskassenscheine ist eine genaue Beschreibung derselben öffentlich bekannt zu machen.

Die Kontrole über die Ausfertigung und Ausgabe der Reichskassenscheine übt die Reichsschulden-Kommission.

§. 8. Von den Bundesstaaten darf auch ferner nur auf Grund eines Reichsgesetzes Papiergeld ausgegeben oder dessen Ausgabe gestattet werden.

---

11. Gesetz, betreffend die Inhaberpapiere mit Prämien.

Vom 8. Juni 1871 (RGB 210).

---

§. 1. Auf den Inhaber lautende Schuldverschreibungen, in welchen allen Gläubigern oder einem Theile derselben ausser der Zahlung der verschriebenen Geldsumme eine Prämie dergestalt zugesichert wird, dass durch Ausloosung oder durch eine andere auf den Zufall gestellte Art der Ermittelung die zu prämiirenden Schuldverschreibungen und die Höhe der ihnen zufallenden Prämie bestimmt werden sollen (Inhaberpapiere mit Prämien), dürfen innerhalb des Deutschen Reichs nur auf Grund eines Reichsgesetzes und nur zum Zwecke der Anleihe eines Bundesstaats oder des Reichs ausgegeben werden.

§. 2. Inhaberpapiere mit Prämien, welche nach Verkündigung des gegenwärtigen Gesetzes, der Bestimmung im §. 1 zuwider, im Inlande ausgegeben sein möchten, imgleichen Inhaberpapiere mit Prämien, welche nach dem 30. April 1871 im Auslande ausgegeben sind, dürfen weder weiter begeben, noch an den Börsen, noch an anderen zum Verkehr mit Werthpapieren bestimmten Versammlungsorten zum Gegenstande eines Geschäfts oder einer Geschäftsvermittelung gemacht werden.

§. 3. Dasselbe gilt vom 15. Juli 1871 ab von ausländischen Inhaberpapieren mit Prämien, deren Ausgabe vor dem 1. Mai 1871 erfolgt ist, sofern dieselben nicht abgestempelt sind (§§. 4, 5).

§. 4. Die Schuldverschreibungen, deren Abstempelung erfolgen soll, müssen spätestens am 15. Juli 1871 zu diesem Zwecke eingereicht werden.

Für die Abstempelung ist eine Gebühr zu entrichten, welche für eine Schuldverschreibung, deren Nominalbetrag den Werth von Einhundert Thalern nicht übersteigt . . . . 5 Sgr. oder $17^1/_2$ Kr. S. W.,
für eine Schuldverschreibung, deren Nominalbetrag den Werth von Einhundert Thalern übersteigt . . . . 10 „ „ 35 „ „ „
beträgt.

Der Ertrag dieser Abstempelungsgebühr fliesst zur Reichskasse.

§. 5. Der Bundesrath wird die zur Ausführung dieses Gesetzes erforderliche Instruktion erlassen und in derselben festsetzen, unter welchen Umständen ein gutgläubiger Inhaber, der aus entschuldbaren Gründen die Einreichungsfrist versäumt hat, noch nachträglich Abstempelung seiner Schuldverschreibungen erlangen kann. Der Bundesrath wird ferner zur Berechnung der Stempel-Abgabe den Thalerwerth der fremden Valuten feststellen, auch die Behörden bestimmen, bei welchen die Einreichung zur Abstempelung (§. 4) zu erfolgen hat.

§. 6. Wer den Bestimmungen der §§. 1, 2 oder 3 zuwiderhandelt, verfällt in eine Geldstrafe, welche dem fünften Theile des Nennwerthes der den Gegenstand der Zuwiderhandlung bildenden Papiere gleichkommt, mindestens aber Einhundert Thaler betragen soll.

Mit Geldstrafe bis zu Einhundert Thalern oder Gefängniss bis zu drei Monaten wird bestraft, wer ein im §. 2 oder §. 3 bezeichnetes Inhaberpapier mit Prämie öffentlich ankündigt, ausbietet oder empfiehlt, oder zur Festsetzung eines Kurswerthes notirt.

---

12. Börsengesetz.

Vom 22. Juni 1896 (RGB 157 ff.).

I. Allgemeine Bestimmungen über die Börsen und deren Organe.

§. 1. Die Errichtung einer Börse bedarf der Genehmigung der Landesregierung. Diese ist befugt, die Aufhebung bestehender Börsen anzuordnen.

Die Landesregierungen üben die Aufsicht über die Börsen aus. Sie können die unmittelbare Aufsicht den Handelsorganen (Handelskammern, kaufmännischen Korporationen) übertragen.

Der Aufsicht der Landesregierungen und der mit der unmittelbaren Aufsicht betrauten Handelsorgane unterliegen auch die auf den Börsenverkehr bezüglichen Einrichtungen der Kündigungsbüreaus, Liquidationskassen, Liquidationsvereine und ähnlicher Anstalten.

§. 2. Bei den Börsen sind als Organe der Landesregierung Staatskommissare zu bestellen. Ihnen liegt es ob, den Geschäftsverkehr an der Börse sowie die Befolgung der in Bezug auf die Börse erlassenen Gesetze und Verwaltungsbestimmungen nach näherer Anweisung der Landesregierung zu überwachen. Sie sind berechtigt, den Berathungen der Börsenorgane beizuwohnen und die Börsenorgane auf hervorgetretene Missbräuche aufmerksam zu machen. Sie haben über Mängel und über die Mittel zu ihrer Abstellung Bericht zu erstatten.

Mit Zustimmung des Bundesraths kann für einzelne Börsen die Thätigkeit des Staatskommissars auf die Mitwirkung beim ehrengerichtlichen Verfahren beschränkt oder, sofern es sich um kleine Börsen handelt, von der Bestellung eines Staatskommissars abgesehen werden.

§. 3. Zur Begutachtung über die durch dieses Gesetz der Beschlussfassung des Bundesraths überwiesenen Angelegenheiten ist als Sachverständigenorgan ein Börsenausschuss zu bilden. Derselbe ist befugt, Anträge an den Reichskanzler zu stellen und Sachverständige zu vernehmen.

Der Börsenausschuss besteht aus mindestens dreissig Mitgliedern, welche vom Bundesrath in der Regel auf je fünf Jahre zu wählen sind. Eine erneute Wahl ist zulässig. Die Wahl der Hälfte der Mitglieder erfolgt auf Vorschlag der Börsenorgane. Darüber, in welcher Anzahl dieselben von den einzelnen Börsenorganen vorzuschlagen sind, bestimmt der Bundesrath. Die andere Hälfte wird unter angemessener Berücksichtigung von Landwirthschaft und Industrie gewählt.

Die Geschäftsordnung für den Ausschuss wird nach Anhörung desselben von dem Bundesrath erlassen; der letztere setzt auch die den Ausschussmitgliedern zu gewährenden Tagegelder und Reisekosten fest.

§. 4. Für jede Börse ist eine Börsenordnung zu erlassen. Die Genehmigung derselben erfolgt durch die Landesregierung. Dieselbe kann die Aufnahme bestimmter Vorschriften in die Börsenordnung anordnen, insbesondere der Vorschrift, dass in den Vorständen der Produktenbörsen die Landwirthschaft, die landwirthschaftlichen Nebengewerbe und die Müllerei eine entsprechende Vertretung finden.

§. 5. Die Börsenordnung muss Bestimmungen treffen:

1) über die Börsenleitung und ihre Organe;
2) über die Geschäftszweige, für welche die Börseneinrichtungen bestimmt sind;
3) über die Voraussetzungen der Zulassung zum Besuche der Börse;
4) darüber, in welcher Weise die Preise und Kurse zu notiren sind.

§. 6. Die Börsenordnung kann für andere als die nach §. 5 Ziffer 2 zu bezeichnenden Geschäftszweige, sofern dies nicht mit besonderen Bestimmungen dieses Gesetzes (§§. 40, 41, 51, 52) im Widerspruch steht, die Benutzung von Börseneinrichtungen zulassen. Ein Anspruch auf die Benutzung erwächst in diesem Falle für die Betheiligten nicht. Der Bundesrath ist befugt, für bestimmte Geschäftszweige die Benutzung der Börseneinrichtungen zu untersagen oder von Bedingungen abhängig zu machen.

§. 7. Vom Börsenbesuche sind ausgeschlossen:

1) Personen weiblichen Geschlechts;
2) Personen, welche sich nicht im Besitze der bürgerlichen Ehrenrechte befinden;
3) Personen, welche in Folge gerichtlicher Anordnung in der Verfügung über ihr Vermögen beschränkt sind;
4) Personen, welche wegen betrüglichen Bankerutts rechtskräftig verurtheilt sind;
5) Personen, welche wegen einfachen Bankerutts rechtskräftig verurtheilt sind;
6) Personen, welche sich im Zustande der Zahlungsunfähigkeit befinden;
7) Personen, gegen welche durch rechtskräftige oder für sofort wirksam erklärte ehrengerichtliche Entscheidung auf Ausschliessung von dem Besuche einer Börse erkannt ist.

Die Zulassung oder Wiederzulassung zum Börsenbesuche kann in den Fällen unter 2 und 3 nicht vor der Beseitigung des Ausschliessungsgrundes, in dem Falle unter 5 nicht vor Ablauf von sechs Monaten, nachdem die Strafe verbüsst, verjährt oder erlassen ist, erfolgen; sie darf in dem letzteren Falle und ebenso in dem Falle unter 6 nur stattfinden, wenn der Börsenvorstand den Nachweis für geführt erachtet, dass die Schuldverhältnisse sämmtlichen Gläubigern gegenüber durch Zahlung, Erlass oder Stundung geregelt sind. Einer Person, welche im Wiederholungsfalle in Zahlungsunfähigkeit oder in Konkurs gerathen ist, muss die Zulassung oder Wiederzulassung mindestens für die Dauer eines Jahres verweigert werden. In dem Falle unter 4 ist der Ausschluss ein dauernder.

Die Börsenordnungen können weitere Ausschliessungsgründe festsetzen.

Auf Antrag der Börsenorgane kann die Landesregierung in besonderen Fällen Ausnahmen von den Vorschriften über die Ausschliessung vom Börsenbesuche zulassen.

§. 8. Die Börsenaufsichtsbehörde ist befugt, zur Aufrechterhaltung der Ordnung und für den Geschäftsverkehr an der Börse Anordnungen zu erlassen.

Die Handhabung der Ordnung in den Börsenräumen liegt dem Börsenvorstande ob. Er ist befugt, Personen, welche die Ordnung oder den Geschäftsverkehr an der Börse stören, sofort aus den Börsenräumen zu entfernen und mit zeitweiliger Ausschliessung von der Börse oder mit Geldstrafe zu bestrafen. Das Höchstmass beider Strafen wird durch die Börsenordnung festgesetzt. Die Ausschliessung von der Börse kann mit Genehmigung der Börsenaufsichtsbehörde durch Anschlag in der Börse bekannt gemacht werden.

Gegen die Verhängung der Strafen findet innerhalb einer durch die Börsenordnung festzusetzenden Frist die Beschwerde an die Börsenaufsichtsbehörde statt.

Finden sich an der Börse Personen zu Zwecken ein, welche mit der Ordnung oder dem Geschäftsverkehr an derselben unvereinbar sind, so ist ihnen der Zutritt zu untersagen.

§. 9. An jeder Börse wird ein Ehrengericht gebildet. Es besteht, wenn die unmittelbare Aufsicht über die Börse einem Handelsorgane (§. 1 Absatz 2) übertragen ist, aus der Gesammtheit oder einem Ausschusse des Aufsichtsorgans, andernfalls aus Mitgliedern, welche von den Börsenorganen gewählt werden. Die näheren Bestimmungen über die Zusammensetzung des Ehrengerichts werden von der Landesregierung erlassen.

§. 10. Das Ehrengericht zieht zur Verantwortung Börsenbesucher, welche im Zusammenhange mit ihrer Thätigkeit an der Börse sich eine mit der Ehre oder dem Anspruch auf kaufmännisches Vertrauen nicht zu vereinbarende Handlung haben zu Schulden kommen lassen.

§. 11. Von der Einleitung oder Ablehnung eines ehrengerichtlichen Verfahrens ist der Staatskommissar (§. 2) zu unterrichten. Er kann die Einleitung eines ehrengerichtlichen Verfahrens verlangen. Diesem Verlangen sowie allen von dem Kommissar gestellten Beweisanträgen muss stattgegeben werden. Der Kommissar hat das Recht, allen Verhandlungen beizuwohnen und die ihm geeignet erscheinenden Anträge sowie Fragen an den Beschuldigten, die Zeugen und Sachverständigen zu stellen.

§. 12. Zur Vorbereitung der Hauptverhandlung kann das Ehrengericht einem Mitgliede die Führung einer Voruntersuchung übertragen. In der Voruntersuchung wird der Beschuldigte unter Mittheilung der Beschuldigungspunkte vorgeladen und, wenn er erscheint, mit seinen Erklärungen und Anträgen gehört.

Zeugen und Sachverständige dürfen nur unbeeidigt vernommen werden.

§. 13. Mit Zustimmung des Staatskommissars kann das Ehrengericht das Verfahren einstellen, andernfalls ist die Hauptverhandlung anzuberaumen.

§. 14. Die Hauptverhandlung vor dem Ehrengerichte findet statt, auch wenn der Beschuldigte nicht erschienen ist. Sie ist nicht öffentlich. Das Ehrengericht kann die Oeffentlichkeit der Verhandlung anordnen. Die Anordnung muss erfolgen, falls der Staatskommissar oder der Beschuldigte es beantragt, sofern nicht die Voraussetzungen des §. 173 des Gerichtsverfassungsgesetzes vorliegen.

Der Beschuldigte ist befugt, sich des Beistandes eines Vertheidigers zu bedienen.

Das Ehrengericht ist berechtigt, Zeugen und Sachverständige vorzuladen und eidlich zu vernehmen.

§. 15. Die Strafen bestehen in Verweis, sowie in zeitweiliger oder dauernder Ausschliessung von der Börse.

Ergiebt sich, dass keine unehrenhafte Handlung, sondern nur eine Störung der Ordnung oder des Geschäftsverkehrs an der Börse vorliegt, so kann die Bestrafung gemäss §. 8 Absatz 2 durch das Ehrengericht stattfinden.

§. 16. Die Entscheidung wird in der Sitzung, in welcher die mündliche Verhandlung geschlossen wird, unter Angabe der Gründe verkündet oder spätestens innerhalb zwei Wochen nach dem Schlusse der Verhandlung dem Staatskommissar und dem Beschuldigten in einer mit Gründen versehenen Ausfertigung zugestellt.

Dem nicht erschienenen Beschuldigten ist auch die verkündete Entscheidung zuzustellen. Sowohl der Staatskommissar wie der Beschuldigte können auch bei in ihrer Gegenwart erfolgter Verkündung der Entscheidung eine mit Gründen versehene Ausfertigung derselben beanspruchen.

Das Ehrengericht kann in der Entscheidung anordnen, dass und auf welche Weise sie öffentlich bekannt zu machen ist.

Das Ehrengericht kann, wenn auf zeitweilige oder dauernde Ausschliessung von der Börse erkannt ist, anordnen, dass die Wirkung der Entscheidung sofort eintrete.

Auf Antrag der freigesprochenen Beschuldigten hat das Gericht die öffentliche Bekanntmachung der Freisprechung anzuordnen.

§. 17. Gegen die Entscheidung des Ehrengerichts steht sowohl dem Staatskommissar als dem Beschuldigten die Berufung an die periodisch zu bildende Berufungskammer offen.

Die Berufungskammer besteht aus einem Vorsitzenden und sechs Beisitzern. Der Vorsitzende wird von dem Bundesrath bestimmt. Die Beisitzer werden von dem Börsenausschusse aus seinen auf Vorschlag der Börsenorgane berufenen Mitgliedern gewählt; von den Beisitzern dürfen nicht mehr als zwei derselben Börse angehören.

Für den Vorsitzenden und die Beisitzer werden in gleicher Weise Stellvertreter bestellt.

In einer Spruchsitzung dürfen nicht mehr als zwei Beisitzer mitwirken, welche derselben Börse angehören.

§. 18. Die Einlegung der Berufung geschieht zu Protokoll oder schriftlich bei dem Ehrengerichte, welches die anzugreifende Entscheidung erlassen hat.

Die Frist zur Einlegung der Berufung beträgt eine Woche.

Sie beginnt, falls die Entscheidung verkündet worden ist, für den Staatskommissar und den erschienenen Beschuldigten mit der Verkündung, im Uebrigen mit der Zustellung der Entscheidung.

§. 19. Nach Einlegung der Berufung ist dem Staatskommissar sowie dem Beschuldigten, sofern es nicht bereits geschehen, die angefochtene Entscheidung, mit Gründen versehen, zuzustellen.

§. 20. Zur schriftlichen Rechtfertigung der Berufung steht demjenigen, der sie rechtzeitig eingelegt hat, eine Frist von einer Woche offen. Sie beginnt mit dem Ablauf der Einlegungsfrist oder, wenn zu dieser Zeit die Entscheidung noch nicht zugestellt war, mit deren Zustellung.

§. 21. Die Berufungsschrift des Beschuldigten und die etwa eingehende Rechtfertigung wird dem Staatskommissar, die Berufungsschrift und die Rechtfertigung des Staatskommissars dem Beschuldigten mitgetheilt. Innerhalb einer Woche nach der Mittheilung kann eine Beantwortungsschrift eingereicht werden.

§. 22. Die Fristen zur Rechtfertigung und zur Beantwortung der Berufung können auf Antrag von dem Ehrengerichte verlängert werden.

§. 23. Nach Ablauf der in den §§. 18, 20, 21 und 22 bestimmten Fristen werden die Akten an die Berufungskammer eingesandt. Zu der Verhandlung ist der Beschuldigte vorzuladen und der Staatskommissar zuzuziehen.

Die Berufungskammer kann zur Aufklärung des Sachverhalts vorherige Beweiserhebungen veranlassen.

Auf das Verfahren vor der Berufungskammer finden die Vorschriften der §§. 11, 14, 15 und 16 Anwendung.

§. 24. Ueber jede Vernehmung in der Voruntersuchung und über die Hauptverhandlung ist durch einen vereideten Protokollführer ein Protokoll aufzunehmen.

§. 25. Neben der Strafe kann auf vollständigen oder theilweisen Ersatz der durch das Verfahren entstandenen baaren Auslagen erkannt werden.

§. 26. Die Gerichte sind verpflichtet, dem Ersuchen des Ehrengerichts sowie der Berufungskammer um Vernehmung von Zeugen und Sachverständigen zu entsprechen.

§. 27. Die mit der Aufsicht über die Börsen betrauten Organe sind verpflichtet, Handlungen der Börsenbesucher, welche zu einem ehrengerichtlichen Verfahren Anlass geben, zur Kenntniss des Staatskommissars oder, wenn ein solcher nicht bestellt ist, zur Kenntniss des Ehrengerichts zu bringen.

§. 28. Eine Vereinbarung, durch welche die Betheiligten sich der Entscheidung eines Börsenschiedsgerichts unterwerfen, ist nur verbindlich, wenn jeder der Betheiligten Kaufmann oder für den betreffenden Geschäftszweig in das Börsenregister (§. 54) eingetragen ist oder wenn die Unterwerfung unter das Schiedsgericht nach Entstehung des Streitfalles erfolgt.

II. Feststellung des Börsenpreises und Maklerwesen.

§. 29. Bei Waaren oder Werthpapieren, deren Börsenpreis amtlich festgestellt wird, erfolgt diese Feststellung sowohl für Kassa- wie für Zeitgeschäfte durch den Börsenvorstand, soweit die Börsenordnung nicht die Mitwirkung von Vertretern anderer Berufszweige vorschreibt.

Bei der Feststellung darf ausser dem Staatskommissar, dem Börsenvorstande, den Börsensekretären, den Kursmaklern und den Vertretern der betheiligten Berufszweige, deren Mitwirkung die Börsenordnung vorschreibt, niemand zugegen sein.

Als Börsenpreis ist derjenige Preis festzusetzen, welcher der wirklichen Geschäftslage des Verkehrs an der Börse entspricht.

§. 30. Zur Mitwirkung bei der amtlichen Feststellung des Börsenpreises von Waaren- und Werthpapieren sind Hülfspersonen (Kursmakler) zu ernennen. Sie müssen, solange sie die Thätigkeit als Kursmakler ausüben, die Vermittelung von Börsengeschäften in den betreffenden Waaren oder Werthpapieren betreiben. Sie werden von der Landesregierung bestellt und entlassen und leisten vor Antritt ihrer Stellung den Eid, dass sie die ihnen obliegenden Pflichten getreu erfüllen werden.

Eine Vertretung der Kursmakler (Maklerkammer) ist bei der Bestellung neuer Kursmakler und bei Vertheilung der Geschäfte unter die einzelnen Makler gutachtlich zu hören. Die näheren Bestimmungen über die Bestellung und Entlassung der Kursmakler und die Organisation ihrer Vertretung sowie über ihr Verhältniss zu den Staatskommissaren und den Börsenorganen werden von der Landesregierung erlassen

§. 31. Bei Geschäften in Waaren oder Werthpapieren kann ein Anspruch auf Berücksichtigung bei der amtlichen Feststellung des Börsenpreises nur erhoben werden, wenn sie durch Vermittelung eines Kursmaklers abgeschlossen sind. Die Berechtigung des Börsenvorstandes, auch andere Geschäfte zu berücksichtigen, bleibt hierdurch unberührt.

§. 32. Die Kursmakler dürfen in den Geschäftszweigen, für welche sie bei der amtlichen Feststellung des Börsenpreises mitwirken, nur insoweit für eigene Rechnung oder in eigenem Namen Handelsgeschäfte schliessen oder eine Bürgschaft für die von ihnen vermittelten Geschäfte übernehmen, als dies zur Ausführung der ihnen ertheilten Aufträge nöthig ist; die Landesregierung bestimmt, in welcher Weise die Beobachtung dieser Vorschrift zu überwachen ist. Die Gültigkeit der abgeschlossenen Geschäfte wird hierdurch nicht berührt.

Die Kursmakler dürfen, soweit nicht die Landesregierung Ausnahmen zulässt, kein sonstiges Handelsgewerbe betreiben, auch nicht an einem solchen als Kommanditist oder stiller Gesellschafter betheiligt sein; ebensowenig dürfen sie zu einem Kaufmann in dem Verhältnisse eines Prokuristen, Handlungsbevollmächtigten oder Handlungsgehülfen stehen.

§. 33. Die im Artikel 67 Absatz 2, im Artikel 71 Absatz 1 und in den Artikeln 72 bis 74, 76, 79 bis 83 des Handelsgesetzbuchs enthaltenen Vorschriften finden auf die Kursmakler Anwendung.

Das von dem Kursmakler zu führende Tagebuch muss vor dem Gebrauche Blatt für Blatt mit fortlaufenden Zahlen bezeichnet und dem Börsenvorstande zur Beglaubigung der Zahl der Blätter vorgelegt werden.

Wenn ein Kursmakler stirbt oder aus dem Amt scheidet, ist sein Tagebuch bei dem Börsenvorstande niederzulegen.

§. 34. Für die Vermittelung von Börsengeschäften findet eine amtliche Bestellung von Handelsmaklern im Sinne des Artikels 66 des Handelsgesetzbuchs nicht statt; die bisher erfolgten Bestellungen verlieren ihre Wirksamkeit.

Zur Vornahme der nach den Artikeln 311, 343, 348, 354, 357, 365, 366 und 387 des Handelsgesetzbuchs durch einen Handelsmakler zu bewirkenden Verkäufe sind auch die Kursmakler sowie die sonst zur Vornahme von Verkäufen der bezeichneten Art oder von Versteigerungen öffentlich ermächtigten Handelsmakler befugt.

§. 35. Der Bundesrath ist befugt:

1) eine von den Vorschriften im §. 29 Absatz 1 und 2 und in den §§. 30 und 31 abweichende amtliche Feststellung des Börsenpreises von Waaren oder Werthpapieren für einzelne Börsen zuzulassen;
2) eine amtliche Feststellung des Börsenpreises bestimmter Waaren allgemein oder für einzelne Börsen vorzuschreiben;
3) Bestimmungen zu erlassen, um eine Einheitlichkeit der Grundsätze über die den Feststellungen von Waarenpreisen zu Grunde zu legenden Mengen und über die für die Feststellung der Preise von Werthpapieren massgebenden Gebräuche herbeizuführen.

Die Befugniss der Landesregierung zu Anordnungen der im Absatz 1 Ziffer 2 und 3 bezeichneten Art wird hierdurch nicht berührt, soweit der Bundesrath von seiner Befugniss keinen Gebrauch gemacht hat. Diese Anordnungen sind dem Reichskanzler zur Kenntnissnahme mitzutheilen.

III. Zulassung von Werthpapieren zum Börsenhandel.

§. 36. Die Zulassung von Werthpapieren zum Börsenhandel erfolgt an jeder Börse durch eine Kommission (Zulassungsstelle), von deren Mitgliedern mindestens die Hälfte aus Personen bestehen muss, welche nicht ins Börsenregister für Werthpapiere (§. 54) eingetragen sind.

Von der Berathung und Beschlussfassung über die Zulassung eines Werthpapiers zum Börsenhandel sind diejenigen Mitglieder ausgeschlossen, welche an der Einführung dieses Werthpapiers in den Börsenhandel betheiligt sind; für die ausscheidenden Mitglieder sind Stellvertreter nach näherer Bestimmung der Börsenordnung zu berufen.

Die Zulassungsstelle hat die Aufgabe und die Pflicht:

a) die Vorlegung der Urkunden, welche die Grundlage für die zu emittirenden Werthpapiere bilden, zu verlangen und diese Urkunden zu prüfen;

b) dafür zu sorgen, dass das Publikum über alle zur Beurtheilung der zu emittirenden Werthpapiere nothwendigen thatsächlichen und rechtlichen Verhältnisse soweit als möglich informirt wird, und bei Unvollständigkeit der Angaben die Emission nicht zuzulassen;

c) Emissionen nicht zuzulassen, durch welche erhebliche allgemeine Interessen geschädigt werden oder welche offenbar zu einer Uebervortheilung des Publikums führen.

Die Zulassungsstelle darf die Emission ohne Angabe von Gründen ablehnen. Im Uebrigen werden die Bestimmungen über die Zusammensetzung der Zulassungsstelle sowie über die Zulässigkeit einer Beschwerde gegen deren Entscheidungen durch die Börsenordnungen getroffen. Die Zulassungsstelle ist befugt, zum Börsenhandel zugelassene Werthpapiere von demselben auszuschliessen.

Die Zulassung deutscher Reichs- und Staatsanleihen darf nicht versagt werden.

§. 37. Wird von der Zulassungsstelle einer Börse der Antrag auf Zulassung von Werthpapieren zum Börsenhandel abgelehnt, so hat die Zulassungsstelle den Vorständen der übrigen deutschen Börsen für Werthpapiere Mittheilung zu machen. Dabei ist anzugeben, ob die Ablehnung mit Rücksicht auf örtliche Verhältnisse oder aus anderen Gründen erfolgt ist. In letzterem Falle darf die Zulassung von einer anderen Börse nur mit Zustimmung derjenigen Stelle ertheilt werden, welche die Zulassung abgelehnt hat.

Der Antragsteller hat anzugeben, ob das Gesuch um Zulassung bereits bei einer anderen Börse eingereicht ist oder gleichzeitig eingereicht wird. Ist dies der Fall, so sollen die Werthpapiere nur mit Zustimmung der anderen Zulassungsstelle zugelassen werden.

§. 38. Nach Einreichung des Antrages auf Zulassung von Werthpapieren ist derselbe von der Zulassungsstelle unter Bezeichnung der Einführungsfirma, des Betrages sowie der Art der einzuführenden Werthpapiere zu veröffentlichen. Zwischen dieser Veröffentlichung und der Einführung an der Börse muss eine Frist von mindestens sechs Tagen liegen.

Vor der Zulassung ist, sofern es sich nicht um deutsche Reichs- oder Staatsanleihen handelt, ein Prospekt zu veröffentlichen, welcher die für die Beurtheilung des Werthes der einzuführenden Papiere wesentlichen Angaben enthält. Das Gleiche gilt für Konvertirungen und Kapitalserhöhungen. Der Prospekt muss den Betrag, welcher in den Verkehr gebracht, sowie den Betrag, welcher vorläufig vom Verkehr ausgeschlossen werden soll, und die Zeit, für welche dieser Ausschluss erfolgen soll, ersichtlich machen.

Für Schuldverschreibungen, bezüglich deren das Reich oder ein Bundesstaat die volle Garantie übernommen hat, und für Schuldverschreibungen kommunaler Körperschaften und kommunalständischer Kreditinstitute sowie der unter staatlicher Aufsicht stehenden Pfandbriefanstalten kann die Landesregierung (§. 1) von der Verpflichtung zur Einreichung eines Prospekts entbinden.

§. 39. Die Zulassung von Aktien eines zur Aktiengesellschaft oder zur Kommanditgesellschaft auf Aktien umgewandelten Unternehmens zum Börsenhandel darf vor Ablauf eines Jahres nach Eintragung der Gesellschaft in das Handelsregister und vor der Veröffentlichung der ersten Jahresbilanz nebst Gewinn- und Verlustrechnung nicht erfolgen. In besonderen Fällen kann diese Frist von der Landesregierung (§. 1) ganz oder theilweise erlassen werden.

Die Zulassung von Antheilsscheinen oder staatlich nicht garantirten Obligationen ausländischer Erwerbsgesellschaften ist davon abhängig, dass die Emittenten sich auf die Dauer von fünf Jahren verpflichten, die Bilanz sowie die Gewinn- und Verlustrechnung jährlich nach Feststellung derselben in einer oder mehreren von der Zulassungsstelle zu bestimmenden deutschen Zeitungen zu veröffentlichen.

§. 40. Für Werthpapiere, welche zur öffentlichen Zeichnung aufgelegt werden, darf vor beendeter Zutheilung an die Zeichner eine amtliche Feststellung des Preises nicht erfolgen. Vor diesem Zeitpunkt sind Geschäfte von der Benutzung der Börseneinrichtungen ausgeschlossen und dürfen von den Kursmaklern nicht notirt werden. Auch dürfen für solche Geschäfte Preislisten (Kurszettel) nicht veröffentlicht oder in mechanisch hergestellter Vervielfältigung verbreitet werden.

§. 41. Für Werthpapiere, deren Zulassung zum Börsenhandel verweigert oder nicht nachgesucht ist, darf eine amtliche Feststellung des Preises nicht erfolgen. Geschäfte in solchen Werthpapieren sind von der Benutzung der Börseneinrichtungen ausgeschlossen und dürfen von den Kursmaklern nicht vermittelt werden. Auch dürfen für solche an der Börse abgeschlossenen Geschäfte Preislisten (Kurszettel) nicht veröffentlicht oder in mechanisch hergestellter Vervielfältigung verbreitet werden, soweit nicht die Börsenordnung für besondere Fälle Ausnahmen gestattet.

§. 42. Der Bundesrath bestimmt den Mindestbetrag des Grundkapitals, welcher für die Zulassung von Aktien an den einzelnen Börsen massgebend sein soll, sowie den Mindestbetrag der einzelnen Stücke der zum Handel an der Börse zuzulassenden Werthpapiere.

Weitere Bestimmungen über die Aufgaben der Zulassungsstelle und die Voraussetzungen der Zulassung trifft der Bundesrath.

Die Befugniss der Landesregierung, ergänzende Bestimmungen zu treffen, wird hierdurch nicht berührt; diese Bestimmungen sind dem Reichskanzler mitzutheilen.

§. 43. Sind in einem Prospekt, auf Grund dessen Werthpapiere zum Börsenhandel zugelassen sind, Angaben, welche für die Beurtheilung des Werthes erheblich sind, unrichtig, so haften diejenigen, welche den Prospekt erlassen haben, sowie diejenigen, von denen der Erlass des Prospekts ausgeht, wenn sie die Unrichtigkeit gekannt haben oder ohne grobes Verschulden hätten kennen müssen, als Gesammtschuldner jedem Besitzer eines solchen Werthpapiers für den Schaden, welcher demselben aus der von den gemachten Angaben abweichenden Sachlage erwächst. Das Gleiche gilt, wenn der Prospekt in Folge der Fortlassung wesentlicher Thatsachen unvollständig ist und diese Unvollständigkeit auf böslichem Verschweigen oder auf der böslichen Unterlassung einer ausreichenden Prüfung seitens derjenigen, welche den Prospekt erlassen haben, oder derjenigen, von denen der Erlass des Prospekts ausgeht, beruht.

Die Ersatzpflicht wird dadurch nicht ausgeschlossen, dass der Prospekt die Angaben als von einem Dritten herrührend bezeichnet.

§. 44. Die Ersatzpflicht erstreckt sich nur auf diejenigen Stücke, welche auf Grund des Prospekts zugelassen und von dem Besitzer auf Grund eines im Inlande abgeschlossenen Geschäfts erworben sind.

Der Ersatzpflichtige kann der Ersatzpflicht dadurch genügen, dass er das Werthpapier gegen Erstattung des von dem Besitzer nachgewiesenen Erwerbspreises oder desjenigen Kurswerthes übernimmt, den die Werthpapiere zur Zeit der Einführung hatten.

Die Ersatzpflicht ist ausgeschlossen, wenn der Besitzer des Papiers die Unrichtigkeit oder Unvollständigkeit der Angaben des Prospekts bei dem Erwerbe kannte. Gleiches gilt, wenn der Besitzer des Papiers bei dem Erwerbe die Unrichtigkeit der Angaben des Prospekts bei Anwendung derjenigen Sorgfalt, welche er in eigenen Angelegenheiten beobachtet, kennen musste, es sei denn, dass die Ersatzpflicht durch bösliches Verhalten begründet ist.

§. 45. Der Ersatzanspruch verjährt in fünf Jahren seit der Zulassung der Werthpapiere. Die Verjährung läuft auch gegen Minderjährige und bevormundete Personen, sowie gegen juristische Personen, denen gesetzlich die Rechte der Minderjährigen zustehen, ohne Zulassung der Wiedereinsetzung in den vorigen Stand, jedoch mit Vorbehalt des Rückgriffs gegen die Vormünder und Verwalter.

§. 46. Eine Vereinbarung, durch welche die nach den §§. 43 bis 45 begründete Haftung ermässigt oder erlassen wird, ist unwirksam.

Weitergehende Ansprüche, welche nach den Vorschriften des bürgerlichen Rechts auf Grund von Verträgen erhoben werden können, bleiben unberührt.

§. 47. Für die Entscheidung der Ansprüche aus den §§. 43 bis 46 ist ohne Rücksicht auf den Werth des Streitgegenstandes ausschliesslich das Landgericht des Ortes zuständig, an dessen Börse die Einführung des Werthpapiers erfolgte. Besteht an diesem Landgerichte eine Kammer für Handelssachen, so gehört der Rechtsstreit vor diese. Die Revision sowie die Beschwerde gegen Entscheidungen des Oberlandesgerichts geht an das Reichsgericht.

IV. Börsenterminhandel.

§. 48. Als Börsentermingeschäfte in Waaren oder Werthpapieren gelten Kauf- oder sonstige Anschaffungsgeschäfte auf eine festbestimmte Lieferungszeit oder mit einer festbestimmten Lieferungsfrist, wenn sie nach Geschäftsbedingungen geschlossen werden, die von dem Börsenvorstande für den Terminhandel festgesetzt sind, und wenn für die an der betreffenden Börse geschlossenen Geschäfte solcher Art eine amtliche Feststellung von Terminpreisen (§§. 29, 35) erfolgt.

§. 49. Ueber die Zulassung von Waaren und Werthpapieren zum Börsenterminhandel entscheiden die Börsenorgane nach näherer Bestimmung der Börsenordnung.

Die Börsenorgane sind verpflichtet, vor der Zulassung von Waaren zum Börsenterminhandel in jedem einzelnen Falle Vertreter der betheiligten Erwerbszweige gutachtlich zu hören und das Ergebniss dem Reichskanzler mitzutheilen. Die Zulassung darf erst erfolgen, nachdem der Reichskanzler erklärt hat, dass er zu weiteren Ermittelungen keine Veranlassung finde.

§. 50. Der Bundesrath ist befugt, den Börsenterminhandel von Bedingungen abhängig zu machen oder in bestimmten Waaren oder Werthpapieren zu untersagen.

Der Börsenterminhandel in Antheilen von Bergwerks- und Fabrikunternehmungen ist untersagt. Der Börsenterminhandel in Antheilen von anderen Erwerbsgesellschaften kann nur gestattet werden, wenn das Kapital der betreffenden Erwerbsgesellschaft mindestens zwanzig Millionen Mark beträgt.

Der börsenmässige Terminhandel in Getreide und Mühlenfabrikaten ist untersagt.

§. 51. Insoweit der Börsenterminhandel in bestimmten Waaren oder Werthpapieren durch dieses Gesetz oder vom Bundesrath untersagt, oder die Zulassung desselben von den Börsenorganen endgültig verweigert ist, sind Börsentermingeschäfte in diesen Waaren oder Werthpapieren von der Benutzung der Börseneinrichtungen ausgeschlossen und dürfen von den Kursmaklern nicht vermittelt werden. Auch dürfen für solche Geschäfte, sofern sie im Inlande abgeschlossen sind, Preislisten (Kurszettel) nicht veröffentlicht oder in mechanisch hergestellter Vervielfältigung verbreitet werden.

Desgleichen ist ein von der Mitwirkung der Börsenorgane unabhängiger Terminhandel von der Börse ausgeschlossen, soweit er sich in den für Börsentermingeschäfte üblichen Formen vollzieht.

§. 52. Wird die Zulassung von Waaren oder Werthpapieren zum Börsenterminhandel nicht nachgesucht, so kann ein thatsächlich stattfindender Terminhandel von den Börsenaufsichtsbehörden mit den im §. 51 bezeichneten Folgen untersagt werden.

§. 53. Bei dem Börsenterminhandel in Waaren geräth der Verkäufer, sofern er nach erfolgter Kündigung eine unkontraktliche Waare liefert, in Erfüllungsverzug, auch wenn die Lieferungsfrist noch nicht abgelaufen war.

Eine entgegenstehende Vereinbarung ist nichtig.

§. 54. Bei jedem zur Führung des Handelsregisters zuständigen Gerichte ist je ein Börsenregister für Waaren und für Werthpapiere zu führen. Die Landesregierung kann die Führung des Registers für die Bezirke mehrerer Gerichte einem derselben übertragen.

§. 55. In das Börsenregister werden nach Namen, Vornamen, Stand und Wohnort die Personen eingetragen, die sich an Börsentermingeschäften in Waaren oder Werthpapieren betheiligen wollen. Betrifft die Eintragung eine Handelsgesellschaft oder juristische Person, so ist ihre Firma oder ihr Name sowie der Ort, wo sie ihren Sitz hat, einzutragen.

Die Eintragung erfolgt in dem Register des Bezirks, in welchem der Einzutragende seine gewerbliche Niederlassung oder in Ermangelung einer solchen seinen Wohnsitz hat. Im Falle einer Verlegung der Niederlassung oder des Wohnsitzes wird die Eintragung unter Löschung in dem Register des bisherigen Bezirks in das Register des neuen Bezirks gebührenfrei übertragen.

§. 56. Das Börsenregister ist öffentlich. Die Einsicht desselben ist während der gewöhnlichen Dienststunden einem Jeden gestattet. Auch kann von den Eintragungen gegen Erlegung der Kosten eine Abschrift gefordert werden, die auf Verlangen zu beglaubigen ist.

§. 57. Vor der Eintragung in ein Börsenregister ist eine Eintragungsgebühr von einhundertfünfzig Mark zu entrichten.

Für jedes folgende Kalenderjahr, während dessen die Eintragung bestehen soll, ist eine Erhaltungsgebühr von je fünfundzwanzig Mark zu zahlen.

Die Gebühren fliessen, insoweit die Landesregierungen nicht ein Anderes bestimmen, den Landeskassen zu.

§. 58. Den Antrag auf Eintragung hat der Einzutragende oder, falls er sich durch Verträge nicht verpflichten kann, sein gesetzlicher Vertreter zu stellen.

Kinder unter väterlicher Gewalt und Ehefrauen, die nicht Handelsfrauen sind, bedürfen der Genehmigung des Vaters oder Ehemannes.

Der gesetzliche Vertreter einer unter Vormundschaft oder Pflegschaft

(Kuratel) stehenden Person bedarf der Genehmigung der Vormundschaftsbehörde.

§. 59. Der Antrag ist bei dem Gerichte, bei welchem das Börsenregister geführt wird, mündlich zu Protokoll zu stellen oder schriftlich einzureichen.

Schriftliche Anträge müssen gerichtlich oder notariell aufgenommen oder beglaubigt sein.

Die vorstehenden Bestimmungen finden auch auf eine etwa erforderliche Genehmigung (§. 58) Anwendung.

Anträge und Erklärungen öffentlicher Behörden bedürfen, wenn sie vorschriftsmässig unterschrieben und untersiegelt sind, keiner Beglaubigung.

§. 60. Der Antrag auf Eintragung soll die Erklärung enthalten, dass der Einzutragende Börsentermingeschäfte in Waaren oder Werthpapieren eingehen wolle.

§. 61. Der Antrag auf Eintragung in das Waarenregister kann auf bestimmte Geschäftszweige beschränkt werden. Auf Antrag ist gebührenfrei die Eintragung auf weitere Geschäftszweige auszudehnen oder die eingetragene Beschränkung zu löschen; auf einen solchen Antrag finden die Bestimmungen der §§. 58, 59 entsprechende Anwendung.

§. 62. Die erfolgte Eintragung ist von dem Gerichte ohne Verzug ihrem ganzen Inhalte nach auf Kosten des Eingetragenen im Reichsanzeiger sowie in denjenigen öffentlichen Blättern bekannt zu machen, welche gemäss Artikel 14 des Handelsgesetzbuchs für die Veröffentlichung der in das Handelsregister aufgenommenen Eintragungen bestimmt sind.

§. 63. Die Löschung der Eintragung erfolgt gebührenfrei auf Antrag des Eingetragenen oder seines gesetzlichen Vertreters am Schlusse des Jahres, in welchem der Löschungsantrag gestellt ist. Für Kinder unter väterlicher Gewalt und für Ehefrauen, welche nicht Handelsfrauen sind, genügt der Antrag des Vaters oder Ehemannes.

Der Löschungsantrag ist bei dem Gerichte mündlich zu Protokoll zu stellen oder in gerichtlicher oder notarieller Beglaubigung einzureichen. Die Vorschrift im §. 59 Absatz 4 findet entsprechende Anwendung.

§. 64. Eine Eintragung, die nicht nach den Vorschriften im §. 58 erfolgt ist, wird, wenn der Mangel nicht inzwischen beseitigt ist, von Amtswegen gelöscht.

Am Schlusse des Kalenderjahres wird eine Eintragung von Amtswegen gelöscht, wenn die Erhaltungsgebühr für das nächstfolgende Jahr nicht bis zum Ende des vorletzten Monats des laufenden Jahres eingezahlt ist.

§. 65. Jedes Gericht hat nach Beginn des Kalenderjahres eine Liste derjenigen Personen aufzustellen, deren Eintragungen am 1. Januar noch in Kraft bestanden.

Das Gericht für den Bezirk der Stadt Berlin, an welches die übrigen Gerichte ihre Listen bis zum 31. Januar jedes Jahres einzusenden haben, stellt nach deren Eingang unverzüglich eine Gesammtliste auf und macht sie durch den Reichsanzeiger bekannt.

§. 66. Durch ein Börsentermingeschäft in einem Geschäftszweige, für welchen nicht beide Parteien zur Zeit des Geschäftsabschlusses in einem Börsenregister eingetragen sind, wird ein Schuldverhältniss nicht begründet.

Das Gleiche gilt von der Ertheilung und Uebernahme von Aufträgen sowie von der Vereinigung zum Abschlusse von Börsentermingeschäften.

Die Unwirksamkeit erstreckt sich auf die bestellten Sicherheiten und die abgegebenen Schuldanerkenntnisse.

Eine Rückforderung dessen, was bei oder nach völliger Abwickelung des Geschäfts zu seiner Erfüllung geleistet worden ist, findet nicht statt.

§. 67. Wer den Vorschriften des §. 58 zuwider eingetragen worden ist, gilt nur dann als eingetragen, wenn der Mangel zur Zeit des Geschäftsabschlusses dem anderen Theile nicht bekannt war.

Wer trotz erfolgter Löschung im Börsenregister noch in der Gesammtliste (§. 65) aufgeführt ist, gilt als eingetragen, sofern nicht zur Zeit des Geschäftsabschlusses der andere Theil von der bewirkten Löschung Kenntniss hatte. Das Gleiche gilt bis zum Ablauf eines Monats seit der Veröffentlichung der Gesammtliste von denjenigen Personen, welche in dieser Liste in Folge der Löschung nicht wieder aufgeführt sind.

§. 68. Die Bestimmungen des §. 66 finden auch dann Anwendung, wenn das Geschäft im Auslande geschlossen oder zu erfüllen ist.

In Ansehung von Personen, welche im Inlande weder einen Wohnsitz noch eine gewerbliche Niederlassung haben, ist die Eintragung in das Börsenregister zur Wirksamkeit des Geschäfts nicht erforderlich.

§. 69. Gegen Ansprüche aus Börsentermingeschäften sowie aus der Ertheilung und Uebernahme von Aufträgen und aus der Vereinigung zum Abschlusse von Börsentermingeschäften kann von demjenigen, welcher zur Zeit der Eingehung des Geschäfts in dem Börsenregister für den betreffenden Geschäftszweig eingetragen war, sowie von demjenigen, dessen Eintragung nach den vorstehenden Bestimmungen (§. 68 Absatz 2) zur Wirksamkeit des Geschäfts nicht erforderlich war, ein Einwand nicht darauf gegründet werden, dass die Erfüllung durch Lieferung der Waaren oder Werthpapiere vertragsmässig ausgeschlossen war.

V. Kommissionsgeschäft.

§. 70. Die Bestimmungen des Artikels 376 des Handelsgesetzbuchs werden durch die Bestimmungen der §§. 71 bis 74 ersetzt.

§. 71. Bei der Kommission zum Einkauf oder zum Verkauf von Waaren, welche einen Börsen- oder Marktpreis haben, und von Werthpapieren, bei denen ein Börsen- oder Marktpreis amtlich festgestellt wird, kann der Auftrag, wenn der Kommittent nicht ein Anderes bestimmt hat, von dem Kommissionär dadurch ausgeführt werden, dass er das Gut, welches er einkaufen soll, selbst als Verkäufer liefert, oder das Gut, welches er zu verkaufen beauftragt ist, selbst als Käufer übernimmt.

Im Falle einer solchen Ausführung des Auftrages ist die Pflicht des Kommissionärs, Rechenschaft über die Abschliessung des Kaufs oder Verkaufs zu geben, auf den Nachweis beschränkt, dass bei dem berechneten Preise der zur Zeit der Ausführung des Auftrages bestehende Börsen- oder Marktpreis eingehalten ist. Als Zeit der Ausführung gilt der Zeitpunkt, in welchem der Kommissionär die Anzeige von der Ausführung behufs der Absendung an den Kommittenten abgegeben hat.

Ist bei einem Auftrage, der während der Börsen- oder Marktzeit auszuführen war, die Ausführungsanzeige erst nach dem Schlusse der Börse oder des Marktes zur Absendung abgegeben, so darf der berechnete Preis für den Kommittenten nicht ungünstiger sein, als der Preis, der am Schlusse der Börse oder des Marktes bestand.

Bei Aufträgen zu bestimmten Kursen (erstem Kurs, Mittelkurs, letztem Kurs) ist der Kommissionär ohne Rücksicht auf den Zeitpunkt der Absendung der Ausführungsanzeige berechtigt und verpflichtet, diese Kurse dem Kommittenten in Rechnung zu stellen.

Bei Werthpapieren und Waaren, für welche der Börsen- oder Marktpreis amtlich festgestellt wird, kann der Kommissionär im Falle der Ausführung des Auftrages durch Selbsteintritt dem Kommittenten keinen ungünstigeren Preis als den amtlich festgestellten in Rechnung stellen.

Die Bestimmungen der Absätze 2 bis 5 können nicht durch Vertrag abgeändert werden.

§. 72. Auch im Falle der Ausführung eines Auftrages durch Selbsteintritt (§. 71) muss der Kommissionär, wenn er bei Anwendung pflichtmässiger Sorgfalt den Auftrag zu einem günstigeren als dem nach §. 71 sich ergebenden Preise ausführen konnte, dem Kommittenten den günstigeren Preis in Rechnung stellen.

Hat der Kommissionär vor Absendung der Ausführungsanzeige aus Anlass des ertheilten Auftrages an der Börse oder am Markte ein Geschäft mit einem Dritten abgeschlossen, so darf er dem Kommittenten keinen ungünstigeren als den hierbei vereinbarten Preis berechnen.

Die vorstehenden Bestimmungen können nicht durch Vertrag abgeändert werden.

§. 73. Der Kommissionär, der das Gut selbst als Verkäufer liefert oder als Käufer übernimmt, ist zu der gewöhnlichen Provision berechtigt und kann die bei Kommissionsgeschäften sonst regelmässig vorkommenden Unkosten berechnen.

§. 74. Erklärt der Kommissionär bei der Anzeige von der Ausführung des Auftrages nicht ausdrücklich, dass er selbst eintrete, so gilt dies als Erklärung, dass die Ausführung durch Abschluss des Geschäfts mit einem Dritten für Rechnung des Kommittenten erfolgt sei.

Eine Vereinbarung zwischen dem Kommittenten und dem Kommissionär, dass die Erklärung darüber, ob der Auftrag durch Selbsteintritt oder durch Abschluss mit einem Dritten erledigt sei, über den Tag der Ausführungsanzeige hinaus aufgeschoben werden dürfe, ist ungültig.

Auch wenn der Auftrag als durch Abschluss des Geschäfts mit einem Dritten ausgeführt gilt, haftet der Kommissionär, falls er nicht zugleich mit der Anzeige der Ausführung den Dritten namhaft macht, für die Erfüllung des Geschäfts.

VI. Straf- und Schlussbestimmungen.

§. 75. Wer in betrügerischer Absicht auf Täuschung berechnete Mittel anwendet, um auf den Börsen- oder Marktpreis von Waaren oder Werthpapieren einzuwirken, wird mit Gefängniss und zugleich mit Geldstrafe bis zu fünfzehntausend Mark bestraft. Auch kann auf Verlust der bürgerlichen Ehrenrechte erkannt werden.

Sind mildernde Umstände vorhanden, so kann ausschliesslich auf die Geldstrafe erkannt werden.

Die gleiche Strafe trifft denjenigen, welcher in betrügerischer Absicht wissentlich unrichtige Angaben in Prospekten (§. 38) oder in öffentlichen Kundgebungen macht, durch welche die Zeichnung oder der Ankauf oder Verkauf von Werthpapieren herbeigeführt werden soll.

§. 76. Wer für Mittheilungen in der Presse, durch welche auf den Börsenpreis eingewirkt werden soll, Vortheile gewährt oder verspricht oder sich gewähren oder versprechen lässt, welche in auffälligem Missverhältniss zu der Leistung stehen, wird mit Gefängniss bis zu einem Jahre und zugleich mit Geldstrafe bis zu fünftausend Mark bestraft.

Die gleiche Strafe trifft denjenigen, der sich für die Unterlassung von Mittheilungen der bezeichneten Art Vortheile gewähren oder versprechen lässt.

Der Versuch ist strafbar.

Sind mildernde Umstände vorhanden, so kann ausschliesslich auf die Geldstrafe erkannt werden.

§. 77. Wer wissentlich den Vorschriften der §§. 40, 41, 51 und 52 zuwider Preislisten (Kurszettel) veröffentlicht oder in mechanisch hergestellter Vervielfältigung verbreitet, wird mit Geldstrafe bis zu eintausend Mark oder mit Haft oder mit Gefängniss bis zu sechs Monaten bestraft.

§. 78. Wer gewohnheitsmässig in gewinnsüchtiger Absicht Andere unter Ausbeutung ihrer Unerfahrenheit oder ihres Leichtsinns zu Börsenspekulationsgeschäften verleitet, welche nicht zu ihrem Gewerbebetriebe gehören, wird mit Gefängniss und zugleich mit Geldstrafe bis zu fünfzehntausend Mark bestraft. Auch kann auf Verlust der bürgerlichen Ehrenrechte erkannt werden.

§. 79. Ein Kommissionär, welcher, um sich oder einem Dritten einen Vermögensvortheil zu verschaffen,

1. das Vermögen des Kommittenten dadurch beschädigt, dass er hinsichtlich eines abzuschliessenden Geschäfts wider besseres Wissen unrichtigen Rath oder unrichtige Auskunft ertheilt, oder
2. bei der Ausführung eines Auftrages oder bei der Abwickelung eines Geschäfts absichtlich zum Nachtheile des Kommittenten handelt,

wird mit Gefängniss bestraft. Neben der Gefängnissstrafe kann auf Geldstrafe bis zu dreitausend Mark sowie auf Verlust der bürgerlichen Ehrenrechte erkannt werden.

Sind mildernde Umstände vorhanden, so kann ausschliesslich auf die Geldstrafe erkannt werden.

Der Versuch ist strafbar in den Fällen der Ziffer 1.

§. 80. Die in dem II., IV. und V. Abschnitte sowie im §. 75 bezüglich der Werthpapiere getroffenen Bestimmungen gelten auch für Wechsel und ausländische Geldsorten.

§. 81. Der Artikel 249 d Ziffer 2 des Handelsgesetzbuchs wird aufgehoben.

§. 82. Dieses Gesetz tritt mit dem 1. Januar 1897 in Kraft.

Die in den §§. 54 bis 65 enthaltenen Vorschriften treten mit dem 1. November 1896 in Kraft. Mit den bis zum Ende des Jahres 1896 erfolgten Eintragungen in das Börsenregister ist nach Beginn des Jahres 1897 gemäss §. 65 zu verfahren.

Die im §. 39 enthaltene Vorschrift tritt mit dem 1. Juli 1896 in Kraft.

Der Abschluss von börsenmässigen Termingeschäften (§. 50 Absatz 3) ist nur bis zum 1. Januar 1897 gestattet mit der Massgabe, dass die bis zu diesem Tage abgeschlossenen Geschäfte auch bis zu diesem Tage abgewickelt sein müssen.

13. Gesetz, betreffend die Wechselstempelsteuer.
Vom 10. Juni 1869 (RGB 193).

§. 1. Gezogene und eigene Wechsel unterliegen einer nach Vorschrift dieses Gesetzes zu erhebenden, zur Bundeskasse fliessenden Abgabe.

Von der Stempelabgabe befreit bleiben:

1) die vom Auslande auf das Ausland gezogenen, nur im Auslande zahlbaren Wechsel;

2) die vom Inlande auf das Ausland gezogenen, nur im Auslande und zwar auf Sicht oder spätestens innerhalb zehn Tagen nach dem Tage der Ausstellung zahlbaren Wechsel, sofern sie vom Aussteller direkt in das Ausland remittirt werden.

§. 2[1]. Die Stempelabgabe beträgt: von einer Summe von 200 M. und weniger 0,10 M., von einer Summe über 200 M. bis 400 M. 0,20 M., von einer Summe über 400 M. bis 600 M. 0,30 M., von einer Summe über 600 M. bis 800 M. 0,40 M., von einer Summe über 800 M. bis 1000 M. 0,50 M. und von jedem ferneren 1000 M. der Summe 0,50 M. mehr, dergestalt, dass jedes angefangene Tausend für voll gerechnet wird.

§. 3[1]. Die zum Zwecke der Berechnung der Abgabe vorzunehmende Umrechnung der in einer anderen als der Reichswährung ausgedrückten Summen erfolgt, soweit der Bundesrath nicht für gewisse Währungen allgemein zum Grunde zu legende Mittelwerthe festsetzt und bekannt macht, nach Massgabe des laufenden Kurses.

§. 4. Für die Entrichtung der Abgabe sind der Bundeskasse sämmtliche Personen, welche an dem Umlaufe des Wechsels im Bundesgebiete Theil genommen haben, solidarisch verhaftet.

§. 5. Als Theilnehmer an dem Umlaufe eines Wechsels wird hinsichtlich der Steuerpflichtigkeit angesehen: der Aussteller, jeder Unterzeichner oder Mitunterzeichner eines Acceptes, eines Indossaments oder einer anderen Wechselerklärung, und Jeder, der für eigene oder fremde Rechnung den Wechsel erwirbt, veräussert, verpfändet oder als Sicherheit annimmt, zur Zahlung präsentirt, Zahlung darauf empfängt oder leistet, oder Mangels Zahlung Protest erheben lässt, ohne Unterschied, ob der Name oder die Firma auf den Wechsel gesetzt wird oder nicht.

§. 6. Die Entrichtung der Stempelabgabe muss erfolgen, ehe ein inländischer Wechsel von dem Aussteller, ein ausländischer Wechsel von dem ersten inländischen Inhaber (§. 5) aus den Händen gegeben wird.

§. 7. Dem Aussteller eines inländischen Wechsels und dem ersten inländischen Inhaber eines ausländischen Wechsels ist gestattet, den mit einem inländischen Indossament noch nicht versehenen Wechsel vor Entrichtung der Stempelabgabe lediglich zum Zwecke der Annahme zu versenden und zur Annahme zu präsentiren. Der Acceptant eines unversteuerten Wechsels ist verpflichtet, vor der Rückgabe oder jeder anderweiten Aushändigung des Wechsels die Versteuerung desselben zu bewirken.

Wird jedoch ein nicht zum Umlauf im Bundesgebiet bestimmtes Exemplar eines in mehreren Exemplaren ausgefertigten Wechsels zur Einholung des Acceptes benutzt, so bleibt der Acceptant von der Verpflichtung zur Versteuerung befreit, wenn die Rückseite des acceptirten

---

[1]) Wortlaut auf Grund Gesetzes v. 4. Juni 1879 (RGB 151).

Exemplars vor der Rückgabe dergestalt durchkreuzt wird, dass dadurch die weitere Benutzung desselben zum Indossiren ausgeschlossen wird.

§. 8. Wird derselbe Wechsel in mehreren, im Kontexte als Prima, Sekunda, Tertia u. s. w. bezeichneten Exemplaren ausgefertigt, so ist unter diesen dasjenige zu versteuern, welches zum Umlaufe bestimmt ist.

§. 9. Ausserdem unterliegt der Versteuerung jedes Exemplar, auf welches eine Wechselerklärung — mit Ausnahme des Acceptes und der Nothadressen — gesetzt ist, die nicht auf einem nach Vorschrift dieses Gesetzes versteuerten Exemplare sich befindet. Die Versteuerung muss erfolgen, ehe das betreffende Exemplar von dem Aussteller der die Stempelpflichtigkeit begründenden Wechselerklärung, oder, wenn letztere im Auslande abgegeben ist, von dem ersten inländischen Inhaber aus den Händen gegeben wird.

Soll ein unversteuertes Wechselduplikat ohne Auslieferung eines versteuerten Exemplars desselben Wechsels bezahlt oder Mangels Zahlung protestirt werden, so ist die Versteuerung desselben zu bewirken, ehe die Zahlung oder Protestaufnahme stattfindet.

Der Beweis des Vorhandenseins eines versteuerten Wechselduplikates oder des Einwandes, dass die auf ein unversteuertes Exemplar gesetzte Wechselerklärung auf einem versteuerten Duplikate abgegeben sei, oder dass bei Bezahlung eines unversteuerten Duplikates auch ein versteuertes Exemplar ausgeliefert sei, liegt demjenigen ob, welcher wegen unterlassener Versteuerung eines Wechselexemplars in Anspruch genommen wird.

§. 10. Die Bestimmungen im §. 9 finden gleichmässig auf Wechselabschriften Anwendung, welche mit einem Original-Indossamente, oder mit einer anderen urschriftlichen Wechselerklärung versehen sind. Jede solche Abschrift wird hinsichtlich der Besteuerung einem Duplikate desselben Wechsels gleichgeachtet.

§. 11. Ist die in den §§. 6 bis 10 vorgeschriebene Versteuerung eines Wechsels, eines Wechselduplikates oder einer Wechselabschrift unterlassen, so ist der nächste, und, so lange die Versteuerung nicht bewirkt ist, auch jeder fernere inländische Inhaber verpflichtet, den Wechsel zu versteuern, ehe er denselben auf der Vorder- oder Rückseite unterzeichnet, veräussert, verpfändet, zur Zahlung präsentirt, Zahlung darauf empfängt oder leistet, eine Quittung darauf setzt, Mangels Zahlung Protest erheben lässt oder den Wechsel aus den Händen giebt. Auf die von den Vordermännern verwirkten Strafen hat die Entrichtung der Abgabe durch einen späteren Inhaber keinen Einfluss.

§. 12. Der Verwahrer eines zum Accepte versandten unversteuerten Wechselexemplars wird, wenn er dasselbe gegen Vorlegung eines nicht versteuerten Exemplars (oder einer nicht versteuerten Kopie) desselben Wechsels ausliefert, für die Stempelabgabe verhaftet und verfällt, wenn dieselbe nicht entrichtet wird, in die im §. 15 bestimmte Strafe.

§. 13. Die Verpflichtung zur Entrichtung der Stempelabgabe wird erfüllt:

1) durch Ausstellung des Wechsels auf einem mit dem erforderlichen Bundesstempel versehenen Blanket, oder

2) durch Verwendung der erforderlichen Bundesstempelmarke auf dem Wechsel, wenn hierbei die von dem Bundesrathe erlassenen und bekannt gemachten Vorschriften über die Art und Weise der Verwendung beobachtet worden sind [1]).

---

[1]) Vgl. Bekanntmachung, betr. die Abänderung der Vorschriften über die Verwendung der Wechselstempelmarken, v. 16. Juli 1881 (RGB 245):

1. „Die den erforderlichen Steuerbetrag darstellenden Marken sind auf der Rück-

§. 14. Stempelmarken, welche nicht in der vorgeschriebenen Weise verwendet worden sind, werden als nicht verwendet angesehen.

§. 15. Die Nichterfüllung der Verpflichtung zur Entrichtung der Stempelabgabe wird mit einer Geldbusse bestraft, welche dem funfzigfachen Betrage der hinterzogenen Abgabe gleichkommt.

Diese Strafe ist besonders und ganz zu entrichten von Jedem, welcher der nach den §§ 4—12 ihm obliegenden Verpflichtung zur Entrichtung der Stempelabgabe nicht rechtzeitig genügt hat, ingleichen von inländischen Maklern und Unterhändlern, welche wissentlich unversteuerte Wechsel verhandelt haben.

Die Verwandlung einer Geldbusse, zu deren Zahlung der Verpflichtete unvermögend ist, in eine Freiheitsstrafe findet nicht statt. Auch darf zur Beitreibung von Geldbussen ohne Zustimmung des Verurtheilten, insofern dieser ein Inländer ist, kein Grundstück subhastirt werden.

§. 16. Der Acceptant eines gezogenen und der Aussteller eines trockenen Wechsels können daraus, dass der Wechsel zur Zeit der Annahme-Erklärung, beziehungsweise der Aushändigung, mangelhaft gewesen sei, keinen Einwand gegen die gesetzlichen Folgen der Nichtversteuerung desselben entnehmen.

§. 17. Wechselstempel-Hinterziehungen (§. 15) verjähren in fünf Jahren, von dem Tage der Ausstellung des Wechsels an gerechnet. Die Verjährung wird durch jede auf Verfolgung der Hinterziehung gegen den Angeschuldigten gerichtete amtliche Handlung unterbrochen.

§. 18. In Betreff der Feststellung, Untersuchung und Entscheidung der Wechselstempel-Hinterziehung und der Vollstreckung der Strafe, sowie in Betreff der Strafmilderung und des Erlasses der Strafe im Gnadenwege kommen die Vorschriften zur Anwendung, nach welchen sich das Verfahren wegen Vergehen gegen die Zollgesetze — in den von der gemeinschaftlichen Zollgrenze ausgeschlossenen Bezirken aber das Verfahren wegen Vergehen gegen die Stempelgesetze — bestimmt.

Die im §. 15 vorgeschriebenen Geldbussen fallen dem Fiskus desjenigen Staates zu, von dessen Behörden die Strafentscheidung erlassen ist.

§. 19. Jede von einer nach §. 18 zuständigen Behörde wegen Wechselstempel-Hinterziehung einzuleitende Untersuchung und zu erlassende Strafentscheidung kann auch auf diejenigen Inhaber des Wechsels, welche anderen Bundesstaaten angehören, ausgedehnt werden. Die Straf-

---

seite der Urkunde und zwar, wenn die Rückseite noch unbeschrieben ist, unmittelbar an einem Rande derselben, andernfalls unmittelbar unter dem letzten Vermerke (Indossament u. s. w.) auf einer mit Buchstaben oder Ziffern nicht beschriebenen oder bedruckten Stelle aufzukleben. Das erste inländische Indossament, welches nach der Kassirung der Stempelmarke auf die Rückseite des Wechsels gesetzt wird, beziehungsweise der erste sonstige inländische Vermerk, ist unterhalb der Marke niederzuschreiben, widrigenfalls die letztere dem Niederschreiber dieses Indossaments beziehungsweise Vermerks und dessen Nachmännern gegenüber als nicht verwendet gilt. Es dürfen jedoch die Vermerke „ohne Protest", „ohne Kosten" neben der Marke niedergeschrieben werden. Dem inländischen Inhaber, welcher aus Versehen sein Indossament auf den Wechsel gesetzt hat, bevor er die Marke aufgeklebt hatte, ist gestattet, vor der Weitergabe des Wechsels unter Durchstreichung dieses Indossaments die Marke unter dem letzteren aufzukleben. 2. In jeder einzelnen der aufgeklebten Marken muss das Datum der Verwendung der Marke auf dem Wechsel, und zwar der Tag und das Jahr mit arabischen Ziffern, der Monat mit Buchstaben mittelst deutlicher Schriftzeichen, ohne jede Rasur, Durchstreichung oder Ueberschrift, an der durch den Vordruck bezeichneten Stelle niedergeschrieben werden. Allgemein übliche und verständliche Abkürzungen der Monatsbezeichnung mit Buchstaben sind zulässig (z. B. 7. Sept. 1881, 8. Oktbr. 1882). 3. Bei Ausstellung des Wechsels auf einem gestempelten Blanket kann der an dem vollen gesetzlichen Betrage der Steuer etwa noch fehlende Theil durch vorschriftsmässig zu verwendende Stempelmarken ergänzt werden. Stempelmarken, welche nicht in der vorgeschriebenen Weise verwendet worden sind, werden als nicht verwendet angesehen (§. 14 des Gesetzes)."

vollstreckung ist nöthigenfalls durch Requisition der zuständigen Behörden und Beamten des Staates zu bewirken, in dessen Gebiete die Vollstreckungsmaassregel zur Ausführung kommen soll.

Die Behörden und Beamten der Bundesstaaten sollen sich gegenseitig thätig und ohne Verzug den verlangten Beistand in allen gesetzlichen Massregeln leisten, welche zur Entdeckung oder Bestrafung der Wechselstempel-Hinterziehungen dienlich sind.

§. 20. Die in den einzelnen Staaten des Bundes mit der Beaufsichtigung des Stempelwesens beauftragten Behörden und Beamten haben die ihnen obliegenden Verpflichtungen mit gleichen Befugnissen, wie sie ihnen hinsichtlich der nach den Landesgesetzen zu entrichtenden Stempelabgaben zustehen, auch hinsichtlich der Bundes-Stempelabgabe wahrzunehmen.

§. 21. Ausser den Steuerbehörden haben alle diejenigen Staats- oder Kommunalbehörden und Beamten, denen eine richterliche oder Polizeigewalt anvertraut ist, sowie die Notare und andere Beamte, welche Wechselproteste ausfertigen, die Verpflichtung, die Besteuerung der bei ihnen vorkommenden Wechsel und Anweisungen von Amtswegen zu prüfen und die zu ihrer Kenntniss kommenden Zuwiderhandlungen gegen dieses Gesetz bei der nach §. 18 zuständigen Behörde zur Anzeige zu bringen. Notare, Gerichtspersonen und andere Beamte, welche Wechselproteste ausfertigen, sind verbunden, sowohl in dem Proteste, als in dem über die Protestation etwa aufzunehmenden Protokolle ausdrücklich zu bemerken, mit welchem Stempel die protestirte Urkunde versehen, oder dass sie mit einem Bundesstempel nicht versehen ist.

§. 22. Das Bundespräsidium ist ermächtigt, wegen der Anfertigung und des Debits der Bundesstempelmarken und gestempelten Blankets, sowie wegen der Bedingungen, unter welchen für verdorbene Stempelmarken und Blankets Erstattung zulässig ist, die erforderlichen Anordnungen zu erlassen.

§. 23 [1]).

§. 24. Die Vorschriften dieses Gesetzes kommen gleichmässig zur Anwendung auf die an Ordre lautenden Zahlungsversprechen (Billets à Ordre) und die von Kaufleuten oder auf Kaufleute ausgestellten Anweisungen (Assignationen) jeder Art auf Geldauszahlungen, Akkreditive und Zahlungsaufträge, gegen deren Vorzeigung oder Auslieferung die Zahlung geleistet werden soll, ohne Unterschied, ob dieselben in Form von Briefen oder in anderer Form ausgestellt werden.

Befreit von der Stempelabgabe sind:

1) die statt der Baarzahlung dienenden, auf Sicht zahlbaren Platzanweisungen und Checks (d. i. Anweisungen auf das Guthaben des Ausstellers bei dem die Zahlungen desselben besorgenden Bankhause oder Geldinstitute), wenn sie ohne Accept bleiben; andernfalls muss die Versteuerung erfolgen, ehe der Acceptant die Platzanweisung oder den Check aus den Händen giebt.

In welchen Fällen auch Anweisungen, die an einem Nachbarorte des Ausstellungsortes zahlbar sind, den Platzanweisungen gleichgeachtet werden sollen, bestimmt der Bundesrath nach Maassgabe der örtlichen Verhältnisse [2]).

---

1) Dafür jetzt StrGB 275, 276, 364.

2) Vgl. die Bekanntmachung vom 23. Juni 1871 (RGB 1871, S. 267 ff.). Art. III, wonach als Ein Platz zu betrachten: 1. Hamburg und Altona, 2. Magdeburg, Sudenburg, Buckau und Neustadt, 3. Elberfeld und Barmen, 4. Aachen und Burtscheid, 5. Frankfurt a. M. und Bockenheim, 6. Saarbrücken und St. Johann, 7. Ernstthal und Hohen-

2) Akkreditive, durch welche lediglich einer bestimmten Person ein nur im Maximalbetrage begrenzter oder unbeschränkter, nach Belieben zu benutzender Kredit zur Verfügung gestellt wird;

3) Banknoten und andere auf den Inhaber lautende, auf Sicht zahlbare Anweisungen, welche der Aussteller auf sich selbst ausstellt.

§. 25. Die in den Staaten des Norddeutschen Bundes bestehenden Stempelabgaben von Wechseln, Anweisungen und diesen gleichgestellten Papieren (§. 24) werden aufgehoben.

Auch von den auf Wechsel oder Anweisungen und diesen gleichgestellte Papiere gesetzten Indossamenten, Giro's und anderen Wechselerklärungen, Quittungen und sonstigen auf die Leistungen aus dem Wechsel bezüglichen Vermerken dürfen landesgesetzliche Stempelabgaben nicht weiter erhoben werden.

§. 26. Subjektive Befreiungen von der Bundesstempelabgabe finden nicht statt.

Für die Aufhebung der in den einzelnen Staaten des Bundes bestehenden subjektiven Befreiungen von der Wechselstempelsteuer, welche auf lästigen Privatrechtstiteln beruhen, wird, insoweit dieselben nach den Landesgesetzen nicht ohne Entschädigung aufgehoben werden können, aus der Bundeskasse Entschädigung geleistet. Sind in den der Befreiung zum Grunde liegenden Verträgen, Specialprivilegien und sonstigen Rechtstiteln Bestimmungen über die Art und Höhe der Entschädigung enthalten, so behält es dabei sein Bewenden.

Anderenfalls wird bis zum Erlöschen der Befreiung dem Berechtigten der Stempelbetrag, welchen er nach Vorschrift dieses Gesetzes entrichtet hat, auf Grund periodischer Nachweisung aus der Bundeskasse erstattet. Die Aufstellung und Prüfung der periodischen Nachweisungen erfolgt nach den von dem Bundesrathe hierüber zu erlassenden näheren Anordnungen [1]).

Für Stempelbeträge, deren Erstattung der Berechtigte von anderen Theilnehmern am Umlaufe des Wechsels oder von seinen Kommittenten zu fordern hat, wird in keinem Falle aus der Bundeskasse Entschädigung gewährt.

§. 27. Jedem Bundesstaate wird von der jährlichen Einnahme für die in seinem Gebiete debitirten Wechselstempelmarken und gestempelten Blankets bis zum Schlusse des Jahres 1871 der Betrag von 36 Prozent, bis zum Schlusse des Jahres 1873 der Betrag von 24 Prozent, bis zum Schlusse des Jahres 1875 der Betrag von 12 Prozent und von da ab dauernd der Betrag von 2 Prozent aus der Bundeskasse gewährt.

§. 28. Die zur Ausführung dieses Gesetzes nöthigen Bestimmungen werden vom Bundesrathe getroffen.

§. 29. Dies Gesetz tritt mit dem 1. Januar 1870 in Kraft.

In Betreff aller vor diesem Tage ausgestellten inländischen oder von dem ersten inländischen Inhaber aus den Händen gegebenen ausländischen Wechsel kommen noch die bisherigen landesgesetzlichen Vorschriften zur Anwendung.

---

stein, 8. Annaberg und Buchholz, 9. Bremerhafen und Geestemünde, 10. Stuttgart und Cannstadt, 11. Ulm und Neu-Ulm, 12. Mannheim und Ludwigshafen, 13. Regensburg und Stadtamhof, 14. Nürnberg und Fürth, 15. Mainz und Castel.

[1]) Vgl. Art. IV der in der vorigen Anm. angeführten Bekanntmachung.

14. Reichsstempelgesetz.

Vom 27. April 1894 (RGB 381 ff.).

§. 1. Die in dem anliegenden Tarif unter 1, 2, 3 und 5 bezeichneten Urkunden und die daselbst unter 4 bezeichneten Geschäfte unterliegen den daselbst bezeichneten Abgaben nach Maassgabe der nachstehenden Bestimmungen:

I. Aktien, Renten- und Schuldverschreibungen. (Tarifnummer 1 bis 3).

§. 2. Die Verpflichtung zur Entrichtung der unter Tarifnummer 1 bis 3 bezeichneten Stempelabgabe wird erfüllt durch Zahlung des Abgabebetrages an eine zuständige Steuerstelle, welche auf dem vorzulegenden Werthpapiere Reichsstempelmarken zum entsprechenden Betrage zu verwenden oder die Aufdrückung des Stempels zu veranlassen hat.

In welchen Fällen und unter welchen Bedingungen der Verpflichtung zur Versteuerung durch rechtzeitige Verwendung von Stempelmarken ohne amtliche Mitwirkung einer Steuerstelle genügt werden kann, bestimmt der Bundesrath.

§. 3. Ausländische Werthpapiere, welche durch ein im Auslande abgeschlossenes Geschäft von einem zur Zeit des Geschäftsabschlusses im Inlande wohnhaften Kontrahenten angeschafft sind und ihm aus dem Auslande übersandt oder von ihm oder einem Vertreter aus dem Auslande abgeholt werden, sind von dem Erwerber binnen vierzehn Tagen nach der Einbringung der Werthpapiere in das Inland zur Versteuerung anzumelden. Wer dieses unterlässt oder wer Werthpapiere der unter den Tarifnummern 1 bis 3 bezeichneten Art im Inlande ausgiebt, veräussert, verpfändet oder ein anderes Geschäft unter Lebenden damit macht oder Zahlung darauf leistet, bevor die Verpflichtung zur Versteuerung erfüllt oder den Kontrolvorschriften des Bundesraths genügt ist, verfällt in eine Geldstrafe, welche dem fünfundzwanzigfachen Betrage der hinterzogenen Abgabe gleichkommt, mindestens aber zwanzig Mark für jedes Werthpapier beträgt.

Diese Strafen treffen besonders und zum vollen Betrage jeden, der als Kontrahent oder in anderer Eigenschaft an der Ausgabe, Veräusserung, Verpfändung oder an dem sonstigen Geschäfte theilgenommen hat. Dieselben Personen sind für die Entrichtung der Steuer solidarisch verhaftet.

§. 4. Bevor stempelpflichtige inländische Werthpapiere zur Zeichnung aufgelegt werden, oder zu weiteren Einzahlungen auf solche aufgefordert wird, hat der Emittent hiervon der zuständigen Steuerstelle unter Angabe der Zahl, der Gattung und des Nennwerthes der Stücke oder des Betrages der zu leistenden Einzahlungen nach Massgabe eines von dem Bundesrath zu bestimmenden Formulars Anzeige zu erstatten.

Die Zuwiderhandlung gegen diese Vorschriften zieht Geldstrafe im Betrage von fünfzig bis fünfhundert Mark nach sich.

§. 5. Die der Reichsstempelsteuer unterworfenen Werthpapiere unterliegen in den einzelnen Bundesstaaten keiner weiteren Stempelabgabe (Taxe, Sportel u. s. w.).

Auch ist von der Umschreibung solcher Werthpapiere in den Büchern und Registern der Gesellschaft etc., sowie von den auf die Werthpapiere selbst gesetzten Uebertragungsvermerken (Indossamenten, Cessionen u. s. w.) eine Abgabe nicht zu entrichten.

Im Uebrigen, insbesondere hinsichtlich der Urkunden über Eintragungen in dem Hypothekenbuche (Grundbuche), bleiben die landesgesetzlichen Vorschriften unberührt.

§. 6. Die vor dem Inkrafttreten dieses Gesetzes ausgegebenen inländischen und mit Reichsstempel versehenen ausländischen Werthpapiere werden nach dem Gesetze vom 1. Juli 1881 beurtheilt. Das Gleiche gilt für nach dem Inkrafttreten des Gesetzes ausgegebene inländische Werthpapiere in Ansehung der vorher geleisteten Zahlungen. Vor dem Inkrafttreten dieses Gesetzes ausgestellte, noch nicht mit dem Reichsstempel versehene ausländische Werthpapiere sind, wenn sie innerhalb sechs Monaten nach diesem Zeitpunkte zur Stempelung vorgelegt werden, nach dem Gesetze vom 1. Juli 1881, bei späterer Vorlegung nach den durch gegenwärtiges Gesetz für inländische Werthpapiere derselben Art in den Tarifnummern 1a und 2a festgesetzten Sätzen zu verstempeln.

Werthpapiere, welche lediglich zum Zweck des Umtausches, das heisst behufs Erneuerung der Urkunde ohne Veränderung des ursprünglichen Rechtsverhältnisses, ausgestellt worden sind, bleiben steuerfrei, wenn die zum Umtausch gelangenden Stücke ordnungsmässig versteuert oder steuerfrei sind und den vom Bundesrath zu erlassenden Kontrolvorschriften genügt worden ist.

II. Kauf- und sonstige Anschaffungsgeschäfte.
(Tarifnummer 4).

§. 7. Die unter Tarifnummer 4 angeordnete Abgabe ist von allen im Inlande abgeschlossenen Geschäften der bezeichneten Art zu erheben.

Im Auslande abgeschlossene Geschäfte unterliegen der Abgabe, wenn beide Kontrahenten im Inlande wohnhaft sind; ist nur der eine Kontrahent im Inlande wohnhaft, so ist die Abgabe nur im halben Betrage zu entrichten. Bei kaufmännischen Firmen entscheidet für die Frage des Wohnortes der Sitz der Handelsniederlassung, welche das Geschäft abgeschlossen hat.

Als im Auslande abgeschlossen gelten auch solche Geschäfte, welche durch briefliche oder telegraphische Korrespondenz zwischen einem Orte des Inlandes und einem Orte des Auslandes zu Stande gekommen sind.

§. 8. Bedingte Geschäfte gelten in Betreff der Abgabepflicht als unbedingte. Ist einem Kontrahenten ein Wahlrecht eingeräumt, oder die Befugniss, innerhalb bestimmter Grenzen den Umfang der Lieferung zu bestimmen, so wird die Abgabe nach dem höchstmöglichen Werth des Gegenstandes des Geschäfts berechnet.

Jede Verabredung, durch welche die Erfüllung des Geschäfts unter veränderten Vertragsbestimmungen oder gegen Entgelt unter denselben Vertragsbestimmungen auf einen späteren Termin verschoben wird, gilt als neues abgabepflichtiges Geschäft.

Ist das Geschäft von einem Kommissionär (Artikel 360 des Handelsgesetzbuchs) abgeschlossen, so ist die Abgabe sowohl für das Geschäft zwischen dem Kommissionär und dem Dritten, als auch für das Abwickelungsgeschäft zwischen dem Kommissionär und dem Kommittenten zu entrichten, sofern nicht die Bestimmung des §. 12 Absatz 2 eintritt.

Geschäfte, welche vorbehaltlich der Aufgabe („an Aufgabe") abgeschlossen werden, sind abgabepflichtig. Die Bezeichnung des definitiven Gegenkontrahenten (die Aufgabe) ist steuerfrei, wenn dieselbe spätestens am folgenden Werktage gemacht wird; wird dieselbe später gemacht, so gilt sie als ein neues abgabepflichtiges Geschäft.

§. 9. Zur Entrichtung der Abgabe ist zunächst verpflichtet:

1. wenn das Geschäft durch einen im Inlande wohnhaften Vermittler abgeschlossen ist, dieser,

andernfalls:

2. wenn nur einer der Kontrahenten im Inlande wohnhaft ist, dieser,
3. wenn von den Kontrahenten nur der eine ein im Inlande wohnhafter nach Artikel 28 des Handelsgesetzbuchs zur Führung von Handelsbüchern verpflichteter Kaufmann ist, der letztere,
4. wenn es sich um das Abwickelungsgeschäft zwischen dem Kommissionär und dem Kommittenten handelt (§ 8 Absatz 3), der Kommissionär,
5. in allen übrigen Fällen der Veräusserer.

Die im Inlande wohnhaften Vermittler und die Kontrahenten haften für die Abgabe als Gesammtschuldner, indessen ist bei Geschäften, für welche die Abgabe nur im halben Betrage zu entrichten ist (§ 7 Absatz 2), der nicht im Inlande wohnhafte Kontrahent für die Entrichtung der Abgabe nicht verhaftet.

Der Vermittler ist berechtigt, den Ersatz der entrichteten Abgabe von jedem für die Abgabe verhafteten Kontrahenten zu fordern.

§. 10. Der zur Entrichtung der Abgabe zunächst Verpflichtete hat über das abgabepflichtige Geschäft eine Schlussnote auszustellen, welche den Namen und den Wohnort des Vermittlers und der Kontrahenten, den Gegenstand und die Bedingungen des Geschäfts, insbesondere den Preis, sowie die Zeit der Lieferung ergeben muss. Die Unterschrift des Ausstellers ist nicht erforderlich.

Die Schlussnote ist doppelt auf einem vorher gestempelten oder mit den erforderlichen Stempelmarken zu versehenden Formular auszustellen, von dem je eine Hälfte für jeden der beiden Kontrahenten bestimmt ist. Spätestens am dritten Tage nach dem Tage des Geschäftsabschlusses hat der Aussteller der Schlussnote die nicht für ihn bestimmte Hälfte der letzteren, wenn derselbe die Schlussnote aber als Vermittler ausgestellt hat (§. 9 Ziffer 1), deren beide Hälften abzusenden.

Vermittler haben diese Absendung und den verwendeten Stempelbetrag in ihren Geschäftsbüchern zu vermerken.

Der zur Entrichtung der Abgabe zunächst Verpflichtete darf unversteuerte Schlussnoten über das abgabepflichtige Geschäft nicht ausstellen und aus der Hand geben.

§. 11. Ist einem für die Entrichtung der Abgabe verhafteten Kontrahenten (§. 9 Absatz 2) eine zu niedrig versteuerte Schlussnote zugestellt worden, so hat derselbe binnen vierzehn Tagen nach dem Tage des Geschäftsabschlusses den fehlenden Stempelbetrag auf der Schlussnote nachträglich zu verwenden; ist einem solchen Kontrahenten eine versteuerte Schlussnote überhaupt nicht zugegangen, so hat derselbe seinerseits binnen der bezeichneten Frist nach Massgabe der im §. 10 Absatz 1 und 2 gegebenen Bestimmungen zu verfahren.

Sind bei einem durch einen Vermittler abgeschlossenen Geschäfte (§. 9 Ziffer 1) zwei derartige Kontrahenten betheiligt, so hat jeder von ihnen nur die Hälfte des auf der zugestellten Schlussnote fehlenden Betrages nachträglich zu verwenden, im Falle des Nichteinganges der Schlussnote aber zu der von ihm auszustellenden Schlussnote nur die Hälfte des tarifmässigen Stempels zu verwenden.

Die nach den vorstehenden Bestimmungen mangels des Empfanges der Schlussnote entrichtete Abgabe ist zurückzuerstatten, wenn nachgewiesen wird, dass der zunächst Verpflichtete die ihm nach §. 10 obliegenden Verpflichtungen rechtzeitig erfüllt hat. Die Entscheidung erfolgt im Verwaltungswege.

§. 12. Eine Schlussnote kann mehrere abgabepflichtige Geschäfte umfassen, insofern letztere demselben Steuersatze unterliegen und an demselben Tage und unter denselben Kontrahenten, welche in gleicher Eigenschaft gehandelt haben, abgeschlossen worden sind. Die Abgabe ist in diesem Falle von dem Gesammtwerthe der Geschäfte zu berechnen.

Wird bei Kommissionsgeschäften für einen auswärtigen Kommittenten, welcher seinerseits als Kommissionär eines Dritten handelt, die Schlussnote mit dem Zusatze „in Kommission" ausgestellt, so bleibt das Abwickelungsgeschäft zwischen ihm und seinem Kommittenten von der Abgabe befreit, wenn er die Schlussnote mit dem Vermerk versieht, dass sich eine versteuerte, über denselben Betrag oder dieselbe Menge und denselben Preis lautende Schlussnote mit zu bezeichnender Nummer (§ 14) in seinen Händen befindet.

Umfasst eine Schlussnote ein Kaufgeschäft und gleichzeitig ein zu einer späteren Zeit zu erfüllendes Rückkaufgeschäft über in der Tarifnummer 4 bezeichnete Gegenstände derselben Art und in demselben Betrage, beziehungsweise derselben Menge (Report-, Deport-, Kostgeschäft), so ist die Abgabe nur für das dem Werthe nach höhere dieser beiden Geschäfte zu berechnen.

§. 13. Tauschgeschäfte, bei welchen verschiedene Abschnitte oder Stücke mit verschiedenen Zinsterminen von Werthpapieren derselben Gattung ohne anderweite Gegenleistung Zug um Zug ausgetauscht werden, sind steuerfrei.

Uneigentliche Leihgeschäfte, das heisst solche, bei denen der Empfänger befugt ist, an Stelle der empfangenen Werthpapiere andere Stücke gleicher Gattung zurückzugeben, bleiben steuerfrei, wenn diese Geschäfte ohne Ausbedingung oder Gewährung eines Leihgeldes, Entgeldes, Aufgeldes oder einer sonstigen Leistung und unter Festsetzung einer Frist von längstens einer Woche für die Rücklieferung der Werthpapiere abgeschlossen werden. Die dafür auszufertigenden Schlussnoten müssen diese Festsetzung sowie den Vermerk „Unentgeltliches Leihgeschäft" enthalten.

§. 14. Die Schlussnoten sind nach der Zeitfolge numerirt von den im § 39 bezeichneten Anstalten, sowie denjenigen Anstalten und Personen, welche gewerbsmässig abgabepflichtige Kauf- und sonstige Anschaffungsgeschäfte betreiben oder vermitteln, fünf Jahre lang, von anderen Personen ein Jahr lang aufzubewahren.

§. 15. Ist bei dem Abschluss eines abgabepflichtigen Geschäfts zwischen zwei Kontrahenten, welche nicht nach Artikel 28 des Handelsgesetzbuchs zur Führung von Handelsbüchern verpflichtet sind, eine beiderseits unterschriebene Vertragsurkunde aufgestellt worden, so bleiben die §§. 9, 10, 11, 12, 14 ausser Anwendung. Die Kontrahenten sind verpflichtet, die Vertragsurkunde binnen vierzehn Tagen nach dem Geschäftsabschluss der Steuerbehörde zur Abstempelung vorzulegen; diese Verpflichtung erstreckt sich bei Geschäften, für welche die Abgabe nur im halben Betrage zu erheben ist (§. 7 Absatz 2), nicht auf den nicht im Inlande wohnhaften Kontrahenten.

§. 16. Bei Geschäften, für welche eine rechtzeitige Berechnung der Steuer nicht möglich ist, bleibt die Besteuerung unter dem vom Bundesrath festzusetzenden Massgaben solange ausgesetzt, bis die Berechnung möglich wird. Der Bundesrath bestimmt ferner, unter welchen Umständen ausserhalb dieses Falles, insbesondere bei im Auslande abgeschlossenen Geschäften, eine andere Frist zur Ausstellung der Schlussnoten eintreten kann.

§. 17. Nach der näheren Bestimmung des Bundesraths dürfen Stempelzeichen zur Entrichtung der in der Tarifnummer 4 angeordneten Abgabe auf Kredit verabfolgt werden.

§. 18. Geschäfte, welche nach Tarifnummer 4 abgabepflichtig sind, oder auf welche die Vorschrift unter „Befreiungen" zu dieser Tarifnummer Anwendung findet, sowie Schriftstücke über solche Geschäfte sind in den einzelnen Bundesstaaten keinen Stempelabgaben (Taxen, Sporteln u. s. w.) unterworfen. Werden diese Schriftstücke indessen gerichtlich oder notariell aufgenommen oder beglaubigt, so unterliegen sie, neben der in Tarifnummer 4 für das Geschäft vorgeschriebenen Abgabe, den in den Landesgesetzen für gerichtliche oder notarielle Aufnahmen und Beglaubigungen etwa vorgeschriebenen Stempeln (Taxen, Sporteln u. s. w.).

§. 19. Wer den Vorschriften im §. 10 Absatz 1 und 2, §. 11 Absatz 1 und 2 und §. 15 zuwiderhandelt oder eine Schlussnote wahrheitswidrig mit dem im §. 12 Absatz 2 oder §. 13 bezeichneten Vermerk versieht, oder im Falle der Tarifnummer 4a behufs Erlangung einer Steuerermässigung unrichtige Nachweise vorlegt, hat eine Geldstrafe verwirkt, welche dem fünfzigfachen Betrage der hinterzogenen Abgabe oder der beanspruchten Steuerermässigung gleichkommt, mindestens aber zwanzig Mark beträgt.

Kann der Betrag der hinterzogenen Abgabe nicht festgestellt werden, so tritt statt der vorstehend bestimmten Strafe eine Geldstrafe von zwanzig bis fünftausend Mark ein.

§. 20. Wer, nachdem er auf Grund des §. 19 bestraft worden, von Neuem den dortselbst bezeichneten Vorschriften zuwiderhandelt, hat neben der im §. 19 vorgesehenen Strafe eine Geldstrafe von einhundertfünfzig bis fünftausend Mark verwirkt.

Diese Rückfallsstrafe tritt ein ohne Rücksicht darauf, ob die frühere Bestrafung in demselben oder in einem anderen Bundesstaate erfolgt ist. Sie ist verwirkt, auch wenn die frühere Strafe nur theilweise entrichtet oder ganz oder theilweise erlassen ist.

Dieselbe ist ausgeschlossen, wenn seit der Entrichtung oder dem Erlass der letzten Strafe bis zur Begehung der neuen Zuwiderhandlung fünf Jahre verflossen sind.

§. 21. Wer gegen die Vorschriften im §. 10 Absatz 3 und §. 13 verstösst, ist mit Geldstrafe von 3 Mark bis fünftausend Mark zu bestrafen.

III. Lotterieloose (Tarifnummer 5).

§. 22. Wer im Bundesgebiete Lotterien und Ausspielungen veranstalten will, hat die Stempelabgabe für die gesammte planmässige Anzahl der Loose oder Ausweise über Spieleinlagen im Voraus zu entrichten.

§. 23. Vor der Entrichtung der Abgabe darf ohne Genehmigung der zuständigen Steuerstelle mit dem Loosabsatze nicht begonnen werden. Die Genehmigung kann von vorgängiger Sicherstellung der Abgabe abhängig gemacht werden.

§. 24. Wer ausländische Loose oder Ausweise über Spieleinlagen in das Bundesgebiet einführt oder daselbst empfängt, hat dieselben, bevor mit dem Vertriebe begonnen wird, spätestens binnen drei Tagen nach dem Tage der Einführung oder des Empfanges der zuständigen Behörde anzumelden und davon die Stempelabgabe zu entrichten.

§. 25. Die Verpflichtung zur Entrichtung der Stempelabgabe wird erfüllt durch Zahlung des Abgabebetrages bei der zuständigen Behörde.

Ob und in welcher Weise eine Verwendung von Stempelzeichen stattzufinden hat, bestimmt der Bundesrath.

§. 26. Die Nichterfüllung der in den §§. 22 bis 24 bezeichneten Verpflichtungen wird mit einer dem fünffachen Betrage der hinterzogenen Abgabe gleichkommenden Geldstrafe geahndet. Dieselbe ist jedoch gegen den Unternehmer inländischer Lotterien oder Ausspielungen, sowie gegen jeden, welcher den Vertrieb ausländischer Loose oder Ausweise über Ausspielungen im Bundesgebiete besorgt, nicht unter dem Betrage von zweihundertundfünfzig Mark festzusetzen.

Die gleiche Strafe trifft denjenigen, welcher Wetteinsätze der in der Tarifnummer 5 bezeichneten Art entgegennimmt, ohne einen Ausweis darüber auszustellen.

Ist die Zahl der abgesetzten Loose oder die Gesammthöhe der Wetteinsätze nicht zu ermitteln, so tritt Geldstrafe von zweihundertundfünfzig bis fünftausend Mark ein.

§. 27. Ein Anspruch auf Rückerstattung des eingezahlten Abgabebetrages ist ausgeschlossen; eine solche kann von der obersten Landesfinanzbehörde nur dann zugestanden werden, wenn eine beabsichtigte Ausspielung erweislich nicht zu Stande gekommen ist.

§. 28. Die §§. 22 bis 27 leiden auf Staatslotterien deutscher Bundesstaaten keine Anwendung.

Die Stempelsteuer für die Loose der letzteren wird durch die Lotterieverwaltung eingezogen und in einer Summe für die Gesammtzahl der von ihr abgesetzten Loose zur Reichskasse abgeführt.

Eine Abstempelung der Loose findet nicht statt.

§. 29. Loose etc. inländischer Unternehmungen, für welche vor Inkrafttreten dieses Gesetzes die obrigkeitliche Erlaubniss bereits ertheilt ist, sowie ausländische Loose, welche vor diesem Zeitpunkte in das Bundesgebiet eingeführt, auch binnen drei Tagen nach demselben bei der zuständigen Behörde angemeldet sind, und die Loose der Staatslotterien, deren Ausgabe auch nur für eine Klasse bereits vor diesem Zeitpunkte begonnen hat, unterliegen der Reichsstempelabgabe nur nach Massgabe der bisherigen gesetzlichen Bestimmungen.

§. 30. Oeffentliche Ausspielungen, Verloosungen und Lotterien, für welche die Reichsstempelabgabe zu entrichten ist, unterliegen in den einzelnen Bundesstaaten keiner weiteren Stempelabgabe (Taxe, Sportel u. s. w.).

IV. Allgemeine Bestimmungen.

§. 31. Der Bundesrath erlässt die Anordnungen wegen der Anfertigung und des Vertriebes der nach Massgabe dieses Gesetzes zu verwendenden Stempelmarken und gestempelten Formulare, sowie die Vorschriften über die Form der Schlussnoten und über die Art der Verwendung der Marken. Er stellt die Bedingungen fest, unter welchen für verdorbene Marken und Formulare, sowie für Stempel auf verdorbenen Werthpapieren Erstattung zulässig ist.

§. 32. Stempelmarken, welche nicht in der vorgeschriebenen Weise verwendet worden sind, werden als nicht verwendet angesehen.

§. 33. In Beziehung auf die Verpflichtung zur Entrichtung der in diesem Gesetze festgestellten Abgaben ist der Rechtsweg zulässig. Die Klage ist bei Verlust des Klagerechts binnen sechs Monaten nach erfolgter Beitreibung oder mit Vorbehalt geleisteter Zahlung zu erheben. Für die Berechnung dieser Frist sind die Bestimmungen der Civilprozessordnung massgebend. Zuständig sind ohne Rücksicht auf den Werth des Streitgegenstandes die Landgerichte. Soweit bei denselben Kammern für Handelssachen bestehen, gehört der Rechtsstreit vor diese. Die Revision, sowie die Beschwerde gegen Entscheidungen der Oberlandesgerichte geht an das Reichsgericht.

§. 34. Zuwiderhandlungen gegen die Vorschriften dieses Gesetzes oder gegen die zu dessen Ausführung erlassenen Vorschriften, die im Gesetze mit keiner besonderen Strafe belegt sind, ziehen eine Ordnungsstrafe bis zu 150 Mark nach sich.

Dieselbe Strafe tritt ein, wenn in den Fällen der §§. 3, 19 und 26 aus den Umständen sich ergiebt, dass eine Steuerhinterziehung nicht hat verübt werden können oder nicht beabsichtigt worden ist.

§. 35. Die auf Grund dieses Gesetzes zu verhängenden Strafen sind bei Genossenschaften und Aktiengesellschaften gegen die Vorstandsmitglieder, bei Kommanditgesellschaften gegen die persönlich haftenden Gesellschafter, bei offenen Handelsgesellschaften gegen die Gesellschafter nur im einmaligen Betrage, jedoch unter Haftbarkeit jedes einzelnen als Gesammtschuldner festzusetzen. Ebenso ist in anderen Fällen zu verfahren, in denen bei einem Geschäfte mehrere Personen als Vertreter desselben Kontrahenten oder als gemeinschaftliche Kontrahenten betheiligt sind.

Auf die Verhängung der im §. 20 vorgeschriebenen Rückfallsstrafe finden diese Bestimmungen keine Anwendung.

§. 36. Hinsichtlich des administrativen Strafverfahrens wegen der Zuwiderhandlungen gegen dieses Gesetz, der Strafmilderung und des Erlasses der Strafe im Gnadenwege, der Vollstreckung der Strafe, sowie der Verjährung der Strafverfolgung finden die Vorschriften in den §§. 17 Satz 1, 18 und 19 des Gesetzes vom 10. Juni 1869, betreffend die Wechselstempelsteuer, sinngemässe Anwendung. Die auf Grund des gegenwärtigen Gesetzes erkannten Geldstrafen fallen dem Fiskus desjenigen Staates zu, von dessen Behörden die Strafentscheidung erlassen ist.

§. 37. Die Verwandlung einer Geldstrafe, zu deren Zahlung der Verpflichtete unvermögend ist, in eine Freiheitsstrafe findet nicht statt. Auch darf zur Beitreibung von Geldstrafen ohne Zustimmung des Verurtheilten, wenn dieser ein Deutscher ist, kein Grundstück subhastirt werden.

§. 38. Unter den in diesem Gesetze erwähnten Behörden und Beamten sind, soweit das Gesetz nichts anderes bestimmt, die betreffenden Landesbehörden und Landesbeamten verstanden.

Welche dieser Behörden und Beamten die in dem Gesetze als zuständig bezeichneten sind, bestimmen, sofern das Gesetz nichts anderes verfügt, die Landesregierungen.

Den letzteren liegt auch die Kontrole über die betreffenden Behörden und Beamten ob.

§. 39. Die in den einzelnen Bundesstaaten mit der Beaufsichtigung des Stempelwesens beauftragten Behörden und Beamten haben die ihnen obliegenden Verpflichtungen mit den gleichen Befugnissen, wie sie ihnen hinsichtlich der nach den Landesgesetzen zu entrichtenden Stempelabgaben zustehen, auch hinsichtlich der in diesem Gesetze bestimmten Abgaben wahrzunehmen.

Der Prüfung in Bezug auf die Abgabenentrichtung durch von den Landesregierungen zu bestimmende höhere Beamte unterliegen öffentliche Anstalten, Aktiengesellschaften, Kommanditgesellschaften auf Aktien, eingetragene Genossenschaften und Gesellschaften mit beschränkter Haftung, sofern sie abgabepflichtige Geschäfte der unter Nummer 4 des Tarifs bezeichneten Art gewerbsmässig betreiben oder vermitteln. Der gleichen Prüfung unterliegen die zur Erleichterung der Liquidation von Zeitgeschäften bestimmten Anstalten.

Den revidirenden Beamten sind alle bezüglichen Schriftstücke und erforderlichenfalls auch die Geschäftsbücher zur Einsicht vorzulegen.

Von anderen als den im Absatz 2 bezeichneten Personen kann die Steuerdirektivbehörde die Einreichung der auf bestimmt zu bezeichnende abgabepflichtige Geschäfte bezüglichen Schriftstücke verlangen.

§. 40. Ausserdem haben die Reichsbehörden, die Behörden und Beamten der Bundesstaaten und Kommunen, die von Handelsvorständen eingesetzten Sachverständigenkommissionen und Schiedsgerichte, sowie die Notare die Verpflichtung, die Besteuerung der ihnen vorkommenden Urkunden zu prüfen und die zu ihrer Kenntniss gelangenden Zuwiderhandlungen gegen dieses Gesetz bei der zuständigen Behörde zur Anzeige zu bringen.

§. 41. Der Bundesrath ordnet an, in welchen Fällen bei administrativen Straffestsetzungen Sachverständige zu hören sind; solche sind, wo Handelsvorstände bestehen, von diesen zu bezeichnen.

Die Handelsvorstände können unter Berücksichtigung der besonderen Verhältnisse und Gewohnheiten ihres Bezirks, zum Zweck der Durchführung des Gesetzes und Sicherung der Entrichtung der Abgaben reglementarische Anordnungen erlassen; letztere bedürfen der Zustimmung der Landesregierungen.

§. 42. Bezüglich der Vollstreckbarkeit und des Vollstreckungsverfahrens werden die Reichsstempelabgaben den Landesabgaben gleichgeachtet.

§. 43. Die Kassen des Reichs sind von der Entrichtung der durch dieses Gesetz unter Tarifnummer 1, 2, 3 angeordneten Abgaben befreit.

Andere subjektive Befreiungen finden, soweit nicht ausdrücklich Ausnahmen angeordnet sind, nicht statt.

Wegen der Entschädigung für die Aufhebung solcher Befreiungen, welche etwa auf lästigen Privatrechtstiteln beruhen, sowie wegen der Erstattung der von solchen Berechtigten entrichteten Stempelbeträge, kommen die entsprechenden Bestimmungen des Gesetzes, betreffend die Wechselstempelsteuer (§. 26 Absatz 2 bis 4), zur Anwendung.

§. 44. Jedem Bundesstaate wird von der jährlichen Einnahme, welche in seinem Gebiete aus dem Verkauf von Stempelmarken oder gestempelten Blankets oder durch baare Einzahlung von Reichsstempelabgaben erzielt wird, mit Ausnahme der Steuer von Loosen der Staatslotterien, der Betrag von zwei Prozent aus der Reichskasse gewährt.

§. 45. Der Ertrag der Abgaben fliesst nach Abzug

1) der auf dem Gesetze oder auf allgemeinen Verwaltungsvorschriften beruhenden Steuererlasse und Steuererstattungen,
2) der nach Vorschrift des §. 44 zu berechnenden Erhebungs- und Verwaltungskosten

in die Reichskasse und ist den einzelnen Bundesstaaten nach dem Massstabe der Bevölkerung, mit welcher sie zu den Matrikularbeiträgen herangezogen werden, zu überweisen.

Tarif.

Lauf. Nr.	Gegenstand der Besteuerung	Steuersatz vom Hundert	Steuersatz vom Tausend	ℳ	₰	Berechnung der Stempelabgabe
	Aktien-, Renten- und Schuldverschreibungen.					
1.	a) Inländische Aktien und Aktienantheilsscheine sowie Interimsscheine über Einzahlungen auf diese Werthpapiere	1	—	—	—	
	b) Ausländische Aktien und Aktienantheilsscheine, wenn sie im Inlande ausgehändigt, veräussert, verpfändet oder wenn daselbst andere Geschäfte unter Lebenden damit gemacht oder Zahlungen darauf geleistet werden, — unter der gleichen Voraussetzung auch Interimsscheine über Einzahlungen auf diese Werthpapiere . .	1½	—	—	—	vom Nennwerthe, bei Interimsscheinen vom Betrage der bescheinigten Einzahlungen, und zwar zu 1a in Abstufungen von 1 Mark, zu 1b in Abstufungen von 1½ Mark für je 100 Mark oder einen Bruchtheil dieses Betrages. Der nachweislich versteuerte Betrag der Interimsscheine wird auf den Betrag der demnächst etwa zu versteuernden Aktien u. s. w. angerechnet. Ausländische Werthe werden nach den Vorschriften wegen Erhebung des Wechselstempels umgerechnet.
	Die Abgabe ist von jedem Stück nur einmal zu entrichten. **Befreit sind:** Inländische Aktien und Aktienantheilsscheine, sowie Interimsscheine über Einzahlungen auf diese Werthpapiere, sofern sie von Aktiengesellschaften ausgegeben werden, welche nach der Entscheidung des Bundesraths ausschliesslich gemeinnützigen Zwekken dienen, den zur Vertheilung gelangenden Reingewinn satzungsmässig auf eine höchstens vierprozentige Verzinsung der Kapitaleinlagen beschränken, auch bei Ausloosungen oder für den Fall der Auflösung nicht mehr als den Nennwerth ihrer Antheile zusichern und bei der Auflösung den etwaigen Rest des Gesellschaftsvermögens für gemeinnützige Zwecke bestimmen. Die von solchen Aktiengesellschaften beabsichtigten Veranstaltungen müssen auch für die minder begüterten Volksklassen bestimmt sein.					
2.	a) Inländische für den Handelsverkehr bestimmte Renten- und Schuldverschreibungen (auch Partialobligationen), sofern sie nicht unter Nr. 3 fallen, sowie Interimsscheine über Einzahlungen auf diese Werthpapiere	—	4	—	—	vom Nennwerthe, bei Interimsscheinen vom Betrage der bescheinigten Einzahlungen, und zwar, zu 2a in Abstufungen von 40 Pfennig,
	b) Renten- und Schuldverschreibungen ausländischer Staaten, Korporationen, Aktiengesellschaften oder industrieller Unternehmungen und sonstige für den					

Lauf. Nr.	Gegenstand der Besteuerung	Steuersatz vom Hundert	Steuersatz vom Tausend	ℳ	₰	Berechnung der Stempelabgabe
(2)	Handelsverkehr bestimmte ausländische Renten- und Schuldverschreibungen, wenn sie im Inlande ausgehändigt, veräussert, verpfändet, oder wenn daselbst andere Geschäfte unter Lebenden damit gemacht, oder Zahlungen darauf geleistet werden, — unter der gleichen Voraussetzung auch Interimsscheine über Einzahlungen auf diese Werthpapiere	—	6	—	—	zu 2 b in Abstufungen von 60 Pfennig für je 100 Mark oder einen Bruchtheil dieses Betrages. Der nachweislich versteuerte Betrag der Interimsscheine wird auf den Betrag der demnächst etwa zu versteuernden Rentenverschreibungen u. s. w. angerechnet. Ist der Kapitalwerth von Rentenverschreibungen aus diesen selbst nicht ersichtlich, so gilt als solcher der 25 fache Betrag der einjährigen Rente. Ausländische Werthe werden nach den Vorschriften wegen Erhebung des Wechselstempels umgerechnet.
	Die Abgabe ist von jedem Stück nur einmal zu entrichten. Befreit sind: 1. Renten- und Schuldverschreibungen des Reichs und der Bundesstaaten, sowie Interimsscheine über Einzahlungen auf diese Werthpapiere; 2. die auf Grund des Reichsgesetzes vom 8. Juni 1871 abgestempelten ausländischen Inhaberpapiere mit Prämien.					
	Anmerkung zu Tarifnummer 1 und 2. Der Aushändigung ausländischer Werthpapiere im Inlande wird es gleichgeachtet, wenn solche Werthpapiere, welche durch ein im Auslande abgeschlossenes Geschäft von einem zur Zeit des Geschäftsabschlusses im Inlande wohnhaften Kontrahenten angeschafft sind, diesem aus dem Auslande übersandt oder von ihm oder einem Vertreter aus dem Auslande abgeholt werden. Genussscheine und ähnliche zum Bezuge eines Antheils an dem Gewinn einer Aktienunternehmung berechtigende Werthpapiere, sofern sie sich nicht als Aktien oder Aktienantheilsscheine (Tarifnummer 1) oder als Renten- oder Schuldverschreibungen (Tarifnummer 2) darstellen, unterliegen einer festen Abgabe, die für					
	a) solche, welche als Ersatz an Stelle amortisirter Aktien ausgegeben werden	—	—	—	50	
	b) alle übrigen, und zwar 1. inländische	—	—	3	—	von jeder einzelnen Urkunde.
	2. ausländische . . . . . . beträgt.	—	—	5	—	
	Vor dem 1. Mai 1894 ausgegebene Genussscheine sind der vorbezeichneten Abgabe nicht unterworfen.					

Lauf. Nr.	Gegenstand der Besteuerung	Steuersatz vom Hundert	Steuersatz vom Tausend	ℳ	₰	Berechnung der Stempelabgabe
3.	a) Inländische auf den Inhaber lautende und auf Grund staatlicher Genehmigung ausgegebene Renten- und Schuldverschreibungen der Kommunalverbände und Kommunen, sowie Interimsscheine über Einzahlungen auf diese Werthpapiere	—	1	—	—	vom Nennwerthe beziehungsweise vom Betrage der bescheinigten Einzahlungen nach Massgabe der Vorschriften für die Abgabenberechnung bei inländischen Werthpapieren der unter Nr. 2. bezeichneten Art, und zwar in Abstufungen von 10 beziehungsweise 20 Pfennig für je 100 Mark oder einen Bruchtheil dieses Betrages.
	b) Inländische auf den Inhaber lautende und auf Grund staatlicher Genehmigung ausgegebene Renten- und Schuldverschreibungen der Korporationen ländlicher oder städtischer Grundbesitzer, der Grundkredit- und Hypothekenbanken oder der Transportgesellschaften, sowie Interimsscheine über Einzahlungen auf diese Werthpapiere	—	2	—	—	
	Kauf- und sonstige Anschaffungsgeschäfte.					
4.	a) Kauf und sonstige Anschaffungsgeschäfte über 1. ausländische Banknoten, ausländisches Papiergeld, ausländische Geldsorten; 2. Werthpapiere der unter Nr. 1. 2 und 3 des Tarifs bezeichneten Art	—	2/10	—	—	vom Werthe des Gegenstandes des Geschäfts, und zwar in Abstufungen von 20 beziehungsweise 40 Pfg. für je 1000 Mark oder einen Bruchtheil dieses Betrages. Der Werth des Gegenstandes wird nach dem vereinbarten Kauf- oder Lieferungspreis, sonst durch den mittleren Börsen- oder Marktpreis am Tage des Abschlusses bestimmt. Die zu den Werthpapieren gehörigen Zins- und Gewinnantheilsscheine bleiben bei Berechnung der Abgabe
	Den Kauf- und sonstigen Anschaffungsgeschäften steht gleich die bei Errichtung einer Aktiengesellschaft oder Kommanditgesellschaft auf Aktien erfolgende Zutheilung der Aktien auf Grund vorhergehender Zeichnung, die bei Errichtung einer Aktiengesellschaft stattfindende Uebernahme der Aktien durch die Gründer und die Ausreichung von Werthpapieren an den ersten Erwerber.					
	Ermässigung. Hat ein Kontrahent nachweislich im Arbitrageverkehr unter die Tarifnummer 4a 1 und 2 fallende Gegenstände derselben Gattung im Inlande gekauft und im Auslande verkauft oder umgekehrt, oder an dem einen Börsenplatze des Auslandes gekauft und an dem anderen verkauft, so ermässigt sich die Stempelabgabe von jedem dieser Geschäfte, soweit deren Werthbeträge sich decken, zu Gunsten dieses Kontrahenten um ein Zwanzigstel vom Tausend, wenn die beiden einander gegenüberstehenden Geschäfte zu festen Kursen an demselben					

Lauf. Nr.	Gegenstand der Besteuerung	Steuersatz vom Hundert	Steuersatz vom Tausend	ℳ	₰	Berechnung der Stempelabgabe
(4	oder an zwei unmittelbar auf einander folgenden Börsentagen abgeschlossen sind. Es macht keinen Unterschied, ob der Kontrahent die Geschäfte im Auslande selbst oder durch eine Metaverbindung abgeschlossen hat. Unter den gleichen Voraussetzungen tritt diese Steuerermässigung ein, wenn An- und Verkäufen von ausländischen Banknoten oder ausländischem Papiergeld Geschäfte über Kontanten oder Wechsel gegenüberstehen. Eine einmalige, längstens halbmonatliche Prolongation im Auslande abgeschlossener Geschäfte dieser Art bleibt steuerfrei. Die Geschäfte sind zunächst nach dem vollen Betrage zu versteuern. Der Bundesrath erlässt die näheren Vorschriften darüber, auf Grund welcher Nachweise die Erstattung des zuviel verwendeten Stempels erfolgt.					ausser Betracht. Bei Geschäften über die unter Nr. 2 Befreiungen Nr. 1 und Nr. 3 des Tarifs aufgeführten Papiere bleibt der den Nennwerth übersteigende Werth der angeschafften Werthpapiere dieser Gattung ausser Betracht, wenn der gesammte Nennwerth 5000 Mark nicht übersteigt. Ausländische Werthe sind nach den Vorschriften wegen Erhebung des Wechselstempels umzurechnen.
	b) Kauf- und sonstige Anschaffungsgeschäfte, welche unter Zugrundelegung von Usancen einer Börse geschlossen werden (Loko-, Zeit-, Fix-, Termin-, Prämien- u. s. w. Geschäfte), über Mengen von Waaren, die börsenmässig gehandelt werden	—	$^4/_{10}$	—	—	
	Als börsenmässig gehandelt gelten diejenigen Waaren, für welche an der Börse, deren Usancen für das Geschäft massgebend sind, Terminpreise notirt werden.					
	Befreiungen. Die vorbestimmte Abgabe wird nicht erhoben: 1. falls der Werth des Gegenstandes des Geschäfts nicht mehr als 600 Mark beträgt. Werden zwischen denselben Kontrahenten an einem Tage zu gleichen Vertragsbestimmungen mehrere Geschäfte über Gegenstände derselben Art ohne Vermittler oder durch denselben Vermittler abgeschlossen, deren Gesammtwerth mehr als 600 Mark beträgt, so greift für die einzelnen Geschäfte, auch wenn der Werth des Gegenstandes derselben den Betrag von 600 Mark nicht übersteigt, diese Befreiung nicht Platz; 2. falls die Waaren, welche Gegenstand eines nach Nr. 4b stempelpflichtigen Geschäfts sind, von einem der Vertragschliessenden					

Lauf. Nr.	Gegenstand der Besteuerung	Steuersatz vom Hundert	Steuersatz vom Tausend	ℳ	₰	Berechnung der Stempelabgabe
(4)	im Inlande erzeugt oder hergestellt sind;					
	3. für die Ausreichung der von den Pfandbriefinstituten und Hypothekenbanken ausgegebenen auf den Inhaber lautenden Schuldverschreibungen als Dahrlehnsvaluta an den kreditnehmenden Grundbesitzer;					
	4. für sogenannte Kontantgeschäfte über die unter Nr. 4a 1 bezeichneten Gegenstände sowie über ungemünztes Gold oder Silber. Als Kontantgeschäfte gelten solche Geschäfte, welche vertragsmässig durch Lieferung des Gegenstandes seitens des Verpflichteten an dem Tage des Geschäftsabschlusses zu erfüllen sind;					
	5. von den zur Versicherung von Werthpapieren gegen Verloosung geschlossenen Geschäften, unbeschadet der Stempelpflicht der nach erfolgter Verloosung stattfindenden Kauf- oder sonstigen Anschaffungsgeschäfte.					
	Lotterieloose.					
5.	Loose öffentlicher Lotterien, sowie Ausweise über Spieleinlagen bei öffentlich veranstalteten Ausspielungen von Geld oder anderen Gewinnen	10	—	—	—	bei inländischen Loosen vom planmässigen Preise (Nennwerth) sämmtlicher Loose oder Ausweise; bei ausländischen Loosen von dem Preise der einzelnen Loose in Abstufungen von 50 Pfennig für je 5 Mark oder einen Bruchtheil dieses Betrages.
	Den Spieleinlagen stehen gleich die Wetteinsätze bei öffentlich veranstalteten Pferderennen und ähnlichen öffentlichen Veranstaltungen.					
	Befreit sind:					
	Loose der von den zuständigen Behörden genehmigten Ausspielungen und Lotterien, sofern der Gesammtpreis der Loose einer Ausspielung die Summe von einhundert Mark und bei Ausspielungen zu ausschliesslich mildthätigen Zwecken die Summe von fünfundzwanzigtausend Mark nicht übersteigt.					

15. Gesetz, betreffend die Abzahlungsgeschäfte.

Vom 16. Mai 1894 (RGB 450).

§. 1. Hat bei dem Verkauf einer dem Käufer übergebenen beweglichen Sache, deren Kaufpreis in Theilzahlungen berichtigt werden soll, der Verkäufer sich das Recht vorbehalten, wegen Nichterfüllung der dem Käufer obliegenden Verpflichtungen von dem Vertrage zurückzutreten, so ist im Falle dieses Rücktritts jeder Theil verpflichtet, dem anderen Theil die empfangenen Leistungen zurückzugewähren. Eine entgegenstehende Vereinbarung ist nichtig.

Dem Vorbehalte des Rücktrittsrechts steht es gleich, wenn der Verkäufer wegen Nichterfüllung der dem Käufer obliegenden Verpflichtungen kraft Gesetzes die Auflösung des Vertrages verlangen kann.

§. 2. Der Käufer hat im Falle des Rücktritts dem Verkäufer für die in Folge des Vertrages gemachten Aufwendungen, sowie für solche Beschädigungen der Sache Ersatz zu leisten, welche durch ein Verschulden des Käufers oder durch einen sonstigen von ihm zu vertretenden Umstand verursacht sind. Für die Ueberlassung des Gebrauchs oder der Benutzung ist deren Werth zu vergüten, wobei auf die inzwischen eingetretene Werthminderung der Sache Rücksicht zu nehmen ist. Eine entgegenstehende Vereinbarung, insbesondere die vor Ausübung des Rücktrittsrechts erfolgte vertragsmässige Festsetzung einer höheren Vergütung, ist nichtig.

Auf die Festsetzung der Höhe der Vergütung finden die Vorschriften des §. 260 Absatz 1 der Civilprozessordnung entsprechende Anwendung.

§. 3. Die nach den Bestimmungen der §§ 1, 2 begründeten gegenseitigen Verpflichtungen sind Zug um Zug zu erfüllen.

§. 4. Eine wegen Nichterfüllung der dem Käufer obliegenden Verpflichtungen verwirkte Vertragsstrafe kann, wenn sie unverhältnissmässig hoch ist, auf Antrag des Käufers durch Urtheil auf den angemessenen Betrag herabgesetzt werden. Die Herabsetzung einer entrichteten Strafe ist ausgeschlossen.

Die Abrede, dass die Nichterfüllung der dem Käufer obliegenden Verpflichtungen die Fälligkeit der Restschuld zur Folge haben solle, kann rechtsgültig nur für den Fall getroffen werden, dass der Käufer mit mindestens zwei auf einander folgenden Theilzahlungen ganz oder theilweise im Verzug ist und der Betrag, mit dessen Zahlung er im Verzug ist, mindestens dem zehnten Theile des Kaufpreises der übergebenen Sache gleichkommt.

§. 5. Hat der Verkäufer auf Grund des ihm vorbehaltenen Eigenthums die verkaufte Sache wieder an sich genommen, so gilt dies als Ausübung des Rücktrittsrechts.

§. 6. Die Vorschriften der §§ 1 bis 5 finden auf Verträge, welche darauf abzielen, die Zwecke eines Abzahlungsgeschäfts (§ 1) in einer anderen Rechtsform, insbesondere durch miethweise Ueberlassung der Sache zu erreichen, entsprechende Anwendung, gleichviel ob dem Empfänger der Sache ein Recht, später deren Eigenthum zu erwerben, eingeräumt ist oder nicht.

§. 7. Wer Lotterielose, Inhaberpapiere mit Prämien (Gesetz vom 8. Juni 1871, RGB S. 210) oder Bezugs- oder Antheilscheine auf solche Loose oder Inhaberpapiere gegen Theilzahlungen verkauft oder durch sonstige auf die gleichen Zwecke abzielende Verträge veräussert, wird mit Geldstrafe bis zu fünfhundert Mark bestraft.

Es begründet keinen Unterschied, ob die Uebergabe des Papiers vor oder nach der Zahlung des Preises erfolgt.

§. 8. Die Bestimmungen dieses Gesetzes finden keine Anwendung, wenn der Empfänger der Waare als Kaufmann in das Handelsregister eingetragen ist.

§. 9. Verträge, welche vor dem Inkrafttreten dieses Gesetzes abgeschlossen worden sind, unterliegen den Vorschriften desselben nicht.

---

16. Gesetz, betreffend die Pflichten der Kaufleute bei Aufbewahrung fremder Werthpapiere.

Vom 5. Juli 1896 (RGB 183).

§. 1. Ein Kaufmann, welchem im Betriebe seines Handelsgewerbes Aktien, Kuxe, Interimsscheine, Erneuerungsscheine (Talons), auf den Inhaber lautende oder durch Indossament übertragbare Schuldverschreibungen, oder vertretbare andere Werthpapiere mit Ausnahme von Banknoten unverschlossen zur Verwahrung oder als Pfand übergeben sind, ist verpflichtet:

1. diese Werthpapiere unter äusserlich erkennbarer Bezeichnung jedes Hinterlegers oder Verpfänders gesondert von seinen eigenen Beständen und von denen Dritter aufzubewahren,
2. ein Handelsbuch zu führen, in welches die Werthpapiere jedes Hinterlegers oder Verpfänders nach Gattung, Nennwerth, Nummern oder sonstigen Unterscheidungsmerkmalen der Stücke einzutragen sind; der Eintragung steht die Bezugnahme auf Verzeichnisse gleich, welche neben dem Handelsbuche geführt werden. Die Eintragung kann unterbleiben, insoweit die Werthpapiere zurückgegeben sind, bevor die Eintragung bei ordnungsmässigem Geschäftsgange erfolgen konnte.

Das Recht und die Pflicht des Verwahrers oder Pfandgläubigers, im Interesse des Hinterlegers oder Verpfänders Verfügungen oder Verwaltungshandlungen vorzunehmen, wird durch die Bestimmung unter Ziffer 1 nicht berührt.

§. 2. Eine Erklärung des Hinterlegers oder Verpfänders, durch welche der Verwahrer oder Pfandgläubiger ermächtigt wird, an Stelle hinterlegter oder verpfändeter Werthpapiere der im §. 1 bezeichneten Art gleichartige Werthpapiere zurückzugewähren oder über die Papiere zu seinem Nutzen zu verfügen, ist, falls der Hinterleger oder Verpfänder nicht gewerbsmässig Bank- oder Geldwechslergeschäfte betreibt, nur gültig, soweit sie für das einzelne Geschäft ausdrücklich und schriftlich abgegeben wird.

Wird der Verwahrer oder Pfandgläubiger ermächtigt, an Stelle hinterlegter oder verpfändeter Werthpapiere der im §. 1 bezeichneten Art gleichartige Werthpapiere zurückzugewähren, so finden die Bestimmungen des §. 1 keine Anwendung.

§. 3. Der Kommissionär (Artikel 360, 378 des Handelsgesetzbuchs), welcher einen Auftrag zum Einkaufe von Werthpapieren der im §. 1 bezeichneten Art ausführt, hat dem Kommittenten binnen drei Tagen ein Verzeichniss der Stücke mit Angabe der Gattung, des Nennwerthes, der Nummern oder sonstiger Unterscheidungsmerkmale zu übersenden. Die Frist beginnt, falls der Kommissionär bei der Anzeige über die

Ausführung des Auftrages eines (l. einen) Dritten als Verkäufer namhaft gemacht hat, mit dem Erwerbe der Stücke, andernfalls mit dem Ablaufe des Zeitraums, innerhalb dessen der Kommissionär nach der Erstattung der Ausführungsanzeige die Stücke bei ordnungsmässigem Geschäftsgange ohne schuldhafte Verzögerung beziehen konnte.

Ein Verzicht des Kommittenten auf die Uebersendung des Stückeverzeichnisses ist, falls der Kommittent nicht gewerbsmässig Bank- oder Geldwechslergeschäfte betreibt, nur dann wirksam, wenn er bezüglich des einzelnen Auftrages ausdrücklich und schriftlich erklärt wird.

Soweit die Auslieferung der eingekauften Stücke an den Kommittenten erfolgt oder ein Auftrag des Kommittenten zur Wiederveräusserung ausgeführt ist, kann die Uebersendung des Stückeverzeichnisses unterbleiben.

§. 4. Ist der Kommissionär mit Erfüllung der ihm nach den Bestimmungen des §. 3 obliegenden Verpflichtungen im Verzuge und holt er das Versäumte auf eine danach an ihn ergangene Aufforderung des Kommittenten nicht binnen drei Tagen nach, so ist der Kommittent berechtigt, das Geschäft als nicht für seine Rechnung abgeschlossen zurückzuweisen und Schadensersatz wegen Nichterfüllung zu beanspruchen.

Die Aufforderung des Kommittenten verliert ihre Wirkung, wenn er dem Kommissionär nicht binnen drei Tagen nach dem Ablaufe der Nachholungsfrist erklärt, dass er von dem im Absatz 1 bezeichneten Rechte Gebrauch machen wolle.

§. 5. Der Kommissionär, welcher einen Auftrag zum Umtausche von Werthpapieren der im §. 1 bezeichneten Art oder zur Geltendmachung eines Bezugsrechts auf solche Werthpapiere ausführt, hat binnen zwei Wochen nach dem Empfange der neuen Stücke dem Kommittenten ein Verzeichniss der Stücke mit den im §. 3 Absatz 1 vorgeschriebenen Angaben zu übersenden, soweit er ihm die Stücke nicht innerhalb dieser Frist aushändigt.

§. 6. Der Kommissionär, welcher den im §. 5 ihm auferlegten Pflichten nicht genügt, verliert das Recht, für die Ausführung des Auftrages Provision zu fordern (Artikel 371 Absatz 2 des Handelsgesetzbuchs).

§. 7. Mit der Absendung des Stückeverzeichnisses geht das Eigenthum an den darin verzeichneten Werthpapieren auf den Kommittenten über, soweit der Kommissionär über die Papiere zu verfügen berechtigt ist. Die Bestimmungen des bürgerlichen Rechts, nach welchen der Uebergang des Eigenthums schon in einem früheren Zeitpunkte eintritt, bleiben unberührt.

Der Kommissionär hat bezüglich der in seinem Gewahrsam befindlichen, in das Eigenthum des Kommittenten übergegangenen Werthpapiere die im §. 1 bezeichneten Pflichten eines Verwahrers.

§. 8. Ein Kaufmann, welcher im Betriebe seines Handelsgewerbes fremde Werthpapiere der im §. 1 bezeichneten Art einem Dritten zum Zweck der Aufbewahrung, der Veräusserung, des Umtausches oder des Bezuges von anderen Werthpapieren, Zins- oder Gewinnantheilscheinen ausantwortet, hat hierbei dem Dritten mitzutheilen, dass die Papiere fremde seien. Ebenso hat er in dem Falle, dass er einen ihm ertheilten Auftrag zur Anschaffung solcher Werthpapiere an einen Dritten weitergiebt, diesem hierbei mitzutheilen, dass die Anschaffung für fremde Rechnung geschehe.

Der Dritte, welcher eine solche Mittheilung empfangen hat, kann an den übergebenen oder an den neu beschafften Papieren ein Pfandrecht oder ein Zurückbehaltungsrecht nur wegen solcher Forderungen an seinen Auftraggeber geltend machen, welche mit Bezug auf diese Papiere entstanden sind.

§. 9. Wenn ein Kaufmann über Werthpapiere der im §. 1 bezeichneten Art, welche ihm zur Verwahrung oder als Pfand übergeben sind, oder welche er als Kommissionär für den Kommittenten in Besitz genommen hat, ausser dem Falle des §. 246 des Strafgesetzbuchs zum eigenen Nutzen oder zum Nutzen eines Dritten rechtswidrig verfügt, wird er mit Gefängniss bis zu einem Jahre und Geldstrafe bis zu dreitausend Mark oder mit einer dieser Strafen bestraft.

Der gleichen Strafe unterliegt, wer der Vorschrift des §. 8 zum eigenen Nutzen oder zum Nutzen eines Dritten vorsätzlich zuwiderhandelt.

Ist der Thäter ein Angehöriger (§. 52 Absatz 2 des Strafgesetzbuchs) des Verletzten, so tritt die Verfolgung nur auf Antrag ein. Die Zurücknahme des Antrages ist zulässig. Der §. 247 Absatz 2 und 3 des Strafgesetzbuchs findet entsprechende Anwendung.

§. 10. Ein Kaufmann, welcher seine Zahlungen eingestellt hat oder über dessen Vermögen das Konkursverfahren eröffnet worden ist, wird mit Gefängniss bis zu zwei Jahren bestraft, wenn er den Vorschriften des §. 1 Ziffer 1 oder 2 vorsätzlich zuwidergehandelt hat und dadurch der Berechtigte bezüglich des Anspruches auf Aussonderung der von jenem zu verwahrenden Werthpapiere benachtheiligt wird, desgleichen wenn er als Kommissionär den Vorschriften der §§. 3 oder 5 vorsätzlich zuwidergehandelt hat und dadurch der Berechtigte bezüglich des Anspruches auf Aussonderung der von jenem eingekauften, eingetauschten oder bezogenen Werthpapiere benachtheiligt wird.

§. 11. Ein Kaufmann, welcher seine Zahlungen eingestellt hat oder über dessen Vermögen das Konkursverfahren eröffnet worden ist, wird mit Zuchthaus bestraft, wenn er im Bewusstsein seiner Zahlungsunfähigkeit oder Ueberschuldung fremde Werthpapiere, welche er im Betriebe seines Handelsgewerbes als Verwahrer, Pfandgläubiger oder Kommissionär in Gewahrsam genommen, sich rechtswidrig zugeeignet hat.

Sind mildernde Umstände vorhanden, so tritt Gefängnissstrafe nicht unter drei Monaten ein.

§. 12. Die Strafvorschrift des §. 9 findet gegen die Mitglieder des Vorstandes einer Aktiengesellschaft oder eingetragenen Genossenschaft, die Geschäftsführer einer Gesellschaft mit beschränkter Haftung, sowie gegen die Liquidatoren einer Handelsgesellschaft oder eingetragenen Genossenschaft Anwendung, wenn sie in Ansehung von Werthpapieren, die sich im Besitze der Gesellschaft oder Genossenschaft befinden oder von dieser einem Dritten ausgeantwortet sind, die mit Strafe bedrohte Handlung begangen haben.

Die vorbezeichneten Personen werden, wenn die Gesellschaft oder Genossenschaft ihre Zahlungen eingestellt hat, oder wenn über deren Vermögen das Konkursverfahren eröffnet worden ist, bestraft

1. gemäss §. 10, wenn sie den Vorschriften des §. 1 Ziffer 1 oder 2 oder den Vorschriften der §§. 3 oder 5 vorsätzlich zuwidergehandelt haben und dadurch der Berechtigte bezüglich des Anspruches auf Aussonderung der von der Gesellschaft oder Genossenschaft zu verwahrenden oder von ihr eingekauften, eingetauschten oder bezogenen Werthpapiere benachtheiligt wird,
2. gemäss §. 11, wenn sie im Bewusstsein der Zahlungsunfähigkeit oder Ueberschuldung der Gesellschaft oder Genossenschaft fremde Werthpapiere, welche von dieser als Verwahrer, Pfandgläubiger oder Kommissionär in Gewahrsam genommen sind, sich rechtswidrig zugeeignet haben.

§. 13. Dieses Gesetz findet auf diejenigen Klassen von Kaufleuten keine Anwendung, für welche gemäss Artikel 10 des Handelsgesetzbuchs die Vorschriften über die Handelsbücher keine Geltung haben.

17. Verkehrsordnung für die Eisenbahnen Deutschlands[1]).

Vom 15. November 1892 (RGB 923).

(Auszug.)

§. 6. Verpflichtung zum Transporte. (1) Die Beförderung von Personen, Thieren und Sachen kann nicht verweigert werden, sofern

1. den geltenden Beförderungsbedingungen und den sonstigen allgemeinen Anordnungen der Eisenbahn entsprochen wird,
2. die Beförderung mit den regelmässigen Transportmitteln möglich ist,
3. nicht Umstände, welche als höhere Gewalt zu betrachten sind, die Beförderung verhindern.

(2) Gegenstände, deren Ein- und Ausladen besondere Vorrichtungen nöthig macht, ist die Eisenbahn nur auf und nach solchen Stationen anzunehmen verpflichtet, wo derartige Vorrichtungen bestehen.

§. 7. Transportpreise. Tarife. (1) Die Berechnung der Transportpreise erfolgt nach Massgabe der zu Recht bestehenden, gehörig veröffentlichten Tarife.

(2) Tariferhöhungen oder sonstige Erschwerungen der Beförderungsbedingungen treten nicht vor Ablauf von 6 Wochen nach ihrer Veröffentlichung in Kraft, sofern nicht der Tarif nur für eine bestimmte Zeit in Geltung gesetzt war.

(3) Jede Preisermässigung oder sonstige Begünstigung gegenüber den veröffentlichten Tarifen ist verboten und nichtig.

(4) Begünstigungen bei Transporten für milde und für öffentliche Zwecke sowie solche im dienstlichen Interesse der Eisenbahnen sind mit Genehmigung der Landesaufsichtsbehörde zulässig.

— — — — — — — — — — — —

§. 9. Haftung der Eisenbahn für ihre Leute. Die Eisenbahn haftet für ihre Leute und für andere Personen, deren sie sich bei Ausführung des von ihr übernommenen Transportes bedient.

— — — — — — — — — — — —

III. Beförderung von Personen.

— — — — — — — — — — — —

§. 14. Die Fahrkarten geben Anspruch auf Plätze in der entsprechenden Wagenklasse, soweit solche vorhanden sind. Wenn einem Reisenden ein seiner Fahrkarte entsprechender Platz nicht angewiesen werden kann, ihm auch nicht ein Platz in einer höheren Klasse zeitweilig eingeräumt wird, so steht ihm frei, die Fahrkarte gegen eine solche der niedrigeren Klasse, in welcher noch Plätze vorhanden sind, unter Erstattung des Preisunterschiedes umzuwechseln, oder die Fahrt zu unterbrechen und das bezahlte Fahrgeld zurückzuverlangen.

---

[1]) Auf Grund des Art. 45 der Reichsverfassung durch Beschluss des Bundesrathes vom 15. November 1892 an die Stelle des Betriebsreglements für die Eisenbahnen Deutschlands vom 11. Mai 1874 getreten. Die Verkehrsordnung findet auf sämmtliche Eisenbahnen Deutschlands Anwendung, auf den internationalen Verkehr nur, soweit nicht das Internationale Uebereinkommen vom 14. Oktober 1890 (RGB 1892, S. 793 ff. und unten Nr. 18) abweichende Vorschriften getroffen hat. Ergänzungen der Verkehrsordnung bedürfen der Genehmigung der Landesaufsichtsbehörde. Abweichende Bestimmungen sind nur gestattet für Bahnen untergeordneter Bedeutung und wo dies durch die Eigenart der Betriebsverhältnisse bedingt erscheint. Dieselben bedürfen der Genehmigung der Landesaufsichtsbehörde und des Reichseisenbahnamtes. Ergänzungen oder Abweichungen bedürfen zu ihrer Gültigkeit der Aufnahme in die veröffentlichten Tarife. Vgl. Betriebsordnung für die Haupteisenbahnen Deutschlands, vom 5. Juli 1892 (RGB 691).

Ein Umtausch gelöster Fahrkarten gegen solche höherer oder niedrigerer Klassen oder nach einer anderen Station ist den Reisenden auf der Abgangsstation bis 5 Minuten vor Abfahrt des Zuges, soweit noch Plätze vorhanden sind, unter Ausgleich des Preisunterschiedes gestattet, sofern die Fahrkarte noch nicht entwerthet ist.

Für Theilstrecken kann ein Uebergehen auf Plätze einer höheren Klasse gegen Entrichtung eines im Tarife festzusetzenden Preiszuschlages sowohl auf der Abgangsstation, als auf Zwischenstationen erfolgen.

— — — — — — — — — — — — —

§. 17. Einzelne bestimmte Plätze werden nicht verkauft. Eine Ausnahme ist nur für bestimmte Züge mit besonderen Einrichtungen und für besonders ausgestattete Wagen zulässig.

— — — — — — — — — — — — —

§. 19. Nachdem das vorgeschriebene Abfahrtszeichen durch die Dampfpfeife der Lokomotive oder die Mundpfeife des Zugführers gegeben ist, wird niemand mehr zur Mitreise zugelassen.

Dem Reisenden, welcher die Abfahrtszeit versäumt, steht ein Anspruch weder auf Rückerstattung des Fahrgeldes, noch auf irgend eine andere Entschädigung zu.

— — — — — — — — — — — — —

§. 20. Personen, welche wegen einer sichtlichen Krankheit oder aus anderen Gründen die Mitreisenden voraussichtlich belästigen würden, sind von der Mitfahrt auszuschliessen, wenn nicht für sie eine besondere Abtheilung bezahlt wird und bereitgestellt werden kann. Wird die Mitfahrt nicht gestattet, so ist das etwa bezahlte Fahrgeld einschliesslich der Gepäckfracht zurückzugeben. — — — — —

Wer die vorgeschriebene Ordnung nicht beobachtet, sich den Anordnungen der Bediensteten nicht fügt oder den Anstand verletzt, wird ohne Anspruch auf den Ersatz des bezahlten Fahrgeldes von der Mitfahrt ausgeschlossen. — — — — — — — —

§. 21. Die Fahrkarte ist auf Verlangen bei dem Eintritt in den Warteraum, beim Betreten des Bahnsteiges (Perron), beim Einsteigen in den Wagen, sowie auch jederzeit während der Fahrt vorzuzeigen.

Der Reisende, welcher ohne gültige Fahrkarte betroffen wird, hat für die ganze von ihm zurückgelegte Strecke und, wenn die Zugangsstation nicht sofort unzweifelhaft nachgewiesen wird, für die ganze vom Zuge zurückgelegte Strecke das Doppelte des gewöhnlichen Fahrpreises, mindestens aber den Betrag von 6 Mark zu entrichten. Der letztere Betrag ist auch für den Fall zu bezahlen, dass der Zug sich noch nicht in Bewegung gesetzt hat. Derjenige Reisende jedoch, welcher unaufgefordert dem Schaffner oder Zugführer meldet, dass er wegen Verspätung keine Fahrkarte habe lösen können, hat nur den gewöhnlichen Fahrpreis mit einem Zuschlage von 1 Mark, keinesfalls jedoch mehr als den doppelten Fahrpreis zu zahlen.

— — — — — — — — — — — — —

§. 25. Den Reisenden ist, unbeschadet etwaiger weitergehender, von der Eisenbahn bewilligter Vergünstigungen, gestattet, bei Rückfahrkarten auf dem Hin- und Rückwege je einmal zu unterbrechen, um mit einem am nämlichen oder am nächstfolgenden Tage nach der Bestimmungsstation abgehenden Zuge weiter zu reisen.

— — — — — — — — — — — — —

§. 26. Verspätete Abfahrt oder Ankunft der Züge begründet keinen Anspruch gegen die Eisenbahn.

Wird in Folge einer Zugverspätung der Anschluss an einen anderen Zug versäumt, so ist dem mit durchgehender Fahrkarte versehenen

Reisenden, sofern er mit dem nächsten zurückführenden Zuge ununterbrochen zur Abgangsstation zurückgekehrt ist, der bezahlte Preis für die Hin- und Rückreise in der auf der Hinreise benutzten Wagenklasse zu erstatten.

Dieser Anspruch ist bei Vermeidung des Verlustes vom Reisenden unter Vorlegung seiner Fahrkarte sogleich nach Ankunft des verspäteten Zuges dem Stationsvorsteher, sowie nach Rückkehr zur Abgangsstation dem Vorsteher der letzteren anzumelden. Ueber diese Meldungen haben beide Stationsvorsteher Bescheinigung zu ertheilen.

Bei gänzlichem oder theilweisem Ausfall einer Fahrt sind die Reisenden berechtigt, entweder das Fahrgeld für die nicht durchfahrene Strecke zurückzufordern oder die Beförderung mit dem nächsten, auf der gleichen oder auf einer um nicht mehr als ein Viertheil weiteren Strecke derselben Bahnen nach dem Bestimmungsorte führenden Zuge ohne Preiszuschlag zu verlangen, sofern dies ohne Ueberlastung des Zuges und nach den Betriebseinrichtungen möglich ist und der Zug auf der betreffenden Unterwegsstation fahrplanmässig hält.

Wenn Naturereignisse oder andere Umstände die Fahrt auf einer Strecke der Bahn verhindern, so muss für die Weiterbeförderung bis zur fahrbaren Strecke mittelst anderer Fahrgelegenheiten thunlichst gesorgt werden. Die hierdurch entstandenen Kosten sind der Eisenbahn, abzüglich des Fahrgeldes für die nicht durchfahrene Eisenbahnstrecke, zu erstatten.

— — — — — — — — — — — —

IV. Beförderung von Reisegepäck.

§. 30. Als Reisegepäck kann in der Regel nur das, was der Reisende zu seiner Reise bedarf, namentlich Koffer, Mantel- und Reisesäcke, Hutschachteln, kleine Kisten und dergleichen aufgegeben werden.

Doch können auch grössere kaufmännisch verpackte Kisten, Tonnen, sowie Fahrzeuge und andere nicht zum Reisebedarf zu rechnende Gegenstände, sofern sie zur Beförderung mit Personenzügen geeignet sind, ausnahmsweise als Reisegepäck zugelassen werden.

— — — — — — — — — — — —

§. 38. Auslieferung des Gepäcks. (1) Das Gepäck wird nur gegen Rückgabe des Gepäckscheins ausgeliefert. Die Eisenbahn ist nicht verpflichtet, die Berechtigung des Inhabers zu prüfen.

(2) Der Inhaber des Gepäckscheins ist berechtigt, am Bestimmungsorte die sofortige Auslieferung des Gepäcks an der Ausgabestelle zu verlangen, sobald nach Ankunft des Zuges, zu welchem das Gepäck aufgegeben wurde, die zur ordnungsmässigen Ausladung und Ausgabe sowie zur etwaigen zoll- oder steueramtlichen Abfertigung erforderliche Zeit abgelaufen ist.

(3) Werden Gepäckstücke innerhalb 24 Stunden, Fahrzeuge innerhalb 2 Stunden nach Ankunft des Zuges nicht abgeholt, so ist das tarifmässige Lagergeld oder Standgeld zu entrichten. Kommt das Fahrzeug nach 6 Uhr Abends an, so wird die Abholungsfrist vom nächsten Morgen 6 Uhr ab gerechnet.

(4) Wird der Gepäckschein nicht beigebracht, so ist die Eisenbahn zur Auslieferung des Gepäcks nur nach vollständigem Nachweise der Empfangsberechtigung gegen Ausstellung eines Reverses und nach Umständen gegen Sicherheit verpflichtet.

(5) In der Regel ist das Gepäck nur auf der Station auszuliefern, wohin es abgefertigt ist. Das Gepäck kann jedoch auf Verlangen des

Reisenden, sofern Zeit und Umstände sowie Zoll- und Steuervorschriften es gestatten, auch auf einer vorliegenden Station zurückgegeben werden. In einem solchen Falle hat der Reisende bei der Auslieferung des Gepäcks den Gepäckschein zurückzugeben und die Fahrkarte vorzuzeigen.

(6) Fahrzeuge, welche unterwegs in einen anderen Zug übergehen müssen, brauchen erst mit dem nächstfolgenden Personenzuge am Bestimmungsorte einzutreffen.

§. 34. Haftung der Eisenbahn für Reisegepäck. (1) Für das zur Beförderung übernommene Reisegepäck haftet die Eisenbahn nach den für die Beförderung von Gütern (Abschnitt VIII) geltenden Bestimmungen, soweit solche auf die Beförderung von Reisegepäck anwendbar sind und sich aus den Bestimmungen des gegenwärtigen Abschnitts nicht Abweichungen ergeben.

(2) Die etwaige Deklaration des Interesses an der Lieferung ist spätestens eine halbe Stunde vor Abgang des Zuges, mit welchem die Beförderung geschehen soll, an der Gepäck-Abfertigungsstelle unter Zahlung des tarifmässigen Frachtzuschlages (§. 84 Absatz 3) abzugeben; sie hat nur dann rechtliche Wirkung, wenn sie von der Abfertigungsstelle im Gepäckschein vermerkt ist.

(3) Die Eisenbahn ist von jeder Haftung für den Verlust von Reisegepäck frei, wenn es nicht innerhalb 8 Tagen nach Ankunft des Zuges (§. 33) auf der Bestimmungsstation abgefordert wird.

(4) Der Reisende, welchem das Gepäck nicht ausgeliefert wird, kann verlangen, dass ihm auf dem Gepäckschein Tag und Stunde der geschehenen Abforderung bescheinigt werde.

(5) Für den Verlust und die Beschädigung von Reisegepäck, welches nicht zur Beförderung aufgegeben worden ist (§§. 28 und 32), sowie von Gegenständen, welche in den Fahrzeugen belassen sind (§. 30), wird nur gehaftet, wenn ein Verschulden der Eisenbahn oder ihrer Leute nachgewiesen ist.

§. 35. In Verlust gerathene Gepäckstücke. (1) Fehlende Gepäckstücke werden nach Ablauf von 3 Tagen nach Ankunft des Zuges, zu welchem sie aufgegeben sind, als in Verlust gerathen betrachtet.

(2) Falls das Gepäckstück später gefunden wird, ist hiervon der Reisende, sofern sein Aufenthalt sich ermitteln lässt, auch wenn er bereits Entschädigung erhalten hat, zu benachrichtigen. Derselbe kann innerhalb 30 Tagen nach Empfang der Nachricht verlangen, dass ihm das Gepäckstück gegen Rückerstattung des erhaltenen Schadenersatzes, und zwar nach seiner Wahl entweder kostenfrei am Bestimmungsorte oder kosten- und frachtfrei am Aufgabeorte, verabfolgt wird.

§. 36. Haftung der Eisenbahn für verspätete Ankunft des Reisegepäcks. Die Haftung der Eisenbahn für Versäumung der Lieferzeit (§. 33) richtet sich nach folgenden Bestimmungen:

1. Der durch diese Versäumung nachweislich entstandene Schaden wird vergütet:
   a) bei stattgehabter Deklaration des Interesses an der Lieferung: bis zur Höhe des deklarirten Betrages;
   b) in Ermangelung einer solchen Deklaration für je angefangene 24 Stunden der Versäumung: mit höchstens 20 Pfennig für jedes Kilogramm des ausgebliebenen Gepäcks, bei Fahrzeugen (§. 30) mit höchstens 30 Mark für jedes ausgebliebene Fahrzeug.
2. Die Eisenbahn ist von der Haftung für den Schaden, welcher durch Versäumung der Lieferzeit entstanden ist, befreit, sofern sie be-

weist, dass die Verspätung von einem Ereigniss herrührt, welches sie weder herbeigeführt hat, noch abzuwenden vermochte.

§. 37. Gepäckträger. Aufbewahrung des Gepäcks. (1) Sofern von der Eisenbahn auf einer Station Gepäckträger zugelassen werden, müssen dieselben durch Dienstabzeichen erkennbar und mit einer gedruckten Dienstanweisung nebst Gebührentarif versehen sein. Sie haben auf Verlangen den Tarif vorzuzeigen, auch eine mit ihrer Nummer versehene Marke zu verabfolgen. Der Tarif ist auch an einem geeigneten Orte der Abfertigungsstelle und der Ausgabestelle auszuhängen.

(2) Falls sich die Reisenden solcher Gepäckträger für den von der Eisenbahn nicht übernommenen Transport des Gepäcks nach und von den Abfertigungsstellen bedienen, so geschieht dies ohne Verantwortlichkeit der Verwaltung.

(3) Auf grösseren Stationen müssen Einrichtungen bestehen, welche es dem Reisenden ermöglichen, sein Gepäck ohne Verantwortlichkeit der Verwaltung gegen eine festgesetzte Gebühr zur vorübergehenden Aufbewahrung zu übergeben.

§. 38. Zurückgelassene Gegenstände. (1) Alle im örtlichen Bezirk der Eisenbahn oder in den Wagen zurückgelassenen, an die Verwaltung abgelieferten Gegenstände sind mindestens 3 Monate aufzubewahren.

(2) Gegenstände, welche dem Verderben ausgesetzt sind, sind bestmöglich zu verkaufen, sobald deren Verderben zu befürchten ist.

(3) Nach Ablauf der dreimonatlichen Frist wird mit den Gegenständen und dem Erlöse nach Maassgabe der gesetzlichen oder sonstigen Vorschriften verfahren.

V. Beförderung von Expressgut.

§. 39. Begriff des Expressgutes. Die Eisenbahnen können in den Tarifen bestimmen, dass der Transport von Gütern, welche sich zur Beförderung in Packwagen eignen, auch wenn sie nicht als Reisegepäck (§. 30) zur Aufgabe gelangen, auf Gepäckschein oder auf besonderen Beförderungsschein zulässig ist (Expressgut).

§. 40. Aufgabe und Auslieferung des Expressgutes. (1) Bei Abfertigung des Expressgutes mit Gepäckschein ist solcher in der Regel dem Absender auszuhändigen. In diesem Falle erfolgt die Auslieferung des Gutes am Bestimmungsorte gegen Rückgabe des Gepäckscheins. Jedoch kann auf Verlangen des Absenders der Gepäckschein auch der Sendung beigegeben werden, wenn diese mit der vollen Adresse des Empfängers versehen ist. In diesem Falle erfolgt die Auslieferung nach den besonderen Vorschriften jeder Verwaltung.

(2) Bei Abfertigung des Expressgutes mit Beförderungsschein muss dieser die Sendung stets begleiten und das Gut mit der vollen Adresse des Empfängers versehen sein. Die Auslieferung erfolgt am Bestimmungsorte nach den in den Tarifen enthaltenen Vorschriften.

§. 41. Anwendbarkeit der Bestimmungen für Reisegepäck. Im Uebrigen finden auf die Beförderung von Expressgut die Bestimmungen des Abschnitts IV sinngemässe Anwendung, soweit nicht durch die Tarife die Anwendung des Abschnitts VIII vorgesehen ist.

— — — — — — — — — — — —

VII. Beförderung von lebenden Thieren.

§. 44. Besondere Beförderungsbedingungen. (1) Lebende Thiere werden nur unter der im §. 6 Absatz 2 aufgeführten Voraussetzung zur Beförderung angenommen.

(2) Die Beförderung kranker Thiere kann abgelehnt werden. Inwiefern der Transport von Thieren wegen der Gefahr einer Verschleppung von Seuchen ausgeschlossen ist, richtet sich nach den bestehenden gesundheitspolizeilichen Vorschriften.

(3) Zum Transporte wilder Thiere ist die Eisenbahn nur bei Beachtung der von ihr im Interesse der Sicherheit vorzuschreibenden Bedingungen verpflichtet.

(4) Bei der Beförderung lebender Thiere ist die Eisenbahnverwaltung Begleitung zu fordern berechtigt. Die Begleiter haben, sofern nicht der Stationsvorsteher Ausnahmen zulässt, ihren Platz in den betreffenden Viehwagen zu nehmen und das Vieh während des Transportes zu beaufsichtigen. Bei kleinen Thieren, insbesondere Geflügel, bedarf es der Begleitung nicht, wenn sie in tragbaren, gehörig verschlossenen Käfigen aufgegeben werden. Die Käfige müssen luftig und geräumig sein.

(5) Der Absender muss das Einladen der Thiere in die Wagen sowie deren sichere Befestigung selbst besorgen und die erforderlichen Befestigungsmittel beschaffen. Das Ausladen liegt dem Empfänger ob.

(6) Vorausbezahlung des Transportpreises kann gefordert werden.

§. 45. Art der Abfertigung. Die Abfertigung der Thiere erfolgt — abgesehen von den Bestimmungen der §§ 27 und 30 Absatz 3 — nach der Vorschrift des Tarifes auf Grund von Beförderungsscheinen, welche von der Eisenbahn auszufertigen und dem Absender auszuhändigen sind, oder auf Grund von Frachtbriefen (§ 51).

§. 46. An- und Abnahme. (1) Die Eisenbahn hat bekannt zu machen, mit welchen Zügen die Beförderung von Thieren erfolgt. Die Annahme einzelner Stücke zur Beförderung hängt davon ab, ob geeigneter Raum vorhanden ist.

(2) Die Eisenbahn kann durch den Tarif festsetzen, dass die Annahme von lebenden Thieren mit Ausnahme von Hunden an Sonn- und Festtagen ausgeschlossen oder auf bestimmte Stunden beschränkt wird.

(3) Die Thiere müssen rechtzeitig, einzelne Stücke mindestens eine Stunde vor Abgang des Zuges, auf den Bahnhof gebracht werden. Bei der Ankunft an dem Bestimmungsorte werden die Thiere gegen Rückgabe des Beförderungsscheins oder nach Aushändigung des Frachtbriefes an den Empfänger gegen dessen Bescheinigung ausgeliefert. Das Ausladen und Abtreiben muss spätestens zwei Stunden nach der Bereitstellung und dem Ablauf der zur etwaigen zoll- oder steueramtlichen Abfertigung erforderlichen Zeit erfolgen. Nach Ablauf dieser Frist ist die Eisenbahn berechtigt, die Thiere auf Gefahr und Kosten des Absenders in Verpflegung zu geben oder, falls sie deren ferneren Aufenthalt im Wagen oder auf dem Bahnhofe gestattet, ein im Tarife festzusetzendes Standgeld zu erheben.

§. 47. Lieferfrist für Thiere. (1) Die Lieferfrist setzt sich aus Expeditions- und Transportfrist zusammen und darf nicht mehr betragen als:

1. an Expeditionsfrist . . . . 1 Tag,
2. an Transportfrist für je auch nur angefangene 300 Kilom. 1 „

(2) Sie beginnt mit der auf die Abstempelung des Frachtbriefes oder Aushändigung des Beförderungsscheins folgenden Mitternacht und ist

gewahrt, wenn innerhalb derselben das Vieh auf der Bestimmungsstation zur Abnahme bereitgestellt ist.

(3) Der Lauf der Lieferfristen ruht ausser den Fällen des §. 63 Absatz 6 auch für die Dauer des Aufenthalts des Viehes auf den Tränkestationen sowie für die Dauer der ärztlichen Viehbeschauung.

(4) Die Auslieferung von Pferden und Hunden, welche mit Personenzügen befördert werden, kann in der im § 33 Absatz 2 und 6 bestimmten Frist verlangt werden.

§. 48. Anwendbarkeit der Bestimmungen für Güter. (1) Im Uebrigen finden auf die Beförderung von Thieren die Bestimmungen des Abschnitts VIII sinngemässe Anwendung.

(2) Die Deklaration des Interesses an der Lieferung hat bei den auf Beförderungsschein abgefertigten Thieren nur dann eine rechtliche Wirkung, wenn sie von der Abfertigungsstelle der Abgangsstation im Beförderungsschein vermerkt ist.

VIII. Beförderung von Gütern.

§. 49. Direkte Beförderung. Die Eisenbahn ist verpflichtet, Güter zur Beförderung von und nach allen für den Güterverkehr eingerichteten Stationen anzunehmen, ohne dass es für den Uebergang von einer Bahn auf die andere einer Vermittelungsadresse bedarf.

§. 50. Von der Beförderung ausgeschlossene oder nur bedingungsweise zugelassene Gegenstände.

A. Von der Beförderung sind ausgeschlossen:

1. diejenigen Gegenstände, welche dem Postzwange unterworfen sind;
2. diejenigen Gegenstände, welche wegen ihres Umfangs, ihres Gewichts oder ihrer sonstigen Beschaffenheit nach der Anlage und dem Betriebe auch nur einer der Bahnen, welche an der Ausführung des Transportes theilzunehmen haben, sich zur Beförderung nicht eignen;
3. diejenigen Gegenstände, deren Beförderung aus Gründen der öffentlichen Ordnung verboten ist;
4. alle der Selbstentzündung oder Explosion unterworfenen Gegenstände, soweit nicht die Bestimmungen in Anlage B[1]) Anwendung finden, insbesondere:
   a) Nitroglycerin (Sprengöl) als solches, abtropfbare Gemische von Nitroglycerin mit an sich explosiven Stoffen (wegen Würfelpulver sowie Sprenggelatine- und Gelatinedynamit-Patronen vergleiche Anlage B Nr. XXXVI Ziffer 5 und 6);
   b) nicht abtropfbare Gemische von Nitroglycerin mit pulverförmigen, an sich nicht explosiven Stoffen (Dynamit und ähnliche Präparate) in loser Masse (wegen Dynamitpatronen vergleiche Anlage B Nr. XXXVI Ziffer 6);
   c) pikrinsaure Salze, sowie explosive Gemische, die pikrinsaure oder chlorsaure Salze enthalten (wegen Streichhölzer und Wachspulver vergleiche Anlage B Nr. III und XXXVI b);
   d) Knallquecksilber, Knallsilber und Knallgold, sowie die damit dargestellten Präparate (wegen Zündhütchen, Zündungen, Knallbonbons und Knallerbsen vergleiche Anlage B Nr. II, XXXVI a, XLI, XLIV);
   e) solche Präparate, welche Phosphor in Substanz beigemischt

[1]) Vgl. RGB 969 u. Bekanntm. betr. Aenderungen d. Anlage B zur Verkehrsordnung für die Eisenbahnen Deutschlands vom 23. Februar 1893 (RGB 9).

enthalten (wegen der Streichhölzer sowie der Zündbänder und Zündblättchen — amorces — vergleiche Anlage B Nr. III und XLIII);

f) geladene Schusswaffen.

B. Bedingungsweise werden zur Beförderung zugelassen:

1. Die in Anlage B verzeichneten Gegenstände[1]).

Für deren Annahme und Beförderung sind die daselbst getroffenen näheren Bestimmungen massgebend.

2. Gold- und Silberbarren, Platina, Geld, geldwerthe Münzen und Papiere, Dokumente, Edelsteine, echte Perlen, Pretiosen und andere Kostbarkeiten, ferner Kunstgegenstände, wie Gemälde, Gegenstände aus Erzguss, Antiquitäten.

Unter welchen Bedingungen diese Gegenstände zur Beförderung angenommen werden, bestimmen die besonderen Vorschriften jeder Eisenbahn.

Als geldwerthe Papiere sind nicht anzusehen:

gestempelte Postkarten, Postanweisungs-Formulare, Briefumschläge und Streifbänder, Postfreimarken, Stempelbogen und Stempelmarken, sowie ähnliche amtliche Werthzeichen.

3. diejenigen Gegenstände, deren Verladung oder Beförderung nach der Anlage und dem Betriebe einer der betheiligten Bahnen aussergewöhnliche Schwierigkeit verursacht.

Die Beförderung solcher Gegenstände kann von jedesmal zu vereinbarenden besonderen Bedingungen abhängig gemacht werden.

4. Lokomotiven, Tender und Dampfwagen, sofern sie auf eigenen Rädern laufen.

Dieselben müssen sich in lauffähigem Zustande befinden und von einem sachverständigen Beauftragten des Absenders begleitet sein.

§. 51. Inhalt des Frachtbriefes. (1) Jede Sendung muss von einem Frachtbriefe begleitet sein, welcher folgende Angaben enthält:

a) Ort und Tag der Ausstellung.

b) Die Bezeichnung der Versandstation.

c) Die Bezeichnung der Bestimmungsstation und der Bestimmungsbahn, den Namen und den Wohnort des Empfängers sowie die etwaige Angabe, dass das Gut bahnlagernd gestellt ist. Bei Versendung von Gütern nach Orten, welche an einer Eisenbahn nicht gelegen, oder nach Eisenbahnstationen, welche für den Güterverkehr nicht eingerichtet sind, ist vom Absender die Eisenbahnstation zu bezeichnen, bis zu welcher das Gut befördert werden soll; der Empfänger hat den Weitertransport zu besorgen, sofern nicht für diesen von der Eisenbahn Einrichtungen getroffen sind (§ 68 Absatz 3).

d) Die Bezeichnung der Sendung nach ihrem Inhalte, die Angabe des Gewichts oder statt dessen eine den besonderen Vorschriften der Versandbahn entsprechende Angabe; ferner bei Stückgut die Anzahl, Art der Verpackung, Zeichen und Nummer der Frachtstücke. Die Eisenbahn ist jedoch berechtigt, die letzteren Angaben auch bei Gütern in Wagenladungen zu verlangen, sofern die diese bildenden Frachtstücke derartige Bezeichnungen zulassen (§ 58 Absatz 4). Die in Anlage B aufgeführten Gegenstände sind unter

[1]) Vgl. Vorschriften über bedingungsweise zur Beförderung zugelassene Gegenstände, Bekanntmachung des Bundesrathes v. 9. Febr. 1895 (RGB 101 ff.) und 9. Febr. 1896 (RGB 9 f.).

der daselbst gebrauchten Bezeichnung in den Frachtbrief aufzunehmen.

e) Das Verlangen des Absenders, Ausnahmetarife unter den im § 81 für zulässig erklärten Bedingungen zur Anwendung zu bringen.

f) Die Angabe des etwa deklarirten Interesses an der Lieferung (§§ 84 ff.).

g) Die Angabe, ob das Gut in Eilfracht oder in gewöhnlicher Fracht zu befördern ist (§ 56).

h) Das genaue Verzeichniss der für die zoll- oder steueramtliche Behandlung oder die polizeiliche Prüfung nöthigen Begleitpapiere (§ 59).

i) Den Frankaturvermerk im Falle der Vorausbezahlung der Fracht oder der Hinterlegung eines Frankaturvorschusses (§ 61).

k) Die auf dem Gute haftenden Nachnahmen, und zwar sowohl die erst nach Eingang auszuzahlenden, als auch die von der Eisenbahn geleisteten Baarvorschüsse (§ 62).

l) Bei Sendungen, welche einer zoll- oder steueramtlichen Abfertigung unterliegen, die zu berührende Abfertigungsstelle, falls der Absender eine solche zu bezeichnen wünscht. Die Eisenbahn hat eine derartige Vorschrift zu befolgen.

Im Uebrigen bleibt die Wahl des Transportweges ausschliesslich dem Ermessen der Eisenbahn überlassen; letztere ist jedoch verpflichtet, das Gut auf demjenigen Wege zu befördern, welcher nach den veröffentlichten Tarifen den billigsten Frachtsatz und die günstigsten Transportbedingungen darbietet.

m) Die Unterschrift des Absenders mit seinem Namen oder seiner Firma sowie Angabe seiner Wohnung. Die Unterschrift kann durch eine gedruckte oder gestempelte Zeichnung ersetzt werden.

n) Den etwaigen Antrag auf Ausstellung eines Frachtbrief-Duplikats oder eines Aufnahmescheines (§ 54).

(2) Die Aufnahme weiterer Erklärungen in den Frachtbrief, die Ausstellung anderer Urkunden anstatt des Frachtbriefes sowie die Beifügung anderer Schriftstücke zum Frachtbriefe ist unzulässig, sofern dieselben nicht durch die Verkehrs-Ordnung für statthaft erklärt sind.

§. 52. Form des Frachtbriefes. (1) Zur Ausstellung des Frachtbriefes sind Formulare nach Massgabe der Anlage C und D zu verwenden, welche auf allen Stationen zu den im Tarife festzusetzenden Preisen käuflich zu haben sind. Dieselben müssen für gewöhnliche Fracht auf weisses Papier, für Eilfracht gleichfalls auf weisses Papier, jedoch mit einem auf der Vorder- und Rückseite oben und unten am Rande anzubringenden karminrothen Streifen, gedruckt sein. Für die Frachtbriefe ist Schreibpapier zu verwenden, welches die von dem Reichs-Eisenbahn-Amt festzusetzende Beschaffenheit besitzt.

(2) Es können jedoch durch die Landesaufsichtsbehörde mit Zustimmung des Reichs-Eisenbahn-Amts für regelmässig wiederkehrende Transporte zwischen bestimmten Orten, sowie für Sendungen, welche zur Weiterbeförderung über See bestimmt sind, Abweichungen von den Vorschriften des ersten Absatzes zugelassen werden.

(3) Die Frachtbriefe müssen zur Beurkundung ihrer Uebereinstimmung mit den desfallsigen Vorschriften den Kontrolstempel einer inländischen Eisenbahn tragen. Die Stempelung erfolgt bei den nicht für Rechnung der Eisenbahn gedruckten Frachtbriefen gegen eine im Tarif festzusetzende Gebühr und kann verweigert werden, sofern nicht gleichzeitig mindestens 100 Frachtbriefe vorgelegt werden.

(4) Sofern der auf dem Frachtbriefformular für die Beschreibung der Güter vorgesehene Raum sich als unzureichend erweist, hat dieselbe auf der Rückseite der für die Adresse bestimmten Hälfte des Formulars

nach Massgabe der Spalten des Frachtbriefes zu erfolgen. Reicht auch dieser Raum nicht aus, so sind dem Frachtbriefe besondere, die Beschreibung enthaltende und vom Absender zu unterzeichnende Blätter im Formate des Frachtbriefes fest anzuheften, auf welche in diesem besonders hinzuweisen ist. In den erwähnten Fällen ist in den vorgedruckten Spalten des Frachtbriefes das Gesammtgewicht der Sendung unter Angabe der für die Tarifirung massgebenden Bezeichnung der Transportgegenstände, nöthigenfalls unter Scheidung derselben nach den Tarifklassen, anzugeben. Den beigegebenen Blättern ist der Abfertigungsstempel der Versandstation aufzudrücken.

(5) Es ist gestattet, auf die Rückseite der für die Adresse bestimmten Hälfte des Frachtbriefes die Firma des Ausstellers aufzudrucken. Ebendaselbst können auch die nachstehenden nachrichtlichen Vermerke für den Empfänger: „von Sendung des N. N.“ — „zur Verfügung des N. N.“ — „zur Weiterbeförderung an N. N.“ und „versichert bei N. N.“ mit dem ausdrücklichen Zusatze: „ohne Verbindlichkeit für die Eisenbahn“ angebracht werden. An gleicher Stelle sind die den Bestimmungen der internationalen Reblaus-Konvention entsprechende Erklärung und amtliche Bescheinigung aufzunehmen.

(6) Die stark umrahmten Theile des Formulars sind durch die Eisenbahn, die übrigen durch den Absender auszufüllen. Bei Aufgabe von Gütern, welche der Absender zu verladen hat, sind von diesem auch die Nummer und die Eigenthumsmerkmale des Wagens an der vorgeschriebenen Stelle einzutragen.

(7) Mehrere Gegenstände dürfen nur dann in einen und denselben Frachtbrief aufgenommen werden, wenn das Zusammenladen derselben nach ihrer Beschaffenheit ohne Nachtheil erfolgen kann und Zoll-, Steuer- oder Polizeivorschriften nicht entgegenstehen. Den laut § 50 B bedingungsweise zur Beförderung zugelassenen Gegenständen sind besondere, andere Gegenstände nicht umfassende Frachtbriefe beizugeben. Werden bedingungsweise zur Beförderung zugelassene Gegenstände, für welche das Zusammenladen nach Anlage B Nr. XXXV gestattet ist, mit anderen Gütern zusammen zur Beförderung in Wagenladungen aufgegeben, so bedarf es der Beigabe eines besonderen Frachtbriefes für diese Gegenstände nicht. Für derartige Wagenladungen genügt **ein** Frachtbrief, in welchem jedoch die nur bedingungsweise zugelassenen Güter als solche durch Hinzufügung des Wortes („bedingungsweise“) ausdrücklich bezeichnet werden müssen. Den vom Absender aufzuladenden oder vom Empfänger abzuladenden Gütern sind besondere, andere Gegenstände nicht umfassende Frachtbriefe beizugeben.

(8) Die Versandstation kann verlangen, dass für jeden Wagen ein besonderer Frachtbrief beigegeben wird.

§. 53[1]). **Haftung für die Angaben im Frachtbriefe, Bahnseitige Ermittelungen. Frachtzuschläge.** (1) Der Absender haftet für die Richtigkeit der in den Frachtbrief aufgenommenen Angaben und Erklärungen und trägt alle Folgen, welche aus unrichtigen, ungenauen oder ungenügenden Erklärungen entspringen.

(2) Die Eisenbahn ist jederzeit berechtigt, die Uebereinstimmung des Inhalts der Sendungen mit den Angaben des Frachtbriefes zu prüfen und das Ergebniss festzustellen. Der Berechtigte ist einzuladen, bei der Prüfung zugegen zu sein, vorbehaltlich des Falles, wenn die letztere auf Grund polizeilicher Massregeln, die der Staat im Interesse der Sicher-

---

[1]) Hier in der neuen Fassung nach RGB 1895 S. 445.

heit oder der öffentlichen Ordnung zu ergreifen berechtigt ist, stattfindet. Erscheint der Berechtigte nicht, so sind zwei Zeugen beizuziehen.

(3) Zur Ermittelung des Gewichts und der Stückzahl einer Sendung ist die Eisenbahn jederzeit berechtigt. Die Eisenbahn ist verpflichtet, das Gewicht der Stückgüter bei der Aufgabe festzustellen. Ausdrücklichen Anträgen des Absenders auf Feststellung der Stückzahl oder des Gewichts der Wagenladungsgüter ist die Eisenbahn gegen eine im Tarife festzusetzende Gebühr stattzugeben verpflichtet, sofern die Güter vermöge ihrer Beschaffenheit eine derartige Feststellung ohne erheblichen Aufenthalt gestatten und die vorhandenen Wägevorrichtungen ausreichen. Einem Antrage auf bahnseitige Gewichtsfeststellung ist es gleichzuachten, wenn der Absender im Frachtbriefe kein Gewicht angegeben hat.

(4) Dem Absender steht frei, bei der Ermittelung des Gewichts und der Stückzahl zugegen zu sein. Verlangt der Absender, nachdem die Feststellung seitens der Eisenbahn bereits erfolgt ist, vor der Verladung der Güter eine nochmalige Ermittelung der Stückzahl oder des Gewichts in seiner Gegenwart, so ist die Eisenbahn berechtigt, auch dafür die tarifmässige Gebühr zu erheben.

(5) Die Feststellung des Gewichts wird von der Versandstation durch den Wägestempel auf dem Frachtbriefe bescheinigt.

(6) Für die Beladung der Wagen ist das daran vermerkte Ladegewicht massgebend. Eine stärkere Belastung ist bis zu der an den Wagen angeschriebenen Tragfähigkeit insoweit zulässig, als nach der natürlichen Beschaffenheit des Gutes nicht zu befürchten ist, dass in Folge von Witterungseinflüssen während des Transportes die Belastung über die Grenze der Tragfähigkeit hinausgehen werde. Eine die Tragfähigkeit überschreitende Belastung — Ueberlastung — ist in keinem Falle gestattet. Bei solchen ausserdeutschen Wagen, die nur eine, die zulässige Belastung kennzeichnende, dem Ladegewichte der deutschen Wagen entsprechende Anschrift tragen, darf das angeschriebene „Ladegewicht“ oder die angeschriebene „Tragfähigkeit“ bei der Beladung keinesfalls um mehr als 5 Prozent überschritten werden.

(7) Bei unrichtiger Angabe des Inhalts einer Sendung oder bei zu niedriger Angabe des Gewichts einer Wagenladung, sowie bei Ueberlastung eines vom Absender selbst beladenen Wagens ist — abgesehen von der Nachzahlung des etwaigen Frachtunterschiedes und dem Ersatze des entstandenen Schadens sowie den durch strafgesetzliche oder polizeiliche Bestimmungen vorgesehenen Strafen — ein Frachtzuschlag an die am Transporte betheiligten Eisenbahnen zu zahlen, dessen Höhe, wie folgt, festgesetzt wird.

(8) Wenn die im § 50 A Ziffer 4 und in der Anlage B aufgeführten Gegenstände unter unrichtiger oder ungenauer Deklaration zur Beförderung aufgegeben oder die in Anlage B gegebenen Sicherheitsvorschriften bei der Aufgabe ausser Acht gelassen werden, so beträgt der Frachtzuschlag 12 Mark für jedes Bruttokilogramm des ganzen Versandstückes.

(9) In allen anderen Fällen unrichtiger Inhaltsangabe beträgt der Frachtzuschlag, sofern die unrichtige Inhaltsangabe eine Frachtverkürzung herbeizuführen nicht geeignet ist, eine Mark für den Frachtbrief, sonst das Doppelte des Unterschiedes zwischen der Fracht für den angegebenen und der für den ermittelten Inhalt, mindestens aber eine Mark.

(10) Im Falle zu niedriger Angabe des Gewichts einer Wagenladung beträgt der Frachtzuschlag das Doppelte des Unterschiedes zwischen der Fracht für das angegebene und der für das ermittelte Gewicht.

(11) Im Falle der Ueberlastung (Absatz 6) eines vom Absender selbst beladenen Wagens beträgt der Frachtzuschlag das Sechsfache der Fracht für das die zulässige Belastung übersteigende Gewicht.

(12) Wenn gleichzeitig eine zu niedrige Gewichtsangabe und eine Ueberlastung vorliegt, so wird sowohl der Frachtzuschlag für zu niedrige Gewichtsangabe (Absatz 10), als auch der Frachtzuschlag für Ueberlastung (Absatz 11) erhoben.

(13) Ein Frachtzuschlag wird nicht erhoben: a) bei unrichtiger Gewichtsangabe und bei Ueberlastung, wenn der Absender im Frachtbriefe die Verwiegung verlangt hat, b) bei einer während des Transportes in Folge von Witterungseinflüssen eingetretenen Ueberlastung, wenn der Absender nachweist, dass er bei der Beladung des Wagens das daran vermerkte Ladegewicht nicht überschritten hat.

§. 54. Abschluss des Frachtvertrages. (1) Der Frachtvertrag ist abgeschlossen, sobald das Gut mit dem Frachtbriefe von der Versandstation zur Beförderung angenommen ist. Als Zeichen der Annahme wird dem Frachtbriefe der Tagesstempel der Abfertigungsstelle aufgedrückt.

(2) Die Abstempelung hat ohne Verzug nach vollständiger Auflieferung des in demselben Frachtbriefe verzeichneten Gutes und auf Verlangen des Absenders in dessen Gegenwart zu erfolgen.

(3) Der mit dem Stempel versehene Frachtbrief dient als Beweis über den Frachtvertrag.

(4) Jedoch machen bezüglich derjenigen Güter, deren Aufladen nach den Tarifen oder nach besonderer Vereinbarung von dem Absender besorgt wird, die Angaben des Frachtbriefes über das Gewicht und die Anzahl der Stücke gegen die Eisenbahn keinen Beweis, sofern nicht die Nachwägung oder Nachzählung seitens der Eisenbahn erfolgt und dies auf dem Frachtbriefe beurkundet ist.

(5) Die Eisenbahn ist verpflichtet, auf Verlangen des Absenders den Empfang des Frachtgutes, unter Angabe des Tages der Annahme zur Beförderung, auf einem ihr mit dem Frachtbriefe vorzulegenden, als solches zu bezeichnenden Duplikat des Frachtbriefes zu bescheinigen. Der Antrag auf Ertheilung des Duplikats ist vom Absender auf dem Frachtbriefe zu vermerken. Die Eisenbahn hat durch Aufdrückung eines Stempels zu bestätigen, dass dem Antrage entsprochen ist.

(6) Das Duplikat hat nicht die Bedeutung des Original-Frachtbriefes und ebensowenig diejenige eines Konnossements (Ladescheins).

(7) Bei solchen Gütern, welche nicht in ganzen Wagenladungen aufgegeben werden, kann an Stelle des Duplikats ein als solcher zu bezeichnender Aufnahmeschein ausgestellt werden, welcher dieselbe rechtliche Bedeutung wie das Duplikat hat.

(8) Auf Wunsch des Absenders kann der Empfang des Gutes auch in anderer Form, insbesondere mittelst Eintrags in ein Quittungsbuch u. s. w. bescheinigt werden. Eine derartige Bescheinigung hat nicht die Bedeutung eines Frachtbrief-Duplikats oder eines Aufnahmescheins

§. 55. Vorläufige Einlagerung des Gutes. (1) Die Eisenbahn ist nur verpflichtet, die Güter zum Transporte anzunehmen, soweit die Beförderung derselben sofort erfolgen kann.

(2) Die Eisenbahn ist jedoch verpflichtet, die ihr zugeführten Güter, deren Beförderung nicht sofort erfolgen kann, soweit die Räumlichkeiten es gestatten, gegen Empfangsbescheinigung mit dem Vorbehalt in einstweilige Verwahrung zu nehmen, dass die Annahme zur Beförderung und die Aufdrückung des Abfertigungsstempels auf den Frachtbrief (§ 54 Absatz 1) erst dann erfolgt, wenn die Beförderung möglich ist.

Der Absender hat im Frachtbriefe sein Einverständniss mit diesem Verfahren zu erklären. In diesem Falle haftet die Eisenbahn bis zum Abschluss des Frachtvertrages als Verwahrer.

(3) Mit Genehmigung der Aufsichtsbehörde ist die Eisenbahn berechtigt, im Falle sie Wagenladungsgüter, deren sofortige Beförderung nicht möglich ist, gleichwohl zum Transporte annimmt, mit dem Absender zu vereinbaren, dass für die Sendung die Lieferfrist von dem Tage an zu rechnen ist, an welchem die Absendung thatsächlich erfolgt. Der Absender hat sein Einverständniss auf dem Frachtbriefe zu erklären und auf dem Frachtbrief-Duplikat zu wiederholen. Die Eisenbahn ist verpflichtet, den Zeitpunkt der Absendung auf dem Frachtbriefe durch Aufdrückung eines besonderen Stempels ersichtlich zu machen und diesen Zeitpunkt dem Absender ohne Verzug mitzutheilen.

§. 56. Auflieferung und Beförderung des Gutes. (1) Das Gut muss in den von der Eisenbahn festzusetzenden Dienststunden aufgeliefert und, falls die Verladung tarifmässig dem Absender obliegt, innerhalb derselben verladen werden. Bei einer nach und nach stattfindenden Auflieferung der mit demselben Frachtbriefe aufgegebenen Sendung ist, sofern die Auflieferung durch den Absender über 24 Stunden verzögert wird, die Eisenbahn berechtigt, ein im Tarife festzusetzendes Lagergeld zu erheben. Dasselbe gilt in dem Falle, wenn Güter mit unvollständigem oder unrichtigem Frachtbriefe aufgeliefert sind und die Berichtigung nicht binnen 24 Stunden nach der Beanstandung erfolgt. Wegen der Anfuhr der Güter durch Rollfuhrunternehmer der Eisenbahn siehe §. 68.

(2) Die Beförderung erfolgt, je nach der Bestimmung im Frachtbriefe, in Eilfracht oder in gewöhnlicher Fracht.

(3) An Sonn- und Festtagen wird gewöhnliches Frachtgut nicht angenommen und am Bestimmungsorte dem Empfänger nicht verabfolgt. Eilgut wird auch an Sonn- und Festtagen, aber nur in den ein- für allemal bestimmten, durch Aushang an den Abfertigungsstellen, sowie in einem Lokalblatte bekannt zu machenden Tageszeiten angenommen und ausgeliefert.

(4) Die Beförderung der Güter findet in der Reihenfolge statt, in welcher sie zum Transporte angenommen worden sind, sofern die Eisenbahn nicht zwingende Gründe des Eisenbahnbetriebes oder das öffentliche Interesse für eine Ausnahme geltend machen kann. Jede Zuwiderhandlung gegen diese Bestimmung begründet den Anspruch auf Ersatz des dadurch entstandenen Schadens.

(5) Die Eisenbahnen sind verpflichtet, Einrichtungen zu treffen, durch welche die Reihenfolge der Güterabfertigung festgestellt werden kann.

(6) Die Bereitstellung der Wagen für solche Güter, deren Verladung der Absender selbst besorgt, muss für einen bestimmten Tag nachgesucht und die Auflieferung und Verladung in der von der Eisenbahn zu bestimmenden Frist vollendet werden. Diese Frist ist durch Anschlag an den Abfertigungsstellen sowie in einem Lokalblatte bekannt zu machen.

(7) Erfolgt die Auflieferung und Verladung nicht innerhalb dieser Frist, so hat der Absender nach deren Ablauf das im Tarife festzusetzende Wagenstandgeld zu bezahlen. Bei Bestellung des Wagens ist auf Verlangen der Eisenbahn eine den Betrag einer Tagesversäumniss deckende Kaution zu erlegen. Auch ist die Eisenbahn berechtigt, den Wagen auf Kosten des Bestellers zu entladen und das Gut auf dessen Gefahr und Kosten auf Lager zu nehmen. Wenn die Eisenbahn fest zugesagte

Wagen nicht rechtzeitig stellt, so hat sie dem Besteller eine dem Wagenstandgeld entsprechende Entschädigung zu zahlen.

§. 57. Beförderung in gedeckten oder in offenen Wagen. (1) Der Absender ist, sofern nicht eine Bestimmung der Verkehrsordnung, oder Zoll-, Steuer- und polizeiliche Vorschriften oder zwingende Gründe des Betriebes entgegenstehen, berechtigt, durch schriftlichen Vermerk auf dem Frachtbriefe zu verlangen:

1. dass bei denjenigen Gütern, welche nach dem Tarife in offen gebauten Wagen befördert werden, die Beförderung in gedeckt gebauten Wagen erfolge,
2. dass bei denjenigen Gütern, welche nach dem Tarife in gedeckt gebauten Wagen befördert werden, die Beförderung in offen gebauten Wagen stattfinde.

(2) Im ersteren Falle kann die Eisenbahn einen im Tarife festzusetzenden Zuschlag zur Fracht erheben.

(3) Der Tarif bestimmt, ob und unter welchen Bedingungen auf den im Frachtbriefe zu stellenden Antrag des Absenders Decken für offen gebaute Wagen miethweise überlassen werden.

§. 58. Verpackung und Bezeichnung des Gutes. (1) Soweit die Natur des Frachtgutes zum Schutze gegen Verlust oder Beschädigung auf dem Transporte eine Verpackung nöthig macht, liegt die gehörige Besorgung derselben dem Absender ob.

(2) Ist der Absender dieser Verpflichtung nicht nachgekommen, so ist die Eisenbahn, falls sie nicht die Annahme des Gutes verweigert, berechtigt zu verlangen, dass der Absender auf dem Frachtbriefe das Fehlen oder die Mängel der Verpackung unter spezieller Bezeichnung anerkennt und der Versandstation hierüber ausserdem eine besondere Erklärung nach Massgabe des vorgeschriebenen Formulars (Anlage E) ausstellt. Solche Formulare sind von der Abfertigungsstelle bereit zu halten.

(3) Für derartig bescheinigte sowie für solche Mängel der Verpackung, welche äusserlich nicht erkennbar sind, hat der Absender zu haften und jeden daraus entstehenden Schaden zu tragen beziehungsweise der Bahnverwaltung zu ersetzen. Ist die Ausstellung der gedachten Erklärung nicht erfolgt, so haftet der Absender für äusserlich erkennbare Mängel der Verpackung nur, wenn ihm ein arglistiges Verfahren zur Last fällt.

(4) Die Stückgüter sind in haltbarer, deutlicher und Verwechselungen ausschliessender Weise, genau übereinstimmend mit den Angaben im Frachtbriefe, äusserlich zu bezeichnen (signiren).

(5) Die Eisenbahn ist berechtigt zu verlangen, dass Stückgüter vom Absender mit der Bezeichnung der Bestimmungsstation in dauerhafter Weise versehen werden, sofern deren Beschaffenheit dies ohne besondere Schwierigkeit gestattet.

§. 59. Zoll-, Steuer-, Polizei- und statistische Vorschriften. (1) Der Absender ist verpflichtet, dem Frachtbriefe diejenigen Begleitpapiere beizugeben, welche zur Erfüllung der etwa bestehenden Zoll-, Steuer- oder Polizeivorschriften vor der Ablieferung an den Empfänger erforderlich sind. Er haftet der Eisenbahn, sofern derselben nicht ein Verschulden zur Last fällt, für alle Folgen, welche aus dem Mangel, der Unzulänglichkeit oder Unrichtigkeit dieser Papiere entstehen.

(2) Der Eisenbahn liegt eine Prüfung der Richtigkeit und Vollständigkeit derselben nicht ob.

(3) Die Zoll-, Steuer- und Polizeivorschriften werden, solange das

Gut sich auf dem Wege befindet, von der Eisenbahn erfüllt. Sie kann diese Aufgabe unter ihrer eigenen Verantwortlichkeit einem Spediteur übertragen oder gegen eine im Tarife festzusetzende Gebühr selbst übernehmen. In beiden Fällen hat sie die Verpflichtungen eines Spediteurs.

(4) Falls der Absender eine Art der Abfertigung beantragt hat, welche im gegebenen Falle nicht zulässig ist, so hat die Eisenbahn diejenige Abfertigung zu veranlassen, welche sie für das Interesse des Absenders am vortheilhaftesten erachtet. Der Absender ist hiervon zu benachrichtigen.

(5) Der Verfügungsberechtigte kann der Zollbehandlung entweder selbst oder durch einen im Frachtbriefe bezeichneten Bevollmächtigten beiwohnen, um die nöthigen Aufklärungen über die Tarifirung des Gutes zu ertheilen und seine Bemerkungen beizufügen. Diese Befugniss begründet nicht das Recht, das Gut in Besitz zu nehmen oder die Zollbehandlung selbst vorzunehmen.

(6) Bei der Ankunft des Gutes am Bestimmungsorte steht dem Empfänger das Recht zu, die zoll- und steueramtliche Behandlung zu besorgen, falls nicht im Frachtbriefe etwas anderes festgesetzt ist.

(7) Bezüglich der Güter, welche über die Grenzen des deutschen Zollgebiets ein-, aus- oder durchgeführt werden, sind die reichsgesetzlichen Bestimmungen, betreffend die Statistik des Waarenverkehrs, und die dazu erlassenen Ausführungsvorschriften zu beachten. Die Beschaffung der nach diesem Gesetze erforderlichen Anmeldescheine in Betreff der Ein-, Aus- und Durchfuhr liegt dem Absender beziehungsweise Empfänger ob. Sofern solche eisenbahnseitig bewirkt wird, kommen dafür die im Tarife festzusetzenden Gebühren zur Erhebung. Anmeldescheine, welche mit dem Stempel des Kaiserlichen Statistischen Amts nicht versehen sind, unterliegen behufs Feststellung ihrer Uebereinstimmung mit dem vorgeschriebenen Formular der zuvorigen Abstempelung seitens der Eisenbahn gegen die im Tarife festzusetzende Gebühr.

§. 60. Berechnung der Fracht. (1) Die Grundsätze für die Frachtberechnung sind im Tarife (§. 7) anzugeben.

(2) Ausser den im Tarife angegebenen Frachtsätzen und Vergütungen für besondere im Tarife vorgesehene Leistungen dürfen nur baare Auslagen erhoben werden, insbesondere Aus-, Ein- und Durchgangsabgaben, nicht in den Tarif aufgenommene Kosten für Ueberführung und Auslagen für Ausbesserungen an den Gütern, welche in Folge ihrer äusseren oder inneren Beschaffenheit zu ihrer Erhaltung nothwendig werden. Diese Auslagen sind gehörig festzustellen und in dem Frachtbriefe ersichtlich zu machen, welchem die Beweisstücke beizugeben sind.

(3) Wenn die Eisenbahn die Güter von der Behausung des Absenders abholen oder aus Schiffen löschen lässt, oder an die Behausung des Empfängers oder an einen anderen Ort, z. B. nach Packhöfen, Lagerhäusern, Revisionsschuppen, in Schiffe u. s. w. bringen lässt, so sind die durch die Tarife oder durch Aushang an den Abfertigungsstellen bekannt zu machenden Gebühren hierfür zu entrichten. Der Rollfuhrmann hat seinen Gebührentarif bei sich zu tragen und auf Verlangen vorzuzeigen.

§. 61. Zahlung der Fracht. (1) Werden die Frachtgelder nicht bei der Aufgabe des Gutes zur Beförderung berichtigt, so gelten sie als auf den Empfänger angewiesen.

(2) Bei Gütern, welche nach dem Ermessen der annehmenden Bahnen schnellem Verderben unterliegen oder wegen ihres geringen Werthes

die Fracht nicht sicher decken, kann die Vorausbezahlung der Frachtgelder gefordert werden.

(3) Wenn im Falle der Frankirung der Betrag der Gesammtfracht beim Versand nicht genau bestimmt werden kann, so kann die Versandbahn die Hinterlegung des ungefähren Frachtbetrages fordern.

(4) Wurde der Tarif unrichtig angewendet oder sind Rechnungsfehler bei der Festsetzung der Fracht und der Gebühren vorgekommen, so ist das zu wenig Geforderte nachzuzahlen, das zu viel Erhobene zu erstatten und zu diesem Zweck dem Berechtigten thunlichst bald Nachricht zu geben. Ein derartiger Anspruch kann nur binnen Jahresfrist vom Tage der Zahlung an geltend gemacht werden. Die Bestimmung des §. 90 Absatz 1 findet keine Anwendung.

§. 62. Nachnahme. (1) Dem Absender ist gestattet, das Gut bis zur Höhe des Werthes desselben mit Nachnahme zu belasten. Bei denjenigen Gütern, für welche die Eisenbahn Vorausbezahlung der Fracht zu verlangen berechtigt ist (§. 61 Absatz 2), kann die Belastung mit Nachnahme verweigert werden.

(2) Für die aufgegebene Nachnahme wird die tarifmässige Provision berechnet. Die Berechnung von Provision ist auch für baare Auslagen der Eisenbahn gestattet. Provisionsfrei sind die von den Eisenbahnen nachgenommenen Frachtgelder, die tarifmässigen Nebengebühren, als: Frachtbrief-, Wäge-, Signir-, Lade-, Krahngelder, Zollabfertigungsgebühren u. s. w., ferner die statistische Gebühr des Waarenverkehrs sowie Portoauslagen und die Rollgelder der von der Bahnverwaltung bestellten Fuhrunternehmer.

(3) Als Bescheinigung über die Auflegung von Nachnahmen dient der abgestempelte Frachtbrief, das Frachtbrief-Duplikat oder die anderweit gestattete Bescheinigung über Aufgabe von Gütern. Auf Verlangen werden ausserdem besondere Nachnahmescheine, und zwar gebührenfrei ertheilt.

(4) Die Eisenbahn ist verpflichtet, sobald der Betrag der Nachnahme von dem Empfänger bezahlt ist, den Absender hiervon zu benachrichtigen und demselben die Nachnahme auszuzahlen. Dies findet auch Anwendung auf Auslagen, welche vor der Aufgabe für das Frachtgut gemacht worden sind. Ist im Tarife die Auszahlung der Nachnahme vom Ablauf einer bestimmten Frist abhängig gemacht, so entfällt die Nothwendigkeit einer besonderen Benachrichtigung.

(5) Ist das Gut ohne Einziehung der Nachnahme abgeliefert worden, so haftet die Eisenbahn für den Schaden bis zum Betrage der Nachnahme und hat denselben dem Absender sofort zu ersetzen, vorbehaltlich ihres Rückgriffs gegen den Empfänger.

(6) Baarvorschüsse können zugelassen werden, wenn dieselben nach dem Ermessen des abfertigenden Beamten durch den Werth des Gutes sicher gedeckt sind.

§. 63. Lieferfrist. (1) Die Lieferfristen sind durch die Tarife zu veröffentlichen und dürfen die nachstehenden Maximalfristen nicht überschreiten:

a. für Eilgüter:

1. Expeditionsfrist . . . . 1 Tag,
2. Transportfrist
   für je auch nur angefangene 300 Kilometer . . . . 1 Tag;

b. für Frachtgüter:

1. Expeditionsfrist . . . . 2 Tage,

2. Transportfrist
bei einer Entfernung bis zu 100 Kilometer . . . . 1 Tag,
bei grösseren Entfernungen für je auch nur angefangene weitere 200 Kilometer . . . . 1 Tag.

(2) Wenn der Transport aus dem Bereiche einer Eisenbahnverwaltung in den Bereich einer anderen anschliessenden Verwaltung übergeht, so berechnen sich die Transportfristen aus der Gesammtentfernung zwischen der Aufgabe- und Bestimmungsstation, während die Expeditionsfristen ohne Rücksicht auf die Zahl der durch den Transport berührten Verwaltungsgebiete nur einmal zur Berechnung kommen.

(3) Den Eisenbahnverwaltungen ist gestattet, mit Genehmigung der Aufsichtsbehörde Zuschlagsfristen für folgende Fälle festzusetzen:

1. Für solche Güter, deren Beförderung von und nach abseits von der Bahn gelegenen Orten (Güternebenstellen) die Eisenbahn übernommen hat.
2. Für aussergewöhnliche Verkehrsverhältnisse, wobei es zulässig ist, die Zuschlagsfristen ausnahmsweise vorbehaltlich der Genehmigung der Aufsichtsbehörde festzusetzen.
3. Für den Uebergang auf Bahnen mit anderer Spurweite.

Die Zuschlagsfristen sind gehörig zu veröffentlichen. Aus der Bekanntmachung muss zu ersehen sein, ob und durch welche Behörde die Genehmigung ertheilt, oder ob eine solche vorbehalten ist. Im letzteren Falle muss die nachträglich erfolgte Genehmigung innerhalb 8 Tagen durch eine besondere Bekanntmachung veröffentlicht werden. Die Festsetzung von Zuschlagsfristen ist wirkungslos, wenn die nachträgliche Genehmigung von der Aufsichtsbehörde versagt, oder die ertheilte Genehmigung nicht rechtzeitig veröffentlicht wird.

(4) Die Lieferfrist beginnt, abgesehen von dem Falle des §. 55 Absatz 3, mit der auf die Annahme des Gutes nebst Frachtbrief (§. 54 Absatz 1) folgenden Mitternacht und ist gewahrt, wenn innerhalb derselben das Gut dem Empfänger oder derjenigen Person, an welche die Ablieferung gültig geschehen kann, an die Behausung oder an das Geschäftslokal zugeführt ist oder, falls eine solche Zuführung nicht zugesagt oder ausdrücklich verboten ist (§. 68 Absatz 5), wenn innerhalb der gedachten Frist schriftliche Nachricht von der erfolgten Ankunft für den Empfänger zur Post gegeben oder solche ihm auf andere Weise wirklich zugestellt ist.

(5) Für Güter, welche bahnlagernd gestellt sind, sowie für solche Güter, deren Empfänger sich die Benachrichtigung schriftlich verbeten haben, ist die Lieferzeit gewahrt, wenn das Gut innerhalb derselben auf der Bestimmungsstation zur Abnahme bereitgestellt ist.

(6) Der Lauf der Lieferfristen ruht für die Dauer der Zoll- oder steueramtlichen oder polizeilichen Abfertigung sowie für die Dauer einer ohne Verschulden der Eisenbahn eingetretenen Betriebsstörung, durch welche der Antritt oder die Fortsetzung des Bahntransportes zeitweilig verhindert wird.

(7) Ist der auf die Auflieferung des Gutes zur Beförderung folgende Tag ein Sonntag oder Festtag, so beginnt bei gewöhnlichem Frachtgute die Lieferfrist 24 Stunden später.

(8) Falls der letzte Tag der Lieferfrist ein Sonntag oder Festtag ist, so läuft bei gewöhnlichem Frachtgute die Lieferfrist erst an dem folgenden Werktage ab.

§. 64. Verfügungsrecht des Absenders. (1) Der Absender allein hat das Recht, die Verfügung zu treffen, dass das Gut auf der Versandstation zurückgegeben, unterwegs angehalten oder an einen anderen als den im Frachtbriefe bezeichneten Empfänger am Bestimmungsorte oder auf einer Zwischenstation abgeliefert werde.

(2) Dieses Recht steht indess im Falle der Ausstellung eines Frachtbrief-Duplikats oder eines Aufnahmescheins (§. 54 Absatz 5 und 7) dem Absender nur dann zu, wenn er das Duplikat oder den Aufnahmeschein vorweist. Hat in diesem Falle die Eisenbahn die Anweisungen des Absenders befolgt, ohne die Vorzeigung zu verlangen, so ist sie für den daraus entstehenden Schaden dem Empfänger, welchem der Absender die Urkunde übergeben hat, haftbar.

(3) Derartige Verfügungen des Absenders ist die Eisenbahn zu beachten nur verpflichtet, wenn sie ihr durch Vermittelung der Versandstation zugekommen sind.

(4) Das Verfügungsrecht des Absenders erlischt, auch wenn er das Frachtbrief-Duplikat oder den Aufnahmeschein besitzt, sobald nach Ankunft des Gutes am Bestimmungsorte der Frachtbrief dem Empfänger übergeben oder die von dem letzteren nach Massgabe des §. 66 erhobene Klage der Eisenbahn zugestellt worden ist. Ist dies geschehen, so hat die Eisenbahn nur die Anweisungen des bezeichneten Empfängers zu beachten, widrigenfalls sie demselben für das Gut haftbar wird.

(5) Die Eisenbahn darf die Ausführung der im Absatz 1 vorgesehenen Anweisungen nur dann verweigern oder verzögern, oder solche Anweisungen in veränderter Weise ausführen, wenn durch die Befolgung derselben der regelmässige Transportverkehr gestört würde.

(6) Die im ersten Absatz dieses Paragraphen vorgesehenen Verfügungen müssen mittelst schriftlicher und vom Absender unterzeichneter Erklärung nach dem Formular F erfolgen. Die Erklärung ist im Falle der Ausstellung eines Frachtbrief-Duplikats oder eines Aufnahmescheins auf der betreffenden Urkunde zu wiederholen, welche gleichzeitig der Eisenbahn vorzulegen und von dieser dem Absender zurückzugeben ist.

(7) Jede in anderer Form gegebene Verfügung des Absenders ist nichtig.

(8) Die Eisenbahn kann den Ersatz der Kosten verlangen, welche durch die Ausführung der im Absatz 1 vorgesehenen Verfügungen entstanden sind, insoweit diese Verfügungen nicht durch ihr eigenes Verschulden veranlasst worden sind. Diese Kosten (Reugeld) sind im Tarife ein- für allemal festzusetzen.

(9) Anweisungen des Absenders wegen nachträglicher Auflage, Erhöhung, Minderung oder Zurückziehung der Nachnahme sowie wegen nachträglicher Frankirung können nach dem Ermessen der Eisenbahn unter der Bedingung zugelassen werden, dass die Verfügung auf dem etwa ausgestellten Frachtbrief-Duplikat (Aufnahmeschein) vermerkt wird.

§. 65. Transporthindernisse. (1) Wird der Antritt oder die Fortsetzung des Eisenbahntransportes durch höhere Gewalt oder Zufall verhindert, so hat — abgesehen von dem Falle des Absatzes 3 dieses Paragraphen — die Eisenbahn den Absender um anderweitige Verfügung über das Gut anzugehen.

(2) Der Absender kann vom Vertrage zurücktreten, muss aber die Eisenbahn, sofern derselben kein Verschulden zur Last fällt, für die Kosten der Vorbereitung des Transportes, die Kosten der Wiederausladung und die Ansprüche in Beziehung auf den etwa bereits zurückgelegten Transportweg durch Zahlung der in den Tarifen festzusetzenden Gebühren entschädigen.

(3) Wenn die Fortsetzung des Transportes auf einem anderen Wege stattfinden kann, so ist, unbeschadet der aus Rücksichten des allgemei-

nen Verkehrs ergehenden Anordnungen der Aufsichtsbehörde, der Eisenbahn die Entscheidung überlassen, ob es dem Interesse des Absenders entspricht, das Gut auf einem anderen Wege dem Bestimmungsorte zuzuführen oder es anzuhalten und den Absender um anderweitige Anweisung anzugehen.

(4) Ist ein Frachtbrief-Duplikat oder Aufnahmeschein ausgestellt worden und befindet sich der Absender nicht im Besitze der ausgestellten Urkunde, so dürfen die in diesem Paragraphen vorgesehenen Verfügungen weder die Person des Empfängers, noch den Bestimmungsort abändern.

§. 66. Ablieferung des Gutes. (1) Die Eisenbahn ist verpflichtet, am Bestimmungsorte dem bezeichneten Empfänger gegen Bezahlung der im Frachtbriefe ersichtlich gemachten Beträge und gegen Bescheinigung des Empfangs (§ 68 Absatz 7) den Frachtbrief und das Gut auszuhändigen.

(2) Der Empfänger ist nach Ankunft des Gutes am Bestimmungsorte berechtigt, die durch den Frachtvertrag begründeten Rechte gegen Erfüllung der sich daraus ergebenden Verpflichtungen im eigenen Namen gegen die Eisenbahn geltend zu machen, sei es, dass er hierbei im eigenen oder im fremden Interesse handle. Er ist insbesondere berechtigt, von der Eisenbahn die Uebergabe des Frachtbriefes und die Auslieferung des Gutes zu verlangen. Dieses Recht erlischt, wenn der Absender der Eisenbahn eine nach Massgabe des § 64 zulässige entgegenstehende Verfügung ertheilt hat.

(3) Als Ort der Ablieferung gilt die vom Absender bezeichnete Bestimmungsstation.

§. 67. Annahme des Gutes durch den Empfänger. Durch Annahme des Gutes und des Frachtbriefes wird der Empfänger verpflichtet, der Eisenbahn die im Frachtbriefe ersichtlich gemachten Beträge zu zahlen. Vergleiche jedoch § 61 Absatz 4.

§. 68. Verfahren bei Ablieferung des Gutes. (1) Das Gut ist nach Massgabe der Bestimmung der Eisenbahnen entweder dem Empfänger an seine Behausung zuzuführen oder es ist ihm über die Ankunft schriftlich Nachricht zu geben. Diese Benachrichtigung ist dem Empfänger auf seine Kosten spätestens nach Ankunft und Bereitstellung des Gutes durch Boten, die Post oder sonstige Gelegenheit mit der Aufforderung zuzusenden, das Gut innerhalb der im Tarife bestimmten und in der Benachrichtigung zu bezeichnenden Frist abzunehmen. Die Benachrichtigung unterbleibt, wenn der Empfänger sich dieselbe verbeten hat, sowie bei bahnlagernd gestellten Gütern. Für die Ausfertigung der Benachrichtigung darf eine Gebühr nicht berechnet werden.

(2) Die Benachrichtigung über die Ankunft von Eilgut muss, sofern aussergewöhnliche Verhältnisse nicht eine längere Frist unvermeidlich machen, binnen 2 Stunden, die Zuführung in die Behausung des Empfängers binnen 6 Stunden nach Ankunft erfolgen. Diese Fristen ruhen an Sonn- und Festtagen von 12 Uhr Mittags, an Werktagen von 6 Uhr Abends bis zum Anfang der Dienststunden des folgenden Tages. Die Festsetzungen über die Lieferfrist (§. 63) werden hierdurch nicht berührt.

(3) Die Eisenbahn kann, wo sie es für angemessen erachtet, Rollfuhrunternehmer zum An- und Abfahren der Güter innerhalb des Stationsortes oder von und nach seitwärts gelegenen Ortschaften bestellen, auch an letzteren Güternebenstellen einrichten. Die Rollfuhrunternehmer gelten als Leute der Eisenbahn im Sinne des § 9 der Verkehrs-Ordnung. Vergleiche § 60 Absatz 3.

(4) Sind für Güter, deren Bestimmungsort nicht an der Eisenbahn gelegen oder eine nicht für den Güterverkehr eingerichtete Station ist, seitens der Verwaltung Einrichtungen zum Weitertransporte nicht getroffen, so hat die Eisenbahn, wenn nicht wegen sofortiger Weiterbeförderung vom Absender oder Empfänger Verfügung getroffen ist, entweder den Empfänger nach Massgabe der vorstehenden Bestimmungen zu benachrichtigen oder die Güter mittelst eines Spediteurs oder einer anderen Gelegenheit nach dem Bestimmungsorte auf Gefahr und Kosten des Absenders weiter befördern zu lassen.

(5) Diejenigen Empfänger, welche ihre Güter selbst abholen oder sich anderer als der von der Eisenbahn bestellten Fuhrunternehmer bedienen wollen, haben dies der Güter-Abfertigungsstelle rechtzeitig vorher, jedenfalls noch vor Ankunft des Gutes auf Erfordern der Abfertigungsstelle unter glaubhafter Bescheinigung ihrer Unterschrift, schriftlich anzuzeigen. Die Befugniss der Empfänger, ihre Güter selbst abzuholen oder durch andere als von der Eisenbahn bestellte Fuhrunternehmer abholen zu lassen, kann von der Eisenbahn im allgemeinen Verkehrsinteresse mit Genehmigung der Aufsichtsbehörde beschränkt oder aufgehoben werden.

(6) Ausgeschlossen von der Selbstabholung sind diejenigen Güter, welche nach zoll- oder steueramtlichen Vorschriften oder aus anderen Gründen nach Packhöfen oder Niederlagen der Zoll- oder Steuerverwaltung gefahren werden müssen.

(7) Die Auslieferung des Gutes erfolgt gegen Zahlung der etwa darauf haftenden Fracht- und sonstigen Beträge und gegen Ausstellung der Empfangsbescheinigung. Letztere hat sich auf die einfache Anerkennung des Empfangs zu beschränken; weitere Erklärungen, namentlich über tadellosen oder rechtzeitigen Empfang, dürfen nicht gefordert werden. Güter, welche nicht durch die Eisenbahn zuzuführen sind, werden dem Empfänger auf Vorzeigung des seitens der Eisenbahn quittirten Frachtbriefes zur Verfügung gestellt, und zwar die vom Empfänger auszuladenden auf den Entladeplätzen, die übrigen Güter in den Abfertigungsräumen (auf den Güterböden).

(8) Der Empfänger ist berechtigt, bei der Auslieferung von Gütern deren Nachwägung in seiner Gegenwart auf dem Bahnhofe zu verlangen. Diesem Verlangen muss die Eisenbahn bei Stückgütern stets, bei Wagenladungsgütern insoweit, als die vorhandenen Wägevorrichtungen dazu ausreichen, nachkommen. Gestatten die Wägevorrichtungen der Eisenbahn eine Verwiegung von Wagenladungsgütern auf dem Bahnhofe nicht, so bleibt dem Empfänger überlassen, die Verwiegung da, wo derartige Wägevorrichtungen am nächsten zur Verfügung stehen, in Gegenwart eines von der Eisenbahn zu bestellenden Bevollmächtigten vornehmen zu lassen. Ergiebt die Nachwägung kein von der Eisenbahn zu vertretendes Mindergewicht, so hat der Empfänger die durch die Verwiegung entstandenen Kosten oder die tarifmässigen Gebühren sowie die Entschädigung für den etwa bestellten Bevollmächtigten zu tragen. Dagegen hat die Eisenbahn, falls ein von ihr zu vertretendes und nicht bereits anerkanntes Mindergewicht festgestellt wird, dem Empfänger die ihm durch die Nachwägung verursachten Kosten zu erstatten.

§. 69. Fristen für die Abnahme der nicht zugerollten Güter. (1) Die tarifmässig durch die Eisenbahn auszuladenden Güter sind binnen der im Tarife festzustellenden lagerzinsfreien Zeit, welche nicht weniger als 24 Stunden nach Absendung beziehungsweise Empfang (vergleiche § 68 Absatz 1 in Verbindung mit § 63 Absatz 4) der Benachrichtigung betragen darf, während der vorgeschriebenen Geschäftsstunden abzunehmen.

(2) Die Fristen, binnen welcher die von dem Empfänger abzuladenden Güter durch denselben auszuladen und abzuholen sind, werden durch die besonderen Vorschriften jeder Verwaltung festgesetzt und sind, sofern sie für deren ganzes Gebiet gleichmässig erlassen werden, durch den Tarif, andernfalls auf jeder Station durch Aushang an den Abfertigungsstellen sowie durch Bekanntmachung in einem Lokalblatte zur öffentlichen Kenntniss zu bringen. Erfolgt die Benachrichtigung über die Ankunft des Gutes durch die Post, so beginnen diese Fristen frühestens 3 Stunden nach der Aufgabe des Benachrichtigungsschreibens zur Post.

(3) Für bahnlagernd gestellte sowie für solche Güter, deren Empfänger sich die Benachrichtigung schriftlich verbeten haben, beginnt der Lauf der im Absatz 1 und 2 erwähnten Fristen mit Ankunft des Gutes.

(4) Sonn- und Festtage werden nicht mitgerechnet. Der Lauf der Entladefristen (Absatz 2) ruht für die Dauer der zoll- und steueramtlichen Abfertigung, sofern diese nicht durch den Absender oder den Empfänger verzögert wird. Seitens der letzteren ist die Dauer der Abfertigung nachzuweisen.

(5) Wer das Gut nicht innerhalb der in diesem Paragraphen erwähnten Fristen abnimmt, hat ein in den Tarifen festzusetzendes Lagergeld oder Wagenstandgeld zu bezahlen. Auch ist die Eisenbahn berechtigt, die Ausladung der tarifmässig vom Empfänger auszuladenden Güter auf dessen Gefahr und Kosten zu besorgen.

(6) Dagegen ist die Eisenbahn zum Ersatze der nachgewiesenen Kosten der zwar rechtzeitig, aber vergeblich versuchten Abholung eines Gutes in dem Falle verpflichtet, wenn das Gut auf Benachrichtigung des Empfängers von der Ankunft nicht spätestens innerhalb 1 Stunde nach dem Eintreffen des Abholers zur Entladung oder Abgabe bereitgestellt ist.

(7) Wenn der geregelte Verkehr durch grosse Güteranhäufungen gefährdet wird, so ist die Eisenbahn zur Erhöhung der Lagergelder und der Wagenstandgelder und, wenn diese Massregel nicht ausreichen sollte, auch zur Verkürzung der Ladefristen und zur Beschränkung der lagerzinsfreien Zeit für die Dauer der Anhäufung der Güter, und zwar alles dieses unter Beachtung der für die Festsetzung von Zuschlagslieferfristen im §. 63 Absatz 3 Ziffer 2 gegebenen Vorschriften berechtigt.

§. 70. Ablieferungshindernisse. (1) Bei Ablieferungshindernissen hat die Empfangsstation den Absender durch Vermittelung der Versandstation von der Ursache des Hindernisses unverzüglich in Kenntniss zu setzen. Sie darf in keinem Falle ohne ausdrückliches Einverständniss des Absenders das Gut zurücksenden. Dies gilt insbesondere von Gütern, deren An- oder Abnahme verweigert oder nicht rechtzeitig bewirkt wird, oder deren Abgabe sonst nicht möglich ist.

(2) Derartige Güter hat die Eisenbahn auf Gefahr und Kosten des Absenders auf Lager zu nehmen und für dieselben die Sorgfalt eines ordentlichen Kaufmannes anzuwenden. Sie ist jedoch nach ihrem Ermessen auch berechtigt, solche Güter unter Nachnahme der darauf haftenden Kosten und Auslagen einem öffentlichen Lagerhause oder einem Spediteur für Rechnung und Gefahr dessen, den es angeht, auf Lager zu übergeben, wovon der Absender sofort zu benachrichtigen ist.

(3) Die Eisenbahn ist ferner befugt:

(a) Güter der im ersten Absatz erwähnten Art, wenn sie dem schnellen Verderben ausgesetzt sind, oder wenn sie nach den örtlichen

Verhältnissen weder eingelagert noch einem Spediteur übergeben werden können, sofort,

(b) Güter, welche weder vom Empfänger abgenommen noch vom Absender zurückgenommen werden, frühestens 4 Wochen nach Ablauf der lagerzinsfreien Zeit, falls aber deren Werth durch längere Lagerung oder durch die daraus entstehenden Kosten unverhältnissmässig vermindert würde, auch schon früher,

ohne weitere Förmlichkeit bestmöglich zu verkaufen. Von dem bevorstehenden Verkaufe ist der Absender womöglich zu benachrichtigen, auch ist ihm der Erlös nach Abzug der Kosten zur Verfügung zu stellen.

§. 71. Feststellung von Verlust und Beschädigung des Gutes seitens der Eisenbahn. (1) In allen Verlust-, Minderungs- und Beschädigungsfällen haben die Eisenbahnverwaltungen sofort eine eingehende Untersuchung vorzunehmen, das Ergebniss schriftlich festzustellen und dasselbe den Betheiligten auf ihr Verlangen mitzutheilen.

(2) Wird insbesondere eine Minderung oder Beschädigung des Gutes von der Eisenbahn entdeckt oder vermuthet oder seitens des Verfügungsberechtigtigten behauptet, so hat die Eisenbahn den Zustand des Gutes, den Betrag des Schadens und, soweit dies möglich, die Ursache und den Zeitpunkt der Minderung oder Beschädigung ohne Verzug protokollarisch festzustellen. Eine protokollarische Feststellung hat auch im Falle des Verlustes stattzufinden.

(3) Zur Feststellung in Minderungs- und Beschädigungsfällen sind unbetheiligte Zeugen oder, soweit dies die Umstände des Falles erfordern, Sachverständige, auch womöglich der Verfügungsberechtigte beizuziehen.

§. 72. Gerichtliche Feststellung von Ablieferungshindernissen, Verlust und Beschädigung. Jedem Betheiligten steht das Recht zu, unbeschadet des in den §§. 70 und 71 vorgesehenen Verfahrens, auch die gerichtliche Feststellung in Gemässheit der Bestimmungen des Handelsgesetzbuchs zu beantragen.

§. 73. Aktivlegitimation. Reklamationen. (1) Zur Geltendmachung der aus dem Eisenbahnfrachtvertrage gegenüber der Eisenbahn entspringenden Rechte ist nur derjenige befugt, welchem das Verfügungsrecht über das Frachtgut zusteht.

(2) Vermag der Absender das Duplikat des Frachtbriefes, den Aufnahmeschein oder eine Bescheinigung der Versandstation, dass eine solche Urkunde nicht ausgestellt ist, nicht beizubringen, so kann er seinen Anspruch nur mit Zustimmung des Empfängers geltend machen.

(3) Aussergerichtliche Ansprüche (Reklamationen) sind mit einer Bescheinigung über den Werth des Gutes und, wenn dem Empfänger der Frachtbrief übergeben ist, mit diesem anzubringen. Die Eisenbahnen haben derartige Ansprüche mit thunlichster Beschleunigung zu untersuchen und, sofern nicht eine gütliche Verständigung erfolgt, mittelst schriftlichen Bescheides zu erledigen.

§. 74. Haftung mehrerer Eisenbahnen. (1) Diejenige Bahn, welche das Gut mit dem Frachtbriefe zur Beförderung angenommen hat, haftet für die Ausführung des Transportes auch auf den folgenden Bahnen der Beförderungsstrecke bis zur Ablieferung.

(2) Jede nachfolgende Bahn tritt dadurch, dass sie das Gut mit dem ursprünglichen Frachtbriefe übernimmt, nach Massgabe des letzteren in den Frachtvertrag ein und übernimmt die selbständige Verpflichtung, den Transport nach Inhalt des Frachtbriefes auszuführen.

(3) Die Ansprüche aus dem Frachtvertrage können jedoch — unbeschadet des Rückgriffs der Bahnen gegen einander — im Wege der Klage nur gegen die erste Bahn oder gegen diejenige, welche das

Gut zuletzt mit dem Frachtbriefe übernommen hat, oder gegen diejenige Bahn gerichtet werden, auf deren Betriebsstrecke der Schaden sich ereignet hat. Unter den bezeichneten Bahnen steht dem Kläger die Wahl zu.

(4) Das Wahlrecht erlischt mit Erhebung der Klage.

§. 75. Haftung für Verlust und Beschädigung im Allgemeinen. (1) Die Eisenbahn haftet nach Massgabe der in den folgenden Paragraphen enthaltenen näheren Bestimmungen für den Schaden, welcher durch Verlust, Minderung oder Beschädigung des Gutes seit der Annahme zur Beförderung bis zur Ablieferung entstanden ist, sofern sie nicht zu beweisen vermag, dass der Schaden durch ein Verschulden des Verfügungsberechtigten oder eine nicht von der Eisenbahn verschuldete Anweisung desselben, durch die natürliche Beschaffenheit des Gutes (namentlich durch inneren Verderb, Schwinden, gewöhnliche Leckage) oder durch höhere Gewalt herbeigeführt worden ist.

(2) Der Ablieferung an den Empfänger steht die Ablieferung an Zoll- und Revisionsschuppen nach Ankunft des Gutes auf der Bestimmungsstation sowie die nach Massgabe der Verkehrsordnung stattfindende Ablieferung des Gutes an Lagerhäuser oder an einen Spediteur gleich.

§. 76. Beschränkung der Haftung bezüglich des Bestimmungsortes. (1) Ist auf dem Frachtbriefe als Ort der Ablieferung ein nicht an der Eisenbahn liegender Ort bezeichnet, so besteht die Haftpflicht der Eisenbahn als Frachtführer nur bis zur letzten Eisenbahnstation. In Bezug auf die Weiterbeförderung treten die Verpflichtungen des Spediteurs ein.

(2) Für Sendungen nach solchen seitwärts gelegenen Orten jedoch, nach welchen die Eisenbahn Einrichtungen für die Weiterbeförderung getroffen hat (§. 68 Absatz 3), erstreckt sich die Haftpflicht der Eisenbahn als Frachtführer auf den ganzen Transport.

(3) Ist von dem Absender auf dem Frachtbriefe bestimmt, dass das Gut an einem an der Eisenbahn liegenden Orte abgegeben werden oder liegen bleiben soll, so gilt, ungeachtet im Frachtbriefe ein anderweiter Bestimmungsort angegeben ist, der Transport als nur bis zu jenem ersteren, an der Bahn liegenden Orte übernommen, und die Eisenbahn ist nur bis zur Ablieferung an diesem Orte verantwortlich.

§. 77. Beschränkung der Haftung bei besonderen Gefahren. (1) Die Eisenbahn haftet nicht:

1. In Ansehung der Güter, welche nach der Bestimmung des Tarifes oder nach Vereinbarung mit dem Absender in offen gebauten Wagen transportirt werden,
   für den Schaden, welcher aus der mit dieser Transportart verbundenen Gefahr entstanden ist.

   Unter dieser Gefahr ist auffallender Gewichtsabgang oder Verlust ganzer Stücke nicht zu verstehen.
2. In Ansehung der Güter, welche, obgleich ihre Natur eine Verpackung zum Schutze gegen Verlust, Minderung oder Beschädigung auf dem Transporte erfordert, nach Erklärung des Absenders auf dem Frachtbriefe (§. 58) unverpackt oder mit mangelhafter Verpackung aufgegeben sind,
   für den Schaden, welcher aus der mit dem Mangel oder mit der mangelhaften Beschaffenheit der Verpackung verbundenen Gefahr entstanden ist.
3. In Ansehung derjenigen Güter, deren Auf- und Abladen nach Bestimmung des Tarifes oder nach besonderer Vereinbarung

mit dem Absender, von diesem beziehungsweise dem Empfänger besorgt wird,

für den Schaden, welcher aus der mit dem Auf- und Abladen oder mit mangelhafter Verladung verbundenen Gefahr entstanden ist.

4. In Ansehung der Güter, welche vermöge ihrer eigenthümlichen natürlichen Beschaffenheit der besonderen Gefahr ausgesetzt sind, Verlust, Minderung oder Beschädigung, namentlich Bruch, Rost, inneren Verderb, aussergewöhnliche Leckage, Austrocknung und Verstreuung zu erleiden,

für den Schaden, welcher aus dieser Gefahr entstanden ist.

5. In Ansehung lebender Thiere,

für den Schaden, welcher aus der mit der Beförderung dieser Thiere für dieselben verbundenen besonderen Gefahr entstanden ist.

6. In Ansehung derjenigen Güter, einschliesslich der Thiere, welchen nach der Bestimmung der Verkehrsordnung, des Tarifes oder nach besonderer Vereinbarung mit dem Absender ein Begleiter beizugeben ist,

für den Schaden, welcher aus der Gefahr entstanden ist, deren Abwendung durch die Begleitung bezweckt wird.

(2) Wenn ein eingetretener Schaden nach den Umständen des Falles aus einer der in diesem Paragraphen bezeichneten Gefahren entstehen konnte, so wird bis zum Nachweise des Gegentheils vermuthet, dass der Schaden aus der betreffenden Gefahr wirklich entstanden ist.

(3) Eine Befreiung von der Haftpflicht kann auf Grund dieses Paragraphen nicht geltend gemacht werden, wenn nachgewiesen wird, dass der Schaden durch Verschulden der Eisenbahn oder ihrer Leute entstanden ist.

§. 78. Beschränkung der Haftung bei Gewichtsverlusten. (1) In Ansehung der Güter, welche nach ihrer natürlichen Beschaffenheit bei dem Transporte regelmässig einen Verlust an Gewicht erleiden, ist die Haftpflicht der Eisenbahn für Gewichtsverluste bis zu nachstehenden Normalsätzen ausgeschlossen.

(2) Der Normalsatz beträgt 2 Prozent bei flüssigen und feuchten, sowie bei nachstehenden trockenen Gütern: geraspelte und gemahlene Farbhölzer, Rinden, Wurzeln, Süssholz, geschnittener Taback, Fettwaaren, Seifen und harte Oele, frische Früchte, frische Tabacksblätter, Schafwolle, Häute, Felle, Leder, getrocknetes und gebackenes Obst, Thierflechsen, Hörner und Klauen, Knochen (ganz und gemahlen), getrocknete Fische, Hopfen, frische Kitte.

(3) Bei allen übrigen trockenen Gütern der im Absatz 1 bezeichneten Art beträgt der Normalsatz 1 Prozent.

(4) Der Normalsatz wird, im Falle mehrere Stücke auf einen und denselben Frachtbrief befördert worden sind, für jedes Stück besonders berechnet, wenn das Gewicht der einzelnen Stücke im Frachtbriefe verzeichnet oder sonst erweislich ist.

(5) Diese Beschränkung der Haftpflicht tritt nicht ein, insoweit nachgewiesen wird, dass der Verlust nach den Umständen des Falles nicht in Folge der natürlichen Beschaffenheit des Gutes entstanden ist, oder dass der angenommene Prozentsatz dieser Beschaffenheit oder den sonstigen Umständen des Falles nicht entspricht.

(6) Bei gänzlichem Verlust des Gutes findet ein Abzug für Gewichtsverlust nicht statt.

§. 79. Vermuthung für den Verlust des Gutes. Der zur Klage

Berechtigte kann das Gut ohne weiteren Nachweiss als in Verlust gerathen betrachten, wenn sich dessen Ablieferung um mehr als 30 Tage nach Ablauf der Lieferfrist (§ 63) verzögert.

§. 80. Höhe des Schadensersatzes bei Verlust des Gutes. Wenn auf Grund der vorhergehenden Bestimmungen von der Eisenbahn für gänzlichen oder theilweisen Verlust des Gutes Ersatz geleistet werden muss, so ist der gemeine Handelswerth, in dessen Ermangelung der gemeine Werth zu ersetzen, welchen Gut derselben Art und Beschaffenheit am Orte der Ablieferung zu der Zeit hatte, zu welcher das Gut abzuliefern war. Davon kommt in Abzug, was in Folge des Verlustes an Fracht, Zöllen und sonstigen Kosten erspart ist.

§. 81. Höhe des Schadensersatzes bei ermässigten Ausnahmetarifen. Es ist den Eisenbahnen gestattet, besondere Bedingungen (Ausnahmetarife) mit Festsetzung eines im Falle des Verlustes, der Minderung oder Beschädigung zu ersetzenden Maximalbetrages zu veröffentlichen, sofern diese Ausnahmetarife eine Preisermässigung für den ganzen Transport gegenüber den gewöhnlichen Tarifen jeder Eisenbahn enthalten und der gleiche Maximalbetrag auf die ganze Transportstrecke Anwendung findet.

§. 82. Wiederauffinden des Gutes. (1) Der Entschädigungsberechtigte kann, wenn er die Entschädigung für das in Verlust gerathene Gut in Empfang nimmt, in der Quittung den Vorbehalt machen, dass er, für den Fall, als das Gut binnen 4 Monaten nach Ablauf der Lieferfrist wieder aufgefunden wird, hiervon seitens der Eisenbahnverwaltung sofort benachrichtigt werde. Ueber den Vorbehalt ist eine Bescheinigung zu ertheilen.

(2) In diesem Falle kann der Entschädigungsberechtigte innerhalb 30 Tagen nach erhaltener Nachricht verlangen, dass ihm das Gut nach seiner Wahl an dem Versand- oder an dem im Frachtbriefe angegebenen Bestimmungsorte kostenfrei gegen Rückerstattung der ihm bezahlten Entschädigung ausgeliefert werde.

(3) Wenn der im ersten Absatz erwähnte Vorbehalt nicht gemacht worden ist, oder wenn der Entschädigungsberechtigte in der im zweiten Absatz bezeichneten dreissigtägigen Frist das dort vorgesehene Begehren nicht gestellt hat, oder endlich, wenn das Gut erst nach 4 Monaten nach Ablauf der Lieferfrist wieder aufgefunden wird, so kann die Eisenbahn über das wieder aufgefundene Gut frei verfügen.

§. 83. Höhe des Schadensersatzes bei Beschädigung des Gutes. Im Falle der Beschädigung hat die Eisenbahn den ganzen Betrag des Minderwerthes des Gutes zu bezahlen. Im Falle die Beförderung nach einem Ausnahmetarife im Sinne des § 81 stattgefunden hat, wird der zu bezahlende Schadensbetrag verhältnissmässig herabgemindert.

§. 84. Deklaration des Interesses an der Lieferung. (1) Der Absender kann das Interesse an der Lieferung mit den in den folgenden §§ 85 und 87 vorgesehenen Rechtswirkungen deklariren. In diesem Falle ist ein im Tarife festzusetzender Frachtzuschlag zu entrichten.

(2) Die Summe, zu welcher das Interesse an der Lieferung deklarirt wird, muss im Frachtbriefe an der dafür vorgesehenen Stelle mit Buchstaben eingetragen werden.

(3) Der Frachtzuschlag für die Deklaration des Interesses an der Lieferung darf 5 vom Tausend der deklarirten Summe für je angefangene 200 Kilometer nicht übersteigen.

(4) Der geringste zur Erhebung kommende Frachtzuschlag beträgt 40 Pfennig.

(5) Ueberschiessende Beträge werden auf 10 Pfennig abgerundet.

§. 85. **Höhe des Schadensersatzes für Verlust oder Beschädigung bei Deklaration des Interesses an der Lieferung.** Hat eine Deklaration des Interesses an der Lieferung stattgefunden, so kann der Berechtigte im Falle des Verlustes, der Minderung oder der Beschädigung, ausser der durch die §§ 80 und 83 festgesetzten Entschädigung, noch einen weiteren Schadensersatz bis zur Höhe des in der Deklaration festgesetzten Betrages beanspruchen. Das Vorhandensein und die Höhe dieses weiteren Schadens hat der Berechtigte zu erweisen.

§. 86. **Haftung für Versäumung der Lieferfrist.** Die Eisenbahn haftet für den Schaden, welcher durch Versäumung der Lieferfrist (§ 63) entstanden ist, sofern sie nicht beweist, dass die Verspätung von einem Ereignisse herrührt, welches sie weder herbeigeführt hat noch abzuwenden vermochte.

§. 87. **Höhe des Schadensersatzes bei Versäumung der Lieferfrist.** Wenn auf Grund des vorhergehenden Paragraphen für Versäumung der Lieferfrist Ersatz zu leisten ist, so können folgende Vergütungen beansprucht werden:

I. Wenn eine Deklaration des Interesses an der Lieferung nicht stattgefunden hat:

1. ohne Nachweis eines Schadens, falls die Verspätung 12 Stunden übersteigt:

Bei einer Verspätung bis einschliesslich	1 Tag	1/10	der Fracht,
„ „ „ „ „	2 Tage	2/10	„ „
„ „ „ „ „	3 „	3/10	„ „
„ „ „ „ „	4 „	4/10	„ „
„ „ „ von längerer Dauer		5/10	„ „

2. Wird der Nachweis eines Schadens erbracht, so kann der Betrag des Schadens bis zur Höhe der ganzen Fracht beansprucht werden.

II. Wenn eine Deklaration des Interesses an der Lieferung stattgefunden hat:

1. ohne Nachweis eines Schadens, falls die Verspätung 12 Stunden übersteigt:

Bei einer Verspätung bis einschliesslich	1 Tag	2/10	der Fracht,
„ „ „ „ „	2 Tage	4/10	„ „
„ „ „ „ „	3 „	6/10	„ „
„ „ „ „ „	4 „	8/10	„ „
„ „ „ von längerer Dauer		die ganze Fracht.	

2. Wird der Nachweis eines Schadens erbracht, so kann der Betrag des Schadens beansprucht werden.

In beiden Fällen darf die Vergütung den deklarirten Betrag des Interesses nicht übersteigen.

§. 88. **Schadensersatz bei Arglist und grober Fahrlässigkeit.** Die Vergütung des vollen Schadens kann in allen Fällen gefordert werden, wenn derselbe in Folge der Arglist oder der groben Fahrlässigkeit der Eisenbahn entstanden ist.

§. 89. **Ausschluss der Haftung.** Wenn Gegenstände, welche vom Transporte ausgeschlossen oder zu demselben nur bedingungsweise zugelassen sind, unter unrichtiger oder ungenauer Deklaration zur Beförderung aufgegeben, oder wenn die für dieselben vorgesehenen Sicherheitsvorschriften vom Absender ausser Acht gelassen werden, so ist jede Haftpflicht der Eisenbahn auf Grund des Frachtvertrages ausgeschlossen.

§. 90. Erlöschen der Ansprüche nach Bezahlung der Fracht und Annahme des Gutes. (1) Ist die Fracht nebst den sonst auf dem Gute haftenden Forderungen bezahlt und das Gut angenommen, so sind alle Ansprüche gegen die Eisenbahn aus dem Frachtvertrage erloschen.

(2) Hiervon sind jedoch ausgenommen:

1. Entschädigungsansprüche, bei welchen der Berechtigte nachweisen kann, dass der Schaden durch Arglist oder grobe Fahrlässigkeit der Eisenbahn herbeigeführt worden ist;
2. Entschädigungsansprüche wegen Verspätung, wenn die Reklamation spätestens am siebenten Tage, den Tag der Annahme nicht mitgerechnet, bei einer der nach § 74 in Anspruch zu nehmenden Eisenbahnen angebracht wird;
3. Entschädigungsansprüche wegen solcher Mängel, deren Feststellung gemäss § 71 vor der Annahme des Gutes durch den Empfänger erfolgt ist, oder deren Feststellung nach § 71 hätte erfolgen sollen und durch Verschulden der Eisenbahn unterblieben ist;
4. Entschädigungsansprüche wegen äusserlich nicht erkennbarer Mängel, deren Feststellung nach der Annahme erfolgt ist, jedoch nur unter nachstehenden Voraussetzungen:
   a) es muss unmittelbar nach der Entdeckung des Schadens und spätestens 4 Wochen nach der Empfangnahme des Gutes der Antrag auf Feststellung gemäss § 71 bei der Eisenbahn oder bei dem zuständigen Gerichte angebracht werden;
   b) der Berechtigte muss beweisen, dass der Mangel während der Zeit zwischen der Annahme zur Beförderung und der Ablieferung entstanden ist.

   War indessen die Feststellung des Zustandes des Gutes durch den Empfänger auf der Empfangsstation möglich und hat die Eisenbahn sich bereit erklärt, dieselbe dort vorzunehmen, so findet die Bestimmung unter Ziffer 4 keine Anwendung.

(3) Es steht dem Empfänger frei, die Annahme des Gutes, auch nach Annahme des Frachtbriefes und Bezahlung der Fracht, insolange zu verweigern, als nicht seinem Antrage auf Feststellung der von ihm behaupteten Mängel stattgegeben ist. Vorbehalte bei der Annahme des Gutes sind wirkungslos, sofern sie nicht unter Zustimmung der Eisenbahn erfolgt sind.

(4) Wenn von mehreren auf dem Frachtbriefe verzeichneten Gegenständen einzelne bei der Ablieferung fehlen, so kann der Empfänger in der Empfangsbescheinigung die nicht abgelieferten Gegenstände unter spezieller Bezeichnung derselben ausschliessen.

(5) Alle in diesem Paragraphen erwähnten Entschädigungsansprüche müssen schriftlich erhoben werden.

§. 91. Verjährung. (1) Die Klagen gegen die Eisenbahn wegen gänzlichen Verlustes oder wegen Verminderung, Beschädigung oder verspäteter Ablieferung des Gutes verjähren nach einem Jahre.

(2) Die Frist beginnt in Ansehung der Klagen wegen gänzlichen Verlustes mit dem Ablauf des Tages, an welchem die Ablieferung hätte bewirkt sein müssen; in Ansehung der Klagen wegen Verminderung, Beschädigung oder verspäteter Ablieferung mit dem Ablauf des Tages, an welchem die Ablieferung geschehen ist.

(3) In gleicher Art sind die Einreden wegen Verlustes, Verminderung, Beschädigung oder verspäteter Ablieferung des Gutes erloschen, wenn nicht die Anzeige von diesen Thatsachen an die Eisenbahn binnen der einjährigen Frist abgesandt worden ist.

(4) Die Bestimmungen dieses Paragraphen finden in Fällen des Betruges oder der Veruntreuung der Eisenbahn keine Anwendung.

IX. Schlussbestimmung.

(1) Die Verkehrs-Ordnung sowie Aenderungen derselben werden durch das Reichs-Gesetzblatt veröffentlicht.

(2) Jede Eisenbahnverwaltung hat nach dem neuesten Stande ergänzte Exemplare der Verkehrsordnung zum Verkaufe bereit zu halten.

---

18. Internationales Uebereinkommen über den Eisenbahn-Frachtverkehr[1]).

Vom 14. Oktober 1890 (RGB 1892, S. 793 ff.).

Art. 1. Das gegenwärtige internationale Uebereinkommen findet Anwendung auf alle Sendungen von Gütern, welche auf Grund eines durchgehenden Frachtbriefes aus dem Gebiete eines der vertragschliessenden Staaten in das Gebiet eines andern vertragschliessenden Staates auf denjenigen Eisenbahnstrecken befördert werden, welche zu diesem Zwecke in der anliegenden Liste, vorbehaltlich der in Art. 58 vorgesehenen Aenderungen, bezeichnet sind.

Die Bestimmungen, welche zur Ausführung des gegenwärtigen Uebereinkommens von den vertragschliessenden Staaten vereinbart werden, sollen dieselbe rechtliche Wirkung haben, wie das Uebereinkommen selbst.

Art. 2. Die Bestimmungen des gegenwärtigen Uebereinkommens finden keine Anwendung auf die Beförderung folgender Gegenstände:

1) derjenigen Gegenstände, welche auch nur in einem der am Transporte betheiligten Gebiete dem Postzwange unterworfen sind;
2) derjenigen Gegenstände, welche wegen ihres Umfangs, ihres Gewichts oder ihrer sonstigen Beschaffenheit, nach der Anlage und dem Betriebe auch nur einer der Bahnen, welche an der Ausführung des Transportes theilzunehmen haben, sich zur Beförderung nicht eignen;
3) derjenigen Gegenstände, deren Beförderung auch nur auf einem der am Transporte betheiligten Gebiete aus Gründen der öffentlichen Ordnung verboten ist.

Art. 3. Die Ausführungs-Bestimmungen werden diejenigen Güter bezeichnen, welche, wegen ihres grossen Werthes, wegen ihrer besonderen Beschaffenheit oder wegen der Gefahren, welche sie für die Ordnung und Sicherheit des Eisenbahnbetriebes bieten, vom internationalen Transporte nach Massgabe dieses Uebereinkommens ausgeschlossen oder zu diesem Transporte nur bedingungsweise zugelassen sind.

Art. 4. Die Bedingungen der gemeinsamen Tarife der Eisenbahn-Vereine oder Verbände, sowie die Bedingungen der besonderen Tarife der Eisenbahnen haben, sofern diese Tarife auf den internationalen Transport Anwendung finden sollen, insoweit Geltung, als sie diesem Uebereinkommen nicht widersprechen; andernfalls sind sie nichtig.

Art. 5. Jede nach Massgabe des Art. 1 bezeichnete Eisenbahn ist verpflichtet, nach den Festsetzungen und unter den Bedingungen dieses

---

[1]) Abgeschlossen zwischen dem Deutschen Reich, Belgien, Frankreich, Italien, den Niederlanden, Luxemburg, Oesterreich, Russland und der Schweiz. Weitere Vereinbarungen RGB 1894, S. 113 ff., 1895, S. 465 ff.

Uebereinkommens, die Beförderung von Gütern im internationalen Verkehr zu übernehmen, sofern

1) der Absender den Anordnungen dieses Uebereinkommens sich unterwirft;
2) die Beförderung mit den regelmässigen Transportmitteln möglich ist;
3) nicht Umstände, welche als höhere Gewalt zu betrachten sind, die Beförderung verhindern.

Die Eisenbahnen sind nur verpflichtet, die Güter zum Transport anzunehmen, soweit die Beförderung derselben sofort erfolgen kann. Die für die Versandstation geltenden besonderen Vorschriften bestimmen, ob dieselbe verpflichtet ist, die Güter, deren Beförderung nicht sofort erfolgen kann, vorläufig in Verwahrung zu nehmen.

Die Beförderung der Güter findet in der Reihenfolge statt, in welcher sie zum Transport angenommen worden sind, sofern die Eisenbahn nicht zwingende Gründe des Eisenbahnbetriebes oder das öffentliche Interesse für eine Ausnahme geltend machen kann.

Jede Zuwiderhandlung gegen die Bestimmungen dieses Artikels begründet den Anspruch auf Ersatz des dadurch entstandenen Schadens.

Art. 6. Jede internationale Sendung (Art. 1) muss von einem Frachtbrief begleitet sein, welcher folgende Angaben enthält:

a) Ort und Tag der Ausstellung;
b) die Bezeichnung der Versandstation, sowie der Versandbahn;
c) die Bezeichnung der Bestimmungsstation, den Namen und den Wohnort des Empfängers;
d) die Bezeichnung der Sendung nach ihrem Inhalt, die Angabe des Gewichtes oder statt dessen eine den besonderen Vorschriften der Versandbahn entsprechende Angabe; ferner bei Stückgut die Anzahl, Art der Verpackung, Zeichen und Nummer der Frachtstücke;
e) das Verlangen des Absenders, Spezial-Tarife unter den in den Artikeln 14 und 35 für zulässig erklärten Bedingungen zur Anwendung zu bringen;
f) die Angabe des deklarirten Interesses an der Lieferung (Art. 38 und 40);
g) die Angabe, ob das Gut in Eilfracht oder in gewöhnlicher Fracht zu befördern sei;
h) das genaue Verzeichniss der für die zoll- oder steueramtliche Behandlung oder polizeiliche Prüfung nöthigen Begleitpapiere;
i) den Frankaturvermerk im Falle der Vorausbezahlung der Fracht oder der Hinterlegung eines Frankaturvorschusses (Art. 12, Absatz 3);
k) die auf dem Gute haftenden Nachnahmen, und zwar sowohl die erst nach Eingang auszuzahlenden, als auch die von der Eisenbahn geleisteten Baarvorschüsse (Art. 13);
l) die Angabe des einzuhaltenden Transportweges, unter Bezeichnung der Stationen, wo die Zollabfertigung stattfinden soll.

In Ermangelung dieser Angabe hat die Eisenbahn denjenigen Weg zu wählen, welcher ihr für den Absender am zweckmässigsten scheint. Für die Folgen dieser Wahl haftet die Eisenbahn nur, wenn ihr hierbei ein grobes Verschulden zur Last fällt.

Wenn der Absender den Transportweg angegeben hat, ist die Eisenbahn nur unter den nachstehenden Bedingungen berechtigt, für die Beförderung der Sendung einen andern Weg zu benutzen:

1) dass die Zollabfertigung immer in den vom Absender bezeichneten Stationen stattfindet;
2) dass keine höhere Fracht gefordert wird als diejenige, welche hätte bezahlt werden müssen, wenn die Eisenbahn den im Frachtbrief bezeichneten Weg benutzt hätte;

3) dass die Lieferfrist der Waare nicht länger ist, als sie gewesen wäre, wenn die Sendung auf dem im Frachtbrief bezeichneten Wege ausgeführt worden wäre;

m) die Unterschrift des Absenders mit seinem Namen oder seiner Firma, sowie die Angabe seiner Wohnung. Die Unterschrift kann durch eine gedruckte oder gestempelte Zeichnung des Absenders ersetzt werden, wenn die Gesetze oder Reglemente des Versandortes es gestatten.

Die näheren Festsetzungen über die Ausstellung und den Inhalt des Frachtbriefes, insbesondere das zur Anwendung kommende Formular, bleiben den Ausführungs-Bestimmungen vorbehalten.

Die Aufnahme weiterer Erklärungen in den Frachtbrief, die Ausstellung anderer Urkunden anstatt des Frachtbriefes, sowie die Beifügung anderer Schriftstücke zum Frachtbriefe ist unzulässig, sofern dieselben nicht durch dieses Uebereinkommen für statthaft erklärt sind.

Die Eisenbahn kann indess, wenn es die Gesetze oder Reglemente des Versandortes vorschreiben, vom Absender ausser dem Frachtbrief die Ausstellung einer Urkunde verlangen, welche dazu bestimmt ist, in den Händen der Verwaltung zu bleiben, um ihr als Beweis über den Frachtvertrag zu dienen.

Jede Eisenbahn-Verwaltung ist berechtigt, für den internen Dienst ein Stammheft zu erstellen, welches in der Versandstation bleibt und mit derselben Nummer versehen wird, wie der Frachtbrief und das Duplikat.

Art. 7 = Verkehrsordnung §. 53[1]).

Art. 8 = Verkehrsordnung §. 54, 1—6[2]).

Art. 9 = Verkehrsordnung §. 58, 1—3[3]).

Art. 10 = Verkehrsordnung §. 59, 1—3, 5, 6.

Art. 11. Die Berechnung der Fracht erfolgt nach Massgabe der zu Recht bestehenden, gehörig veröffentlichten Tarife. Jedes Privat-Uebereinkommen, wodurch einem oder mehreren Absendern eine Preisermässigung gegenüber den Tarifen gewährt werden soll, ist verboten und nichtig. Dagegen sind Tarifermässigungen erlaubt, welche gehörig veröffentlicht sind und unter Erfüllung der gleichen Bedingungen Jedermann in gleicher Weise zu Gute kommen[4]).

Art. 12 = Verkehrsordnung §. 61[5]).

Art. 13. Dem Absender ist gestattet, das Gut bis zur Höhe des Werthes desselben mit Nachnahme zu belasten. Diese Nachnahme darf jedoch den in den Ausführungs-Bestimmungen festgesetzten Höchstbetrag nur insoweit übersteigen, als sämmtliche am Transport betheiligte Bahnen einverstanden sind. Diejenigen Güter, für welche Vorausbezahlung der Fracht verlangt werden kann (Art. 12, Abs. 2), dürfen nicht mit Nachnahme belastet werden.

Für die aufgegebene Nachnahme wird die tarifmässige Provision berechnet.

---

1) Unter Verweisung auf die am Orte des Vorganges bestehenden Gesetze oder Reglemente, die in der Verk.-O. unter Ziffer 3—6 und 8—10 enthalten sind.

2) Statt Ziffer 5 der Verk.-O. heisst es: „Die Eisenbahn ist verpflichtet, den Empfang des Frachtbriefes, unter Angabe des Datums der Annahme zur Beförderung, auf einem ihr mit dem Frachtbriefe vorzulegenden Duplikate desselben zu bescheinigen".

3) Die in Ziffer 2 der Verk.-O. berührte „besondere Erklärung" ist „nach Massgabe eines durch die Ausführungsbestimmungen festgesetzten Formulars" auszustellen.

4) Das Folgende = Verk.-O. §. 60, 2.

5) Statt des letzten Satzes der Verk.-O. heisst es: „Die Bestimmungen des Art. 45 Absatz 3 finden Anwendung auf die im gegenwärtigen Artikel erwähnten Forderungen, mögen diese von der Eisenbahn oder gegen dieselbe erhoben werden. Die Bestimmung des Art. 44, erster Absatz, findet keine Anwendung".

Die Eisenbahn ist nicht verpflichtet, dem Absender die Nachnahme eher auszuzahlen, als bis der Betrag derselben vom Empfänger bezahlt ist. Dies findet auch Anwendung auf Auslagen, welche vor der Aufgabe für das Frachtgut gemacht worden sind[1]).

Art. 14. Die Ausführungsbestimmungen werden die allgemeinen Vorschriften betreffend die Maximallieferfristen, die Berechnung, den Beginn, die Unterbrechung und das Ende der Lieferfristen feststellen.

Wenn nach den Gesetzen und Reglementen eines der Vertragsstaaten Spezialtarife zu reduzirten Preisen und mit verlängerten Lieferfristen gestattet sind, so können die Eisenbahnen dieses Staates diese Tarife mit verlängerten Fristen auch im internationalen Verkehr anwenden.

Im Uebrigen richten sich die Lieferfristen nach den Bestimmungen der im einzelnen Falle zur Anwendung kommenden Tarife.

Art. 15 = Verkehrsordnung §. 64, 1—8[2]).

Art. 16 = Verkehrsordnung §. 66.

Art. 17 = Verkehrsordnung §. 67, Satz 1.

Art. 18, Absatz 1 und 2 = Verkehrsordnung §. 65, 1 und 2.

Wenn im Falle einer Betriebsstörung die Fortsetzung des Transportes auf einem andern Wege stattfinden kann, ist die Entscheidung der Eisenbahn überlassen, ob es dem Interesse des Absenders entspricht, den Transport auf einem andern Wege dem Bestimmungsorte zuzuführen, oder den Transport anzuhalten und den Absender um anderweitige Anweisung anzugehen.

Befindet sich der Absender nicht im Besitze des Frachtbriefduplikats, so dürfen die in diesem Artikel vorgesehenen Anweisungen weder die Person des Empfängers, noch den Bestimmungsort abändern.

Art. 19. Das Verfahren bei Ablieferung der Güter, sowie die etwaige Verpflichtung der Eisenbahn, das Gut einem nicht an der Bestimmungsstation wohnhaften Empfänger zuzuführen, richtet sich nach den für die abliefernde Bahn geltenden gesetzlichen und reglementarischen Bestimmungen.

Art. 20. Die Empfangsbahn hat bei der Ablieferung alle durch den Frachtvertrag begründeten Forderungen, insbesondere Fracht und Nebengebühren, Zollgelder und andere zum Zwecke der Ausführung des Transportes gehabte Auslagen, sowie die auf dem Gute haftenden Nachnahmen und sonstigen Beträge einzuziehen, und zwar sowohl für eigene Rechnung, als auch für Rechnung der vorhergehenden Eisenbahnen und sonstiger Berechtigter.

Art. 21. Die Eisenbahn hat für alle im Artikel 20 bezeichneten Forderungen die Rechte eines Faustpfandgläubigers an dem Gute. Dieses Pfandrecht besteht, solange das Gut in der Verwahrung der Eisenbahn oder eines Dritten sich befindet, welcher es für sie inne hat.

Art. 22. Die Wirkungen des Pfandrechtes bestimmen sich nach dem Rechte des Landes, wo die Ablieferung erfolgt.

Art. 23. Jede Eisenbahn ist verpflichtet, nachdem sie bei der Aufgabe oder der Ablieferung des Gutes die Fracht und die anderen aus dem Frachtvertrage herrührenden Forderungen eingezogen hat, den betheiligten Bahnen den ihnen gebührenden Antheil an der Fracht und den erwähnten Forderungen zu bezahlen.

Die Ablieferungsbahn ist für die Bezahlung der obigen Beträge verantwortlich, wenn sie das Gut ohne Einziehung der darauf haftenden

---

[1]) Der folgende Absatz = Verk.-O. §. 62, 5.

[2]) Doch fehlt die Bezugnahme auf den Aufnahmeschein (Ziffer 2, 4) und die Einschaltung „im Falle der Ausstellung eines Frachtbriefduplikates oder eines Aufnahmescheins“ (Ziffer 2, 6), da das Duplikat obligatorisch ist.

Forderungen abliefert. Der Anspruch gegen den Empfänger des Gutes bleibt ihr jedoch vorbehalten.

Die Uebergabe des Gutes von einer Eisenbahn an die nächstfolgende begründet für die erstere das Recht, die letztere im Conto-Corrent sofort mit dem Betrage der Fracht und der sonstigen Forderungen, soweit dieselben zur Zeit der Uebergabe des Gutes aus dem Frachtbriefe sich ergeben, zu belasten, vorbehaltlich der endgültigen Abrechnung nach Massgabe des ersten Absatzes dieses Artikels.

Aus dem internationalen Transporte herrührende Forderungen der Eisenbahnen unter einander können, wenn die schuldnerische Eisenbahn einem anderen Staate angehört als die forderungsberechtigte Eisenbahn, nicht mit Arrest belegt oder gepfändet werden, ausser in dem Falle, wenn der Arrest oder die Pfändung auf Grund einer Entscheidung der Gerichte des Staates erfolgt, dem die forderungsberechtigte Eisenbahn angehört.

In gleicher Weise kann das rollende Material der Eisenbahnen mit Einschluss sämmtlicher beweglicher der betreffenden Eisenbahn gehörigen Gegenstände, welche sich in diesem Material vorfinden, in dem Gebiete eines anderen Staates als desjenigen, welchem die betreffende Eisenbahn angehört, weder mit Arrest belegt noch gepfändet werden, ausser in dem Falle, wenn der Arrest oder die Pfändung auf Grund einer Entscheidung der Gerichte des Staates erfolgt, dem die betreffende Eisenbahn angehört.

Art. 24. Bei Ablieferungshindernissen hat die Ablieferungsstation den Absender durch Vermittlung der Versandstation von der Ursache des Hindernisses unverzüglich in Kenntniss zu setzen. Sie darf in keinem Falle ohne ausdrückliches Einverständniss des Absenders das Gut zurücksenden.

Im Uebrigen richtet sich — unbeschadet der Bestimmungen des folgenden Artikels — das Verfahren bei Ablieferungshindernissen nach den für die abliefernde Bahn geltenden gesetzlichen und reglementarischen Bestimmungen.

Art. 25. In allen Verlust-, Minderungs- und Beschädigungsfällen haben die Eisenbahnverwaltungen sofort eine eingehende Untersuchung vorzunehmen, das Ergebniss derselben schriftlich festzustellen und dasselbe den Betheiligten auf ihr Verlangen, unter allen Umständen aber der Versandstation mitzutheilen.

Wird insbesondere eine Minderung oder Beschädigung des Gutes von der Eisenbahn entdeckt oder vermuthet oder seitens der Verfügungsberechtigten behauptet, so hat die Eisenbahn den Zustand des Gutes den Betrag des Schadens und, soweit dies möglich, die Ursache und den Zeitpunkt der Minderung oder Beschädigung ohne Verzug protokollarisch festzustellen. Eine protokollarische Feststellung hat auch im Falle des Verlustes stattzufinden.

Die Feststellung richtet sich nach den Gesetzen und Reglementen des Landes, wo dieselbe stattfindet.

Ausserdem steht Jedem der Betheiligten das Recht zu, die gerichtliche Feststellung des Zustandes des Gutes zu beantragen.

Art. 26 = Verkehrsordnung §. 73, 1.

Vermag der Absender das Duplikat des Frachtbriefes nicht vorzuzeigen, so kann er seinen Anspruch nur mit Zustimmung des Empfängers geltend machen.

Art. 27 = Verkehrsordnung §. 74[1]).

[1]) Vor Ziffer 4 der Verk.-O. ist Folgendes eingeschoben: „Die Klage kann nur vor

Art. 28. Im Wege der Widerklage oder der Einrede können Ansprüche aus dem internationalen Frachtvertrage auch gegen eine andere als die im Art. 27, Absatz 3, bezeichneten Bahnen geltend gemacht werden, wenn die Klage sich auf denselben Frachtvertrag gründet.

Art. 29. Die Eisenbahn haftet für ihre Leute und für andere Personen, deren sie sich bei Ausführung des von ihr übernommenen Transportes bedient.

Art. 30 = Verkehrsordnung §. 75, 1 und §. 76, 1.
Art. 31 = Verkehrsordnung §. 77[1]).
Art. 32 = Verkehrsordnung §. 78[2]).
Art. 33 = Verkehrsordnung §. 79.

Art. 34[3]). Wenn auf Grund der vorhergehenden Artikel von der Eisenbahn für gänzlichen oder theilweisen Verlust des Gutes Ersatz geleistet werden muss, so ist der gemeine Handelswerth, in dessen Ermangelung der gemeine Werth, zu ersetzen, welchen Gut derselben Art und Beschaffenheit am Versandorte zu der Zeit hatte, zu welcher das Gut zur Beförderung angenommen worden ist. Dazu kommt die Erstattung dessen, was an Zöllen und sonstigen Kosten, sowie an Fracht etwa bereits bezahlt worden ist.

Art. 35 = Verkehrsordnung §. 81.
Art. 36 = Verkehrsordnung §. 82.
Art. 37 = Verkehrsordnung §. 83.

Art. 38. Absatz 1 = Verkehrsordnung §. 85.

Die Ausführungs-Bestimmungen setzen den Höhebetrag des Frachtzuschlages fest, welchen der Absender im Falle einer Deklaration des Interesses an der Lieferung zu zahlen hat.

Art. 39 = Verkehrsordnung §. 86.
Art. 40 = Verkehrsordnung §. 87[4]).
Art. 41 = Verkehrsordnung §. 88.

Art. 42. Der Forderungsberechtigte kann 6 Prozent Zinsen der als Entschädigung festgesetzten Summe verlangen. Diese Zinsen laufen von dem Tage, an welchem das Entschädigungsbegehren gestellt wird.

Art. 43 = Verkehrsordnung §. 89.
Art. 44 = Verkehrsordnung §. 90[5]).

Art. 45. Entschädigungsforderungen wegen Verlustes, Minderung, Beschädigung oder Verspätung, insofern sie nicht durch Anerkenntniss der Eisenbahn, Vergleich oder gerichtliches Urtheil festgestellt sind, verjähren in einem Jahre und im Falle des Art. 44 Nr. 1 in drei Jahren.

Die Verjährung beginnt im Falle der Beschädigung oder Minderung an dem Tage, an welchem die Ablieferung stattgefunden hat, im Falle des gänzlichen Verlustes eines Frachtstückes oder der Verspätung an dem Tage, an welchem die Lieferfrist abgelaufen ist.

Bezüglich der Unterbrechung der Verjährung entscheiden die Gesetze des Landes, wo die Klage angestellt ist.

Art. 46. Ansprüche, welche nach den Bestimmungen der Artikel 44

---

einem Gerichte des Staates anhängig gemacht werden, in welchem die beklagte Bahn ihren Wohnsitz hat und welches nach den Gesetzen dieses Landes zuständig ist."

[1]) Mit Wegfall der Ziffer 3 und des letzten Satzes in Ziffer 1 Nr. 1.

[2]) Mit Wegfall der Ziffern 2, 3 indem auf die Ausführungsbestimmungen verwiesen wird.

[3]) Mit beachtenswerthen Abweichungen von Verk.-O. §. 80.

[4]) Statt je eines Tages Verspätung legt das Uebereinkommen je ein Zehntel der Lieferfrist zu Grunde.

[5]) Statt der vierwöchentlichen Frist (Ziffer 2, 4a) nur sieben Tage.

und 45 erloschen oder verjährt sind, können auch nicht im Wege einer Widerklage oder einer Einrede geltend gemacht werden.

Art. 47. Derjenigen Eisenbahn, welche auf Grund der Bestimmungen dieses Uebereinkommens Entschädigung geleistet hat, steht der Rückgriff gegen die am Transporte betheiligten Bahnen nach Massgabe folgender Bestimmungen zu:

1. Diejenige Eisenbahn, welche den Schaden allein verschuldet hat, haftet für denselben ausschliesslich.
2. Haben mehrere Bahnen den Schaden verschuldet, so haftet jede Bahn für den von ihr verschuldeten Schaden. Ist eine solche Unterscheidung nach den Umständen des Falles nicht möglich, so werden die Antheile der schuldtragenden Bahnen am Schadenersatze nach den Grundsätzen der folgenden Nummer 3 festgesetzt.
3. Ist ein Verschulden einer oder mehrerer Bahnen als Ursache des Schadens nicht nachweisbar, so haften die sämmtlichen am Transport betheiligten Bahnen mit Ausnahme derjenigen, welche beweisen, dass der Schaden auf ihrer Strecke nicht entstanden ist, nach Verhältniss der reinen Fracht, welche jede derselben nach dem Tarife im Falle der ordnungsmässigen Ausführung des Transportes bezogen hätte.

Im Falle der Zahlungsunfähigkeit einer der in diesem Artikel bezeichneten Eisenbahnen wird der Schaden, der hieraus für die Eisenbahn entsteht, welche den Schadenersatz geleistet hat, unter alle Eisenbahnen, welche an dem Transport theilgenommen haben, nach Verhältniss der reinen Fracht vertheilt.

Art. 48. Die Vorschriften des Art. 47 finden auch auf die Fälle der Versäumung der Lieferfrist Anwendung. Für Versäumung der Lieferfrist haften mehrere schuldtragende Verwaltungen nach Verhältniss der Zeitdauer der auf ihren Bahnstrecken vorgekommenen Versäumniss.

Die Vertheilung der Lieferfrist unter den einzelnen an einem Transporte betheiligten Eisenbahnen richtet sich, in Ermangelung anderweitiger Vereinbarungen, nach den durch die Ausführungs-Bestimmungen festgesetzten Normen.

Art. 49. Eine Solidarhaft mehrerer am Transporte betheiligter Bahnen findet für den Rückgriff nicht statt.

Art. 50. Für den im Wege des Rückgriffs geltend zu machenden Anspruch der Eisenbahnen unter einander ist die im Entschädigungsprozess gegen die rückgriffnehmende Bahn ergangene endgültige Entscheidung hinsichtlich der Verbindlichkeit zum Schadenersatz und der Höhe der Entschädigung massgebend, sofern den im Rückgriffswege in Anspruch zu nehmenden Bahnen der Streit in gehöriger Form verkündet ist und dieselben in der Lage sich befanden, in dem Prozesse zu interveniren. Die Frist für diese Intervention wird von dem Richter der Hauptsache nach den Umständen des Falles und so kurz als möglich bestimmt.

Art. 51. Insoweit nicht eine gütliche Einigung erfolgt ist, sind sämmtliche betheiligte Bahnen in einer und derselben Klage zu belangen, widrigenfalls das Recht des Rückgriffs gegen die nicht belangten Bahnen erlischt.

Der Richter hat in einem und demselben Verfahren zu entscheiden. Den Beklagten steht ein weiterer Rückgriff nicht zu.

Art. 52. Die Verbindung des Rückgriffverfahrens mit dem Entschädigungsverfahren ist unzulässig.

Art. 53. Für alle Rückgriffsansprüche ist der Richter des Wohnsitzes der Bahn, gegen welche der Rückgriff erhoben wird, ausschliesslich zuständig.

Ist die Klage gegen mehrere Bahnen zu erheben, so steht der klagenden Bahn die Wahl unter den nach Massgabe des ersten Absatzes dieses Artikels zuständigen Richtern zu.

Art. 54. Die Befugniss der Eisenbahnen, über den Rückgriff im Voraus oder im einzelnen Fall andere Vereinbarung zu treffen, wird durch die vorstehenden Bestimmungen nicht berührt.

Art. 55. Soweit nicht durch das gegenwärtige Uebereinkommen andere Bestimmungen getroffen sind, richtet sich das Verfahren nach den Gesetzen des Prozessrichters.

Art. 56. Urtheile, welche auf Grund der Bestimmungen dieses Uebereinkommens von dem zuständigen Richter in Folge eines kontradiktorischen oder eines Versäumnissverfahrens erlassen und nach den für den urtheilenden Richter massgebenden Gesetzen vollstreckbar geworden sind, erlangen im Gebiete sämmtlicher Vertragsstaaten Vollstreckbarkeit, unter Erfüllung der von den Gesetzen des Landes vorgeschriebenen Bedingungen und Formalitäten, aber ohne dass eine materielle Prüfung des Inhalts zulässig wäre. Auf nur vorläufig vollstreckbare Urtheile findet diese Vorschrift keine Anwendung, ebensowenig auf diejenigen Bestimmungen eines Urtheils, durch welche der Kläger, weil derselbe im Prozesse unterliegt, ausser den Prozesskosten zu einer weiteren Entschädigung verurtheilt wird.

Eine Sicherstellung für die Prozesskosten kann bei Klagen, welche auf Grund des internationalen Frachtvertrages erhoben werden, nicht gefordert werden.

Art. 57. Um die Ausführung des gegenwärtigen Uebereinkommens zu erleichtern und zu sichern, soll ein Zentralamt für den internationalen Transport errichtet werden, welches die Aufgabe hat:

1. die Mittheilungen eines jeden der vertragschliessenden Staaten und einer jeden der betheiligten Eisenbahnverwaltungen entgegen zu nehmen und sie den übrigen Staaten und Verwaltungen zur Kenntniss zu bringen;
2. Nachrichten aller Art, welche für das internationale Transportwesen von Wichtigkeit sind, zu sammeln, zusammenzustellen und zu veröffentlichen;
3. auf Begehren der Parteien Entscheidungen über Streitigkeiten der Eisenbahnen unter einander abzugeben;
4. die geschäftliche Behandlung der behufs Abänderung des gegenwärtigen Uebereinkommens gemachten Vorschläge vorzunehmen, sowie in allen Fällen, wenn hierzu ein Anlass vorliegt, den vertragschliessenden Staaten den Zusammentritt einer neuen Konferenz vorzuschlagen;
5. die durch den internationalen Transportdienst bedingten finanziellen Beziehungen zwischen den betheiligten Verwaltungen, sowie die Einziehung rückständig gebliebener Forderungen zu erleichtern und in dieser Hinsicht die Sicherheit des Verhältnisses der Eisenbahnen unter einander zu fördern.

Ein besonderes Reglement wird den Sitz, die Zusammensetzung und Organisation dieses Amtes, sowie die zur Ausführung nöthigen Mittel feststellen.

Art. 58. Das in Artikel 57 bezeichnete Zentralamt hat die Mittheilungen der Vertragsstaaten in Betreff der Hinzufügung oder der Streichung von Eisenbahnen in den in Gemässheit des Artikel 1 aufgestellten Listen entgegen zu nehmen.

Der wirkliche Eintritt einer neuen Eisenbahn in den internationalen Transportdienst erfolgt erst nach einem Monat vom Datum des an die andern Staaten gerichteten Benachrichtigungsschreibens des Zentralamtes.

Die Streichung einer Eisenbahn wird von dem Zentralamte vollzogen, sobald es von einem der Vertragsstaaten davon in Kenntniss gesetzt wird, dass dieser festgestellt hat, dass eine ihm angehörige und in der von ihm aufgestellten Liste verzeichnete Eisenbahn aus finanziellen Gründen oder in Folge einer thatsächlichen Behinderung nicht mehr in der Lage ist, den Verpflichtungen zu entsprechen, welche den Eisenbahnen durch das gegenwärtige Uebereinkommen auferlegt werden.

Jede Eisenbahnverwaltung ist, sobald sie seitens des Zentralamtes die Nachricht von der erfolgten Streichung einer Eisenbahn erhalten hat, berechtigt, mit der betreffenden Eisenbahn alle aus dem internationalen Transporte sich ergebenden Beziehungen abzubrechen. Die bereits in der Ausführung begriffenen Transporte sind jedoch auch in diesem Falle vollständig auszuführen.

Art. 59. Wenigstens alle drei Jahre wird eine aus Delegirten der vertragschliessenden Staaten bestehende Konferenz zusammentreten, um zu dem gegenwärtigen Uebereinkommen die für nothwendig erachteten Abänderungen und Verbesserungen in Vorschlag zu bringen.

Auf Begehren von wenigstens einem Viertel der betheiligten Staaten kann jedoch der Zusammentritt von Konferenzen auch in einem früheren Zeitpunkte erfolgen.

Art. 60. Das gegenwärtige Uebereinkommen ist für jeden betheiligten Staat auf drei Jahre von dem Tage, an welchem dasselbe in Wirksamkeit tritt, verbindlich. Jeder Staat, welcher nach Ablauf dieser Zeit von dem Uebereinkommen zurückzutreten beabsichtigt, ist verpflichtet, hiervon die übrigen Staaten ein Jahr vorher in Kenntniss zu setzen. Wird von diesem Rechte kein Gebrauch gemacht, so ist das gegenwärtige Uebereinkommen als für weitere drei Jahre verlängert zu betrachten.

Das gegenwärtige Uebereinkommen wird von den vertragschliessenden Staaten sobald als möglich ratifizirt werden. Seine Wirksamkeit beginnt drei Monate nach erfolgtem Austausch der Ratifikationsurkunden.

Zu Urkund dessen haben die Bevollmächtigten das gegenwärtige Uebereinkommen unterzeichnet und demselben ihre Siegel beigedrückt.

So geschehen in Bern am vierzehnten Oktober eintausend achthundert und neunzig.

---

19. Gesetz über das Postwesen des Deutschen Reiches[1]).

Vom 28. Oktober 1871 (RGB 347 ff.).

(Auszug.)

---

§. 1. Die Beförderung 1) aller versiegelten, zugenähten oder sonst verschlossenen Briefe, 2) aller Zeitungen politischen Inhalts, welche öfter als einmal wöchentlich erscheinen, gegen Bezahlung von Orten mit einer Postanstalt nach anderen Orten mit einer Postanstalt des In- oder Auslandes auf andere Weise als durch die Post, ist verboten. Hinsichtlich der politischen Zeitungen erstreckt dies Verbot sich nicht auf den zweimeiligen Umkreis ihres Ursprungsortes.

---

[1]) Vgl. das den §. 4 abändernde Gesetz v. 20. Dez. 1875 (RGB 318) und Gesetz über das Posttaxwesen v. 28. Okt. 1871 (RGB 358 ff.).

Wenn Briefe und Zeitungen (Nr. 1 und 2) vom Auslande eingehen und nach inländischen Orten mit einer Postanstalt bestimmt sind, oder durch das Gebiet des Deutschen Reichs transitiren sollen, so müssen sie bei der nächsten inländischen Postanstalt zur Weiterbeförderung eingeliefert werden.

Unverschlossene Briefe, welche in versiegelten, zugenähten oder sonst verschlossenen Packeten befördert werden, sind den verschlossenen Briefen gleich zu achten. Es ist jedoch gestattet, versiegelten, zugenähten oder sonst verschlossenen Packeten, welche auf andere Weise, als durch die Post befördert werden, solche unverschlossene Briefe, Fakturen, Preiskurante, Rechnungen und ähnliche Schriftstücke beizufügen, welche den Inhalt des Packets betreffen.

§. 2. Die Beförderung von Briefen und politischen Zeitungen (§. 1) gegen Bezahlung durch expresse Boten oder Fuhren ist gestattet. Doch darf ein solcher Expresser nur von Einem Absender abgeschickt sein, und dem Postzwange unterliegende Gegenstände weder von Anderen mitnehmen, noch für Andere zurückbringen.

§. 3. Die Annahme und Beförderung von Postsendungen darf von der Post nicht verweigert werden, sofern die Bestimmungen dieses Gesetzes und des Reglements (§. 50) beobachtet sind. Auch darf keine im Gebiete des Deutschen Reichs erscheinende politische Zeitung vom Postdebit ausgeschlossen und ebensowenig darf bei der Normirung der Provision, welche für die Beförderung und Debitirung der im Gebiete des Deutschen Reichs erscheinenden Zeitungen zu erheben ist, nach verschiedenen Grundsätzen verfahren werden. Die Post besorgt die Annahme der Pränumeration auf die Zeitungen, sowie den gesammten Debit derselben.

— — — — — — — — — — — — — — — — — —

§. 6. Die Postverwaltung leistet dem Absender im Falle reglementsmässig erfolgter Einlieferung Ersatz: I. für den Verlust und die Beschädigung 1) der Briefe mit Werthangabe, 2) der Packete mit oder ohne Werthangabe, II. für den Verlust der rekommandirten Sendungen, denen in dieser Beziehung Sendungen gleichgestellt werden, welche zur Beförderung durch Estafette eingeliefert sind.

Für einen durch verzögerte Beförderung oder Bestellung der unter I. bezeichneten Gegenstände entstandenen Schaden leistet die Postverwaltung nur dann Ersatz, wenn die Sache durch die verzögerte Beförderung oder Bestellung verdorben ist, oder ihren Werth bleibend ganz oder theilweise verloren hat. Auf eine Veränderung des Kurses oder marktgängigen Preises wird jedoch hierbei keine Rücksicht genommen.

Die Verbindlichkeit der Postverwaltung zur Ersatzleistung bleibt ausgeschlossen, wenn der Verlust, die Beschädigung oder die verzögerte Beförderung oder Bestellung [a. durch die eigene Fahrlässigkeit des Absenders, oder b. durch die unabwendbaren Folgen eines Naturereignisses, oder durch die natürliche Beschaffenheit des Gutes herbeigeführt worden ist, oder c. auf einer auswärtigen Beförderungsanstalt sich ereignet hat, für welche die Postverwaltung nicht durch Konvention die Ersatzleistung ausdrücklich übernommen hat; ist jedoch in diesem Falle die Einlieferung bei einer deutschen Postanstalt erfolgt, und will der Absender seine Ansprüche gegen die auswärtige Beförderungsanstalt geltend machen, so hat die Postverwaltung ihm Beistand zu leisten.

Für die auf Postanweisungen eingezahlten Beträge leistet die Postverwaltung Garantie.

Für andere als die vorstehend bezeichneten Gegenstände, insbesondere für gewöhnliche Briefe, wird weder im Falle eines Verlustes oder einer Beschädigung, noch im Falle einer verzögerten Beförderung oder Bestellung Ersatz geleistet.

§. 7. Wenn der Verschluss und die Verpackung der zur Post gegebenen Gegenstände bei der Aushändigung an den Empfänger äusserlich unverletzt und zugleich das Gewicht mit dem bei der Einlieferung ermittelten übereinstimmend befunden wird, so darf dasjenige, was bei der Eröffnung an dem angegebenen Inhalte fehlt, von der Postverwaltung nicht vertreten werden. Die ohne Erinnerung geschehene Annahme einer Sendung begründet die Vermuthung, dass bei der Aushändigung Verschluss und Verpackung unverletzt und das Gewicht mit dem bei der Einlieferung ermittelten übereinstimmend befunden worden ist.

§. 8. Wenn eine Werthangabe geschehen ist, so wird dieselbe bei der Feststellung des Betrages des von der Postverwaltung zu leistenden Schadenersatzes zum Grunde gelegt. Beweist jedoch die Postverwaltung, dass der angegebene Werth den gemeinen Werth der Sache übersteigt, so hat sie nur diesen zu ersetzen.

Ist in betrüglicher Absicht zu hoch deklarirt worden, so verliert der Absender nicht nur jeden Anspruch auf Schadenersatz, sondern ist auch nach den Vorschriften der Strafgesetze zu bestrafen.

§. 9. Wenn bei Packeten die Angabe des Werthes unterblieben ist, so vergütet die Postverwaltung im Falle eines Verlustes oder einer Beschädigung den wirklich erlittenen Schaden, jedoch niemals mehr, als Einen Thaler für jedes Pfund (= 500 Gr.) der ganzen Sendung. Packete, welche weniger als Ein Pfund wiegen, werden den Packeten zum Gewicht von Einem Pfunde gleichgestellt und überschiessende Pfundtheile für Ein Pfund gerechnet.

§. 10. Für eine rekommandirte Sendung, sowie für eine zur Beförderung durch Estafette eingelieferte Sendung (§. 6. II.) wird dem Absender im Falle des Verlustes, ohne Rücksicht auf den Werth der Sendung, ein Ersatz von vierzehn Thalern gezahlt.

§. 11. Bei Reisen mit den ordentlichen Posten leistet die Postverwaltung Ersatz: 1) für den Verlust oder die Beschädigung des reglementsmässig eingelieferten Passagierguts nach Massgabe der §§. 8 und 9, und 2) für die erforderlichen Kur- und Verpflegungskosten im Falle der körperlichen Beschädigung eines Reisenden, wenn dieselbe nicht erweislich durch höhere Gewalt oder durch eigene Fahrlässigkeit des Reisenden herbeigeführt ist.

Bei der Extrapostbeförderung wird weder für den Verlust oder die Beschädigung an Sachen, welche der Reisende bei sich führt, noch bei einer körperlichen Beschädigung des Reisenden Entschädigung von der Postverwaltung geleistet.

§. 12. Eine weitere, als die in den §§. 8. 9. 10. und 11 nach Verschiedenheit der Fälle bestimmte Entschädigung wird von der Postverwaltung nicht geleistet; insbesondere findet gegen dieselbe ein Anspruch wegen eines durch den Verlust oder die Beschädigung einer Sendung entstandenen mittelbaren Schadens oder entgangenen Gewinnes nicht statt.

§. 13. Der Anspruch auf Schadloshaltung gegen die Postverwaltung muss in allen Fällen gegen die Ober-Postdirektion, beziehungsweise gegen die mit deren Funktionen beauftragte Postbehörde gerichtet werden, in deren Bezirk der Ort der Einlieferung der Sendung oder der Ort der Einschreibung des Reisenden liegt.

§. 14. Der Anspruch auf Entschädigung an die Postverwaltung erlischt mit Ablauf von sechs Monaten, vom Tage der Einlieferung der

Sendung oder vom Tage der Beschädigung des Reisenden an gerechnet. Diese Verjährung wird [nicht allein durch Anmeldung der Klage, sondern auch][1] durch Anbringung der Reklamation bei der kompetenten Postbehörde (§. 13) unterbrochen. Ergeht hierauf eine abschlägige Bescheidung, so beginnt vom Empfange derselben eine neue Verjährung, welche durch eine Reklamation gegen jenen Bescheid nicht unterbrochen wird.

§. 15. In Fällen des Krieges und gemeiner Gefahr ist die Postverwaltung befugt, durch öffentliche Bekanntmachung jede Vertretung abzulehnen und Briefe, sowie andere Sachen, nur auf Gefahr des Absenders zur Beförderung zu übernehmen. In solchem Falle steht jedoch dem Absender frei, sich ohne Rücksicht auf die Bestimmungen des §. 1 jeder anderen Beförderungsgelegenheit zu bedienen.

— — — — — — — — — — — — — — — — — — — —

§. 26. Die Beträge, welche in einer Sendung enthalten sind, die weder an den Adressaten bestellt, noch an den Absender zurückgegeben werden kann, oder welche aus dem Verkaufe der vorgefundenen Gegenstände gelöst werden, fliessen nach Abzug des Portos und der sonstigen Kosten zur Postarmen- oder Unterstützungskasse. Meldet sich der Absender oder der Adressat später, so zahlt ihm die Postarmen- oder Unterstützungskasse die ihr zugeflossenen Summen, jedoch ohne Zinsen, zurück.

Nach gleichen Grundsätzen ist mit Beträgen, welche auf Postsendungen eingezahlt sind, und mit zurückgelassenen Passagier-Effekten zu verfahren.

— — — — — — — — — — — — — — — — — — — —

§. 48. Die Postverwaltung ist für die richtige Bestellung nicht verantwortlich, wenn der Adressat erklärt hat, die an ihn eingehenden Postsendungen selbst abzuholen oder abholen zu lassen. Auch liegt in diesem Falle der Postanstalt eine Prüfung der Legitimation desjenigen, welcher sich zur Abholung meldet, nicht ob, sofern nicht auf den Antrag des Adressaten zwischen diesem und der Postanstalt ein desfallsiges besonderes Abkommen getroffen worden ist.

§. 49. Die Postverwaltung ist, nachdem sie das Formular zum Ablieferungsscheine dem Adressaten reglementsmässig hat ausliefern lassen, nicht verpflichtet, die Aechtheit der Unterschrift und des etwa hinzugefügten Siegels unter dem mit dem Namen des Empfangsberechtigten unterschriebenen und beziehungsweise untersiegelten Ablieferungsscheine zu untersuchen. Ebensowenig braucht sie die Legitimation desjenigen zu prüfen, welcher unter Vorlegung des vollzogenen Ablieferungsscheines, oder bei Packeten ohne Werthangabe unter Vorlegung des reglementsmässig ausgelieferten Begleitbriefes, die Aushändigung der Sendung verlangt.

§. 50. Durch ein von dem Reichskanzler zu erlassendes Reglement, welches mittelst der für die Publikation amtlicher Bekanntmachungen bestimmten Blätter zu veröffentlichen ist, werden die weiteren bei Benutzung der Postanstalt zu beobachtenden Vorschriften getroffen[2].

Diese Vorschriften gelten als Bestandtheil des Vertrages zwischen der Postanstalt und dem Absender, beziehungsweise Reisenden.

— — — — — — — — — — — — — — — — — — — —

Für den inneren Postverkehr der Königreiche Bayern und Württemberg werden die reglementairen Anordnungen von den zuständigen Behörden dieser Staaten erlassen.

---

[1]) Aufgehoben durch §. 13 Nr. 4 des Einf.-Gesetzes zur Civ.-Proz.-O. v. 30. Jan. 1877.
[2]) Vgl. Postordnung für das Deutsche Reich, v. 11. Juni 1892.

20. Weltpostvertrag[1]).

Vom 4. Juli 1891 (RGB 1892, S. 503—595).

(Auszug.)

Art. 8. (1) Geht eine Einschreibsendung verloren, so hat der Absender, oder auf dessen Verlangen der Empfänger, den Fall höherer Gewalt ausgenommen, Anspruch auf eine Entschädigung von 50 Franken[2]).

(2) Die Verpflichtung zur Zahlung des Ersatzbetrages liegt derjenigen Verwaltung ob, welcher die Aufgabe-Postanstalt angehört. Dieser Verwaltung wird vorbehalten, ihren Anspruch gegen die verantwortliche Verwaltung, d. h. gegen diejenige, auf deren Gebiet oder in deren Betrieb der Verlust stattgefunden hat, geltend zu machen.

(3) Bis zum Nachweise des Gegentheils liegt die Verantwortlichkeit derjenigen Verwaltung ob, welche den Gegenstand unbeanstandet übernommen hat und weder dessen Aushändigung an den Empfänger, noch, eintretendenfalls, die vorschriftsmässige Weitersendung an die folgende Verwaltung nachweisen kann. Die Verantwortlichkeit für die postlagernden Sendungen hört auf, sobald dieselben einer Person behändigt sind, welche nach Massgabe der im Bestimmungslande bestehenden Vorschriften die Uebereinstimmung ihres Namens und ihrer Eigenschaft mit den Angaben der Adresse nachgewiesen hat.

— —

(5) Man ist darüber einverstanden, dass der Anspruch auf Entschädigung nur zulässig ist, wenn derselbe innerhalb eines Jahres, vom Tage der Aufgabe der Einschreibsendung an gerechnet, erhoben wird; nach Ablauf dieses Zeitraums steht dem Absender ein Anspruch auf irgend eine Entschädigung nicht zu.

— —

(7) Die Ersatzverbindlichkeit der Postverwaltungen für Einschreibsendungen hört auf, sobald der Empfangsberechtigte Quittung ertheilt und die Sendung übernommen hat.

Art. 9. (1) Der Absender einer Briefsendung kann dieselbe zurücknehmen oder ihre Aufschrift abändern lassen, solange die Sendung dem Empfänger noch nicht ausgehändigt ist[3]).

— —

(3) Die Bestimmungen des gegenwärtigen Artikels sind für diejenigen Länder nicht verbindlich, deren Gesetzgebung dem Absender nicht gestattet, über eine Sendung während der Beförderung derselben zu verfügen.

— —

Art. 16. (1) Es werden nicht befördert: a) Geschäftspapiere, Mustersendungen und Drucksachen, welche nicht wenigstens theilweise frankirt sind oder welche sich nach Massgabe ihrer Beschaffenheit nicht leicht auf ihren Inhalt prüfen lassen; b) Gegenstände derselben Gattun-

---

[1]) Neuredaktion des Weltpostvertrages vom 1. Juni 1878 und der Nachträge vom 3. Nov. 1880 und 21. März 1885 (RGB 1879, S. 83 ff. 1881, S. 69 ff. 1886, S. 82 ff.

[2]) Nach dem Schlussprotokoll Art. II kommen die Bestimmungen des Art. 8 für diejenigen aussereuropäischen Länder, deren Gesetzgebung gegenwärtig dem Grundsatze der Gewährleistung entgegensteht, bis zur Aenderung ihrer Gesetzgebung nicht in Anwendung.

[3]) Ebenso bei Sendungen mit Werthangabe (1. Zusatzübereinkommen Art. 7), bei Postanweisungen (2. Zusatzübereinkommen Art. 3, 5) und bei Packeten (3. Zusatzübereinkommen Art. 10).

gen, sofern sie die im Art. 5 festgesetzten Gewichts- und Ausdehnungsgrenzen überschreiten; c) Waarenproben, welche einen Handelswerth haben.

(2) Vorkommendenfalls sind die vorerwähnten Sendungen nach dem Aufgabeorte zurückzuleiten und daselbst dem Absender, wenn möglich, wieder zuzustellen.

(3) Es ist verboten 1. mit der Post zu versenden: a) Mustersendungen und andere Gegenstände, welche ihrer Natur nach für die Postbeamten Gefahren mit sich bringen beziehungsweise die Korrespondenzgegenstände beschmutzen oder verderben können; b) explodirbare, leicht entzündliche oder gefährliche Stoffe; lebende oder todte Thiere und Insekten, soweit hierfür nicht Ausnahmen in den Ausführungsbestimmungen vorgesehen sind; 2. in die gewöhnlichen oder eingeschriebenen Briefpostsendungen einzulegen: a) im Umlauf befindliche Münzen; b) zollpflichtige Gegenstände; c) Gold-, oder Silbersachen, Edelsteine, Schmucksachen und andere kostbare Gegenstände, aber nur in dem Falle, dass das Einlegen oder die Beförderung derselben durch die Gesetzgebung der betreffenden Länder verboten ist.

— — — — — — — — — — — — — — — — — —

Aus dem ersten Zusatzübereinkommen.

Art. 8. (1) Jede betrügerische Angabe eines höheren als des wirklichen Werths des Inhalts eines Briefes oder Kästchens ist verboten. Im Falle einer derartigen betrügerischen Angabe verliert der Absender jedes Recht auf Schadenersatz, unbeschadet der etwa durch die Gesetzgebung des Ursprungslandes vorgesehenen gerichtlichen Verfolgung[1]).

(2) Es ist ebenso verboten, in die Kästchen mit Werthangabe Briefe oder die Eigenschaft einer Korrespondenz besitzende Angaben, im Umlauf befindliche Münzen. Banknoten oder auf den Inhaber lautende Werthpapiere, Dokumente und Gegenstände aus der Gattung der Geschäftspapiere aufzunehmen. Die unter dieses Verbot fallenden Gegenstände erhalten keine Beförderung.

— — — — — — — — — — — — — — — — — —

Art. 11[2]). (1) Wenn ein Brief oder ein Kästchen mit Werthangabe verloren geht, beraubt oder beschädigt wird, so hat, den Fall höherer Gewalt ausgenommen, der Absender oder auf Verlangen desselben der Empfänger Anspruch auf einen dem wirklichen Betrage des Verlustes, der Beraubung oder der Beschädigung entsprechenden Ersatz, es sei denn, dass der Verlust oder die Beschädigung durch die Schuld oder Fahrlässigkeit des Absenders oder durch die natürliche Beschaffenheit des Gutes herbeigeführt worden sei; die Entschädigung darf in keinem Falle den angegebenen Werthbetrag übersteigen.

(2) Die Länder, welche für den durch höhere Gewalt entstehenden Schaden einzustehen sich bereit erklären, sind befugt, hierfür eine Zuschlagsgebühr — — — zu erheben.

(3) Die Verpflichtung zur Zahlung des Ersatzbetrages liegt derjenigen Verwaltung ob, welcher die Aufgabe-Postanstalt angehört. Dieser Verwaltung ist vorbehalten, ihren Anspruch gegen die verantwortliche Ver-

---

[1]) Ebenso bei Postpacketen nach dem dritten Zusatzübereinkommen Art. 14.

[2]) Dem Art. 11 entsprechen die Bestimmungen des dritten Zusatzübereinkommens Art. 13 hinsichtlich der Postpackete, bei denen aber, soweit keine Werthangabe erfolgt ist, der Ersatz die Werthgrenze von 15 Franken bei Packeten unter 3 kg und 25 Franken bei schwereren Packeten nicht übersteigen darf.

waltung, d. h. gegen diejenige, auf deren Gebiet oder in deren Betrieb der Verlust oder die Beraubung stattgefunden hat, geltend zu machen.

— — — — — — — — — — — — — — — — — — — —

(4) Bis zum Nachweis des Gegentheils liegt die Verantwortlichkeit derjenigen Verwaltung ob, welche den Gegenstand unbeanstandet übernommen hat und weder dessen Aushändigung an den Empfänger, noch, eintretendenfalls, die vorschriftsmässige Weitersendung an die folgende Verwaltung nachweisen kann.

(5) Die Zahlung des Ersatzbetrages durch die Verwaltung des Aufgabegebiets soll sobald als möglich und spätestens innerhalb eines Jahres, vom Tage der Nachfrage ab gerechnet, stattfinden. Die verantwortliche Verwaltung ist verpflichtet, der Verwaltung des Aufgabegebiets den von derselben gezahlten Ersatzbetrag ohne Verzug mittelst Wechsels oder Postanweisung zu erstatten.

— — — — — — — — — — — — — — — — — — — —

(6) Man ist darüber einverstanden, dass der Anspruch auf Entschädigung nur zulässig ist, wenn derselbe innerhalb eines Jahres, vom Tage der Aufgabe des Briefes mit Werthangabe an gerechnet, erhoben wird; nach Ablauf dieses Zeitraums steht dem Absender ein Anspruch auf irgend eine Entschädigung nicht zu.

(7) Die Verwaltung, für deren Rechnung die Ersatzleistung für abhanden gekommene Werthbeträge erfolgt, tritt in alle Rechte des Eigenthümers ein.

— — — — — — — — — — — — — — — — — — — —

(9) Die Ersatzverbindlichkeit der Postverwaltungen für den Inhalt der Sendungen mit Werthangabe hört auf, sobald der Empfangsberechtigte Quittung ertheilt hat.

Aus dem zweiten Zusatzübereinkommen.

Art. 2. (1) Grundsätzlich sollen die Postanweisungsbeträge in klingender Münze sowohl von den Absendern eingezahlt, als auch den Empfängern ausgezahlt werden; jedoch ist jede Verwaltung befugt, zu dem Zweck jedes in ihrem Lande in gesetzlichem Umlauf befindliche Papiergeld anzunehmen und zu verwenden, unter dem Vorbehalt, dass dabei der etwaigen Kursdifferenz Rechnung getragen wird.

— — — — — — — — — — — — — — — — — — — —

(3) Der Betrag einer jeden Postanweisung wird, vorbehaltlich anderweiter Vereinbarung zwischen den betheiligten Verwaltungen, in der Metallwährung des Landes ausgedrückt, in welchem die Auszahlung stattfinden soll. Zu diesem Zweck setzt die Verwaltung des Aufgabegebietes erforderlichenfalls selbständig das Verhältniss fest, nach welchem ihre Währung in die Metallwährung des Bestimmungslandes umzuwandeln ist.

— — — — — — — — — — — — — — — — — — — —

(4) Jedem der vertragschliessenden Länder bleibt das Recht vorbehalten, das Eigenthum an den aus einem andern dieser Länder eingehenden Postanweisungen innerhalb seines eigenen Gebiets für übertragbar durch Indossament zu erklären.

— — — — — — — — — — — — — — — — — — — —

Art. 5. Bei der Veränderung des Wohnortes des Empfängers können die gewöhnlichen Postanweisungen aus einem der am gegenwärtigen Uebereinkommen theilnehmenden Länder nach einem andern dieser Länder nachgesandt werden. Hat das neue Bestimmungsland eine andere Währung als das erste Bestimmungsland, so wird der Betrag der

Postanweisung von der nachsendenden Postanstalt in die Währung des neuen Bestimmungslandes nach demjenigen Verhältniss umgerechnet, welches für die Umwandlung von Postanweisungen aus dem ersten nach dem neuen Bestimmungslande gilt.

— — — — — — — — — — — — — — — — — — — —

Art. 7. (1) Die auf Postanweisungen eingezahlten Beträge werden den Absendern bis zum Augenblick der richtig erfolgten Auszahlung an die Empfänger oder an die Bevollmächtigten der letzteren gewährleistet.

(2) Die von jeder Verwaltung vereinnahmten Summen für solche Postanweisungen, deren Betrag nicht innerhalb der durch die Gesetze oder Verordnungen des Ursprungslandes festgesetzten Fristen von den Berechtigten zurückgefordert ist, verfallen endgültig der Verwaltung, welche diese Postanweisung ausgefertigt hat.

Aus dem vierten Zusatzübereinkommen.

Art. 2. (1) Zur Einziehung[1]) sind zugelassen Quittungen, Rechnungen, Anweisungen, Wechsel und überhaupt alle Handels- und sonstigen Werthpapiere, welche ohne Kosten zahlbar sind, und deren Betrag für die einzelne Sendung 1000 Franken Metallgeld oder eine entsprechende Summe in der Währung eines jeden Landes nicht übersteigt. — — —

(2) Die Postverwaltungen der vertragschliessenden Länder können es auch übernehmen, Handelspapiere protestiren zu lassen, und im gemeinsamen Einverständniss die erforderlichen Bestimmungen über diesen Dienst treffen. Sie können in gleicher Weise Zins- und Dividendenscheine, sowie abgelaufene Werthpapiere zur Einziehung zulassen.

— — — — — — — — — — — — — — — — — — — —

Art. 6. Theilzahlungen sind nicht gestattet. Jedes Werthpapier muss zum vollen Betrage und auf ein Mal eingelöst werden, andernfalls gilt dasselbe als verweigert.

---

21. Gesetz, betreffend die privatrechtlichen Verhältnisse der Binnenschiffahrt.

Vom 15. Juni 1895 (RGB 301 ff.).

Erster Abschnitt. Schiffseigner.

§. 1. Schiffseigner im Sinne dieses Gesetzes ist der Eigenthümer eines zur Schiffahrt auf Flüssen oder sonstigen Binnengewässern bestimmten und hierzu von ihm verwendeten Schiffes.

§. 2. Wer ein ihm nicht gehöriges Schiff zur Binnenschiffahrt verwendet und es entweder selbst führt oder die Führung einem Schiffer anvertraut, wird Dritten gegenüber als Schiffseigner im Sinne dieses Gesetzes angesehen.

Der Eigenthümer kann denjenigen, welcher aus der Verwendung des Schiffes einen Anspruch als Schiffsgläubiger (§§ 102 bis 116) herleitet, an der Durchführung des Anspruchs nicht hindern, sofern er nicht be-

---

[1]) Im Wege des Postauftrages.

weist, dass die Verwendung ihm gegenüber eine widerrechtliche und der Gläubiger nicht in gutem Glauben war.

§. 3. Der Schiffseigner ist für den Schaden verantwortlich, welchen eine Person der Schiffsbesatzung einem Dritten durch ihr Verschulden in Ausführung ihrer Dienstverrichtungen zufügt.

Zur Schiffsbesatzung gehören der Schiffer, die Schiffsmannschaft (§. 21) und alle übrigen auf dem Schiffe angestellten Personen mit Ausnahme der Zwangslootsen.

§. 4. Der Schiffseigner haftet nicht persönlich, sondern nur mit Schiff und Fracht:

1. wenn der Anspruch auf ein Rechtsgeschäft gegründet wird, welches der Schiffer als solcher kraft seiner gesetzlichen Befugnisse und nicht mit Bezug auf eine Vollmacht geschlossen hat;
2. wenn der Anspruch auf die Nichterfüllung oder auf die unvollständige oder mangelhafte Erfüllung eines von dem Schiffseigner abgeschlossenen Vertrages gegründet wird, insofern die Ausführung des Vertrages zu den Dienstobliegenheiten des Schiffers gehört, ohne Unterschied, ob die Nichterfüllung oder die unvollständige oder mangelhafte Erfüllung von einer Person der Schiffsbesatzung verschuldet ist oder nicht;
3. wenn der Anspruch auf das Verschulden einer Person der Schiffsbesatzung gegründet wird.

Durch die vorstehenden Bestimmungen wird die persönliche Haftung des Schiffseigners im Falle eigenen Verschuldens desselben nicht berührt. Der Schiffseigner haftet jedoch, auch wenn er selbst das Schiff führt, für einen durch fehlerhafte Führung des Schiffes entstandenen Schaden ausschliesslich mit Schiff und Fracht, es sei denn, dass ihm eine bösliche Handlungsweise zur Last fällt.

Sind mehrere Schiffe in einem Schleppzuge vereinigt, so erstreckt sich die Haftung nur auf dasjenige Schiff, welches den Schaden verursacht hat, und auf die Fracht dieses Schiffes. Der Fracht steht bei Schleppschiffen der Schlepplohn gleich.

§. 5. Für die den Personen der Schiffsbesatzung aus dem Dienstverhältnisse zustehenden Forderungen haftet der Schiffseigner persönlich, nicht nur mit Schiff und Fracht.

§. 6. Das Gericht des Ortes, von dem aus die Schiffahrt mit dem Schiffe betrieben wird (Heimathsort), ist für alle gegen den Schiffseigner als solchen zu erhebenden Klagen zuständig, ohne Unterschied, ob er persönlich oder nur mit Schiff und Fracht haftet.

Unter mehreren hiernach in Betracht kommenden Orten gilt als Heimathsort der Ort, wo die Geschäftsniederlassung, bei mehreren Niederlassungen die Hauptniederlassung und in Ermangelung einer Geschäftsniederlassung der Wohnsitz des Schiffseigners sich befindet.

Ist ein Heimathsort nicht festzustellen, so gilt als solcher der Ort, wo der Schiffseigner zur Gewerbesteuer oder Einkommensteuer veranlagt wird.

Zweiter Abschnitt. Schiffer.

§. 7. Der Führer des Schiffes (Schiffer) ist verpflichtet, bei allen Dienstverrichtungen, namentlich bei der Erfüllung der von ihm auszuführenden Verträge, die Sorgfalt eines ordentlichen Schiffers anzuwenden.

Er haftet für jeden durch die Vernachlässigung dieser Sorgfalt entstandenen Schaden nicht nur dem Schiffseigner, sondern auch den Ladungsbetheiligten (Absender und Empfänger), den beförderten Personen und der Schiffsbesatzung, es sei denn, dass er auf Anweisung des Schiffseigners gehandelt hat. Auch in dem letzteren Falle bleibt der Schiffer verantwortlich, wenn er es unterlassen hat, dem Schiffseigner die nach Lage des Falles erforderliche Aufklärung zu ertheilen, oder wenn ihm eine strafbare Handlung zur Last fällt.

Durch die Ertheilung der Anweisung wird der Schiffseigner persönlich verpflichtet, wenn er bei der Ertheilung von dem Sachverhältnisse unterrichtet war.

§. 8. Der Schiffer hat vor Antritt der Reise darauf zu sehen, dass das Schiff in fahrtüchtigem Zustande, gehörig eingerichtet und ausgerüstet, sowie hinreichend bemannt ist, und dass die Schiffspapiere und Ladungsverzeichnisse an Bord sind.

Er hat für die Tüchtigkeit der Geräthschaften zum Laden und Löschen, für die gehörige Stauung der Ladung, sowie dafür zu sorgen, dass das Schiff nicht schwerer beladen wird, als die Tragfähigkeit desselben und die jeweiligen Wasserstandsverhältnisse es gestatten.

Wenn der Schiffer im Auslande die daselbst geltenden Vorschriften, insbesondere die Polizei-, Steuer- und Zollgesetze nicht beobachtet, so hat er den daraus entstehenden Schaden zu ersetzen.

Für die Fahrtüchtigkeit des Schiffes bei Antritt der Reise haftet den im §. 7 Absatz 2 bezeichneten Personen auch der Schiffseigner persönlich, nicht nur mit Schiff und Fracht.

§. 9. Wenn der Schiffer durch Krankheit oder andere Ursachen verhindert ist, das Schiff zu führen, so darf er den Antritt oder die Fortsetzung der Reise nicht ungebührlich verzögern; er muss vielmehr, wenn Zeit und Umstände es gestatten, die Anordnung des Schiffseigners einholen und für die Zwischenzeit die geeigneten Vorkehrungen treffen, im entgegengesetzten Falle aber einen anderen Schiffer einsetzen.

Für diesen Stellvertreter ist er nur insofern verantwortlich, als ihm bei der Wahl desselben ein Verschulden zur Last fällt.

§. 10. Der Schiffer ist verpflichtet, von Beschädigungen des Schiffes oder der Ladung, von eingegangenen Geschäften, sowie von der Einsetzung eines anderen Schiffers (§. 9) den Schiffseigner in Kenntniss zu setzen. Er hat in allen erheblichen Fällen, namentlich wenn er die Reise einzustellen oder zu ändern sich genöthigt findet, die Ertheilung von Verhaltungsmassregeln bei dem Schiffseigner nachzusuchen, sofern es die Umstände gestatten.

Im Interesse der Ladungsbetheiligten hat der Schiffer während der Reise für das Beste der Ladung nach Möglichkeit Sorge zu tragen.

Werden zur Abwendung oder Verringerung eines Verlustes besondere Massregeln erforderlich, so hat er, wenn thunlich, die Anweisung der Ladungsbetheiligten einzuholen, sonst nach bestem Ermessen das Erforderliche selbst zu veranlassen und dafür zu sorgen, dass die Ladungsbetheiligten von dem Vorfall und den dadurch veranlassten Massregeln schleunigst in Kenntniss gesetzt werden.

§. 11. Wird das Schiff oder die Ladung von einem Unfall betroffen, so ist der Schiffer berechtigt und auf Verlangen des Schiffseigners oder eines Ladungsbetheiligten verpflichtet, vor dem Amtsgerichte des Ortes, an welchem die Reise endet, und, wenn das Schiff vorher an einem anderen Orte längere Zeit liegen bleiben muss, vor dem Amtsgerichte dieses Ortes eine Beweisaufnahme über den thatsächlichen Hergang, sowie über den Umfang des eingetretenen Schadens und über die zur Abwendung oder Verringerung desselben angewendeten Mittel zu beantragen. Er hat sich selbst zum Zeugnisse zu erbieten und die zur

Feststellung des Sachverhältnisses sonst dienlichen Beweismittel zu bezeichnen.

§. 12. Zur Aufnahme des Beweises bestimmt das Gericht einen thunlichst nahen Termin, zu welchem der Schiffer und die sonst bezeichneten Zeugen zu laden sind. Dem Schiffseigner und den Ladungsbetheiligten ist von dem Termine Mittheilung zu machen, soweit es ohne unverhältnissmässige Verzögerung des Verfahrens geschehen kann. Die Mittheilung kann durch öffentliche Bekanntmachung erfolgen.

§. 13. Die Aufnahme des Beweises erfolgt nach den Vorschriften der Civilprozessordnung.

Soweit hiernach nicht die Beeidigung des Schiffers ausgeschlossen ist, beschliesst über dieselbe das Gericht nach freiem Ermessen.

Die an Schiff und Ladung Betheiligten, sowie die etwa sonst durch den Unfall Betroffenen sind berechtigt, in Person oder durch Vertreter der Verhandlung beizuwohnen. Sie können eine Ausdehnung der Beweisaufnahme auf weitere Beweismittel beantragen.

Das Gericht ist befugt, eine Ausdehnung der Beweisaufnahme auch von Amtswegen anzuordnen, soweit dies zur Aufklärung des Sachverhalts erforderlich erscheint.

§. 14. In Bezug auf die Erhebung von Gebühren und Auslagen finden die für das Verfahren zur Sicherung des Beweises geltenden Bestimmungen des Gerichtskostengesetzes mit der Massgabe Anwendung, dass als Gebühr nur die Hälfte der dort vorgesehenen Sätze und höchstens ein Betrag von dreissig Mark erhoben wird.

Ist das Verfahren auf Verlangen eines Ladungsbetheiligten beantragt, so hat dieser die entstandenen Kosten zu erstatten, soweit er nicht Anspruch auf Ersatz des durch den Unfall ihm entstandenen Schadens hat. Die Verpflichtung des Schiffseigners, dem Schiffer die verauslagten Kosten zu erstatten, wird hierdurch nicht berührt.

In Fällen der grossen Haverei findet die Vorschrift des §. 84 Anwendung.

§. 15. Befindet sich das Schiff weder am Heimathsorte, noch an einem Orte, an welchem der Schiffseigner eine Geschäftsniederlassung hat, so ist der Schiffer Dritten gegenüber kraft seiner Anstellung befugt, die Frachtforderungen einzuziehen, sowie für den Schiffseigner alle Geschäfte und Rechtshandlungen vorzunehmen, welche die Ausführung der Reise erforderlich macht.

Zur Eingehung von Wechselverbindlichkeiten, zur Veräusserung oder Verpfändung des Schiffes und zum Abschlusse von Frachtverträgen ist der Schiffer nur auf Grund einer ihn hierzu ermächtigenden Vollmacht des Schiffseigners berechtigt.

§. 16. Rechtsgeschäfte, welche der Schiffer eingeht, während das Schiff sich an einem der im §. 15 Absatz 1 bezeichneten Orte befindet, sind für den Schiffseigner nur dann verbindlich, wenn der Schiffer auf Grund einer Vollmacht gehandelt hat, oder wenn ein anderer besonderer Verpflichtungsgrund vorhanden ist.

Zur Ausstellung von Ladescheinen ist der Schiffer ohne Unterschied des Ortes befugt.

§. 17. Der Schiffseigner, welcher die gesetzlichen Befugnisse des Schiffers beschränkt hat, kann einem Dritten die Nichteinhaltung dieser Beschränkungen nur dann entgegensetzen, wenn er beweist, dass sie dem Dritten bekannt waren.

§. 18. Dem Schiffseigner gegenüber sind für den Umfang der Befugnisse des Schiffers die Bestimmungen der §§. 15 und 16 ebenfalls massgebend, soweit nicht der Schiffseigner diese Befugnisse beschränkt hat.

§. 19. Durch ein Rechtsgeschäft, welches der Schiffer in seiner Eigenschaft als Führer des Schiffes, sei es mit, sei es ohne Bezeichnung des Schiffseigners innerhalb seiner gesetzlichen Befugnisse geschlossen hat, wird der Schiffseigner dem Dritten gegenüber berechtigt und die Haftung des Schiffseigners mit Schiff und Fracht (§. 4 Nr. 1) begründet.

Der Schiffer selbst wird dem Dritten durch das Rechtsgeschäft nicht verpflichtet, es sei denn, dass er dessen Erfüllung gewährleistet oder seine Befugnisse überschritten hat.

§. 20. Der Schiffer untersteht, soweit nicht in diesem Gesetze ein Anderes bestimmt ist, den Vorschriften, welche für die im §. 133a der Gewerbeordnung bezeichneten Personen gelten.

Das Dienstverhältniss des Schiffers kann, wenn nichts Anderes verabredet ist, von jedem Theile mit Ablauf jedes Monats nach einer sechs Wochen vorher erklärten Kündigung aufgehoben werden.

Hinsichtlich der Voraussetzungen, unter welchen dem Schiffseigner und dem Schiffer das Recht zusteht, die Auflösung des Dienstverhältnisses vor Ablauf der vertragsmässigen Zeit und ohne Innehaltung einer Kündigungsfrist zu verlangen, bewendet es bei den Bestimmungen der §§. 133b bis 133d der Gewerbeordnung.

Hat der Schiffer eine Reise angetreten, so ist er verpflichtet, bis zur Beendigung der Reise und zur Entlöschung des Schiffes im Dienste zu bleiben, es sei denn, dass ein den sofortigen Austritt rechtfertigender Grund vorhanden ist.

Wird das Dienstverhältniss vor der Ankunft des Schiffes am Bestimmungsorte während der Reise aufgehoben, so hat der Schiffer Anspruch auf die Kosten der Rückreise nach dem Orte, an welchem er in Dienst getreten ist. Diese Bestimmung findet keine Anwendung, wenn der Schiffer sich einer Handlung schuldig gemacht hat, welche geeignet ist, seine sofortige Entlassung zu rechtfertigen.

Ist ein die sofortige Entlassung rechtfertigender Grund nicht vorhanden, so kann der Schiffer zwar jederzeit seines Dienstes enthoben werden, jedoch unbeschadet seiner Entschädigungsansprüche für die Zeit bis zum Ende der vertragsmässigen Dauer des Dienstverhältnisses oder bis zum Ablaufe der Kündigungsfrist.

Dritter Abschnitt. Schiffsmannschaft.

§. 21. Zur Schiffsmannschaft gehören mit Ausnahme des Schiffers die zum Schiffahrtsdienste auf dem Schiffe angestellten Personen der Schiffsbesatzung, insbesondere die Steuerleute, Bootsleute, Matrosen, Schiffsknechte, Schiffsjungen, Maschinisten und Heizer.

Die Schiffsmannschaft untersteht der Gewerbeordnung.

§. 22. Die Verpflichtung des Schiffsmannes zum Dienstantritte beginnt, wenn nichts Anderes verabredet ist, mit dem Abschlusse des Dienstvertrages. Tritt der Schiffsmann den Dienst nicht binnen vierundzwanzig Stunden an, so braucht er nicht mehr angenommen zu werden. Der Anspruch des Schiffseigners auf Schadenersatz wird hierdurch nicht berührt.

§. 23. Der Schiffsmann ist verpflichtet, in Ansehung des Schiffsdienstes den Anordnungen des Schiffers Folge zu leisten und jederzeit alle für Schiff und Ladung ihm übertragenen Arbeiten zu verrichten.

Er darf das Schiff ohne Erlaubniss des Schiffers nicht verlassen.

Verunglückt das Schiff, so hat der Schiffsmann für Rettung der Personen und ihres Gepäcks, sowie für Sicherstellung der Schiffstheile, der

Geräthschaften und der Ladung den Anordnungen des Schiffers gemäss nach besten Kräften zu sorgen.

§. 24. Wenn über die Zeit der Lohnzahlung nichts Anderes vereinbart ist, so kann der Schiffsmann am Schlusse jeder zweiten Woche die Auszahlung des verdienten Lohnes verlangen.

§. 25. Hinsichtlich der Aufkündigung eines auf unbestimmte Zeit eingegangenen Dienstverhältnisses, sowie hinsichtlich der Voraussetzungen, unter welchen dem Schiffseigner und dem Schiffsmanne das Recht zusteht, die Auflösung des Dienstverhältnisses vor Ablauf der vertragsmässigen Zeit und ohne Innehaltung einer Kündigungsfrist zu verlangen, finden die Bestimmungen der §§. 122 bis 124a der Gewerbeordnung mit der Massgabe Anwendung, dass die sofortige Entlassung des Schiffsmannes (§. 123 der Gewerbeordnung) auch stattfinden kann, wenn der Antritt oder die Fortsetzung der Reise durch den Eintritt des Winters verhindert wird.

Nach Antritt der Reise ist der Schiffsmann verpflichtet, bis zur Beendigung der Reise und zur Entlöschung des Schiffes im Dienste zu bleiben, es sei denn, dass ein den sofortigen Austritt rechtfertigender Grund vorhanden ist.

Wird das Dienstverhältniss vor der Ankunft des Schiffes am Bestimmungsorte während der Reise aufgehoben, so hat der Schiffsmann Anspruch auf die Kosten der Rückreise nach dem Orte, an welchem er in Dienst getreten ist. Diese Bestimmung findet keine Anwendung, wenn der Schiffsmann sich einer Handlung schuldig gemacht hat, welche geeignet ist, seine sofortige Entlassung zu rechtfertigen.

Ist ein die sofortige Entlassung rechtfertigender Grund nicht vorhanden, so kann der Schiffsmann zwar jederzeit seines Dienstes enthoben werden, jedoch unbeschadet seiner Entschädigungsansprüche für die Zeit bis zum Ende der vertragsmässigen Dauer des Dienstverhältnisses oder bis zum Ablaufe der Kündigungsfrist.

Vierter Abschnitt. Frachtgeschäft.

§. 26. Auf das Frachtgeschäft zur Beförderung von Gütern auf Flüssen und sonstigen Binnengewässern finden die Vorschriften der Artikel 390 bis 393, 396 bis 407, 408 Absatz 1 und 3, 409 bis 412, 414 bis 420 des Handelsgesetzbuchs insoweit Anwendung, als nicht in diesem Gesetze ein Anderes bestimmt ist.

§. 27. Ist das Schiff im Ganzen verfrachtet, so hat der Frachtführer dasselbe zur Einnahme der Ladung an den von dem Absender ihm angewiesenen Platz hinzulegen.

Wenn die Anweisung nicht rechtzeitig erfolgt, oder wenn die Wassertiefe, die Sicherheit des Schiffes oder die örtlichen Verordnungen oder Einrichtungen die Befolgung der ertheilten Anweisung nicht gestatten, so kann der Frachtführer, falls der Absender auf die Aufforderung nicht unverzüglich einen geeigneten Ladeplatz bezeichnet, an einem der ortsüblichen Ladeplätze anlegen. Er hat bei der Wahl des Ladeplatzes das Interesse des Absenders thunlichst zu berücksichtigen.

Die Verladung an verschiedenen Ladeplätzen des Abgangsortes vorzunehmen ist der Frachtführer nur verpflichtet, wenn dies besonders vereinbart ist. Er hat in diesem Falle Anspruch auf Ersatz der entstehenden Mehrkosten. Die Dauer der Ladezeit wird durch die übernommene Verpflichtung nicht berührt.

§. 28. Sobald der Frachtführer zur Einnahme der Ladung bereit ist, hat er dies dem Absender anzuzeigen.

Die Anzeige hat an einem Werktage vor dem Schlusse der ortsüblichen Geschäftsstunden zu erfolgen. Eine spätere oder an einem Sonntage oder allgemeinen Feiertage erfolgte Anzeige gilt als am nächsten Werktage erfolgt.

Weigert sich der Absender, den Zeitpunkt des Empfanges der Anzeige zu bescheinigen, so ist der Frachtführer befugt, auf Kosten des Absenders eine öffentliche Urkunde darüber errichten zu lassen.

§. **29.** Mit dem auf die Anzeige der Ladebereitschaft folgenden Tage beginnt die Ladezeit.

Die Ladezeit beträgt bei Ladungen

bis zu	30 000	Kilogramm	zwei Tage,
„ „	50 000	„	drei Tage,
„ „	100 000	„	vier Tage

und so fort in Stufen von 50 000 Kilogramm je einen Tag mehr für jede höhere Stufe bis zu Ladungen von 500 000 Kilogramm; von da ab steigt die Ladezeit für je 100 000 Kilogramm um je einen Tag. Bei Ladungen über 1 000 000 Kilogramm beträgt die Ladezeit achtzehn Tage.

Bei der Berechnung kommen auch diejenigen Tage in Ansatz, an welchen der Absender, wenngleich ohne sein Verschulden, an der Lieferung der Ladung verhindert ist. Nicht in Ansatz kommen die Sonntage und allgemeinen Feiertage sowie die Tage, an welchen durch zufällige Umstände, insbesondere durch Hochwasser oder Eisgefahr, die Verladung nicht nur der bedungenen, sondern jeder Art von Gütern auf das Schiff verhindert ist.

Die Vorschriften im Absatz 2 finden nur insoweit Anwendung, als nicht durch Vereinbarung oder Verordnung der höheren Verwaltungsbehörde ein Anderes bestimmt ist.

§. **30.** Wenn der Absender die Ladung nicht so zeitig liefert, dass die Beladung innerhalb der Ladezeit vollendet werden kann, so gebührt dem Frachtführer Liegegeld für jeden Tag, um welchen in Folge dessen die Ladezeit überschritten wird. Für Tage, an denen die Schiffahrt geschlossen ist, kann kein Liegegeld beansprucht werden.

§. **31.** Die Bestimmung des §. 30 gilt auch dann, wenn bedungen ist, dass der Frachtführer nach Ablauf der Ladezeit noch länger auf die Ladung warten soll (Ueberliegezeit).

Die Ueberliegezeit beginnt mit dem Ablaufe der Ladezeit. Auf die Dauer und die Berechnung der Ueberliegezeit finden die Bestimmungen über die Ladezeit (§. 29 Absatz 2 bis 4) mit der Massgabe Anwendung, dass die Ueberliegezeit in Ermangelung einer besonderen Vereinbarung höchstens eine Woche beträgt.

§. **32.** In Ermangelung vertragsmässiger Festsetzung oder Verordnung der höheren Verwaltungsbehörde beträgt das Liegegeld für jeden Tag bei Schiffen von einer Tragfähigkeit

bis zu	50 000	Kilogramm	12 Mark,
„ „	100 000	„	15 „

und so fort in Stufen von 50 000 Kilogramm je drei Mark mehr für jede höhere Stufe.

Ueber die Tragfähigkeit entscheidet der Inhalt des Schiffsbriefes (§. 126 Absatz 3).

Jeder angebrochene Tag wird als voller Tag gerechnet.

§. **33.** Nach Ablauf der Ladezeit oder der etwa vereinbarten Ueberliegezeit ist der Frachtführer nicht verpflichtet, noch länger auf die Lieferung der Ladung zu warten. Er muss jedoch seinen Willen, nicht länger zu warten,

bei Ladungen bis zu 10 000 Kilogramm spätestens einen Werktag,
" " " " 50 000 " " zwei Werktage,
" " über 50 000 " " drei Werktage
vor Ablauf der Ladezeit oder der Ueberliegezeit dem Absender erklären. Ist dies nicht geschehen, so läuft die Wartezeit nicht eher ab, als bis die Erklärung nachgeholt ist und seit dem Tage, an dem sie erfolgt ist, die vorstehend bezeichneten Fristen verstrichen sind. Auf die Erklärung finden die Bestimmungen im §. 28 Absatz 2, 3 entsprechende Anwendung.

Die Wartezeit läuft in keinem Falle ab, bevor eine der Ladezeit gleichkommende Frist seit dem Tage, an welchem das Schiff den Ladeplatz erreicht hat, verstrichen ist.

§. **34.** Hat der Absender bis zum Ablaufe der Wartezeit (§. 33) keine Ladung geliefert, so ist der Frachtführer an den Vertrag nicht länger gebunden und befugt, von dem Absender ein Drittel der bedungenen Fracht als Entschädigung zu verlangen. Hierdurch wird ein bereits begründeter Anspruch auf Liegegeld (§§. 30, 31) nicht berührt.

§. **35.** Hat der Absender bis zum Ablaufe der Wartezeit die Ladung nur theilweise geliefert, so ist der Frachtführer befugt, sofern der Absender nicht von dem Vertrage zurücktritt (§. 36), die Reise mit der unvollständigen Ladung anzutreten. Auf Verlangen des Absenders muss er die Reise jederzeit auch ohne die volle Ladung antreten.

In diesen Fällen gebührt dem Frachtführer nicht allein die Fracht für die volle Ladung und das etwaige Liegegeld, sondern er ist auch berechtigt, soweit ihm durch die Unvollständigkeit der Ladung die Sicherheit für die volle Fracht entgeht, die Bestellung einer anderweitigen Sicherheit zu fordern. Ausserdem sind ihm die Mehrkosten, welche in Folge der Unvollständigkeit der Ladung ihm etwa erwachsen, zu erstatten.

§. **36.** Vor Antritt der Reise kann der Absender von dem Vertrage unter der Verpflichtung zurücktreten, den Frachtführer nach Massgabe des §. 34 zu entschädigen.

Macht der Absender von diesem Rechte Gebrauch, nachdem Ladung geliefert ist, so muss er auch die Kosten der Verladung und Wiederausladung tragen.

Der Frachtführer ist verpflichtet, den Aufenthalt, welchen die Wiederausladung verursacht, sich gefallen zu lassen, selbst wenn dadurch die Ladezeit und eine etwa bedungene Ueberliegezeit überschritten wird, wogegen ihm Liegegeld für die Zeit nach Ablauf der Ladezeit und ausserdem Ersatz des durch die Ueberschreitung der Lade- und Ueberliegezeit entstandenen Schadens gebührt, soweit der letztere den Betrag des Liegegeldes übersteigt.

Der Frachtführer ist, wenn der Absender nach erklärtem Rücktritt die Wiederausladung über die Wartezeit hinaus verzögert, berechtigt, die Güter selbst auszuladen und dieselben gerichtlich oder in anderer sicherer Weise niederzulegen.

§. **37.** Nachdem die Reise angetreten ist, kann der Absender die Wiederausladung der Güter vor Ankunft derselben am Ablieferungsorte nur gegen Berichtigung der vollen Fracht sowie aller sonstigen Forderungen des Frachtführers und gegen Berichtigung oder Sicherstellung der Beiträge zur grossen Haverei und der Bergungs- oder Hülfskosten, welche auf den Gütern haften, fordern.

Im Falle der Wiederausladung hat der Absender nicht nur die hierdurch entstandenen Mehrkosten, sondern auch den Schaden zu ersetzen, welcher aus dem durch die Wiederausladung verursuchten Aufenthalt dem Frachtführer entsteht.

§. **38.** Ist nicht das Schiff im Ganzen, sondern ein verhältnissmässiger Theil oder ein bestimmt bezeichneter Raum desselben verfrachtet oder hat der Frachtvertrag Stückgüter im Gewichte 10 000 Kilogramm oder mehr zum Gegenstande, so kommen die Vorschriften der §§. 28 bis 37 mit folgenden Abweichungen zur Anwendung:

1. die Ladezeit beträgt für den einzelnen Absender bei einer von ihm zu liefernden Ladung
   bis zu 50 000 Kilogramm einen Tag,
   „ „ 100 000 „ zwei Tage
   und so fort in Stufen von 50 000 Kilogramm je einen Tag mehr für jede höhere Stufe bis zu Ladungen von 500 000 Kilogramm; von da ab steigt die Ladezeit für je 100 000 Kilogramm um je einen Tag; bei Ladungen über 1 000 000 Kilogramm beträgt die Ladezeit sechszehn Tage. Eine Verpflichtung zur Entrichtung von Liegegeld (§. 30) tritt jedoch in keinem Falle vor Ablauf von drei Tagen seit dem Zeitpunkte ein, mit welchem die Ladezeit einem der Absender gegenüber zuerst zu laufen begonnen hat; der Frachtführer ist indess nicht berechtigt, von mehreren Absendern gleichzeitig für denselben Tag das Liegegeld mehrfach zu beanspruchen;
2. der Frachtführer erhält in den Fällen des §. 34 und des §. 36 Absatz 1 als Entschädigung nicht bloss ein Drittel, sondern die Hälfte der Fracht, es sei denn, dass sämmtliche Absender keine Ladung liefern oder zurücktreten;
3. der Absender kann in den Fällen der §§. 36, 37 die Wiederausladung nicht verlangen, wenn dieselbe eine Verzögerung der Reise zur Folge haben oder eine Umladung oder Umstauung nöthig machen würde, es sei denn, dass zugleich die Genehmigung aller übrigen Absender beigebracht und auch das Schiff durch die Wiederausladung nicht gefährdet wird. Ausserdem ist der Absender verpflichtet, die Mehrkosten und den Schaden zu ersetzen, welche durch die Wiederausladung entstehen.

§. **39.** Hat der Frachtvertrag Stückgüter im Gewichte von weniger als 10 000 Kilogramm zum Gegenstande, so muss der Absender auf die Aufforderung des Frachtführers ohne Verzug die Lieferung bewirken.

Erfolgt die Lieferung nicht unverzüglich, so ist der Frachtführer nicht verpflichtet, auf die Lieferung der Güter zu warten, und kann, wenn er ohne dieselben die Reise antritt, die Hälfte der bedungenen Fracht als Entschädigung beanspruchen.

Der Frachtführer, welcher den bezeichneten Anspruch auf die Fracht gegen den säumigen Absender geltend machen will, ist bei Verlust des Anspruchs verpflichtet, dies dem Absender vor Antritt der Reise kundzugeben. Auf diese Erklärung findet die Vorschrift im §. 28 Absatz 3 Anwendung.

Das Rücktrittsrecht des Absenders, sowie das Recht desselben, die Wiederausladung der Güter zu verlangen, bestimmt sich nach den Vorschriften des §. 38.

§. **40.** In den Fällen der §§. 38 und 39 hat der Frachtführer an einem der ortsüblichen Ladeplätze anzulegen. Ist durch Vereinbarung dem Absender das Recht zur Anweisung des Ladeplatzes eingeräumt, so finden die Bestimmungen des §. 27 Absatz 2 und 3 entsprechende Anwendung.

§. **41.** In Ermangelung einer besonderen Vereinbarung hat der Absender gepackte Güter auf das Schiff, lose Güter in das Schiff zu liefern, der Frachtführer dagegen die weitere Verladung der Güter zu bewirken.

§. 42. Der Frachtführer hat die ihm hinsichtlich der Beladung obliegenden Arbeiten mit thunlichster Beschleunigung auszuführen. Zur Uebernahme der Güter an Sonntagen und allgemeinen Feiertagen ist er nicht verpflichtet, es sei denn, dass ein Nothfall vorliegt.

Ist über die Zeit, binnen welcher der Frachtführer den Transport bewirken soll, im Frachtvertrage nichts bedungen, so ist die Reise binnen einer den Umständen des Falles angemessenen Frist anzutreten.

§. 43. Der Frachtführer muss statt der vertragsmässigen andere von demselben Absender nach dem Ablieferungsorte ihm angebotene Güter annehmen, wenn dadurch seine Lage nicht verschlechtert wird.

§. 44. Ist die Beförderung mittelst eines bestimmten Schiffes bedungen, so darf der Frachtführer die Güter nicht in ein anderes Schiff verladen oder umladen. Im Falle einer Zuwiderhandlung haftet er für jeden Schaden, in Ansehung dessen er nicht beweist, dass derselbe auch dann entstanden und dem Absender zur Last gefallen sein würde, wenn die Güter nicht in das andere Schiff verladen worden wären.

Ist die Beförderung mittelst eines bestimmten Schiffes nicht bedungen, so darf der Frachtführer in Ermangelung einer entgegenstehenden Vereinbarung bereits verladene Güter nicht ohne Erlaubniss des Absenders in ein anderes Schiff umladen, widrigenfalls er für allen, in Folge der Umladung entstehenden Schaden haftet.

Auf die Umladung in ein anderes Schiff, welche in Fällen der Noth oder wegen niedrigen Wasserstandes erforderlich wird, sowie auf die übliche Umladung in Leichterschiffe an Hafenplätzen finden die vorstehenden Bestimmungen keine Anwendung.

§. 45. Der Absender, welcher unrichtige Angaben über die verladenen Güter macht oder Güter zur Verladung bringt, deren Ausfuhr oder deren Einfuhr in den Ablieferungsort verboten ist, oder welcher bei der Verladung die gesetzlichen Vorschriften, insbesondere die Polizei-, Steuer- oder Zollgesetze übertritt, wird, sofern ihm dabei ein Verschulden zur Last fällt, nicht blos dem Frachtführer, sondern auch den übrigen Ladungsbetheiligten, den beförderten Personen und der Schiffsbesatzung für den durch seine Handlungsweise veranlassten Schaden verantwortlich.

Dadurch, dass er mit Genehmigung des Frachtführers gehandelt hat, wird seine Verantwortlichkeit den übrigen Personen gegenüber nicht ausgeschlossen.

Er kann aus der Einziehung der Güter keinen Grund herleiten, die Zahlung der Fracht zu verweigern.

Gefährden die Güter das Schiff oder die übrige Ladung, so ist der Frachtführer befugt, dieselben an das Land zu setzen oder in dringenden Fällen über Bord zu werfen.

§. 46. Ist das Schiff im Ganzen verfrachtet, so hat der Frachtführer nach der Ankunft am Ablieferungsorte das Schiff zur Löschung der Ladung an den ihm von dem Empfänger angewiesenen Platz hinzulegen.

Wenn die Anweisung nicht rechtzeitig erfolgt, oder wenn die Wassertiefe, die Sicherheit des Schiffes oder die örtlichen Verordnungen oder Einrichtungen die Befolgung der ertheilten Anweisung nicht gestatten, so kann der Frachtführer, falls der Empfänger auf die Aufforderung nicht unverzüglich einen geeigneten Löschplatz bezeichnet, an einem der ortsüblichen Löschplätze anlegen. Er hat bei der Wahl des Löschplatzes das Interesse des Empfängers thunlichst zu berücksichtigen.

Die Ablieferung an verschiedenen Orten des Löschplatzes vorzunehmen ist der Frachtführer nur verpflichtet, wenn dies besonders vereinbart ist. Er hat in diesem Falle Anspruch auf Ersatz der entstehenden Mehrkosten. Die Dauer der Löschzeit wird durch die übernommene Verpflichtung nicht berührt.

§. 47. Sobald der Frachtführer zum Löschen bereit ist, hat er dies dem Empfänger anzuzeigen.

Die Anzeige hat an einem Werktage vor dem Schlusse der ortsüblichen Geschäftsstunden zu erfolgen. Eine später oder an einem Sonntage oder allgemeinen Feiertage erfolgte Anzeige gilt als am nächsten Werktage erfolgt.

Weigert sich der Empfänger, den Zeitpunkt des Empfanges der Anzeige zu bescheinigen, so ist der Frachtführer befugt, eine öffentliche Urkunde darüber auf Kosten des anderen Theiles errichten zu lassen.

Wenn der Empfänger nicht zu ermitteln ist, so muss die Anzeige der Löschbereitschaft durch öffentliche Bekanntmachung in ortsüblicher Weise erfolgen.

§. 48. Mit dem auf die Anzeige der Löschbereitschaft folgenden Tage beginnt die Löschzeit.

Die Dauer der Löschzeit bestimmt sich nach der auf die Ladezeit bezüglichen Vorschrift im §. 29 Absatz 2.

Bei der Berechnung kommen auch diejenigen Tage in Ansatz, an welchen der Empfänger, wenngleich ohne sein Verschulden, die Ladung abzunehmen verhindert ist. Nicht in Ansatz kommen die Sonntage und allgemeinen Feiertage, sowie die Tage, an welchen durch zufällige Umstände, insbesondere durch Hochwasser oder Eisgefahr die Löschung nicht nur der verladenen, sondern jeder Art von Gütern verhindert ist.

Die Vorschrift im Absatz 2 findet nur insoweit Anwendung, als nicht durch Vereinbarung oder Verordnung der höheren Verwaltungsbehörde ein Anderes bestimmt ist.

§. 49. Wenn der Empfänger die Ladung nicht bis zum Ablaufe der Löschzeit abnimmt, so gebührt dem Frachtführer Liegegeld für jeden Tag, um welchen in Folge dessen die Löschzeit überschritten wird. Die Höhe des Liegegeldes bestimmt sich nach §. 32.

Ausser dem Liegegelde kann der Frachtführer auch den Ersatz eines höheren Schadens verlangen, welcher ihm durch die Ueberschreitung der Löschzeit erwächst.

§. 50. Die Bestimmung des §. 49 Absatz 1 gilt auch dann, wenn bedungen ist, dass der Frachtführer nach Ablauf der Löschzeit noch weiter auf die Abnahme der Ladung warten soll (Ueberliegezeit). Der Ersatz eines das Liegegeld überschreitenden Schadens kann in diesem Falle nur wegen Ueberschreitung der Ueberliegezeit verlangt werden.

Die Ueberliegezeit beginnt mit dem Ablaufe der Löschzeit. Auf die Dauer und die Berechnung derselben finden die Bestimmungen im §. 29 Absatz 2 und §. 48 Absatz 3 und 4 mit der Massgabe Anwendung, dass die Ueberliegezeit in Ermangelung einer besonderen Vereinbarung höchstens eine Woche beträgt.

§. 51. Nach Ablauf der Löschzeit oder der etwa vereinbarten Ueberliegezeit ist der Frachtführer nicht verpflichtet, auf die Löschung noch länger zu warten. Er muss jedoch seinen Willen, nicht länger zu warten,

bei Ladungen bis zu 10000 Kilogramm spätesten einen Werktag,
" " " " 50000 " " zwei Werktage,
" " über 50000 " " drei Werktage

vor Ablauf der Löschzeit oder der Ueberliegezeit dem Empfänger erklären. Ist dies nicht geschehen, so läuft die Wartezeit nicht eher ab, als bis die Erklärung nachgeholt ist und seit dem Tage, an dem sie erfolgt ist, die vorstehend bezeichneten Fristen verstrichen sind. Auf die Erklärung finden die Bestimmungen im §. 47 Absatz 2, 3 entsprechende Anwendung.

Die Wartezeit läuft in keinem Falle ab, bevor eine der Löschzeit gleichkommende Frist seit dem Tage, an welchem das Schiff den Löschplatz erreicht hat, verstrichen ist.

§. 52. Nach Ablauf der Wartezeit ist der Frachtführer berechtigt, die Löschung selbst vorzunehmen und die Güter in einem öffentlichen Lagerhause oder in anderer sicherer Weise niederzulegen.

Verweigert der Empfänger die Annahme oder ist er nicht zu ermitteln, so hat der Frachtführer den Absender hiervon zu benachrichtigen und dessen Anweisung einzuholen. Ist dies den Umständen nach nicht thunlich oder der Absender mit der Ertheilung der Anweisung säumig oder diese nicht ausführbar, so kann der Frachtführer nach der Bestimmung im Absatz 1 verfahren, auch wenn die Wartezeit noch nicht abgelaufen ist.

Von der Niederlegung hat der Frachtführer den Absender und den Empfänger unverzüglich zu benachrichtigen. Ist der Empfänger nicht zu ermitteln, so hat die Benachrichtigung durch öffentliche Bekanntmachung in ortsüblicher Weise zu erfolgen.

§. 53. Die §§. 47 bis 52 kommen auch dann zur Anwendung, wenn ein verhältnissmässiger Theil oder ein bestimmt bezeichneter Raum des Schiffes verfrachtet ist oder der Frachtvertrag Stückgüter im Gewichte von 10 000 Kilogramm oder mehr zum Gegenstande hat.

Die Löschzeit beträgt für den einzelnen Empfänger bei einer von ihm abzunehmenden Ladung

bis zu 50 000 Kilogramm einen Tag,
" " 100 000 " zwei Tage

und so fort in Stufen von 50 000 Kilogramm je einen Tag mehr für jede höhere Stufe bis zu Ladungen von 500 000 Kilogramm; von da ab steigt die Löschzeit für je 100 000 Kilogramm um je einen Tag; bei Ladungen über 1 000 000 Kilogramm beträgt die Löschzeit sechszehn Tage. Eine Verpflichtung zur Entrichtung von Liegegeld oder zum Schadensersatze (§. 49) tritt jedoch in keinem Falle vor Ablauf von drei Tagen seit dem Zeitpunkte ein, mit welchem die Löschzeit einem der Empfänger gegenüber zuerst zu laufen begonnen hat. Der Frachtführer ist indess nicht berechtigt, von mehreren Empfängern gleichzeitig für denselben Tag das Liegegeld mehrfach zu beanspruchen.

§. 54. Hat der Frachtvertrag Stückgüter im Gewichte von weniger als 10 000 Kilogramm zum Gegenstande, so muss der Empfänger auf die Aufforderung des Frachtführers ohne Verzug die Abnahme bewirken.

Hinsichtlich der Aufforderung findet §. 47 Absatz 4 und hinsichtlich der Niederlegung des Gutes §. 52 entsprechende Anwendung.

Für die Tage, um welche durch die Säumniss des Empfängers oder durch das Niederlegungsverfahren die Frist, binnen welcher das Schiff würde entlöscht worden sein, überschritten ist, hat der Frachtführer Anspruch auf Liegegeld unbeschadet des Rechts, einen höheren Schaden geltend zu machen.

§. 55. Ist in den Fällen der §§. 53 und 54 nach der getroffenen Vereinbarung dem Empfänger das Recht zur Anweisung des Löschplatzes eingeräumt, so finden die Bestimmungen im §. 46 Absatz 2 und 3 Anwendung.

§. 56. Sofern nicht durch Vereinbarung ein Anderes bestimmt ist, hat der Empfänger gepackte Güter auf dem Schiffe, lose Güter in dem Schiffe abzunehmen und die weitere Entladung zu bewirken.

Unter der gleichen Voraussetzung ist in den Fällen der §§. 46 und 55 auf Verlangen des Empfängers der Frachtführer gegen Ersatz der Mehrkosten verpflichtet, die Ablieferung an verschiedenen Löschplätzen des Ablieferungsortes vorzunehmen. Die Dauer der Löschzeit wird hierdurch nicht berührt.

Die Bestimmungen des §. 42 finden entsprechende Anwendung.

§ 57. Wenn zur Erleichterung des Schiffes die Landung ganz oder theilweise in Leichterfahrzeuge übergeladen worden ist, so hat der Frachtführer dem Leichterschiffer eine Abschrift des Frachtbriefes oder Ladescheines sowie eine Bescheinigung über die Ladung, die der Leichterschiffer übernommnn hat, zu behändigen.

Die Dauer der Löschzeit wird dadurch, dass die Ladung ganz oder theilweise in Leichterfahrzeuge übergeladen worden ist, nicht verändert, vielmehr theilen sich Hauptschiff und Leichterfahrzeug in dieselbe nach dem Verhältnisse der in dem Hauptschiffe verbliebenen und in das Leichterfahrzeug überschlagenen Ladung. Ergeben sich bei der Berechnung Bruchtheile, so wird bis einhalb nach unten, über einhalb nach oben abgerundet. Hat ein Leichterschiff Ladung von verschiedenen Hauptschiffen übernommen, so berechnet sich die Löschfrist selbständig für jede einzelne Ladung nach Massgabe vorstehender Grundsätze.

Der Empfänger hat nach der Reihenfolge der Anzeigen der Löschbereitschaft die Löschung vorzunehmen, ist aber nicht verpflichtet, Hauptschiff und Leichterschiff gleichzeitig zu löschen.

Das von dem Empfänger bei Ueberschreitung der Löschzeit zu zahlende Liegegeld berechnet sich nach der Tragfähigkeit desjenigen Schiffes, bei dem die Löschzeit überschritten ist.

§. 58. Der Frachtführer haftet für den Schaden, welcher seit der Empfangnahme bis zur Ablieferung durch Verlust oder Beschädigung des Frachtgutes entstanden ist, sofern er nicht beweist, dass der Verlust oder die Beschädigung durch Umstände herbeigeführt ist, welche durch die Sorgfalt eines ordentlichen Frachtführers nicht abgewendet werden konnten.

Die Haftung des Frachtführers ist insbesondere ausgeschlossen, wenn der Verlust oder die Beschädigung aus einem mangelhaften Zustande des Schiffes nebst Zubehör oder der Lade- oder Löschgeräthschaften entstanden ist, welcher trotz der Sorgfalt eines ordentlichen Frachtführers nicht zu entdecken war.

Die Berechnung des zu leistenden Schadensersatzes bestimmt sich nach Artikel 396 des Handelsgesetzbuchs.

Für Kostbarkeiten, Gelder und Werthpapiere haftet der Frachtführer nur dann, wenn ihm diese Beschaffenheit oder der Werth des Gutes angegeben ist.

§. 59. Der Frachtführer haftet nicht:

1. in Ansehung der Güter, welche nach Vereinbarung mit dem Absender auf Deck verladen oder in Schiffen ohne Verdeck befördert werden,
   für den Schaden, welcher aus der mit dieser Beförderungsweise verbundenen Gefahr entstanden ist;
2. in Ansehung der Güter, welche, obgleich ihre Natur eine Verpackung zum Schutze gegen Verlust oder Beschädigung auf dem Transport erfordert, nach Inhalt des Frachtbriefes oder Ladescheines unverpackt oder mit mangelhafter Verpackung aufgegeben sind,
   für den Schaden, welcher aus der mit dem Mangel oder der mangelhaften Beschaffenheit der Verpackung verbundenen Gefahr entstanden ist;

3. in Ansehung der Güter, deren Verladung und Ausladung von dem Absender oder Empfänger besorgt wird,
für den Schaden, welcher aus der mit dem Verladen und Ausladen oder mit einer mangelhaften Verladung verbundenen Gefahr entstanden ist;
4. in Ansehung der Güter, welche vermöge ihrer eigenthümlichen natürlichen Beschaffenheit der besonderen Gefahr ausgesetzt sind, Verlust oder Beschädigung, namentlich Bruch, Rost, inneren Verderb, aussergewöhnliche Leckage, Austrocknung und Verstreuung zu erleiden,
für den Schaden, welcher aus dieser Gefahr entstanden ist;
5. in Ansehung lebender Thiere,
für den Schaden, welcher aus der mit der Beförderung dieser Thiere für dieselben verbundenen besonderen Gefahr entstanden ist.

Ist ein Schaden eingetreten, welcher nach den Umständen des Falles aus einer der bezeichneten Gefahren entstehen konnte, so wird bis zum Beweise des Gegentheils vermuthet, dass der Schaden aus der betreffenden Gefahr entstanden ist.

Eine Befreiung von der Haftpflicht kann auf Grund der vorstehenden Bestimmungen nicht geltend gemacht werden, wenn nachgewiesen wird, dass der Schaden durch Verschulden des Frachtführers oder seiner Leute entstanden ist.

§. 60. Die Centralbehörden der Bundesstaaten und bei den die Gebiete mehrerer Bundesstaaten berührenden Wasserstrassen der Bundesrath sind befugt, für gewisse Güter zu bestimmen, dass für ein Mindergewicht oder ein Mindermass, das einhalb vom Hundert nicht übersteigt, der Frachtführer nicht verantwortlich sein soll, es sei denn, dass ihm nachweisbar ein Verschulden zur Last fällt.

Sind lose geladene Güter von gleichartiger Beschaffenheit für verschiedene Empfänger an Bord, ohne dass die einzelnen Partien durch dichte Wände getrennt lagern, so ist das Mindergewicht oder Mindermass und ebenso ein etwaiges Uebergewicht oder Uebermass unter die einzelnen Empfänger nach dem Verhältnisse der für sie bestimmten Mengen zu vertheilen.

§. 61. Nach der Abnahme des Gutes durch den Empfangsberechtigten können wegen theilweisen Verlustes oder wegen Beschädigung, welche äusserlich erkennbar waren, Ansprüche nur geltend gemacht werden, wenn vor der Abnahme der Zustand des Gutes durch gerichtlich ernannte Sachverständige festgestellt ist.

Wegen Verlustes oder Beschädigung, welche bei der Abnahme des Gutes äusserlich nicht erkennbar waren, kann der Frachtführer auch später in Anspruch genommen werden, wenn die Feststellung des Verlustes oder der Beschädigung ohne Verzug nach der Entdeckung und spätestens innerhalb einer Woche nach der Abnahme nachgesucht worden ist und bewiesen wird, dass der Verlust oder die Beschädigung während der Zeit der Übernahme bis zur Ablieferung entstanden ist.

Die Kosten einer von dem Empfangsberechtigten beantragten Feststellung sind von dem Frachtführer zu tragen, wenn ein Verlust oder eine Beschädigung ermittelt wird, für welche derselbe Ersatz leisten muss.

Der Frachtführer kann sich auf die Bestimmungen in Absatz 1 und 2 nicht berufen, wenn der Verlust oder die Beschädigung durch bösliche Handlungsweise einer Person der Schiffsbesatzung verursacht ist.

§. 62. Wenn die Fracht nach Mass, Gewicht oder Menge der Güter bedungen ist, so ist die Angabe in dem Frachtbriefe oder Ladescheine über Mass, Gewicht oder Menge für die Berechnung der Fracht entscheidend. In Ermangelung einer solchen Angabe ist anzunehmen, dass Mass, Gewicht oder Menge der abgelieferten und nicht der übernommenen Güter für die Höhe der Fracht entscheiden soll.

§. 63. Für Güter, welche durch einen Unfall verloren gegangen sind, ist die Fracht nach dem Verhältnisse des zur Zeit des Unfalls bereits zurückgelegten Theiles der Reise zur ganzen Reise zu entrichten (Distanzfracht).

Bei Berechnung der Distanzfracht kommt in Anschlag nicht allein das Verhältniss der bereits zurückgelegten Entfernung, sondern auch das Verhältniss des Aufwandes an Kosten, Zeit und Mühen, welche durchschnittlich mit dem vollendeten und dem nicht vollendeten Theile der Reise verbunden sind.

§. 64. Für Güter, welche in Folge ihrer natürlichen Beschaffenheit zu Grunde gegangen oder an Gewicht vermindert sind, ist die volle Fracht zu bezahlen. Das Gleiche gilt in Ansehung von Thieren, welche unterwegs gestorben sind.

§. 65. In Ermangelung einer besonderen Vereinbarung fallen die Unkosten der Schiffahrt, insbesondere die Hafen-, Schleusen-, Kanal- und Brückengelder, die Lootsengebühren sowie die im regelmässigen Verlaufe der Reise aufgewendeten Kosten für Schlepplohn und Ableichterung dem Frachtführer zur Last; dagegen gehören die Ufer-, Krahn- und Wiegegelder, imgleichen die Kosten einer auf Verlangen der Ladungsbetheiligten vorgenommenen Auseisung sowie die besonderen Kosten, welche durch die auf Verlangen der Ladungsbetheiligten bewirkte Uebernahme oder Ablieferung der Güter bei Eis, Sturm, Hochwasser, zur Nachtzeit oder an Sonntagen und allgemeinen Feiertagen entstehen, zu denjenigen Auslagen und Aufwendungen, deren Ersatz der Frachtführer verlangen kann.

Die Fälle der grossen Haverei werden durch die vorstehenden Bestimmungen nicht berührt.

§. 66. Enthält der Frachtbrief oder Ladeschein die Bestimmung, dass der Frachtführer franko abzuliefern hat, so steht dies im Zweifel der Geltendmachung des Pfandrechts des Frachtführers (Artikel 409 des Handelsgesetzbuchs) wegen der Zollgelder sowie wegen der sonstigen Auslagen und der Liegegelder für die Zeit nach dem Antritt der Reise nicht entgegen.

§. 67. Wird der Antritt der Reise durch Zufall dauernd verhindert, so tritt der Frachtvertrag ausser Kraft, ohne dass der eine Theil zur Entschädigung des anderen verpflichtet ist.

Als dauernde Verhinderung ist es insbesondere anzusehen:

1. wenn das Schiff, mit welchem die Beförderung zu erfolgen hatte, verloren geht, oder derart beschädigt wird, dass die Reise nicht ohne eine umfassende Ausbesserung des Schiffes angetreten werden kann; als Ausbesserung dieser Art gilt namentlich eine solche, welche die vollständige Löschung der Ladung nothwendig macht;
2. wenn die zu befördernden Güter verloren gehen, vorausgesetzt, dass sie nicht blos nach Art und Gattung, sondern speziell im Frachtvertrage bezeichnet oder bereits verladen oder doch von dem Frachtführer übernommen waren.

§. 68. Wird nach dem Antritt der Reise die Fortsetzung derselben durch Zufall dauernd verhindert, so finden die Bestimmungen des §. 67 mit der Massgabe Anwendung, dass für den zurückgelegten Theil der Reise Distanzfracht (§. 63 Absatz 2) zu entrichten ist.

§. 69. Im Falle des Verlustes oder der Beschädigung des Schiffes ist trotz der Auflösung des Frachtvertrages der Schiffer verpflichtet, bei Abwesenheit der Betheiligten für das Beste der Ladung zu sorgen. Er ist im Falle der Dringlichkeit berechtigt und verpflichtet, auch ohne vorherige Anfrage, je nachdem es den Umständen entspricht, entweder die Ladung für Rechnung der Betheiligten mittelst eines andern Schiffes nach dem Ablieferungsorte befördern zu lassen oder die Auflagerung derselben zu bewirken. Von den getroffenen Massregeln sind die Betheiligten unverzüglich in Kenntniss su setzen.

§. 70. Wird der Antritt oder die Fortsetzung der Reise nicht dauernd, sondern nur zeitweilig durch Naturereignisse oder Zufall verhindert, so braucht der Absender die Aufhebung des Hindernisses nicht abzuwarten, er kann vielmehr vom Vertrage zurücktreten.

In diesem Falle sind dem Frachtführer die Kosten der Vorbereitung der Reise, die Kosten der Wiederausladung und für den zurückgelegten Theil der Reise Distanzfracht (§. 63 Absatz 2) zu vergüten.

Muss der Frachtführer überwintern, so findet ein Rücktritt des Absenders nach Massgabe der vorstehenden Bestimmung nicht statt. In diesem Falle ist der Absender zur Zurücknahme der Güter nur nach den Bestimmungen der §§. 36 bis 39 berechtigt.

§. 71. Auf Verlangen des Absenders ist demselben von dem Frachtführer nach Verladung der Güter ein Ladeschein auszustellen, durch welchen der Frachtführer sich zur Auslieferung der Güter an den legitimirten Besitzer des Scheines verpflichtet. Das Verlangen ist vor Beginn der Verladung der Güter zu stellen.

Der Ladeschein hat ausser den im Artikel 414 des Handelsgesetzbuchs aufgeführten Angaben auch die Bezeichnung des Schiffes zu enthalten, in welches die Güter verladen sind.

Wird der Ladeschein an die Order einer Person ausgestellt, welche am Ablieferungsorte weder ihren Wohnsitz noch eine Niederlassung hat, so kann der Frachtführer die Bezeichnung einer Meldeadresse verlangen, bei welcher ihm nach der Ankunft am Ablieferungsorte die Person des Ladescheinbesitzers bekannt zu geben ist. Die Meldeadresse ist auf dem Ladescheine zu vermerken.

§. 72. Die Uebergabe des Ladescheines an den legitimirten Besitzer hat, sobald die Güter von dem Frachtführer übernommen sind, für den Erwerb der von der Uebergabe abhängigen Rechte dieselben rechtlichen Wirkungen wie die Uebergabe der Güter.

§. 73. Der Frachtführer haftet für die Richtigkeit der im Ladescheine enthaltenen Bezeichnung der Zahl, des Masses oder des Gewichtes der verladenen Güter, es sei denn, dass durch den Zusatz: „Zahl, Mass, Gewicht unbekannt“ oder durch einen gleichbedeutenden Vermerk ersichtlich gemacht ist, dass die Güter dem Frachtführer nicht zugezählt, zugemessen oder zugewogen sind.

Erklärt sich der Absender bereit, die Zuzählung, Zumessung oder Zuwiegung der Güter auf seine Kosten vornehmen zu lassen, so ist der Frachtführer nicht berechtigt, einen Zusatz der im Absatz 1 bezeichneten Art in den Ladeschein aufzunehmen.

Die Bestimmungen des §. 60 bleiben unberührt.

§. 74. Der Frachtführer haftet für die Richtigkeit der im Ladescheine enthaltenen Bezeichnung der Güter, sofern er nicht beweist, dass die Unrichtigkeit der Bezeichnung bei Anwendung der Sorgfalt eines gewöhnlichen Frachtführers nicht zu erkennen war.

Sind dem Frachtführer die Güter in Verpackung oder in geschlossenen Gefässen übergeben und ist dies aus dem Ladescheine zu ersehen, so trifft den Frachtführer keine Verantwortlichkeit für die richtige Bezeichnung des Inhalts, es sei denn, dass ihm eine bösliche Handlungsweise nachgewiesen wird.

§. 75. In den Fällen des §. 73 Absatz 1 und des §. 74 beschränkt sich die Haftung des Frachtführers auf den Ersatz des Minderwerths, welcher aus der Nichtübereinstimmung der Güter mit der im Ladescheine enthaltenen Bezeichnung sich ergiebt. Fällt dem Frachtführer eine bösliche Handlungsweise zur Last, so hat er den vollen Schaden zu ersetzen.

§. 76. Uebernimmt der Frachtführer Güter, deren Beschädigung, schlechte Beschaffenheit oder mangelhafte Verpackung bei der Verladung äusserlich erkennbar ist, so hat er den Mangel im Ladescheine zu vermerken, widrigenfalls er dem Empfänger für den aus dem Mangel sich ergebenden Minderwerth der Güter verantwortlich ist.

§. 77. Für Verlust oder Beschädigung von Reisegepäck haftet der Schiffseigner, sofern das Gepäck von dem Schiffer oder einer dazu bestellten Person übernommen ist, in gleicher Weise wie der Frachtführer für Frachtgüter.

Er hat wegen des Frachtgeldes ein Pfandrecht an dem Gepäck, solange dasselbe zurückbehalten oder niedergelegt ist. Die Wirkungen und die Geltendmachung des Pfandrechts bestimmen sich im Uebrigen nach den für das Pfandrecht des Frachtführers an den Frachtgütern geltenden Vorschriften.

Fünfter Abschnitt. Haverei.

§. 78. Grosse Haverei sind alle Schäden, welche einem Schiffe oder der Ladung desselben oder beiden zum Zweck der Errettung beider aus einer gemeinsamen Gefahr von dem Schiffer oder auf dessen Geheiss vorsätzlich zugefügt werden, sowie auch die durch solche Massregeln ferner verursachten Schäden einschliesslich des Verlustes der Fracht für aufgeopferte Güter, desgleichen die Kosten, welche zu dem bezeichneten Zweck von dem Schiffer oder nach seiner Anweisung von einem der Ladungsbetheiligten aufgewendet werden.

Die grosse Haverei wird von Schiff und Ladung gemeinschaftlich getragen; die Havereivertheilung tritt jedoch nur ein, wenn sowohl das Schiff als auch die Ladung und zwar jeder dieser Gegenstände entweder ganz oder theilweise wirklich gerettet worden sind.

Alle nicht zur grossen Haverei gehörigen, durch einen Unfall verursachten Schäden und Kosten (besondere Haverei) werden von den Eigenthümern des Schiffes und der Ladung, von jedem für sich allein getragen.

§. 79 = HGB 704.
§. 80 = HGB 706.
§. 81 = HGB 707.

§. 82. In Bezug auf den Umfang der grossen Haverei gelten, sofern die allgemeinen Voraussetzungen derselben vorhanden sind, die folgenden Bestimmungen[1]: — — — — — — — — — — — — —

3. Wenn das Schiff absichtlich festgefahren ist, um das Sinken desselben abzuwenden, oder wenn das Schiff absichtlich zum Sinken gebracht ist, um eine Zerstörung desselben und der Ladung durch Feuer zu verhüten, so gehören zur grossen Haverei sowohl die durch die

[1] Absatz 1 und 2, abgesehen von kleinen stilistischen Abweichungen, gleichlautend mit HGB 708, 1, 2.

Massregel entstandenen Schäden als auch die Kosten und Schäden der Abbringung oder Hebung.

Wird das Schiff nicht abgebracht oder gehoben oder wird es nach der Abbringung oder Hebung als reparaturunfähig befunden, so findet eine Havereivertheilung nicht statt.

Ist das Schiff gesunken, ohne dass dies zur Rettung von Schiff und Ladung vorsätzlich herbeigeführt war, so gehören zwar nicht die durch den Unfall veranlassten Schäden, wohl aber die zur gemeinsamen Hebung von Schiff und Ladung verwendeten Kosten sowie die zu diesem Zweck dem Schiffe oder der Ladung absichtlich zugefügten Schäden zur grossen Haverei.

4. Wenn zur Abwendung einer durch Eisgang oder durch andere Umstände verursachten Gefahr, zu deren Beseitigung die ordnungsmässige Bemannung des Schiffes nicht ausreicht, Hülfsmannschaften oder Schleppdampfer angenommen werden, so gehören die hierdurch entstehenden Kosten und Schäden zur grossen Haverei. Erfolgt die Annahme von Schleppdampfern oder Hülfsmannschaften im regelmässigen Verlaufe der Reise, so liegt grosse Haverei nicht vor.

5. Wenn das Schiff wegen Eintritts des Winterfrostes gezwungen ist, einen Zwischenhafen aufzusuchen, so gehören zur grossen Haverei die Kosten des Ein- und Auslaufens, die Schlepplöhne, die Hafengebühren, die für die Bewachung des beladenen Schiffes erforderlich gewordenen Kosten und, wenn zur Erleichterung des Schiffes die Ladung ganz oder theilweise in Leichterfahrzeuge übergeladen worden ist, der Leichterlohn, sowie der durch die Leichterung entstandene Schaden gemäss der Bestimmung unter Nr. 2.

§. 83. Wird ausser dem Falle des §. 82 Nr. 5 das Schiff genöthigt, die Reise zu unterbrechen und an einem Zwischenorte liegen zu bleiben, so gehören die durch den Aufenthalt an diesem Orte entstehenden Kosten und Schäden nicht zur grossen Haverei.

§. 84. Wenn durch die Auseinandersetzung unter den Betheiligten Kosten entstehen, so gehören auch diese Kosten zur grossen Haverei. Dies gilt insbesondere von den Kosten für die Ermittelung der Schäden und für die Aufstellung der Rechnung über die grosse Haverei (Dispache).

§. 85. In Bezug auf den Umfang und die Berechnung der für die grosse Haverei zu beanspruchenden Vergütungen und der für dieselbe zu leistenden Beiträge finden die auf die Seeschiffahrt bezüglichen Bestimmungen der Artikel 711 bis 722, 724 bis 726 des Handelsgesetzbuchs entsprechende Anwendung. Güter, welche sich zur Zeit des Havereifalles in einem Leichterfahrzeuge befunden haben (Handelsgesetzbuch Artikel 720), sind jedoch nur unter der Voraussetzung beitragspflichtig, dass sie sich mit dem Schiffe in Gefahr befunden haben. Auch findet bei der Ermittelung des von der Ladung zu leistenden Beitrags (Handelsgesetzbuch Artikel 721) ein Abzug des Zolles für gerettete Güter nur insoweit statt, als der Zoll noch nicht entrichtet ist.

Bei der Schadensberechnung bleiben die Beschädigungen und Verluste ausser Ansatz, welche betreffen:

1. diejenigen Güter, über die weder ein Frachtbrief oder Ladeschein ausgestellt ist, noch das Manifest oder Ladebuch Auskunft giebt;
2. die Kostbarkeiten, Gelder und Werthpapiere, welche dem Frachtführer nicht bezeichnet sind.

Die Ausnahme unter Nr. 1 gilt nicht für den Hafenverkehr.

§. 86. Die Vertheilung der Schäden erfolgt an dem Orte, wo die Reise endet.

§. 87. Die Dispache ist von dem Schiffer unverzüglich aufzustellen.

Derselbe ist berechtigt und auf Verlangen eines Betheiligten verpflichtet, die Aufstellung einem Sachverständigen (Dispacheur) zu übertragen. In Ermangelung eines für Havereifälle bei der Binnen- oder Seeschiffahrt ein für allemal bestellten Dispacheurs hat auf Antrag das Amtsgericht eine geeignete Person als Dispacheur besonders zu bestellen.

Jeder Betheiligte ist verpflichtet, die zur Aufstellung der Dispache erforderlichen Urkunden, soweit er sie zu seiner Verfügung hat, insbesondere Frachtbriefe, Ladescheine und Fakturen, dem Schiffer oder Dispacheur mitzutheilen.

Den Landesgesetzen bleibt vorbehalten, über das Verfahren bei Aufstellung der Dispache und über die Ausführung derselben Bestimmungen zu treffen.

§. **88.** Wird die Aufstellung der Dispache verzögert, so ist jeder Betheiligte, unbeschadet seines Anspruchs auf Ersatz des durch die Verzögerung entstandenen Schadens, befugt, die Aufstellung der Dispache durch einen Dispacheur selbst zu veranlassen und zu betreiben.

§. **89.** Die Vergütungsberechtigten haben wegen der von dem Schiffe zu entrichtenden Beiträge die Rechte von Schiffsgläubigern (§§. 102 bis 116).

Auch in Ansehung der beitragspflichtigen Güter steht den Vergütungsberechtigten an den einzelnen Gütern wegen des von diesen zu entrichtenden Beitrags ein Pfandrecht mit den im §. 41 der Konkursordnung bezeichneten Wirkungen zu. Das Pfandrecht kann jedoch nach der Auslieferung der Güter nicht zum Nachtheile des dritten Erwerbers, welcher den Besitz in gutem Glauben erlangt hat, geltend gemacht werden.

Das an den beitragspflichtigen Gütern den Vergütungsberechtigten zustehende Pfandrecht wird für sämmtliche Berechtigte durch den Frachtführer ausgeübt. Die Geltendmachung des Pfandrechts durch den Frachtführer erfolgt, sofern ein vollstreckbarer Titel nicht vorhanden ist, unter entsprechender Anwendung der Vorschriften im Artikel 409, Absatz 2, 3 des Handelsgesetzbuchs.

§. **90** = HGB 728.

§. **91.** Der Schiffer darf Güter, auf welchen Havereibeiträge haften, vor deren Berichtigung oder Sicherstellung nicht ausliefern, widrigenfalls er für die Beiträge insoweit verantwortlich wird, als diese, falls die Auslieferung nicht erfolgt wäre, aus den Gütern hätten geleistet werden können.

Gegen Hinterlegung des beanspruchten Beitrags bei Gericht oder bei einer anderen öffentlichen Hinterlegungsstelle hat die Auslieferung der Güter zu erfolgen.

Wird diese Hinterlegung verzögert, so ist der Schiffer berechtigt, die Güter in einem öffentlichen Lagerhause oder in anderer sicherer Weise niederzulegen.

Sechster Abschnitt. Zusammenstoss von Schiffen, Bergung und Hülfeleistung.

§. **92.** In Bezug auf die Schadensersatzpflicht beim Zusammenstosse von Schiffen auf Flüssen oder sonstigen Binnengewässern finden die Vorschriften der Artikel 736 bis 741 des Handelsgesetzbuchs mit der Massgabe entsprechende Anwendung, dass an die Stelle des Rheders der Schiffseigner tritt.

§. **93.** Wird ein in Gefahr befindliches, von der Schiffsbesatzung verlassenes Schiff, oder wird aus einem solchen, vom Untergange unmittelbar bedrohten Schiffe die Ladung ganz oder theilweise geborgen, so hat der Berger Anspruch auf Bergelohn.

Wird ausser den bezeichneten Fällen ein Schiff oder dessen Ladung aus einer Schiffahrtsgefahr durch die Hülfe dritter Personen gerettet, so haben diese Anspruch auf Hülfslohn.

Der Besatzung des Schiffes steht ein Anspruch auf Berge- oder Hülfslohn nicht zu.

§. **94** = HGB 744, 745, 746.

§. **95**. Haben sich mehrere Personen an der Bergung oder Hülfeleistung betheiligt, so wird der Berge- oder Hülfslohn unter dieselben nach Massgabe der persönlichen und sachlichen Leistungen der Einzelnen vertheilt.

Zur entsprechenden Theilnahme sind auch diejenigen berechtigt, welche sich in derselben Gefahr der Rettung von Menschen unterzogen haben.

Wird ein Schiff oder dessen Ladung von einem anderen Schiffe geborgen oder gerettet, so hat der Schiffseigner des letzteren einen angemessenen Theil des Berge- oder Hülfslohnes zu beanspruchen.

§. **96** = HGB 752.

§. **97**. Wegen der Bergungs- und Hülfskosten, einschliesslich des Berge- und Hülfslohnes, stehen dem Gläubiger im Falle der Rettung des Schiffes die Rechte der Schiffsgläubiger (§§. 102 bis 116) und im Falle der Rettung von Gütern ein Pfandrecht an diesen mit den im §. 41 der Konkursordnung bezeichneten Wirkungen zu. Geborgene Gegenstände können bis zur Sicherheitsleistung zurückbehalten werden.

Die Pfandklage kann hinsichtlich des Schiffes und der Fracht und, solange die Ladungsgüter noch nicht ausgeliefert sind, auch hinsichtlich dieser gegen den Schiffer gerichtet werden. Zuständig ist das Gericht, in dessen Bezirk die Bergung oder Hülfeleistung stattgefunden hat.

§. **98**. Nach Auslieferung der Güter kann das Pfandrecht nicht zum Nachtheile eines dritten Erwerbers geltend gemacht werden, welcher den Besitz der geborgenen oder geretteten Güter in gutem Glauben erlangt hat.

§. **99** = HGB 754[1]).

§. **100** = HGB 755.

§. **101**. Für die der See zunächst gelegenen Binnengewässer können durch Verordnung der Landesregierungen hinsichtlich des Verfahrens bei der Bergung und Hülfeleistung und hinsichtlich der zuständigen Behörden, sowie hinsichtlich der Behandlung der geborgenen Gegenstände und der Festsetzung der Bergungs- und Hülfskosten die für die Seeschiffahrt geltenden Vorschriften für anwendbar erklärt werden.

Siebenter Abschnitt. Schiffsgläubiger.

§. **102**. Die nachstehenden Forderungen gewähren die Rechte eines Schiffsgläubigers:

1. die öffentlichen Schiffs- und Schiffahrtsabgaben, insbesondere die Brücken-, Schleusen-, Kanal- und Hafengelder;
2. die aus den Dienstverträgen herrührenden Forderungen der Schiffsbesatzung;
3. die Lootsengelder, sowie die Bergungs- und Hülfskosten, einschliesslich des Berge- und Hülfslohnes;

---

[1]) Hier, wie bei den sonstigen Parallelen des HGB, abgesehen von kleinen stilistischen Verschiedenheiten. Absatz 2 verweist auf §. 7, Abs. 2, 3.

die Beiträge des Schiffes zur grossen Haverei;

die Forderungen aus Geschäften, welche der Schiffer ausserhalb der im §. 15 bezeichneten Orte zur Abwendung einer dringenden Gefahr von Schiff oder Ladung geschlossen hat, auch wenn der Schiffer Eigenthümer oder Miteigenthümer des Schiffes ist;

4. die Forderungen wegen Nichtablieferung oder Beschädigung der Ladungsgüter und des im §. 77 bezeichneten Reisegepäcks;

5. die nicht unter eine der vorigen Nummern fallenden Forderungen aus Rechtsgeschäften, welche der Schiffer als solcher kraft seiner gesetzlichen Befugnisse (§§. 15, 16) und nicht mit Bezug auf eine Vollmacht geschlossen hat, sowie die nicht unter eine der vorigen Nummern fallenden Forderungen wegen Nichterfüllung oder wegen unvollständiger oder mangelhafter Erfüllung eines von dem Schiffseigner geschlossenen Vertrages, insofern dessen Ausführung zu den Dienstobliegenheiten des Schiffers gehört hat (§. 4 Nr. 2);

die Forderungen aus dem Verschulden einer Person der Schiffsbesatzung (§. 3, §. 4 Nr. 3), auch wenn dieselbe Eigenthümer oder Miteigenthümer des Schiffes ist;

6. die Forderungen, welche der Berufsgenossenschaft aus den Gesetzen über die Unfallversicherung, sowie den Gemeinden und Krankenkassen nach den Gesetzen über die Krankenversicherung gegen den Schiffseigner zustehen.

§. **103**. Die Schiffsgläubiger haben an dem Schiffe nebst Zubehör ein Pfandrecht mit der im §. 41 der Konkursordnung bezeichneten Wirkung.

Das Pfandrecht ist gegen jeden dritten Besitzer des Schiffes verfolgbar.

Die Befriedigung aus dem Pfande erfolgt auf Grund eines vollstreckbaren Titels nach den Vorschriften über die Zwangsvollstreckung.

§. **104**. Das Pfandrecht der Schiffsgläubiger erstreckt sich ausserdem auf die Bruttofracht derjenigen Frachtfahrt, aus welcher ihre Forderung entstanden ist.

Für die im §. 102 unter Nr. 2 aufgeführten Forderungen der Schiffsbesatzung besteht ein Pfandrecht an der Fracht der sämmtlichen Frachtfahrten, welche unter den Dienstvertrag fallen, aus dem die Forderungen entstanden sind.

Als Frachtfahrt gilt jede Reise, welche entweder auf Grund eines neuen Frachtvertrages oder nach vollständiger Löschung der Ladung angetreten wird.

Der Fracht steht im Sinne dieses Abschnitts das für die Beförderung von Personen zu entrichtende Fahrgeld und bei Schleppschiffen der Schlepplohn gleich.

§. **105** = HGB 763.

§. **106**. Von den im §. 102 unter Nr. 1 bis 5 aufgeführten Forderungen gehen die eine spätere Frachtfahrt betreffenden denjenigen vor, welche eine frühere Frachtfahrt betreffen. Zu den die letzte Frachtfahrt betreffenden Forderungen werden auch diejenigen gerechnet, welche nach Beendigung dieser Frachtfahrt entstanden sind.

Für die im §. 102 unter Nr. 2 aufgeführten Forderungen der Schiffsbesatzung bestimmt sich das Vorzugsrecht nach der letzten Frachtfahrt, welche unter den Dienstvertrag fällt, aus dem die Forderungen entstanden sind.

§. **107**. Die Rangordnung der Forderungen, welche dieselbe Frachtfahrt betreffen oder als dieselbe Frachtfahrt betreffend anzusehen sind (§. 106), bestimmt sich durch die Nummernfolge, in welcher die Forderungen im §. 102 aufgeführt sind.

Von den unter Nr. 1, 2, 4 und 5 bezeichneten Forderungen haben die unter derselben Nummer aufgeführten den gleichen Rang ohne Rücksicht auf die Zeit ihrer Entstehung.

Von den unter Nr. 3 bezeichneten Forderungen geht die später entstandene der früher entstandenen vor; die gleichzeitig entstandenen sind gleichberechtigt. Forderungen, welche aus Anlass eines und desselben Nothfalles entstanden sind, gelten als gleichzeitig entstanden.

§. 108. Die im §. 102 unter Nr. 6 bezeichneten Forderungen stehen allen übrigen Forderungen von Schiffsgläubigern, ohne Rücksicht auf die Zeit ihrer Entstehung, nach.

§. 109. Das Pfandrecht des Schiffsgläubigers hat den Vorrang vor den sonstigen Pfandrechten an Schiff oder Fracht, für die im §. 102 unter Nr. 4 bis 6 aufgeführten Forderungen jedoch hinsichtlich des Schiffes nur insoweit, als jene Pfandrechte nicht früher entstanden sind.

Soweit hiernach die sonstigen Pfandrechte an dem Schiffe der Forderung eines Schiffsgläubigers vorgehen, haben sie zugleich den Vorrang vor den dieser Forderung nachstehenden Forderungen anderer Schiffsgläubiger.

Erleidet ein Schiffsgläubiger, welchem der Schiffseigner nur mit Schiff und Fracht haftet, dadurch einen Ausfall an seiner Forderung, dass seinem Pfandrecht an dem Schiffe das Pfandrecht eines Gläubigers vorgeht, der nicht Schiffsgläubiger ist, so wird der Schiffseigner in Höhe dieses Ausfalles persönlich verpflichtet.

§. 110. Das Pfandrecht der Schiffsgläubiger an dem Schiffe erlischt durch den im Inlande im Wege der Zwangsvollstreckung erfolgten Verkauf des Schiffes; an Stelle des letzteren tritt für die Schiffsgläubiger das Kaufgeld.

Das Gleiche gilt von sonstigen Pfandrechten, welche durch Willenserklärung oder Gesetz erworben sind.

§. 111. Für den Fall der freiwilligen Veräusserung eines Schiffes finden in Ermangelung landesgesetzlicher Bestimmungen, nach welchen die Pfandrechte der Schiffsgläubiger bei erfolgloser öffentlicher Aufforderung zur Anmeldung erlöschen, die nachstehenden Vorschriften Anwendung:

Der Erwerber des Schiffes ist berechtigt, das Aufgebot der Schiffsgläubiger (Civilprozessordnung §§. 824 bis 836) bei dem Gerichte, in dessen Bezirk sich der Heimathsort des Schiffes befindet, zu beantragen.

In dem Ausschlussurtheile sind den Schiffsgläubigern, welche sich gemeldet haben, oder welche der Antragsteller angegeben hat, ihre Rechte vorzubehalten; die übrigen Schiffsgläubiger sind mit ihren Ansprüchen auszuschliessen.

§. 112. Die Bestimmungen der §§. 110, 111 finden keine Anwendung, wenn nur der Antheil eines Miteigenthümers des Schiffes den Gegenstand der Zwangsvollstreckung oder Veräusserung bildet.

§. 113. Das Pfandrecht der Schiffsgläubiger an der Fracht ist so lange wirksam, als die Fracht noch aussteht oder die Frachtgelder in den Händen des Schiffers sind. Dies gilt auch im Falle einer Abtretung der Frachtforderung.

Insoweit der Schiffseigner die Fracht eingezogen hat, haftet er den Schiffsgläubigern, welchen dadurch das Pfand ganz oder zum Theil entgeht, persönlich, und zwar einem jeden in Höhe desjenigen Betrages, welcher für denselben bei Vertheilung des eingezogen Betrages nach der gesetzlichen Rangordnung sich ergiebt.

Dieselbe persönliche Haftung des Schiffseigners tritt ein in Ansehung der am Abladungsorte zur Abladungszeit üblichen Fracht für Güter, welche für seine Rechnung abgeladen sind.

Hat der Schiffseigner die Fracht zur Befriedigung eines oder mehrerer Gläubiger, welchen ein Pfandrecht an derselben zustand, verwendet, so ist er den Gläubigern, welchen der Vorzug gebührt hätte, nur insoweit verantwortlich, als erwiesen wird, dass er dieselben wissentlich verkürzt hat.

§. 114. Insoweit bei der Zwangsvollstreckung oder bei einer sonstigen Veräusserung des Schiffes der Schiffseigner das Kaufgeld eingezogen hat, haftet er den Schiffsgläubigern, deren Pfandrechte in Folge der Zwangsvollstreckung oder nach Landesrecht wegen erfolgloser öffentlicher Aufforderung zur Anmeldung (§. 111 Absatz 1), oder vermöge des im §. 111 Absatz 2 und 3 bezeichneten Verfahrens erloschen sind, persönlich in gleicher Weise, wie im Falle der Einziehung der Fracht.

§. 115 = HGB 777, 1, 2.

§. 116 = HGB 778.

§. 117. Die wegen der Beiträge zur grossen Haverei und der Bergungs- und Hülfskosten auf den Ladungsgütern haftenden Pfandrechte gehen den im Artikel 411 des Handelsgesetzbuchs bezeichneten Pfandrechten vor. Unter den ersteren Pfandrechten hat das später entstandene vor dem früher entstandenen den Vorzug; die gleichzeitig entstandenen sind gleichberechtigt; Forderungen, welche aus Anlass desselben Nothfalles entstanden sind, gelten als gleichzeitig entstanden.

In den Fällen der grossen Haverei und des Verlustes oder der Beschädigung durch rechtswidrige Handlungen finden die Vorschriften des §. 116 entsprechende Anwendung.

Achter Abschnitt. Verjährung.

§. 118. Mit dem Ablaufe eines Jahres verjähren:

1. die öffentlichen Schiffs- und Schiffahrtsabgaben, insbesondere die Brücken-, Schleusen-, Kanal- und Hafengelder;
2. die aus den Dienstverträgen herrührenden Forderungen der Schiffsbesatzung;
3. die Lootsengelder;
4. die Bergungs- und Hülfskosten einschliesslich des Berge- und Hülfslohnes;
5. die Beiträge zur grossen Haverei;
6. die Forderungen aus Geschäften, welche der Schiffer kraft seiner gesetzlichen Befugnisse (§§. 15, 16) und nicht mit Bezug auf eine Vollmacht geschlossen hat;
7. die Forderungen aus dem Verschulden einer Person der Schiffsbesatzung (§. 3, §. 4 Nr. 3, §§. 7, 92);
8. die Forderungen des Frachtführers aus dem Frachtvertrage, insbesondere wegen der Fracht mit Nebengebühren, Liegegeldern und Auslagen, sowie die Ansprüche wegen des Fahrgeldes der beförderten Personen.

§. 119. Die Verjährung beginnt mit dem Schlusse des Jahres, in welchem die Forderung fällig geworden ist.

Neunter Abschnitt. Schiffsregister.

§. 120. Für Dampfschiffe und andere Schiffe mit eigener Triebkraft, deren Tragfähigkeit mehr als 15000 Kilogramm beträgt, sowie für sonstige Schiffe mit einer Tragfähigkeit von mehr als 20000 Kilogramm sind Schiffsregister zu führen.

§. 121. Das Schiffsregister wird bei dem zur Führung des Handelsregisters zuständigen Gerichte geführt.

Die Landesregierungen sind befugt, die Führung des Registers für die Bezirke mehrerer Gerichte einem von diesen zu übertragen oder mit derselben da, wo die Führung der Register für Seeschiffe anderen Behörden obliegt, die letzteren zu betrauen.

§. 122. Das Schiffsregister ist öffentlich; die Einsicht ist während der gewöhnlichen Dienststunden einem Jeden gestattet. Von den Eintragungen können gegen Erlegung der Kosten Abschriften gefordert werden, die auf Verlangen zu beglaubigen sind.

§. 123. Jedes Schiff ist bei der Registerbehörde des Heimathsortes zur Eintragung in das Schiffsregister anzumelden.

§. 124. Die Verpflichtung zur Anmeldung liegt dem Eigenthümer des Schiffes und, wenn mehrere Miteigenthümer vorhanden sind, einem jeden von ihnen ob.

Bei einer offenen Handelsgesellschaft, einer Kommanditgesellschaft oder einer Aktienkommanditgesellschaft sind die persönlich haftenden Gesellschafter, bei einer juristischen Person, einer Aktiengesellschaft, einer Gesellschaft mit beschränkter Haftung oder einer eingetragenen Genossenschaft die gesetzlichen Vertreter zur Anmeldung verpflichtet.

Sind mehrere Verpflichtete vorhanden, so genügt die Anmeldung durch einen von ihnen.

§. 125. Die Anmeldung muss enthalten:

1. die Gattung und das Material sowie den Namen, die Nummer oder die sonstigen Merkzeichen des Schiffes;
2. die Tragfähigkeit und bei Dampfschiffen oder sonstigen Schiffen mit eigener Triebkraft die Stärke des Motors;
3. die Zeit und den Ort der Erbauung;
4. den Heimathsort;
5. den Namen und die nähere Bezeichnung des Eigenthümers oder der Miteigenthümer und im letzteren Falle die Grösse des Antheiles eines jeden Miteigenthümers; bei Handelsgesellschaften genügt, auch soweit sie nicht juristische Personen sind, die Angabe der Firma und des Sitzes der Gesellschaft;
6. den Rechtsgrund, auf welchem das Eigenthum oder die Eigenthumsantheile beruhen.

Die Angaben sind glaubhaft zu machen.

§. 126. Jedes Schiff wird in das Schiffsregister unter einer besonderen Ordnungsnummer eingetragen.

Die Eintragung hat die im §. 125 bezeichneten Angaben und den Tag der Eintragung zu enthalten.

Ueber die Eintragung wird von der Registerbehörde eine Urkunde (Schiffsbrief) ertheilt, in welche der vollständige Inhalt der Eintragung aufzunehmen ist.

§. 127. Wenn Veränderungen in den eingetragenen Thatsachen oder Rechtsverhältnissen eintreten oder wenn das Schiff zu Grunde geht oder reparaturunfähig wird, so ist dies zur Eintragung in das Schiffsregister anzumelden.

In Bezug auf die Verpflichtung zur Anmeldung finden die Vorschriften der §§. 124, 125 entsprechende Anwendung. Zur Anmeldung der Veräusserung des Schiffes oder eines Antheiles an demselben ist der Erwerber verpflichtet.

Der Schiffsbrief ist mit der Anmeldung einzureichen; die Eintragung wird auf demselben durch die Registerbehörde vermerkt.

Im Falle der Verlegung des Heimathsortes aus dem Registerbezirke hat die Registerbehörde nach Vollzug der Eintragung den Schiffsbrief mit einer beglaubigten Abschrift des Registerinhalts der neuen Registerbehörde zur Bewirkung der Eintragung zu übersenden.

§. 128. Das Gericht hat die Betheiligten zu den ihnen obliegenden Anmeldungen durch Ordnungsstrafen anzuhalten.

Das Verfahren bestimmt sich nach den Vorschriften, welche für die Verhängung von Ordnungsstrafen in Betreff der Anmeldungen zum Handelsregister gelten.

§. 129. Die Landesregierungen können bestimmen, dass auch Schiffe von einer geringeren als der im §. 120 bezeichneten Tragfähigkeit in das Schiffsregister einzutragen sind. Auf die Anmeldung und Eintragung solcher Schiffe finden die Bestimmungen dieses Abschnitts gleichfalls Anwendung.

§. 130. Schiffe, welche beim Inkrafttreten dieses Gesetzes in ein nach den Landesgesetzen geführtes Register für Binnenschiffe eingetragen sind, bedürfen keiner erneuten Eintragung.

Hinsichtlich der diese Schiffe betreffenden Eintragungen gelten die bezeichneten Register als Schiffsregister im Sinne des gegenwärtigen Gesetzes.

Zehnter Abschnitt. Verpfändung und Zwangsvollstreckung.

§. 131. Die Verpfändung eines in das Schiffsregister eingetragenen Schiffes kann nur durch Eintragung in das Schiffsregister erfolgen. Die Eintragung tritt an die Stelle der nach dem Landesrechte erforderlichen Besitzübertragung oder Eintragung in ein Hypothekenbuch.

Die Eintragung findet nur auf Grund der Bewilligung desjenigen statt, welcher als Eigenthümer des Schiffes in das Register eingetragen ist.

Sie muss die Bezeichnung des Gläubigers, die Forderung und die Zeit der Eintragung enthalten.

Die Eintragung ist auf dem Schiffsbriefe und, wenn eine Verpfändungsurkunde vorgelegt ist, auch auf dieser zu vermerken.

§. 132. Der Uebergang der Forderung auf einen Anderen ist auf Antrag in das Schiffsregister einzutragen. Der Antrag kann sowohl von dem bisherigen wie von dem neuen Gläubiger gestellt werden. Zur Begründung des Antrages genügt im letzteren Falle die Beibringung der Abtretungserklärung oder der Eintragungsbewilligung des bisherigen Gläubigers.

Ist das Pfandrecht erloschen, so erfolgt die Löschung auf Antrag desjenigen, welcher als Eigenthümer des Schiffes in das Schiffsregister eingetragen ist; zur Begründung des Antrages genügt die Beibringung der Quittung oder der Löschungsbewilligung des eingetragenen Pfandgläubigers oder seines Rechtsnachfolgers.

Die Bestimmung im §. 131 Absatz 4 findet entsprechende Anwendung.

§. 133. Wer ein Recht an dem Schiffe erwirbt, solange das Pfandrecht in dem Schiffsregister eingetragen ist, kann sich nicht darauf berufen, dass ihm das Pfandrecht unbekannt geblieben sei.

§. 134. Die zur Begründung des Antrages auf Eintragung des Pfandrechts, auf Uebertragung sowie auf Löschung erforderlichen Erklärungen sind, falls sie nicht vor der Registerbehörde abgegeben werden, in gerichtlich oder notariell beglaubigten Urkunden beizubringen.

Der Nachweis einer anderen zur Begründung der Eintragung oder

der Löschung erforderlichen Thatsache ist, sofern sie nicht bei der Registerbehörde offenkundig ist, durch öffentliche Urkunden zu führen.

§. 135. Soweit nach den Landesgesetzen die Verpfändung von Binnenschiffen durch Eintragung in das Schiffsregister oder auf Grund einer solchen Eintragung erfolgt, finden die Vorschriften dieser Gesetze an Stelle der §§. 131 bis 134 mit der Massgabe Anwendung, dass die Eintragung in das in dem gegenwärtigen Gesetze vorgesehene Register (§. 120, §. 130 Absatz 2) zu bewirken ist.

§. 136. In Bezug auf die Zwangsvollstreckung in Schiffe, welche in das Schiffsregister eingetragen sind, gelten, soweit nicht nach den Landesgesetzen die Binnenschiffe in Ansehung der Zwangsvollstreckung zum unbeweglichen Vermögen gehören, die folgenden Bestimmungen:

1. Der Gerichtsvollzieher hat der Registerbehörde behufs Eintragung eines Pfändungsvermerks in das Schiffsregister unverzüglich von der Pfändung Mittheilung zu machen. Die Eintragung des Vermerks hat in Bezug auf später entstandene Rechte an dem Schiffe die im §. 133 bezeichnete Wirkung.

2 Sobald die Versteigerung des Schiffes erfolgt ist, hat der Gerichtsvollzieher dies unter Hinterlegung des Erlöses dem Vollstreckungsgerichte anzuzeigen und die auf das Verfahren sich beziehenden Schriftstücke beizufügen.

3. Das Gericht erlässt nach Eingang der Anzeige eine öffentliche Bekanntmachung, in welcher die Schiffsgläubiger und sonstigen Realberechtigten, welche einen Anspruch auf Befriedigung aus dem Versteigerungserlöse geltend zu machen haben, aufgefordert werden, ihre Forderungen binnen einer auf mindestens einen Monat und auf höchstens zwei Monate festzusetzenden Frist bei dem Vollstreckungsgerichte anzumelden. Der Beschluss ist dem die Zwangsvollstreckung betreibenden Gläubiger, dem Schuldner und den aus dem Schiffsregister ersichtlichen oder sonst bekannten Realberechtigten zuzustellen. Die Veröffentlichung der Bekanntmachung erfolgt durch Anheftung an die Gerichtstafel und durch Einrückung in das zur Veröffentlichung amtlicher Bekanntmachungen des Gerichts bestimmte Blatt. Die Veröffentlichung soll ausserdem in einem geeigneten Fachblatt bewirkt werden. Das Gericht kann noch andere Arten, sowie eine Wiederholung der Veröffentlichung anordnen.

4. Nach Ablauf der Anmeldefrist hat das Gericht, falls andere Forderungen, als diejenige des die Zwangsvollstreckung betreibenden Gläubigers nicht angemeldet sind, den letzteren hiervon zu benachrichtigen und zugleich den Gerichtsvollzieher zum Rückempfang des hinterlegten Versteigerungserlöses nach Abzug der entstandenen Kosten zu ermächtigen.

   Andernfalls wird von dem Gerichte ein Vertheilungsplan angefertigt und zur Erklärung über denselben, sowie zur Ausführung der Vertheilung ein Termin bestimmt, zu welchem der Schuldner, der betreibende Gläubiger und diejenigen, welche Forderungen angemeldet haben, zu laden sind.

   Gläubiger, welche erst nach Ablauf der Anmeldefrist eine Forderung anmelden, haben die durch die verspätete Anmeldung entstehenden besonderen Kosten zu tragen.

5. Eine angemeldete Forderung ist auf Verlangen eines Betheiligten glaubhaft zu machen; in Ermangelung der Glaubhaftmachung ist die Forderung in den Vertheilungsplan nicht aufzunehmen, unbeschadet des Rechts des Gläubigers, Widerspruch gegen den Ver-

theilungsplan und Klage gegen die betheiligten Gläubiger und den Schuldner zu erheben.

6. Im Uebrigen finden die das Vertheilungsverfahren betreffenden Bestimmungen im §. 760 Absatz 2, §§. 761 bis 768 der Civilprozessordnung mit der Massgabe Anwendung, dass der Widerspruch des Schuldners gegen den Vertheilungsplan, soweit er sich auf die Berücksichtigung einer nicht vollstreckbaren Forderung bezieht, dem Widerspruche eines betheiligten Gläubigers gleichsteht.

§. 137. Auf die Zwangsvollstreckung in den Antheil eines Miteigenthümers des Schiffes finden die Bestimmungen des §. 136 nur dann Anwendung, wenn ein Pfandrecht an dem Antheile in das Schiffsregister eingetragen ist.

Elfter Abschnitt. Schlussbestimmungen.

§. 138. Die den Landgerichten in erster Instanz zugewiesenen bürgerlichen Rechtsstreitigkeiten, in welchen durch die Klage ein Anspruch aus den Rechtsverhältnissen der Binnenschiffahrt geltend gemacht wird, gehören vor die Kammern für Handelssachen. Dies gilt insbesondere von Klagen aus Rechtsverhältnissen, welche auf die Rechte und Pflichten des Schiffseigners, auf die Haverei, auf den Schadensersatz im Falle des Zusammenstosses von Schiffen, auf die Bergung und Hülfeleistung und auf die Ansprüche der Schiffsgläubiger sich beziehen.

In diesen Rechtsstreitigkeiten wird die Verhandlung und Entscheidung letzter Instanz im Sinne des §. 8 des Einführungsgesetzes zum Gerichtsverfassungsgesetze dem Reichsgerichte zugewiesen.

§. 139. Bei Schiffen, welche nur zu Fahrten innerhalb desselben Ortes bestimmt sind, finden auf das Rechtsverhältniss des Schiffers, sowie auf die Beförderung von Gütern die Bestimmungen in §. 8 Absatz 4, §§. 15 bis 19, 27 bis 57 und §. 71 Absatz 1 keine Anwendung.

Durch die Landesregierungen kann bestimmt werden, dass Fahrten zwischen benachbarten Orten der Fahrt innerhalb desselben Ortes im Sinne des ersten Absatzes gleichstehen.

Auf Schiffahrtsbetriebe, welche im Anschlusse an den Eisenbahnverkehr geführt werden und der staatlichen Eisenbahnaufsichtsbehörde unterstellt sind, finden die vorhergehenden Bestimmungen dieses Gesetzes keine Anwendung.

Das Gleiche gilt bezüglich des Betriebes von Fähranstalten, sowcit nicht der Betrieb mittelst frei schwimmender Schiffe stattfindet.

§. 140. Der Bundesrath ist befugt, Bestimmungen über den Befähigungsnachweis der Schiffer und Maschinisten für Binnenschiffe zu treffen. Bezüglich der Schiffahrt auf Seen, welche keine fahrbare Verbindung mit einer anderen Wasserstrasse haben, steht die Befugniss der Landesregierung zu.

Wer den Bestimmungen zuwider das Gewerbe eines Schiffers oder Maschinisten ausübt, wird mit Geldstrafe bis zu dreihundert Mark bestraft.

§. 141. Welche Behörden in jedem Bundesstaate unter der Bezeichnung „höhere Verwaltungsbehörde" im Sinne dieses Gesetzes zu verstehen sind, wird durch die Centralbehörde des Bundesstaates bekannt gemacht.

§. 142. Dieses Gesetz tritt am 1. Januar 1896 in Kraft.

22. Gesetz, betreffend die privatrechtlichen Verhältnisse der Flösserei.

Vom 15. Juni 1895 (RGB 341 ff.).

---

§. 1. Flossführer ist, wer ein Floss auf Flüssen oder sonstigen Binnengewässern führt, gleichviel ob er bei einem Unternehmer, welcher die Beförderung des Flosses übernommen hat (Frachtflösser), oder bei dem Eigenthümer des Flosses im Dienste steht, oder ob er die Beförderung des Flosses selbst als Frachtflösser übernommen hat.

§. 2. Der Flossführer ist verpflichtet, bei seinen Obliegenheiten, namentlich bei der Erfüllung der von ihm auszuführenden Verträge, die Sorgfalt eines ordentlichen Flossführers anzuwenden.

Er haftet für jeden durch die Vernachlässigung dieser Sorgfalt entstandenen Schaden nicht nur dem Dienstherrn, sondern auch dem Absender und dem Empfänger des Flosses, sowie den Personen der Flossmannschaft, es sei denn, dass er auf Anweisung des Dienstherrn gehandelt hat.

Auch in dem letzteren Falle bleibt der Flossführer verantwortlich, wenn er es unterlassen hat, dem Dienstherrn die nach Lage des Falles erforderliche Aufklärung zu ertheilen, oder wenn ihm eine strafbare Handlung zur Last fällt.

§. 3. Der Flossführer hat vor Antritt der Reise dafür zu sorgen, dass das Floss fest und dauerhaft verbunden, gehörig ausgerüstet, insbesondere mit den nöthigen Reserveausrüstungsgegenständen versehen und hinreichend bemannt ist.

Dauert die Reise voraussichtlich so lange, dass ein Uebernachten der Flossmannschaft auf dem Flosse nöthig ist, so muss das letztere mit einem Schlafraume versehen sein.

§. 4. Der Flossführer hat vor Antritt der Reise sich zu überzeugen, dass die Angaben über Stückzahl und Länge der Hölzer in den auf die Beförderung bezüglichen Urkunden (Frachtbrief, Lieferschein) richtig sind, und die Aenderung unrichtiger Angaben herbeizuführen. Unterlässt er dies, so wird bis zum Beweise des Gegentheils angenommen, dass der Flossführer die Hölzer in der Zahl und Länge, wie sie in den Urkunden verzeichnet sind, empfangen hat.

Für Borkeverlust ist der Flossführer sowie der Frachtflösser nur im Falle einer böslichen Handlungsweise verantwortlich.

§. 5. Wenn der Flossführer durch Krankheit oder andere Ursachen verhindert ist, das Floss zu führen, so darf er den Antritt oder die Fortsetzung der Reise nicht ungebührlich verzögern; er muss vielmehr, wenn Zeit und Umstände es gestatten, die Anordnung des Dienstherrn einholen und für die Zwischenzeit die geeigneten Vorkehrungen treffen, im entgegengesetzten Falle aber einen anderen Flossführer einsetzen.

Für diesen Stellvertreter ist er nur insofern verantwortlich, als ihm bei der Wahl desselben ein Verschulden zur Last fällt.

§. 6. Der Flossführer ist verpflichtet, von Beschädigungen des Flosses, von Verlusten an Ausrüstungsgegenständen sowie von der Einsetzung eines anderen Flossführers (§. 5) den Dienstherrn in Kenntniss zu setzen.

Er hat in allen erheblichen Fällen, namentlich wenn er die Reise einzustellen oder zu verändern sich genöthigt findet, die Ertheilung von

Verhaltungsmassregeln bei dem Dienstherrn nachzusuchen, sofern es die Umstände gestatten.

§. 7. Wenn der Flossführer nicht im Dienste eines Frachtflössers oder des Flosseigenthümers steht, sondern selbst als Frachtflösser die Beförderung des Flosses übernommen hat, so sind die in den §§. 5 und 6 vorgeschriebenen Mittheilungen an den Absender zu richten.

§. 8. Wird das Floss von einem Unfall betroffen, so ist der Flossführer berechtigt und auf Verlangen seines Dienstherrn, des Absenders oder des Empfängers des Flosses verpflichtet, vor dem Amtsgerichte des Ortes, an welchem die Reise endet, und, wenn das Floss vorher an einem anderen Orte längere Zeit liegen bleiben muss, vor dem Amtsgerichte dieses Ortes eine Beweisaufnahme über den thatsächlichen Hergang, sowie über den Umfang des eingetretenen Schadens und über die zur Abwendung oder Verringerung desselben angewendeten Mittel zu beantragen. Er hat sich selbst zum Zeugnisse zu erbieten und die zur Feststellung des Sachverhältnisses sonst dienlichen Beweismittel zu bezeichnen.

§. 9. Zur Aufnahme des Beweises bestimmt das Gericht einen thunlichst nahen Termin, zu welchem der Flossführer und die sonst bezeichneten Zeugen zu laden sind. Dem Dienstherrn des Flossführers sowie dem Absender und dem Empfänger des Flosses ist von dem Termine Mittheilung zu machen, soweit es ohne unverhältnissmässige Verzögerung des Verfahrens geschehen kann. Die Mittheilung kann durch öffentliche Bekanntmachung erfolgen.

§. 10. Die Aufnahme des Beweises erfolgt nach den Vorschriften der Civilprozessordnung.

Soweit hiernach nicht die Beeidigung des Flossführers ausgeschlossen ist, beschliesst über dieselbe das Gericht nach freiem Ermessen.

Der Dienstherr des Flossführers, der Absender und der Empfänger des Flosses, sowie die etwa sonst durch den Unfall Betroffenen sind berechtigt, in Person oder durch Vertreter der Verhandlung beizuwohnen. Sie können eine Ausdehnung der Beweisaufnahme auf weitere Beweismittel beantragen.

Das Gericht ist befugt, eine Ausdehnung der Beweisaufnahme auch von Amtswegen anzuordnen, soweit dies zur Aufklärung des Sachverhalts erforderlich erscheint.

§. 11. In Bezug auf die Erhebung von Gebühren und Auslagen finden die für das Verfahren zur Sicherung des Beweises geltenden Bestimmungen des Gerichtskostengesetzes mit der Massgabe Anwendung, dass als Gebühr nur die Hälfte der dort vorgesehenen Sätze und höchstens ein Betrag von dreissig Mark erhoben wird.

Ist das Verfahren auf Verlangen des Absenders oder des Empfängers beantragt, so hat derselbe die entstandenen Kosten zu erstatten, soweit er nicht Anspruch auf Ersatz des durch den Unfall ihm entstandenen Schadens hat. Die Verpflichtung des Dienstherrn, dem Flossführer die verauslagten Kosten zu erstatten, wird hierdurch nicht berührt.

§. 12. Sobald das Floss am Ablieferungsorte angekommen ist, hat der Flossführer dies dem Empfänger anzuzeigen.

Wenn der Empfänger nicht zu ermitteln ist, so muss die Anzeige durch öffentliche Bekanntmachung in ortsüblicher Weise erfolgen.

§. 13. Der Flossführer hat das Floss an dem ihm von dem Empfänger angewiesenen Platze festzulegen.

Wenn die Anweisung nicht rechtzeitig erfolgt, oder wenn die Wassertiefe, die örtlichen Verordnungen oder Einrichtungen oder die Sperrung des Platzes durch andere Flösse oder durch Schiffe die Befolgung der ertheilten Anweisung nicht gestatten, so kann der Flossführer, falls der Empfänger auf die Aufforderung nicht unverzüglich einen geeigneten Platz bezeichnet, selbst einen Platz zum Festlegen des Flosses wählen.

Bei der Auswahl dieses Platzes hat der Flossführer das Interesse des Empfängers thunlichst zu berücksichtigen; auch hat er ihm unverzüglich von der Festlegung des Flosses Mittheilung zu machen.

Ist der von dem Empfänger bezeichnete Platz nur zeitweilig nicht zu erreichen, so ist der Flossführer auf Verlangen des Empfängers verpflichtet, mit der Mannschaft so lange bei dem Flosse zu bleiben, bis es an diesem Platze festgelegt ist. Die durch den Aufenthalt entstehenden Mehrkosten hat der Empfänger zu ersetzen.

§. 14. Verweigert der Empfänger die Annahme des Flosses oder ist er nicht zu ermitteln, so ist der Flossführer befugt, das Floss einem Spediteur oder einem sonst geeigneten Dritten für Rechnung und Gefahr des Empfängers zu übergeben.

Er hat hiervon den Absender und, falls der Empfänger bekannt ist, auch diesen unverzüglich zu benachrichtigen.

§. 15. Zur Vornahme von Rechtsgeschäften für den Dienstherrn, insbesondere zur Einziehung der Frachtforderung desselben, ist der Flossführer nur auf Grund einer ihn hierzu ermächtigenden Vollmacht befugt.

§. 16. Der Flossführer untersteht, soweit nicht in diesem Gesetze ein Anderes bestimmt ist, den Vorschriften, welche für die im §. 133a der Gewerbeordnung bezeichneten Personen gelten.

Das Dienstverhältniss des Flossführers endigt, sofern nicht ein Anderes verabredet ist, mit der Vollendung der Reise und der Ablieferung des Flosses.

Hinsichtlich der Voraussetzungen, unter welchen beiden Theilen das Recht zusteht, die Auflösung des Dienstverhältnisses vor Ablauf der vertragsmässigen Zeit und ohne Innehaltung einer Kündigungsfrist zu verlangen, bewendet es bei den Bestimmungen der §§. 133b bis 133d der Gewerbeordnung.

Ist ein die sofortige Entlassung rechtfertigender Grund nicht vorhanden, so kann der Flossführer zwar jederzeit seines Dienstes enthoben werden, jedoch unbeschadet seiner Entschädigungsansprüche für die vertragsmässige Dauer des Dienstverhältnisses.

Wird das Dienstverhältniss vor der Ankunft des Flosses am Ablieferungsorte während der Reise aufgehoben, so hat der Flossführer Anspruch auf die Kosten der Rückreise nach dem Orte, an welchem er in Dienst getreten ist. Diese Bestimmung findet keine Anwendung, wenn der Flossführer sich einer Handlung schuldig gemacht hat, welche geeignet ist, seine sofortige Entlassung zu rechtfertigen.

§. 17. Zur Flossmannschaft gehören mit Ausnahme des Flossführers alle zum Flössereidienste auf dem Flosse angestellten Personen.

Die Flossmannschaft untersteht der Gewerbeordnung.

§. 18. Die Verpflichtung des Flossmannes zum Dienstantritt beginnt, wenn nichts Anderes verabredet ist, mit dem Abschlusse des Dienstvertrages. Tritt der Flossmann den Dienst nicht binnen vierundzwanzig Stunden an, so braucht er nicht mehr angenommen zu werden. Seine Verbindlichkeit zum Schadensersatze wird hierdurch nicht berührt.

§. 19. Der Flossmann ist verpflichtet, in Ansehung des Flossdienstes den Anordnungen des Flossführers Folge zu leisten und jederzeit alle für die Flösserei ihm übertragenen Arbeiten zu verrichten.

Er darf das Floss ohne Erlaubniss des Flossführers nicht verlassen.

Wird das Floss von einem Unfall betroffen, so hat der Flossmann für Rettung der Personen und für Sicherung der Flosstheile und der Geräthschaften den Anordnungen des Flossführers gemäss nach besten Kräften zu sorgen.

§. 20. Wenn über die Zeit der Lohnzahlung nichts Anderes vereinbart ist, so kann der Flossmann am Schlusse jeder zweiten Woche die Auszahlung des verdienten Lohnes verlangen.

§. 21. Das Dienstverhältniss des Flossmannes endigt, sofern nicht ein Anderes verabredet ist, mit der Vollendung der Reise und der Ablieferung des Flosses.

Hinsichtlich der Voraussetzungen, unter welchen beiden Theilen das Recht zusteht, die Auflösung des Dienstverhältnisses vor Ablauf der vertragsmässigen Zeit zu verlangen, finden die Bestimmungen der §§. 123 bis 124a der Gewerbeordnung mit der Massgabe Anwendung, dass die sofortige Entlassung des Flossmannes auch stattfinden kann, wenn der Antritt oder die Fortsetzung der Reise durch den Eintritt des Winters verhindert wird.

Ist ein die sofortige Entlassung rechtfertigender Grund nicht vorhanden, so kann der Flossmann zwar jederzeit seines Dienstes enthoben werden, jedoch unbeschadet seiner Entschädigungsansprüche für die vertragsmässige Dauer des Dienstverhältnisses.

Wird das Dienstverhältniss vor der Ankunft des Flosses am Ablieferungsorte während der Reise aufgehoben, so hat der Flossmann Anspruch auf die Kosten der Rückreise nach dem Orte, an welchem er in Dienst getreten ist. Diese Bestimmung findet keine Anwendung, wenn der Flossmann sich einer Handlung schuldig gemacht hat, welche geeignet ist, seine sofortige Entlassung zu rechtfertigen.

§. 22. Für Beschädigungen, welche in Folge des Verschuldens des Flossführers oder einer Person der Flossmannschaft durch das Floss verursacht werden, haftet der Eigenthümer mit dem Flosse, unbeschadet seines Rückgriffsrechts gegen den Frachtflösser und gegen die schuldigen Personen. Für das Verschulden eines Zwangslootsen ist der Eigenthümer nicht verantwortlich.

Dem Entschädigungsberechtigten steht wegen seines Anspruchs ein Pfandrecht an dem Flosse mit den im §. 41 der Konkursordnung bezeichneten Wirkungen zu. Das Pfandrecht ist, solange das geflösste Holz noch ein geschlossenes Floss bildet, gegen jeden Besitzer verfolgbar. Nach diesem Zeitpunkte kann das Pfandrecht nicht zum Nachtheile des dritten Erwerbers, der den Besitz in gutem Glauben erlangt hat, geltend gemacht werden.

Die Klage kann, solange das Floss noch nicht abgeliefert ist, gegen den Flossführer gerichtet werden.

§. 23. Eine persönliche Verpflichtung des Eigenthümers wird durch die Bestimmungen des §. 22 nicht begründet. Soweit jedoch im Falle der Veräusserung des Flosses das Pfandrecht an diesem erlischt, haftet der Veräusserer in Höhe des Erlöses persönlich.

Eine nach dem bürgerlichen Rechte begründete persönliche Haftung des Eigenthümers des Flosses oder des Frachtflössers wird hierdurch nicht berührt.

§. 24. Wird ein in Gefahr befindliches, von der Flossbesatzung verlassenes Floss oder werden Theile eines Flosses, welche auf dem Wasser treiben oder an das Ufer getrieben sind, geborgen, so hat der Berger Anspruch auf Bergelohn.

Wird ausser den bezeichneten Fällen ein Floss durch die Hülfe dritter Personen aus einer Gefahr gerettet, so haben diese Anspruch auf Hülfslohn.

Der Besatzung des Flosses steht ein Anspruch auf Berge- oder Hülfslohn nicht zu.

§. 25. In Ermangelung einer Vereinbarung wird die Höhe des Berge- oder Hülfslohnes unter Berücksichtigung der Umstände des Falles durch das Gericht nach billigem Ermessen festgesetzt.

Der Berge- und Hülfslohn umfasst zugleich die Vergütung für die Aufwendungen, welche zum Zweck des Bergens und Rettens geschehen sind.

Nicht darin enthalten sind die Kosten und Gebühren der Behörden, die Kosten für die Aufbewahrung, Erhaltung, Abschätzung und Veräusserung der geborgenen oder geretteten Gegenstände, sowie die auf diesen ruhenden Zölle und sonstigen Abgaben.

Bei der Bestimmung des Betrages des Berge- oder Hülfslohnes kommen insbesondere in Anschlag: der bewiesene Eifer, die verwendete Zeit, die geleisteten Dienste, die geschehenen Aufwendungen, die Zahl der thätig gewesenen Personen, die Gefahr, welcher dieselben ihre Person, ihre Fahrzeuge oder ihre Geräthe ausgesetzt haben, sowie die Gefahr, welche den geborgenen oder geretteten Gegenständen gedroht hat, und der nach Abzug der Kosten (Absatz 3) verbliebene Werth derselben.

§. 26. Haben sich mehrere Personen an der Bergung oder Hülfeleistung betheiligt, so wird der Berge- oder Hülfslohn unter dieselben nach Massgabe der persönlichen und sachlichen Leistungen der Einzelnen vertheilt.

Zur entsprechenden Theilnahme sind auch diejenigen berechtigt, welche sich in derselben Gefahr der Rettung von Menschen unterzogen haben.

§. 27. Auf Berge- und Hülfslohn hat keinen Anspruch:

1. wer seine Dienste aufgedrungen, insbesondere wer ohne Erlaubniss des anwesenden Flossführers das Floss betreten hat;
2. wer von den geborgenen Gegenständen dem Flossführer, dem Eigenthümer oder der zuständigen Behörde nicht sofort Anzeige gemacht hat.

§. 28. Wegen der Bergungs- und Hülfskosten, einschliesslich des Berge- und Hülfslohnes, steht dem Gläubiger an den geborgenen oder geretteten Gegenständen ein Pfandrecht mit den im §. 41 der Konkursordnung bezeichneten Wirkungen zu. Geborgene Gegenstände können bis zur Sicherheitsleistung zurückbehalten werden.

In Bezug auf die Verfolgbarkeit des Pfandrechts gegen dritte Besitzer finden die Bestimmungen des §. 22 Absatz 2 und in Bezug auf die persönliche Verpflichtung des Eigenthümers des Flosses die Bestimmungen des §. 23 Absatz 1 entsprechende Anwendung.

Die Pfandklage kann, solange die geretteten Gegenstände noch nicht an den Empfänger ausgeliefert sind, gegen den Flossführer gerichtet werden. Zuständig ist das Gericht, in dessen Bezirke die Bergung oder Hülfeleistung stattgefunden hat.

§. 29. Die Pfandrechte für Bergungs- und Hülfskosten haben den Vorrang vor den Pfandrechten für Ansprüche wegen Beschädigung durch das Floss (§. 22). Unter mehreren Pfandrechten der ersteren Art geht das später entstandene dem früher entstandenen vor; mehrere Pfandrechte für Ansprüche wegen Beschädigung stehen im Range gleich.

Beide Arten von Pfandrechten gehen allen sonstigen Pfandrechten vor.

§. 30. Mit dem Ablaufe eines Jahres verjähren:

1. die öffentlichen Abgaben für die Flösserei, insbesondere die Brücken-, Schleusen-, Kanal- und Hafengelder;

2. die aus den Dienstverträgen herrührenden Forderungen des Flossführers und der Flossmannschaft;
3. die Ersatzansprüche wegen Beschädigung durch ein Floss, sowie die Erstattungsforderung des Eigenthümers des Flosses gegen den Frachtflösser und gegen den Flossführer oder die Flossmannschaft (§. 22 Absatz 1);
4. die Bergungs- und Hülfskosten, einschliesslich des Berge- und Hülfslohnes;
5. Die Forderungen des Frachtflössers wegen der Fracht mit Nebengebühren und Auslagen.

Die Verjährung beginnt mit dem Schlusse des Jahres, in welchem die Forderung fällig geworden ist.

§. 31. In bürgerlichen Rechtsstreitigkeiten, in welchen durch die Klage ein Anspruch auf Grund der Bestimmungen dieses Gesetzes geltend gemacht ist, wird die Verhandlung und Entscheidung letzter Instanz im Sinne des §. 8 des Einführungsgesetzes zum Gerichtsverfassungsgesetze dem Reichsgerichte zugewiesen.

§. 32. Der Bundesrath ist befugt, Bestimmungen über den Befähigungsnachweis der Flossführer zu treffen. Bezüglich der Flösserei auf Wasserstrassen, auf welchen eine regelmässige Schiffahrt nicht stattfindet, steht diese Befugniss der Landesregierung zu.

Wer den Bestimmungen zuwider das Gewerbe eines Flossführers ausübt, wird mit Geldstrafe bis zu dreihundert Mark bestraft.

§. 33. Dieses Gesetz tritt am 1. Januar 1896 in Kraft.

---

23. Gesetz, betreffend die Nationalität der Kauffahrteischiffe und ihre Befugniss zur Führung der Bundesflagge[1]).

Vom 25. Oktober 1867 (RGB 35 ff.).

§. 1. Die zum Erwerb durch die Seefahrt bestimmten Schiffe (Kauffahrteischiffe) der Bundesstaaten haben fortan als Nationalflagge ausschliesslich die Bundesflagge zu führen (Art. 54 und 55 der Bundesverfassung).

§. 2. Zur Führung der Bundesflagge sind die Kauffahrteischiffe nur dann berechtigt, wenn sie in dem ausschliesslichen Eigenthum solcher

---

[1]) Vgl. VO betr. die Bundesflagge für Kauffahrteischiffe v. 25. Okt. 1867 (RGB 1867, S. 39). Die Abänderungen des Gesetzes v. 23. Dez. 1888 (RGB 300) sind in den Text aufgenommen. Vgl. ferner Gesetz vom 15. April 1885 (RGB 1885, S. 89): „§. 1. Seefahrzeuge, welche für Rechnung entweder von auswärtigen Staaten oder von Angehörigen solcher Staaten im Inlande erbaut worden, sind, solange sie im ausschliesslichen Eigenthum der im §. 2 des Gesetzes, betr. die Nationalität der Kauffahrteischiffe etc., vom 25. Okt. 1867 (RGB S. 35) bezeichneten Personen, Gesellschaften oder Genossenschaften sich befinden, befugt, die Reichsflagge als Nationalflagge zu führen. Derartige Fahrzeuge unterliegen, wenn sie von dieser Befugniss Gebrauch machen, den für Kauffahrteischiffe geltenden Vorschriften. §. 2. Die vorstehenden Bestimmungen finden auf deutsche Lustjachten, welche in die offene See gehen, gleichmässige Anwendung.“ Nach kaiserl. Erlass v. 2. März 1886 (RGB 59) sind die deutschen Souveräne, die Prinzen der regierenden königlichen Häuser und die ersten Bürgermeister der freien Hansestädte berechtigt, auf den ihnen eigenthümlich gehörigen Privatfahrzeugen die deutsche Kriegsflagge an der Gaffel oder am Flaggenstock zu führen. In Helgoland gelten die Reichsgesetze über die Reichsflagge u. s. w. auf Grund der VO vom 22. März 1891 (RGB 21).

Personen sich befinden, welchen das Bundesindigenat (Art. 3 der Bundesverfassung) zusteht.

Diesen Personen sind gleich zu achten solche juristische Personen, eingetragene Genossenschaften und Aktiengesellschaften, welche im Reichsgebiet ihren Sitz haben, sowie diejenigen Kommanditgesellschaften auf Aktien, welche im Reichsgebiet ihren Sitz haben, und deren persönlich haftende Gesellschafter sich sämmtlich im Besitz der Reichsangehörigkeit befinden.

§. 3. Für die zur Führung der Bundesflagge befugten Kauffahrteischiffe sind in den an der See belegenen Bundesstaaten Schiffsregister zu führen. Die Landesgesetze bestimmen die Behörden, welche das Schiffsregister zu führen haben.

§. 4. Das Schiffsregister ist öffentlich; die Einsicht desselben ist während der gewöhnlichen Dienststunden einem Jeden gestattet.

§. 5. Ein Schiff kann nur in das Schiffsregister desjenigen Hafens eingetragen werden, von welchem aus die Seefahrt mit ihm betrieben werden soll (Heimathshafen, Registerhafen).

§. 6. Die Eintragung des Schiffes in das Schiffsregister muss enthalten:
1) den Namen und die Gattung des Schiffes (ob Barke, Brigg u. s. w.);
2) seine Grösse und die nach der Grösse berechnete Tragfähigkeit;
3) die Zeit und den Ort seiner Erbauung, oder, wenn es die Flagge eines nicht zum Norddeutschen Bunde gehörenden Landes geführt hat, den Thatumstand, wodurch es das Recht, die Bundesflagge zu führen, erlangt hat, und ausserdem, wenn thunlich, die Zeit und den Ort der Erbauung;
4) den Heimathshafen;
5) den Namen und die nähere Bezeichnung des Rheders, oder, wenn eine Rhederei besteht, den Namen und die nähere Bezeichnung aller Mitrheder und die Grösse der Schiffspart eines Jeden; ist eine juristische Person Rheder oder Mitrheder, so ist der Ort, an welchem dieselbe ihren Sitz hat, einzutragen. Ist eine eingetragene Genossenschaft oder eine Handelsgesellschaft Rheder oder Mitrheder, so ist ausser dem Orte, an welchem die Genossenschaft oder Gesellschaft ihren Sitz hat, auch die Firma und, wenn die Gesellschaft nicht eine Aktiengesellschaft ist, der Name und die nähere Bezeichnung aller die Handelsgesellschaft bildenden Gesellschafter einzutragen; bei der Kommanditgesellschaft auf Aktien genügt statt der Eintragung aller Gesellschafter die Eintragung aller persönlich haftenden Gesellschafter;
6) den Rechtsgrund, auf welchem die Erwerbung des Eigenthums des Schiffes oder der einzelnen Schiffsparten beruht;
7) die Nationalität des Rheders oder der Mitrheder;
8) den Tag der Eintragung des Schiffes.

Ein jedes Schiff wird in das Schiffsregister unter einer besonderen Ordnungsnummer eingetragen.

§. 7. Die Eintragung des Schiffes in das Schiffsregister darf erst geschehen, nachdem das Recht desselben, die Bundesflagge zu führen, und alle in dem §. 6 bezeichneten Thatsachen glaubhaft nachgewiesen sind.

§. 8. Ueber die Eintragung des Schiffes in das Schiffsregister wird von der Registerbehörde eine mit dem Inhalt der Eintragung übereinstimmende Urkunde (Certifikat) ausgefertigt.

Das Certifikat muss ausserdem bezeugen, dass die nach §. 7 erforderlichen Nachweisungen geführt sind, sowie, dass das Schiff zur Führung der Bundesflagge befugt sei.

§. 9. Durch das Certifikat wird das Recht des Schiffes, die Bundesflagge zu führen, nachgewiesen.

Zum Nachweis dieses Rechts ist insbesondere ein Seepass nicht erforderlich.

§. 10. Das Recht, die Bundesflagge zu führen, darf weder vor der Eintragung des Schiffes in das Schiffsregister, noch vor der Ausfertigung des Certifikats ausgeübt werden.

§. 11. Treten in den Thatsachen, welche in dem §. 6 bezeichnet sind, nach der Eintragung Veränderungen ein, so müssen dieselben in das Schiffsregister eingetragen und auf dem Certifikate vermerkt werden.

Im Fall das Schiff untergeht oder das Recht, die Bundesflagge zu führen, verliert, ist das Schiff in dem Schiffsregister zu löschen und das ertheilte Certifikat zurückzuliefern, sofern nicht glaubhaft bescheinigt wird, dass es nicht zurückgeliefert werden könne.

§. 12. Die Thatsachen, welche gemäss §. 11 eine Eintragung oder die Löschung im Schiffsregister erforderlich machen, sind von dem Rheder binnen sechs Wochen nach Ablauf des Tages, an welchem er von ihnen Kenntniss erlangt hat, der Registerbehörde zum Zweck der Verfolgung der Vorschriften des §. 11 anzuzeigen und glaubhaft nachzuweisen, betreffenden Falls unter Zurücklieferung des Certifikats.

Die Verpflichtung zu der Anzeige und Nachweisung liegt ob:

1) wenn eine Rhederei besteht, allen Mitrhedern;
2) wenn eine juristische Person, eine eingetragene Genossenschaft, eine Aktiengesellschaft Rheder oder Mitrheder ist, für dieselbe allen Mitgliedern des Vorstandes;
3) wenn eine andere Handelsgesellschaft Rheder oder Mitrheder ist, für dieselbe allen persönlich haftenden Gesellschaftern;
4) wenn die Veränderung in einem Eigenthumswechsel besteht, wodurch das Recht des Schiffes, die Bundesflagge zu führen, nicht berührt wird, dem neuen Erwerber des Schiffes oder der Schiffspart.

§. 13. Wenn ein Schiff, welches gemäss der Bestimmung des §. 2 zur Führung der Bundesflagge nicht berechtigt ist, unter der Bundesflagge fährt, so hat der Führer des Schiffes Geldbusse bis zu fünfhundert Thalern oder Gefängnisstrafe bis zu sechs Monaten verwirkt; auch kann auf Konfiskation des Schiffes erkannt werden.

§. 14. Wenn ein Schiff, welches gemäss §. 10 sich der Führung der Bundesflagge enthalten muss, weil die Eintragung in das Schiffsregister oder die Ausfertigung des Schiffscertifikats noch nicht erfolgt ist, unter der Bundesflagge fährt, so hat der Führer des Schiffes Geldbusse bis zu Einhundert Thalern oder verhältnissmässige Gefängnisstrafe verwirkt, sofern er nicht nachweist, dass der unbefugte Gebrauch der Bundesflagge ohne sein Verschulden geschehen sei.

§. 15. Die im §. 14 angedrohte Strafe hat auch derjenige verwirkt, welcher eine nach den Bestimmungen des §. 12 ihm obliegende Verpflichtung binnen der sechswöchentlichen Frist nicht erfüllt, sofern er nicht beweist, dass er ohne sein Verschulden ausser Stande gewesen sei, dieselbe zu erfüllen. Die Strafe tritt nicht ein, wenn vor Ablauf der Frist die Verpflichtung von einem Mitverpflichteten erfüllt ist. Die Strafe wird gegen denjenigen verdoppelt, welcher die Verpflichtung auch binnen sechs Wochen nach Ablauf des Tages, an welchem das ihn verurtheilende Erkenntniss rechtskräftig geworden ist, zu erfüllen versäumt.

§. 16. Wenn ein ausserhalb des Bundesgebietes befindliches fremdes Schiff durch den Uebergang in das Eigenthum einer Person, welcher das Bundesindigenat zusteht, das Recht, die Bundesflagge zu führen, erlangt, so können die Eintragung in das Schiffsregister und das Certifikat durch ein von dem Bundeskonsul, in dessen Bezirk das Schiff zur Zeit des Eigenthumsüberganges sich befindet, über den Erwerb des

Rechts, die Bundesflagge zu führen, ertheiltes Attest, jedoch nur für die Dauer eines Jahres seit dem Tage der Ausstellung des Attestes und über dieses Jahr hinaus nur für die Dauer einer durch höhere Gewalt verlängerten Reise, ersetzt werden. So lange Landeskonsulate noch bestehen, ist zur Ausstellung des Attestes auch der Konsul des Bundesstaates befugt, welchem der Erwerber angehört, und in Ermangelung eines solchen Konsuls, sowie in Ermangelung eines Bundeskonsuls, der Konsul eines anderen Bundesstaates (Art. 56 der Bundesverfassung). —

§. 18[1]). Die in Gemässheit des §. 2 zur Führung der Bundesflagge berechtigten Schiffe, welche in Folge der Vorschrift Art. 432 ff. des Allgemeinen Deutschen Handelsgesetzbuchs in das Schiffsregister eines Bundesstaates bereits eingetragen und mit Certifikaten Behufs Führung der Landesflagge versehen sind, brauchen zur Ausübung des Rechts, die Bundesflagge zu führen, von Neuem in das Schiffsregister nicht eingetragen und mit neuen Certifikaten nicht versehen zu werden.

§. 19. Die landesgesetzlichen Bestimmungen über die Führung der bisherigen Schiffsregister finden auch auf die nach diesem Gesetze zu führenden Schiffsregister Anwendung, soweit sie mit den Vorschriften desselben sich vertragen, und unbeschadet ihrer späteren Aenderung auf landesgesetzlichem Wege.

---

24. Gesetz, betreffend die Registrirung und die Bezeichnung der Kauffahrteischiffe[2]).

Vom 28. Juni 1873 (RGB 184).

---

§. 1. An Stelle des §. 17 des Gesetzes, betreffend die Nationalität der Kauffahrteischiffe und ihre Befugniss zur Führung der Bundesflagge, vom 25. Oktober 1867 tritt die folgende Bestimmung:

Schiffe von nicht mehr als 50 Kubikmeter Brutto-Raumgehalt sind zur Ausübung des Rechts, die Reichsflagge zu führen, auch ohne Eintragung in das Schiffsregister und Ertheilung des Certifikats befugt.

§. 2. Die Aenderung des Namens eines in das Schiffsregister eingetragenen Schiffes soll nur aus ganz besonders dringenden Gründen gestattet werden. Sie bedarf der Genehmigung des Reichskanzler-Amts.

§. 3. Jedes in das Schiffsregister eingetragene Schiff muss

1) seinen Namen auf jeder Seite des Bug und
2) seinen Namen und den Namen des Heimathshafens am Heck an den festen Theilen in gut sichtbaren und fest angebrachten Schriftzeichen führen.

§. 4. Im Falle einer Zuwiderhandlung gegen die Vorschriften des §. 3 hat der Führer des Schiffes Geldstrafe bis zu einhundertfünfzig Mark oder Haft verwirkt.

§. 5. Dieses Gesetz tritt am 1. Januar 1874 in Kraft.

---

[1]) §. 17 ist durch §. 1 des folgenden Gesetzes (Nr. 24) aufgehoben.
[2]) Vgl. die Vorschriften v. 13. Nov. 1873 (RGB 367) und 1. Sept. 1892 (RGB 787).

25. Seemannsordnung[1]).

Vom 27. Dezember 1872 (RGB 409 ff.).

Erster Abschnitt. Einleitende Bestimmungen.

§. 1. Die Vorschriften dieses Gesetzes finden auf alle Kauffahrteischiffe (Gesetz vom 25. Oktober 1867 §. 1, Bundesgesetzblatt S. 35) Anwendung, welche das Recht, die Reichsflagge zu führen, ausüben dürfen.

§. 2. Schiffer im Sinne dieses Gesetzes ist der Führer des Schiffes (Schiffskapitän), in Ermangelung oder Verhinderung desselben dessen Stellvertreter.

§. 3. Zur „Schiffsmannschaft" („Mannschaft") werden auch die Schiffsoffiziere mit Ausschluss des Schiffers gerechnet, desgleichen ist unter „Schiffsmann" auch jeder Schiffsoffizier mit Ausnahme des Schiffers zu verstehen.

Personen, welche, ohne zur Schiffsmannschaft zu gehören, auf einem Schiffe als Maschinisten, Aufwärter, oder in anderer Eigenschaft angestellt sind, haben dieselben Rechte und Pflichten, welche in diesem Gesetze in Ansehung der Schiffsmannschaft festgesetzt sind. Es macht hierbei keinen Unterschied, ob sie von dem Schiffer oder von dem Rheder angenommen worden sind.

§. 4. Seemannsämter sind innerhalb des Bundesgebiets die Musterungsbehörden der einzelnen Bundesstaaten und im Auslande die Konsulate des Deutschen Reichs.

Die Errichtung der Musterungsbehörden innerhalb des Bundesgebiets steht den Landesregierungen nach Massgabe der Landesgesetze zu. Die Geschäftsführung derselben unterliegt der Oberaufsicht des Reichs.

Zweiter Abschnitt. Seefahrtsbücher und Musterung.

§. 5. Niemand darf im Bundesgebiet als Schiffsmann in Dienst treten, bevor er sich über Namen, Heimath und Alter vor einem Seemannsamte ausgewiesen und von demselben ein Seefahrtsbuch ausgefertigt erhalten hat.

Ist der Schiffsmann ein Deutscher, so darf er vor vollendetem vierzehnten Lebensjahr zur Uebernahme von Schiffsdiensten nicht zugelassen werden; auch hat er sich über seine Militärverhältnisse, sowie, wenn er noch der väterlichen Gewalt unterworfen, oder minderjährig ist, über die Genehmigung des Vaters oder Vormundes zur Uebernahme von Schiffsdiensten auszuweisen.

Mit dem Seefahrtsbuch ist dem Schiffsmann zugleich ein Abdruck der Seemannsordnung und des Gesetzes, betreffend die Verpflichtung deutscher Kauffahrteischiffe zur Mitnahme hülfsbedürftiger Seeleute, auszuhändigen.

---

[1]) Vgl. die I. 105 Anm. 2, 106 Anm. 3 und 124 Anm. 1 angeführten Gesetze und Verordnungen sowie die Bekanntmachung betr. die Prüfung der Maschinisten auf Seedampfschiffen der deutschen Handelsflotte, v. 26. Juli 1891 (RGB 359 ff.) und das Gesetz v. 11. Juni 1878, betr. den Gewerbebetrieb der Maschinisten auf Seedampfern (RGB 109), ferner Bekanntmachung, betr. den Nachweis der Befähigung als Seeschiffer und Seesteuermann auf deutschen Kauffahrteischiffen, RGB 1887 S. 395 ff. und 1895 S. 179.

§. 6. Die väterliche oder vormundschaftliche Genehmigung (§. 5) gilt, sofern ihr eine Einschränkung nicht beigefügt ist, als ein- für allemal ertheilt.

Kraft derselben wird der Minderjährige einem Grossjährigen gleichgeachtet, insoweit es sich um den Abschluss von Heuerverträgen, die aus ihnen hervorgehenden Rechte und Pflichten und das gerichtliche Verfahren darüber handelt.

§. 7. Wer bereits ein Seefahrtsbuch ausgefertigt erhalten hat, muss behufs Erlangung eines neuen Seefahrtsbuches das ältere vorlegen oder den Verlust desselben glaubhaft machen. Dass dies geschehen, wird von dem Seemannsamt in dem neuen Seefahrtsbuch vermerkt.

Wird der Verlust glaubhaft gemacht, so ist diesem Vermerke zugleich eine Bescheinigung des Seemannsamtes über die früheren Rang- und Dienstverhältnisse, sowie über die Dauer der Dienstzeit, insoweit der Schiffsmann sich hierüber genügend ausweist, beizufügen.

§. 8. Wer nach Inhalt seines Seefahrtsbuches angemustert ist, darf nicht von neuem angemustert werden, bevor er sich über die Beendigung des früheren Dienstverhältnisses durch den in das Seefahrtsbuch einzutragenden Vermerk (§§. 20, 22) ausgewiesen hat. Kann nach dem Ermessen des Seemannsamtes ein solcher Vermerk nicht beigebracht werden, so dient statt desselben, sobald die Beendigung des Dienstverhältnisses auf andere Art glaubhaft gemacht ist, ein vom Seemannsamt hierüber einzutragender Vermerk im Seefahrtsbuche.

§. 9. Einrichtung und Preis des Seefahrtsbuches bestimmt der Bundesrath. Die Ausfertigung selbst erfolgt kosten- und stempelfrei.

Das Seefahrtsbuch muss über die Militärverhältnisse des Inhabers (§. 5) Auskunft geben.

§. 10. Der Schiffer hat die Musterung (Anmusterung, Abmusterung) der Schiffsmannschaft nach Massgabe der folgenden Bestimmungen (§§. 11 bis 22) zu veranlassen.

Der Schiffsmann hat sich, wenn nicht ein unabwendbares Hinderniss entgegensteht, zur Musterung zu stellen.

§. 11. Die Anmusterung besteht in der Verlautbarung des mit dem Schiffsmann geschlossenen Heuervertrages vor einem Seemannsamt. Sie muss für die innerhalb des Bundesgebietes liegenden Schiffe unter Vorlegung der Seefahrtsbücher vor Antritt oder Fortsetzung der Reise, für andere Schiffe, sobald ein Seemannsamt angegangen werden kann, erfolgen.

§. 12. Die Anmusterungsverhandlung wird vom Seemannsamt als Musterrolle ausgefertigt. Wenn die zur Schiffsmannschaft eines Schiffs gehörigen Personen nicht gleichzeitig mittelst Einer Verhandlung angemustert werden, so erfolgt die Ausfertigung auf Grund der ersten Verhandlung.

Die Musterrolle muss enthalten: Namen und Nationalität des Schiffs, Namen und Wohnort des Schiffers, Namen, Wohnort und dienstliche Stellung eines jeden Schiffsmannes, und die Bestimmungen des Heuervertrages, einschliesslich etwaiger besonderer Verabredungen. Insbesondere muss aus der Musterrolle erhellen, was dem Schiffsmann für den Tag an Speise und Trank gebührt. Im Uebrigen wird die Einrichtung der Musterrolle vom Bundesrath bestimmt.

§. 13. Wird ein Schiffsmann erst nach Ausfertigung der Musterrolle angemustert, so hat das Seemannsamt eine solche Musterung in die Musterrolle einzutragen.

§. 14. Bei jeder innerhalb des Bundesgebiets erfolgenden Anmusterung wird vom Seemannsamt hierüber und über die Zeit des Dienstantritts ein Vermerk in das Seefahrtsbuch jedes Schiffsmannes eingetragen, welcher zugleich als Ausgangs- oder Seepass dient. Ausserhalb des Bundesgebiets erfolgt eine solche Eintragung nur, wenn das Seefahrtsbuch zu diesem Zweck vorgelegt wird.

Das Seefahrtsbuch ist hiernächst vom Schiffer für die Dauer des Dienstverhältnisses in Verwahrung zu nehmen.

§. 15. Wenn ein angemusterter Schiffsmann durch ein unabwendbares Hinderniss ausser Stande gesetzt wird, den Dienst anzutreten, so hat er sich hierüber sobald wie möglich gegen den Schiffer und das Seemannsamt, vor welchem die Musterung erfolgt ist, auszuweisen.

§. 16. Die Abmusterung besteht in der Verlautbarung der Beendigung des Dienstverhältnisses seitens des Schiffers und der aus diesem Verhältniss ausscheidenden Mannschaft. Sie muss, sobald das Dienstverhältniss beendigt ist, erfolgen, und zwar, wenn nicht ein Anderes vereinbart wird, vor dem Seemannsamt desjenigen Hafens, wo das Schiff liegt, und nach Verlust des Schiffs vor demjenigen Seemannsamt, welches zuerst angegangen werden kann.

§. 17. Vor der Abmusterung hat der Schiffer dem abzumusternden Schiffsmann im Seefahrtsbuch die bisherigen Rang- und Dienstverhältnisse und die Dauer der Dienstzeit zu bescheinigen, auf Verlangen auch ein Führungszeugniss zu ertheilen. Das letztere darf in das Seefahrtsbuch nicht eingetragen werden.

§. 18. Die Unterschriften des Schiffers unter der Bescheinigung und dem Zeugniss (§. 17) werden von dem Seemannsamte, vor welchem die Abmusterung stattfindet, kosten- und stempelfrei beglaubigt.

§. 19. Verweigert der Schiffer die Ausstellung des Zeugnisses (§. 17), oder enthält dasselbe Beschuldigungen, deren Richtigkeit der Schiffsmann bestreitet, so hat auf Antrag des letzteren das Seemannsamt den Sachverhalt zu untersuchen und das Ergebniss der Untersuchung dem Schiffsmann zu bescheinigen.

§. 20. Die erfolgte Abmusterung wird vom Seemannsamt in dem Seefahrtsbuche des abgemusterten Schiffsmannes und in der Musterrolle vermerkt.

§. 21. Die Musterrolle ist nach Beendigung derjenigen Reise oder derjenigen Zeit, auf welche die als Musterrolle ausgefertigte Anmusterungsverhandlung (§. 12) sich bezieht, dem Seemannsamt, vor welchem abgemustert wird, zu überliefern.

Letzteres übersendet dieselbe dem Seemannsamt des Heimathshafens.

§. 22. Wenn der Bestand der Mannschaft Aenderungen erfährt, bei welchen eine Musterung (§. 10) nach Massgabe vorstehender Bestimmungen unausführbar ist, so hat der Schiffer, sobald ein Seemannsamt angegangen werden kann, bei demselben unter Darlegung der Hinderungsgründe die Musterung nachzuholen, oder, sofern auch diese nachträgliche Musterung nicht mehr möglich ist, den Sachverhalt anzuzeigen. Ein Vermerk über die Anzeige ist vom Seemannsamt in die Musterrolle und in die Seefahrtsbücher der betheiligten Schiffsleute einzutragen.

§. 23. Die für die Musterungsverhandlungen, einschliesslich der Ausfertigung der Musterrolle, zu erhebenden Kosten fallen dem Rheder zur Last.

Die Bestimmung über die in gleicher Höhe für alle Seemannsämter innerhalb des Bundesgebiets festzustellenden Kosten bleibt dem Bundesrath vorbehalten.

Bis zur Erledigung dieses Vorbehalts steht die Bestimmung über die Höhe der Kosten den Landesregierungen im Verordnungswege zu.

Dritter Abschnitt. Vertragsverhältniss.

§. 24. Die Gültigkeit des Heuervertrages ist durch schriftliche Abfassung nicht bedingt.

§. 25. Wenn bei dem Abschluss des Heuervertrages die Vereinbarung über den Betrag der Heuer nicht durch ausdrückliche Erklärung getroffen ist, so wird im Zweifel diejenige Heuer als vereinbart angesehen, welche das Seemannsamt des Hafens, in welchem der Schiffsmann angemustert wird, für die daselbst zur Zeit der Anmusterung übliche erklärt.

§. 26. Wenn ein Schiffsmann sich für eine Zeit verheuert, für die er durch einen früher geschlossenen Heuervertrag gebunden ist, so hat der Anspruch auf Erfüllung des zuerst geschlossenen Vertrages den Vorzug.

Hat jedoch eine Anmusterung auf Grund des späteren Vertrages stattgefunden, ohne dass auch auf Grund des ersten Vertrages angemustert ist, so geht jener vor.

§. 27. Wird ein Schiffsmann erst nach Anfertigung der Musterrolle geheuert, so gelten für ihn in Ermangelung anderer Vertragsbestimmungen die nach Inhalt der Musterrolle mit der übrigen Schiffsmannschaft getroffenen Abreden; insbesondere kann er nur dieselbe Heuer fordern, welche nach der Musterrolle den übrigen Schiffsleuten seines Ranges gebührt.

§. 28. Die Verpflichtung des Schiffsmannes, mit seinen Effekten sich an Bord einzufinden und Schiffsdienste zu leisten, beginnt, wenn nicht ein Anderes bedungen ist, mit der Anmusterung.

Wenn der Schiffsmann den Dienstantritt länger als vierundzwanzig Stunden verzögert, ist der Schiffer zum Rücktritt von dem Heuervertrage befugt. Die Ansprüche wegen etwaiger Mehrausgaben für einen Ersatzmann und wegen sonstiger aus der Verzögerung erwachsener Schäden werden hierdurch nicht berührt.

§. 29. Den Schiffsmann, welcher nach der Anmusterung dem Antritt oder der Fortsetzung des Dienstes sich entzieht, kann der Schiffer zur Erfüllung seiner Pflicht durch das Seemannsamt zwangsweise anhalten lassen.

Die daraus erwachsenden Kosten hat der Schiffsmann zu ersetzen.

§. 30. Der Schiffsmann ist verpflichtet, in Ansehung des Schiffsdienstes den Anordnungen des Schiffers unweigerlich Gehorsam zu leisten und zu jeder Zeit alle für Schiff und Ladung ihm übertragene Arbeiten zu verrichten.

Er hat diese Verpflichtung zu erfüllen, sowohl an Bord des Schiffs und in dessen Booten, als auch in den Leichterfahrzeugen und auf dem Lande, sowohl unter gewöhnlichen Umständen, als auch unter Havarie.

Ohne Erlaubniss des Schiffers darf er das Schiff bis zur Abmusterung nicht verlassen. Ist ihm eine solche Erlaubniss ertheilt, so muss er zur festgesetzten Zeit, wenn aber keine Zeit festgesetzt ist, noch vor 8 Uhr Abends zurückkehren.

§. 31. Wenn das Schiff in einem Hafen liegt, so ist der Schiffsmann nur in dringenden Fällen schuldig, länger als zehn Stunden täglich zu arbeiten.

§. 32. Bei Seegefahr, besonders bei drohendem Schiffbruch, sowie bei Gewalt und Angriff gegen Schiff oder Ladung hat der Schiffsmann alle befohlene Hülfe zur Erhaltung von Schiff und Ladung unweigerlich zu leisten, und darf ohne Einwilligung des Schiffers, so lange dieser selbst an Bord bleibt, das Schiff nicht verlassen.

Er bleibt verbunden, bei Schiffbruch für Rettung der Personen und ihrer Effekten, sowie für Sicherstellung der Schiffstheile, der Geräthschaften und der Ladung, den Anordnungen des Schiffers gemäss, nach besten Kräften zu sorgen und bei der Bergung gegen Fortbezug der Heuer und der Verpflegung Hülfe zu leisten.

§. 33. Der Schiffsmann ist verpflichtet, auf Verlangen bei der Verklarung mitzuwirken und seine Aussage eidlich zu bestärken.

Dieser Verpflichtung hat er gegen Zahlung der etwa erwachsenden Reise- und Versäumnisskosten nachzukommen, auch wenn der Heuervertrag in Folge eines Verlustes des Schiffs beendigt ist (§. 56).

§. 34. Wird nach Antritt der Reise entdeckt, dass der Schiffsmann zu dem Dienste, zu welchem er sich verheuert hat, untauglich ist, so ist der Schiffer befugt, den Schiffsmann, mit Ausschluss des Steuermanns, im Range herabzusetzen und seine Heuer verhältnissmässig zu verringern.

Macht der Schiffer von dieser Befugniss Gebrauch, so hat er die getroffene Anordnung, sobald thunlich, dem Betheiligten zu eröffnen, auch in das Schiffsjournal einzutragen, dass und wann dies geschehen. Vor der Eröffnung und Eintragung tritt die Verringerung der Heuer nicht in Wirksamkeit.

§. 35. Die Heuer ist in Ermangelung einer anderweitigen Abrede vom Zeitpunkte der Anmusterung an zu zahlen.

§. 36. Die Heuer ist dem Schiffsmann, sofern keine andere Vereinbarung getroffen ist, erst nach Beendigung der Reise oder bei der sonstigen Beendigung des Dienstverhältnisses zu zahlen, wenn diese früher erfolgt.

Der Schiffsmann kann jedoch bei Zwischenreisen in dem ersten Hafen, in welchem das Schiff ganz oder zum grösseren Theil entlöscht wird, die Auszahlung der Hälfte der bis dahin verdienten Heuer (§. 67) verlangen, sofern bereits sechs Monate seit der Anmusterung verflossen sind. In gleicher Weise ist der Schiffsmann bei Ablauf je weiterer sechs Monate nach der früheren Auszahlung wiederum die Auszahlung der Hälfte der seit der letzten Auszahlung verdienten Heuer zu fordern berechtigt.

§. 37. Ob und inwieweit vor dem Antritt der Reise Vorschusszahlungen auf die Heuer zu leisten oder Handgelder zu zahlen sind, bestimmt in Ermangelung einer Vereinbarung der Ortsgebrauch des Hafens, in welchem der Schiffsmann angemustert wird.

§. 38. Alle Zahlungen an Schiffsleute müssen, wenn nicht ein Anderes vereinbart ist, nach Wahl derselben entweder baar oder mittelst einer auf den Rheder ausgestellten, auf Sicht zahlbaren Anweisung geleistet werden.

§. 39. Vor Antritt der Reise hat der Schiffer ein Abrechnungsbuch anzulegen, in welches alle auf die Heuer geleisteten Vorschuss- und Abschlagszahlungen, sowie die etwa gegebenen Handgelder einzutragen sind. In dem Abrechnungsbuche ist von dem Schiffsmann über den Empfang jeder Zahlung zu quittiren. Auch hat der Schiffer jedem Schiffsmann, der es verlangt, noch ein besonderes Heuerbuch zu übergeben und darin ebenfalls jede auf die Heuer des Inhabers geleistete Zahlung einzutragen.

§. 40. Wenn die Zahl der Mannschaft sich während der Reise vermindert und nicht wieder ergänzt wird, so sind, falls nicht ein Anderes bedungen ist, die dadurch ersparten Heuerbeträge unter die verbleibenden Schiffsleute nach Verhältniss ihrer Heuer zu vertheilen. Ein Anspruch auf die Vertheilung findet jedoch nicht statt, wenn die Verminderung der Mannschaft durch Entweichung herbeigeführt ist und die Effekten des entwichenen Schiffsmannes nicht an Bord zurückgeblieben sind.

Wenn die Zahl der Mannschaft sich während der Reise um mehr als ein Sechstel verringert, so muss der Schiffer dieselbe auf Verlangen der verbleibenden Schiffsleute ergänzen, sofern die Umstände eine Ergänzung gestatten.

§. 41. In allen Fällen, in welchen ein Schiff länger als zwei Jahre auswärts verweilt, tritt in Ermangelung einer anderweitigen Abrede für den seit zwei Jahren in Dienst befindlichen Schiffsmann eine Erhöhung der Heuer ein, wenn diese nach der Zeit bedungen ist.

Diese Erhöhung wird wie folgt bestimmt:

1) der Schiffsjunge tritt mit Beginn des dritten Jahres in die in der Musterrolle bestimmte oder aus derselben als Durchschnittsbetrag sich ergebende Heuer der Leichtmatrosen, und mit Beginn des vierten Jahres in die in der Musterrolle bestimmte Heuer der Vollmatrosen ein;
2) der Leichtmatrose erhält bei Beginn des dritten Jahres die in der Musterrolle bestimmte Heuer der Vollmatrosen und mit Beginn des vierten Jahres ein Fünftel derselben mehr an Heuer;
3) für die übrige Mannschaft steigt die in der Musterrolle angegebene Heuer mit Beginn des dritten Jahres um ein Fünftel und mit Beginn des vierten Jahres um ein ferneres Fünftel ihres ursprünglichen Betrages.

In dem Fall der Ziffer 2 tritt der Leichtmatrose mit Beginn des dritten Jahres in den Rang eines Vollmatrosen ein.

§. 42. Die aus den Dienst- und Heuerverträgen herrührenden Forderungen des Schiffers und der zur Schiffsmannschaft gehörigen Personen, welche auf einem, nach den Art. 866 und 867 des Allgemeinen Deutschen Handelsgesetzbuches, als verschollen anzusehenden Schiffe sich befunden haben, werden fällig mit Ablauf der Verschollenheitsfrist. Das Dienstverhältniss gilt sodann einen halben Monat nach dem Tage für beendet, bis zu welchem die letzte Nachricht über das Schiff reicht.

Der Betrag der Forderungen ist dem Seemannsamt des Heimathshafens zu übergeben, welches die Aushändigung an die Empfangsberechtigten zu vermitteln hat.

§. 43. Dem Schiffsmann gebührt Beköstigung für Rechnung des Schiffs von dem Zeitpunkt des Dienstantritts an. Er darf die verabreichten Speisen und Getränke nur zu seinem eigenen Bedarf verwenden und nichts davon veräussern, vergeuden oder sonst bei Seite bringen.

§. 44. Die Schiffsmannschaft hat an Bord des Schiffs Anspruch auf einen, ihrer Zahl und der Grösse der Schiffs entsprechenden, nur für sie und ihre Effekten bestimmten wohlverwahrten und genügend zu lüftenden Logisraum.

Kann dem Schiffsmann in Folge eines Unfalls oder aus anderen Gründen zeitweilig ein Unterkommen auf dem Schiffe nicht gewährt werden, so ist ihm ein anderweitiges angemessenes Unterkommen zu verschaffen.

§. 45. Die dem Schiffsmann für den Tag mindestens zu verabreichenden Speisen und Getränke (§. 43), die Grösse und die Einrichtung des Logisraumes (§. 44) und die mindestens mitzunehmenden Heilmittel bestimmen sich im Zweifel nach dem örtlichen Rechte des Heimathshafens.

Der Erlass näherer Bestimmungen steht den Landesregierungen im Verordnungswege zu.

§. 46. Der Schiffer ist berechtigt, bei ungewöhnlich langer Dauer der Reise, oder wegen eingetretener Unfälle, eine Kürzung der Rationen oder eine Aenderung hinsichtlich der Wahl der Speisen und Getränke eintreten zu lassen.

Er hat im Schiffsjournal zu bemerken, wann, aus welchem Grunde und in welcher Weise eine Kürzung oder Aenderung eingetreten ist.

Wenn dies versäumt ist, oder wenn die vom Schiffer getroffenen Anordnungen sich als ungerechtfertigt oder durch sein Verschulden herbeigeführt erweisen, so gebührt dem Schiffsmann eine den erlittenen Entbehrungen entsprechende Vergütung. Ueber diesen Anspruch entscheidet unter Vorbehalt des Rechtsweges das Seemannsamt, vor welchem abgemustert wird.

§. 47. Wenn ein Schiffsoffizier oder nicht weniger als drei Schiffsleute bei einem Seemannsamte Beschwerde darüber erheben, dass das Schiff, für welches sie angemustert sind, nicht seetüchtig ist, oder dass die Vorräthe, welche das Schiff für den Bedarf der Mannschaft an Speisen und Getränken mit sich führt, ungenügend oder verdorben sind, so hat das Seemannsamt eine Untersuchung des Schiffs beziehungsweise der Vorräthe zu veranlassen, und deren Ergebniss in das Schiffsjournal einzutragen. Auch hat dasselbe, falls die Beschwerde sich als begründet erweist, für die geeignete Abhülfe Sorge zu tragen.

§. 48. Falls der Schiffsmann nach Antritt des Dienstes erkrankt oder verwundet wird, so trägt der Rheder die Kosten der Verpflegung und Heilung:

1) wenn der Schiffsmann wegen der Krankheit oder Verwundung die Reise nicht antritt, bis zum Ablauf von drei Monaten seit der Erkrankung oder Verwundung;
2) wenn er die Reise antritt und mit dem Schiffe nach einem deutschen Hafen zurückkehrt, bis zum Ablauf von drei Monaten seit der Rückkehr des Schiffs;
3) wenn er die Reise antritt und mit dem Schiffe zurückkehrt, die Rückreise des Schiffs jedoch nicht in einem deutschen Hafen endet, bis zum Ablauf von sechs Monaten seit der Rückkehr des Schiffs;
4) wenn er während der Reise am Lande zurückgelassen werden musste, bis zum Ablauf von sechs Monaten seit der Weiterreise des Schiffs.

Auch gebührt dem Schiffsmann, falls er nicht mit dem Schiffe nach dem Hafen zurückkehrt, von welchem das Schiff seine Ausreise angetreten hat, freie Zurückbeförderung nach diesem Hafen (§§. 65, 66), oder nach Wahl des Schiffers eine entsprechende Vergütung.

§. 49. Die Heuer bezieht der erkrankte oder verwundete Schiffsmann:

wenn er die Reise nicht antritt, bis zur Einstellung des Dienstes;

wenn er die Reise antritt und mit dem Schiffe zurückkehrt, bis zur Beendigung der Rückreise;

wenn er während der Reise am Lande zurückgelassen werden musste, bis zu dem Tage, an welchem er das Schiff verlässt.

Ist der Schiffsmann bei der Vertheidigung des Schiffs beschädigt, so hat er überdies auf eine angemessene, erforderlichenfalls von dem Richter zu bestimmende Belohnung Anspruch.

§. 50. Auf den Schiffsmann, welcher die Krankheit oder Verwundung durch eine unerlaubte Handlung sich zugezogen hat, oder mit einer syphilitischen Krankheit behaftet ist, finden die §§. 48 und 49 keine Anwendung.

§. 51. Stirbt der Schiffsmann nach Antritt des Dienstes, so hat der

Rheder die bis zum Todestage verdiente Heuer (§. 67) zu zahlen und die Bestattungskosten zu tragen.

Wird der Schiffsmann bei Vertheidigung des Schiffs getödtet, so hat der Rheder überdies eine angemessene, erforderlichenfalls von dem Richter zu bestimmende Belohnung zu entrichten.

§. 52. Ueber jeden nach Antritt des Dienstes eintretenden Todesfall eines Schiffsmannes muss vom Schiffer unter Zuziehung von zwei Schiffsoffizieren oder anderen glaubhaften Personen ein urkundlicher Nachweis beschafft werden. Die Urkunde muss Tag und Stunde des Todes, Vor- und Familiennamen, Geburts- oder Wohnort und Alter des Verstorbenen, sowie die muthmassliche Ursache des Todes enthalten. Sie ist von dem Schiffer und den zugezogenen Zeugen zu vollziehen.

Soweit der Nachlass des verstorbenen Schiffsmannes sich an Bord befindet, hat der Schiffer für die Aufzeichnung und Aufbewahrung, sowie erforderlichenfalls für den Verkauf des Nachlasses Sorge zu tragen. Die Aufzeichnung ist unter Zuziehung von zwei Schiffsoffizieren oder anderen glaubhaften Personen vorzunehmen.

Die Nachlassgegenstände selbst, der etwaige Erlös aus denselben, sowie der etwaige Heuerrückstand sind nebst der erwähnten Aufzeichnung und dem Nachweis über den Todesfall demjenigen Seemannsamt, bei dem es zuerst geschehen kann, zu übergeben. Wenn im Auslande das Seemannsamt aus besonderen Gründen die Uebernahme der Nachlassgegenstände ablehnt, so hat der Schiffer die Uebergabe bei demjenigen Seemannsamt zu bewirken, bei welchem es anderweit zuerst geschehen kann.

Durch die Vorschriften des ersten und dritten Absatzes werden die auf die Führung der Civilstandsregister bezüglichen Bestimmungen der Landesgesetze nicht berührt[1]).

§. 53. Wenn der Schiffer während der Reise stirbt, ist der Steuermann verpflichtet, für die Beschaffung eines Nachweises über den Todesfall und für den Nachlass nach Massgabe der vorstehenden Bestimmungen (§. 52) zu sorgen.

§. 54. Der Schiffsmann ist verpflichtet, während der ganzen Reise, einschliesslich etwaiger Zwischenreisen, bis zur Beendigung der Rückreise im Dienste zu verbleiben, wenn in dem Heuervertrage nicht ein Anderes bestimmt ist.

Unter Rückreise im Sinne der vorstehenden Bestimmung ist die Reise nach dem Hafen zu verstehen, von welchem das Schiff seine Ausreise angetreten hat. Wenn jedoch das Schiff von einem nicht europäischen Hafen oder von einem Hafen des Schwarzen oder des Azowschen Meeres kommt und dasselbe seine Ausreise von einem deutschen Hafen angetreten hat, so gilt auch jede der nachstehend bezeichneten Reisen als Rückreise, falls der Schiffer spätestens alsbald nach der Ankunft die Reise der Schiffsmannschaft gegenüber für bendigt erklärt:

1) die Reise nach jedem anderen deutschen Hafen,
2) die Reise nach einem ausserdeutschen Hafen der Nordsee oder nach einem Hafen des Kanals oder Grossbritanniens,
3) sofern das Schiff seine Ausreise von einem Hafen der Ostsee angetreten hat, auch die Reise nach einem ausserdeutschen Hafen der Ostsee oder nach einem Hafen des Sundes oder des Kattegats.

Endet die Rückreise nicht in dem Hafen, von welchem das Schiff seine Ausreise angetreten hat, so hat der Schiffsmann Anspruch auf freie Zurückbeförderung (§§. 65, 66) nach diesem Hafen und auf Fortbezug

---

[1]) Vgl. jetzt das I. 99 Anm. 1 angeführte Reichsgesetz.

der Heuer während der Reise oder nach seiner Wahl auf eine entsprechende Vergütung.

§. 55. Nach beendigter Reise kann der Schiffsmann seine Entlassung nicht früher verlangen, als bis die Ladung gelöscht, das Schiff gereinigt und im Hafen oder an einem anderen Orte festgemacht, auch die etwa erforderliche Verklarung abgelegt ist.

§. 56. Der Heuervertrag endet, wenn das Schiff durch einen Zufall dem Rheder verloren geht, insbesondere:

wenn es verunglückt;

wenn es als reparaturunfähig oder reparaturunwürdig kondemnirt (Art. 444 des allg. Deutschen Handelsgesetzbuchs) und in dem letzteren Falle ohne Verzug öffentlich verkauft wird;

wenn es geraubt wird;

wenn es aufgebracht oder angehalten und für gute Prise erklärt wird.

Dem Schiffsmann gebührt alsdann nicht allein die verdiente Heuer (§. 67), sondern auch freie Zurückbeförderung (§§. 65, 66) nach dem Hafen, von welchem das Schiff seine Ausreise angetreten hat, oder nach Wahl des Schiffers eine entsprechende Vergütung.

§. 57. Der Schiffer kann den Schiffsmann, abgesehen von den in dem Heuervertrage bestimmten Fällen, vor Ablauf der Dienstzeit entlassen:

1) so lange die Reise noch nicht angetreten ist, wenn der Schiffsmann zu dem Dienste, zu welchem er sich verheuert hat, untauglich ist;

2) wenn der Schiffsmann eines groben Dienstvergehens, insbesondere des wiederholten Ungehorsams oder der fortgesetzten Widerspenstigkeit, der Schmuggelei sich schuldig macht;

3) wenn der Schiffsmann des Vergehens des Diebstahls, Betrugs, der Untreue, Unterschlagung, Hehlerei oder Fälschung, oder einer nach dem Strafgesetzbuche mit Zuchthaus bedrohten Handlung sich schuldig macht;

4) wenn der Schiffsmann mit einer syphilitischen Krankheit behaftet ist, oder wenn er durch eine unerlaubte Handlung eine Krankheit oder Verwundung sich zuzieht, welche ihn arbeitsunfähig macht;

5) wenn die Reise, für welche der Schiffsmann geheuert war, wegen Krieg, Embargo oder Blokade oder wegen eines Ausfuhr- oder Einfuhrverbots oder wegen eines anderen, Schiff oder Ladung betreffenden Zufalls nicht angetreten oder fortgesetzt werden kann.

Die Entlassung, sowie der Grund derselben muss, sobald es geschehen kann, dem Schiffsmann angezeigt und in den Fällen der Ziffern 2, 3, 4 in das Schiffsjournal eingetragen werden.

§. 58. Dem Schiffsmann gebührt in den Fällen der Ziffer 1 bis 4 des §. 57 nicht mehr als die verdiente Heuer (§. 67), in den Fällen der Ziffer 5 hat er, wenn er nach Antritt der Reise entlassen wird, nicht allein auf die verdiente Heuer, sondern auch auf freie Zurückbeförderung (§§. 65, 66) nach dem Hafen, von welchem das Schiff seine Ausreise angetreten hat, oder nach Wahl des Schiffers auf eine entsprechende Vergütung Anspruch.

§. 59. Der für eine Reise geheuerte Schiffsmann, welcher aus anderen als aus den in dem §. 57 erwähnten Gründen vor Ablauf des Heuervertrages entlassen wird, behält, wenn die Entlassung vor Antritt der Reise erfolgt, als Entschädigung die etwa empfangenen Hand- und Vorschussgelder, soweit dieselben den üblichen Betrag nicht übersteigen.

Sind Hand- und Vorschussgelder nicht gezahlt, so hat er als Entschädigung die Heuer für einen Monat zu fordern.

Ist die Entlassung erst nach Antritt der Reise erfolgt, so hat er Anspruch auf freie Zurückbeförderung (§§. 65, 66) nach dem Hafen, von welchem das Schiff seine Ausreise angetreten oder nach Wahl des Schiffers auf eine entsprechende Vergütung. Auch erhält er ausser der verdienten Heuer (§. 67) noch die Heuer für zwei oder vier Monate, je nachdem er in einem europäischen (§. 70) oder in einem nichteuropäischen Hafen entlassen ist, jedoch nicht mehr als er erhalten haben würde, wenn er erst nach Beendigung der Reise entlassen worden wäre.

§. 60. Wenn die Vorschrift am Schluss des vorstehenden Paragraphen Anwendung findet, und der Schiffsmann nach Beendigung der Reise in einem deutschen Hafen entlassen worden wäre, so wird, um die ihm ausser der verdienten Heuer gebührende Heuer zu bestimmen, die Dauer der Reise eines Segelschiffs gerechnet:

von Häfen:	nach Häfen der Nordsee	nach Häfen der Ostsee
	Monaten	
1) der Nordsee bis zum 61. Grade nördlicher Breite und des Englischen Kanals zu	1	1½
2) der Ostsee und der angrenzenden Gewässer zu	1½	1
3) in Europa ausserhalb des Englischen Kanals und bis zur Strasse von Gibraltar mit Einschluss der Azoren, sowie der Nordsee über den 61. Grad nördlicher Breite hinaus und ausserhalb der Nordsee bis zum Nordkap einschliesslich zu	1½	2
4) des Mittelmeeres, des Schwarzen und Azowschen Meeres zu	2	2
5) in Europa östlich des Nordkaps zu	2	2
6) der Ostküste Amerikas von Quebeck bis Rio de Janeiro einschliesslich zu	2	2½
7) südlich von Rio de Janeiro bis Kap Horn einschliesslich zu	2½	3
8) der Westküste Amerikas von Kap Horn bis Panama einschliesslich zu	3½	4
9) der Westküste von Afrika nördlich vom Aequator einschliesslich der Kanarischen und der Kapverdischen Inseln zu	2	2½
10) südlich vom Aequator bis zum Kap der guten Hoffnung einschliesslich zu	2¼	2¾
11) jenseits des Kap der guten Hoffnung, diesseits des Kap Komorin mit Einschluss des Rothen Meeres und Persischen Golfs zu	3½	4
12) von den sonstigen, vorstehend nicht mit einbegriffenen Häfen zu	4	4

§. 61. Der Schiffsmann kann seine Entlassung fordern:

1) wenn sich der Schiffer einer schweren Verletzung seiner ihm gegen denselben obliegenden Pflichten, insbesondere durch Misshandlung oder durch grundlose Vorenthaltung von Speise und Trank schuldig macht;
2) wenn das Schiff seine Flagge wechselt;
3) wenn nach Beendigung der Ausreise eine Zwischenreise beschlossen, oder wenn eine Zwischenreise beendigt ist, sofern seit dem Dienstantritt zwei oder drei Jahre, je nachdem das Schiff in einem europäi-

schen (§. 70) oder in einem nichteuropäischen Hafen sich befindet, verflossen sind.

Der Wechsel des Rheders oder Schiffers giebt dem Schiffsmann kein Recht, die Entlassung zu fordern.

§. 62. In dem Falle des §. 61 Ziffer 3 kann die Entlassung nicht gefordert werden:

1) wenn der Schiffsmann für eine längere als die daselbst angegebene Zeit sich verheuert hat. Die Verheuerung auf unbestimmte Zeit oder mit der allgemeinen Bestimmung, dass nach Beendigung der Ausreise der Dienst für alle Reisen, welche noch beschlossen werden möchten, fortzusetzen sei, wird als Verheuerung auf solche Zeit nicht angesehen;
2) sobald die Rückreise angeordnet ist.

§. 63. Der Schiffsmann hat in den Fällen der Ziffern 1 und 2 des §. 61 dieselben Ansprüche, welche für den Fall des §. 59 bestimmt sind; in dem Falle der Ziffer 3 gebührt ihm nicht mehr, als die verdiente Heuer (§. 67).

§. 64. Im Auslande darf der Schiffsmann, welcher seine Entlassung fordert, ausser in dem Falle eines Flaggenwechsels, nicht ohne Genehmigung eines Seemannsamtes (§. 105) den Dienst verlassen.

§. 65. Wenn nach den Bestimmungen dieses Gesetzes ein Anspruch auf freie Zurückbeförderung begründet ist, so umfasst derselbe auch den Unterhalt während der Reise.

§. 66. Dem Anspruche auf freie Zurückbeförderung wird genügt, wenn dem Schiffsmann, welcher arbeitsfähig ist, mit Genehmigung des Seemannsamtes ein seiner früheren Stellung entsprechender und durch angemessene Heuer zu vergütender Dienst auf einem deutschen Kauffahrteischiffe nachgewiesen wird, welches nach dem Hafen, von welchem das Schiff seine Ausreise angetreten hat, oder einem demselben nahe belegenen Hafen geht; letzteren Falls unter Gewährung der entsprechenden Vergütung für die weitere freie Zurückbeförderung (§. 65) bis zum Hafen, von welchem das Schiff seine Ausreise angetreten hat.

Ist der Schiffsmann kein Deutscher, so wird ein Schiff seiner Nationalität einem deutschen Schiffe gleichgeachtet.

§. 67. In den Fällen der §§. 36, 51, 56, 58, 59 und 63 wird die verdiente Heuer, sofern die Heuer nicht zeitweise, sondern in Bausch und Bogen für die ganze Reise bedungen ist, mit Rücksicht auf den vollen Heuerbetrag nach Verhältniss der geleisteten Dienste, sowie des etwa zurückgelegten Theils der Reise bestimmt. Zur Ermittelung der in den §§. 59 und 60 erwähnten Heuer für einzelne Monate wird die durchschnittliche Dauer der Reise einschliesslich der Ladungs- und Löschungszeit unter Berücksichtigung der Beschaffenheit des Schiffs in Ansatz gebracht und danach die Heuer für die einzelnen Monate berechnet.

§. 68. Der Rheder haftet für die Forderungen des Schiffers und der zur Schiffsmannschaft gehörigen Personen aus den Dienst- und Heuerverträgen nicht nur mit Schiff und Fracht, sondern persönlich.

Diese Bestimmung tritt an die Stelle des Art. 453 des allgemeinen Deutschen Handelsgesetzbuchs.

§. 69. Der dem Schiffsmann als Lohn zugestandene Theil an der Fracht oder am Gewinn wird als Heuer im Sinne dieses Gesetzes nicht angesehen.

§. 70. In den Fällen der §§. 59 und 61 sind den europäischen Häfen die nichteuropäischen Häfen des Mittelländischen, Schwarzen und Azowschen Meeres gleichzustellen.

§. 71. Der Schiffer darf einen Schiffsmann im Auslande nicht ohne Genehmigung des Seemannsamtes zurücklassen. Wenn für den Fall der

Zurücklassung eine Hülfsbedürftigkeit des Schiffsmannes zu besorgen ist, so kann die Ertheilung der Genehmigung davon abhängig gemacht werden, dass der Schiffer gegen den Eintritt der Hülfsbedürftigkeit für einen Zeitraum bis zu drei Monaten Sicherstellung leistet.

Die Bestimmungen des §. 103 werden hierdurch nicht berührt.

Vierter Abschnitt. Disziplinar-Bestimmungen.

§. 72. Der Schiffsmann ist der Disziplinargewalt des Schiffers unterworfen.

Dieselbe beginnt mit dem Antritt des Dienstes und erlischt mit dessen Beendigung.

§. 73. Der Schiffsmann ist verpflichtet, sich stets nüchtern zu halten und gegen Jedermann ein angemessenes und friedfertiges Betragen zu beobachten.

Dem Schiffer und seinen sonstigen Vorgesetzten hat er mit Achtung zu begegnen und ihren dienstlichen Befehlen unweigerlich Folge zu leisten.

§. 74. Der Schiffsmann hat dem Schiffer auf Verlangen wahrheitsgemäss und vollständig mitzutheilen, was ihm über die den Schiffsdienst betreffenden Angelegenheiten bekannt ist.

§. 75. Der Schiffsmann darf ohne Erlaubniss des Schiffers keine Güter an Bord bringen oder bringen lassen. Für die gegen dieses Verbot beförderten eigenen oder fremden Güter muss er die höchste am Abladungsorte zur Abladungszeit für solche Reisen und Güter bedungene Fracht erstatten, unbeschadet der Verpflichtung zum Ersatz eines erweislich höheren Schadens.

Der Schiffer ist auch befugt, die Güter über Bord zu werfen, wenn dieselben Schiff oder Ladung gefährden.

§. 76. Die Bestimmungen des §. 75 finden ebenfalls Anwendung, wenn der Schiffsmann ohne Erlaubniss des Schiffers Branntwein oder andere geistige Getränke oder mehr an Taback, als er zu seinem Gebrauche auf der beabsichtigten Reise bedarf, an Bord bringt oder bringen lässt.

Die gegen dieses Verbot mitgenommenen geistigen Getränke und Taback verfallen dem Schiffe.

§. 77. Die auf Grund der Bestimmungen der §§. 75 und 76 getroffenen Anordnungen des Schiffers sind, sobald es geschehen kann, in das Schiffsjournal einzutragen.

§. 78. Wenn das Schiff in einem Hafen liegt, so ist der Schiffer befugt, die Effekten der Schiffsleute zur Verhütung einer Entweichung bis zur Abreise des Schiffs in Verwahrung zu nehmen.

§. 79. Der Schiffer ist befugt, alle zur Aufrechterhaltung der Ordnung und zur Sicherung der Regelmässigkeit des Dienstes erforderlichen Massregeln zu ergreifen. Zu diesem Zwecke darf er namentlich auch herkömmliche Erschwerungen des Dienstes oder mässige Schmälerung der Kost, letztere jedoch auf höchstens drei Tage, als Strafe eintreten lassen. Geldbusse, körperliche Züchtigung oder Einsperrung darf er als Strafe nicht verhängen.

Bei einer Widersetzlichkeit oder bei beharrlichem Ungehorsam ist der Schiffer zur Anwendung aller Mittel befugt, welche erforderlich sind, um seinen Befehlen Gehorsam zu verschaffen. Er darf gegen die Betheiligten die geeigneten Sicherungsmassregeln ergreifen und sie nöthigenfalls während der Reise fesseln.

Jeder Schiffsmann muss dem Schiffer auf Erfordern Beistand zur Aufrechthaltung der Ordnung sowie zur Abwendung oder Unterdrückung einer Widersetzlichkeit leisten.

Im Auslande hat der Schiffer in dringenden Fällen die Kommandanten der ihm zugänglichen Fahrzeuge der Kriegsmarine des Reichs um Beistand zur Aufrechthaltung der Disziplin anzugehen.

§. 80. Jede vom Schiffer in Gemässheit der Bestimmungen des §. 79 getroffene Verfügung ist mit Angabe der Veranlassung, sobald es geschehen kann, in das Schiffsjournal einzutragen.

Fünfter Abschnitt. Strafbestimmungen.

§. 81. Ein Schiffsmann, welcher nach Abschluss des Heuervertrages sich verborgen hält, um sich dem Antritte des Dienstes zu entziehen, wird mit Geldstrafe bis zu zwanzig Thalern gestraft. Die Verfolgung tritt nur auf Antrag ein.

Wenn ein Schiffsmann, um sich der Fortsetzung des Dienstes zu entziehen, entläuft oder sich verborgen hält, so tritt Geldstrafe bis zu Einhundert Thalern oder Gefängnisstrafe bis zu drei Monaten ein. Die Verfolgung tritt nur auf Antrag ein.

Ein Schiffsmann, welcher mit der Heuer entläuft oder sich verborgen hält, um sich dem übernommenen Dienste zu entziehen, wird mit der im §. 298 des Strafgesetzbuchs angedrohten Gefängnisstrafe bis zu Einem Jahre belegt.

§. 82. In den Fällen der beiden letzten Absätze des §. 81 verliert der Schiffsmann, wenn er vor Abgang des Schiffes weder zur Fortsetzung des Dienstes freiwillig zurückkehrt, noch zwangsweise zurückgebracht wird, den Anspruch auf die bis dahin verdiente Heuer. Die Heuer und, sofern diese nicht ausreicht, auch die Effekten können zur Deckung der Schadensansprüche des Rheders aus dem Heuer- oder Dienstvertrage in Anspruch genommen werden; soweit die Heuer hierzu nicht erforderlich ist, wird mit ihr nach Massgabe des §. 107 verfahren.

§. 83. Hat der Schiffsmann sich dem Dienste in einem der Fälle des §. 61, 1 und 3 ohne Genehmigung des Seemannsamtes (§. 64) entzogen, so tritt Geldstrafe bis zum Betrage einer Monatsheuer ein.

§. 84. Mit Geldstrafe bis zum Betrage einer Monatsheuer wird ein Schiffsmann bestraft, welcher sich einer gröblichen Verletzung seiner Dienstpflichten schuldig macht.

Als Verletzung der Dienstpflicht in diesem Sinne wird insbesondere angesehen:

Nachlässigkeit im Wachdienste;

Ungehorsam gegen den Dienstbefehl eines Vorgesetzten;

ungebührliches Betragen gegen Vorgesetzte, gegen andere Mitglieder der Schiffsmannschaft oder gegen Reisende;

Verlassen des Schiffes ohne Erlaubniss oder Ausbleiben über die festgesetzte Zeit;

Wegbringen eigener oder fremder Sachen von Bord des Schiffes und an Bord bringen oder an Bord bringen lassen von Gütern oder sonstigen Gegenständen ohne Erlaubniss[1]);

eigenmächtige Zulassung fremder Personen an Bord und Gestattung des Anlegens von Fahrzeugen an das Schiff;

Trunkenheit im Schiffsdienste;

Vergeudung, unbefugte Veräusserung oder bei Seite bringen von Proviant.

---

[1]) Vgl. Anmerkung zu HGB 564.

Gegen Schiffsoffiziere kann die Strafe bis auf den Betrag einer zweimonatlichen Heuer erhöht werden.

Wenn die Heuer nicht zeitweise bedungen ist, so wird die Strafe auf einen nach dem Ermessen des Seemannsamtes der Monatsheuer entsprechenden Geldbetrag bestimmt.

Die Verfolgung tritt nur auf Antrag ein. Der Antrag ist bis zur Abmusterung zulässig.

§. 85. Der Schiffer hat jede Verletzung der Dienstpflicht (§. 84), sobald es geschehen kann, mit genauer Angabe des Sachverhaltes in das Schiffsjournal einzutragen und, wenn thunlich, dem Schiffsmann von dem Inhalt der Eintragung unter ausdrücklicher Hinweisung auf die Strafandrohung des §. 84 Mittheilung zu machen.

Unterbleibt die Mittheilung, so sind die Gründe der Unterlassung im Journal anzugeben. Ist die Eintragung versäumt, so tritt keine Verfolgung ein.

§. 86. Ein Schiffsmann, welcher den wiederholten Befehlen des Schiffers oder eines anderen Vorgesetzten den schuldigen Gehorsam verweigert, wird mit Gefängniss bis zu drei Monaten oder mit Geldstrafe bis zu Einhundert Thalern bestraft.

§. 87. Wenn zwei oder mehrere zur Schiffsmannschaft gehörige Personen dem Schiffer oder einem anderen Vorgesetzten den schuldigen Gehorsam auf Verabredung gemeinschaftlich verweigern, so tritt gegen jeden Betheiligten Gefängnisstrafe bis zu Einem Jahre ein. Der Rädelsführer wird mit Gefängniss bis zu drei Jahren bestraft.

Sind mildernde Umstände vorhanden, so kann auf Geldstrafe bis zu Zweihundert Thalern erkannt werden.

Der Rädelsführer wird mit Gefängniss bis zu zwei Jahren bestraft.

§. 88. Ein Schiffsmann, welcher zwei oder mehrere zur Schiffsmannschaft gehörige Personen zur Begehung einer nach den §§. 87 und 91 strafbaren Handlung auffordert, ist gleich dem Anstifter zu bestrafen, wenn die Aufforderung die strafbare Handlung oder einen strafbaren Versuch derselben zur Folge gehabt hat.

Ist die Aufforderung ohne Erfolg geblieben, so tritt im Falle des §. 87 Geldstrafe bis zu Einhundert Thalern, im Falle des §. 91 Geldstrafe bis zu zweihundert Thalern oder Gefängnisstrafe bis zu Einem Jahre ein.

§. 89. Ein Schiffsmann, welcher es unternimmt, den Schiffer oder einen anderen Vorgesetzten durch Gewalt oder durch Bedrohung mit Gewalt, oder durch Verweigerung der Dienste zur Vornahme oder zur Unterlassung einer dienstlichen Verrichtung zu nöthigen, wird mit Gefängniss bis zu zwei Jahren bestraft. Sind mildernde Umstäde vorhanden, so kann auf Geldstrafe bis zu zweihundert Thalern erkannt werden.

§. 90. Dieselben Strafbestimmungen (§. 89) finden auf den Schiffsmann Anwendung, welcher es unternimmt, dem Schiffer oder einem anderen Vorgesetzten durch Gewalt oder durch Bedrohung mit Gewalt Widerstand zu leisten oder den Schiffer oder einen anderen Vorgesetzten thätlich anzugreifen.

§. 91. Wenn eine der in den §§. 89, 90 bezeichneten Handlungen von mehreren Schiffsleuten auf Verabredung gemeinschaftlich begangen wird, so kann die Strafe bis auf das Doppelte des angedrohten Höchstbetrages erhöht werden

Die Rädelsführer, sowie diejenigen, welche gegen den Schiffer oder gegen einen anderen Vorgesetzten Gewaltthätigkeiten verüben, werden mit Zuchthaus bis zu fünf Jahren oder mit Gefängniss von gleicher Dauer bestraft; auch kann anf Zulässigkeit von Polizeiaufsicht erkannt werden. Sind mildernde Umstände vorhanden, so tritt Gefängnisstrafe nicht unter drei Monaten ein.

§. 92. Ein Schiffsmann, welcher solchen Befehlen des Schiffers oder eines andern Vorgesetzten den Gehorsam verweigert, welche sich auf die Abwehr oder auf die Unterdrückung der in den §§. 89, 90 bezeichneten Handlungen beziehen, ist als Gehülfe zu bestrafen.

§. 93. Mit Geldstrafe bis zu zwanzig Thalern oder mit Haft bis zu vierzehn Tagen wird bestraft ein Schiffsmann, welcher

1) bei Verhandlungen, die sich auf die Ertheilung eines Seefahrtsbuches, auf eine Eintragung in dasselbe oder auf eine Musterung beziehen, wahre Thatsachen entstellt oder unterdrückt oder falsche vorspiegelt, um ein Seemannsamt zu täuschen;
2) es unterlässt, sich gemäss §. 10 zur Musterung zu stellen;
3) im Falle eines dem Dienstantritt entgegenstehenden Hindernisses unterlässt, sich hierüber gemäss §. 15 gegen das Seemannsamt auszuweisen.

Durch die Bestimmung der Ziffer 1 wird die Vorschrift des §. 271 des Strafgesesetzbuchs nicht berührt.

§. 94. Wer wider besseres Wissen eine auf unwahre Behauptungen gestützte Beschwerde über Seeuntüchtigkeit des Schiffs oder Mangelhaftigkeit des Proviants bei einem Seemannsamte vorbringt und auf Grund dieser Behauptungen eine Untersuchung veranlasst, wird mit Gefängniss bis zu drei Monaten bestraft.

Wer leichtfertig eine auf unwahre Behauptungen gestützte Beschwerde über Seeuntüchtigkeit des Schiffs oder Mangelhaftigkeit des Proviants bei einem Seemannsamte vorbringt und auf Grund dieser Behauptungen eine Untersuchung veranlasst, wird mit Geldstrafe bis zu Einhundert Thalern bestraft.

§. 95. Die Verhängung einer in diesem Abschnitte oder durch sonstige strafgesetzliche Bestimmungen angedrohten Strafe wird dadurch nicht ausgeschlossen, dass der Schuldige aus Anlass der ihm zur Last gelegten That bereits disziplinarisch bestraft worden ist. Jedoch kann eine erlittene Disziplinarstrafe, sowohl in dem Strafbescheide des Seemannsamtes (§. 101), wie in dem gerichtlichen Strafurtheil bei Abmessung der Strafe berücksicht werden.

§. 96. Der Schiffer oder sonstige Vorgesetzte, welcher einem Schiffsmann gegenüber seine Disziplinargewalt missbraucht, wird mit Geldstrafe bis zu dreihundert Thalern oder mit Gefängniss bis zu Einem Jahre bestraft.

§. 97. Der Schiffer, welcher seine Verpflichtung, für die gehörige Verproviantirung des Schiffes zu sorgen, vorsätzlich nicht erfüllt, wird mit Gefängniss bestraft, neben welchem auf Geldstrafe bis zu fünfhundert Thalern, sowie auf Verlust der bürgerlichen Ehrenrechte erkannt werden kann.

Hat der Schiffer die Erfüllung der Verpflichtung fahrlässiger Weise unterlassen, so ist, wenn in Folge dessen der Schiffsmannschaft die gebührende Kost nicht gewährt werden kann, auf Geldstrafe bis zu zweihundert Thalern oder Gefängniss bis zu Einem Jahre zu erkennen.

§. 98. Mit Geldstrafe bis zu Einhundert Thalern, mit Haft oder mit Gefängniss bis zu drei Monaten wird ein Schiffer bestraft, welcher einen Schiffsmann im Auslande ohne Genehmigung des Seemannsamtes zurücklässt (§. 71).

§. 99. Mit Geldstrafe bis zu fünfzig Thalern oder mit Haft wird bestraft ein Schiffer, welcher

1) den ihm in Ansehung der Musterung obliegenden Verpflichtungen nicht genügt (§. 10);
2) bei Verhandlungen, welche sich auf eine Musterung oder eine Eintragung in ein Seefahrtsbuch beziehen, wahre Thatsachen entstellt oder unterdrückt, oder falsche vorspiegelt, um ein Seemannsamt zu täuschen;
3) bei Todesfällen die Beschaffung und Uebergabe des vorgeschriebenen Nachweises unterlässt oder die ihm obliegende Fürsorge für den Nachlass verabsäumt (§§. 52, 53);
4) eine der in den §§. 77 und 80 vorgeschriebenen Eintragungen in das Schiffsjournal unterlässt;
5) den ihm bei Vergehen und Verbrechen nach §§. 102 und 103 obliegenden Verpflichtungen nicht genügt;
6) dem Schiffsmann ohne dringenden Grund die Gelegenheit versagt, die Entscheidung des Seemannsamtes nachzusuchen (§§. 105, 106);
7) einem Schiffsmann grundlos Speise oder Trank vorenthält;
8) es unterlässt, dafür Sorge zu tragen, dass ein Exemplar dieses Gesetzes, sowie der massgebenden Vorschriften über Kost und Logis im Volkslogis zugänglich ist (§. 108).

Durch die Bestimmung der Ziffer 2 wird die Vorschrift des §. 271 des Strafgesetzbuchs nicht berührt.

§. 100. Die Bestimmungen der §§. 81—99 finden auch dann Anwendung, wenn die strafbaren Handlungen ausserhalb des Bundesgebietes begangen sind.

Die Verjährung der Strafverfolgung beginnt in diesem Falle erst mit dem Tage, an welchem das Schiff, dem der Thäter zur Zeit der Begehung angehörte, zuerst ein Seemannsamt erreicht.

§. 101. In den Fällen der §§. 81 Abs. 1, 84, 93, 99 erfolgt die Untersuchung und Entscheidung durch das Seemannsamt. Dasselbe hat den Angeschuldigten verantwortlich zu vernehmen und den Thatbestand summarisch festzustellen. Eine Vereidigung von Zeugen findet nicht statt. Nach Abschluss der Untersuchung ist ein mit Gründen versehener Bescheid zu ertheilen, welcher dem Angeschuldigten im Falle seiner Anwesenheit zu verkünden, im Falle seiner Abwesenheit in Ausfertigung zuzustellen ist. Wird eine Strafe festgesetzt, so ist die Dauer der für den Fall des Unvermögens an Stelle der Geldstrafe tretenden Haft zu bestimmen.

Gegen den Bescheid kann der Beschuldigte innerhalb einer zehntägigen Frist von der Verkündigung oder Zustellung ab auf gerichtliche Entscheidung antragen. Der Antrag ist bei dem Seemannsamt zu Protokoll oder schriftlich anzubringen.

Hat das Seemannsamt seinen Sitz im Auslande, so ist für das weitere Verfahren dasjenige Gericht örtlich zuständig, in dessen Bezirk der Heimatshafen und in Ermangelung eines solchen derjenige deutsche Hafen belegen ist, welchen das Schiff nach der Straffestsetzung zuerst erreicht.

Der Bescheid des Seemannsamtes ist in Betreff der Beitreibung der Geldstrafe vorläufig vollstreckbar.

§. 102. Begeht ein Schiffsmann, während das Schiff sich auf der See oder im Auslande befindet, ein Vergehen oder Verbrechen, so hat der Schiffer unter Zuziehung von Schiffsoffizieren und anderen glaubhaften Personen alles dasjenige genau aufzuzeichnen, was auf den Beweis der That und auf deren Bestrafung Einfluss haben kann. Insbesondere ist in den Fällen der Tödtung oder schweren Körperverletzung die Beschaffenheit der Wunden genau zu beschreiben, auch zu vermerken, wie lange der Verletzte etwa noch gelebt hat, ob und welche Heilmittel angewendet sind und welche Nahrung der Verletzte zu sich genommen hat.

§. 103. Der Schiffer ist ermächtigt, jederzeit die Effekten der Schiffsleute, welche der Betheiligung an einer strafbaren Handlung verdächtig sind, zu durchsuchen.

Der Schiffer ist ferner ermächtigt, denjenigen Schiffsmann, der sich einer mit schwerer Strafe bedrohten Handlung (§. 57, Ziffer 3) schuldig macht, festzunehmen. Er ist hierzu verpflichtet, wenn das Entweichen des Thäters zu besorgen steht.

Der Thäter ist unter Mittheilung der aufgenommenen Verhandlungen an dasjenige Seemannsamt, bei welchem es zuerst geschehen kann, abzuliefern. Wenn im Auslande das Seemannsamt aus besonderen Gründen die Uebernahme ablehnt, so hat der Schiffer die Ablieferung bei demjenigen Seemannsamt zu bewirken, bei welchem es anderweit zuerst geschehen kann.

In dringenden Fällen ist der Schiffer, wenn im Auslande ein Seemannsamt nicht rechtzeitig angegangen werden kann, ermächtigt, den Thäter der fremden Behörde behufs dessen Uebermittelung an die zuständige Behörde des Heimatshafens zu übergeben. Hiervon hat er bei demjenigen Seemannsamt, bei welchem es zuerst geschehen kann, Anzeige zu machen.

Sechster Abschnitt. Allgemeine Bestimmungen.

§. 104. Jedes Seemannsamt ist verpflichtet, die gütliche Ausgleichung der zu seiner Kenntniss gebrachten, zwischen dem Schiffer und dem Schiffsmanne bestehenden Streitigkeiten zu versuchen. Insbesondere hat das Seemannsamt, vor welchem die Abmusterung des Schiffsmannes erfolgt, hinsichtlich solcher Streitigkeiten einen Güteversuch zu veranstalten.

§. 105. Der Schiffsmann darf den Schiffer vor einem fremden Gericht nicht belangen. Handelt er dieser Bestimmung zuwider, so ist er nicht allein für den daraus entstehenden Schaden verantwortlich, sondern er wird ausserdem der bis dahin verdienten Heuer verlustig.

Er kann in Fällen, die keinen Aufschub leiden, die vorläufige Entscheidung des Seemannsamtes nachsuchen. Die Gelegenheit hierzu darf der Schiffer ohne dringenden Grund nicht versagen.

Jeder Theil hat die Entscheidung des Seemansamtes einstweilen zu befolgen, vorbehaltlich der Befugniss, nach Beendigung der Reise seine Rechte vor der zuständigen Behörde geltend zu machen.

Im Falle eines Zwangsverkaufs des Schiffes finden die Bestimmungen des ersten Absatzes auf die Geltendmachung der Forderungen des Schiffsmanns aus dem Dienst- oder Heuervertrage keine Anwendung.

§. 106. Im Inlande wird der Streit zwischen dem Schiffer und dem Schiffsmann, welcher nach der Anmusterung über den Antritt oder die Fortsetzung des Dienstes entsteht, von dem Seemannsamt unter Vorbehalt des Rechtsweges entschieden. Die Entscheidung des Seemannsamtes ist vorläufig vollstreckbar.

§. 107. Die nach den Bestimmungen des V. Abschnittes festgesetzten oder erkannten Geldstrafen fliessen der Seemannskasse und in Ermangelung einer solchen der Orts-Armenkasse des Heimathshafens des Schiffes, welchem der Thäter zur Zeit der Begehung der strafbaren Handlung angehörte, zu, insofern sie nicht im Wege der Landesgesetzgebung zu anderen ähnlichen Zwecken bestimmt werden.

§. 108. Ein Exemplar dieses Gesetzes, sowie der für das Schiff über

Kost und Logis geltenden Vorschriften (§. 45), muss im Volkslogis zur jederzeitigen Einsicht der Schiffsleute vorhanden sein.

§. 109. Die Anwendung der §§. 5 bis 23 und der §§. 48 bis 52 auf kleinere Fahrzeuge (Küstenfahrer u. s. w.) kann durch Bestimmung der Landesregierungen im Verordnungswege ausgeschlossen werden.

§. 110. Dieses Gesetz tritt mit dem 1. März 1873 in Kraft. Mit demselben Tage tritt der vierte Titel des fünften Buchs des allgemeinen Deutschen Handelsgesetzbuchs ausser Kraft.

§. 111. Wenn in anderen Gesetzen auf Bestimmungen verwiesen wird, welche durch dieses Gesetz ausser Kraft gesetzt sind, so treten die entsprechenden Bestimmungen des letzteren an die Stelle des ersteren.

---

26. Strandungsordnung[1]).

Vom 17. Mai 1874 (RGB 73 ff.).

Erster Abschnitt. Von den Strandbehörden.

§. 1. Die Verwaltung der Strandungsangelegenheiten wird durch Strandämter geführt.

Den Strandämtern werden Strandvögte untergeordnet. Letztere haben insbesondere diejenigen Massregeln zu leiten, welche zum Zwecke der Bergung oder Hülfsleistung zu ergreifen sind.

§. 2. Die Organisation der Strandämter, die Abgrenzung ihrer Bezirke, die Anstellung der Strandbeamten, die Regelung des Verhältnisses der Strandvögte zu den Strandämtern, und die Bestimmung der Behörden, welche die Aufsicht über diese Aemter und Beamten zu führen haben, sowie die Feststellung der Dienstbezüge der Strandbeamten steht den Landesregierungen nach Massgabe der Landesgesetze zu.

Der Vorsteher eines Strandamts kann für den ihm überwiesenen Bezirk oder einen Theil desselben zugleich zum Strandvogt bestellt werden.

§. 3. Die Oberaufsicht über die Verwaltung der Strandungsangelegenheiten steht dem Reiche zu.

Zweiter Abschnitt. Von dem Verfahren bei Bergung und Hülfsleistung in Seenoth.

§. 4. Wer ein auf den Strand gerathenes oder sonst unweit desselben in Seenoth befindliches Schiff wahrnimmt, hat hiervon sofort dem zuständigen Strandvogt oder der nächsten Gemeindebehörde Anzeige zu machen. Der Ueberbringer der ersten Anzeige hat Anspruch auf eine angemessene Vergütung.

§. 5. Die Gemeindebehörde hat unverzüglich für die Mittheilung der Nachricht an den Strandvogt zu sorgen. Die Gemeinden sind verpflichtet, hierzu gegen eine den ortsüblichen Sätzen entsprechende Vergütung einen Boten und die nöthigen Beförderungsmittel (Pferd, Gespann, Boot) zu stellen.

§. 6. Der Strandvogt hat unverzüglich nach Empfang der Nachricht (§. 5) sich an Ort und Stelle zu begeben und daselbst die zur Aufrecht-

---

[1]) In Helgoland eingeführt durch VO v. 20. Juli 1895 (RGB 421)

erhaltung der Ordnung sowie zur Bergung oder Hülfsleistung erforderlichen Anordnungen zu treffen. Auch hat er für schleunigste Benachrichtigung des Strandamts sowie des nächsten Zollbeamten Sorge zu tragen, bis zur Ankunft des letzteren aber das Zollinteresse selbst wahrzunehmen.

Bis zum Erscheinen des Strandvogts sind die Strand-Unterbeamten und in deren Ermangelung die nächste Gemeindebehörde zu den erforderlichen Anordnungen berufen.

§. 7. Wider den Willen des Schiffers dürfen Massregeln zum Zweck der Bergung oder Hülfsleistung nicht ergriffen werden. Insbesondere darf wider den Willen des Schiffers weder an das Schiff angelegt, noch dasselbe betreten werden. Ist das Schiff von der Schiffsbesatzung verlassen, so bedarf es zum Anlegen an dasselbe oder zum Betreten desselben, sofern nicht dringende Gefahr im Verzuge liegt, der Erlaubniss des Strandvogts.

Auf die Thätigkeit der Vereine zur Rettung Schiffbrüchiger finden diese Bestimmungen keine Anwendung.

§. 8. Der Schiffer ist befugt, dem Strandvogt die Leitung des Verfahrens jederzeit wieder abzunehmen, sobald er für die etwa bereits entstandenen Bergungs- und Hülfskosten, einschliesslich des Berge- und Hülfslohnes (Artikel 753 des Allgemeinen Deutschen Handelsgesetzbuchs), die von dem Vorsteher des Strandamtes oder dem Strandvogt erforderlich befundene Sicherheit bestellt hat.

§. 9. Die Verpflichtung, den polizeilichen Aufforderungen zur Hülfe Folge zu leisten, bestimmt sich nach §. 360 Nr. 10 des Strafgesetzbuchs mit der Massgabe, dass als „Polizeibehörde" im Sinne dieser Vorschrift auch der Strandvogt gilt.

Während der Seenoth ist der Strandvogt befugt, zur Rettung von Menschenleben die erforderlichen Fahrzeuge und Geräthschaften, sowie jeden ausserhalb der öffentlichen Wege zum Strande führenden Zugang auch ohne Einwilligung der Verfügungsberechtigten in Anspruch zu nehmen. Der hieraus entstehende wirkliche Schaden ist zu vergüten. Wer der Anordnung des Strandvogts nicht Folge leistet, wird mit der im §. 360 Nr. 10 a. a. O. angedrohten Strafe belegt.

Die Fahrzeuge und Geräthschaften der Vereine zur Rettung Schiffbrüchiger dürfen nur, insoweit die Vereinsmannschaft nicht selbst einschreitet, zur Rettung von Menschenleben in Anspruch genommen werden.

§. 10. Die in den §§. 4, 5 und 9 bezeichneten Vergütungen gehören zu den im Artikel 745 Absatz 2 des Allgemeinen Deutschen Handelsgesetzbuchs bestimmten Bergungs- und Hülfskosten. Dieselben werden nach Massgabe der Bestimmungen des fünften Abschnitts festgesetzt und sind, wenn anderweit die Befriedigung nicht zu erreichen ist, aus Staatsmitteln zu leisten. Auf Verlangen sind sie aus diesen vorschussweise zu zahlen.

§. 11. Der Strandvogt hat vor Allem für die Rettung der Personen zu sorgen. Im Falle der Bergung hat er zunächst die Schiffs- und Ladungspapiere, insbesondere das Schiffsjournal an sich zu nehmen, das letztere sobald als möglich mit dem Datum und seiner Unterschrift abzuschliessen und demnächst sämmtliche Papiere dem Schiffer zurückzugeben.

§. 12. Ohne Genehmigung des Schiffers darf nichts aus dem Schiffe fortgeschafft werden. Auch hat zunächst der Schiffer darüber Bestimmung zu treffen, wohin die fortgeschafften Gegenstände sowie das Schiff selbst zu bringen sind. Sowohl jene Genehmigung als auch diese Bestimmung steht dem Strandvogt zu, wenn derselbe die Leitung des Verfahrens übernommen hatte. In Ermangelung einer Bestimmung des Schiffers oder des Strandvogts muss das Geborgene, sofern keine Hindernisse entgegenstehen, bei Verlust des Anspruchs auf Berge- oder Hülfslohn nach dem zunächst erreichbaren deutschen Hafen oder Landungsplatze gebracht und sofort der nächsten Polizeibehörde oder dem Strandvogt angezeigt werden.

Die aus dem Schiffe fortgeschafften Gegenstände sind, sobald dies thunlich, zu verzeichnen.

§. 13. Werden einzelne Stücke der Ladung oder des Schiffs oder sonstige Gegenstände, welche auf dem Schiffe sich befunden, oder zu demselben gehört haben, an das Land getrieben, so hat derjenige, welcher dieselben birgt, dies sofort einem der mitwirkenden Beamten anzuzeigen und auf Erfordern die Sachen abzuliefern.

§. 14. Der Strandvogt hat dem nächsten Steuerbeamten von der Bergung sofort Nachricht zu geben und bis zur Ankunft desselben das steuerfiskalische Interesse wahrzunehmen.

Die geborgenen Gegenstände werden von dem Strandamt und dem Zollbeamten gemeinschaftlich in Gewahrsam genommen.

§. 15. Das Strandamt hat mit Zuziehung des Schiffers und des Zollbeamten ein Inventarium der geborgenen Gegenstände unter Angabe der etwa vorhandenen Marken und Nummern und mit Benutzung der vorläufigen Verzeichnisse (§. 12) aufzunehmen, dabei auch überall den Werth und die Menge zu vermerken, soweit dieselben sich aus vorhandenen Schriftstücken ergeben oder anderweit ohne Verletzung der Verpackung festzustellen sind. Das Inventarium ist von dem Zollbeamten und dem Schiffer zu unterschreiben, die Einsicht desselben oder die Fertigung einer Abschrift ist auch anderen Betheiligten zu gestatten.

§. 16. Die geborgenen Gegenstände sind dem Schiffer, in Ermangelung desselben demjenigen, welcher sonst seine Empfangsberechtigung nachweist, auszuliefern. Die Auslieferung darf jedoch, mit Ausnahme der für das augenblickliche Bedürfniss der Mannschaft und Passagiere erforderlichen Gegenstände, erst nach Bezahlung oder Sicherstellung der Bergungskosten einschliesslich des Bergelohns (Art. 753 des Allgemeinen Deutschen Handelsgesetzbuchs) und nach erfolgter zollamtlicher Abfertigung geschehen.

§. 17. Behufs Uebernahme der Vertretung der Betheiligten in Bergungs- und Hülfsleistungsfällen können von den Landesregierungen an geeigneten Orten ein- für allemal Sachverständige bestellt werden. Dieselben sind in den einzelnen Fällen den Betheiligten von dem Strandamt namhaft zu machen. Die Wahl anderer Vertreter ist hierdurch nicht ausgeschlossen.

§. 18. Leicht verderbliche und solche Gegenstände, deren Aufbewahrung mit Gefahr oder unverhältnissmässigen Kosten verbunden sein würde, können von dem Strandamt öffentlich verkauft werden, jedoch bei Anwesenheit des Empfangsberechtigten nur mit Zustimmung desselben oder nach fruchtlos an ihn ergangener Aufforderung, die Gegenstände gemäss §. 16 in Empfang zu nehmen.

§. 19. Entstehen Zweifel oder Streitigkeiten über die Empfangsberechtigung, oder sind die Empfangsberechtigten nicht alsbald zu ermitteln, so hat das Strandamt die betreffenden Gegenstände oder deren Erlös (§. 18) in Verwahrung zu nehmen, und demnächst nach den Bestimmungen des IV. Abschnitts zu verfahren.

Dritter Abschnitt. Von Seeauswurf und strandtriftigen Gegenständen, sowie von versunkenen und seetriftigen Gegenständen.

§. 20. Wenn ausser dem Falle der Seenoth eines Schiffes besitzlos gewordene Gegenstände von der See auf den Strand geworfen oder gegen denselben getrieben, und vom Strande aus geborgen werden, so haben auch in diesen Fällen die Berger Anspruch auf Bergelohn nach den Vorschriften des Allgemeinen Deutschen Handelsgesetzbuchs, Buch V, Titel 9. Sie sind verpflichtet, bei Verlust des Anspruchs auf Bergelohn von den geborgenen Gegenständen der nächsten Polizeibehörde oder dem Strandvogt sofort Anzeige zu machen, und dieselben zur Verfügung zu stellen.

§. 21. Denselben Anspruch und dieselbe Verpflichtung haben die Berger, wenn versunkene Schiffstrümmer oder sonstige Gegenstände vom Meeresgrunde heraufgebracht, oder wenn ein verlassenes Schiff oder sonstige besitzlos gewordene Gegenstände, in offener See treibend, von einem Fahrzeuge geborgen werden.

Die Verpflichtung tritt in diesem Falle ein, sobald das bergende Fahrzeug nach der Bergung an der deutschen Küste anlegt oder vor Anker geht, fällt aber fort, wenn das Fahrzeug inzwischen an einer fremden Küste angelegt hat, oder vor Anker gegangen ist, und die Berger dort die geborgenen Gegenstände dem Eigenthümer oder einer Behörde zur Verfügung gestellt haben.

§. 22. Welche Gewässer bei Anwendung der §§. 20 und 21 der See gleichzustellen sind, bestimmen die Landesregierungen.

§. 23. Das Strandamt hat den Berger über die Zeit, den Ort und die Umstände der Bergung sowie über den beanspruchten Lohn zu hören und für die angemessene Aufbewahrung der Gegenstände zu sorgen, auch dem nächsten Zollbeamten Nachricht zu geben. Die Bestimmungen der §§. 14, 15 und 18 finden auch hier Anwendung.

Kann der Empfangsberechtigte alsbald ermittelt werden, so ist nach der Vorschrift des §. 16, andernfalls nach den Vorschriften des IV. Abschnitts, zu verfahren.

§. 24. Die Landesregierungen sind ermächtigt, Anmeldestellen einzurichten, welchen die Strandämter jede Bergung in den Fällen der §§. 20 und 21 mitzutheilen haben. Auf diesen Anmeldestellen ist ein Fundverzeichniss über die geborgenen Gegenstände und den Ort ihrer Aufbewahrung zu führen und zur Einsicht für jedermann auszulegen. Ein Auszug aus dem Verzeichniss wird in angemessenen Fristen bekannt gemacht.

Die Bestimmungen des §. 23 finden auch da Anwendung, wo Anmeldestellen bestehen.

§. 25. Wenn auf der Rhede oder im Fahrwasser eines Hafens versunkene Wracks, Anker oder andere Gegenstände die Schiffahrt beeinträchtigen und der Eigenthümer entweder nicht bekannt oder zur Fortschaffung derselben nicht bereit ist, so ist die Behörde befugt, die Beseitigung zu veranlassen und zur Deckung der Kosten die beseitigten Gegenstände öffentlich zu verkaufen. In diesem Falle ist mit dem Rest des Erlöses nach den §§. 16 und 19 zu verfahren. Nach fruchtlosem Aufgebotsverfahren (§. 26) fällt derselbe der Seemannskasse oder in Ermangelung einer solchen der Armenkasse des Hafenorts zu.

Vierter Abschnitt. Von dem Aufgebotsverfahren in Bergungssachen und dem Rechte auf herrenlose geborgene Gegenstände.

§. 26. Behufs der Ermittelung des Empfangsberechtigten hat das Strandamt, sofern sich genügender Anlass dazu bietet, geeignete Vorverhandlungen einzuleiten. Dem dadurch ermittelten Berechtigten sind die geborgenen Gegenstände nach Massgabe des §. 16 auszuliefern.

Wenn sich kein Anlass zu Vorverhandlungen bietet, oder durch dieselben der Empfangsberechtigte nicht ermittelt wird, so tritt das Aufgebotsverfahren (§§ 27 ff.) ein.

§. 27. Im Aufgebotsverfahren werden alle unbekannten Berechtigten aufgefordert, bis zu einem bestimmten Termine bei dem Strandamte ihre Ansprüche anzuzeigen, widrigenfalls dieselben bei der Verfügung über die geborgenen Gegenstände unberücksichtigt bleiben würden.

Der Termin ist auf vier Wochen bis neun Monate zu bestimmen. Das Aufgebot wird durch Aushang (Anschlag) an der Amtsstelle sowie nach dem Ermessen des Strandamtes durch eine oder mehrere Anzeigen in öffentlichen Blättern und Anschlag an Börsen und anderen geeigneten Orten bekannt gemacht. Zur Ersparung von Kosten kann das Aufgebot so lange ausgesetzt werden, bis eine angemessene Zahl von Gegenständen angesammelt ist.

Ein Ausschlussbescheid wird nicht erlassen.

§. 28. Diejenigen Gegenstände, auf welche ein Anspruch nicht angezeigt ist, werden nach Ablauf des Termins den nach §. 35 Berechtigten gegen Erlegung der Bergungskosten, zu welchen in den Fällen des ersten Absatzes des §. 35 auch der Bergelohn gehört, nach erfolgter zollamtlicher Abfertigung ausgeliefert.

Der Empfänger ist, wenn versäumte Ansprüche später geltend gemacht werden, nur insoweit, als er sich dann im Besitze der Sache noch befindet oder durch den aus derselben gelösten Werth noch bereichert ist, dem Berechtigten zur Entschädigung verpflichtet. In den Fällen des zweiten Absatzes des §. 35 behält der Berger auch den noch in seinem Besitze befindlichen Vortheil, insoweit dieser den Bergelohn nicht übersteigt.

§. 29. Sind dagegen Ansprüche angezeigt, so fordert das Strandamt die nach §. 35 Berechtigten auf, sich binnen einer bestimmten Frist zu erklären, ob sie diese Ansprüche anerkennen wollen oder nicht, widrigenfalls dieselben für anerkannt erachtet werden würden.

Wenn innerhalb dieser Frist ein Widerspruch seitens der Aufgeforderten nicht erfolgt, so ist die Auslieferung der Gegenstände an denjenigen, welcher den Anspruch angezeigt hat, gemäss §. 16 zu bewirken und zwar, falls das Strandamt den Anspruch für nachgewiesen erachtet, sofort, anderenfalls erst nach Ablauf des Aufgebotstermins, sofern auch bis dahin weitere Ansprüche nicht angemeldet werden.

Wenn dagegen ein Widerspruch von einem der Aufgeforderten innerhalb der Erklärungsfrist erfolgt, so sind die angezeigten Ansprüche gegen denselben im Wege der Klage auszuführen.

§. 30. Wenn die Berechtigung zum Empfang streitig, und von keinem der nach §. 35 Berechtigten ein Widerspruch erhoben ist, so bestimmt das Strandamt denjenigen, gegen welchen die sonst angezeigten Ansprüche im Wege der Klage auszuführen sind.

Diesem steht auch die Befugniss zu, gegen Leistung der vom Strandamte zu bestimmenden Sicherheit die Auslieferung der geborgenen Gegenstände zu verlangen.

§. 31. Zur Anstellung der Klage (§§. 29 Abs. 3 und 30), welche bei dem für den Ort des Strandamts zuständigen Gerichte zu erheben ist, bestimmt das Strandamt eine angemessene Ausschlussfrist.

§. 32. Im Falle des §. 30 hat das Strandamt auf Antrag dafür zu sorgen, dass die nach Abschnitt V dieses Gesetzes festgestellten Ansprüche aus der bestellten Sicherheit oder durch den Verkauf der geborgenen Gegenstände befriedigt werden.

§. 33. Streitigkeiten über die Empfangsberechtigung werden im Prozesswege erledigt.

§. 34. Die Kosten der Vorverhandlungen und des Aufgebotsverfahrens gehören zu den im Art. 745 Abs. 2 des Allgemeinen Deutschen Handelsgesetzbuchs bestimmten Bergungskosten.

§. 35. Wenn der Empfangsberechtigte auch durch das Aufgebotsverfahren nicht ermittelt wird, so werden Gegenstände, welche in Seenoth vom Strande aus geborgen sind (§§. 4—19), desgleichen Seeauswurf und strandtriftige Güter (§. 20), dem Landesfiskus überwiesen.

Unter gleicher Voraussetzung werden versunkene und seetriftige Gegenstände (§. 21) dem Berger überwiesen.

Die Antheile mehrerer Mitberechtigter im Falle des Art. 751 des Allgemeinen Deutschen Handelsgesetzbuchs bestimmen sich auch in Beziehung auf diesen Anspruch nach den dort vorgeschriebenen Grundsätzen. Wer die ihm nach dem §. 21 obliegende Anzeige unterlässt, geht dieses Anspruchs zu Gunsten der Seemannskasse des Orts, wo das Strandamt seinen Sitz hat, und in Ermangelung einer solchen, zu Gunsten der Ortsarmenkasse verlustig.

Ob und in welcher Weise diejenigen zu entschädigen sind, welchen nach den bisherigen Bestimmungen die in den vorstehenden Absätzen der Staatskasse und dem Berger überwiesenen Ansprüche zugestanden haben, bestimmen die Landesgesetze.

Fünfter Abschnitt. Von der Festsetzung der Bergungs- und Hülfskosten.

§. 36. Wer Berge- oder Hülfslohn oder die Erstattung sonstiger Bergungs- oder Hülfskosten verlangt, hat in Ermangelung einer gütlichen Einigung seine Ansprüche bei dem Strandamt anzumelden.

§. 37. Das Strandamt hat nach Anhörung der Betheiligten, soweit dieselben anwesend sind, eine Berechnung der aufgestellten Forderungen zu entwerfen und mit seinen gutachtlichen Bemerkungen der Aufsichtsbehörde einzureichen.

§. 38. Die Aufsichtsbehörde hat die angemeldeten Ansprüche nach den Bestimmungen des Allgemeinen Deutschen Handelsgesetzbuchs, Buch V. Titel 9, zu prüfen und durch Bescheid festzusetzen. Jedem Betheiligten ist der Bescheid zu Protokoll bekannt zu machen, oder eine Ausfertigung desselben zuzustellen.

Die Zustellung ist gültig, wenn sie unter Beobachtung der für Zustellungen in bürgerlichen Rechtsstreitigkeiten vorgeschriebenen Formen erfolgt. Die vereideten Verwaltungsbeamten haben dabei die Glaubwürdigkeit der Gerichtsbeamten.

§. 39. Gegen den Bescheid der Aufsichtsbehörde findet nur der Rechtsweg statt.

Die Partei, welche sich durch den Bescheid beschwert fühlt, hat binnen einer Ausschlussfrist von 14 Tagen — vom Tage nach der Bekanntmachung oder Behändigung des Bescheides (§. 38) an gerechnet — die Klage bei dem für den Ort des Strandamts zuständigen Gerichte anzubringen. Das Gericht kann aus Gründen, die in der Sache selbst liegen, diese Frist angemessen verlängern.

Durch rechtzeitige Erhebung der Klage verliert der Bescheid zwischen den Prozessparteien seine Kraft.

§. 40. Den Landesregierungen steht es zu, die in §. 38 der Aufsichtsbehörde zugewiesenen Obliegenheiten dem Strandamt zu übertragen.

§. 41. Die Erhebung der festgesetzten Beträge und die Vertheilung derselben unter die Berechtigten erfolgt in der Regel durch das Strandamt.

Der Vorsteher des Strandamts hat auch in dem Falle keinen Anspruch auf Berge- oder Hülfslohn, wenn er zugleich zum Strandvogt bestellt ist.

Sechster Abschnitt. Allgemeine Bestimmungen.

§. 42. Schiffer im Sinne dieses Gesetzes ist der Führer des Schiffs (Schiffskapitän), in Ermangelung oder Verhinderung desselben dessen Stellvertreter.

§. 43. Wer den Vorschriften der §§. 4, 7 Abs. 1, 12 Abs. 1, 13, 20, 21 zuwiderhandelt, wird, sofern nicht nach allgemeinen Strafgesetzen eine höhere Strafe verwirkt ist, mit Geldstrafe bis zu einhundertfünfzig Mark oder mit Haft bestraft.

§. 44. Die Bestimmungen des Gesetzes, betreffend die Errichtung eines obersten Gerichtshofes für Handelssachen, vom 12. Juni 1869, sowie die Ergänzungen desselben werden auf diejenigen bürgerlichen Rechtsstreitigkeiten ausgedehnt, in welchen durch Klage oder Widerklage ein Anspruch aus Rechtsverhältnissen geltend gemacht wird, welche auf die Bergung ausser dem Falle der Seenoth sich beziehen.

§. 45. Ob und inwieweit im Falle der Bergung des von den Landesregierungen zur Betonnung verwendeten Materials an Tonnen, Ketten und sonstigem Zubehör bestimmte Lohnsätze an Stelle des Bergelohns treten, bestimmt sich, wenn die Bergung im eigenen Gebiete erfolgt, nach dem bezüglichen Landesrecht, anderenfalls nach den etwa abgeschlossenen Staatsverträgen.

§. 46. Die in diesem Gesetz vorgeschriebene Mitwirkung der Zollbehörde findet in den Zollausschlüssen nicht statt.

§. 47. Die Bestimmungen der Staatsverträge über die den Konsuln fremder Staaten in Bergungsfällen zustehenden Rechte werden durch dieses Gesetz nicht berührt.

§. 48. Dieses Gesetz tritt am 1. Januar 1875 in Kraft.

---

27. Schiffsvermessungs-Ordnung.

Vom 20. Juni 1888 und 1. März 1895 (RGB 1895 S. 161 ff.).

(Auszug.)

§. 1. Die nachstehenden Vorschriften finden Anwendung auf alle Schiffe, Fahrzeuge und Boote, welche ausschliesslich oder vorzugsweise zur Seefahrt im Sinne der Vorschriften über die Registrirung und die Bezeichnung der Kauffahrteischiffe vom 13. Nov. 1873 (RGB S. 367) bestimmt sind.

Den Landesregierungen bleibt überlassen, zu bestimmen, ob und in welchem Umfange Fahrzeuge unter 50 Kubikmeter Brutto-Raumgehalt, welche keine Einrichtungen zum dauernden Aufenthalt der Mannschaft haben, von der Vermessung ausgeschlossen bleiben können.

§. 2. Zur Ermittelung der Ladungsfähigkeit der Schiffe wird deren Raumgehalt durch Vermessung festgestellt. Die Vermessung erstreckt sich mit den aus den nachstehenden Bestimmungen sich ergebenden Einschränkungen auf die unter dem obersten Deck des Schiffes befindlichen Räume und auf die auf oder über dem obersten Deck fest angebrachten Aufbauten.

Das Ergebniss dieser Vermessung, in Körpermass ausgedrückt, heisst der Brutto-Raumgehalt und nach Abzug der in dem §. 14 näher bezeichneten Räume der Netto-Raumgehalt des Schiffes.

§. 3. Die Vermessung erfolgt nach dem in den §§. 4 bis 16 und 20 vorgeschriebenen vollständigen Verfahren.

Ausnahmsweise kann jedoch nach Massgabe der §§. 18 und 19 ein abgekürztes Verfahren zur Anwendung gebracht werden, wenn das Schiff ganz oder theilweise beladen ist, oder Umstände anderer Art die Vermessung nach dem vollständigen Verfahren verhindern.

[§§. 4 bis 20 betreffen das Vermessungsverfahren, §§. 21 bis 23 die Vermessungsbehörden, §§. 24 bis 29 die Ausfertigung der Messbriefe.]

§. 30. Die Vermessung der unter dem Vermessungsdeck befindlichen Räume neuer im Bau begriffener Schiffe ist, sobald das Vermessungsdeck gelegt ist, vorzunehmen. Die Erbauer des Schiffes sind verpflichtet, eine entsprechende schriftliche Anzeige der zuständigen Vermessungsbehörde rechtzeitig zugehen zu lassen.

[§. 31 betrifft die von dem Besteller eines für deutsche Rechnung zu erbauenden Schiffes bei der Vermessungsbehörde einzureichenden Zeichnungen.]

§. 32. Die Rheder und der Führer eines Schiffes sind verpflichtet, bei der Vermessung entweder selbst oder durch ihre Leute der Vermessungsbehörde jede Hülfe und jeden Aufschluss zu gewähren, welche diese für die Ausführung des Vermessungsgeschäfts beanspruchen. Ebenso haben sie den etwaigen Aufforderungen nachzukommen, welche die Vermessungsbehörde behufs Aufräumung des Schiffsraumes zum Zweck der Vermessung an sie richtet.

Ladung oder Ballast darf vor beendeter Vermessung ohne Zustimmung der Vermessungsbehörde nicht eingenommen werden.

§. 33. Sind an einem Schiffe räumliche Veränderungen durch Umbau vorgenommen worden, welche bei Ausstellung des Messbriefes nicht berücksichtigt sind, so hat, wenn der Umbau im Inlande ausgeführt wurde, derjenige, welcher den Umbau ausgeführt, der zuständigen Vermessungsbehörde oder, wenn der Umbau im Auslande ausgeführt wurde, der Führer des Schiffes der Vermessungsbehörde in dem ersten von dem Schiffe angelaufenen inländischen Hafen, eine schriftliche Anzeige von dem Umbau zu erstatten. Ob mit Rücksicht auf den Umbau eine Neuvermessung vorzunehmen ist, bestimmt die Vermessungsbehörde.

Eine gleiche Anzeige sind Rheder oder Führer eines Schiffes zu erstatten verpflichtet, sobald der Grund, welcher die Vermessung des Schiffes nach dem abgekürzten Verfahren (§. 27) bedingt hatte, in Fortfall gekommen ist.

§. **34.** Die in §§. 32 und 33 erwähnten Verpflichtungen bestehen auch bezüglich aller Veränderungen in der Benutzung derjenigen Räume, welche gemäss den Bestimmungen des §. 14 von dem Brutto-Raumgehalt in Abzug gebracht worden sind.

§. **35.** Die Vermessungsbehörden sind befugt, ohne Antrag ein Schiff der Kontrole wegen zu vermessen. Bezüglich der Verpflichtungen der Rheder und des Führers kommen auch hier die Vorschriften des §. 32 zur Anwendung.

Für eine derartige Nachvermessung werden Gebühren nur dann erhoben, wenn sich ergiebt, dass die Anzeige räumlicher Veränderungen im Bau des Schiffes, oder der veränderten Benutzung eines der nach §. 14 abzugsfähigen Räume (§§. 33, 34) unterblieben ist.

[§. 36 Vermessungsgebühren, §§. 37 und 38 Schlussbestimmungen.]

Nachtrag.

Zu I Seite 68, Anm. Das Gesetz über den Wucher hat durch Gesetz vom 19. Juni 1893 (RGB 197) folgende Ergänzung erhalten:

302e. Dieselbe Strafe (§ 302d) trifft denjenigen, welcher mit Bezug auf ein Rechtsgeschäft anderer als der im § 302a bezeichneten Art gewerbs- oder gewohnheitsmässig unter Ausbeutung der Nothlage, des Leichtsinns oder der Unerfahrenheit eines Anderen sich oder einem Dritten Vermögensvortheile versprechen oder gewähren lässt, welche den Werth der Leistung dergestalt überschreiten, dass nach den Umständen des Falles die Vermögensvortheile in auffälligem Missverhältniss zu der Leistung stehen.

Die Bestimmungen des Art. 3 des Gesetzes finden auch auf die Fälle des § 302e Anwendung.

Art. 4 des neuen Gesetzes bestimmt:

4. Wer aus dem Betriebe von Geld- oder Kreditgeschäften ein Gewerbe macht, hat die Rechnung des Geschäftsjahres für jeden, welcher ein Geschäft der bezeichneten Art mit ihm abgeschlossen hat und daraus sein Schuldner geworden ist, abzuschliessen und dem Schuldner binnen drei Monaten nach Schluss des Jahres einen schriftlichen Auszug dieser Rechnung mitzutheilen, der ausser dem Ergebniss derselben auch erkennen lässt, wie solches erwachsen ist.

Wer sich dieser Verpflichtung vorsätzlich entzieht, wird mit Geldstrafe bis zu fünfhundert Mark oder mit Haft bestraft und verliert den

FSC
www.fsc.org
MIX
Papier | Fördert
gute Waldnutzung
FSC® C083411

Kolibri 360 GmbH
Ferdinand-Jühlke-Straße 7
99095 Erfurt, Deutschland
produktsicherheit@kolibri360.de